让我们一起追寻

OWN

美国经济评论
百年经典论文

100 Years of *the American Economic Review*
The Top 20 Articles

美国经济学会 |主编|
杨春学 于飞 等 | 译 |

社会科学文献出版社
SOCIAL SCIENCES ACADEMIC PRESS (CHINA)

目　录

《美国经济评论百年经典论文》译序

杨春学

这是美国经济学会为纪念《美国经济评论》创刊100周年而于2011年推出的“纪念特刊”上重新刊登的20篇最佳论文。为选出这些论文，期刊特邀阿罗（K. J. Arrow）、伯恩黑姆（D. Bernheim）、费尔德斯坦（M. S. Feldstein）、麦克法登（D. L. McFadden）、波特巴（J. M. Poterba）与索洛（R. M. Solow）六位著名经济学家，成立“20篇最佳论文”评选委员会。“纪念特刊”的编者说明了入选的标准和选择程序。入选的标准是：富有智知上的创造性，对经济学家的思想和研究产生了重大而深远的影响。具体的选择程序是：首先，根据JSTOR（Journal Storage）系统的论文引用和查询数量作为参考指标，初选出一批具备评选资格的论文；其次，考虑到这种指标可能存在的缺陷，例如发表时间很早的论文可能被引用的次数较少等因素，评委会对若干著名经济学家的相关文章给予重点关注；最后，评委会每个人根据自己对论文质量和重要性的判断标准，从备选论文中再做遴选，最终选出了这20篇论文。

这些论文究竟展现出了什么样的“创造性”，产生了什么样的“深远而重大的影响”？这要把它们放置在20世纪欧美经济学的历史舞台上，才可能做出较为准确的评判。作为一篇译序，我不想也不可能对每一篇论文都做一番评论。特别是对其中高度数学化的那些论文，本人的数学知识结构有限，无力做出置评。所以，我只能对自己相对熟悉的领域，选择一些自己特别感兴趣的论文做些许评说。阅读某些经典，必须了解其产生的学术背景，理解这些论文为什么会提出它们所讨论的那些问题，否则难以体会其原创性的学术起源。

二

在这些论文中，若论思想性最强且最不容易理解的，也许是哈耶克的《知识在社会中的运用》。当然，那些数学化程度很高的论文也不容易理解，但障碍主要是数学和计量经济学的工具性知识问题。

而对哈耶克的这篇论文，如果读者不了解20世纪30年代“社会主义经济核算争论”的话，很难领会此文的原创性思想究竟在何处。因为，此文的初衷就是为了要回答这场争论中的核心问题。更进一步，如果我们不把这篇论文与哈耶克在其前后发表的有关论文结合起来思考的话，我们也很难较为准确地把握这篇文章的精髓。哈耶克在晚年发表的《市场的道德准则》一文中写道：“我花费了差不多50年的时间，才能够用上面那几句把这种观念比较简明扼要地表达出来”。这几句话就是，“价格体系实际上是一种工具，能使成百上千人协调他们的行动，以适应他们自己并不直接、具体了解的社会的各种变化、需求和状态。……整个经济秩序都是建立在下列事实之上的：价格充当了一种指南、一种信号，它引导我们利用我们根本就不相识的人们的力量和天赋，去满足这些我们一无所知的人们的需求”〔1〕。为什么哈耶克说“花费了差不多50年的时间”呢？那自然是始于《经济学与知识》(1937)，途经《社会主义核算：作为一种解决方法的竞争》(1940)、《知识在社会中的运用》(1945)，终于《作为一种发现过程的竞争》(1968)。在这些论文中，他逐步提出和完善了他对经济学最重要的原创性贡献：价格体系是一种高效率的信息收集和交流机制，其间隐含着参与者个人的“默会知识”。在这种思想的成熟过程中，《知识在社会中的运用》一文起着关键性的作用，不仅在于它是上述一组文章中影响最大的，而且在于哈耶克较为明确

〔1〕〔英〕阿兰·艾伯斯坦：《哈耶克传》，秋风译，中国社会科学出版社，2003，第368页。

地提出了他的核心思想。

“社会主义经济核算争论”源起于米塞斯的论文《社会主义国度的经济核算》(1920)。他认为，没有私有财产，就不可能形成要素市场和价格；没有市场价格，就无法对生产要素的各种用途做出评价，无法根据机会成本对它们的用途做出选择，因而也就不可能实现资源的有效配置。弗雷德·M.泰勒、奥斯卡·兰格等一群后来被称为“市场社会主义”的经济学家直接或间接地反驳了米塞斯的观点。他们认为，以公有制为基础的计划经济中，国家可以模拟要素市场，以试错的方式计算出均衡价格（或曰“影子价格”），然后，企业的管理者根据这种影子价格进行成本最小的生产。在这种思路中，中央计划机构充当着瓦尔拉斯均衡模型中的“拍卖者”角色。

哈耶克通过编辑出版《集体主义经济计划》（1937）加入争论。看到“市场社会主义”者居然可以利用新古典一般均衡论来证明社会主义计划经济的可行性，哈耶克感到吃惊，开始反思新古典经济学存在的问题。作为这种反思的最初结果，他在1937年发表的《经济学与知识》中强调，经济理论的任务是解释经济活动的一种整体秩序是如何形成的；这种秩序利用了大量的知识，但这些知识并不是以集中的形态存在于任何一个人的大脑中，而是以分散的形态存在于千百万不同的人的身上。市场经济究竟是如何利用这些分散的个人知识的？在1937年的论文中，哈耶克只是指出，给经济人“披上一件貌似全知全能的外衣”，是一种错误的思路。他断定，正确的答案必须考虑到知识的获取和变化的过程、与决策有关的知识的性质、个人知识的分散性的重要意义。在1940年的论文中，哈耶克主要是强调，求解泰勒－兰格模式是不可能的，因为这涉及非常复杂的海量计算，更何况计划机构也不可能获得这么多的数据。对于这种批评，这种模式的支持者很容易化解。既然以完全竞争为基础的市场均衡理论可以假设市场参与者拥有完全信息，为什么我们不可以假设计划机构也拥有所需要的所有信息呢？这迫使哈耶克进一步思考，结果就是《知识在社会中的运用》的诞生。

在这篇论文中，哈耶克强调，经济社会的基本问题与其说是如何配置

“给定”资源的问题，还不如说是如何有效地利用那些分散于社会成员中的知识的问题。如果假设我们具备完全的有关知识，对可用的方法具备完全的知识，那么，经济分析便成为一种纯粹的逻辑问题。这种假设的致命弱点是没有正视这样一个基本事实，那就是，知识是以不完整的形态分散在各个人身上的。市场机制正是解决这一问题的有效方式。在这篇文章中，哈耶克较为明确和系统地提出了他的核心思想：首先，第一次用明确的语言把价格体系表达为“一种信息交流机制”；其次，强调隐含在个人身上零星的、分散化的知识，只有通过市场价格的形态，才可能被人们所利用；最后，强调价格以最有效的方式传递着最关键的信息（即个人关于“特定时空的本地知识”）。

根据这些论点，哈耶克批评说，计划经济之所以是无效的，关键就在于计划机构不可能获得分散于无数人身上的“特定时空的本地知识”，因此也就无法确定出利用这类知识的所谓“价格”。在1968年的论文中，他引入“默会知识”这一概念，强调竞争发现这类知识的功能，进一步完善了上述论点。同时，他也把批评的矛头直接对准了新古典经济学的均衡理论，认为这种理论误解了市场和价格的真正本质。迄今，新古典主义经济学还无法在其正式的理论形态中有效地回答哈耶克提出的挑战。

二

如果要说这些论文中，哪一篇论文对实践中的宏观政策思路影响最大，也许应该是弗里德曼的《货币政策的作用》（1968）。这是他在1967年美国经济学会上发表的会长演讲稿，和费尔普斯的论文（E. S. Phelps，“Money-wage Dynamics and Labor Market Equilibrium”，1968）一起构成了“长期垂直菲利普斯曲线”的理论基础。此文被视为二战后宏观经济学最重要的、最有影响的论文。它的最大贡献是提出了“自然失业率”概念，并以此为基础，讨论菲利普斯曲线，进而衍生出新的政策观。

当时，统治宏观经济学的信条之一是菲利普斯曲线。按照这条曲线的含义，失业率与通货膨胀率之间存在着一种稳定的替代关系。如果决策者想降低失业率，那就得承受通货膨胀率上升的压力。反之，如果决策者想降低通货膨胀率，那就得承担失业率上升的压力。不存在两全其美的选择。这正是凯恩斯主义相机抉择政策主张的核心工具。在这篇论文中，弗里德曼指出，存在一种不受总需求影响的失业率，那就是自然失业率。按照他的解释，这种失业“是可以通过瓦尔拉斯一般均衡方程组精心计算出的失业率水平，条件是将劳动力市场以及商品市场的实际的结构性特征加入其中，这些特征包括市场的不完全性、需求和供给的随机变化、搜集职位空缺和劳动力可获得性信息的成本、劳动力转换工作的成本等”。也就是说，这种失业率取决于与通货膨胀率无关的劳动力市场的各种实质性因素。他提出这一概念的目的是要把影响失业的货币因素和非货币因素分离开来。

借助于自然失业率的思考，弗里德曼认为，从根本上来说，以菲利普斯曲线为基础的宏观政策是错误的。首先，从长期来看，根本就不存在这样的一种权衡关系。因为，长期的菲利普斯曲线在自然失业率点上是垂直的，任何货币政策都不可能改变这种失业率。也就是说，失业率和通货膨胀率是独立的。其次，在短期中，虽然实际失业率可能高于或低于自然失业率，从而使失业率与通货膨胀率存在一种替代关系，但是，这种关系是暂时性的。而且，用弗里德曼的话来说，这种“暂时性的此消彼长，并非由通货膨胀本身导致，而是由未预期到的通货膨胀导致的”。最后，作为上述观点的一个推论：货币政策要对这种替代关系发挥作用，有一个特别的条件。那就是人们暂时没有意料到货币政策带来的通货膨胀，或者说，因为货币幻觉而把通货膨胀误解为相对价格的变化。此时，货币政策才可能产生改变实际失业率和实际产出的效果。

论文立即引起了学者的热烈讨论。进入 20 世纪 70 年代之后，部分西方国家出现了明显的“滞胀”现象，似乎证实了弗里德曼的观点。作为一种新的信条，“自然失业率”进入了宏观经济学的工具箱，改变了经济学家研究宏观现象的方法，同时也影响着决策者的选择。

卢卡斯力图完善弗里德曼的上述观点。1972 年发表在《经济理论杂志》上的《预期与货币中性》一文中，他把理性预期和自然失业率纳入动态一般均衡模型中，力图给弗里德曼和费尔普斯关于长期货币中性的观点提供一种坚实的微观理论基础。在其模型中，行为主体是完全理性的，基于可获得的信息，形成对未来的价格和数量的预期；基于这种预期，他们做出最大化其终生期望效用的决策。卢卡斯从中推导出了一种垂直形态的菲利普斯曲线，即产出与通货膨胀之间是正相关关系。在此之前，经济学家通常强调要区分货币冲击的长期效应和短期效应，卢卡斯的一个重要推论是，这种区分带有误导性，真正重要的是区别预期到的或未预期到的货币冲击。

在《产出—通胀权衡的若干国际证据》（1973）中，卢卡斯运用 18 个国家 1951 ~ 1967 年的年度时间序列数据，对上述“自然率”理论进行计量经济学的经验性检验。通过细致的假设和分析，他得出的结论是，虽然为了利用这些数据而构建的模型结构无法精确地描述产出率与通货膨胀率之间的关系，但所获得的经验分析结果至少足够用来证明这样一个观点：需求波动越大，菲利普斯曲线所表达的权衡关系就越不适用。如果这种权衡关系被经常滥用，那么，这种关系就会消失。在分析中，卢卡斯指出，只有出乎预料的货币政策变动，才可能产生效果。

除弗里德曼的论文之外，对实践直接产生巨大影响的第二篇论文，要算罗伯特·蒙代尔的《最优货币区理论》。据称，这篇论文和由此而引出的讨论，为欧元区成为现实奠定了最初的思想基础。

20 世纪 50 年代末 60 年代初，围绕浮动汇率与固定汇率之间最优汇率制度选择问题，国际经济学界发生了争论。一般认为，这两种制度安排各有其优劣及相应的利益和成本。对蒙代尔来说，另一个更重要的背景是，当时西欧共同体经济一体化的努力中遇到了相关政策问题。在此论文中，蒙代尔提出“最优货币区”设想，力图兼顾两种汇率制度的优点且能克服其弱点。他以一个非常独特的角度来讨论这一问题：一个国家是否应当坚持拥有自己的货币，抑或应放弃各自的货币而代之以使用一种超越国家的共同货币？这种不同的选择会带来什么样的利益和成本?

蒙代尔认为，如果某些国家放弃各自的货币而代之以使用一种超越国家的共同货币，即组成一个共同的货币区域，这将会减少成员国之间的交易成本，并降低区域内相对价格的不稳定性。但是，这也意味着参与国不再拥有可以自由地执行的独立货币政策。此时，如果某成员国因为某种“不对称冲击”而出现“需求转移”和失业时，如何来对冲这种共同货币体制的负面效应呢？只要生产要素（特别是劳动力）在同一个货币区域内各国之间可以自由流动，那么，这种自由流动机制就可以消除这种负面效应，从而实现各成员国的充分就业和价格稳定。蒙代尔猜测，即使是生产要素不能完全自由流动，共同货币的负面效应可能不会大于其带来的利益。概言之，在这样一个货币区域中，各成员国之间可以同时实现内部均衡和外部均衡。这就是所谓“最优货币区”的“最优”含义。

在这种分析框架中，最优货币区域取决于对两个基本因素综合性的权衡考量，一是生产要素在各国之间的流动程度，二是拥有独立货币带来的交易成本。如果各国之间生产要素的流动性很差，那么，各自拥有自己的货币，就是最佳的选择。如果各国之间生产要素的流动性很强，那么，形成一个共同的货币区域，就是最佳的选择。

这篇论文引出了蒙代尔所开创的这一领域的一批文献。这些文献讨论了决定一组国家是否适合于采用共同货币的其他因素。例如，麦克金农认为，一个区域的开放程度，对于确定这个区域是否应该拥有一种共同货币，也是一个重要的因素。如果开放程度很高，那么，这个区域拥有共同的货币就不会获得什么增益。因为，它对区域内物价的控制会被兑换率方面的调整所抵消（Mckinnon R. L.，“Optimum Currency Areas”，1963）。凯南认为，除了区域内各国的异质性问题外，还应该考虑到区域内产品的多样化问题。如果一个区域内产品的多样化程度超强，那么，它就更容易管理共同货币政策。因为，在这种情形下，这种区域遭到冲击时，所产生的震荡将会随着产品多样化的增加而减弱（Kenen P. B.，“The Theory of Optimum Currency Areas: An

Eclectic View", 1969)。尽管有这些进展，最优货币区域理论似乎仍然处于初级阶段。

三

如果要论哪些论文对经济学中的经验实证方面影响最大，应属C. W. 柯布与P. H. 道格拉斯的《生产理论》、西蒙·库兹涅茨的《经济增长与收入不平等》。他们根据有限的、分散的数据，分别发现了以其名字命名的柯布－道格拉斯生产函数和"库兹涅茨曲线"假说。

也许，在现在的经济学读者看来，柯布－道格拉斯生产函数并没有什么思想性可言。他们通过教科书就知道，它是经济学中运用最普遍的数学公式，被广泛用于分析生产、效用、劳动、增长等领域。但是，我们必须记住，这一数学公式之所以在经济学中获得如此广泛的运用，在很大程度上要归功于柯布和道格拉斯。正是他们，在此文中创造性地奠定了这种自信的理论和经验基础。

在这篇论文中，C. W. 柯布与P. H. 道格拉斯发现了以他们名字命名的柯布－道格拉斯（Cobb－Douglas）生产函数，其一般形式为：$P=AL^{\alpha}K^{\beta}$。式中，P、L、K分别为产量、劳动、资本，A、α、β为三个参数。当$\alpha+\beta=1$时，α、β分别表示劳动、资本所得在总产量中所占份额。之所以称为"发现"，并不是从纯粹数学意义上说的，而是基于他们对该函数的参数的经验值估算以及随之进行的函数性质的分析。经济思想史的研究表明，在他们之前，经济学家威克斯蒂德（Philip Henry Wicksteed）和瓦尔拉斯就已经认识到这种数学形式。维克塞尔在其发表于1900年的论文《在经济学中作为分配基础的边际生产力》中讨论分配理论时，就用它来证明当生产弹性总和为1时的要素份额加总定理。虽然如此，学术界仍然把这一函数引入经济学的功劳归于C. W. 柯布与P. H. 道格拉斯。这主要是因为他们对该函数的参数的经验值估算。他们通过认真整理和分析使用马萨诸塞州工厂的年度数据，用机器、工具、设备与建筑量测资本，用制造业工人数表示劳动，美国制造业1899～

1922 年的有关经济资料，获得以 1899 年为基准的不变价格的产量、资本和劳动投入量的数据，估算出这一时期美国制造业的生产函数是：$P=1.01L^{0.75}K^{0.25}$。这一函数的意思是，这一期间的总产量中，劳动与资本所得的相对份额分别为 75% 与 25% 。

这一经验估算结果，在其后获得普遍的证实，因此，这一函数形式在经济学中得到广泛的应用。我们利用生产函数讨论厂商的规模报酬递增、递减和不变时，使用的是这一函数形式；运用总量生产函数讨论经济增长模型时，使用的也是这一函数形式；进行增长核算时，还是使用这一函数形式。

在这里，回顾一下道格拉斯和柯布的合作与创作过程颇有意思。一个数学家和一个经济学家是怎么走到一起的？当时，道格拉斯一直为确定实际工资而收集和整理有关方面的数据。但是，在进行估算时，他遇到了与资本、劳动力和产量的度量无关的理论问题。于是他求助于数学家柯布，要求后者设计出这样一个公式，它要能用于测量每种生产要素对总产值的相对影响，且同时满足投入与产出数据之间的线性对数关系。结果就有了这样一个函数形式。事后，道格拉斯回忆说，当他第一次计算时，原本自认为劳动的总收入会低于它的边际生产力决定的数值，但计算的结果却让他大吃一惊，计算结果与公式预期几乎完全相同，即大约占产量的 75% 。

与弗里德曼一样，库兹涅茨的《经济增长与收入不平等》这篇论文是其 1954 年就任美国经济学会会长时的演讲稿。事实上，在这此前，在 1953 年出版的具有里程碑意义的论著《高收入群体在国民收入和储蓄中所占份额研究》中，他就已经提出了后来被称为“库兹涅茨曲线”的观点。只是在此书中，他处理的是美国在 1913 ~ 1948 年的数据。他所使用的两组数据，一组是美国联邦所得税申报表，另一组是他自己根据历史数据对美国国民收入的估计。他发现，在这一期间美国收入不平等程度大幅度下降。具体来说，在这一时期的初期，高收入人群（即美国收入最高的 10% 人群）的年收入总额占全国收入总额的 45% ~ 50% ，但到 40 年代末，这一比重骤降为 30% ~ 35% 。在这一著作中，库兹涅茨的解释比较谨慎，认为这种现象是多种因素造成的，特别地把受到30年代的大萧条、第二次世界大战等的冲击视为主要原因。

但是，在1955年发表的这篇论文中，他的解释就比较乐观了，似乎撇开了这类外部冲击和政策因素，经济发展的内在逻辑也可能产生相同的结果。在此文中，他采用的数据比较广泛，包括处于经济发展早期阶段的普鲁士（1854～1875年）以及美国、英国等地区（1880～1950年）的资料，提出了如下观点：收入分配不平等的长期趋势可以假设为，在前工业文明向工业文明过渡的经济增长早期阶段迅速扩大，尔后是短暂稳定，然后在增长的后期逐渐缩小。用图形来表达这个观点，就是著名的“库兹涅茨曲线”：社会收入分配的不平等变化会呈现出“倒U型”曲线的趋势。

为什么会出现这种变化趋势？库兹涅茨的解释如下。在经济发展的早期阶段，有两种力量会导致收入差距的恶化。第一种力量是储蓄和积累集中于少数富裕阶层，且储蓄和积累是经济增长的动力，经济增长过程必然导致富者越富的现象出现。第二种力量是在工业化和城市化的发展过程中，城市居民的收入比农村更加不平等，从而必然带来收入分配的恶化。但是，随着经济发展的推进，也会出现抑制不平等扩大的因素，如法律约束和国家政策干预、富裕阶层因低生育倾向而占总人口的比重降低、技术进步与新兴产业出现而引起的产业结构调整等。

当然，在这篇论文中，库兹涅茨所使用的数据还是有限的，甚至在总体上可以说是粗糙且不连续的。在这种意义上，所谓“库兹涅茨曲线”，最多也就是一种猜想。在论文结束时，他也承认，“在本文中，5%的是经验信息，95%的是猜想，其中可能还掺杂了些一厢情愿的思考”。但是，众多的学者并没有充分重视库兹涅茨的这一解释，而是忙于把它发展为分析收入和财富变化趋势的经济学分析和实证研究的主题，并被推广和运用到其他领域。

对这一假说，是存在争议的。其中，最具有颠覆性的挑战来自《21世纪资本论》的作者托马斯·皮凯蒂。他把库兹涅茨针对美国1913～1948年的数据延伸到2010年，获得的是一个非常清晰的、描述收入差距变化的U型曲线。具体来说，收入最高的10%人群在20世纪头10年到20年代获得国民收入的45% ~50%，20世纪40年代结束前夕这一比重降到30% ~35%，随后的1950~1970年，不平等程度一直稳定在这一水平上。但是，此后的不平等程度迅速扩大，到2010年，高收入群体所占的国民收入比重又回到了45% ~50%。他使用相同类型的数据和同样的方法，在法国、德国、英国、瑞典等国家，也获得类似的图景，只不过20世纪80年代之后不平等程度的扩大没有美国那么突出而已。

按照皮凯蒂的解释，促进不平等降低的机制是存在的，但那也主要不是库兹涅茨所描述的要素跨行业流动过程，而是知识的扩散、对培训和技能的投入等力量。更为重要的是，这类力量本身是无法有效抵消收入分配分化的根本力量，即资本收益率大于经济增长率。而且，这种力量与任何形式的市场缺陷无关。资本市场越完善（以新古典经济学的角度），资本收益率大于经济增长率的可能性就越大。只要这种力量对收入分配的影响得不到有效的控制，我们所看到的只能是极高的不平等。只有设计出一些公共制度、累进制税收等政策，我们才可能应对这一逻辑的负面影响。据此，皮凯蒂认为，“神奇的库兹涅茨曲线理论的产生在很大程度上是基于错误的原因，并且它的实证基础十分薄弱。1914~1945年我们所观察到的在几乎所有发达国家发生的收入不平等的锐减，总体上都是源于前文所述的世界大战和这些国家（尤其是当时那些国家里拥有巨额财富的人们）所遭受的剧烈的经济政治冲击。这与库兹涅茨所描述的跨行业流动这一平静的过程几乎没有什么关系”〔2〕。

四

安妮·克鲁格（Anne O. Krueger），是论文入选的唯一女性经济学家。正是因为《寻租社会的政治经济学》这篇论文，学术界公认她是寻租理论的最重要创始人。

---

〔2〕〔法〕托马斯·皮凯蒂：《21世纪资本论》，巴曙松等译，中信出版社，2014，第15页。

当然，在此之前，经济学家就以不同的方式在关注这种现象。其中，影响最大的是戈登·图洛克于 1967 年发表的论文《关税、垄断和偷窃的福利成本》。在这篇论文中，图洛克的分析虽然存在不少模糊之处，但明确地表达出了如下的观点：垄断、关税等限制性制度的存在必然会引起寻租行为；这种寻租行为会带来社会福利的损失，这种损失可以用传统垄断理论中的图解三角形来衡量；在这种寻租过程中，人们的竞争性行为最终将会使租金或利润消失。

与图洛克的论文不同，克鲁格在这篇论文中，第一，发明了“寻租”这个概念，较为准确地描述了这类现象的本质特征。第二，对寻租可能带来的社会福利损失，最早进行了一种经验性的估算。根据她的估算，寻租带来的租金在 1964 年的印度占国民收入的 7.3%；1968 年的土耳其，仅仅是进口许可证制度带来的租金就占国民收入的 15%。虽然这种估计是非常粗糙的，但是给当时的读者以极深刻的印象。第三，最为重要的是，她用一个正式的数理模型来描述和分析作为一种竞争性活动的寻租行为，开启了把寻租纳入正规的经济学分析范式的艰难历程。

虽然克鲁格的分析聚焦于进口许可证或数量限制的具体案例，讨论由此而导致的寻租和租金问题，但是，从这种分析中可以获得具有一般意义的如下结论。一是竞争性寻租活动势必诱使人们把大量的资源从生产性用途转移到“寻租”这种非生产性用途，结果，只是给寻租的个人或利益集团带来收益，而不会增加社会的净产品和服务，是一种纯粹性的既定利益再分配。这对社会来说，是一种资源的浪费。二是竞争性寻租会导致资源配置偏离帕累托最佳状态，而资源配置扭曲及资源浪费将“导致经济在生产可能性曲线以内运行”。三是寻租活动会造成额外社会福利损失。

克鲁格的分析并不是无争议的。从“寻租”的定义，到寻租带来的福利损失范围，再到租金的度量等，都受到来自理论和经验两个方面的批评。例如，克鲁格在估算时假定福利损失等于寻租的利润。质疑者认为，这种假定是有问题的，租金与寻租造成的福利损失之间不存在简单的关系，更何况这种福利损失并不限于寻租者的利得。

然而，诚如克鲁格在论文结束时所写的，“我的工作已经足够为这个话题激发兴趣和研究了”。事实也正是如此。论文所具有的分析潜力，很快就获得了其他学者的认可。例如，贾格迪什·巴格瓦提（Jagdish Bhagwati）认为，虽然克鲁格的模型限于对进口许可证和限额制度所导致的寻租的分析，但寻租现象是非常普遍的，存在于一系列政府管制的领域。他把这类活动称为“寻求直接非生产性利润的活动”。于是乎，“寻租”获得了一个更明确的定义，即利用制度障碍的“非生产性谋利活动”。

对于如何看待寻租行为，学界也有争论。有人认为，面对不合理的限制，寻租者通过寻租而绕过这种制度，也可能带来社会资源配置的改善。但是，即使是如此，有一点却是我们必须正视的，那就是克鲁格在这篇论文中所指出的，寻租行为会严重破坏人们对市场制度的信任，会让人们认为“价格制度是奖励有钱人和有关系者的机制，……如果人们对市场机制产生这种怀疑，那么，政府就会更倾向于施加越来越大的干预，……这会促使政治性的恶性循环”。

五

虽然本书中的多篇论文并没有被提及，我还是想再做一些空泛的说明。

经济学的数学化在这些论文中获得最典型的表现。一类是利用统计分析或计量经济学进行的经验研究，另一类是数理经济学的纯粹理论分析。从这类论文中，我们能获得什么样的认识呢？

计量经济学的真正价值是增加经济学的经验知识。罗伯特·希勒（Robert J. Shiller）的论文《后续股息变化能否解释股票价格的大幅波动?》就体现了这种价值。希勒以非常精致的方法对标准普尔指数（1871 ~ 1979 年）和修订后的道琼斯工业指数（1928 ~ 1979 年）进行了细致的处理和分析。从论文开始所提供的两张图示中，我们就可以明确地观察到：股票价格指数曲线波动相当大，而红利现值曲线却相对平缓。具体来说，如果用样本中实际股息对其长期指数增长路径的标准差来衡量未来股息的波动性的话，那么，相比较而言，股票价格的波动程度比用未来股息的新信息所能解释的波动程度要大5～13倍。这个经验事实从一个侧面说明有效市场理论并不能完全解释股票市场的变化。按照有效市场理论，股票价格是由其预期红利的贴现值决定的。希勒的研究结果表明，股票价格的波动程度是无法用随后的股息贴现波动幅度给予解释的，也无法用“噪音交易者”之类的因素给予解释。这就是此论文给我们提供的新的经验知识。至于有评论者把此文视为行为金融学的开创之作，那只能在特别的意义上这么理解。作为读者，我们在此文中看到了他对这种现象的解释了吗？没有！但是，这个新的经验知识引起了相关领域学者的极大关注。希勒也着手解释这一现象。他在此文之后的解释，才是真正的行为金融学。

最重要的是思想。只有有了好的思想，数学才可能充当让我们很清晰地表达和论证这种思想的工具的角色。例如，彼得·戴蒙德（Peter Diamond）的论文《新古典增长模型中的国家债务》，以及他与詹姆斯·莫里斯（James A. Mirrlees）合作发表的长文《最优税制与公共生产：（I）生产效率、（II）税收制度》，就很好地说明了这一点。正是借助于数学工具，彼得·戴蒙德才可能在《新古典增长模型中的国家债务》一文中建立著名的世代交叠模型。也正是借助于数学工具，他与莫里斯才能证明：在兼顾公平与效率的条件下，存在一种社会福利最大化时的生产效率。事实上，只要讨论最优问题，经济学是无法脱离数学的。

最后，所谓的“经典”，有一个学术史上称之为“经典化”的过程。它们原本是普通的论文，但因为提出了新的思想或者新的经验、新的知识、新的方法，被同仁视为包含着重大的创新，因而被反复解释、被不断引用，于是渐渐地被视为经典。即便如此，正如前面所看到的，对这些论文的结果，也并非没有争论。这种争论，或者源于作者的表述原本就不是很清晰，或者源于作者的论证或观点本身就存在某些问题。因此，争论是正常的学术现象，皆因真理是不可能穷尽的！

生产理论*

*查尔斯·柯布（Charles W. Cobb）　保罗·道格拉斯（Paul H. Douglas）***

一　引言

近年来，制造业中对实物产量的计量不断改进，使得以下尝试成为可能：（1）计量用于生产商品的劳动与资本的变化量；（2）判定劳动、资本及产量三因素之间的关系。

如果每年的劳动与资本的相对供给像这样几乎完全可以确定的话，后面会有更多的问题浮出水面等待解答。下面列举了一些典型的问题。

（1）在限制条件下，我们能否评判产量的增长纯粹是巧合，还是源于技术进步？抑或是对劳动与资本投入量变化的反应，如果是，程度有多大？

（2）在限制条件下，能否判定与资本相对的劳动对产出的相对影响？

（3）劳动与资本的比率因年份而有所差异，能否推测每增加一个单位的劳动与资本对总实物产量的相对增长量？在不同年份中，最后一个单位的劳动与资本哪个更重要？

是否存在一种可以证明边际产量递减（总产量增量递减）的历史进路，以及是否开创了为假定趋势做进一步精确估算的先河，如果确实存在，是否

---

* 原文发表于1928年第18卷。

** 作者分别来自阿默斯特学院（Amherst College）和芝加哥大学。道格拉斯先生对本文第1～5部分和第8～10部分负责，柯布先生对第6和第7部分负责。

意味着历史研究方法对其真的有用?

(4) 在保证对劳动和资本投入的条件下，我们是否可以据此方法测量边际产量曲线的大致斜率，并为现在没有数量分析的纯粹假说提供更明晰的确定性?

(5) 最后，通过诸如此类的研究，即 (a) 每年单位劳动与资本对实物产品的贡献，(b) 在这些年份中，实物单位工业品的相对交换价值，(c) “真实”的制造业工资和实际利率的真实变动 (如果后者可以查清)，并对 (b) 和 (c) 进行比较，我们能否阐明：分配过程可以完全地根据产品价值来制作模型?

本文旨在解决这些问题或使这些问题更容易理解。但在此之前，有必要建立相对劳动量以及相对资本量的指标，接下来的两部分将要处理指标建立的问题，以便在后面的章节中研究相互作用关系。

二 1899~1922 年美国制造业固定资本的增长

周期性的工业品普查包括关于各种制造业企业的资本投入量的问题，普查还会以表格方式记录收益的数据。此外，还包括由机器与厂房组成的固定资本，包括加工处理过程中的原材料和半成品以及仓库中的成品等流动资本，还包括土地。由于我们尝试计量的是有助于商品生产的那些资本，我们应排除流动资本，因为它是生产过程的结果而不是原因。[1] 我们还应该剔除土地价值，因为它构成了大部分非劳动所获的增加值。因此，我们应当尝试计量实物量的变动：(1) 机器、工具和设备；(2) 厂房。

遗憾的是，尽管每年都会公布总资本数据，但只在 1889 年、1899 年以及 1904 年中有分门别类的数据。[2] 普查局在 1922 年的《财富、公共债务与赋

[1] 对所有者而言，流动资本也会产生价值，但我们关心的是实物产量而非价值。

[2] 见 *13th Census* (1900), VI, xcvii, 及 *Census of Manufactures*, 1904, Part I, pp. lxiv - lxv。

税》报告中做了估算，制造业中机器、工具以及设备价值占总制造资本的30%。[3] 由于当年总制造资本为526.1亿美元，可推算出机器等的价值是157.83亿美元。

年份	厂房价值（百万美元）	占总制造业资本的比例（%）	机器、工具及设备价值（百万美元）	占总制造业资本的比例（%）
1889	879	13.4	1584	24.3
1899	1450	14.8	2543	25.9
1904	1996	15.8	3490	27.5
1922			15783	30.0

资料来源：见 Estimate of the Census Bureau。

在给定的年份中，由此得出的几类资本数据以及它们所占总资本的比例由上表所示。

在那些没有把制造业资本分类核算的年份中，这些统计数据构成了估计那些年份数据大概数值的基础。不仅总资本是增加的，固定资本占总资本的份额也更大。

看起来不可否认的是，在19世纪80年代，厂房与机器等资本的增长不如流动资本的增长快，然而，在1889年之后的15年中，厂房与机器等资本的增长变快，厂房资本由13.4%增长到15.8%，即增长了2.4个百分点，机器等资本由24.3%增长到27.5%，增长了3.2个百分点。这两种资本的年平均增长率分别是0.16%和0.21%。

我们假定在19世纪90年代中厂房所占总资本比重的增长速率是25%，机器等比重的增长速率为20%。由此可以推算出1879年厂房比重的可能性数值为13.0%，机器、工具及设备比重的可能性数值是24.0%。

如果我们接受由普查局估算的1922年机器等占总资本30%的数据，我们

〔3〕 见 Bureau of the Census, Estimated National Wealth (1925), pp. 9-10。

就可以认为，从1904年的27.5%到1922年的30%，比重增长了2.5个百分点，这是一个相对平稳的比重。然而，自1914年以后的数据应比前一段时期增长更快，我们也要推测一下容许范围内的大致数据。

自1904年以后，厂房相对重要性的增长更难测算，因为没有可供参考的末端值。尽管绝对增长量是巨大的，但在1889~1904年，并没有证据表明厂房的相对重要性与其他形式资本的增长率是相同的。另外，通过一项密苏里州的调研，我们测算出1922年厂房资本占总资本的比例约为16.5%，并将此比例分配到后续的年份中，但是假定1914年后的增长率比以前更快。表Ⅰ给出了不同年份中这几种不同形式资本占总制造业资本的比例。

有一些证据可以说明估算的厂房和机器等占总资本46.5%的数据基本符合实际。密苏里州劳动统计局曾表示，在1923年，该州厂房和机器等投资是3.347亿美元，土地投资是0.587亿美元。[4] 流动资本的数据没有给出，但联邦贸易委员会给出的全国性数据是45.7%。[5] 这项统计是基于54862家企业和336.5亿美元总资本为样本的回归结果。因此这可能是我们能掌握的最好的全国性统计数据。如果我们把这一比例用于密苏里州的例子中，流动资本将达到3.311亿美元，所有资本达7.246亿美元。如前所述，在密苏里州的例子中，厂房、机器等的资本为3.347亿美元，这大概是总资本的46.2%。这与我们对1922年所做的资本比重的估计十分吻合，我们估算的数字是46.5%。当把全国的增长情况考虑进来时，密苏里州的工业不具有代表性。[6] 但在没有更好的数据可以获得之前，不妨认可我们的估算是可靠的。

---

〔4〕 见Forty-fourth Annual Report Missouri Bureau of Labor (1923), p. 155。

〔5〕 见Federal Trade Commission, *National Wealth and Income*, p. 135 (Senate Doc. 126, 69th Congress, 1st Session)。

〔6〕 虽然密苏里州除了一个小服装业外，完全没有纺织业，但在印刷业、铸造业、汽车制造业、肉类包装业、冶金业、制砖业和石灰处理业投入了大量资本，此外鞋业也在高速发展。

表 I　1879～1922 年制造业中厂房、机器与设备的估计值及其占总制造业资本的比重

年　份	占总制造业资本的比重（%）		价值（百万美元）		
	厂　房	机器与设备	厂　房	机器与设备	总计
1879	13.0	24.0	363	670	1033
1889	13.4	24.3	879	1584	2463
1899	14.8	25.9	1450	2543	3993
1904	15.8	27.5	1996	3490	5486
1909	16.0	28.1	2948	5178	8126
1914	16.2	28.7	3692	6541	10233
1919	16.4	29.5	7293	13118	20411
1922	16.5	30.0	8681	15783	24464

然而，还有几个问题自然而然地出现了：这些普查中，利润的意义是什么？原始数据起多大作用？近年来，普查局指导工作人员把这些统计数据看作“出版的数据”。如果该出版物是有数据的，那么厂房、机器和设备等的成本数据是原始成本还是再生产成本呢？制造业首席统计员 La Werne Beals 先生可能是此领域最有能力的专家，他曾指出，“制造商有报告资本的规则，即以原始成本为基础而非以再生产成本为基础”。[7]

事实上，普查局曾多次反对对制造业资本进行过分详细描述，并在 1921 年、1923 年和 1925 年的实际操作中删掉了这一问题。但是，如果源于由不同年份价格水平计算得到的投资额的困难可以克服，并且如果资本指数可因此降为以不变购买力衡量的美元，结果中的数据不以绝对量为基础，它就可以被看作一个相对准确的固定资本相对增长指数。进一步来说，正确更正由价格水平变化造成的扭曲将会消除对总资本量计量的数据有谴责的异议。在我们能够构造一个连续可比的指数前，还有两个问题需要解决：（1）找到这些年间每一个可能的增长量；（2）削减以公共价格水平为基础的储蓄金的差异显著的增长。

---

〔7〕 见给作者的信，1925 年 10 月 12 日。

由于统计数据以原始成本为基础，首要问题在于寻找以当年为基础的资本年增长量并把该值累加到下一年上。下面简述这一方法。（1）查明自1899年到1922年生铁、铸钢、栋木、焦炭、水泥、砖和铜的年产量。[8] 值得注意的是，这些商品是用于制造机器和厂房最重要的。在极少数情况下，给定年份的实际生产数值无法获得，那些不确定的商品产量是以其他年份 Day 教授的工业品实物量指数的相对变动为基础估算的。[9] 1880～1889年，使用了生铁、铸钢、水泥、铜及焦炭的数量。（2）每一商品每年的生产量乘以它的单位当前价格。[10] 1890～1922年的价格是由美国劳动统计局收集并出版的。[11] 1880～1890年的数据来自奥德里奇委员会（Aldrich Committee）的出版报告。[12] 在有些情况下，不需要把实际产量乘以单位价格就可以直接得到产品总值，如果存在上述情况，则直接引用总产值。（3）把给定年份中每种商品的总产值加总就得到了每年生产者商品价值。（4）计算两个统计年（如1880年到1889年闭区间）这些资本商品的价值加总。每一年的价值除以该时段的总值，用以得出构成作为一个整体的该时段的总产值的百分比。然后，这些百分比被用于该时段厂房与机器的总增长值，由此，可得到估算的这些商品的年增加值。

下面的案例可以解释这一计算过程。1880～1889年，厂房与机器的增加值是14.30亿美元。每年这些资本商品的总值及构成全时期的年总值百分比如下表所示：

---

〔8〕 在许多年份中，原始数据受到美国统计摘要的保护。另见 *Mineral Resources of the United States* 1921 Part Ⅰ, pp. 235－282；565－598；Part Ⅱ, pp. 371－440。

〔9〕 E. E. Day, "An Index of the Physical Volume of Production," *Review of Economic Statistics* 2 (1920)：328－329；E. E. Day, "The Physical Volume of Production in the United States for 1923," *Review of Economic Statistics* 6 (1924)：201.

〔10〕 栋木的价格以云杉木和枫木的平均价格估算。

〔11〕 Bulletin 335 of the United States Bureau of Labor Statistics, *Wholesale Prices*, 1890－1922, pp. 126－156.

〔12〕 *Report of Senate Committee on Whole Prices*, *on Wages and on Transportation*, Appendix A 对价格指数的评论并不适用此处，因为本文用的是绝对价格。

年　份	给定资本商品价值（百万美元）	总值在10年内的百分比（%）
1880	200	9.6
1881	210	10.0
1882	216	10.3
1883	184	8.8
1884	148	7.1
1885	141	6.7
1886	211	10.0
1887	282	13.5
1888	241	11.5
1889	263	12.5
总　计	2096	100.0

在这10年中，厂房和机器的增长值是14.30亿美元，把它分别乘以每一个百分比就得到可能的年增长值。把这些值合计再加上1879年的总值必然与1889年的数值相等。基本假设当然是就原始成本而言的资本价值逐年增长，如同资本产品的现值。

但由于这些估算的资本增量是以给定年份的美元计算的，如果我们要确保相对真实资本指数的可靠性，就要降低价格水平变动的影响。资本成本指数以三种相对价格计算：（1）金属和金属产品的批发价格；（2）建筑材料的批发价格；（3）工资。1880～1889年，前两组产品的价格通过奥德里奇委员会报告获得〔13〕，而1890～1922年的数据来自劳动统计局的指数〔14〕。工资方面，1890年以后使用的是由本文其中一位作者之前计算的数据〔15〕；而R. P. Falkner博士为奥德里奇委员会报告所计算的平均工资，则用于说明80年代工资的变动。然后，我们将1880年的数值定为100，缩减这三类数据，把它们组合

〔13〕 见*Report of Senate Committee on Wholesale Prices*, etc., pp. 92－99。在使用金属指数前，删掉了25种有特惠活动的大折刀（jack－knives）。

〔14〕 见Bulletin 335, *Wholesale Prices*, 1890－1922, pp. 8－9。

〔15〕 Paul H. Douglas, "The Recent Movement of Real Wages and Its Economic Significance," *American Economic Review*, Supplement, March, 1926, p. 30.

成为一个加权平均值。金属和金属产品的权重为4；建筑材料为2；工资为3。

然后，以每年修建厂房和机器的增加值除以当年的相对成本指数，我们就得到了一系列经过“通货平减”的增加值，或者说是一系列以1880年的资本商品价格水平为基年表达的增加值。最后把紧缩的年增长值加上估计的1879年厂房与机器的总值，加到每一个接下来的年份的总值上。表Ⅱ显示了所有数据。由于我们的其他数据只能通过1899～1922年的数据派生出来，所以，表Ⅱ删除了1899年以前的数据，数值单位为百万美元。

表Ⅱ　1899～1922年制造业固定成本的估计年增长值以及成本指数和用1880年价格表示的累积总资本

单位：百万美元

年　份	以成本价格计算的年增加值 (1)	成本指数 (1880年=100) (2)	以1880年美元计算的年增加值 (3)	以1880年美元计算的总固定资本 (4)	总资本相对值 (1899年=100) (5)
1899	339	88	387	4449	100
1900	264	89	297	4746	107
1901	277	88	315	5061	114
1902	342	89	383	5444	122
1903	328	91	362	5806	131
1904	282	87	326	6132	138
1905	457	92	494	6626	149
1906	612	100	611	7237	163
1907	629	106	595	7832	176
1908	373	94	397	8229	185
1909	569	96	591	8820	198
1910	422	100	420	9240	208
1911	379	99	384	9624	216
1912	457	103	443	10067	226
1913	497	110	453	10520	236
1914	356	101	353	10873	244
1915	1017	105	967	11840	266
1916	1899	135	1402	13242	298

续表

年 份	以成本价格计算的年增加值 (1)	成本指数 (1880 年 = 100) (2)	以 1880 年美元计算的年增加值 (3)	以 1880 年美元计算的总固定资本 (4)	总资本相对值 (1899 年 = 100) (5)
1917	2891	173	1673	14915	335
1918	2473	183	1350	16265	366
1919	1898	196	969	17234	387
1920	2096	237	884	18118	407
1921	780	184	424	18542	417
1922	1177	181	650	19192	431

这种指数存在缺陷，因为它不允许我们以不同价格水平重置原始资本。毫无疑问，账面价值的统计数据包含着以不同且普遍高于原始资本投资时的价格对原始资本进行的重置。因此，每年的增值不仅仅是新增资本量保留下来的结果，还部分地包括以其他价格水平对已损耗旧资本进行的重置。结果是，我们的指数绝大部分都略微高于它应有的数值。我们期望不久的将来对指数进行修正，以消除此错误。同时，这提供了第一近似值。

当然，该指数并没有衡量所使用资本数量的短期波动。因此，没有考虑到商业衰退时期资本的闲置，也没有考虑繁荣时期高于正常状态的资本使用强度。

年 份	马萨诸塞州（总资本）	美国估计值（固定资本）
1911	105	104
1912	110	110
1913	113	116
1914	130	120
1915	130	132
1916	150	154
1917	188	188
1918	210	217
1919	248	239
1920	250	263

然而，当我们把账面价值的增长，即我们所估计的美国 1910 ~ 1920 年增长[16]与以相似基础计算的马萨诸塞州总资本增长做比较时[17]，此增长指数的有效性在某种程度上增强了。以 1910 年为基准，相对增长可见于上表。

两种指数间的巧合令人十分震惊。固定资本一直以高于制造业总资本供给的速率在增长。而美国制造业作为一个整体所表现出来的增长，相当一部分可以归因于这一事实。一旦我们想起这一事实，这种巧合就变得更加明显。

该指标显示固定资本量实现了前所未有的增长：其总量在 1899 ~ 1909 年的 10 年间事实上翻了一倍，复合年增长率达 7%，在后续的 10 年中，也保持着相同的增长率。自 1919 年后的 3 年中增长率下降了。虽然我们没有计算自 1922 年以后的增长，但毫无疑问那之后是有迅猛增长的。把这段时间看作一个整体，每 10 年增长都翻了约一倍。如果扣除重置旧资本增加的成本，年复利增长率可能会降至 6%。这种增长率没有任何其他国家可以匹敌。[18] 回想一下，Cassel 估计的西欧资本年增长率是 3%。如果这是事实的话，则美国的工业资本增长率是其两倍；如果以人均资本为基础计算的话，差异会更大。

三 1899 ~ 1922 年劳动供给的增长

各种制造业普查给出了每个统计年份[19]被雇佣者的平均人数。以这些数据为基础，通过使用相应的制造业指数，我们可以找到统计年份可能的就业

[16] 由于缺少空间，这列数据从表Ⅱ中删除了。

[17] 见 Annual Reports of Massachusetts Bureau of Statistics, Statistics of Manufactures, 1910 - 1920。

[18] 在我们的指数中，1879 ~ 1899 年增长了不止 1 倍，90 年代增长了大约 90%。

[19] 例如 1889 年、1904 年、1909 年、1914 年、1919 年和 1921 年。

人数。通过合并每年马萨诸塞[20]及宾夕法尼亚[21]有关雇佣人数统计数据，我们构建了1899～1904年的指数。1904～1914年宾夕法尼亚的数据用新泽西[22]的数据加以替换。在这两个时间段中，对每个州的相关指数进行加权处理，加权数字是这个州在开始时段普查显示的就业人数。这样得出了一个可信的复合指数。接下来做出下面的假设：全国就业总量遵循与这两个州相同的路径。当这两个州的变化率在一个统计期内与全国数据产生差异时，我们将这些或大或小的差异平均分配到相关年份中，两个州的数据也依此标准增大或缩小。[23] 因此，1899～1904年的雇佣增长数字如统计局所示为1066000或21%。如果马萨诸塞和新泽西的增长率是24%，假设全国年增长率与两州增长率的差异是每年增长率3%的1/5，即0.6%。如果1899年到1900年马萨诸塞和新泽西的增长率显示为4.6%，我们将它降至4.0%。后续年份中也使用相同的方法。

从1914年到1919年间的这种指数，是通过整合劳动统计局[24]发布的若干工业的数据和纽约的相应数据而获得的。在这么做的时候，我们将统计局的数据赋权为3，纽约赋权为1。[25] 从1919年起，我们使用的是（美国）联邦储备委员会指数，这种指数本身基本上又是以劳动统计局的指数为基础的。我们使用一种大体上相似的方法来找出两次普查期间每个年份及其后年份（包括1922年）的可能雇佣人数。[26] 表Ⅲ给出了从1899年之后估测的数据，还给出了它们的相对值。

---

[20] 见 Annual Reports on Statistics of Manufactures, Massachusetts, 1900－1905。

[21] 见 Reports Pennsylvania State Department of Internal Affairs。

[22] Annual Volume of New Jersey Bureau of Labor and Industries, Statistics of Manufactures (1904－1914).

[23] 这种方法与我在统计年份中把年平均收入插入各州利润统计收入中一致。

[24] 见 Files of Monthly Labor Review。

[25] 见 New York Labor Market Bulletin。

[26] 由于雇佣数据统计直到1914年7月才开始，我们通过1914年制造业就业的月波动推算前6个月的数值以推出合理的年平均值。

表Ⅲ　1899～1922年制造业雇佣人数的可能平均数量

年　份	平均雇佣数量（千人）	相对数量（1899年=100）	年　份	平均雇佣数量（千人）	相对数量（1899年=100）
1899	4713	100	1911	6855	145
1900	4968	105	1912	7167	152
1901	5184	110	1913	7277	154
1902	5554	118	1914	7026	149
1903	5784	123	1915	7269	154
1904	5468	116	1916	8601	182
1905	5906	125	1917	9218	196
1906	6251	133	1918	9446	200
1907	6483	138	1919	9096	193
1908	5714	121	1920	9110	193
1909	6615	140	1921	6947	147
1910	6807	144	1922	7602	161

这种指数并不是对劳动力完美的测度，在许多方面存在缺陷。（1）它不包含办公室雇员，而他们的增长率大约是雇佣劳动者增长率的两倍。（2）它是以人·年为单位的，而不是“标准的”人·小时。在这期间，构成标准工作周的平均小时数下降，导致人数必然增长，以抵消这种降低。本文作者之一，通过把每年工作人数乘以“正常”周内平均劳动时间，尝试性地计算出一种标准工人劳动时间的指数。然而，有理由相信，这种指数还不完善，因此，我们一直使用人·年劳动时间作为一种替代指标。我们希望后续的研究中可以使用总“标准”小时。（3）它没有测量与标准周之间的偏差，也就是没有考虑经济衰退期间开工不足而在繁荣期间加班加点的情形。

当然，这样的指标也没办法测度劳动力质量或工作强度的可能变化。这些因素可能是相当重要的，但是，目前我们无法量化这些因素。对任何一项统计研究来说，在能量化这些因素之前，忽略它们，要好于因为它们重要而对它们做出异想天开的估算。

四 1899～1922 年实际产量的增长

在此处，我们采用 E. E. Day 著名的实物产量指数作为 1899～1922 年的值。我们进行此项研究时，还不可能利用后来由 Thomas 博士提出的指数。[27]

表Ⅳ 美国制造业实际产量指数

年 份	制造业指数	年 份	制造业指数
1899	100	1911	153
1900	101	1912	177
1901	112	1913	184
1902	122	1914	169
1903	124	1915	189
1904	122	1916	225
1905	143	1917	227
1906	152	1918	223
1907	151	1919	218
1908	126	1920	231
1909	155	1921	179
1910	159	1922	240

图Ⅰ以对数轴展示了此时期固定资本、劳动力、实际产值的相对增长率。值得注意的是，与 1899 年相比，资本供给增长了 4 倍以上，而劳动力只增长 61%。1922 年的资本与劳动比率实际上是 1899 年的 2.67 倍。此时期的实际产量增长了 140%，相当于每位工人的产量增长了约 50%。[28]

---

〔27〕关于此方法的描述和计算工业产品指数的来源，见 E. E. Day and W. M. Persons, "An Index of the Physical Volume of Production," *Review of Economic Statistics* 2 (1920): 309－337, 361－367。另见 Adam Mathews, "The Physical Volume of Production in the United States in 1924," *Review of Economic Statistics* 7 (1925): 215。

〔28〕如 Thomas 博士指出的，在 1921 年后的生产力出现了最显著的增长，而上面的统计数据中几乎没有囊括。

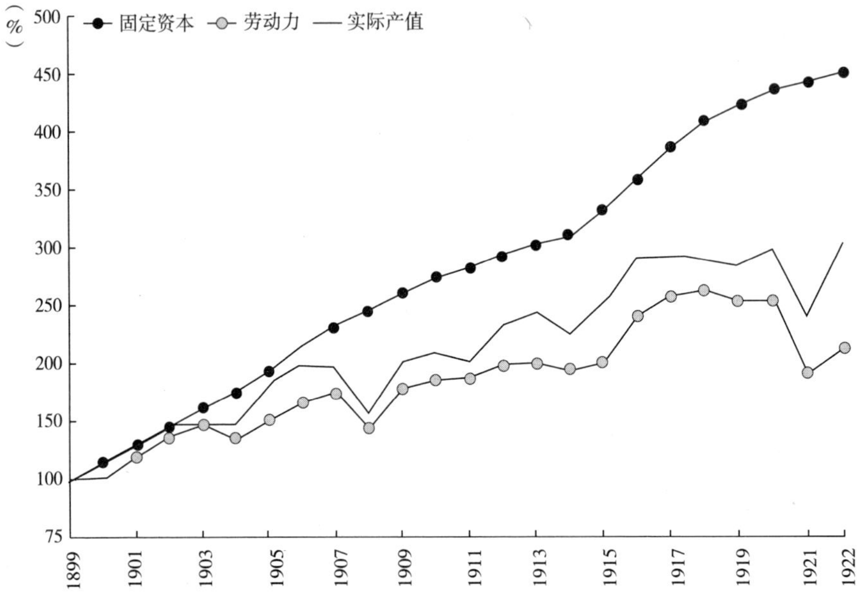

图 I　制造业增长率（1899～1922 年）

五　劳动与资本的比率

与 1899 年相比较，劳动与资本比率的变化可以通过把相关劳动供给的指数除以相关固定资本指数（*L/C*）获得，如表 V 所示。这样我们得到了这些年份这两个要素的变动比率。

表 V　1899～1922 年制造业劳动与资本的相对比率（1899 年 =100）

年　份	劳动与资本的比率	年　份	劳动与资本的比率
1900	98	1905	84
1901	96	1906	82
1902	97	1907	78
1903	94	1908	65
1904	84	1909	71

续表

年　份	劳动与资本的比率	年　份	劳动与资本的比率
1910	69	1917	59
1911	67	1918	55
1912	67	1919	50
1913	65	1920	47
1914	61	1921	35
1915	58	1922	37
1916	61		

需要注意的是，由于我们的劳动指数能够衡量经济衰退期就业的降低，而我们的资本指数并未显示出闲置的资本，因此在此期间，劳动与资本的比率迅速下降，后续年份中，有上升的趋势。然而，整体趋势当然是下降的，因为资本的增长十分迅速。

六　生产理论

在1899～1922年，就产量、劳动和资本指数而言，仅包括劳动和资本的函数为：

$$P' = 1.01L^{3/4}C^{1/4}$$

这一函数具有以下性质：

1）以 P' 代表真实产量 P，是为给出一个著名理论的特别表述。

2）当 L 或 C 近似于零时，P' 近似于零。

3）在整个时期，P' 趋近于 P 。

4）P' 与 P 的偏差是独立地显著的。

5）当加入长期趋势时，P' 与 P 密切互相关。

6）当删除长期趋势时，P' 与 P 也密切互相关。

理解上面的含义后，让我们把 P' 称为 P 的“一种标准物”，进一步详细讨论它的属性。

（1）我们参考的理论（见 J. B. Clark，Wicksteed 等）提出产量、劳动和资本之间密切相关，如果我们把劳动和资本两者同时乘以因子 m，那么产量将增长 m 倍。这意味着产量是劳动与资本的一阶齐次函数，现在把 P' 看作此类函数。

（2）在此类函数中，我们要对 P' 进行进一步的理论限制，即：如果 L 或 C 其中之一接近于零时，则 P' 接近于零。

在具有（1）和（2）属性的函数中，让我们做出一个明确的选择[29]，并探讨这种选择的后果，同时保留我们做出其他选择的权利。让我们选择函数：

$$P' = bL^{k}C^{1-k}$$

并用最小二乘法找到 b 和 k 的数值，使 P' 能够最好地拟合 P 。于是，在该时期的这些指数中，我们得到了如下公式：

$$P' = 1.01L^{3/4}C^{1/4}$$

（3）给定 L 与 C ，可以通过函数计算出 P' ，并与 P 做比较，结果如表Ⅵ和图Ⅱ所示。

用表Ⅱ和表Ⅲ中的 L 与 C ，通过公式 $P' = 1.01L^{3/4}C^{1/4}$ 计算得到产量 P'，用表Ⅳ中记载的产量表示 P，P'和 P 之间的关系如表Ⅵ所示。

表Ⅵ

年　份	计算的产量 P' (1)	记载的产量 P (2)	百分比偏差 $\frac{(2)-(1)}{(2)}$	商业年报*
1899	101	100	-1	繁荣
1900	107	101	-6	繁荣；短暂衰退
1901	112	112	0	繁荣

〔29〕 这相当于假设劳动边际产量与每单位劳动产量成比例，且资本边际产量与每单位资本产量成比例。这些性质源于下一部分选用的函数。

续表

年　份	计算的产量 P' (1)	记载的产量 P (2)	百分比偏差 $\frac{(2)-(1)}{(2)}$	商业年报
1902	121	122	+ 0.8	繁荣
1903	126	124	- 1.6	繁荣；不景气
1904	123	122	- 0.8	轻微萧条；复苏
1905	133	143	+ 7.	繁荣
1906	141	152	+ 7.	繁荣
1907	148	151	+ 2.	繁荣，恐慌，不景气，萧条
1908	137	126	- 9.	萧条
1909	155	155	0	恢复，稍微繁荣
1910	160	159	- 0.6	不景气
1911	163	153	- 6.5	轻度萧条
1912	170	177	+ 4.	复苏；繁荣
1913	174	184	+ 5.5	繁荣；不景气
1914	171	169	- 1.2	萧条
1915	179	189	+ 5.	复苏；繁荣
1916	209	225	+ 7.2	繁荣
1917	227	227	0.	繁荣；战争活动
1918	236	223	- 6.	战争活动；不景气
1919	233	218	- 7.	复苏；繁荣
1920	236	231	- 2.2	繁荣；不景气，萧条
1921	194	179	- 8.4	萧条
1922	209	240	+ 13.	复苏；繁荣

* W. L. Thorp, *Business Annals*, p. 138 ff.

如果不考虑正负号，P' 与 P 的平均百分比偏差是 4.2%。事实上，如果以三年为平均间隔，P 比它本身移动的轨迹更靠近 P' 的位置，相应的标准差分别是 8.7 和 11.7。

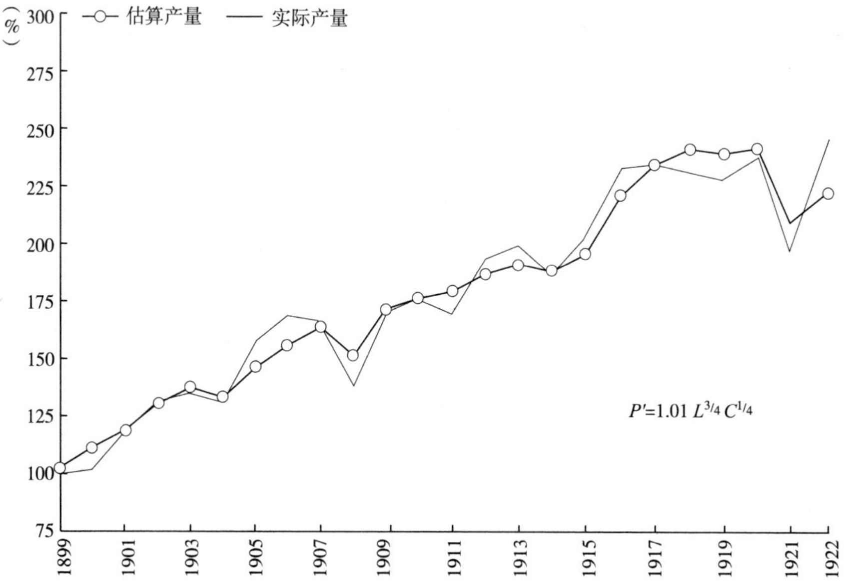

图Ⅱ　名义与实际生产曲线

表Ⅶ　P' 与 P 趋势的偏差（以三年为间隔移动的趋势）

年　份	P 与 P 趋势的偏差	P' 与 P' 趋势的偏差	年　份	P 与 P 趋势的偏差	P' 与 P' 趋势的偏差
1900	-3	0	1911	-10	-1
1901	0	-1	1912	6	1
1902	3	1	1913	7	2
1903	1	3	1914	-12	-4
1904	-8	-4	1915	-5	-7
1905	4	1	1916	11	4
1906	3	0	1917	2	3
1907	8	6	1918	0	4
1908	-18	-10	1919	-6	-2
1909	7	4	1920	22	15
1910	3	1	1921	-38	-19

（4）表Ⅵ和图Ⅱ很明显地表明 P' 的趋势与 P 的趋势（这里指以三年为平均移动间隔）极为相似。事实上 P' 是被如此构造的，其理应如此。对表Ⅶ和

图Ⅲ的研究也表明，在商业周期中，P' 的波动方向与 P 一致，而 P'（就相对趋势而言）的波动没有 P 的大，这是因为持续增长的 C 带来的持续影响。

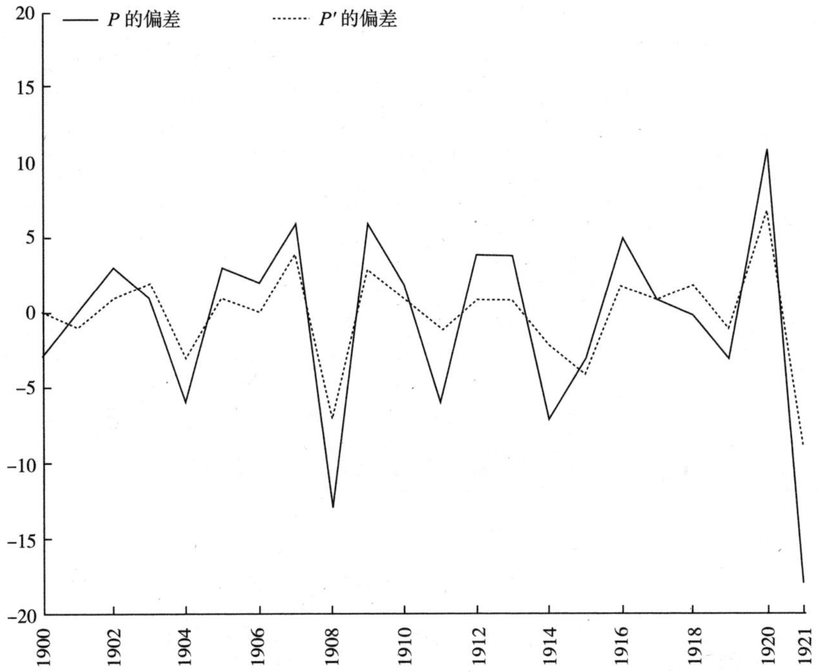

图Ⅲ

当我们把 W. L. Thorp 给出的商业年报考虑进来时，可以更加明显地发现（见表Ⅵ和图Ⅳ）[30]，一般来说我们在繁荣期计算得太少而在衰退期计算得太多。因此，不仅 P' 遵循商业周期，P' 与 P 的偏差也遵循商业周期。

（5）加入趋势后 P 与 P' 的相关系数是0.97，删掉趋势后是0.94。

到此为止，我们理所当然地认为，在“正常的”条件下，给定劳动和资本的数量，就可计算出“正常的”产量 P'。这些“正常”条件是虚拟的。例如，工人“平均”生产力或以购买力不变的美元计算的生产力被认为在这时期是一成不变的。在正常的条件下，不同时期的经营效率不会有或多或少的

[30] 注意图中百分比的代数符号与表中相反。

变化；既没有繁荣也没有衰退，亦没有诸如战争等情况发生；与实际状况下产量的差异可以通过上面商业年报加以逐年比较。

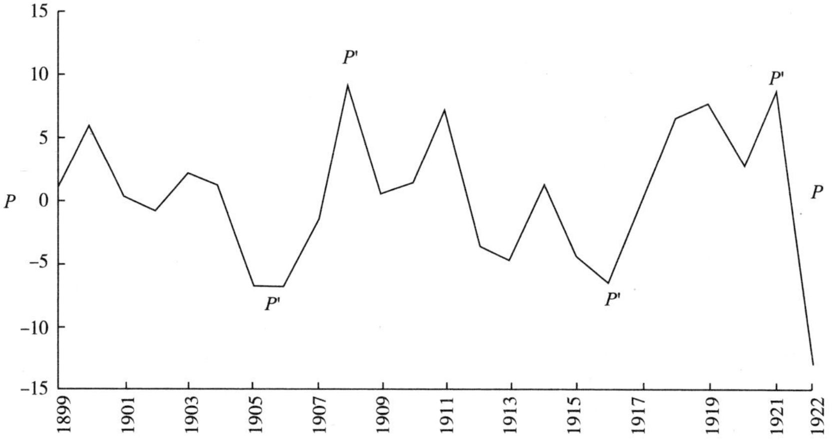

图Ⅵ　从实际产品计算出的百分比偏差（1899～1922年）

现在，我们可以对虚拟的产量 P' 进行数量分析。然而，除非我们进一步做出（或取消）特定的假设，我们不能将此分析运用到实际产量 P 上。让我们选择下面的假设并从推导出来的情况中证明它们的合理性。

（A）仅考虑制造业，那么实物产量（Physical Volume of Production）与产量（Volume of Production）成比例。

（B）P' 对 P 的任何偏离，都可以用 $L^{3/4}C^{1/4}$ 的系数变化来表达，所以有：

$$P = bL^{3/4}C^{1/4}$$

其中，b 值独立于 L 和 C 。

这两个假设与一项普遍的原则相符，即当我们没有量化的数据时就不考虑那些外力的数量影响。因此，系数 b 包含了这些外力的影响。

做出假设后，接着就是数学分析：

Ⅰ. 劳动的边际产量是 $3/4\ P/L$ 。

Ⅱ. 资本的边际产量是 $1/4\ P/C$ 。

Ⅲ. 总劳动产量是 $3/4P$ 。

Ⅳ. 总资本产量是 $1/4P$。

在研究的时段内，3/4 的产量来自劳动，1/4 的产量来自资本。

Ⅴ. 劳动单独的微小变化带来的生产弹性是 3/4 。

Ⅵ. 资本单独的微小变化带来的生产弹性是 1/4 。

这意味着相同微小百分比变化下劳动的影响是资本的 3 倍。

下一部分将证明上述六个定理。然而，自始就应记住的是，为了把注意力集中到这些概念上，我们的结果给出的是确定的数值，但是，这些数值本身却是针对某个一定的时期和某些一定的指标进行过修正的。当这些指标获得改善或时段有所变化时，常数 3/4 ，可能会以常数 0.6 或 0.7 的形态出现，也许成为一种变量，甚至函数 P' 的形式都会发生改变。

本文的目的并不是陈述结果，而是阐明一种解决问题的方法。我们选择一种明确的“生产常态”作为一种第一近似，但这并不能完全肯定我们立即就以可能最好的方式得到了这种方法。从根本上来说，选取某种常态的优点在于，它使我们获得了有逻辑的结果，允许我们在有数据的情况下与事实做比较；它使我们能更精准地讨论真理或谬误，得出结论，并把这种结论转化为假说。

七　数量分析

给定函数：

$$P = bL^{k}C^{1-k}$$

其中 b 是独立于 L 和 C 的，(为了修正思路) k 被当作等于 3/4 的常数。上一部分中的六个定理可以被下面的六个等式证明：

(1) $\frac{\partial P}{\partial L} = \frac{3}{4}\frac{P}{L}$

(2) $\frac{\partial P}{\partial C} = \frac{1}{4}\frac{P}{C}$

(3) $\frac{L\partial P}{\partial L} = \frac{3}{4}P$

(4) $C\frac{\partial P}{\partial C} = \frac{1}{4}P$

(5) $\frac{\partial(\log P)}{\partial(\log L)} = \frac{3}{4}$

(6) $\frac{\partial(\log P)}{\partial(\log C)} = \frac{1}{4}$

举例，如果 b 为1.01，那么：

$$\frac{\partial P}{\partial L} = 1.01 \times \frac{3}{4} \times \left(\frac{L}{C}\right)^{-1/4}; \ b = 1.01 \quad (7)$$

$$\frac{\partial P}{\partial C} = 1.01 \times \frac{1}{4} \times \left(\frac{L}{C}\right)^{3/4}; \ b = 1.01 \quad (8)$$

就像产量有一个接近的常态一样，等式（7）和等式（8）也遵循相同的规律，所以劳动的边际产量与资本的边际产量有接近的常态，即分别为曲线 $y = 1.01(L/C)^{-1/4}$ 和 $y = 1.01\ (L/C)^{3/4}$。

这三种常态与相应的数量高度相关，以至于一个数量，比如说产量比常态上升了5%，那么其他两个数量也比常态上升5%。这是出于代数特性：

$$\frac{P}{L} : \left(\frac{L}{C}\right)^{-1/4} = \frac{P}{C} : \left(\frac{L}{C}\right)^{3/4} = P : L^{3/4}C^{1/4} = b : 1$$

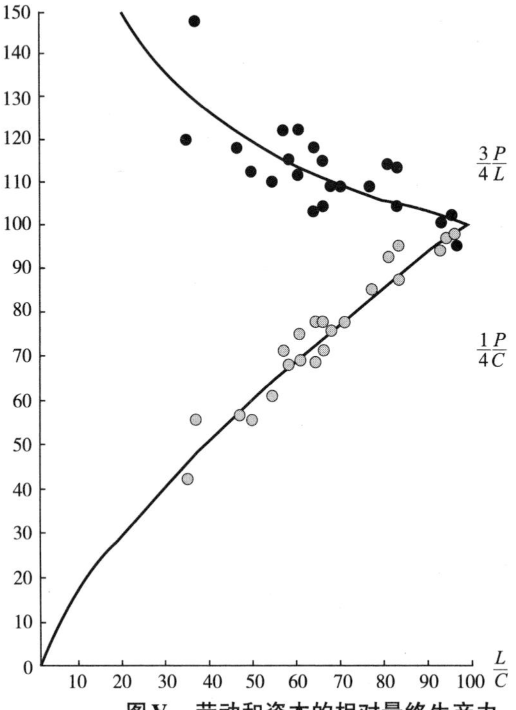

图V　劳动和资本的相对最终生产力

注：图中“常态”曲线并未使用1.01的系数，边际生产力的指数按比例降低。

现在，我们可以通过对等式（1）～等式（4）求导找到边际产量和总产量的变动率，把常数3/4换为不确定的 k 并记住 k 是小于1且为正的常数。

$$\frac{\partial}{\partial C}\left[\frac{\partial P}{\partial L}\right]=k(1-k)\frac{P}{LC} \tag{9}$$

$$\frac{\partial}{\partial L}\left[\frac{\partial P}{\partial C}\right]=k(1-k)\frac{P}{LC} \tag{10}$$

因此，当资本单独增加一单位时，单位劳动的生产率会提高。当劳动增加一单位时，单位资本的生产率会提高。等式（7）和等式（8）右边给出了这种提高的速率（L 和 C 的值固定时它们是相等的）的表达式。

$$\frac{\partial}{\partial L}\left[\frac{\partial P}{\partial L}\right]=k(k-1)\frac{P}{L^2} \tag{11}$$

因此（报酬递减），如果仅只增加一单位的劳动，单位劳动的生产率下降（因为 $k-1$ 是负的），速率由等式（11）右边给出。

类似的：

$$\frac{\partial}{\partial C}\left[\frac{\partial P}{\partial C}\right]=k(k-1)\frac{P}{C^2} \tag{12}$$

如果仅只增加一单位的资本，单位资本的生产率下降（因为 $k-1$ 是负的），速率由等式（12）右边给出。

$$\frac{\partial}{\partial L}\left[L\frac{\partial P}{\partial L}\right]=k^2\frac{P}{L} \tag{13}$$

因此，如果仅只增加一单位的劳动，劳动的总生产率提高，速率由等式（13）右边给出。

$$\frac{\partial}{\partial C}\left[C\frac{\partial P}{\partial C}\right]=(1-k)^2\frac{P}{C} \tag{14}$$

因此，如果仅只增加一单位的资本，资本的总生产率提高，速率由等式（14）右边给出。

$$\frac{\partial}{\partial L}\left[C\frac{\partial P}{\partial C}\right]=k(1-k)\frac{P}{L} \tag{15}$$

由此可知，如果仅只增加一单位的劳动，资本的总生产率将以等式（15）右边的速率提高。

$$\frac{\partial}{\partial C}\left[L\frac{\partial P}{\partial L}\right]=k(1-k)\frac{P}{C} \tag{16}$$

由此可知，当其他条件不变时，如果仅只增加一单位的资本，劳动的总生产率将以等式（16）右边的速率提高。

最后，如果假设 k 是变化的，那么 P' 变成三个自变量的函数，我们将得到一些新的定理。例如："如果 k 增长而 L 和 C 保持不变，若 L/C 大于 1，则 P' 增加，若 L/C 小于 1，则 P' 减少。"

因此，如果我们选择一个比 3/4 小的 k（比如说整个时期是 2/3），计算出 P' 的曲线将在以 3/4 计算出的 P' 的曲线之上，适用于 L/C 小于 1 的情况，这是这段时期绝大多数的情况。P 与新的 $P'=1.01L^{2/3}C^{1/3}$ 的关系由表Ⅷ给出。

表Ⅷ　P 与 $P'=1.01L^{2/3}C^{1/3}$ 的关系

年　份	P	P'	$\frac{P-P'}{P}\times100$	年　份	P	P'	$\frac{P-P'}{P}\times100$
1899	100	101	-1	1911	153	166	-8
1900	101	106	-5	1912	177	173	+2
1901	112	111	+1	1913	184	178	+3
1902	122	119	+3	1914	169	176	-4
1903	124	125	-1	1915	189	185	+2
1904	122	123	-1	1916	225	214	+5
1905	143	133	+7	1917	227	234	-3
1906	152	142	+7	1918	223	244	-9
1907	151	149	+1	1919	218	243	-11
1908	126	139	-10	1920	231	247	-7
1909	155	157	-1	1921	179	208	-16
1910	159	163	-3	1922	240	223	+7

八 上述理论如果正确，会有哪些推论

等式 $P' = 1.01L^{3/4}C^{1/4}$ 以相当精确的方式描述了这一时段制造业实际生产过程，指明了下面的内容。

（1）P 与 P' 的一致性，如表Ⅵ和图Ⅱ所示，相关系数为0.97。当平均移动间隔为3年时，P 与 P' 更加一致，P 与 P' 的百分比偏差的平均值（不考虑正负）总计只有2.6%，而逐年观察值为4.3%。P' 的三年移动平均值与 P 的三年移动平均值累计误差反而只有 -0.1%。

（2）用单位劳动表达的产量［$y = (L/C)^{-1/4}$］以及用单位资本表达的产量［$y = (L/C)^{3/4}$］的理论曲线是对“记载”的单位劳动的产量和单位资本的产量数值的最优拟合曲线。

（3）有时我们会受到质疑，即发现的资本、劳动和产量间关系仅仅只是巧合，如果把威斯康星的猪、牛数量的相对变动与制造业产量放在一起比较，或许能得出一样好的结论。在劳动、资本与产量之间存在着一种逻辑与经济学的联系，这在尝试用反证法证明的命题中是不存在的。另外，如图Ⅲ所示，P' 与 P 分别与它们平均三年移动的偏差移动十分接近，并且相关系数是0.94。这些事实表明了这种关系不是长期向上趋势的因子之一。

（4）事实上，P' 对 P 的偏差，几乎就是我们可以精确预期的那种情形。因而，在经济萧条时，大量资本必然会闲置，但我们的资本增长指数却没有显示出这种闲置的存在。类似的，由于萧条中工时缩短，工人工作时数减少，其比率高于受雇工人人数的减少。因此，我们可以预料计算出的 P' 应比实际指数 P 高。因而要注意，在经济萧条的1908年、1911年、1914年、1920年和1921年，P' 比 P 分别高出9%、7%、1%、2%和8%。在被认定存在某种程度的衰退或轻微萧条时，如1900年、1903年、1904年和1910年，P' 也比 P 分别高出6%、2%、1%和1%。

相反的，由于我们的劳动指数和资本指数都没有把繁荣期带来的过度工作和高强度资本使用考虑进来，可以推测在这些时期，P' 应比 P 小。由实践可知，在 1905 年和 1906 年两个经济繁荣的年份，P' 比 P 低 7%；在 1907 年，前三个季度非常活跃，P'比 P 低 2%；在 1912 年和 1913 年两个繁荣的年份，P' 比 P 分别低 5% 和 7%；在 1922 年，P' 比 P 低 13% 以上。

我们预期的一个例外是 1918 年和 1919 年。这两年是商业繁荣期，P' 反而比 P 高 6% 和 7%。这可能是因为劳动低效率造成的单位实际劳动产量比正常产量少。

九　分配过程是否接近于明显的生产定律

我们尝试检验这个理论，以辨别分配过程是否在某种程度上遵循我们自认为可推出的生产定律。通过先前描述的方法（见第六部分和第七部分），我们得到以 1899 年为基期的每年相对最终劳动实物产量，如下所示：

1899……100	1907……110	1915……123
1900……96	1908……104	1916……123
1901……102	1909……110	1917……116
1902……103	1910……110	1918……111
1903……101	1911……105	1919……113
1904……105	1912……116	1920……119
1905……114	1913……119	1921……121
1906……115	1914……113	1922……149

然后，以制造业产品的某种合成单位之交换价值乘以这些相应的实物生产率，我们就可以获得每年每个劳动者的相应价值产品。这种价值产品不同于相应的实物产量。之后，我们就可以对这一时期最后劳动的价值产品的变动与相应的工人实际工资的变动进行比较，从而确定这二者之间的一致程度。

在进行比较之前，有必要描述一下如何计算每单位制造业产品和整个制

造业的交换比率。这是通过实物产量指数乘以制造业商品价格水平与相应的一般价格水平之间的比率而得到的，即

$$实物产量指数 \times \frac{制造业商品价格水平}{一般价格水平}$$

制造业商品价格水平与一般价格水平的比率是由劳动统计局收集的批发价格统计数据计算得出的，如表Ⅸ所示。

表Ⅸ显示，以1899年作为基期，每单位制造业商品的购买力在后续的10年中不如基期强，在1910年达到最低值85。它的交换价值在后续年份中稍高，在1922年有所上升，但仍比1899年低10%。这反过来将总产值由240降到217，尽管1920年同样是217。但它是这时段的最高值。

表Ⅸ　制造业商品的相对价值以及制造业总产值（1899=100）

年　份	制造业商品的价值（1）	所有商品的价值（2）	制造业商品与所有商品价值的比率（3）*	总产值（实物产量乘以第三列）
1899	100	100	100	100
1900	105	108	98	99
1901	101	106	96	107
1902	103	113	91	111
1903	104	114	91	113
1904	103	114	90	109
1905	106	115	92	132
1906	112	118	95	144
1907	119	125	95	144
1908	110	120	91	115
1909	112	129	87	134
1910	115	135	85	136
1911	111	124	90	137
1912	116	132	88	156
1913	117	134	88	162
1914	113	131	86	146

续表

年份	制造业商品的价值（1）	所有商品的价值（2）	制造业商品与所有商品价值的比率（3）*	总产值（实物产量乘以第三列）
1915	119	135	88	167
1916	156	169	92	207
1917	210	237	89	201
1918	226	259	87	194
1919	242	276	89	191
1920	284	302	94	217
1921	186	196	95	170
1922	179	199	90	217

*第三列等于第一列除以第二列。

在后续的年份中，以最后单位劳动的相对实际产量乘以对应年份的每单位实际产品的相对交换比率，我们就可获得不同年份中最后单位劳动以价值计算的相对生产率，如表X所示，1899 年到 1908 年的平均值被确定为 100。[31]

接着将它与由本文作者之一计算的制造业实际工资指数做比较。[32] 为了避免对 1899 年完美相关性的假设，我们以 1899 年到 1908 年的平均值作为基准。该比较见表XI。

表X　1899～1922 年以价值计算的每单位劳动相对生产率

年份	以价值计算的每单位劳动相对生产率	年份	以价值计算的每单位劳动相对生产率
1899	101	1902	95
1900	95	1903	93
1901	99	1904	96

〔31〕价格数据来自劳动统计局的 Bulletin 300。用于构成制造业商品价格的类别包括：（1）食物；（2）面料和衣服；（3）化学试剂和药品；（4）金属和金属品；（5）建筑材料；（6）家具；（7）皮革、纸和纸浆、肥皂及烟草。

〔32〕Paul H. Douglas, "The Recent Movement of Real Wages and Its Economic Significance," *American Economic Review*, Supplement, March, 1926, p. 33.

续表

年　份	以价值计算的每单位劳动相对生产率	年　份	以价值计算的每单位劳动相对生产率
1905	106	1914	98
1906	111	1915	110
1907	105	1916	115
1908	96	1917	104
1909	97	1918	98
1910	95	1919	102
1911	96	1920	114
1912	103	1921	117
1913	106	1922	136

这些序列的相关系数是 +0.60，可能误差是 ±0.072，如果以 2 年为平均移动间隔比较 7 年中的差异，系数为 +0.89，可能误差是 ±0.03。然而，以 2 年为短期的移动实际上不存在关系，因为每个与其趋势的偏差相关系数只有 0.12。

与国家经济研究局对 1909～1918 年 10 年中制造业产品分配给劳动中比例的研究做了一个比较，是有趣的。研究发现，这些年中，工资和薪酬水平均占到制造业总增加值中的 74%。[33] 我们在公式中已经发现，当把 75% 的产量分配给劳动时，我们得到的结果非常接近于实际中正常生产的情形。

因此，对分配而言，存在一个明显的既定趋势，遵循生产定律。然而，为了避免某些人匆忙地误认为它为现有的社会和经济秩序提供了道义上的公正，我们要指出的是，即使存在精确的练习，它也不能为诸如资本在我们社会中是否应在现有程度上为私人占有之类的问题上提供线索。虽然资本可能是“多产的”，但它不表明资本主义总是这样。即使资本所有权发生改变，资本也将“富有生产力”。它也不能证明资本家把其收入投入使用中是对社会最

〔33〕 National Bureau of Economic Research, *Income in the United States*, Vol. 2, p. 98. 各年比例如下所示：

1909……72.2　1911……76.4　1913……74.5　1915……75.4　1917……71.0
1910……71.6　1912……74.5　1914……77.8　1916……68.7　1918……78.1

优的。因此，不论是社会主义者、共产主义者还是个人主义者，都可以在他的社会哲学中找到与我们提出的生产理论一致的地方。

表XI　1899～1922年制造业每个工人产值和真实工资的相对变动（1899～1908年的平均值=100）

年　份	（1）单位劳动产值（1899～1908年的平均值=100）	（2）真实工资（1899～1908年的平均值=100）	（3）（2）与（1）的百分比偏差	商业年报（概要）
1899	101	99	-2	
1900	95	98	+3	短期衰退
1901	99	101	+2	
1902	95	102	+7	
1903	93	100	+8	
1904	96	99	+ 3	稍不景气
1905	106	103	-3	
1906	111	101	-9	
1907	105	99	-6	
1908	96	94	-2	经济萧条
1909	97	102	+5	
1910	95	104	+9	
1911	96	97	+ 1	稍不景气
1912	103	99	-4	
1913	106	100	-6	
1914	98	99	+ 1	经济萧条
1915	110	99	-10	
1916	115	104	-10	
1917	104	103	-1	战争
1918	98	107	+ 9	战争
1919	102	111	+9	
1920	114	114	0	
1921	117	115	-2	经济萧条
1922	136	119	-13	

注：（1）不考虑符号的偏差之和=125%。

（2）平均偏差 $=\frac{125}{24}\times 100\% = 5.2\%$。

（3）考虑符号的偏差之和（$-68+57$）$\times 100\% = -11\%$。

（4）考虑符号的平均偏差 $=\frac{-11}{24}\times 100\% = -0.5\%$。

十　未来工作计划

最后，要澄清的是我们并没有声明完全解答了生产定理，我们只是对此做出了近似估计，并提出了一种解决方案。设计更精练的序列、使用不同的数学技巧以及对其他数据的分析，将有助于未来研究的进展。

因此，我们期待：（1）一个更精准的劳动供给指数，不仅更贴近体力劳动者真实相对工时，而且包含办公室雇员的工时；（2）一个更好的资本增长指数；（3）一个建立在 Thomas 博士卓著的研究基础之上的更精确的生产指数；（4）一个更精确的单位生产商品的相对价值指数。

在数据分析中，我们应该：（1）准备好设计公式，它并不一定要以每种要素对总产品的不变相对“贡献”为基础，允许年度间的差异；（2）尽可能排除生产过程中的时间因素。

我们从整个国家制造业劳动、资本、产量、价值和工资的变化中发展出了我们的理论。希望有机会将相同的或改进过的分析方法应用于其他工业，如运输业、矿业、公共设施等，既在本国又可在外国的相似领域加以分析。如果完成了这样的工作，我们将得到有趣的数据，例如为各种各样的工业归算出生产曲线的斜率；我们或许还能够为整个国家构造出各种整合的曲线，并根据这种构造，进行有趣的国际比较。

我们期待把自然资源作为第三个要素加入我们的等式中，看看它在多大程度上影响我们的结论，以及对地租规律会擦出什么样新的火花。

还有许多任务要花费我们大量的时间去完成，但我们认为对可能隐藏于经济现象背后的某种精确的关系加以探索与计量是很有必要的。

王佳遇 译　申始占 校

几近理想的需求系统模型*

安格斯·迪顿（Angus Deaton） 约翰·缪尔鲍尔（John Muellbauer）**

导 言

自从 Richard Stone（1954）第一次从消费者理论显式估计出一套需求方程以来，很多人都以此为基础，建立一些稍加变形的需求系统。人们提出很多不同的模型，但除去原始的线性支出系统，目前最重要的一个模型是 Rotterdam 模型（参见 Henri Theil，1965，1976；Anton Barten）以及超越对数（Translog）模型（参见 Laurits Christensen，Dale Jorgenson 以及 Lawrence Lau，Jorgenson 和 Lau）。人们常常试图估计这些模型，而且这些模型也常被用于检验需求理论的齐次性（homogeneity）和对称性假设。在本文中，我们提出并估计一个新模型，这个模型会和 Rotterdam 模型以及超越对数模型具有相似的一般性，但是比这两个模型有明显的优势。我们把这个模型叫作几近理想的需求系统 *AIDS*（Almost Ideal Demand System）（作者在这里开了个双关语的玩笑，因为 AIDS 也是艾滋病的简写——译者注）。这个系统能够任意地一阶近似所有的需求系统；它能完全满足选择公理；它无需要求恩格尔曲线为平行的直线，就能完美地对所有消费者进行加总；它有一个函数形式而且该函数能和已知

---

* 原文发表于 1980 年第 70 卷第 3 期。

** 作者分别来自布里斯托大学（University of Bristol）和伦敦大学伯贝克学院（Birbeck College，London）。感谢 David Mitchell 帮助我们做计算，也感谢 Anton Barten，David Hendry，Claus Lester，Louis Phlips 和一个匿名审稿人对我们早期草稿的有益建议。

的家庭收支预算（household - budget）数据相一致；它很容易被估计，因此很大程度上能避免非线性估计；它也能通过对固定参数施加线性约束来检验齐次性和对称性的约束。虽然 Rotterdam 模型和超越对数模型也部分地具有上述优良性质，但没有一个模型同时具备所有的性质。

在本文的第一部分，我们会讨论 *AIDS* 的理论特性，并证明 *AIDS* 具有上述优良性质。在第二部分，我们用战后英国数据估计这个模型，然后用估计结果来检验齐次性和对称性约束。我们的检验结果和之前的文献结果相一致，都充分拒绝了这两个约束。我们也发现若引入齐次性约束，则会使方程的误差项产生正序列相关，而这个结果会强烈拒绝这些约束条件。这表明在需求分析中拒绝齐次性可能由动态消费行为研究的欠缺所致。最后，在第三部分，我们总结全文并做出结论。我们认为，本文的结果表明，*AIDS* 可以被用于对传统的需求分析进行检测、扩展和改进常规需求的分析。当然这并不意味着该系统特别是它的简化的静态形式，可以被视为消费者行为的完全令人满意的解释。事实上，通过提出一个优于既往的需求系统，我们希望能够更清楚地揭示传统方法存在的问题，并提出解决方案。

Ⅰ　AIDS 的具体化

在最近研究需求方程组的文献中，一般的起点是提出一个函数，这个函数可以充当任意的直接或间接的效用函数（少数情况下也用于成本函数）的二阶近似。例如 Christensen、Jorgenson 和 Lau；W. Erwin Diewert（1971）或 Ernst Berndt、Masako Darrough 和 Diewert。另一个替代方法是，使用需求函数本身的一阶近似，如 Rotterdam 模型，见 Theil（1965，1976）；Barten。为了一般化，我们应遵循这一方法，但我们不是从某一任意的偏好排序开始推导，而是从一个特定偏好类别开始推导，这种偏好根据 Muellbauer（1975，1976）的定理可以将消费者进行准确的加总，从而使市场需求表示为一个理性的具有代表性的消费者的决定结果。这些偏好被称为 *PIGLOG* 类，可通过成本函数或支出函数来表示，上述函数定义了在给定价格下达到一个特定效用水平的最低支出。我们将这个函数记为 $c(u, p)$，其中 u 表示效用，p 为价格向量，并定义 *PIGLOG* 类为：

$$log\ c(u,p) = (1-u)log\{a(p)\} + u\ log\{b(p)\} \tag{1}$$

除了一些例外（见附录），u 位于 0（勉强生存）和 1（极乐幸福）之间，由此正线性齐次方程 $a(p)$ 和 $b(p)$ 可以分别看作是勉强生存和极乐幸福的成本。附录进一步讨论了这个函数的一般化模型，以及隐含的加总理论的应用。

接着，我们赋予 $log\ a(p)$ 和 $log\ b(p)$ 具体的函数形式。为了使得到的成本函数有一个灵活的函数形式，它必须具有足够的参数，使得在任意一点其导数 $\partial c/\partial p_i$，$\partial c/\partial u$，$\partial^2 c/\partial p_i \partial p_j$，$\partial^2 c/\partial u \partial p_i$ 以及 $\partial^2 c/\partial u^2$ 可以被设定为等于任意的成本函数。我们取：

$$log\ a(p) = a_0 + \sum_k \alpha_k\ log\ p_k + \frac{1}{2}\sum_k \sum_j \gamma_{kj}^*\ log\ p_k log\ p_j \tag{2}$$

$$log\ b(p) = log\ a(p) + \beta_0 \prod_k p_k^{\beta_k} \tag{3}$$

从而使 *AIDS* 成本函数可被写为：

$$log\ c(u,p) = \alpha_0 + \sum_k \alpha_k log\ p_k + \frac{1}{2}\sum_k \sum_j \gamma_{kj}^*\ log\ p_k\ log\ p_j + u\beta_0 \prod_k p_k^{\beta_k} \tag{4}$$

其中，α_i，β_i 和 γ_{ij}^* 为参数。可以很容易看出如果满足假设 $\sum_i \alpha_i = 1$，$\sum_j \gamma_{kj}^* = \sum_k \gamma_{kj}^* = \sum_j \beta_j = 0$，则 $c(u,p)$ 对 p 是线性齐次的（因为它必须是偏好的有效表示）。另外，显然式（4）具有足够的参数以确保它是灵活的函数形式，因为只要记住效用是序数，我们随时都可以选择将其标准化，使其在一个点上有 $\partial^2 log\ c/\partial u^2 = 0$。在式（2）和式（3）中对 $a(p)$ 和 $b(p)$ 的函数形式的选择取决于我们对灵活的函数形式的需要。然而这不是首要原因，对函数形式选择的主要理由是，由这种特定选择推导出来的需求函数系统会满足我们下面展示的所希望的性能。

需求函数可以直接从方程（4）导出。这是成本函数的基本属性（见

Ronald Shephard，1953，1970，或 Diewert 1974 年的调查问卷)，满足其价格的导数等于需求量：$\partial c(u,p)/\partial p_i = q_i$。等式两边均乘以 $p_i/c(u,p)$，我们得到：

$$\frac{\partial log\ c(u,p)}{\partial log\ p_i} = \frac{p_i q_i}{c(u,p)} = w_i \tag{5}$$

其中 w_i 是商品 i 的预算份额。因此，对式（4）进行对数微分，我们可把预算份额转换为价格和效用的函数：

$$w_i = \alpha_i + \sum_j \gamma_{ij} log\ p_j + \beta_i u \beta_0 \prod p_k^{\beta_k} \tag{6}$$

其中：

$$\gamma_{ij} = \frac{1}{2}(\gamma_{ij}^* + \gamma_{ji}^*) \tag{7}$$

对于一个效用最大化的消费者，总支出 x 等于 $c(u,p)$，并且 u 可看作是 p 和 x 的函数，因此这个等式可以转换为间接效用函数。如果我们对式（4）依上进行变换，并将结果代入式（6），我们就得到预算份额关于 p 和 x 的函数，即是 *AIDS* 需求函数的预算份额形式：

$$w_i = \alpha_i + \sum_j \gamma_{ij} log\ p_j + \beta_i log\{x/P\} \tag{8}$$

其中，P 是价格指数，其定义为：

$$log\ P = \alpha_0 + \sum_k \alpha_k log\ p_k + \frac{1}{2}\sum_j \sum_k \gamma_{kj} log\ p_k log\ p_j \tag{9}$$

对式（4）的参数的限制，再加上等式（7），意味着对 *AIDS* 等式（8）的参数的限制。我们把这些限制总结为：

$$\sum_{i=1}^{n} \alpha_i = 1 \quad \sum_{i=1}^{n} \gamma_{ij} = 0 \quad \sum_{i=1}^{n} \beta_i = 0 \tag{10}$$

$$\sum_j \gamma_{ij} = 0 \tag{11}$$

$$\gamma_{ij} = \gamma_{ji} \tag{12}$$

假设式（10）、式（11）和式（12）皆成立，等式（8）表示的需求函数

（其加总即为总支出，$\sum w_i = 1$）对价格和总支出都是零次齐次的，并且也满足斯勒茨基对称性（Slutsky Symmetry）。考虑到以上特点，*AIDS* 可被简单地理解为：在相对价格和“真正的”支出（x/P）没有发生变化时，预算份额就是不变的，这是使用该模型进行预测的一个自然出发点。相对价格的变化通过 γ_{ij}发挥作用，而每一个 γ_{ij}代表在（x/P）保持不变时，第 j 个商品的价格每增加1%，第 i 个商品的预算份额会变动 10^2 倍。实际支出的变化则通过 β_i 系数产生作用。它们的和都是零，对奢侈品而言为正，对必需品而言为负。进一步的解释可见导言部分的论述。

A 对住户进行加总

在 Muellbauer（1975，1976，其要点总结于附录）开发的加总理论表明准确的加总是可能的，条件是对于一个单独的家庭 h，其行为符合式（8）的一般化定义：

$$w_{ih} = \alpha_i + \sum_j \gamma_{ij} log\ p_j + \beta_i log\{x_h/k_h P\} \tag{8'}$$

参数 k_h 可以解释为家庭规模的一个精密测量，原则上，它可以包含年龄结构及其他家庭特点，以及家庭规模的经济影响；k_h 可以用来计算人均预算 x_h，从而将其按“需要”修订到人均水平。这将允许不同住户的偏好有一些有限的变化。在所有住户的总预算中对商品 i 的总支出 $\overline{w}_i$ 由下式给出：

$$\sum_h p_i q_{ih} / \sum x_h \equiv \sum_h x_h w_{ih} / \sum x_h$$

将上式代入式（8′）得到：

$$\overline{w}_i = \alpha_i + \sum_j \gamma_{ij} log\ p_j - \beta_i log\ P + \beta_i \{ \sum_h x_h log(x_h/k_h) / \sum x_h \} \tag{8''}$$

其中，加总指标 k 定义为：

$$log(\bar{x}/k) \equiv \sum_h x_h log(x_h/k_h) / \sum x_h \tag{13}$$

其中，$\bar{x}$ 是总支出 x_h 的平均水平。因此式（8″）变成：

$$\overline{w}_i = \alpha_i + \sum_j \gamma_{ij} log\ p_j + \beta_i log(\bar{x}/kP) \qquad (8''')$$

这在形式上与式（8′）相同，并且这证实了在这些假设下，加总的预算份额可对应于一个理性的代表性家庭，而这个家庭的偏好是由 *AIDS* 成本函数式（4）推导出来的，其预算也是给定的，即“代表性预算水平” $\bar{x}/k$。

指标 k 也有一个有趣的解释。如果每户有同样的口味（对于所有的 h 有 $k_h = 1$），k 将是家庭预算分配的一个平等性指标。事实上，该指数等价于 Theil（1972）用来测量平等性的熵 Z 按住户人数 H 取平均的结果。其中 $log\ Z = -\sum (x_h/X) log(x_h/X)$，$X$ 是总预算；当完全平等时，对于所有的 h 有 $x_h = \bar{x}$，此时 Z 达到 H 的最高水平。因此，随着不平等加剧，$k = Z / H$ 减小，代表性预算水平则提高。当 k_h 在各个家庭中不同时，例如因家庭组成的差异而不同，则指标 k 不仅反映预算的分配情况，也反映人口结构。在理想的情况下，人们可能会试图在横截面研究中对家庭特征和 k_h 变量进行建模，并且对于给定的时间序列数据（包含家庭预算和家庭特征的联合分布信息），可以构造一系列 k 值以拟合式（8‴）。数据的局限性使我们无法在下面的实证应用中实践这项建议。只要 k 为常数或与 $\bar{x}$ 或 p 不相关，则不会因为缺失 k 或重定义 $\alpha_i^* = \alpha_i - \beta_i log\ k^*$（其中 k^* 是常数或 k 的样本均值）而导致遗漏变量的偏差。

当除了家庭预算的均等分配（equiproportional）变化之外，家庭预算的分布和家庭特征都不变时，k 即为常数。在这种情况下，即便不改变体现在式（8‴）的代表性消费者假说的有效性，个人需求函数的偏好还是会有所不同。事实上，不仅对于所有的 i 而言，α_{ih} 可以在不同的家庭中取不同的值，而且对于所有的 i 和 j 而言 γ_{ijh} 也可以在不同的家庭中取不同的值，此时，式（8‴）的参数 α_i 和 γ_{ij} 则可以作为微观参数平均值的权重。

B　模型的一般化

AIDS 成本函数的灵活函数属性意味着，从它推导出来的需求函数可以一

阶近似任何一组从效用最大化的行为推导出来的需求函数。因此，*AIDS* 像其他灵活的函数形式（如超越对数模型或 Rotterdam 模型）一样具有一般性。然而，如果不假设最大化行为，仅仅是要求需求是预算和价格的连续函数，那么 *AIDS* 需求函数（8）［去掉限制条件（11）、（12）］仍然可以提供一阶逼近。一般情况下，没有最大化假设，我们可以把预算份额 w_i 看作 $logp$ 和 $logx$ 的未知函数。根据式（8）和式（9），*AIDS* 的导数为 $\partial w_i/\partial log\ x = \beta_i$ 和 $\partial w_i/\partial log\ p_j = \gamma_{ij} - \beta_i\alpha_j - \beta_i \sum \gamma_{jk} log\ p_k$，从而在任何时候，我们都可以选择 β 和 γ 的值，使得 *AIDS* 的导数与任何真实的模型都相同。鉴于参数 α 是截距项，因此 *AIDS* 可以提供任何真正需求系统的一个局部一阶近似，不管它是不是从选择理论推导而出的。这个属性是很重要的，因为它意味着，对称的齐次性是基于一个有意义的假设，从而可以被广泛接受。

但是，模型的一般化也不是没有问题的。式（18）中有大量参数，而在大多数数据集中，这些参数不太可能都被确定。因此，我们有必要给出一些简单的程序以减除一些不必要的参数，从而无需考虑模型参数带来的一些不良属性。在 *AIDS* 中，可以通过对参数 γ_{ij} 施加限制来实现，只要这些限制在实证上或理论上合理即可。如我们将在下面看到的，在许多情况下，有可能在单个方程的基础上强加这些限制。一个明显的限制是，对于一些 (i,j)，γ_{ij} 应该等于零；对于这样的 (i,j)，如果（x/P）保持不变，则每一个预算份额都独立于其他价格。另外，可以表明 γ_{ij} 与补偿交叉价格弹性具有大致相同的符号，这对事先去掉一些限制也是有用的。当然，我们不应该指望所有的 γ_{ij} 都为零；在 γ_{ij} 都为零时的模型 $w_i = \alpha_i + \beta_i log(x/P)$ 其限制极为严格，Deaton（1978）已对其进行了测试并拒绝了这一模型。

C　限制

如果我们从方程（8）、（9）开始，以之作为我们的基本假设（maintained hypothesis），我们便可以检查限制式（10）~（12）的影响，上文解释过式（10）~（12）的限制是为了使模型与需求理论相一致。条件（10）是可加性限制，可以容易地从式（8）看出，式（10）保证了 $\sum w_i \equiv 1$。需求函数的齐次性需要限制（11），这可以根据逐个方程进行验证。斯勒茨基对称性满足式（8）的条件是当且仅当对称性限制（12）成立。与其他灵活的函数形式类似，函数的负性（negativity）不能由单独的参数的任何限制保证。但对于任何给定的估计，函数的负性可以通过计算斯勒茨基矩阵的特征值进行检查。在实践中，使用 $k_{ij} = p_i p_j s_{ij}/x$ 而不是 s_{ij} 会更容易，因为 k_{ij} 的特征值具有与 s_{ij} 相同的符号，k_{ij} 由下式给出：

$$k_{ij} = \gamma_{ij} + \beta_i \beta_j log \frac{x}{P} - w_i \delta_{ij} + w_i w_j \tag{14}$$

其中，δ_{ij} 是克罗内克（Kronecker）函数中的 *delta*。需要注意的是，除了这个负性的条件，所有其他限制都可以只使用参数来表达为这些参数的线性约束，因此这些限制可以在全局中使用标准的方法来处理。

D 估计

在一般情况下，估计可通过将式（9）代入式（8）来进行：

$$w_i = (\alpha_i - \beta_i \alpha_0) + \sum_j \gamma_{ij} log\ p_j + \beta_i \left\{ log\ x - \sum_k \alpha_k log\ p_k - \frac{1}{2} \sum_k \sum_j \gamma_{kj} log\ p_k log\ p_j \right\} \tag{15}$$

估计该非线性的系统时可以通过最大似然法或其他的方法，不管有没有式（11）和式（12）的限制［请注意，由于数据是加总的，因此式（10）是不可测试的］。式（15）的估计并不困难，因为似然函数最大化的一阶条件在给定 β 时是 α 和 γ 的线性函数（反之亦然），从而使得“精度”（concentration）允许在参数的子集中进行迭代（参见 Deaton，1975，pp. 46 - 49 的例子）。虽然式（15）中的所有参数都可以在独立变量有足够大的变动时被确定，但在许多例子中，α_0 的实际识别很可能是有问题的。这个参数只根据式（15）中的 α_i 来确定，α_i 存在于式（15）的大括号内，原来在式（9）的 *log P* 函数中出现。然而，在个别价格间出现密切的共线性的情况下，*log P* 不太可能对其权重非常敏感，从而使得式（15）中 α_0的变化引起的截距项的变化可以与 α 的效果抵消，从而使其对 $log\ P$ 的影响非常小。在实践中这个问题可以通过将值先验地赋予 α_0来克服。由于这一参数可以解释为价格被归一时（一般在基准年，见附录）所需要的生活最低标准，因此为其选择一个合理的值并不太难。

然而，在许多情况下，有可能利用价格的共线性来产生一个更简单的估计。式（8）中若 P 是已知的，该模型将对参数 α、β、γ 是线性的，因此对其估计（至少应没有联合方程的限制，例如对称性要求）可以用最小二乘法来完成，并且在这种情况下和误差服从正态分布时，它相当于该系统作为一个整体的最大似然估计。在可加性限制式（10）中，这些估计的条件自动满足。在价格有密切的共线性时，我们就可能足够地近似 P，例如使 P 与已知指数 P^* 成正比。在式（8）、式（9）中的一个可用的方法是 Stone（1953）的指数 $log\ P^* = \sum w_k log\ p_k$ 。如果满足 $P \simeq \phi P^*$，则式（8）可以被估计为：

$$w_i = (\alpha_i - \beta_i log\ \phi) + \sum_j \gamma_{ij} log\ p_j + \beta_i log\left(\frac{x}{P^*}\right) \tag{16}$$

需要注意的是，在此框架中，参数 α_i是作为β_i的一个标量倍数来识别的；如果我们记 $\alpha_i^* = \alpha_i - \beta_i log\ \phi$，则很容易看出，要满足可加性限制，我们需要 $\sum \alpha_k^* = 0$ ，因为 $\sum \beta_k = 0$ 。

在下面的实证结果中，我们将估计式（15）和式（16）并将表明，后者是前者的一个很好的近似。然而，必须强调的是，式（16）只是式（15）的一个近似，而且只有在特定条件下这个近似才是准确的，好在时间序列估计中这一特定条件广泛存在。最后请注意，如果用单方程估计研究参数 γ 可能的限制（如同在 B 部分讨论的那样），那么约束的最小二乘估计将不再自动成为最大似然的、有效的、满足可加性限制的估计。因此，一旦施加限制条件，式（15）应该被用来重新估计整个系统。

E　与预算研究和 Rotterdam 模型的关系

对于恰当的 ξ_i 方程，与式（8）对应的恩格尔曲线将采取 $p_iq_i = \xi_ix + \beta_ix \log x$ 的形式。除非 $\beta_i = 0$，否则上式显然不是线性的。因此，该模型可广泛适用于时间序列模型和横截面模型，因为时间序列模型在汇总恩格尔曲线时要求恩格尔曲线满足线性，而横截面模型通常是非线性的。事实上，早在 1943 年 Holbrook Working 就使用了 *PIGLOG* 恩格尔曲线 $w_i = \xi_i + \beta_i \log x$，最近 Claus Leser（1963，1976）也推荐使用这一模型，因为它在广泛的情况下可为横截面数据提供极好的拟合。

在时间序列的背景下，*AIDS* 与 Theil（1965，1976）的 Rotterdam 模型以及 Barten 模型有密切的关系。式（8）的一阶差分形式是：

$$\Delta w_i = \beta_i \Delta \log\left(\frac{x}{P}\right) + \sum_j \gamma_{ij} \Delta \log p_j \tag{17}$$

式（17）中除了 $\Delta \log P$ 项外，都与参数 α 无关。这种关系可以将式（17）展开时看得更清楚，即：

$$\Delta w_i = \beta_i \left\{ \Delta \log x - \sum_k \alpha_k \Delta \log p_k - \frac{1}{2} \sum_k \sum_j \gamma_{kj} \Delta(\log p_j \log p_k) \right\} + \sum_j \gamma_{ij} \Delta \log p_j \tag{18}$$

由此，除 α_0 之外的所有参数在理论上都是可以估计出来的，但在实践中如果价格是几乎共线的，则 γ_{ij} 和 $\beta_i\alpha_j$ 在拟合式（18）时的可替代性意味着估计式（17）的唯一可行的方法是用一些指数来替代 $\Delta \log P$，例如用上文提及的 $\Delta(\sum w_k \log p_k)$ 或其近似 $\sum w_k \Delta \log p_k$ 来替代。在用 $\sum w_k \Delta \log p_k$ 来替代的情况下，式（17）的右侧便与 Rotterdam 模型的右侧相同了：

$$w_i \Delta \log q_i = b_i \{ \Delta \log x - \sum w_k \Delta \log p_k \} + \sum_j c_{ij} \Delta \log p_j \tag{19}$$

不过，*AIDS* 的因变量与式（19）的 $w_i \Delta \log q_i$ 不同，而是 Δw_i 或 $w_i \Delta \log w_i$。因此，通过将 Rotterdam 模型中的因变量 $w_i \Delta \log q_i$ 替换为 $w_i \Delta \log w_i$，加上

$w_i\Delta log(p_i/x)$ 我们便得到 *AIDS* 的一阶差分形式。两个模型在形式上的相似性是相当惊人的：两者都是线性的，而且两者都可以用来测试齐次性和对称性，对常数参数仅有线性限制。但是请注意，两个模型的参数具有不同的解释，例如，负性条件直接适用于 Rotterdam 模型中的价格效应矩阵，但在 *AIDS* 中这一条件并不适用。两个模型之间最关键的区别在于，与式（19）不同，式（17）是从一个明确的需求函数式（8）和一个良好定义的偏好式（4）中导出的。对于需求的预测而言，这种差异可能不是非常重要，但在许多其他情况下，例如，在计算生活成本指数、家庭等价尺度或最佳税率时，能够将估计的参数值与偏好本身联系在一起，就具有十分重要的意义了。

Ⅱ　应用于战后的英国数据

在本节中，我们采用年度英国数据来估计上述模型，该数据涵盖了 1954 年到 1974 年消费者对八种非耐用品支出的数据，即食品、服装、住房、燃料、饮料和烟草、交通和通信、其他商品、其他服务。如第 I 部分 A 节中讨论的，如果我们假设式（8‴）的指数 k 是常数或它的导数独立于平均预算和价格，则省略 k 也不会导致估计出现偏差。特别是，我们允许式（8‴）的截距包含 $-\beta_i log\ k$ 一项，接着我们首先按照第 I 部分 D 节描述的策略，对每一年设定 $log\ P^* = \sum w_k log\ p_k$，并对每种商品分别用最小二乘法估计式（16）。然后该系统再次使用 P^* 进行逐个方程的估计，以测试齐次性条件。为代替式（16），我们代入式（11），得到：

$$\bar{w}_i = \alpha_i^* + \sum_{j=1}^{n-1} \gamma_{ij} log\left(\frac{p_j}{p_n}\right) + \beta_i log\left(\frac{\bar{x}}{P^*}\right) \tag{20}$$

在此阶段，我们逐个方程计算 F 值，以测试限制的有效性。

下一阶段是要求 γ 具有对称性，此时我们用“正确的”价格指数式（9）

来替换 P^*，并为 α_0 选取合适的值。与齐次模型或不受约束模型不同，对称性模型涉及跨方程式的限制，因此估计中残差的方差－协方差矩阵首次起了重要作用。由于这个矩阵是未知的，通常的做法是使用最大似然估计。然而，由于仅有21个观测值，式（15）的最大似然估计是不切实可行的，因为每个方程式中都有很多的参数，要使每一个方程式都完美地拟合，其似然值会变得任意大。[1] 这一困难只能通过为残差的方差－协方差矩阵假定一个特定结构来解决。按照Deaton（1975，p. 39），我们假设 $V = \sigma^2(I - ii')$，其中 V 是残差的方差－协方差矩阵，σ^2 是要估计的一个（正）参数，I 是一个 $n \times n$ 单位矩阵，i 是一个向量，其每个元素的值为 $(n)^{-1/2}$，在这种情况下，最大似然估计被简化为最小二乘估计，所以无需最小化不同产品的残余的矩阵行列式，我们只需最小化其迹（trace）便可。以下引用的似然值便是在此假设下被计算的。再次，我们在估计中尽量使用代入法，从而根据对称性，式（15）的估计仅使用14个独立的 α_i^* 和 β_i，并且28个参数形成了 γ 的右上三角矩阵，其中矩阵的最后一行和一列都被删除。我们现在检查 P^* 和 P 是否充分接近以允许我们利用两种方法来比较其似然函数：第一种方法是直接评价这两个指数；第二种方法是重新估计无限制模型和齐次模型并从对称模型的估计中计算 P 值。另外，在这个阶段我们也可以通过使用对称参数计算矩阵在式（14）的特征值，从而检查其凹性。最后，我们将模型进行一阶差分并重复上述整个过程，即把方程（17）加入截距项。共线性使我们无法将 P 与这些回归参数的估计值相关联，因此我们在整个过程中不得不使用对称估计中计算的 P 值。

请注意，不管齐次性是否被拒绝，我们都会检测对称性。而Grayham Mizon的意见是如果齐次性被拒绝，则根据最优推断就不必检测对称性了。如果确定我们的基本假设（maintained hypothesis）是成立的，则Mizon的批评是正确的，但在一定程度上，这是一个选择的问题。许多经

---

〔1〕 我们感谢Teun Kloek为我们指出这一点。

济学家会选择不测试齐次性，将货币幻觉的缺失作为假设，在这种情况下对对称性的检测将是有趣的。即使该基本假设被证明是错误的，在此基础上的检测也不一定毫无价值。甚至这一基本假设已被广泛接受，但很少计量经济学的检测是在这一基本假设的框架内进行的，更别说不容置疑的有效性。

表1显示了使用 P^* 对式（16）的第一阶段估计，这次估计没有对式（10）之外的其他参数施加任何约束条件，而式（10）也是自动满足的。在估计 β 时我们将食品和住房看作必需品，而把其他商品都看作奢侈品。γ 的大量系数都是显著不为零的：64个 γ 系数中有22个系数的 t 值绝对值都大于2。即使如此，这些变量几乎没有产生对燃料的价值份额可察觉的影响，同时也很少有变量对其他商品或其他服务的方程有较大影响。同样地，它们对燃料、交通和通信以及其他服务的价格的影响也很小（当然，除了通过 P^* 和其本身的份额之外），而食品、饮料和烟草、其他服务的价格则似乎具有相当的规律性。总支出和自价格弹性见表2的前两列，虽然食品具有一个（不显著）的正价格弹性，但这一数字是可信的，并与其他研究一致。注意需求的价格一般缺乏弹性；只有交通和通信似乎是具有价格弹性的。

表1还显示，在 $\sum \gamma_{ij}$ 一栏，即不受约束的 γ_{ij} 矩阵的行之和，其数字是在所有的价格和总支出增长了1%时对每个值份额的绝对影响的 10^2 倍。而根据齐次性，这个数字应该是0。括号内的 t 检测说明这一数字与0的差别程度。当然，这些数字是与 F 比率的平方根相同的［F 比率是由比较式（16）和式（20）的方程残差和的平方得到的］。因此，价格和支出的比例增加将减少对食品和服装的支出，并提高对住房、交通和通信的支出。这也对应于表2中1、2列和3、4列中的巨大差别。齐次性产生的其他偏差则不显著。表1的最后一列给出了方程的标准误、R^2 和 Durbin - Watson 统计量，以用于有限制和无限制的估计。请注意，对于这四个商品群组中齐次性被拒绝，Durbin - Watson 统计量在每种情况都急剧下降。

表 1　无约束的参数估计和齐次性的测试（括号内为 t 值）

商品 i	α_i^*	β_i	γ_{i1}	γ_{i2}	γ_{i3}	γ_{i4}	γ_{i5}	γ_{i6}	γ_{i7}	γ_{i8}	$\sum_j \gamma_{ij}$	$S.E.E.$ (10^{-2})	R^2	$D.W.$
食　品	1.221 (7.4)	-0.160 (-6.1)	0.186 (9.8)	-0.077 (4.3)	-0.013 (-0.8)	-0.020 (-1.1)	-0.058 (-6.2)	0.032 (1.3)	0.015 (0.7)	-0.098 (-4.2)	-0.033 (-4.4)	0.113 0.180	0.999 0.998	2.33 1.74
服　装	-0.482 (-3.1)	0.091 (3.7)	0.033 (1.8)	0.016 (1.0)	-0.024 (-1.6)	-0.026 (-1.5)	-0.029 (-3.3)	0.014 (0.6)	0.033 (1.6)	-0.049 (-2.2)	-0.032 (-4.5)	0.106 0.171	0.984 0.955	2.29 1.55
住　房	0.793 (6.3)	-0.104 (-5.1)	-0.082 (-5.6)	-0.9 (-0.7)	0.088 (7.2)	0.9 (0.7)	0.033 (4.7)	-0.055 (-2.9)	-0.030 (-1.8)	0.098 (5.5)	0.051 (9.1)	0.086 0.241	0.999 0.992	1.89 1.29
燃　料	-0.159 (-0.8)	0.033 (1.0)	-0.042 (-1.8)	0.010 (0.4)	-0.011 (-0.5)	0.037 (1.6)	-0.004 (-0.3)	0.022 (0.7)	0.007 (0.3)	-0.031 (-1.1)	-0.010 (-1.1)	0.140 0.141	0.883 0.870	2.25 2.03
饮料和烟草	-0.043 (-0.3)	0.028 (1.2)	-0.043 (-2.6)	0.034 (2.2)	-0.027 (-1.9)	-0.020 (-1.2)	0.056 (6.9)	0.005 (0.2)	-0.018 (-0.9)	0.014 (0.7)	0.001 (0.0)	0.099 0.095	0.969 0.969	2.96 2.93
交通和通信	-0.061 (-0.9)	0.029 (2.6)	-0.022 (-2.7)	-0.012 (-1.6)	-0.002 (-0.3)	0.011 (1.4)	0.060 (15.2)	-0.023 (-2.2)	-0.024 (-2.6)	0.053 (5.3)	0.040 (13.1)	0.047 0.184	1.000 0.992	2.24 1.36
其他商品	-0.038 (-0.2)	0.022 (0.9)	0.001 (0.0)	-0.003 (-0.2)	-0.001 (-0.0)	-0.006 (-0.3)	-0.030 (-3.4)	0.007 (0.3)	0.032 (1.5)	-0.006 (-0.2)	-0.005 (0.7)	0.108 0.106	0.885 0.880	1.92 1.91
其他服务	-0.231 (-1.5)	0.060 (2.4)	-0.032 (-1.8)	0.041 (2.4)	-0.011 (-0.7)	0.014 (0.8)	-0.028 (-3.1)	-0.003 (-0.1)	-0.015 (-0.7)	0.019 (0.9)	-0.014 (-2.0)	0.107 0.119	0.843 0.788	2.27 1.98

表 2　总支出和自价格弹性

	水平模型				一阶差分模型			
	无约束		齐　次		无约束		齐　次	
	e_i	e_{ii}	e_i	e_{ii}	e_i	e_{ii}	e_i	e_{ii}
食　　品	0.21	0.07	0.04	-0.01	0.04	0.22	0.17	-0.00
服　　装	2.00	-0.92	1.51	-0.48	2.83	-0.94	2.92	-0.94
住　　房	0.30	-0.31	0.79	-0.16	0.04	-0.31	-0.02	-0.30
燃　　料	1.67	-0.28	1.37	0.10	1.00	0.00	0.86	-0.08
饮料和烟草	1.22	-0.60	1.22	-0.62	1.37	-0.67	1.36	-0.68
交通和通信	1.23	-1.21	1.73	-0.92	1.14	-1.23	1.05	-1.17
其他商品	1.21	-0.72	1.15	-0.77	2.03	-0.52	1.92	-0.47
其他服务	1.40	-0.93	1.28	-0.78	1.03	-0.78	1.06	-0.74

没满足齐次性并不是一个新的结果（例如参见 Barten；Ray Byron；Deaton，1974a），并可以归于多种可能的原因。然而，就我们所知，通过引入齐次性而导致的序列相关问题还没有被之前的研究指出过，虽然它可能已经在先前的工作中隐性地存在了。产生这种现象有许多可能的解释。例如，一些项目的开支可能会在短期内相对固定：住房就是明显的例子。对这些项目的解释也可能需要其他变量，如库存、滞后因变量，或者时间趋势（它或许可以用绝对价格水平来测量）。因此，遗漏这样的变量将导致拒绝齐次性，而齐次性与引入限制方程的残差序列相关联系在一起。理论上人们可以很容易地将这些条件变量包括在 *AIDS* 的成本函数中，例如通过允许 α 与它们的线性相关（vary linearly），这很可能是未来研究的一个重要课题。第二种解释是遗漏价格预期，Deaton（1977a）提出的论点认为，购买不同商品的频率将与评估支出对价格变化的反应有关，尤其是当有急遽的相对或绝对价格变化时。第三种可能在第Ⅰ部分 A 节讨论加总问题时已提出，即假定 k（反映家庭预算和人口结构分布的指数）是独立于平均预算和价格的向量，这个假设有可能是个不正确的假设。最后一种可能是，在跨期效用函数中对非耐用品弱跨期可分的假设（这在证明传统的静态效用最大化模型中是需要的）可能是不合适的。构建其他模型并计算其产生的结果并不困难，但在没有进行进一步实证

工作前则很难判断哪种因素可能是主要原因。

现在我们转向对对称估计的讨论（这里未报道估计结果），其中 P^* 用 P 替代，因此我们首先要检查 P^* 和 P 近似的程度。表 3 再现了在对称参数估计中计算的这两个系列，$P^* = \exp\{\sum w_k log\ p_k\}$，$P$ 则在基年调整为 1，即 $\exp\left\{\sum \alpha_k log\ p_k + \frac{1}{2}\sum\sum \gamma_{kj} log\ p_k log\ p_j\right\}$。这两个系列在 1970 年都为 1。很明显它们的差异较小：其差的绝对值从来没有超过 0.008。

使用 P 而非 P^* 重新估计不受约束的齐次模型，也证实其差在实证数据中并不重要。在表 4 给出了这两组似然值，我们必须重申这些发现是在我们样本中存在相对价格运动的条件下计算而出的。然而，即使相对价格变化更大些，结果也表明，先计算 P^*，然后进行最小二乘回归，再计算新的 P，并且重复上述过程，将是获得完整的非线性系统良好估计的有效计算方式。

表 3　价格指数的比较

年份	P^*	P	年份	P^*	P	年份	P^*	P
1954	0.566	0.571	1961	0.684	0.686	1968	0.894	0.888
1955	0.587	0.595	1962	0.712	0.715	1969	0.946	0.944
1956	0.611	0.617	1963	0.729	0.730	1970	1.000	1.000
1957	0.631	0.636	1964	0.754	0.758	1971	1.084	1.084
1958	0.648	0.653	1965	0.793	0.797	1972	1.161	1.161
1959	0.655	0.661	1966	0.827	0.830	1973	1.271	1.279
1960	0.663	0.666	1967	0.851	0.852	1974	1.465	1.461

表 4　比较 2 个 *log* 似然函数的值

	水平模型		一阶差分模型	
	使用 P^*	使用 P	使用 P^*	使用 P
无限制性	1722.5	1723.8	1560.0	1560.3
齐 次 性	1579.6	1585.1（7）	1546.6	1547.9（7）
对 称 性	—	1491.0（21）	—	1508.8（21）

注：括号中说明限制条件的数量。表中数字只能在同一列中进行比较，而不能用于比较水平模型和一阶差分模型之间的差异。

与齐次性不同，对称性不能逐个等式地检测，我们必须依靠大量样本对整个方程组进行似然比检验。为了进行比较，我们取似然值的两倍对数，无限制性模型的值是 1722. 5，齐次性模型的值为 1579. 6（这一下降反映了个体限制），并进一步下降到对称性模型的 1491. 0。由于对称性在齐次性的 7 个限制基础上又加了 21 个限制条件，这些限制在一个渐近有效的χ^2 测试中被拒绝了，无论基本假设是否考虑将齐次性包含在内。再一次，这与前人研究结果相一致，虽然他们的研究中并不总是明确地提到“在齐次性条件下对称性假设会被拒绝”。我们必须提供一些令人信服的解释，才能解读为何对称性假设被拒绝。如果没有说清楚这一点，我们就不可能知道是否应该指望对称性的成立。例如，我们可以将“习惯”（habits）引入需求函数，进而说明如果引入习惯，对称性将会得到保持，而如果忽略习惯，对称性将会被破坏。

由于篇幅的原因，我们在文中没有列出对整套对称参数的估计结果。除了对称性之外，其中最有趣的性质是其为负的解释。为了评估这一点，我们计算了每年的方程（14）的 K 矩阵和它的特征值。其中一个特征值是零，并且为了满足凹性，其他的特征值应该是负的。但与此相反，我们发现在回归的第一阶段出现了一个正的特征值，并在回归结束后增加为两个正的特征值。在对称估计中最明显的非凹性是在整个样本期间燃料的补偿自价格弹性的估计值为正。这似乎看起来不太重要：既然齐次对称模型已经被拒绝了，那么如果成本函数不存在，为什么要担心其凹性呢？然而，出于几个原因，在参数估计中得到一般凹性齐次成本函数将是非常有用的。例如，我们经常希望计算价格和数量指标的值，或使用最优税收公式计算税率的值。所有这些计算需要先估计成本函数，并且如果要使估计的函数有意义，这些成本函数必须是齐次和凹性的。而且，在应用福利分析中使用需求方程的经验估计的情况下，线性支出系统总是被使用，例如 Anthony Atkinson，Joseph Stiglitz，Muellbauer（1974），或 Deaton（1977b）。在线性支出系统中，模型受到很多限制，因此只要不出现劣等品（inferior goods），则成本函数的凹性总是成立的。但这些限制却与实证检验不符（例如参见 Deaton，1974b 或 1978），这使得凹性成本函数的估计具有相当大的价值，因为它比线性支出系统允许更多的替代选择。因此，在以后的工作中进一步限制参数以使所估计的成本函数是凹性的，将具有很大的意义。

最后，我们转向一阶差分模型的估计。这里，我们使用式（17）加截距，即：

$$\Delta w_i = \eta_i + \beta_i \Delta log\left(\frac{\bar{x}}{P}\right) + \sum_k \gamma_{ik} \Delta log\ p_k \tag{21}$$

其中常数 $\boldsymbol{\eta}_i$ 的引入主要是出于计量的原因，但如果 $\boldsymbol{\eta}_i$ 显著，它将表示时间趋势，而在原始的模型中它是表示水平的变量。P 使用表3 中的值。在这些回归中，仅食品、交通和通信拒绝齐次性；服装和住房在前面的回归中拒绝了齐次性，现在却导致了不显著的 F 值。仔细观察发现，在这两种情况下，常数项 $\boldsymbol{\eta}_i$ 在无限制条件下是不显著的，而在齐次限制下则变得显著。同样，交通和通信在齐次限制下变得显著，但在这种情况下其 F 比率保持显著。这支持我们先前的猜想：时间趋势、库存，或其他遗漏变量在解释非齐次性时可能发挥作用。同样地，在库存的效果很可能是重要的因素时（例如对服装、其他商品而言），表 2 中一阶差分模型的支出弹性趋向于比水平模型的值更高；而在人们期望短期总支出效果是有限时（例如对食品、住房、交通和通信而言），这个值则更低。否则，一阶差分参数估计不论在齐次性下还是在无约束条件下，都是相当接近原来得到的值。与水平模型相似，一阶差分模型的凹性检验显示出一些违例现象。这两个模型的似然值总结于表 4 中。齐次性不能都在 5% 的水平上被拒绝的事实，反映了住房、服装、交通和通信方程中的时间趋势的重要性。还应注意，在此情况下，从表 4 中的最后一列可见对称性仅在齐次性条件下才被拒绝。因此，如果我们允许使用渐进性质的检测，这些最后的结果表明，引入（任意）时间趋势变量将大大消除模型假设（由代表性消费者最大化传统的静态效用函数）与数据之间的矛盾。

Ⅲ　总结和结论

在本文中，我们介绍了一个新的需求方程系统*AIDS*，其中各种商品的预算份额与实际总支出的对数和相对价格的对数线性相关。该模型具有常规需求分析中需要的理想特性，并优于现有的其他需求系统。应用战后的英国数据进行拟合显示，*AIDS*能够解释商品预算份额中很大一部分的变动，但是，除非我们引入一个任意的时间趋势来代表省略的变量，则这一模型在某种程度上与常规假说（消费者根据常规静态预算约束的需求函数做出决定）不一致。这些结果表明，除了当前价格和当前总支出的影响之外，必须系统建模其他解释变量，才能在理论上连贯、在经验数据上可靠地解释需求的模式。进一步一般化静态框架包括引入库存影响、价格感知错误，或者超越静态模型对弱跨期可分性的假设。不过总体上我们认为，*AIDS*模型结构简单，具有通用性和与理论的一致性，为下一步发展提供了一个很好的平台。

附录　加总理论中的*AIDS*

Muellbauer（1975，1976）定义了一个代表性消费者存在的条件，这比平行的线性恩格尔曲线（根据平均需求是平均预算的函数推导而出）更加一般化。我们知道，在一般情况下，平均预算份额

$$\bar{w}_i = \sum_h p_i q_{ih} / \sum_h x_h \equiv \sum_h x_h w_{ih} / \sum_h x_h$$

是价格和完全分配矢量（$x_1, x_2, \cdots, x_H$）的函数。在 Muellbauer 意义上的代表性消费者存在的条件是，每个 $\bar{w}_i$ 都可以写成价格和相同的单个标量 x_0 的函数，而 x_0 本身又是价格和分布矢量的函数。此标量 x_0 可以被认为是在 x 的分布中标记了位置，从而代表预算水平。Muellbauer 显示对于 x_0 存在：

$$\sum_h x_h w_{ih}(x_h, p) / \sum x_h = w_i \{ x_0(x_1, \cdots, x_H, p), p \} \tag{A1}$$

个别预算份额公式都必须有“广义线性”（Generalized Linear，GL）的形式：

$$w_{ih}(x_h,p) = v_h(x_h,p)A_i(p) + B_i(p) + C_{ih}(p) \quad (A2)$$

其中，v_h，A_i，B_i 和 C_{ih} 是满足 $\sum_i A_i = \sum_i C_{ih} = \sum_h C_{ih} = 0$ 及 $\sum B_i = 1$ 的函数。显然，式（A1）超越了 $x_0 = \bar{x}$ 的常用公式，而且，正如我们将在下面看到的，可以让我们将支出分布的特性而不单单是支出均值引入需求函数中。

特别令我们感兴趣的一种情况是当 x_0 独立于价格而只依赖于 x 的情况。这一情况当且仅当式（A2）的 v_h 函数满足下面的约束时才成立：

$$v_h(x_h,p) = \{1 - (x_h/k_h)^{-\alpha}\}^{\alpha-1} \quad (A3)$$

其中 α 是一个常数并且 k_h（虽然它不是 x_h 的函数）和 p 可以自由地在不同家庭中取不同的值。在这种情况下，预算份额被说成具有“价格无关的广义线性”形式（Price－Independent Generalized Linear，PIGL）。注意式（A3）在 $\alpha \to 0$ 的一种特殊情况：

$$v_h(x_h,p) = log(x_h/k_h) \quad (A4)$$

出于明显的原因，这被称为 *PIGLOG* 模型。将式（A3）代入式（A2）和式（A1）便可得到 x_0 的一个外显形式，即

$$x_0 = \left\{\sum\left(\frac{x_h}{k_h}\right)^{-\alpha} / \sum x_h\right\}^{-1/\alpha} \quad (A5)$$

如果我们假设个人行为是偏爱一致的，则对应于 *PIGL* 的成本函数的形式为：

$$\{c(u_h,p)/k_h\}^{\alpha} = (1 - u_h)\{a(p)\}^{\alpha} + u_h\{b(p)\}^{\alpha} \quad (A6)$$

式（A6）在 α 趋于零时取得 *PIGLOG* 形式：

$$log\{c(u_h,p)/k_h\} = (1 - u_h)log\{a(p)\} + u_h log\{b(p)\} \quad (A7)$$

其中 $a(p)$ 和 $b(p)$ 是线性齐次凹性函数，α 是式（A3）的常数参数，并

满足（除了下面讨论的一些例外）$0 \leqslant u \leqslant 1$。数量 k_h 可以用来表达在 *PIGL* 中家庭构成的影响，并对于标准或“参考”家庭而言，k_h 等于 1。

由于 *AIDS* 是 *PIGLOG* 函数族的一员，从而也是 *PIGL* 函数族的一员，所以我们可以讨论这一类函数的一些重要特性，从而取得尽可能一般性的结果。如果省略住户的下标，我们记 q_i 为对商品 i 的需求量，那么，根据成本函数的衍生属性，$q_i = \partial c/\partial p_i$，使得 $w_i = p_i q_i/x = \partial log\ c/\partial log\ p_i$。因此，从式（A6）中取 $k_h = 1$，并取微分：

$$\alpha c^{\alpha} \frac{\partial log\ c}{\partial log\ p_i} = \alpha a^{\alpha} a_i (1 - u) + u \alpha b^{\alpha} b_i \tag{A8}$$

其中，$a_i = \partial log\ a/\partial log\ p_i$ 且 $b_i = \partial log\ b/\partial log\ p_i$。因此，将 x 代入 c：

$$w_i = (1 - u)\left(\frac{a}{x}\right)^{\alpha} a_i + u\left(\frac{b}{x}\right)^{\alpha} b_i \tag{A9}$$

其中，由式（A6）可得 $u = (x^{\alpha} - a^{\alpha})/(b^{\alpha} - a^{\alpha})$ 或由式（A7）可得 $u = (log\ x - log\ a)/(log\ b - log\ a)$。类似地，当 $\alpha = 0$ 时：

$$w_i = (1 - u) a_i + u b_i \tag{A10}$$

方程（A9）和方程（A10）有一个很吸引人的解释。只要 $b(p)$ 比 $a(p)$ 更大（注意这并不依赖于 α 的符号），则成本 $c(u,p)$ 就会随着效用而增加，如 u 从 0 增加到 1 时，$c(u,p)$ 就从 $a(p)$ 增加到 $b(p)$，同时 w_i 从 a_i 移动到 b_i。因此，$a(p)$ 的总支出可以被认为是“贫困”的开支，与 a_i 的开支模式相关；而 $b(p)$ 是“富裕”的开支，与预算份额 b_i 相关。根据这一解释，$x = a(p)$ 和 $x = b(p)$ 分别是贫穷和富裕无差异曲线的切线，$u = 0$ 和 $u = 1$。因此从式（A6）中，我们可以看到无差异曲线的切线实际上是贫穷和富裕切线的 α 阶的平均值，其权重取决于居民的福利水平或支出。这种平均在价值份额公式（A9）和公式（A10）中更为明显。由于 $(1 - u)\ (a/x)^{\alpha}$ 与 $u\ (b/x)^{\alpha}$ 之和为 1，正如 $(1 - u)$ 与 u 之和为 1 一样，因此这些方程将实际预算份额算作了 a_i 和 b_i 的加权平均值。

由于奢侈品的价值份额随着总支出与 u 的增加而增加，因此我们可以简单地通过比较 b_i 是大于还是小于 a_i 来表征奢侈品和必需品。劣等品（inferior goods）在 *PIGL* 模型中被排除在外，因此我们可以直接从式（A9）和式（A10）构建例子。

最后注意到，x 和 p 的可能集合（成本函数和相关联的需求函数都是定义在这一集合上的）是有限制的。第一组限制是由必需品施加的，即对于所有的 i，$0 \leqslant w_i \leqslant 1$。其上限在 $b_i > a_i$ 时，需满足 $u = (x^\alpha - a^\alpha)/(b^\alpha - a^\alpha) \leqslant \min_i[\{1 - a_i(a/x)^\alpha\}/\{(b/x)^\alpha b_i - (a/x)^\alpha a_i\}]$，其下限在 $b_i < a_i$ 时，要求 $u = (x^\alpha - a^\alpha)/(b^\alpha - a^\alpha) \geqslant \max_i[(a/x)^\alpha a_i/\{(a/x)^\alpha a_i - (b/x)^\alpha b_i\}]$。第二组限制是要确保成本函数是凹性的。由式（A6）我们可以看出，$c(u,p)$ 是凹性的充分条件是 $a(p)$ 和 $b(p)$ 是凹性的并且 $0 \leqslant u \leqslant 1$。然而这不是必要条件。如果 $b(p)$ 比 $a(p)$ 更加"凹"，则 $c(u,p)$ 在 $u > 0$ 也是凹性的，甚至在 $u > 1$ 的一些情况下还是凹性的。可以证明对于所有的 $x > 0$，$p > 0$，*PIGL* 成本函数为凹性当且仅当对于所有的 i 有 $a_i = b_i$ 及 $a(p)$ 和 $b(p)$ 是凹性的。在这种不是很有趣的情况下，偏好是位似的。

PIGL 函数类在实际应用中需要为 $a(p)$ 和 $b(p)$ 定义特定的函数形式，其中与 *AIDS* 有关的定义在正文中已经充分讨论了。然而，*PIGL* 类还有另外其他两个著名的模型。首先，如果 $\alpha = 1$ 且 $k_h = 1$，则式（A6）成为 Gorman 极坐标形式。因此 *PIGL* 类包含线性恩格尔曲线的所有模型，例如，线性支出系统、二次效用函数都是特殊情况的模型。不那么明显的是，间接超越对数的弱限制形式也是 *PIGLOG*。Jorgenson 和 Lau 的超越对数间接效用函数是：

$$u = a_0 + \sum_i \alpha_i log\left(\frac{p_i}{x}\right) + \frac{1}{2}\sum_i \sum_j \beta_{ij} log\left(\frac{p_i}{x}\right) log\left(\frac{p_j}{x}\right) \qquad (A11)$$

这里我们可以选择 $\sum \alpha_i = -1$ 和 $\beta_{ij} = \beta_{ji}$ 作为任意的标准化。记 $\sum_k \beta_{ki} = \beta_{Mi}$，如果我们施加额外的限制，即 $\sum_i \beta_{Mi} = 0$，则式（A11）可以将 $logc(u,p)$ 外显地表达为：

$$\log c(u,p) = \frac{u - \frac{1}{2}\sum\sum\beta_{ij}\log p_i \log p_j - \sum\alpha_i \log p_i - a_0}{1 + \sum_i \beta_{Mi}\log p_i} \tag{A12}$$

这是适当选择 $a(p)$ 和 $h(p)$ 后得到的 $\log c(u,p) = \log a(p) + u/\log h(p)$ 的一般形式。我们使用 $\log h(p) = 1/\log\{b(p)/a(p)\}$ 来定义 $b(p)$ 并代入，则会看到式（A12）与式（A7）是相同的。因此，在这种情况下，$\sum_i \beta_{Mi} = 0$，并且只有在这种情况下，间接超越对数允许一致加总。对直接超越对数的其他令人感兴趣的情况，则这样的结果无法成立。

参考文献

[1] A. B. Atkinson and J. E. Stiglitz, "The Structure of Indirect Taxation and Economic Efficiency," *Journal of Public Economics*, April 1972, 1, pp. 97 – 119.

[2] A. P. Barten, "Maximum Likelihood Estimation of a Complete System of Demand Equations," *European Economic Review*, Fall 1969, 1, pp. 7 – 73.

[3] E. R. Berndt, M. N. Darrough, and W. E. Diewert, "Flexible Functional Forms and Expenditure Distributions: An Application to Canadian Consumer Demand Functions," *International Economic Review*, October 1977, 18, pp. 651 – 675.

[4] R. P. Byron, "A Simple Method for Estimating Demand Systems under Separable Utility Assumptions," *Review of Economic Studies*, April 1970, 37, pp. 261 – 274.

[5] L. R. Christensen, D. W. Jorgenson, and L. J. Lau, "Transcendental Logarithmic Utility Functions," *American Economic Review*, June 1975, 65, pp. 367 – 383.

[6] A. S. Deaton, "The Analysis of Consumer Demand in the United Kingdom, 1900 – 1970," *Econometrica*, March 1974a, 42, pp. 351 – 367.

[7] A. S. Deaton, "A Reconsideration of the Empirical Implications of Additive Preferences," *The Economic Journal*, June 1974b, 84, pp. 338 – 348.

[8] A. S. Deaton, *Models and Projections of Demand in Post – War Britain*, London, 1975.

[9] A. S. Deaton, "Involuntary Saving through Unanticipated Inflation," *American Economic*

Review, December 1977a, 67, pp. 899 – 910.

[10] A. S. Deaton, "Equity, Efficiency and the Structure of Indirect Taxation," *Journal of Public Economics*, April 1977b, 8, pp. 299 – 312.

[11] A. S. Deaton, "Specification and Testing in Applied Demand Analysis," *The Economic Journal*, September 1978, 88, pp. 524 – 536.

[12] W. E. Diewert, "An Application of the Shephard Duality Theorem: A Generalized Leontief Production Function," *Journal of Political Economy*, May/June 1971, 79, pp. 481 – 507.

[13] W. E. Diewert, "Applications of Duality Theory," in Michael D. Intriligator and David A. Kendrick, eds., *Frontiers of Quantitative Economics*, Vol. 2, Amsterdam 1974, chapter 3.

[14] D. W. Jorgenson and L. J. Lau, "The Structure of Consumer Preferences," *Annals Economical Social Measure*, Winter 1975, 4, pp. 49 – 101.

[15] C. E. V. Leser, "Forms of Engel Functions," *Econometrica*, October 1963, 31, pp. 694 – 703.

[16] C. E. V. Leser, "Income, Household Size and Price Changes 1953 – 1973," *Oxford Bulletin of Economics and Statistics*, February 1976, 38, pp. 1 – 10.

[17] G. E. Mizon, "Inferential Procedures in Non – Linear Models: An Application in a U. K. Industrial Cross – Section Study of Factor Substitution and Returns to Scale," *Econometrica*, July 1977, 45, pp. 1221 – 1242.

[18] J. Muellbauer, "Recent U. K. Experience of Prices and Inequality: An Application of True Cost of Living and Real Income Indices," *The Economic Journal*, March 1974, 84, pp. 32 – 55.

[19] J. Muellbauer, "Aggregation, Income Distribution and Consumer Demand," *Review of Economic Studies*, October 1975, 62, pp. 525 – 543.

[20] J. Muellbauer, "Community Preferences and the Representative Consumer," *Econometrica*, September 1976, 44, pp. 979 – 999.

[21] R. W. Shephard, *Cost and Production Functions*, Princeton, 1953.

[22] R. W. Shephard, *Theory of Cost and Production Functions*, Princeton , 1970.

[23] J. R. N. Stone, *The Measurement of Consumers' Expenditure and Behaviour in the United Kingdom, 1920 – 1938*, Vol. 1, Cambridge, 1953.

[24] J. R. N. Stone, "Linear Expenditure Systems and Demand Analysis: An Application to the Pattern of British Demand," *Economic Journal*, September 1954, 64, pp. 511 – 527.

[25] Henri Theil, "The Information Approach to Demand Analysis," *Econometrica*, January 1965, 33, pp. 67 – 87.

[26] Henri Theil, *Statistical Decomposition Analysis with Applications in the Social and Administrative Sciences*, Amsterdam, 1972.

[27] Henri Theil, *Theory and Measurement of Consumer Demand*, Vols. 1 and 2, Amsterdam, 1976.

[28] H. Working, "Statistical Laws of Family Expenditure," *Journal of the American Statistical Association*, March 1943, 38, pp. 43 – 56.

于飞 译

不确定性与医疗保健的福利经济学*

*肯尼斯·阿罗（KENNETH J. ARROW）***

I 引言：范围和方法

医疗保健是规范经济学的研究对象之一，医疗保健的特征差异在本文得到了初步的探究。这里需要指出，在比较了医疗保健业的显著特征与福利经济学准则的基础之上，医疗保健业中的特殊经济问题可以进而被描述成存在于疾病发生和治疗效果之间的不确定关系。

需要留意到，这里讨论的对象是医疗保健业，而不是健康。提供医疗保健只是影响健康的诸多因素之一。特别是在低收入情况下，诸如营养、住房、衣物以及卫生设施等其他商品可能更为重要。在这里，我想讨论医疗保健服务中的一系列重要问题，包括医生、个人行医和联合行医、医院以及公共卫生等。

本文主要讨论医疗保健产业的运作方式及其满足社会各种不同需求的有效程度。在做这样的讨论时，需要与标准情况进行比较。经济学家常用的“标准”是一个竞争性模型下的医疗保健服务供给流量和购买流量，以及为这些医疗保健服务支付的价格，而竞争性模型是指市场上每个人的决策都不影响现行价格，每个人都按现行价格提供或者购买医疗保健服务，在现行价格

---

* 原文发表于1963年第53卷第5期。

** 肯尼斯·阿罗，斯坦福大学经济学教授。作者感谢 F. Bator，Dorfman，V. Fuchs，Dr. S. Gilson，R. Kessel，S. Mushkin 以及 C. R. Rorem 为本文贡献的评论。本文作为卫生、教育和福利经济学的系列文章之一，获得了福特基金会提供的赞助。

水平上医疗保健服务的总供给等于其总需求，而且供求不受其他因素限制。

选择竞争性模型的原因之一在于它可以有效地描述问题，此外，它蕴含了经济效率的意义。特别是，我们可以根据它推演出下面这个著名的命题，即第一最优定理：如果存在一个竞争均衡，而且与成本或效用相关的所有商品都在市场上定价，那么该均衡在如下精确意义上必然是最优的（帕累托所发现的最优均衡）；任何其他资源配置方式都不能使市场上所有参与者的境况得到改善。

最优定理的条件以及最优性的定义均需要进一步讨论。定义仅仅是定义，不过当我们给出的一个定义备受欢迎而且广为使用时，我们实际上是在说服人们接受它；尤其会含蓄地推荐最优状态的实现[1]。我们有充分的理由认为，如果改变资源配置可以使所有参与者的境况得到改善，那么应该改变资源配置。这是一个价值判断，而不是描述性的命题，虽然这是一个很弱的价值判断。从而可以得出非最优配置是不合意的。但这也不能说明当我们到了帕累托意义上的最优配置时，就不能对资源配置再做调整。我们不可能做出一个完全不损害任何人利益的改变，但我们仍然可以做出某些改变使足够多的参与者得益，使那些被损害一方的损失利益远小于其他人得到的利益。这种人与人之间的比较自然也是一种价值判断。然而，根据上文的观点，这一改变应该是一种最优状态；当然，有许多可能的状态，从本文使用的最优含义来看，它们都是最优的。

每一种可能的资源配置方式都有与其相对应的可能的收益和成本分配，然而，一般来说，对每种收益和成本分配的合理性进行价值判断是没有必要的。从某种意义上来说，当某些特定的条件已经满足时，对收益和成本分配的价值判断就可以独立于对资源配置本身的价值判断。在陈述相关命题之前，有必要指出，竞争均衡的实现很大程度上取决于购买力的初始分配。购买力由资产和技能所有权构成，而资产和技能所有权则对市场价格具有决定性的影响。一般来说，资产在个体中的转移将改变产品和服务的最终供应以及为

---

〔1〕 这一论点由 I. M. D. Little 特别强调［19，pp. 71 – 74］。“令人信服的定义”的概念见 C. L. Stevenson［27，pp. 210 – 217］。

其支付的价格。因此，购买力从健康群体到病患群体之间的转变会推动对医疗服务需求的增加。这在短期之内表现为医疗服务价格的上涨，长期来说则表现为医疗服务供应量的增加。

知道这些以后，我们可以得出如下论点（第二最优定理）：如果在生产过程中不存在报酬递增，如果其他某些次要条件得到满足，那么每一个最优状态都是一个与购买力的某一初始分配相对应的竞争均衡。从操作层面来讲，这一命题的重要性在于，如果这两个最优定理的条件得到满足，如果真实世界的配置机制满足竞争性模型的条件，我们就可以将社会政策限定在那些改变购买力分配的措施上。对于任何给定的购买力分布，在这种假设下，市场都必然会达到一种最优的竞争均衡；而且任何最优状态都是一个对应于某种购买力分配的竞争均衡，因此任何合意的最优状态都是可以实现的。

购买力在个体之间的重新分配大多采取货币的形式，即税收和补贴。一般来说，这种购买力的转移对个人满意度的影响，实际上是不能预知的。然而我们可以假定社会是可以事后判断这种满意程度，并且当人们不满意当前的分配时，社会则会采取后续的转移措施来纠正这种不满意的分配。这样，通过连续的矫正，同时利用市场配置资源并将公共政策限定在货币收入的再分配上〔2〕，就可以达到一种令人更为满意的社会状态。

反之，如果真正的市场与竞争性模型相差很大，或是两种最优理论的假设都没有得到满足，那么将资源配置与再分配的过程分离，在多数情况下是不可能的〔3〕。

---

〔2〕 即使在上述假设下，资源配置和分配的分离也掩盖了任何合意的需求再分配政策执行中的问题；实际上，任何税收和补贴政策都可能对最优状态的实现具有消极的影响。但是这次讨论会比以前走得更远。

〔3〕 上文简单提及的福利经济学基本定理在大量的文献资料中都有集中讨论，但无论是对两个定理自身，还是定理例外情况的重要性，都没有详尽的、令人满意的论述。对福利经济学的规范含义及其与竞争均衡理论的关系的精彩的论述，参见 Koopmans［18］。对福利经济学基本定理不能成立的各种情形的最好总结，请参见 Bator［6］。

分析医疗保健市场的第一步就是要比较实际市场和竞争性模型。比较的方法在过去一个世纪都是经济学领域被反复争论的一个话题。最近，M. Friedman［15］极力主张，对于任何一个竞争性模型或是其他任何类型的模型，都应该仅用其预测能力进行检验。他进一步讨论到，在竞争情形下，价格和数量是唯一重要的数据。这个观点是很有价值的，它强调了某个模型的假设在某种程度上脱离现实并不能证明该模型本身没有价值。如果没有大量的计量经济学方面的工作，要想得出竞争性模型价格和数量的含义是很难的，而且多半是不可能的。

在这篇文章中，评估医疗保健市场的竞争程度所用的数据包括了机构组织和更多可观察到的医疗行业。我也将探讨使竞争均衡和最优状态等价的前提条件存在与否。在本文中，主要的竞争性前提条件有三个：竞争均衡的存在性，与成本和效用相关的所有产品和服务的可销售性（marketability），不存在递增报酬。如我们之前已经看到的前两个条件确保了竞争均衡达到最优状态，而第三个条件保证了每一个最优状态都是对应于某种收入分配的竞争均衡〔4〕。第一个和第三个条件是相关的，事实上，不存在递增报酬以及其他一些非现代经济特有的附加条件，蕴含着竞争均衡的存在，也就是说，存在某组价格可以使市场完全出清〔5〕。

可销售性这一概念比私人成本与社会成本、私人收益和社会收益不一致的传统概念要宽泛一些。后者的概念是指如下这种情况：市场不会要求个人因为他的行动给别人带来损失而承担成本，也不会因为他为别人带来收益而获得补偿。在医疗领域，明显的例子就是传染病的传播。一个没有接种疫苗的人不仅使他自己的健康存在隐患（这是不接种疫苗带来的一种负效用，不接种疫苗的人也许已经对这种负效用和正效用进行了权衡比较），而且同样使他人的健康存在隐患。在一种理想的价格体系中，不接种疫苗的人必须给那

〔4〕 还有一些次要条件，参见 Koopmans［18，pp. 50－55］。

〔5〕 关于存在条件更精确的描述，请见 Koopmans［18，pp. 56－60］或者 Debreu［12，Ch. 5］。

些健康受到威胁的人支付一个价格，该价格高到足以使他们觉得得到了补偿；相应地，其他人为了诱使不想接种疫苗的人接种疫苗，也必须支付一个价格。这两种价格体系都将导致最优状态，但对分配的影响各不相同。当然，不难看出这种价格体系事实上并不可行；为了尽可能实现最优状态，有必要采取补贴、税收或强制等形式的集体干预。

对于一个可识别的、技术上可行的并且或好或坏影响到某人福利的行动，缺乏可销售性意味着在现有市场上服务的供给和需求都不能通过价格来实现。不可销售性或是由于产品的内在技术特征使合适的价格无法得到执行，比如传染病；或是由于社会或历史上延续下来的制约，例如禁止将人贩卖为奴隶。事实上，这两种不可销售性很难精确地区分，尽管这对于政策制定来说非常重要。但就本文来说，不可销售性等同于可观察到的市场缺失。

对于不可销售性而言，我们最关心的是风险承担问题。风险承担与医疗保健的相关性似乎是显而易见的；疾病在很大程度上是一种不可预测的现象。很多人愿意支付一个价格以转移疾病的风险。当然，也有人拥有承担风险的较强意愿和能力，他们往往也愿意去承担这个风险。尽管如此，我们仍然可以更详细地看到，许多风险并没有得到覆盖，而且事实上风险覆盖的服务市场确实发育不良或者不存在。我们在下面第Ⅳ部分的第 C 节中会解释其中的原因并讨论到更多的细节。简单来说，设计可以充分区分各种风险的保单是不可能的，尤其是当观察到的结果不足以区分可避免的和不可避免的风险，这样避免损失的动机就会大大减少。

上文讨论的最优定理经常出现在只涉及确定性条件的文献中，如果把附加的风险承担服务纳入其他商品中，就不难将最优定理扩展到有风险的情形[6]。

---

〔6〕 这个理论有多种表述形式，但最先似乎是由 Allais［2］、Arrow［5］以及 Baudier［7］提出。而更一般的概括见 Debreu［11］和［12，Ch. 7］。

然而，现实世界中可能存在的风险类型之多令人难以置信。与风险相关的商品实际上还包括对世上所有可能发生的、会影响效用的事件打赌。实际上，许多这样的“商品”，例如合理回避多种风险，是不可能买到的。因此，大多数这样的商品是不可销售的，而且连基本的竞争性前提条件都无法满足[7]。

引入风险承担因素还有一个更微妙的后果。当存在不确定性时，信息或知识就成为一种商品。就像其他商品一样，信息也有生产成本和传输成本，所以这样的信息自然也不会被大众皆知，而只集中在那些可以从中得到最大利润的人中间（这些成本会以时间、负效用或者货币来衡量）。然而对知识的需求很难用我们通常的理性标准来讨论。买者也不能确切地知道信息本身的价值，如果买家知道度量信息的价值的话，他自己也应该了解这些信息本身。然而，当信息以专业护理的方式表现出来时，它是可以从医生，或者确切地说从很多专业人士那里购买的商品。信息作为一种商品来说，具有难以捉摸的特征，所以关于商品可销售性的一般假设对其是不适用的[8]。

事实上，风险以及不确定性作为医疗保健的重要因素是毋庸置疑的。依我所见，医疗保健业的所有特性都源于普遍存在的不确定性。

由于风险承担市场的缺失，对于那些想花钱向他人转移风险的人，以及愿意接受此价钱承担风险的人来说，都会受到福利的损失。同样，这种市场缺失同样也使人们更加不愿购买或者消费那些有风险后果的服务；用专业术语来说，就是这种有风险后果的商品与风险承担是互补的。反之，低风险商

---

〔7〕 这里还需指出，在不确定性存在的情况下，足够小的不可分割性不会影响竞争均衡的存在性和有效性，由于大数定律的存在，也是有可能造成相当程度的报酬递增。大多数保险的对象（生命、火险等）都有某种程度的不可分性，因此保险公司必须达到一定的规模。但是还不清楚这个影响对实际的竞争均衡存在性和有效性是否会造成严重的障碍。

〔8〕 研究是信息生产的形式之一。这种产品不仅有不同于传统商品的特征，而且在使用中也受到报酬递增的支配。因为新思想一旦形成，就可以被反复地使用而不会有任何损耗，并且对信息的市场控制也很难进行，因为信息再生产的成本远远低于初次生产的成本。因此，毫不奇怪的是，自由市场经济对研究领域的投资不足，参见 Nelson［21］和 Arrow［4］。

品或服务的生产和消费与风险分担是相互替代的，与风险承担相关的市场失灵将推动低风险商品和服务的生产与消费。这样实际观察到的商品模式会受其他市场缺失的影响。

一个或多个竞争性前提的失效导致了一个最直接、最明显的后果，就是从现有的资源和技术中可获取的福利减少了，也就意味着不会达到帕累托意义上的最优状态。但是由此带来的后果还会更多。这里我认为，当市场不能达到最优状态，社会将至少在某种程度上发现这个差距，并且非市场的社会机构将会出现，以尝试填补这个差距[9]。当然，这个过程不一定是有意识的，在考虑到所有影响时，这个过程也不一定都能接近最优。通常经济学家喜欢指出，实现一个预期目标的行动可能不会产生什么明显的结果，尤其是随着时间的推移，这些结果更可能会抵消原先的收益。

然而，在这里我们认为，由于风险承担的不可销售性以及信息的非完全市场化导致了对最优状态的偏离，医疗保健市场的特殊结构特征在很大程度上是为了克服这种对最优状态的偏离。这些补偿性的制度变化，以及由利润动机带来的某些制度改进，在很大程度上解释了医疗保健市场中观察到的非竞争性行为。这些非竞争性行为自身就妨碍了最优状态的实现。因而，社会向最优状态的调整为自己设置了障碍。

如果社会通过市场达不到最优状态，则会通过非市场手段寻求达到最优状态，这不是一个新观点。当然，政府至少在其经济活动领域，通常或明或暗地发挥着替代市场失灵的功能[10]。在这里，我想探讨的是在某些情况下，其他社会机构也会介入最优化的过程，那么对于医疗保健行业来说，它作为一种或传统或现代的多样化特殊机构，就说明了这种趋势。

---

〔9〕 常规的市场关系在面对巨大的风险存在时不得不开始做出极大的修正，比如现代武器的生产和采购就是其中一个重要的情形，见 Peck 和 Scherer ［23，pp. 581 – 582］。作者感谢 V. Fuchs 在 ［1，pp. 71 – 75］ 中推荐这篇文章。

〔10〕 对于这个观点一个明确的陈述，见 Baumol ［8］。但我认为在大多数关于政府职能的讨论中都隐含着这一观点。

这里需要强调的是，对收入再分配的偏好——表现为政府税收、财政支出政策以及民间慈善，基本上可以重新解释为对保险的需求。值得一提的是，事实上没有一个补贴体系简单地将收入均等作为其目标。补贴或者其他的政府援助通常发放给那些生活困难或行动受限的弱势群体，他们可能由不可预见的事故而造成了残障，比如失明者、需要抚养的孩童以及缺医少药者。因而，在考虑风险承担的情形下，实现最优状态需要同时包含很多政策或行为，从一个狭义的角度来看，这些政策或行为看起来由分配方面的价值判断所推动〔11〕。

有了这些方法论的背景，我们这篇文章的结构安排如下：第二部分对不同于一般商品市场的医疗保健市场做典型化的概括；第三部分对医疗保健市场的行为与确定性条件下的竞争性模型进行比较；在第四部分，我们将会对医疗保健市场的行为和前提条件与包含不确定条件下的理想竞争市场进行比较，并试图说明第二部分概括的那些特征是偏离竞争性前提的结果，或者是借助其他制度来消除市场失灵的尝试。本文的讨论并不要求得出确定性的结论，而是要激发进一步的讨论。尤其是，我一直对做出政策推论抱有谨慎的态度，因为这些政策推论很大程度上取决于下一步的研究，而这篇文章仅仅试图提供一个框架。

Ⅱ 医疗保健市场的特征调查〔12〕

这一部分将有选择性地概括医疗保健不同于经济学教科书中的普通商品的一些特征。我们不可能详尽地列举出所有的特征，而且每个所列举出的特征也不能就认为是医疗保健市场所特有的。然而，将这些特征整体考虑的话，

---

〔11〕 当写到这里的时候，我发现 Buchanan 和 Tullock ［10，Ch. 13］认为所有的再分配可以被解释为“收入保险”。

〔12〕 更有启发性的综述见 S. Mushkin ［20］，我也从中获益良多。

的确使医疗保健在经济分析中具有独特的地位。

A 需求的性质

不像人们对食物或衣物的需求那样稳定，个人对医疗服务的需求最明显的特征就是没有规则的、不可预测的。除了预防性服务之外，医疗服务只有在疾病发生时才能给人带来满足感，这一点不同于普通商品。确实，也很难想到其他商品在平均预算中有与医疗服务一样的重要性。部分法律服务，即刑事案件或法律诉讼辩护或许可以被归为这一类，但是其发生的概率确实很低（当然，法律市场较之医疗市场有着极为类似的制度〔13〕）。

此外，对医疗服务的需求与身体受到伤害有着很大的关联。当然每个人也都面临一定的死亡风险和相当大的身体机能受损的风险。尤其也会面对谋生能力可能大幅降低甚至全部丧失的潜在风险。这种风险自身并不是独特的；食物也是必需品，如果有足够收入的话，就不存在食不果腹的风险，但这并不表示有足够的收入就不会得病。因此，疾病不仅是危险的，而且除了医疗保健成本外，疾病本身就是一种高成本的风险。

B 对医生的期望行为

从日常观察中可以很清楚地看出，医疗保健服务出售者的期望行为与一般的商人很不一样。这种期望行为是很重要的，因为医疗保健属于产品等同于生产活动的商品范畴。对于所有这类商品，顾客在消费前不可能测试所购买的产品，在交易关系中就存在着一种信任的因素〔14〕。对医生的道德约束比其他商品生产者，比如说理发师，要严格得多。医生应该以关注病人的福利为行动指针，而这种关注并不是人们期望普通商人应该有的行为。用 Talcott

---

〔13〕 在政府需求中，军事力量的调用是非常规的、不可预测的。这里也是，特殊的机构和行业关系也会出现，虽然精确的社会结构因那些不难分析的原因而有所不同。

〔14〕 就算是物质商品，商品检测也不足以消除隐含的信任因素。当然，长期来说，一直从某销售者那里购买产品所获得的经验提供了一种检查信任的可能性。

Parsons 的话说，就是有“集体导向”这样一个概念，将医疗及其相关行业与其他类型的商业活动区分开来，对后者来说，参与者个人的利益是公认的准则〔15〕。

以下几点说明会帮助我们看出，对医生的期望行为和对典型商人的期望行为有多么大的差别〔16〕。(1) 医生之间实际上很少存在广告和公开的价格竞争。(2) 医生本人或会诊之后给病患做出的治疗方案，与医生自身的利益毫无关联。(3) 医生至少可以声明，治疗方案的提出是根据病患的实际身体状况，而不是依据他的经济状况〔17〕。然而，实际的道德约束与理论分析肯定不会完全一样，我们很难假定在医疗保健这一领域，资源分配可以完全做到不受道德约束的影响。各种形式的慈善治疗确实存在，原因在于人有权利充分享有医疗保健的传统〔18〕。(4) 人们将医生视为服务于法律或其他目的专家，让他们证明当事人是否存在疾病和损伤。因此，社会对医生的期望也是要求他们可以正确地传达信息，而不是取悦于他们的病人〔19〕。

非营利性医院压倒性地多于私立医院这一事实，显然表明偏离了追求利

---

〔15〕参见［22，p. 463］。［22，Ch. 10］很有启发性地分析了医疗行业在社会中的作用，虽然 Parsons 所关注的领域和我有很大不同，但是我在此感谢他所做的研究工作。

〔16〕关于在这里和下面一段谈到的有关内容，我要感谢约翰·霍普金斯大学的 Herbert Klarman。

〔17〕人们根深蒂固地相信，医疗行业的道德准则使得对患者的治疗独立于他的支付能力。而像 Rene Dubos 这样富有观察力的学者指出抗凝血剂的高额成本限制了它的使用，这与传统的医疗道德标准相违背，这似乎是一个前所未有的现象［13，p. 419］。“当医疗道德标准需要在经济学领域中受到严格的审视时，一个新时代就要到来了”。当然，这种期望忽视了医疗资源的匮乏，人们在生活富足时很难意识到这个问题。我们可以自信地假设，价格和收入确实会为医疗支出带来一些影响。

〔18〕人们收入增加时购买的医疗保健和实际患病时所享有的医疗护理之间的差异是一个值得继续研究的领域（相关的收入感念同样需要继续研究）。因此，需要做某些分解，医院提供的不同护理服务直接影响到患者的舒适程度，因此根据上述观点，它们相对收入的敏感度要高于相对药物价格的敏感度。

〔19〕社会主义社会使这个作用进一步得到加强，因为社会主义的政府会积极关注与工作相关的疾病，参见 Field［14，Ch. 9］。

润的动机[20]。医院提供的服务本身与酒店等机构所提供的差别不是太多，因此不能断然否认利润动机会导致更有效率的供给。其中原因可由供需两方面分别解释。最简单的解释是，公共和私人补贴减少了病患在非营利性医院就诊的成本。第二个可能性就是，如果医疗服务的提供与利润的产生相挂钩，容易使病人对其产生猜疑甚至对抗，因此他们更倾向于寻求非营利性医院。这两种解释都意味着确实有一些群体，不管是捐助者或者病患，反对医疗服务的提供方受到获利动机的驱使[21]。

医患关系可以影响医疗服务产品的质量已成为共识，因此遵循集体导向行为就尤为重要。医生和患者之间存在纯粹金钱的联系是不够的；如果没有其他因素影响，患者会希望同一个医生为他提供持续的治疗。在苏联，那里的医疗服务都不在市场之列，患者的这种愿望依然存在［14，pp. 194 – 196］。医生和病人之间纯粹的精神互动客观上很难与药物治疗的效果区分开来，但在医疗实验中通过使用安慰剂作为控制手段可以证实这种精神效果的存在，参见 Shapiro［25］。

C　产品的不确定性

在医疗保健领域，产品质量的不确定性可能比其他任何重要商品带来的影响都要严重。疾病的康复就像疾病的发生那样不可预测。对于大多数商品来说，从自己或他人经验中学习的可能性很大，因为有足够多的反复试验。然而对于某些严重疾病来说，这种学习是不可能的；由于缺乏经验而造成的不确定性也增加了预测的难度。而且，对于重病的医疗保健来说，以效用变

〔20〕 在 1958 年，私营医院的床位占所有床位的 3%，30% 的床位属于非营利性医疗机构，其他的床位则属于联邦政府、州政府以及地方政府的医院，参见［26，Chart 4 – 2，p. 60］。

〔21〕 C. R. Rorem 曾向我指出，在这个分析中还需进一步考虑的因素有：（1）基于社会的意愿是帮助所有病患而不会期望他们马上就付款，规模经济就会使社区资助医院居主导地位；（2）某些私人医院会更加严密控制病人的总体花费，包括支付给医生的费用，这样医生会更偏向于去社区医院服务。

化来衡量的不确定性程度，当然要高于房产或者汽车的不确定性程度，尽管后者也不是经常性的支出项目，因此也可能存在相当大的剩余不确定性。

此外，医疗保健还有一种特殊性质的不确定性，这种不确定性对交易双方来说有着很大的差异。由于医疗知识非常复杂，医生对治疗结果和治疗可能性掌握的信息必然大大超过患者所掌握的信息，至少医患双方都认为如此〔22〕。因而，双方都明白这种信息上的不对称，而且这种认识扭曲了他们的关系。

为了避免误解，本文把信息的差异视为购买医疗保健服务而造成的信息差异。对于任何商品，制造者比购买者更了解该产品是如何生产的，然而在多数情况下，消费者也可以像制造者一样完全了解产品的效用。

D　供给条件

在竞争理论中，商品的供给是由净收益决定的，净收益是相对于把生产该产品的资源用在其他地方所得到的收益而言的。医疗市场上的情况却与这一理论有几个重要的不同之处。

最明显的是，进入医疗保健行业时受到执业许可的限制。当然，执业许可会限制医疗保健服务的供给，因此增加了医疗保健的成本。执业许可被看作是一种最低质量保证。许多行业都有进入的许可限制，其中包括理发业和殡葬业。

第二个特点更加值得留意。如今，医疗教育的成本确实不菲，根据实际的数据来看，医学院学生自己只承担其中很小一部分。这样，接受医疗教育的学生所获得的利益远远超过了成本（其中还包括了那些本不应该归于教育成本中的科研花费，使得已经很明显的差异进一步扩大）。发放补贴，原则上会降低医疗服务的价格，然而限制入学名额和淘汰不合格的医学在校生抵消

〔22〕 虽然没有评估现有的情况，回顾以往的某些时候，可以很清楚地看出，医生所掌握的专业知识实际上差别不是很大。然而从经济学的角度来看，他们的市场行为反映出，这是双方的主观想法，这点很重要。

了这种价格的下降。除了从外国学校毕业的学生外，这些限制基本上会导致过量的执业许可。

在所有需要更高培训的专业领域，都可以看到教育机构在补贴和入学配给中发挥着特殊的作用〔23〕。一个重要但常被忽视的现象就是，这个资源配置的重要任务应该由非营利性机构担当。

由于后一种现象其实也不是医疗领域特有的现象，除了指出在医疗领域非常规现象相当突出之外，本文不会在这个问题上纠缠太多。医疗教育的成本远远高出其他的职业培训。尽管学费相同，或者只偏高一点，补贴却会多出很多，同时，医生的收入在所有职业中是最高的，所以似乎没必要对打算进入医疗行业的人施加特殊的激励。基于本文未加讨论的某些原因，就算我们承认社会可以从这种补贴性质的职业教育中得益，还是不足以清楚地指出为什么不同的职业所获得补贴应该有所不同。或许人们希望认为医学专业的学费就应该比其他专业的高。

美国医疗教育的高成本，其自身就反映出了自 Flexner 报告以来美国医疗协会所提出的质量标准。我认为，也正是从那时起，医疗教育的补贴因素越来越重要。之前，很多医学院都是自筹经费甚至可以盈利的。

对补贴性教育进入施加限制的另一个有趣的特征是，个人对社会福利的偏好程度，如对私立大学的捐款。然而无论这种支持是私人的还是公众的，重点是医疗保健供给的数量和质量受到社会非市场力量的强烈影响〔24〕〔25〕。

控制质量的一个显著结果是限制了供应的范围。如果一种商品的质量存

---

〔23〕 在职业教育中不同分支的补贴程度，值得进行大量深入的研究。

〔24〕 严格地讲，在医生市场上有四个变量：价格、进入学生的质量、教育质量以及数量。基本的市场力量，即对医疗服务的需求以及进入学生的供给，决定了这四个变量之间的两个关系。因此，如果非市场力量决定了后两个变量，那么市场力量将决定价格以及进入学生的质量。

〔25〕 博士生的供给也同样是受到控制的，然而市场中还有其他不同的条件，尤其是需求方面的条件。

在参差不齐的情况，那么通常是出现在一个竞争性市场，其中不同质量的产品对应不同的价格，来适应不同的品位和收入。执业许可法和医学院培训标准都限制了提供不同质量的医疗服务的可能性。在医疗保健业的全体就业人员中，医生的比例不断下降，这表明培训不足的人员、技术人员以及类似人员之间的替代并未完全被阻止，但是受过高层次培训的医生的重要地位丝毫不受影响[26]。

E 定价行为

众所周知，医疗行业有其非同寻常的定价行为和态度：根据病人收入的情况采取广泛的价格歧视（对于特别贫穷的极端情况收取零价格），强烈支持服务收费，并且反对诸如预先支付这样的替代做法。

反对预先收费与更强烈反对的封闭式治疗（将病人与特定的一组医生绑在一起的合同安排）紧密联系在一起。这种态度似乎也将医疗行业从其他商业领域中区分开来。一方面，预先支付和封闭式计划在法律行业里几乎是不存在的。另一方面，在一般商业中广泛存在与风险分担有关的排他性服务合同。据说竞争可以使那些能够最好地满足客户需求的产品或服务提供者脱颖而出[27]。

这里还会涉及隐性和显性协议售价（price－fixing）的问题。价格竞争是令人不快的。在服务行业中，这样的方式也很常见，而且他们也没有因此受到反垄断诉讼。这种定价行为的重要性很难评估。有人已经多次指出，所谓的价格刚性明显低估了其实际的弹性。我也持有这样的观点，如果医生也发现他们自己有很多空闲的时间，医疗服务的价格就会或明或暗地下跌；反之，

---

〔26〕 今天只有苏联提供较低水平的医疗人员，就是赤脚医生，他们主要在乡村地区行医（这种情形可以追溯到18世纪）。根据 Field ［14，pp. 98－100，132－133］，正规医生和赤脚医生之间的紧张关系清晰可见，但随着正规医生数量的增加，赤脚医生是否会逐渐消失也未可知。

〔27〕 法律确实限制了合同中的风险转移，比如，法律通常不会接受无罪条款。

如果医生没有足够的时间去满足需求，那么其价格则肯定会上调。价格竞争的“道德准则”也许会降低价格反应的灵活性，但也可能是仅此而已。

Ⅲ 与确定性条件下竞争性模型的比较

A 不可销售的商品

正如前文提到的，传染病的扩散是一个典型的非市场互动的例子。然而，从理论上来讲，这个问题已经得到了充分的解释，所以没有再做详细论述的必要（这不能解释为贬低公共卫生对福利的贡献，有足够多的理由可以支持公共健康对福利的贡献比医疗保健中的其他方面都重要）。

除了传染病这个特殊领域，还有一个更加普遍的相互依存关系，就是人们对他人健康的关注。这种偏好在经济方面的表现即是个人对医院及医学教育的捐献，以及政府应该在医疗服务领域承担起应有责任这样一种普遍的看法。人们对改善他人健康的偏好显得要比改善他人其他方面的福利更加强烈〔28〕。

在对别人福利方面的关注而产生的相互依存关系中，如果当每个参与者都从所有人的捐助中获得满足，那么理论上就有集体行动存在的理由。

B 报酬递增

与报酬递增相关的问题在医疗领域的资源分配中起着一定的作用，特别是在低人口密度或低收入的地区。医院在达到一定规模时会出现报酬递增，医学专家和医疗器械往往具有不可分性。在世界的很多地方，即使是单个医生，相对于需求来说也是一个大的单位。在这种情况下，对合适的医疗单位给予补贴对整个社会来说是合意的。适用于该情况的分析模式与水资源项目

〔28〕 在这些观测中可能会发现同样的问题。如果市场系统失灵，或者医疗市场比食品市场的失效看起来更加严重，那么对于本来是同样关注这两种福利的人，就会倾向于关注前者。

的分析模式是一样的。在美国大城市中，报酬递增一般不是一个重要的问题，而且交通条件的改善也在一定程度上降低了报酬递增的重要性。

C 进入

正如我们在第Ⅱ部分第D节中所讨论的，医疗领域对竞争性行为的一个最显著偏离是它的进入限制。Friedman 和 Kuznets 详细考察了二战前的数据，他们认为，医生的较高收入可归因于医疗领域的进入限制〔29〕。

有证据表明，申请医学院校的人数在减少（如每个地方申请者的数量和那些申请成功者的质量所表明的），从而使医学院的数量并不像20世纪50年代早期那样是进入的重要壁垒［28，pp. 14－15］。但是，无论过去还是现在，医学院的数量仍然发挥着进入壁垒的作用，而且从现在的情况来看，这种作用还是相当大的。当然，这对医疗保健行业的供给构成了直接和明显的限制。

要评估入门限制的重要性，还需要考虑以下这些情况。（1）额外的进入者通常质量较低，因此，医疗保健供给的增加，需要根据质量做出适当的调整，经调整后的增加量要比纯粹的数量计算所显示的要少〔30〕。（2）为了达到真正的竞争条件，不仅有必要取消对进入的数量限制，而且有必要取消对医疗教育的补贴。就像其他的生产者一样，医生需要自己承担所有的生产成本，包括这里所说的教育花费〔31〕。现在还不是很清楚，这样做的结果是否会使受限制的进入数量低于目前的进入水平。（3）在某种程度上，让学费包含

---

〔29〕 参见［16，pp. 118－137］。其中的计算包括很多假设，所以看起来非常勉强，有关评论见 C. Reinold Noyes［16，pp. 407－410］。

〔30〕 对于进入者是否有种族歧视的现象还是被继续讨论着，这意味着有些被拒绝的申请者其实比有些被录用者更加优秀。然而，进入者数量的增加与因种族而被拒绝的人数降低之间没有必然的联系，只要对进入的需求过多，歧视毫无疑问还会继续下去，新的进入者就可能不如原来被录用者那样优秀。

〔31〕 这里的问题是，税法不会允许职业教育有折旧，因此对于职业教育的投资是有歧视的。

全部教育成本将导致过少的进入者，而不是太多的进入者。考虑到资本市场的不健全性，对于想进入医疗行业但没有足够资金的人群，想要得到相应的贷款不是一件容易的事。贷款方实际上也没有安全的保障。直接的方案就是提供某种形式的有保险贷款，这种方案也是多次被讨论过的。为医疗（以及其他各种较高的）教育创造一个信贷体系并不需要太多的独创性。在这些条件下，成本仍然是一种进入壁垒，但应该把这种进入壁垒与未来将获得的高收入进行比较。

如果进入被理想的竞争性条件所控制，进入这一行业的数量将会增加，虽然这个结论也不是那么显而易见。虽然在理想的信贷体系下，由于补贴再加上有选择性的进入吸引了大量的优秀人群，他们本可以去其他领域发展；但平均质量也有可能降低。由于医疗行业进入者的质量下降伴随着其他行业进入者的质量提高，所以不会带来总体上的社会损失。事实上，如果需求可以精确地反映出效用，那么在限制性进入转为竞争性进入时会产生一个社会净收益〔32〕。

医疗服务行业的进入行为还有第二个特点，从许多方面来看，这个特点都与竞争性行为有很大的不同。医疗行业的进入限制排除了对医生的不完全替代。虽然执业资格的相关法律不会有效地限制医生的数量，但这些条款确实排除了其他人参与任何行医活动。结果，医生昂贵的时间花在了某些特殊任务上，而这些任务只需具有少量培训经历的人就可胜任，而且可以由那些未受过良好培训的人来承担，因而相对来说比较便宜。人们更倾向于免疫中心由私人经营，而不一定寻求医生的服务。

在确定性条件下的竞争性模型中，消费者被假定为可以识别他们所购买的商品的质量。在这个假设前提下，执业资格看起来是多余的，因为它把消费者根本不会光顾的那些人都排除在外，但这也可能会排除太多人。

---

〔32〕 从下文的讨论来看，这种条件不是必须要满足的。当涉及质量选择的问题时，市场就有可能不准确。

D 定价

医疗行业的定价行为（见上述第Ⅱ部分第E小节）严重偏离竞争准则。正如Kessel［17］很尖锐地指出，在竞争性模型中，不仅是价格歧视与竞争性模型不兼容，而且大量医生也保持价格歧视，就相当于是集体垄断。在过去，医疗行业还无视市场压力，采取与预付计划相反的独特的强制措施。

Kessel还指出，价格歧视属于传统的歧视性垄断行为，目的是实现利润最大化；他还认为医疗行业有组织地反对预付，是出于保护利润的动机。原则上，预支付方案是与歧视互不矛盾的，但是在实践中它们并不经常产生歧视。我认为，歧视的实际规模是为了带来最大的利润，这样的看法没有足够的说服力。特别是，从歧视或任何其他形式的垄断中都可看出，每个市场中，在最大利润点上的需求弹性都大于1。但是，基本上可以肯定在医疗保健行业中，对于各阶层收入水平来说，需求的价格弹性都小于1。根据收入情况的价格歧视并不是完全为了最大化利润，慈善活动显然就很好地说明了这一点；Kessel指出，这是公共舆论对价格歧视的姑息。但是，它也显示出模型的不完备性，以及社会和道德因素的相关性和重要性。

当然，反对预付的一个重要方面是它与封闭式医疗的密切联系。预支付是一种保险的形式，而每一位医生当然都不愿承担风险。风险分担是一个固有的问题，它会有力地推动对价格和收益的控制，我们将在下面的第Ⅳ部分做进一步讨论。对价格和收益进行控制的最简单形式就是封闭式医疗，参与其中的医生实际上就是保险代理人。从这一观点来看，蓝十字会就通过推广封闭式治疗的方式来解决预支付的问题。

没有充分证据显示，由收入决定的价格歧视是利润最大化的一种形式，并且受到反对付费服务一方的极力维护。但是，不管怎样，这种价格歧视都是被认定为导致非最优状态的一个原因。假设所有人都面临相同的价格，而且富人为穷人的相对地位变化给予补偿，那么每个人的境况都会改善。福利损失的大小取决于实际的歧视程度以及不同收入群体对于医疗服务的需求弹性。如果我们的讨论简化为只考虑两种收入群体，即富人和穷人，并且任何一方的需求弹性均为0，那么就不需要医疗服务的重新分配，并且初始的状态就已经达到最优了。价格变化的唯一效应就是医疗行业与零需求弹性群体间的收入再分配。如果需求弹性低，净社会收益将很小。为了便于说明，假设富人的医疗价格是穷人的2倍，富人的医疗支出是穷人的20%，而且两个收入群体的需求弹性均为0.5；那么，社会由于废除价格歧视而得到的净收益就只稍高于原先医疗支出的1%〔33〕。

反对预付中涉及的各个问题也是医疗服务定价方面另一个主要的非常规现象，在一个确定性的世界里讨论它们没有什么意义，所以我们将在下文阐述。

---

〔33〕 假设有两组收入群体，即富人和穷人，富人医疗服务的价格是穷人的2倍，富人的医疗支出是穷人的20%，这两个群体医疗服务的需求弹性都为0.5。如果我们选择的数量和货币单位使得穷人的医疗服务消费和支出都为1。那么富人购买0.1个单位的医疗服务的支出就为2。基于需求弹性的假设，富人的需求函数为 $D_R(p) = 0.14\,p^{-0.5}$，穷人的需求函数则为 $D_P(p) = p^{-0.5}$。假设医疗服务的供给函数是固定的并且恒为1.1。如果废除价格歧视，均衡价格 $\bar{p}$ 必须满足如下关系：

$$D_R(\bar{p}) + D_P(\bar{p}) = 1.1\ ,$$

因此当 $\bar{p} = 1.07$ 时，富人和穷人所购买的医疗服务数量应分别为：$D_R(\bar{p}) = 0.135$，$D_P(\bar{p}) = 0.965$。

求反函数即得需求，对应地支付给任何购买数量的价格为 $d_R(q) = 0.02/q^3$，并且 $d_P(q) = 1/q^2$，这样，价格变化对富人产生的消费者剩余是：

$$\int_{0.1}^{0.135} (0.02/q^2)\,dq - \bar{p}(0.135 - 0.1) \tag{1}$$

类似地，穷人损失的消费者剩余为：

$$\int_{0.965}^{1} (1/q^2)\,dq - \bar{p}(1 - 0.965) \tag{2}$$

如果式（1）减去式（2），即可消去第二项，那么对所有消费者剩余的总量为0.0156，略高于初始支出的1%。

Ⅳ 与不确定性条件下理想竞争性模型的比较

A 引言

这一节我们将会比较实际的医疗保健市场运作和理想系统的运作，理想系统不仅包括传统的商品和服务，还包含对于所有可能风险的保单[34]。偏差的出现通常是由于书面达成的保险单不能兑现当初的承诺。值得探究的是，这些潜在的商品究竟是完全不能由市场提供，还是仅仅由于某些市场的不完备性，而实际上没有提供。

在第Ⅰ部分讨论过，医疗保健行业有两种风险：一种是患病的风险，另一种是完全康复、部分康复或者推迟康复的风险。疾病直接带来的损失仅仅是医疗保健成本的一部分。医疗保健的成本还包括身体的不适以及由于生病而损失的工作时间，严重的情况还包括死亡或者长时间丧失正常的身体机能。从不确定性福利经济学的观点来看，这两种损失都是每个人想要投保的风险。如果没有合适的、针对这两种风险的保险，就意味着福利损失。

B 理想保险理论

本节将会讨论风险承担最优模式的基本原则。为了便于说明，我们将主要引用与医疗保健成本有关的保险案例。这些原则适用于任何的风险。虽然我们相信这些原则不是很难理解，但也没有一个特别简单的例子可供读者参考。

作为分析的基础，我们假设每个人都最大化一个效用函数的期望值。假设效用与收入相关联，那么，医疗保健成本所起的作用就是，在收入中减去

---

〔34〕 苏联流亡人士对苏联的医疗和德国或美国的医疗表现出的偏好很好地说明了对医疗保健安全性的需求，参见 Field［14，Ch. 12］。较之苏联的医疗系统，在德国的流亡人士更喜欢德国的医疗；然而在美国的苏联人更喜欢苏联的医疗系统（这个比例是3：1），而不喜欢美国的医疗体制。究其原因，是不受收入和健康波动影响的医疗保健的确定性。

一个随机扣除项，这样，我们要考虑的就是收入扣除医疗成本之后的效用期望值（在扣除医疗成本之后，剩余收入表示人们将钱花在其他能满足需求的物品上的能力。我们预先假设，疾病不会给人带来满足，从某种程度上来说，疾病是令人不悦的根源，所以疾病应该作为效用函数的另外一个独立变量）。在分析不确定条件下的行为方面，Daniel Bernoulli（1738）最先提出的期望效用假设是一个最容易控制的合理假设。在任何情况下，采取另一种分析模式的结果并不会与之产生明显的差异。

再进一步假设，每个人通常都是风险规避者。用效用术语来说，这意味着他们的收入边际效用都是递减的。这个假设对于大多数人生活中的大多数事件而言都是很合理的，然而赌博的存在使得这个假设并不完全适用。风险规避假设的意思是，如果让一个人在一个给定均值为 m 的可能收入分布和确定收入 m 之间做出选择的话，他通常会选择后者。这样，假设有一个代理机构，如一个大型保险公司或者政府，已经准备好按照保险精算的结果为医疗成本提供保险；也就是说，如果医疗保险成本是均值为 m 的随机变量，保险公司收取的保险金额为 m，并且同意支付任何人的全部医疗花费；在这种情况下，个人当然偏好于购买一份保险单，因为可以从中获得福利收益。

那么这将会产生社会收益吗？如果保险代理机构不遭受社会福利损失，那么显然是会产生社会收益的。在不同个体的医疗风险基本上是独立的这种假设前提下，将它们都集中到保险公司身上，会在一定程度上降低风险。在风险集中程度达到极限的情况下，假设保险公司有风险规避措施，它们将不会有福利的损失，从而会产生相当可观的社会净收益。当然，风险集中程度事实上不可能达到极限，购买保险的人数总是有限的，而且由于流行病之类，风险之间还可能存在一些相互依赖的关系。然而收取稍高于精算水平的保险费，就可以足够用来弥补福利的损失。如果从个人的角度来看，相对于自己承担风险，他严格偏好于一个按精算结果收费的保险单，那么，即使保险的费用不完全等于精算的结果，只要不是差得太多，他也很可能会去购买。

保险公司除了收取一定程度的风险规避费用外，还有其他因素导致它们需要收取额外的保险费（也就是说超出精算结果之外的超额费用）。保险费包括管理费用。此外，由于赔付的不规则性，可能有一个资本占用成本。设想一个简单的例子，保险公司并不愿意销售消费者需要的保险，除非在超出精算结果的保险费之外再加收一个固定百分比的费用。那么，从消费者个人的角度来看，最受欢迎的保险就应该是带有免赔额的保险；也就是说，保险公司就会支付超过某一固定金额之外的所有医疗花费。然而，如果保险公司也有一定程度的风险规避措施，那么它所加收的保费可能也会依赖于风险不确定的程度。在这种情况下，帕累托最优的保险将采用共保的形式，比如说，保险公司将不会百分之百承担所有的费用，而是对于超出某个固定金额后，按照一定的比例赔付（详细论证请见附录）。

这些结果依然可以运用于我们假设的对未能痊愈的治疗提供保险的情况。简单起见，我们假设未能痊愈的成本纯粹从货币成本的角度来考虑，例如，损失了创造收入的机会，或者更一般地来说，因不能痊愈带来的所有不满足的货币等价物。进一步假设，假定一个人生病了，医疗保健所产生的期望价值大于它的成本；也就是说，因医疗带来的身体痊愈所能产生的期望货币价值，将大于医疗支出。然而，对于普通的病人而言，是否可以完全康复也是不确定的；在没有保险的情况下，一个风险规避者可能不愿意购买医疗保健，以免造成自己未来的贫困。因此，如果有恰当的保险，让患者在没有康复的情况下不需要支付治疗费用，那么由于总体期望值高于实际成本，这样就会有社会的净收益〔35〕。

C　保险的问题

1　道德风险

对于各种类型的保险而言，福利的增加都是必然的。也就是说，如果市场由于某种问题不能提供保险时，政府就应站出来承担这种保险的责任。尽

〔35〕 在中国这是一个很普遍的观念，曾经他们仅在有病的时候而不是健康的时候付钱给医生。

管如此，保险的应用在实践中也会有诸多明显的限制。理解它们是很重要的，尽管我并不相信，这些限制能够阻挠我们创造出比现存的保险单种类丰富得多的保险市场。

在对保险的研究中，人们已经大量强调过保险对激励的影响。保险所要承保的意外应该是投保人自己无法控制的事件。遗憾的是，现实生活中，这种分离不可能完全实现。例如，某人家里或者公司着火可能很大程度上不会由当事人控制，火灾出现的可能性或多或少与当事人是否小心在意有关，当然在极端的情况下，也有故意纵火的可能。医疗保险也是类似的，医疗保险的花费不仅取决于患者的疾病，而且也取决于医生的选择以及使用某些医疗服务的意愿。我们经常可以看到，随着医疗保险业的扩大，人们对医疗保险的需求也随之增加。于是，共同承保条款被引入很多大型医疗保险单中，以应对突发事件并且帮助保险公司实现风险规避。

在一定程度上，医生和病人之间的职业关系限制了各种医疗保险中发生的道德风险。在向患者明确了某种必需的治疗方案，以及不这样做会产生的后果时，医生其实充当了保险公司利益的控制代理人（controlling agent）。不用说，这远不是最完美的制衡机制。因为医生自己不受任何控制，所以他们很容易为了取悦于自己的病人而提供更昂贵的药物，私人护理，更加频繁的治疗以及其他形式的医疗服务。住院治疗和手术较之其他一般的治疗而言会更容易受到别人的监督，因而相对来说不容易产生道德风险。这也许是保险服务在这个领域中会更加普及的原因。

2 保险赔付的替代方法

有意思的是，在医疗保险领域，支付保险费用的方式有三种：预先赔付，根据固定方案赔付，对任何可能发生的费用给予赔付。在预先赔付计划中，保险实际上是以医疗服务这一实物形式支付。其他两种形式的保险支付方式涉及给予受保者现金的赔付，第一种情况是预先确定了医疗服务中所需赔付的金额，而其他情况的保险形式则是全额赔付。当然，无论采取哪种赔付形式，免赔额和共保的条款依然适用。

在完美市场的假设下，这三种形式的保险都是等价的。不论是得到固定的赔付额，还是以市场价格支付服务，或者预付之后得到免费服务，事实上，规定的赔付额都等于服务的市场价格，投保人得到的价值都相等。事实上，全额赔款的保险和预先赔付的方案除了对医疗服务的不确定性提供了保险，还对医疗服务价格的不确定性提供了保险。进而，预付计划对医生的补偿，不可避免地会与封闭式治疗计划绑定，这样由患者自己选择医生的自由，比在一个严格遵循固定赔付的保险计划中有所降低。这只是尝试性的论点，而不同的保险方式为什么能在市场上共存这个问题，是一个很有价值的研究方向。

3　第三方控制的赔付

在医生拥有最大控制权的保险计划中，也即在大病医疗保险中，上文提到的医生控制权的道德风险问题也最为突出。这种保险形式的支出有非常明显的上升趋势。在预付计划中，由于保险和医疗服务由相同的群体提供，因此，将医疗成本控制在一个最低点的激励最强。在蓝十字计划中，被保险人和医疗服务供给者，特别是医院之间则存在着利益冲突。

道德风险的另一个方面也增强了对第三方控制的需求。保险会削弱投保人、患者以及医生寻找更廉价的医院和医疗服务的动力。因此，市场力量趋于被直接的机构控制所替代。

4　管理成本

上文 B 小节所描述的纯保险理论省略了一个非常重要的因素：保险公司的营业成本。营业成本有几种形式，然而最重要的一种，在一般的经济术语里被称作销售成本，即佣金和揽保成本（acquisition cost）。这不仅意味着保险的销售价格远远高于精算得出的价格，并且意味着在不同类型保险之间存在着巨大的价格差异。观察 1958 年保险公司提供的健康保险就可以明显地看出，各种管理费用支出占了个人保险全部收入的 51.6%，而在团体保险项目中，此项费用仅占其收入的 9.5% ［26，表 14 - 1，p. 272］。这种明显的差异似乎意味着，保险的提供，除了风险覆盖的范围之外，还具有很大的规模经济。显然，这个结论支持提供广泛的保险计划，尤其是实行强制性保险。

5 预测与保险

显然，从风险规避的角度来看，保险对象的风险不确定性越大，保险的价值就会越高。人们通常也会因此强调对于住院治疗以及手术的保险需求要高于其他形式的医疗服务。这种凭经验的假设受到了 O. W. Anderson 以及其他学者［3，pp. 53 – 54］的质疑，他们声称，非住院费用的不确定性和住院费用的不确定性一样大。事实上，他们发现，花费超过 200 美元的可能性对于这两种情况是相同的，这当然并不是一种正确地衡量可预测性的方法，而且快速浏览一下相关证据会发现，普通医疗服务的平均成本变动幅度明显更低。例如，以伯明翰这个城市来说，人均外科手术的治疗费用是 7 美元，而人均普通医疗开支是 20 美元，然而，对于那些接受了外科手术的人来说，平均支出是 99 美元，而接受其他普通医疗服务的人所负担的平均费用仅是 36 美元。有 82% 的受访者没有接受过任何外科手术，而只有 20% 的受访者没有任何常规医疗费用的支出［3，表 A – 13，A – 18，A – 19，pp. 72，77，79］。

可预测的问题表明，保险在慢性疾病或妇产保险方面更有其可圈可点的一面。如果采用终身保险的形式，那么对慢性疾病提供保险是很有意义的，因为慢性疾病的发作非常具有不确定性，而且花费的成本也极其昂贵。对于那些已经患有慢性疾病的人而言，或者已经有某些症状显示出可能会导致某些慢性疾病，严格来说保险可能就没有任何意义了。

6 不对等风险的分担

理论上说，从社会福利的角度出发，保险需要采取最大可能的风险歧视政策。对于那些有较高风险患病的人群收取较高的保险费。然而事实上，保险费有趋同而非差别化的趋势，特别是在像蓝十字会和类似的普遍参与的保险计划中。实际上，这也是在持续地对收入进行重新分配，也就是从不易患病的人群转移到易患病的人群。当然，如果在真正的竞争性市场中，这种再分配在实际中不可能持续下去。在竞争性的环境下，将出现歧视性地收取保费并进行筛选的保险计划，而那些不实行歧视政策的保险计划将面临逆向选择之忧。

正如我们在讨论收入再分配时看到的那样，这种非歧视政策可以被视作一种更长时间跨度的保险。如果一个保险计划计算对每个人收取的保险费时，按照全社会的样本计算，而不是按他所属的子群体的样本计算，那就等于为每个人提供了另外一个保险，也就是对他的基本健康状况的重大变化投了保险，因为这种健康状况的重大变化将导致他所属的子群体被重新划分。这与终生人寿保险中使用的平均保险费的做法是一致的，而不是像定期人寿保险那样，根据年龄的不同而收取不同的保险费。

7　保险覆盖的范围和缺口

我们可能会简略地指出，时至今日，医疗保健的保险还远远没有普及。保险完全没有覆盖某些特定的人群，诸如失业者、因制度问题被排除在外的人以及老年群体。在所有的医疗费用里，只有1/5～1/4的费用由保险赔付。然而，我们也应该注意到，一年（或更长时间）超过一半的住院开销和大约35%的超过1000美元的普通医疗花费是被保险覆盖的［26，p. 376］。这样，在不确定性比较大的那部分医疗支出中，保险覆盖范围要好于整体数据显示的覆盖范围。但是我们也必须承认，保险机制仍然远没有达到它应该可以覆盖的所有范围。

D　治疗效果的不确定性

1　对于已经患有某种疾病的人而言，确实有两个主要的不确定性因素

首先，他不确定治疗的效果；其次，他自己的不确定性和他的主治医生所判断的不确定性可能相差很多，因为病人掌握的医疗知识与医生掌握的医疗知识可能有巨大差异。

2　理想保险

针对病人无法从医疗保健中获益的情况，有必要提供保险服务，这些收益包括康复、减轻痛苦或者防止病情进一步恶化等。我们可以考虑这样一种形式的保险，在这个保险中对医生支付的费用将根据病人获得的收益程度来决定。这样就可以将病人的风险转嫁到医生身上，而医生显然有风险规避的倾向，因此，保险承保人可以通过与医生签订合同或者与潜在的病人签订合同来分担其中的风险。在理想保险的体系下，如果考虑概率之后的期望治疗效用超过期望的医疗成本，那么所需的医疗服务手段就通常会被实施。这样就很容易得到经济上最优的结果。如果我们主要根据损失的工作时间来衡量无法痊愈导致的成本，那么事实上，这样的保险方案也能使按照一般经济标准衡量的社会福利最大化。

3 信任与委托的概念

在缺乏理想保险机制的情况下，可以提供某种替代保证的机构就会应运而生。在理想的保险体制下，患者将完全不会考虑他自己与医生之间信息的不对等性，因为不管怎样，他仅按照治疗的结果支付费用，并且事实上他的效用也完全获得了保证。然而，当缺乏这样的理想保险体制时，患者自然会希望自己的医生可以保证将他所有的医学知识最大限度地运用出来。这就需要建立一种信任关系，即医生不能辜负某种社会责任。既然至少在病人看来，他所知道的信息不可能和医生一样多，他就不能确保自己所得到的治疗标准是最好的。在一定程度上，患者会以普遍相信医生的态度来代替自己的直接观察〔36〕。或者说，医生会采取最好的治疗方式，这种社会责任感是医生所销售商品的一部分，尽管患者不能对其进行完全的检查。

这种信任关系所产生的一个结果就是，医生不能在他工作的每时每刻都想着最大化他的收入。医生要尽可能地表现出为患者着想的意愿，而且他也需要避免将追求最大利益表现得太明显。不从逻辑上讲，从心理学角度分析，那种完全寸土必争的讨价还价行为与信任关系是不相容的。从这些特殊关系中产生了上面讨论的各种道德行为，由此我认为利润最大化对医院来说不是最重要的。“利润”这个词本身就是违背信任关系的一个信号。

价格歧视及其极端形式，即对贫困的人进行免费治疗，也随之而生。如果医生的责任感首先被理解为对于病人福利的关注，那么患者的经济困难将

---

〔36〕 Francis Bator 向我提到过某些保护是可以实现的，通过一定的价格获得更多的医疗鉴定。

不能与之相提并论。

医生和患者间信息不对等以及缺乏合适的保险机制的另一个结果是，患者必须将自己诸多选择的自由权都交给他的医生。病人不具备决定接受治疗、转诊或住院的知识。为了证明这种委托公平合理，医生自身也会多少受到限制，就像在类似情况下的任何代理人一样。要避免成为真正的代理人，最保险的方法是遵循当时社会普遍认为最好的、最先进的治疗方法。即便是为了给病人省钱，而降低治疗质量，医生也可能会承担违背社会约束的风险。

病人对医生（以及类似的职业，如牧师）的这种特殊信任关系会延伸到第三方，这样医生所开具的疾病和损伤的证明普遍会被认为是非常可靠的（参见本文第Ⅱ部分B小节）。假设这些信息资源是可靠的，它们的社会价值也是显而易见的。

注意这里的一般原则。由于存在信息流动的障碍和风险没有被保险的市场，买卖双方之间的协调必须通过收敛的期望来实现，但这些协调会因出现清晰而明确的信号而获得极大的帮助，并且反过来说，这些协调也会影响行为模式，导致出现一些自身在逻辑上并不必然带来最优结果的行为〔37〕。

4 执业许可和教育标准

委托和代理是为消除信息不对称而设计的社会制度。医疗服务中普遍存在的不确定性可以通过严格的从业资格来应对，这种从业资格旨在尽可能地减少消费者对产品质量的不确定性〔38〕。我认为这样的解释，或许有点幼稚，但比其他任何医生通过寻求垄断来增加收入的观点都更经得起推敲。毫无疑问的是，从从业医生的角度来看，从业资格是合意的，但是从业资格的公众压力一定来自更深层次的原因。

然而，社会对质量保障的需求可由多种方式满足。一般来说，国家或其

〔37〕这个情况很容易让人想起 Schelling 的默契博弈理论中焦点所起的关键作用，其中参与双方必须在没有沟通的情况下找到共同的行动方向；见［24，esp. pp. 225 ff.］。

〔38〕他们怎样达到这个目标是另外一回事，R. Kessel 向我提到他们只能保证培训，而不会保证由于医疗技术改变而带来的更好的效果可以持续。

他社会机构对于职业资格或商品生产至少采取三种措施，而且分别都有其例证。(1) 职业资格需要获得许可，不合格的人完全被排除在外。得到这样的职业许可或许比取得行医资格更复杂，如特定的医生只能有资格做一些特定的医疗服务。的确，现行的非此即彼的从医资格容易受到批评，人们会认为这样的资格要求对那些复杂的专门治疗来说是不足够的，而对简单的基本治疗来说又过于苛刻。然而，分类许可的做法也许更难推行。我们可以像对待食品那样进行分类，把危险品排除掉，或者允许采用的食品也要分为动物用或者人用。(2) 政府或者其他代理机构认证和登记，但这些认证和登记并不具有强制的排他性。目前，人们在积极地讨论关于心理医生的分类问题；罐装食品也被分为不同的等级。认证工作可由非政府机构承担，如医疗委员会对专家的审核那样。(3) 任何措施也不会采用，全部由消费者自己决定。

在任何给定的情况下，选择以上何种替代方案都取决于消费者自己做出决定的困难程度，并且也取决于一旦做出错误决定所可能带来的后果。显然，社会普遍一致认为对于医药行业采取放任政策是完全不可容忍的。关于职业资格认证的提议似乎从来都没有被认真讨论过。讨论这些提议的细节超出了本文所涵盖的范围。我只是想指出，应该根据病人是否能减少商品质量的不确定性，来判断这些建议，并且限制从业资格也是未能设计出一套保险制度的结果。在这个制度中，医疗知识和技术欠缺带来的风险应主要由病人而不是医生来承担。

附　言

我想在此反复强调的是上文已经提到的结论：不确定性保险市场的缺失，导致产生了许多社会制度，它们在某种程度上违背了市场的一般假设。医疗保健行业仅是其中一例，虽然在很多方面这是一个极端的例子。各行各业都有一些相同的属性。对于个人关系或者家庭关系而言，经济的重要性虽然有所下降，即使在最发达的国家里也绝不是小问题，这些非市场关系可以为人们的很多行为提供担保，如果离开这些关系的话，人们的行为将出现更多的不确定性。在这方面也有许多其他例子可以参考。对不确定性条件下的理想竞争行为的逻辑和局限性的研究促使我们认识到，价格体系所支撑的现实市场有哪些不完善之处。

参考文献

[1] A. A. Alchian, K. J. Arrow, and W. M. Capron, *An Economic Analysis of the Market for Scientists and Engineers*, RAND RM-2190-RC, Santa Monica, 1958.

[2] M. Allais, "Géneralisation des théories de l'équilibre économique général et du rendement social au cas du risque," in Centre National de la Recherche Scientifique, *Econometrie*, Paris, 1953, pp. 1-20.

[3] O. W. Anderson and Staff of the National Opinion Research Center, *Voluntary Health Insurance in Two Cities*, Cambridge, Mass, 1957.

[4] K. J. Arrow, "Economic Welfare and the Allocation of Resources for Invention," in *Nat. Bur. Econ. Research*, *The Role and Direction of Inventive Activity: Economic and Social Factors*, Princeton 1962, pp. 609-625.

[5] K. J. Arrow, "Les rôle des valeurs boursières pour la répartition la meilleure des risques," in Centre National de la Recherche Scientifique, *Econometrie*, Paris, 1953, pp. 41-46.

[6] F. M. Bator, "The Anatomy of Market Failure," *Quart. Jour. Econ.* Aug. 1958, 72, pp. 351-379.

[7] E. Baudier, "L'introduction du temps dans la théorie de l'équilibre général," *Les Cahziers Economiques*, Dec. 1959, pp. 9-16.

[8] W. J. Baumol, *Welfare Economics and the Theory of the State*, Cambridge, Mass, 1952.

[9] K. Borch, "The Safety Loading of Reinsurance Premiums," *Skandinavisk Aktuariehdskrift*, 1960, pp. 163-184.

[10] J. M. Buchanan and G. Tullock, *The Calculus of Consent*, Ann Arbor, 1962.

[11] G. Debreu, "Une économique de l'incertain," *Economie Appliquée*, 1960, 13, pp. 111 – 116.

[12] G. Debreu, *Theory of Values*, New York, 1959.

[13] R. Dubos, "Medical Utopias," *Daedalus*, 1959, 88, pp. 410 – 424.

[14] M. G. Field, *Doctor and Patient in Soviet Russia*, Cambridge, Mass, 1957.

[15] Milton Friedman, "The Methodology of Positive Economics," in *Essays in Positive Economics*, Chicago, 1953, pp. 3 – 43.

[16] Milton Friedman and S. S. Kuznets, *Income from Independent Professional Practice*, *Nat. Bur. Econ. Research*, New York, 1945.

[17] R. A. Kessel, "Price Discrimination in Medicine," *Jour. Law and Econ.*, 1958, 1, pp. 20 – 53.

[18] T. C. Koopmans, "Allocation of Resources and the Price System," in *Three Essays on the State of Economic Science*, New York, 1957, pp. 1 – 120.

[19] I. M. D. Little, *A Critique of Welfare Economics*, Oxford, 1950.

[20] Selma Mushkin, "Towards a Definition of Health Economics," *Public Health Reports*, 1958, 73, pp. 785 – 793.

[21] R. R. Nelson, "The Simple Economics of Basic Scientific Research," *Jour. Pol. Econ.*, June 1959, 67, pp. 297 – 306.

[22] T. Parsons, *The Social System*, Glencoe, 1951.

[23] M. J. Peck and F. M. Scherer, *The Weapons Acquisition Process: An Economic Analysis*, Div. of Research, Graduate School of Business, Harvard University, Boston, 1962.

[24] T. C. Schelling, *The Strategy of Conflict*, Cambridge, Mass, 1960.

[25] A. K. Shapiro, "A Contribution to a History of the Placebo Effect," *Behavioral Science*, 1960, 5, pp. 109 – 135.

[26] H. M. Somers and A. R. Somers, *Doctors, Patients, and Health Insurance*, The Brookings Institution, Washington, 1961.

[27] C. L. Stevenson, *Ethics and Language*, New Haven, 1945.
[28] U. S. Department of Health, Education and Welfare, *Physicians for a Growing America*, Public Health Service Publication No. 709, Oct., 1959.

附录　最优保险策略

在上文第Ⅳ部分第B节中，关于最优保险策略性质的两个命题证明如下。

命题1：如果保险公司愿意只根据保险单的精算值为购买者支付保险金时，对于采取风险规避的投保者所选择的保险单将会使其在最低免赔额之外得到全额的补偿。

注意：一般来说，实际支付的保险费将会超过精算的价格；只要求两个具有相同精算值的保单以同样的保费提供。

证明：设W代表个体的初始财富，X是他的损失，是一个随机变量，$I(X)$是为损失X所投的保险金额，P代表保险费，$Y(X)$则代表某个体购买保险后，在出现损失时所获得的保险利润。

$$Y(X) = W - P - X + I(X) \tag{1}$$

消费者会根据他最后的财富状况可能带来的效用$Y(X)$评估可供选择的保单。设$U(y)$为最终财富y的效用，那么消费者目标是最大化下式：

$$E\{U[Y(X)]\} \tag{2}$$

其中E代表数学期望。

购买保险的花费肯定是大于零的，因此保险政策必须满足如下条件：

$$\text{对于所有} X, I(X) \geq 0 \tag{3}$$

如果一个保险政策是最优的，那么在同样的精算估计下，它肯定比其他任何保险政策都有更大的数学期望值，如式（2）所示$E[I(X)]$。考虑一个保险政策，它为某个程度的损失X_1，支付一定金额的保险，然而这可能造成最终资产损失X_2，较之X_1更低。这样直观来看，一个风险规避者在同样的精算值下会青睐于另外的保险政策，即可以在 X_1 的邻域稍微降低投保金额，转而在 X_2 的邻域稍增投保费用，这样风险排斥意味着 $Y(X)$ 的边际效用在 $Y(X)$ 较小时会增大。因而，最初的保险策略就不是最优的。

证明如下，令 $I_1(X)$ 代表原始政策，并且 $I_1(X) > 0$, $Y_1(X_1) > Y_2(X_2)$ ，其中 $Y_1(X)$ 以 $I_1(X)$ 的形式由（I）定义。当 δ 足够小时：

$$I_1(X) > 0, \text{当} X_1 \leqslant X \leqslant X_1 + \delta, \tag{4}$$

$$Y_1(X') < Y_1(X), \text{当} X_2 \leqslant X' \leqslant X_2 + \delta, X_1 \leqslant X \leqslant X_1 + \delta. \tag{5}$$

如果方程 $I_1(X)$ ，$Y_1(X)$ 是连续的，那么对 δ 的选择是可能的；并且可以证明对最优策略是正确的，因此我们只需要考虑最优策略这种情况。

令 π_1 代表损失 X 落在区间 $\langle X_1, X_1 + \delta \rangle$ 的概率，π_2 为损失 X 落在区间 $\langle X_2, X_2 + \delta \rangle$ 的概率。从式（4）和式（5）中，我们可以选择 $\varepsilon > 0$ 并且足够小，这样：

$$I_1(X) - \pi_2 \varepsilon \geqslant 0, \text{当} X_1 \leqslant X \leqslant X_1 + \delta, \tag{6}$$

$$Y_1(X') + \pi_1 \varepsilon < Y_1(X) - \pi_2 \varepsilon, \text{当} X_2 \leqslant X' \leqslant X_2 + \delta, X_1 \leqslant X \leqslant X_1 + \delta, \tag{7}$$

现在定义一个新的保险政策，$I_2(X)$ 与 $I_1(X)$ 相同，除了它在区间 $[X_1, X_1 + \delta]$ 有更小的 $\pi_2 \varepsilon$ ，并且在区间 $[X_2, X_2 + \delta]$ 有更大的 $\pi_1 \varepsilon$ 。在式（6）中，$I_2(X)$ 恒大于 0，因此式（3）得以满足。我们会发现 $E[I_1(X)] = E[I_2(X)]$ ，并且 $I_2(X)$ 趋于更高的期望效能，因此 $I_1(X)$ 并不是最优的。

留意到 $I_2(X) - I_1(X)$ 在区间 $[X_1, X_1 + \delta]$ 等于 $-\pi_2 \varepsilon$ ，在区间 $[X_2, X_2 + \delta]$ 等于 $\pi_1 \varepsilon$ ，在其他区间等于0。令 $\phi(X)$ 为随机变量 X 的密度，那么：

$$\begin{aligned}
E[I_2(X) - I_1(X)] &= \int_{X_1}^{X_1+\delta} [I_2(X) - I_1(X)] \phi(X) dX + \int_{X_2}^{X_2+\delta} [I_2(X) - I_1(X)] dX \\
&= (-\pi_2 \varepsilon) \int_{X_1}^{X_1+\delta} \phi(X) dX + (\pi_1 \varepsilon) \int_{X_2}^{X_2+\delta} \phi(X) dX \\
&= -(\pi_2 \varepsilon) \pi_1 + (\pi_1 \varepsilon) \pi_2 = 0
\end{aligned}$$

这两种策略有一样的精算值，假设它们有一样的赔偿金额。

令 $Y_2(X)$ 由式(1)中 $I_2(X)$ 定义。那么 $Y_2(X) - Y_1(X) = I_2(X) - I_1(X)$，从式（7）可得：

$$Y_1(X') < Y_2(X') < Y_2(X) < Y_1(X),$$
$$\text{当 } X_2 \leqslant X' \leqslant X_2 + \delta, X_1 \leqslant X \leqslant X_1 + \delta \tag{8}$$

由于 $Y_1(X) - Y_2(X) = 0$ 落在区间 $\langle X_1, X_1 + \delta\rangle$，$\langle X_2, X_2 + \delta\rangle$ 之外，我们可以得到：

$$E\{U[Y_2(X)] - U[Y_1(X)]\} = \int_{X_1}^{X_1+\delta} \{U[Y_2(X)] - U[Y_1(X)]\}\phi(X)dX + \int_{X_2}^{X_2+\delta} \{U[Y_2(X)] - U[Y_1(X)]\}\phi(X)dX \tag{9}$$

根据中值定理，对于任意 X 的值，都有：

$$\begin{aligned} U[Y_2(X)] - U[Y_1(X)] &= U'[Y(X)][Y_2(X) - Y_1(X)] \\ &= U'[Y(X)][I_2(X) - I_1(X)] \end{aligned} \tag{10}$$

其中 $Y(X)$ 落在 $Y_1(X)$ 和$Y_2(X)$ 的区间之内。由式（8）可得：

$$Y(X') < Y(X), \text{当 } X_2 \leqslant X' \leqslant X_2 + \delta, X_1 \leqslant X \leqslant X_1 + \delta$$

并且，对于风险规避者 $U'(y)$ 是 y 的递减函数：

$$U'[Y(X')] > U'[Y(X)]$$

或者，等同于，对某一 u 值，有：

$$U'[Y(X')] > u, \text{当 } X_2 \leqslant X' \leqslant X_2 + \delta,$$
$$U'[Y(X)] < u, \text{当 } X_1 \leqslant X \leqslant X_1 + \delta \tag{11}$$

将式（10）代入式（9）可得：

$$E\{U[Y_2(X)] - U[Y_1(X)]\} = -\pi_2\varepsilon\int_{X_1}^{X_1+\delta} U'[Y(X)]\phi(X)dX + \pi_1\varepsilon\int_{X_2}^{X_2+\delta} U'[Y(X)]\phi(X)dX$$

由式（11）可推出：

$$E\{U[Y_2(X)]-U[Y_1(X)]\}>-\pi_2\varepsilon u\pi_1+\pi_1\varepsilon u\pi_2=0$$

因此倾向于采用第二种策略。

因此，可以看出对于某 X_1 、X_2 ，如果 $I(X_1)>0$，且 $Y(X_1)>Y(X_2)$ ，保险策略不能达到最优。因此这将会形成一个困难的局面：令 $Y_{\min}$ 为在最优策略下 $Y(X)$ 可以达到的最小值，那么任意 $Y(X)>Y_{\min}$ 都必须使得 $I(X)=0$ 。换句话说，最小的最终资产值已经被设定了，如果出现的损失不能使最终资产值低于该值，则将没有赔偿金的发放；如果最终资产值低于这一限定值，赔偿的保险金将会根据协定补偿到这一最低值。这显然是在可扣除的损失中对其百分之百赔偿的精确描述。

我们现在来考虑第二个命题。假设保险公司以及投保人都是风险规避者；然而，除了对损失的保险赔偿外，没有其他任何成本，诸如行政管理等费用的产生。

命题 2：如果投保人和保险公司都是风险规避者，并且除了赔偿损失的保险金外，没有其他费用的产生，那么任何非平凡的帕累托最优策略 $I(X)$ 都是损失 X 的函数，并且肯定有 $0<dI/dX<1$ 的特性。

这意味着，保险公司会支付部分而不是全部的损失增量；这种类型的条款被称为共同保险。命题 2 是由 Borch（1960）提出，我们这里给出简单的证明。

证明：若 $U(y)$ 为投保方的效用函数，$V(z)$ 为保险方的效用函数。令 W_0 和 W_1 分别为投保方和保险方的原始资产。在这种情况下，我们令 $I(X)$ 为低于赔偿的保险利润；对于当前的目的，这是唯一重要的因素（由于保险赔偿独立于 X，这个定义不会改变 dI/dX 的值）。投保方和保险方最后的资产情况分别为：

$$Y(X)=W_0-X+I(X),\quad Z(X)=W_1-I(X) \tag{12}$$

将任意保险策略中投保方和保险方的期望效用分别定义为 $u=E\{U[Y(X)]\}$

和 $v = E\{V[Z(X)]\}$ 。如果我们将所有保险策略所得到的 (u,v) 值作图，结果可以看到可能的期望值的边界曲线，而且该曲线是在第一象限内的凸函数。如果想观测到该曲线，可以令 $I_1(X)$ 和 $I_2(X)$ 为任意两个保险策略，并且令 (u_1,v_1) 和 (u_2,v_2) 为二维期望效用集合里的相应两点。定义第三个保险策略 $I(X)$ ，为前两个保险策略的平均值：

$$I(X) = \left(\frac{1}{2}\right)I_1(X) + \left(\frac{1}{2}\right)I_2(X)$$

如果在三种保险策略 $I(X),I_1(X),I_2(X)$ 下，$Y(X),Y_1(X),Y_2(X)$ 为投保方的最终资产状况，而 $Z(X)$，$Z_1(X)$，$Z_2(X)$ 为保险方的最终资产状况，那么：

$$Y(X) = \left(\frac{1}{2}\right)Y_1(X) + \left(\frac{1}{2}\right)Y_2(X), Z(X) = \left(\frac{1}{2}\right)Z_1(X) + \left(\frac{1}{2}\right)Z_2(X)$$

并且，由于两方都有递减的边际效用，则：

$$U[Y(X)] \geqslant \left(\frac{1}{2}\right)U[Y_1(X)] + \left(\frac{1}{2}\right)U[Y_2(X)],$$

$$V[Z(X)] \geqslant \left(\frac{1}{2}\right)V[Z_1(X)] + \left(\frac{1}{2}\right)V[Z_2(X)]$$

由于这些情况对所有 X 都成立，因此对于期望值也成立。这样，当 $u \geqslant \left(\frac{1}{2}\right)u_1 + \left(\frac{1}{2}\right)u_2, v \geqslant \left(\frac{1}{2}\right)v_1 + \left(\frac{1}{2}\right)v_2$ 时，在可能期望效用集合中会有相应一点 (u,v) 。由于在可能期望效用集合中任意两点 (u_1,v_1) 和 (u_2,v_2) 对该情况都成立，特别是对于第一象限的边界点，它保证了边界曲线是在第一象限的凸函数。

反之亦然，如果可以适当地选定参数 α 和 β ，在可能期望效用集合中至少会有一点可以最大化线性函数 $\alpha u + \beta v$ ，以达到任意给定的帕累托最优点（在第一象限边界中的任意一点）。

$$\alpha E\{U[Y(X)]\} + \beta E\{V[Z(X)]\} = E\{\alpha U[Y(X)] + \beta V[Z(X)]\}$$

其中 $\alpha \geqslant 0, \beta \geqslant 0, \alpha > 0$,或 $\beta > 0$ 。为了得到最大的期望值，对于 $I(X)$ ，以及所有 X ，显然需要最大化下式：

$$\alpha U[Y(X)] + \beta V[Z(X)] \tag{13}$$

由于给定 X ，遵循式（12），可得：

$$\frac{dY(X)}{dI(X)} = 1, \frac{dZ(X)}{dI(X)} = -1$$

对式（13）进行差分，可得 $I(X)$ 。

$$\alpha U'[Y(X)] - \beta V'[Z(X)] = 0 \tag{14}$$

$\alpha = 0$ ，或 $\beta = 0$ 的情况显然不存在（意味着保险关系的某一方将全部资产都交给另外一方），所以我们假设 $\alpha > 0, \beta > 0$ 。现在将式（14）对 X 进行差分，并根据式（12）推出的关系，可得：

$$\frac{dY}{dX} = \left(\frac{dI}{dX}\right) - 1, \frac{dZ}{dX} = -\left(\frac{dI}{dX}\right)$$

$$\alpha U''[Y(X)]\left[\left(\frac{dI}{dX}\right) - 1\right] + \beta V''[Z(X)]\left(\frac{dI}{dX}\right) = 0$$

$$\text{或} \frac{dI}{dX} = \alpha U''[Y(X)] / \{\alpha U''[Y(X)] + \beta V''[Z(X)]\}$$

根据假设 $U''[Y(X)] < 0, V''[Z(X)] < 0$ ，因此保险双方都是风险规避者，命题 2 成立。

段晓娟 译　邹光 校

生产、信息成本与经济组织*

阿尔曼·艾尔钦（Armen A. Alchian） 哈罗德·德姆塞茨（Harold Demsetz）**

资本主义社会的标志是，资源由诸如企业、家庭、市场等非政府组织所拥有和分配。资源的所有者通过专业化合作来提高生产力，由此导致了对促进合作的经济组织的需求。当一家木材厂雇用一位细木工匠时，专家之间的合作即可在企业内部完成，而当一位细木工匠从伐木工那里购买木材时，合作则是通过市场（或企业之间）来实现的。经济组织理论面临两大重要问题：一是要解释何种条件决定了专业化和合作生产的好处，是从像企业这类组织的内部还是通过市场获得更好；二是要解释经济组织的结构。

一般认为，企业的特征就是拥有能通过命令、权威、惩戒行为来解决问题的权力，并且这往往会优于常规市场的解决能力。事实上这只是一种错觉，因为企业并不拥有所有的投入，它丝毫不拥有异于任何两人之间普通市场合约之外的特殊命令、权威或惩戒行为等权力。对于任何未能履行交易协议的行为，只有中止与对方未来的业务往来或诉诸法院以获得补偿，从而对其进行“惩罚”。任何雇主能够做的仅此而已。雇主可以选择解雇或者起诉，正如我可以不再从杂货商那里购买食品以解雇这个杂货商，或控告他提供劣质产

---

* 原文发表于1972年第62卷第5期。

** 作者系加利福尼亚大学洛杉矶分校经济学教授。感谢E. Lilly捐赠基金公司对UCLA“产权的行为效应研究”的资助。

品一样。那么我们所假定的管理和分配工人做各种工作的这种权力具体包括哪些内容？事实上这与一个普通消费者拥有控制和指派不同的任务给自己的杂货商的权力并无二致。在一个双方都能接受的价格下，单个消费者可以让杂货商为其提供相关的任何产品或服务，这也恰恰是雇主对他的雇员所能做的全部。说到管理、指导或分派工人去做各种工作，不过是以一种具有迷惑性的方式指出，雇主连续地就必须由双方所接受的合约条款进行再谈判。告诉一个员工去打出这封信而不是将它归档，正如我告诉杂货商卖给我这种牌子的金枪鱼而不是那种牌子的面包。我并没有继续从杂货商那里购买商品的合约，同样无论是雇主还是雇员都不会受到那种必须继续他们之间关系的合约义务的约束。雇主与雇员之间的长期合约不是我们称之为企业的组织的本质。我的杂货商可能日复一日都指望着我再次购买他的劳务和产品，甚至可以按不总是标在商品上的价格购买，因为我知道它们的价值都是多少，并且他调整他的行为来符合我对他的指示，以便满足我日常所需，如此等等，但他并不是我的雇员。

那么一个杂货商同他的雇员之间的关系与一个杂货商同他的顾客之间的关系相比有何差别呢？差别在于，它是一个团队在使用投入，而且在所有其他投入的合约安排中某一方处于集权地位。这就是在一个团队生产过程中的中心的合约主体，而不是某种更优越的强制性指令或惩戒权力。到底什么是团队生产过程？为什么由此而引起的合约形式被称为企业？这些问题激发了本文的深入探究。

I　测度问题

通过投入所有者之间的合作，经济组织将会更好地利用其比较优势促进报酬支付与生产力相匹配。如果报酬支付是随机性的，不考虑生产者的努力，那么这个组织就没有提供对生产者努力的激励；如果报酬支付与生产力呈负相关，那么这个组织将会遭遇消极怠工。经济组织中存在两个关键的要求

——测度投入的生产力以及测度报酬支付。[1]

测度问题有时可通过竞争性市场上产品的交易来得到很好的解决。因为在许多情形下，市场可以使生产力与报酬之间高度相关。在现行市场价格下，如果一位农民的小麦产量增加10%，他的收入也会增加10%。这种经济活动组织方式是对产出的直接测度，反映了边际产品及分配给资源所有者的报酬正好同他们产出的直接测量值相一致。这种促进生产专业化的分散市场交易的成功，需要市场报酬的变化最终也是由造成产出变化的那些因素引起。[2]

在经济学的从边际生产力到收入分配的经典关系中，暗含的假设前提就是存在一种组织（它或是市场，或是企业）能使资源的报酬分配与它们的生产力相一致。经济组织的问题，即测度生产力并相应分配报酬的经济方法，

---

〔1〕 测度既意味测量也意味分配。一个人既可以测量产出也可以控制产出。我们用“测度”一词同时表示这两种意思，文章的语境中应该也能表明这一点。

〔2〕 生产者声誉受损会导致他未来收入的现期资本价值受损，从而使他的财富减少。声誉，也就是信誉，是一种资产，它也是对“有关预期绩效的可靠信息是一种既昂贵又有价值的商品”的另一种说法。对于可能干扰合约绩效的意外事件来说，如果这样的事件被包含在特殊的应急条款之中，合约双方都有激励去达成与合约中所假定的结果相类似的和解。原因同样是，这种“诚信”交易的声誉，是一种财富，因为这种与假定结果相类似的行为背后有一个提供了这种应急补救措施的合约。

几乎每一个合约都是开放式的，即很多突发事件都不会被包含在合约中。例如，假如一场火灾使得A承诺出售给B的商品延误生产，如果B坚持认为是A没有履行合约造成的，那么该如何解决争端且赔偿结果又是怎样？即使有赔偿，是A支付给B吗？一个在这些问题上一无所知的人或许会惊讶于合约在多大程度上允许当事人逃避合约履行或是取消合约。事实上很难想象任何合约一旦在规定的条款下被完全执行，合约的任何一方都不能逃避相应的责任，然而这就是普遍的可行性合约。为什么？毫无疑问，在这个问题上Stewart Macaulay给出了最好的论述。

合约不但有办法检测或防止欺诈，而且有办法决定如何分配因不可预知的事件引起的损益或所交易的商品质量。销售合约中包含了保证、担保、抵押、返还特权以及不履行合约情况下特定的罚款条款。这些都是分配因欺诈受损而引起风险的方式。一方面，一个没有担保的较低价格，在按现状出售的情况下，买方承担了大部分的风险，而卖方则相当于购买了规避欺诈损失的保险。另一方面，担保、返还特权或服务性合约的存在则相当于买方购买了保险，从而使大部分风险转给了卖方。

在生产与分配的经典分析中并没有得到正视。相反，经典分析倾向于假定存在一种完全足够经济的或零成本的方式，好像生产力能自动地创造出它的报酬似的。我们推测其因果关系方向正好相反，即某种特殊的报酬支付制度能够激励某种特殊的生产力做出相应的反应。如果经济组织不能得到很好的测度，并且报酬与生产力之间只是微弱相关，那么生产力将会比较低；如果经济组织能得到很好的测度，生产力就会较高。那么到底是什么造成测度困难以及由此引发的能节约成本的测度方式又是怎样的？

Ⅱ　团队生产

当两个人联合把重型货物装载到卡车时，我们只能观察到他们每天装载的总重量，却无法确定每个人的边际生产力。在团队生产条件下，如果仅仅观察总产出，很难定义或确定每一个个体在他们合作性投入的总产出中做出的贡献。产出很明显是由一个团队共同生产出来的，而不是每一个成员单独产出的简单加总。团队的产出 Z 至少包括两种投入要素 X_i 和 X_j，满足 $\frac{\partial^2 Z}{\partial X_i \partial X_j} \neq 0$。[3] 其生产函数也不能分解为仅包括投入要素 X_i 或仅包括投入要素 X_j 的两个生产函数，因此，单独的两个生产函数之和并不能看作是 Z 的团队生产函数（举一个可分离的例子，如 $Z = aX_i^2 + bX_j^2$ 可分解为 $Z_i = aX_i^2$，$Z_j = bX_j^2$，则 $Z = Z_i + Z_j$，这并不是团队生产）。在团队生产 Z 中所获得的生产技术比单独用 X_i 和 X_j 来生产 Z 所获得的生产技术强。如果团队生产所获得的产出扣除组织成本和管理团队成员成本后大于 Z 的分别生产之和，我们将会选择团队生产——这就是本文的论题。[4]

[3] 如果函数的交叉偏导等于 0，即 $\frac{\partial^2 Z}{\partial X_i \partial X_j} = 0$，则这个函数可被拆分成可加总的多个函数。

[4] 在足够放宽符号和概念的情况下，团队生产函数可被看作是我们的同事 E. A. Thompson 提出的广义生产函数中的一种。

对合作行为能获得收益的通常解释依赖于符合生产可分别相加的、比较优势的专业化原则的交易和生产。然而如上所述，从合作行为中获得收益的一个来源涉及作为一个团队的运行，在此情形下，个体的合作性投入并不能生产出可加总起来度量总产出的可识别的、可分离的单个产出。对于这种合作性生产活动，我们在此称之为“团队”生产，以此来测量边际生产力以及支付一个与之相一致的且比可分生产函数高出一个数量级的报酬。

再次重申，团队生产就是：(1) 使用几种类型的资源；(2) 其产品不是每一种合作资源的分别产出之和，一个额外的因素造成了团队组织问题：(3) 不是所有被用于团队生产的资源都属于同一个人。

我们并不想探究所有联合使用的资源为什么不是单个人所有，而是想了解团队投入的所有者之间的组织形式、合约类型、信息传递机制以及报酬支付程序。对于单个人拥有资源的情形，仅仅注明以下几点也许就足够了：(1) 禁止使用奴隶；(2) 可以假定，风险规避是一个人不去借足够的钱来购买所有的资产或服务，而是采取租赁方式的一个原因；(3) 购买后再转卖的差价可能是如此之大，以至于短期内产生的成本超过了租赁成本。我们的问题基本上可被视为不同人之间的组织问题，而不是有形的产品或无形的劳务之类的问题，无论后者有多少可供选择的组合。

怎样才能激励团队的成员进行有效的工作呢？在团队生产中，进行合作的团队成员的边际产品并不能如此直接地和分别地（即成本低）被观察到。一个团队向市场提供的产品可看作是整个团队的而不是这个团队成员的边际产品，测度与确定团队成员边际产出的成本呼唤新的组织与程序。把握每种投入的生产力的情况可能需要通过观察个体投入的行为来确定。当一个人将货物搬到卡车上时，他转向装运下一件货物需要多长时间？他吸烟休息的次数有多少？抬货物时是向他这边倾斜的吗？

如果不需要什么成本就能发觉这类行为，就没有人会产生偷懒的激励，因为谁也无法将他偷懒的成本强加给别人（如果他们的合作是自愿达成的）。由于相互监督必然会产生成本，因此，当每个要素所有者是团队的一分子时，与他们的表现更容易被监控或者他们不是团队成员的情形相比，他们会有更大激励来偷懒。如果以团队生产的方式能使得生产力上有净增长，扣除有关维持团队纪律的考核成本后仍有净利，那么就应采用团队生产的方式，而不依靠许多可分离的个体产出之间的大量双边交易。

无论是闲暇还是更高的工作收入都会进入个人的效用函数。[5] 因此每个人将会调整自己的工作与可获得的报酬，以使闲暇与实际产出之间的边际替代率等于他消费的边际替代率。也就是说，他会调整自己的工作－闲暇比率，以使自己的闲暇和产出的需求价格等于它们的真实成本。但是，由于存在监测、控制、监督、衡量和测度成本，每个人都将偏向于享受更多的闲暇，因为闲暇状态对产出与闲暇之间可实现的（报酬）替代率的影响低于其对真实的替代率的影响。他的闲暇的实际成本将低于真实的闲暇成本，因此他将会“购买”更多的闲暇（即更多的非金钱报酬）。

如果他的松懈不能在零成本的情况下被完全检测出来，那么他的部分影响将会由团队中其他成员来承担，从而使他松懈的实际成本低于团队的真实总成本。这些行为在监测上的困难，从而使这些行为的私人成本低于它们的总成本。由于每个人是对他私人的可实现的（生产）替代率而不是对真实的总的（即社会）替代率做出反应，只要其他人监测他工作时是否松懈是有成本的，通过使他承担真实成本迫使其进行彻底的再调整，对其他人而言并不值得。只要做出足够的努力使监测活动的边际收益等于监测活动的边际成本即可，这意味着，与在一个没有监督或测度费用的环境里相比，努力生产的比率更低，而偷懒的情况则更频繁。

在大学里，教职员工出于个人目的（远超过大学生产力的范围）使用办公电话、纸张和邮件。大学的行政管理者能够以鉴别每一事件的具体责任人的方式来阻止这类现象的发生，但是这样做只会带来他们不愿支付的更高成

〔5〕 更准确的说法是“除金钱收入以外的任何方面都进入他的效用函数”，为了简化阐述，闲暇代表的是所有非金钱收入。

本。识别出每一个当事人的额外成本（而不是仅仅识别出这类行为是否存在）将会超过减少教职工的这类“卑劣的小过失”所带来的成本节约。因此教职工往往被允许在一定程度上的“特权、额外所得或附加收益”。由于有这种（在可接受的成本下）不能削减的“便利活动”的存在，学校支付的现金工资总额将会变得低一点。现金工资变低而闲暇、便利以及工作的轻松度变高，但是每个人依旧倾向于看到监察变得更有效率（如果没有监督成本有某种可能性），如此他作为一个更有效率的生产团队中的一员，能获得更高的现金报酬和较少的闲暇。如果每个人在零成本的条件下可以使自己的实际报酬率等于真正的生产可能性的真实比率，那么每个人的境遇都会变好。然而对负有责任的当事人的监督成本很高；这种成本相当于是对劳动报酬征收的一种税。[6] 其结果就是各种偷懒行为能够出现并存在下去。

怎样的团队生产组织形式可以降低对绩效（如边际生产力）的考核成本，并使得个人的实际替代率接近于真实的替代率呢？从原则上讲，市场竞争可以监督一些团队生产（它已经组织了团队），那些不是团队成员的投入要素所有者可以提议去替代那些过分（即薪酬过高）偷懒的成员，并且仅仅将一小部分的团队报酬作为对自己的回报。潜在的团队成员之间的市场竞争将决定团队成员人数与个人的薪酬，这里将不存在团队领导、管理者、组织者、所有者或雇主。对于这种分散式的有组织的对工作的控制来说，外部人可能在观察完每一个团队的总产出后就能像团队成员一样推测出他们的能力，同时在市场竞争过程中，经过改进后拥有更高生产力的团队将会形成并且能持续发展下去。团队中的现任成员将面临被那些以更低报酬提供服务或是给团队

---

〔6〕 我们并没有假设监察偷懒存在成本的唯一结果是社会对偷懒行为只有一种支付方式（更多的闲暇和更少的带到家里的收入）。在一个有着多个成员的团队中，如果雇主无法在零成本的情况下辨别出哪些雇员享受了高于平均数量的闲暇，那么每一个成员都将有相互欺骗的激励去享受比平均数量更多的这种闲暇，其结果就是这个团队的总生产力变低。所以偷懒的监察成本改变了社会对偷懒行为的支付方式，同时也引起较低的总报酬。由于交叉偏导数为正，偷懒行为也降低了其他人的边际产出。

中的其他成员提供更高回报的外部人所替代的威胁，从而会受到约束。任何预期减产效应将不会归咎于自己的偷懒成员，一旦他的偷懒行为被发现，都将会被他人所替代。生产性投入的团队，如企业，将明显自发性地在市场中演化——没有任何起中心作用的组织者、团队经理或老板。

但是不能期待个体化的市场竞争能够带来完全有效的控制。这有两个原因，第一，要使这种竞争完全有效，团队成员资格的新挑战者必须知道在哪些地方以及在多大程度上，偷懒现象是一个非常严重的问题，也就是知道相比所替代的投入要素，他们可以增加的净产出。在某种程度上现有的团队成员能够识别出偷懒行为确实是有可能存在的，但是，根据定义，通过观察团队产出来监测偷懒行为对团队生产来说代价是高昂的。第二，假设存在监测成本，同时假定为了成为团队中的一员，投入要素所有者必须接受较小的一份报酬（或是承诺生产更多），那么他偷懒的激励至少会和他所替代的要素投入者一样大，因为他所承担的成本仍然低于因自己的原因而造成的整个团队产出的减少。

Ⅲ　古典企业

减少偷懒行为的方式之一就是由某人专门作为监督者去核查团队成员的投入绩效。[7] 但是，由谁来监督监督者呢？对监督者的一种约束就是由其他监督者所带来的如上文中所提到过的市场竞争，然而鉴于上文中已经给出的原因，这也不是完全有效的。还可以对监督者施加另一种约束，即赋予他对

---

〔7〕 什么是绩效？是投入精力、首创精神、工作态度、努力程度、消耗率？还是产出？答案是后者，即最终效果或产出。但是绩效的含义又恰好很模糊，因为它同时暗含着投入与产出。这是很好的模糊，因为正如我们所将看到的，有时通过检查团队成员的投入活动我们就能很好地判断出他的产出效果。也许并不完全准确，但是比通过观察团队产出的效果要好。这并不是说在所有的情况下观察投入活动就是唯一或最好的检查、衡量或监控每一个队员产出效果的方法，而是说在某些情况下，这是一种有用的方法。目前对“绩效”一词在这些方面做出注解，有利于我们集中关注其他的问题。

团队收益扣除支付其他投入后的净剩余索取权。如果进行合作的投入所有者同意监督者获取在规定数额之上的任何剩余产品（可望是其他投入的边际产品价值），这样监督者就拥有了一个额外的激励，使他不在监督时偷懒。监督的专业化加上对剩余索取权地位的依赖，会减少偷懒行为；但是要打造古典经济理论中的企业，则还需要其他的环节。享有剩余索取权的人如何来监督其他的投入呢？

我们使用监督者一词，除了纪律的内涵之外，还意指几项活动，包括衡量产出绩效，分配报酬，通过观察投入者的投入行为来检查或评估他们的边际生产力，以及给出应该做什么和怎样做的任务或指令（这也包括后文中我们将要提到的，终止或修改合约的权利）。或许对比一下足球教练与足球队长之间的合约对理解这一点有帮助。教练选择战略与战术并给出最终采取哪种策略的指令，而队长本质上是在队员身边的一个绩效的观察者和报告者。后者的角色是督察员，而前者是一个充当监督者的经理人。所有这些活动暂时都被包括在“监督”的标签下。所有这些活动从原则上来讲都是可以在市场上谈判解决的，但是我们假定，对于团队生产来说，对边际生产力和工作的再分派进行市场度量，实施起来成本并不低。尤其是我们的分析表明，相比我们这里说的组织中的团队的个体成员绩效的检测成本，来自团队生产的组间的自发谈判合约的成本并没有那么高。

获得剩余报酬的专业人员将会成为团队成员的监督者（即他将管理合作性投入的使用）。由于监督者可以使偷懒行为减少而获取剩余，这不仅是通过他所同意支付给投入所有者的价格，也是通过观察与指导这些投入的行为与使用来实现。管理或检查在团队生产中投入的使用方式，是一种测度对团队产出而言单个投入要素边际生产力的方法。

为了对队员进行惩戒和减少偷懒，享有剩余索取权的人必须在不终止或改变其他要素投入者合约的情况下，有权修正合约相关条款，有权改变对个体成员的激励条件。因此，寻求提高自己生产力的团队成员，不仅给了监管者剩余索取权，而且还给予了他改变团队中个体成员资格和改变团队绩效的权力。当然，每个团队成员都可以终止自己的成员资格（即离队），但是在团队本身未被解散并且监督者未解除自己与团队的关系时，只有监督者才能终止其他任何队员的成员资格，并且唯有他可以单方面地增加或减少队员，改变成员间的组合，并出售团队监督者的剩余索取权。就是这整个一组权利定义了古典（资本主义的、自由经营的）企业的（归属于雇主）所有权：（1）享有剩余索取权；（2）可以观察投入的行为；（3）在关于投入的所有合约中都是集权的一方；（4）可以改变团队的成员资格；（5）可以出售这些权利。我们的分析表明，这些权利的结合已经出现，因为它能比非集中化的合约安排更好地解决团队生产中的偷懒——信息问题。

每个团队成员与企业所有者（即是所有投入合约来说是共同的缔约方以及享有剩余索取权的人）之间的相互关系只是一个“交易”（quid pro quo）合约。每个人都在做买卖活动，员工“命令”团队所有者向其支付货币，在同样意义上雇主指令队员执行某些行动。雇员和雇主都能很容易地终止合约，因此，长期合约并不是企业的本质属性，同样“强制”“独裁”“命令”等属性也与企业的概念和它的效率无关。

总之，建立在效用函数有比货币财富更多内容的重要假设基础之上的这种企业的出现，有两个必要条件：（1）通过团队导向的生产可以提高生产力，直接测量合作性投入的边际产出是比较昂贵的，它使得仅仅通过合作性投入之间简单的市场交换更难对偷懒行为予以限制；（2）通过观察或指定投入行为来估计边际生产力是比较经济的。这两个假设前提同时出现导致投入的合约性组织，我们称之为古典的资本主义企业：（a）联合投入生产；（b）投入的所有者有数个；（c）联合投入的所有合约中有一个共同的当事人；（d）该当事人独立于与其他投入所有者之间的合约之外，享有与任何投入合约进行再谈判的权利；（e）他享有剩余索取权；（f）他有权出售他在合约中以剩余索取权为标志的集权地位。[8]

---

〔8〕 去掉条件（b）会使得资本主义私有企业变为社会主义企业。

其他企业理论

在此顺便说一句，我们是将我们的企业理论置于 Ronald Coase 和 Frank Knight 所提供的语境中加以讨论的。[9] 我们对企业的看法与 Coase 的理论并不必然是不一致的，我们试图将这一理论向前推进一步，并从这一理论推导出一些可证伪的含义。Coase 的敏锐洞见就提出了一个再真实不过的事实，那就是市场并不是零成本运作的，并且他将为了形成合约而产生的市场使用成本作为对企业存在的基本解释。我们并不反对的论点就是，在其他条件不变的情况下，市场之间的交易成本越高，在企业内部配置资源的比较优势就越大，我们很难反对或驳斥这一观点。同样我们也很容易接受基于管理成本下的企业理论，可以肯定的是，在其他条件不变的情况下，管理成本越低，在企业内部配置资源的比较优势就越大。为了向前推进理论，必须知道什么是企业以及解释在哪种环境下会使得“管理”资源的成本低于通过市场交易所涉及的资源配置成本。我们所提出的古典企业的概念和基本原理是逐步顺着 Coase 所指引的路径向着那个目标前进的。在我们的解释中，考虑团队生产、团队组织、测度产出的困难性以及偷懒问题都很重要，但是目前我们可以确定这些都不在 Coase 的理论中。Coase 的分析发展至今也只是在说明开放式合约，似乎并没有表明更多其他的含义——既没有剩余索取权地位，也没有区别雇员与转包者地位的不同（更没有任何我们下面所要表明的含义）。而且他认为雇员通常被雇用是基于长期合约安排而不是基于一系列的短期或不定期合约，这是不正确的。

我们所提出的一些追加要素的重要性前文已经有所提及，例如，我们已经解释了为什么控制监督者的人享有剩余索取权，同时后文中将对有限公司、合伙制企业以及利润分成型企业含义进行讨论。仅仅在市场交易成本的基础上很难解释这些其他类型的企业组织，我们的阐述也提出一种对古典企业的定义——某种在此以前缺少的重要的东西。

---

[9] 必须承认 Morris Silver 与 Richard Auster，以及 H. B. Malmgren 也做出了开创性的研究。

另外，有时技术的发展会降低市场交易成本，同时也扩展了企业的作用。当“放料制”（putting out system）被用于纺织业时，主要是通过市场谈判的方式来组织投入要素。随着效率更高的中央电源的发展，靠近电源进行纺织工作和进行团队生产就变得更经济了。织工的引入无疑曾经使得通过谈判形成合约的成本降低。然而，我们所观察到的是工厂制的出现，在这种制度下投入要素在一个企业内部进行组织。为什么呢？因为纺织工不能简单地搬到一个普通电源那里，像接上一根电线那样接通电力，购买电力同时使用自己的设备。现在，在设备的联合使用中，团队生产变得更为重要。如今尽管合约谈判成本降低，但是边际生产力的测量变得越来越困难，因为这里涉及工人之间的相互作用，尤其是他们需要联合使用机器时。而且，由于活动集中化程度的提高，对投入的行为的管理变得更加容易。尽管中央电源的出现降低了交易成本，但是作为一种组织的企业依旧在扩张。这种理论同样可用于说明现代装配流水线。因此，中央电源的出现，扩展了企业的生产活动范围，使其成为一种具有比较优势的组织形式。

追随 Knight 的一些经济学家一直主张，财富变化的风险是由董事或处于中心位置的雇主来承担的，但并没有解释为什么这是一个可行的安排。想必是，更为风险规避的要素投入者就变成了雇员而不是古典企业的所有者。风险规避和与企业财富有关的不确定性几乎与我们的解释没有关系，尽管我们的解释有助于说明为什么在一个团队中所有的资源不是由一个人所拥有。也就是说，承担风险的作用在缓冲企业由于不可预见的竞争、技术变化或需求波动等意外事件冲击的意义上，并不是我们的理论的关键所在。尽管实际上不完全的知识，但是风险（在这个意义上的风险）构成了监督团队行为问题的基础。我们推断向管理者支付以剩余索取权（股权）的制度，源于企业有采取有效的方法来减少偷懒行为使得团队生产更经济的愿望，而不是源于动态经济中对企业风险的较小的厌恶。我们猜想，“风险的分配”对古典企业的存在和组织而言不是一个有效的基本原理。

尽管我们已强调团队生产使得测度成为一项成本高昂的工作，并将团队生产作为企业的一个基本（必要）条件，难道没有对阻碍降低测度成本的其他问题促使这里被称为企业的相同类型的合约安排产生吗？例如，假设一位农民生产易于确定数量的小麦，但是检测小麦不同的质量等级是微妙和困难的，这取决于农民如何种植小麦。纵向一体化可以使购买者通过控制农民的行为来更经济地估算生产力。但这并不是一种联合或团队生产的情形，除非“信息”被看成是产品的一部分（尽管我们有一个很好的例子来说明这种较宽泛的生产概念，但是在这里将忽略这种情形）。如果不是组成一个企业，买方可以通过合约安排自己的检查员在生产现场，正如房屋建筑商与建筑师订立合约来监督建筑工程合约一样，这种安排并不是企业。况且，可以组织企业生产许多产品，而不涉及团队生产或者对个人分别所有的资源的联合使用。

这种可能性十分明确地表明了有一种比我们所选择的方法更宽泛的方法，它与我们的方法具有互补性。（1）正如本文我们所指出的那样，可以论证当存在联合团队生产时，企业是被使用的一种特殊的监督工具。正如小麦案例中所指出的那样，如果出现了其他来源的高监控成本，那么将会使用一些其他形式的合约安排。因此，对于每一种信息成本的来源，可能有不同的监控形式和合约安排。(2) 我们可以说，当很难通过市场进行监控时，各种类型的合约安排被设计出来。但是没有理由认为企业这种组织与这里所定义的团队生产有独特甚至是高度的相关性。高监控成本的其他来源同样可以通过企业来解决，并且这样来解决是完全可行的。我们还没有深入分析其他来源，我们仅能注意到的是，我们目前的且易于修订的推测是有效的，并对我们当前的努力起着激励作用。不论怎样，要对我们这里所提出的理论进行检验，就是去看我们确认的那些条件对于具有长期可行性的而不是刚刚创办且容易夭折的企业来说是不是必要的。集团公司（conglomerate firms）是把分散的各生产机构集合为一个组织，它可被解释为一种投资信托或分散化投资的工具（这很可能是沿着 Knight 的解释路线）。控股公司可被称为企业，因为“企业”一词与任何拥有收入来源的所有权单位有着共同的联系。作为常用的“企业”一词的含义是如此冗长，以至于我们不能希望在一般的甚至是技术性的文献中解释它附着的每个实体。取而代之的是，我们寻求确定并解释由本文所分析的信息要素的成本所诱致的特殊的合约安排。

Ⅳ 企业类型

A 利润分成企业

在我们对资本主义企业的解释中，明确假设集权的监督者管理团队投入的成本，低于对团队成员的边际产出的测度成本。他能约束他自己，因为他享有剩余索取权。

如果我们在企业内部来看谁在进行监督——雇用、解雇、变更、提升以及再谈判，我们将发现他是一个享有剩余索取权的人，或至少他的收入或报酬比其他任何人与企业的剩余所有权价值的波动更有相关性。他比从事其他工作的要素投入者更可能享有选择、权利或红利。

我们对企业的解释中有一个内含的“辅助性”假设是：如果剩余索取权并不全由集权的监督者所有，那么团队生产的成本会增加。换言之，我们假定，如果利润分成不得不依赖于所有的团队成员，则来自集权的监督者偷懒的增加所导致的损失将超过来自其他队员不偷懒激励的增加所带来的产出所得。如果最优团队规模是只有两个投入所有者，那么利润和损失在他们之间的平均分配，会使每个人比在团队最优规模较大时具有更强的减少偷懒的激励。因为在后一种情形下，偷懒者所导致的损失中只有一个较小的份额由他自己承担。在平均利润分成的体制下，偷懒的激励与团队的最优规模正相关。[10]

前面的分析并不意味着利润分成永不可行，利润分成能促进自我监督，

---

〔10〕 剩余索取权的集中程度将会影响到团队的规模，这将仅仅只是众多决定团队规模的因素之一，所以我们可以将团队规模近似看作是外生决定的。在“典型的”效应函数形状的特定假设前提下，不等额利润分成下的消除偷懒的激励可以利用赫芬达尔指数（Herfindahl index）来衡量。

它更适合于小规 模的团队。事实上，当投入所有者能自由地做出适合于自己的合约安排时（一般来讲，在资本主义经济中这是一个普遍事实），利润分成似乎主要限于合伙制企业，这种企业由相对较少的积极的（active）[11] 合作伙伴组成。对于规模较小的团队来说，这种安排的另一个好处就是它使得要素投入者之间能进行更为有效的互相监督，监督不必完全的专业化。

如果小团队的规模与下列情形相关，即投入的专业化管理成本要相对大于团队努力所带来的生产力的增长潜力，那么采取利润分成制将更为可行。我们推测，如果团队成员的生产力很难与其行为相关的话，那么团队投入的管理成本将会增加。在“艺术性的”或“专业性的”工作中，观看一个人的行为活动并不是了解他心里想什么或做什么的好途径。人们很容易管理和指导一队码头工人装卸货物，因为这种投入活动很明显与产出高度相关。而管理和指导一位在为某个案件做准备和陈述的律师则更为困难。监督者无须自己装载卡车就能很详细地指导装运工人，另外通过改变装配线速度就可以监督装配线工人，但是对法律案件准备进行详细的指导则在相当大程度上要求监督者自己准备这一案子。其结果就是，艺术性的或具有专业性的投入（诸如律师、广告专家、医生），会被给予更多的个人行为的自由空间。如果对投入的管理是相对比较昂贵的，或是无效率的，正如这些情形一样，只要通过团队的努力比通过市场交换的独立生产生产力更高，那么就会出现使用利润分成制的趋向，以提供避免偷懒的激励。[12]

B 社会主义企业

我们已在经济组织的自由组合与自由选择的背景下，分析了古典业主制和利润分成制企业。当政治的约束限制了可被选择的组织形式时，像这样的组织

---

〔11〕 我们后文中对公司进行论述时将会阐明“积极的”一词的使用。

〔12〕 一些分成合约，诸如谷物分成，零售店中基于总销售的租金支付，都接近于分成很类似，但是这是对总产出的分成而不是利润分成。我们不准备专门详细说明这一差别的含义，推荐读者查阅张五常的文章。

将不再是最为可行的。当小的团队使用专业性或艺术性专长时，采用利润分成制是一回事。如果出于政治的或税收的或补贴的考虑而使用利润分成，而从经济的角度看它并不是合理的，那么将会发展出额外的管理技术来帮助减低偷懒程度。

例如在南斯拉夫，大多数（即便不是全部）企业是由雇员所有，在严格意义上，他们都能分享剩余。对于那些大企业以及雇用非艺术性的或非专业性人员及工人的企业，事实的确如此。随着政治约束的衰退，可以预期大多数这类企业会选择支付工资而不是分享剩余。这依赖于我们的辅助性假设，即对剩余的普遍分享会导致由监督者不断增加的偷懒行为所带来的损失，超过了由享受剩余的雇员减少偷懒所带来的收益。如果不是如此，这种雇员的利润分成就应该更频繁地发生于西方社会，因为在这里这些组织既不会被禁止，也不会在政治上被优先考虑。如果在政治上强行实施雇员剩余分成，如南斯拉夫那样，我们据此预期将会出现一些管理技术来减少集权的监督者的偷懒行为。由于在西方，监督者保留所有的（或大部分的）剩余，并且利润分成主要局限于小型的专业化与艺术化团队的生产情况，因此这样的技术在西方社会不会出现。我们确实发现在南斯拉夫较大规模的剩余分成型企业中，存在一个雇员委员会，它能向国家建议终止企业的管理者与企业的合约（即否决他的连任意图）。我们推断雇员委员会之所以被授予能建议终止管理者的合约的权利，正是因为对剩余的普遍分成“过度地”增加了管理者偷懒的激励。[13]

C 有限公司

所有的企业首先都必须获得对一些资源的控制。有限公司最初是通过向那些提供金融资本的人（如信贷者或所有者）出售未来报酬的承诺来获得资

〔13〕 顺便说一句，在这里投资活动也将改变，无法将企业成员“带回家”的私产财富的投资价值资本化，这意味着投资收益必须被视为那些在收入期间雇用的成员的年收入。如果投资的另一种方法是企业的收入支付给了雇员，并被他们带回家中，作为私产来利用，则投资就会更加限于寿命较短和偿付率更高的项目。关于这一观点的发展，请查阅 Eirik Furobotn 和 Svetozar Pejovich 以及 Pejovich 的相关论文。

源的。在某些情况下，资源可通过未来交货的承诺提前从消费者手中获得(例如预售一本被推荐的书)。或者在只有几个艺术人士或专业人士构成的企业里，每个人都有可能“捐出（chip in)”时间和才华，直到这类服务的出售带来了收入。在大多数情况下，如果许多风险厌恶型的投资者在大型投资上贡献很小的份额，那么资本就可以以更低的成本获得。大量经济体以这种方式来筹集大量权益资本表明，为了应对由公司的众多股东利润分成引起的偷懒问题，就需要修正企业要素投入者之间的关系。有一种修正方式就是有限责任制，尤其对于那些与股东的财富相比规模很大的企业，其作用就是为了保护股东免遭巨大的损失，而不管损失是怎样造成的。

如果每一个股东都参与到企业的每一决策中，这不仅会产生庞大的官僚化成本，而且由于许多其他的股东将会承担绝大部分因意外的错误决策所引起的损失，许多人在获取有关决策问题的充分信息方面，会选择偷懒。对公司行为的更为有效的控制是在大多数场合下将决策权转移给一个小群体来实现的，这一小群体的主要功能就是对团队中其他的要素投入者进行谈判和管理（或再谈判)。有限公司股东保留修正管理层成员资格，以及对影响公司结构和解散公司的重大决策的权力。

结果，导致了对合伙制的一项新修正，即在未经其他股东允许的情况下出售企业股票的权利。任何股东都可以从与自己意见相左的控制人手中转移出自己的财富，而不是试图去控制管理者的决策，这在有众多股东的情况下相比仅仅只有少数几个股东时更为困难。可以不受限制地卖出股份，这对每一位对公司持续的政策有不同意见的股东来说，提供了一种更加容易接受的离开方式。

事实上，对管理层偷懒的监督，既依赖于潜在的可能成为该公司新的管理层的市场竞争，又依赖于企业内部试图取代现有管理者的成员的竞争。除了来自外部和内部的管理者之间的竞争，通过股份投票权临时连接成一个或几个竞争者所组成的投票集团，就会使控制更容易了。代理权之战和股票购买集中在要求替换目前的管理层或修改管理层政策的投票权上。但是新近形成的金融利益集团（无论他们是新股东还是老股东)，所寻求的不只是政策的改变。如果创新者拥有大量的股票，那么创新者的行为所获得的财富，就体现为预期未来收益的资本化，即体现在股票价格上。没有未来收益的资本化，将不会有太多的激励去花费成本并运用充分信息决策来对公司政策和人事管理施加决定性影响。所有制结构会暂时得到改革，即从分散的所有制变为决定性的权力集团，这也是古典企业暂时性的复苏，即权力再度集中到拥有剩余索取权的那些人手里。

在评价股东权利的重要性时，最重要的并不是通常的表决权的分散，而是将投票的频率冻结在起决定性作用的决策中。即使是在一人所有的企业，也可能在很长的时间里只有一位管理者，它通过连续不断的经所有者批准来实现。同样，一个表决权力分散的公司可能也具有管理者长期不变的特征。问题在于，如果管理者的行为方式不为大多数股东所接受时，替换他的可能性有多大。如果现有的股东或任何局外人认为管理者并没有给企业做出一个好的成绩，无限制的股票出售以及代理人的交接将会提高采取果断行动的可能性。我们并不是在比较有限公司和独资企业的反应能力；相反，我们指出这种公司结构的特征是管理者——监督者的委托权利问题所引致的。[14]

---

〔14〕 我们可以将股东看作是投资者而不是共同所有者，就如债券持有人一样，所不同的是股东比企业债券持有人对企业前景更为乐观。相比购买公司发行的具有较小风险的债券，股东更愿意投资资金，如果企业像预期般繁荣发展，股东会获得更高可实现的回报，但是如果企业的发展方向接近于更为悲观的投资者的预期，股东就会获得较少的回报（也有可能是负回报）。反过来，悲观的投资者认为只有债券可以取得好的收益。

如果企业家或组织者能在对他最好的条件下筹集资金，认识到这些在预期上的差异，不仅对他有利，也对那些潜在投资者有利。在一般情况下，股东享有收益剩余索取权，并不能起到提高他们作为监督者的效率的作用。股东往往是“仅仅”有较低的风险规避或更为乐观地为企业提供资金的集团，他们比一般人更乐观，并且预计会有更高的未来回报均值，所以他们愿意支付更多，从而获得能实现他们的预期收益的资格。这样做的一种方法就是购买“他们所预见的”收益分配权。而更为悲观的债券持有人则购买他们认为更有可能出现的可分配债权。股东可与认股权证持有人相比较，认股权证持有人并不关心表决权（认股权证一般情况下没有表决权），就表决权而言，认股权证持有人与债券持有人地位相同。股东与认股权证持有人唯一的区别就是回报的概率分布不同以及他们下注 （转下页注）

D 互助和非营利性企业

如果股票能够购买和出售，新的管理者所获得的收益就更大了，因为这

(接上页注〔14〕)的条款不同。

如果我们将债券持有人、优先股股东、可转换优先股股东、普通股东以及认股权证持有人看作是不同类型的投资者，区别不仅在于他们的风险厌恶程度，同时也在于他们对企业未来收入的概率分布上的信念。为什么要将股东视为不同于其他金融投资者的“所有者”呢？让我们假设企业组织者是首席运营官（常务总经理）以及企业的唯一控制者，他并没有在普通股东身上发现自己的权力（除了在接管一事上）。这种类型的控制对企业的经营方式有影响吗？这是否会影响到竞争管理者们以及投资者们可接受的各种行为活动呢（在此我们有意不把他们看作是传统意义上的所有者股东）？

曾经在投资历史上出现过一种具有很大影响力的无表决权的普通股，如今在上市企业中已经被禁止发行（为什么会被禁止呢）。那时企业家持有有表决权的股份而投资者持有无表决权的股份，在其他任何方面都是一样的。无表决权股份持有人只是简单的投资者，并不涉及所有权内涵。到目前为止，我们可以确定，在这样的企业内部所有者的控制和行为未曾被仔细研究过。例如，就拿我们最感兴趣的来说，有证据显示无表决权的股东会因为无表决权而担心情况更糟糕吗？所有者是否给予了无表决权股东和有表决权股东一样的正常回报呢？虽然获得证据的成本高得离谱，值得注意的是，有表决权股票和无表决权股票的售出价几乎是一样的，甚至在一些代理战争期间。然而，我们的偶然证据仅仅只能作为兴趣的开始。

补充一点，表面上这是具有迷惑性的，除了无表决权股票，今天我们有认股权证、可转换优先股，这些完全或部分“股东权益”主张中也不包括表决权，但它们都可以转化为有表决权的股份。

总之，是该说股东和投资者之间的关系产生于所有权在几个人身上的划分是关键因素？还是说有着不同预期的人的投资资金的汇集才是关键因素呢？如果是后者，为了提高效率，不管他们可能象征着什么或是如何实现的，为什么每个人都应被看成是拥有表决权的所有者呢？为何表决权不在任何局外人身上或是在参与的投资者身上呢？

我们最初意识到这一可能的显著的解释差别，是由 Henry Manne 促成的。读他的文章会很清楚地发现，很难理解为什么一个希望出资和共享新业务结果的投资者为了投资风险项目一定要获得表决权（即改变管理者或经营者的权利），事实上，我们之所以投资风险项目是基于希望没有其他股东会如此“愚蠢”地扰乱现任管理者。我们希望管理者拥有继续任职的能力，我们买无表决权股票是因为抱有能分享管理者财富的愿望，我们的投资意愿随着相关知识的积累而增强，即我们可以依法通过欺诈法、侵占法和其他法律，来保证我们这些外部投资者不会被压榨到超出了我们最初的预期折现。

能使预期的未来改善资本化为新管理者的现有财富，他们购买了股票，并且通过改进管理创造了更大的资本。

但在非营利性企业、大学、教堂、乡村俱乐部、互助储蓄银行、互助保险企业以及“合作社”，管理改进的未来结果并没有被资本化，从而就无法成为股东的当前财富（似乎是为了使新的潜在监督者之间的竞争变得更加困难，这些企业的多数股份所有权不能由某一个人来购买）。因此，在非营利性、共同所有的企业我们会发现存在更大规模的偷懒（这表明非营利性企业尤其适合于这样的领域，在这些领域中，人们更乐意偷懒，企业更不愿意根据对市场披露的价值的反应调整方向）。

E　合伙制

相比其他类型的团队生产，艺术性技能或专业知识性技能的团队生产更有可能采用合伙制。这相当于由市场来组织团队活动，也相当于一种无雇主状态。因此，自我监督的合伙制得到采用，而不是采用雇主－雇员的合约方式，并且这些组织都很小，以防止偷懒行为对努力的过分稀释。另外，合伙制更可能发生于亲戚或老熟人之间，这未必是因为他们共享同一个效用函数，而且还因为每个人都对彼此的工作特征和偷懒倾向非常了解。

F　雇员工会

雇员工会，无论他们在其他方面还做了些什么，都扮演着雇员对雇主进行监督的角色。雇主监督雇员，同样雇员也监督雇主的绩效。工资是否足额按时发放？是否使用良好的货币支付？一般而言，这很容易核对。但是有些形式的雇主绩效是不容易测度的，且更容易遭受雇主偷懒行为的影响。附加福利往往表现为非金钱的和或有的形式。医疗、住院、意外事故保险和退休金都是雇主向雇员提供的视情况而定的支付以及部分实物支付。每一位员工都不能像货币工资那样很容易地判断出这些支付方式的特征。保险是一种或有的支付，即只有当令人扫兴的事件发生以后雇员才能获得支付。如果他能很容易地确定出其他雇员在这些或有事件发生时得到了什么，他也就能更准确地判断雇主的表现。他能够“信任”雇主不会在这个附加的和或有的支付上逃避责任，但是他更喜欢采用一种有效的、经济的方法来对雇主的支付进行监督。于是我们看到，他们雇用了一支专家型的监督者团队——雇员的工会机构来监督这些对于他们来说很难的雇主支付问题。雇员愿意聘请专业的监督者来管理这类很难监察的雇主行为，即便监督者有激励在不完全是为了雇员利益的情况下使用养老金和退休金。

V 团队精神与忠诚度

每个团队成员都更偏好一个没人（甚至包括他自己）偷懒的团队，如果那样，真实的边际成本就会等于真实的边际价值，从而实现一个对大家而言更好的境况。如果团队的一员在不偷懒的环境中以团队忠诚或团队精神为名增加共同利益的话，那么团队将更有效率。在那些团队活动最清楚地表现出来的体育活动中，能够最强烈地激发忠诚度和团队精神。很明显，团队精神与忠诚度会让团队变得更好，是因为减少了偷懒行为，而不是因为忠诚度或团队精神所固有的一些其他特征。[15]

---

〔15〕 体育联盟：团队之间专业的体育竞赛通常是由一个团队联盟来管理。我们假设体育消费者不仅仅对本团队绝对的体育技能感兴趣，同时也对本团队相对于其他团队的技能感兴趣。略优于对手团队的团队就能要求获得绝大部分的比赛收入；较差的团队由于期望参加比赛，就不能减少资源投入与降低成本。因此，绝对技能的发展水平将会超过在体育技能上的边际投资与其实际的社会边际价值产品的相等量，随之将出现在运动员训练和团队发展上的过度投资倾向。“反偷懒”（reverse shirking）就出现了，即那些崭露头角的运动员被诱导在高于他们提高技能的社会边际价值水平上进行超强度的过度训练。为了防止过度投资，团队寻求彼此之间在有关限制训练、团队规模、甚至是在队员薪酬上达成一致（这也降低了年轻人在发展技能时过度投资的激励）。理想的情况是，如果所有的参赛团队是由一人所有，体育中的过度投资就可以避免，这就像渔区、地下石油、水资源的共同所有制可以防止过度投资一样。这种过度活动（与偷懒相反）由团队联盟所控制，其中团队联盟在每一个团队行为上施加了一套共同的约束。事实上，团队将不再被团队所有者真正所有而是被他们监督，几乎（转下页注）

公司和商业企业都试图灌输一种忠诚精神。这不应被简单地看作是一种通过过度工作或误导雇员来增加利润的手段，也不应被视为一种寻找归属感的不成熟的冲动。这会促使雇员更接近其工作与闲暇之间的潜在的真实替代率，并使得每一个团队成员都能实现一个更好的境况。当然，要经济地创造一种团队精神和忠诚度是很困难的，它可能需要鼓吹带有道德行为准则的光环——一种在字面上与基督教的《十戒》具有相同基础的道德。在我们承担了全部成本的情况下，用这样的团队精神和忠诚度就可以约束我们所要选择的行为。

Ⅵ 企业所有的投入的种类

到目前为止，本文已经考察了我们所定义的企业为什么会存在，即为什么一位所有者——雇主在团队活动中会成为与其他投入要素的所有者签订的各种合约的共同当事人。这一问题的答案也应当表明，哪种联合使用的资源可能由一个集权的所有者（监督者）所有？哪种可能从非团队所有者那里雇用？我们能识别企业雇用的或所有的各种投入的特征或特色吗？

享有剩余索取权的、集权的雇主——所有者如何能向他所雇用的其他要素投入者证明，即使发生亏损他也有能力支付他所承诺支付的金额呢？他可以通

（接上页注〔15〕）和某些产品的特许经营者一样。他们并不能对其业务以及品牌名称享有完全所有权，同时作为特许经营机构也不能“做任何他们想做的事”。相比特许经营者，随着团队监督者之间的相互竞争并造成外部不经济，联盟的行政管理者或主席就会试图抑制过度活动（“反偷懒”）。这种限制通常被看作是为了抑制自由开放的竞争，是反竞争的、反社会的、串谋的卡特尔行为，它降低了运动员的薪酬。然而这里所给出的解释是基于试图避免团队体育运动中的过度投资。当然，一旦形成了体育联盟并且提出了对过度投资活动的限制，团队运营商就会有进一步获得在体育联盟的这种垄断性约束下的私人利益的激励。垄断性约束替代过度投资会到什么程度目前尚未定论，我们还未看到过有关对这两种相互竞争的却又相互一致的解释的实证检验（对体育联盟活动的解释是由 Earl Thompson 提出，Michael Canes 对此做了系统的阐述）。此外，运动团队中的队长和教练显然在监督上是专业化分工的，队长来监察偷懒者而教练负责训练并选择战略和战术，这两种功能也可能会集于一身。

过预先付款或是承诺用足够的财富弥补负的剩余。后者将采取承诺给企业的机器、土地、建筑物或原材料的形式。假定人力拥有产权、劳动财富（如人力财富）的承诺较不可行。这些考虑表明，享有剩余财产权的人（企业的所有者）将成为企业中可转卖的资本设备的投资者。那些更可能被企业所有者投资而不是租赁的货物或投入，会相对于原始成本有较高的转售价值，并且在企业中相对于物品的经济寿命来说会有更长的预期使用寿命。

但是，上面所发展的一些要素已超出了对众所周知的企业制度存在的解释——监察产出绩效的成本。当使用一种耐用的资源时就会有边际产品和折旧的产生。对它的使用要求弥补至少由使用所引致的折旧；除非能够具体地测量出使用者成本，否则就需要按照预期折旧额支付，而且我们能查明每项资产的使用情况。一把很容易测算其边际产品的不易损坏的铁锤，其使用者成本为零。但是假设这把铁锤是易于损坏的，而且粗心的使用（这比细心使用更加容易）会给铁锤带来更大的损害以及引起更大的折旧。另外，假设通过观察铁锤的使用方式比通过只看铁锤在使用后的情形，或通过衡量一个铁锤给一个劳动者所带来的产出，能更容易地监察到它被滥用的程度。如果铁锤是租来的，在所有者不在的情况下使用，比所有者看着时使用和使用者需根据贬值程度付费的情况，贬值的程度会更大（如果一个人不用支付更高的折旧费的话，粗心的使用将会比细心的使用更有可能发生）。一位不在场的所有者将会要求更高的租金价格，因为与他自己使用相比，预期的使用者成本更高。这是因为仅仅通过对铁锤使用过后的检查很难观察到真正的使用者成本，在这种情况下，租赁比所有者自己使用所需的成本更高。这是有关所有权比租赁更经济的论述中，误导的表述里的正确内容——忽略所有在相反方向上起作用的其他因素，如税收抵减（tax provision）、短期占有（short - term occupancy）和资本风险规避。

更好的例子是做手艺的工具。修表匠、机械师以及木匠一般会拥有自己的工具，尤其是当它们便于携带时。相比其他同样昂贵的团队投入品，卡车更有可能被雇员所有，因为使用车辆的同时控制对车的保养，对司机来说成本更低。对于那些并不专属于某一个司机的卡车，则更有可能由不进行驾驶的所有者来监督卡车的使用，如公交车。

我们这里关注的是与监督成本相关的一个因素，不仅要监督一种投入的总产出绩效，而且要监督投入在使用中所承受的滥用或折旧。如果所有者可以看到使用情况或者仅能看到该投入使用时的情况而不是仅能看到该投入使用前后的情况时，贬值或者使用者成本能被更便宜地监测出来，那么就有一种力量促使所有者使用而不是租赁。当资源被他人使用且很难检测其使用者成本时，那么往往是所有者自己使用而不会出租。用外行话说，所有权缺位（absentee ownership）不太可能出现。暂时假定在所有者不在的情况下不能提供劳动服务。相比假如劳动服务可以在没有劳动力所有者监视其使用方式的或知道发生了什么的情况下提供，劳动力所有者能够以更低的成本监督对自己的滥用。而且，如果他不拥有他自己，那么他滥用自己的激励也会增加。[16]

上述所分析的问题与缺位地主所有制（absentee landlordism）问题以及分成制（sharecropping）问题的相似性绝非偶然，同样的因素不仅能解释企业这

〔16〕 职业的棒球、足球以及篮球运动员通过参加体育活动将其劳务资源出售给团队所有者，然后进入由团队所有者所有的体育活动中。此时团队所有者为了保护其财富，必须监督运动员的身体状况以及行为。由于资本价值变化对运动员自身财富影响相对较小而对团队所有者的财富影响相对较大，所以运动员会有较少（不是没有）的激励去保护或增强其竞技实力。因此，一些运动员签约是为了获得大额的初始奖金（代表着未来劳务的资本现值）。预付“奖金”的年金现值会使得未来薪酬降低，这样运动员就不会因后期对自己竞技实力的滥用而有多大损失。运动员后期劳务价值的任何减少都将有一部分由运动员未来劳务的团队所有者承担。这并不是说这些未来的薪酬损失对运动员天赋的保护没有影响（我们并没有犯“沉没成本”错误）。相反，我们认为由于财富所遭受的损失金额较小，对运动员天赋的保护会减少但不是消除。运动员将会在维持或增强其竞技实力上花费更少。在由团队所有者支付费用的前提下，通过比较运动员未来劳务归团队所有者所有和未来劳务价值归运动员自己所有这两种情况下对运动员关注和照顾程度的差别，可以证明修订后的激励制度的效果是很明显的。为什么运动员未来的运动劳务是归团队所有者所有而不是被他雇用，这是我们应该可以回答的问题。有一种推断就是团队所有者的卡特尔化和买方垄断收益，另一种推断就是本文所阐明的理论，即运动员生产的监督成本。我们并不知道应该选用哪一个来作为答案。

种合约安排，也有助于解释租佃、劳动雇佣或分成制的发生。[17]

Ⅶ 一个收集、整理和出售投入信息的专业化的市场制度——企业

企业是一个高度专业化的代理市场。任何计划一项联合投入活动的人都必须调查和检测可用的联合投入的质量。他可能会联系一家职业中介所，但这家位于一个小城镇的中介相比一个拥有许多投入的大型企业来说几乎不占优势。雇主凭借对许多投入的监督，获得了许多有关生产性人才的相当优越的信息。这有助于增强其指令（即市场招聘）的有效性。当雇主帮助雇员确定了对团队活动良好的投入组合时，他也是在向雇员（要素投入者）出售自己的信息。那些受雇的员工或出租劳务的人通过使用雇主的信息来识别出更好的投入组合。主管（雇主）不仅可以决定每种投入将要生产什么，同时他也可以估计哪些不同的投入在一起联合工作会更有效率，并且他是在为一个形成团队的私有市场环境下这样做的。百货商店就是一家企业，也是一个出众的私人市场。人们在一个镇上购物和工作，这与他们在一个私有企业购物和工作没有什么区别。

这种营销功能在以同质化因素为假设前提的理论文献中是模糊不清的。或者说这是在默许让个人通过自身的市场搜寻来自己完成，就好像是没有专业化的零售商的帮忙。不管企业的产生是不是因为这种有效的信息服务，它为主管（雇主）提供了更多的有关团队投入中生产性才能的知识，也为在这些异质的资源的有效或盈利组合中做出更优决策提供了一个基础。

换句话说，与来自企业外部的资源相比，由企业内部的投入来赢得有利可图的团队生产机会可能更加经济更有把握。相比于通过从外部获取新的资源以及相关知识，可以更经济地从组织内部的资源中识别并形成更好的投入组合。

---

〔17〕 张五常解释分成制和土地租佃安排的盛行时所进行的分析也是建立在相同因素的基础上的，包括对联合使用投入的产出绩效的监察成本，以及监察各种投入由所有者使用或出租时的使用者成本。

相比于雇用新的投入，企业更偏好于对雇员的安排（它是一种合约）进行提升和修正。当发展到这种程度以后，我们有理由预期企业将以多行业联合企业的形式运行，而不是持续生产单一产品。实现异质资源的有效生产，并非因为拥有更好的资源而是因为更准确地知道了这些资源的相对生产绩效。较差的资源可能根据其较低品质而被支付较少；更准确地了解投入的潜在和实际生产行为比拥有更高生产力的资源，更会使一个企业（或投入的安排）有利可图。[18]

Ⅷ 总结

当普通合约根据比较优势促进了有效的专业化时，一种应用在联合投入上的特殊类型的合约通常被用于团队生产。取代了所有的联合投入所有者之间的多边合约，不同双边合约中所共有的集权的当事人促进了团队生产中联合投入的高效组织的形成。这些合约条款形成了被称为企业的这一实体的基础——尤其是适用于组织团队生产进程。

团队生产就是对各种投入的共同或联合使用，所生产的产出高于各种投入分别使用的产出总和。正如所有其他生产过程一样，团队生产要实现有效的生产需要评估边际生产力。几种不同人所有的联合投入所生产的产品具有

---

〔18〕 根据我们的阐释，对于团队使用的投入要素来说，企业是一个专业化的代理市场。它能更优越地（即成本更低的）收集和整理关于异质性资源的知识。在企业内部能收集到的相关投入的绩效知识越多，收集活动的现有成本就会越高。这样，企业（市场）规模越大，监控效果的衰减就会越快。为了抵消这一力量，企业将采取分工的方式来节约这些成本——正如市场拥有专业化分工一样。到目前为止我们可以确定，有关企业成因的其他理论并没有这样的含义。

在日本，员工习俗上几乎一生都在同一家企业工作，并且企业也支持这种预期。企业往往会变得规模巨大并且成为多行业联合企业，以便能在一个更广的范围修正投入。每一家企业实际上都是一个从事“国内与国际贸易”的小型经济体。这类似于美国人希望在美国度过一生。就各种各样的资源而言，国家越大，越容易去应对偏好和环境的变化。有着终身雇佣制的日本就应该具有多行业联合企业的特征。据推测，在企业到了一定的规模以后，相关的专业的投入知识，通过企业内部各部门之间的传播成本将会与通过市场与其他企业之间的传播成本相等。

不可分性，这提高了对每个投入所有者的资源或劳务的边际生产力的评估成本。为减少偷懒而去监督或测度生产力使得边际生产力等于投入成本，相比通过市场上不同投入之间的双边谈判，在企业内部完全可以更经济地实现。

我们这里所定义的古典企业，实质是一个合约结构，它具有：(1) 联合投入生产；(2) 有若干投入所有者；(3) 所有联合投入的合约中有一个共同的当事人；(4) 该当事人独立于与其他投入所有者的合约之外，拥有能与任何投入者的合约进行再谈判的权利；(5) 享有剩余索取权；(6) 有权卖出他拥有剩余索取权的中心的合约地位。中心的（集权的）当事人被称为企业的所有者或雇主。这不涉及独裁控制，只是一种可持续地与中心（集权）当事人进行再谈判的合约结构。这种合约结构是作为一种增强团队生产组织效率的手段而出现的。特别是通过这样的安排，不仅加强了在团队生产中对联合使用投入所有者偷懒行为的监察能力（由于监察成本的降低），也能更加经济地去规范投入所有者的行为（通过修改合约）。

对不同类型组织的分析提出了可检验的含义——包括非营利性机构、营利性的个人业主制、工会、合作社、合伙制，以及那些与企业雇佣相对照的被企业拥有的投入。

我们的结论具有高度推测性，但可能是意义重大的解释。由于信息流向处于中心位置的当事人（雇主），企业呈现出有效市场的特征，在其中企业能更廉价地得到大量特定投入的生产力特征的信息。相比于在普通市场上通过传统的搜寻方式，企业能更有效地确定资源的重组或新的使用方式。在这个意义上，投入是在企业内部发生和企业之间的相互竞争，而不是如传统设想的那样仅仅通过市场的单一竞争。对企业之间竞争的强调掩盖了投入在企业间的竞争。我们将竞争设想为发现和交换相关的知识或信息，这些知识或信息是关于不同投入在不同潜在应用上的优点和潜在使用方式的。这表明企业是一种加强不同投入资源之间竞争的机制，也是一种能更有效率地向投入支付报酬的机制。与被认为是公共的而不能被私人拥有的市场和城市相比，企业可以看作是私人所有的市场。如果是这样，我们可以将企业和普通市场看作是竞争性的市场类型，即私人专有市场与公共（共有）市场之间的竞争。市场能承受共有产权在组织和影响有价资源使用中的缺陷吗？

参考文献

[1] M. Canes, "A Model of a Sports League," unpublished doctoral dissertation, UCLA, 1970.

[2] S. N. Cheung, *The Theory of Share Tenancy*, Chicago, 1969.

[3] R. H. Coase, "The Nature of the Firm," *Economica*, November 1937, 4, pp. 386 - 405; reprinted in G. J. Stigler and K. Boulding, eds., *Readings in Price Theory*, Homewood, 1952, pp. 331 - 351.

[4] E. Furobotn and S. Pejovich, "Property Rights and the Behavior of the Firm in a Socialist State," *Zeitschrijtf für Nationalokonomie*, 1970, 30, pp. 431 - 454.

[5] F. H. Knight, *Risk, Uncertainty and Profit*, New York, 1965.

[6] S. Macaulay, "Non - Contractual Relations in Business: A Preliminary Study," *American Sociological Review*, 1968, 28, pp. 55 - 69.

[7] H. B. Malmgren, "Information, Expectations and the Theory of the Firm," *Quarterly Journal of Economics*, August 1961, 75, pp. 399 - 421.

[8] H. Manne, "Our Two Corporation Systems: Law and Economics," *Virginia Law Review*, March 1967, 53, No. 2, pp. 259 - 284.

[9] S. Pejovich, "The Firm, Monetary Policy and Property Rights in a Planned Economy," *Western Economic Journal*, September 1969, 7, pp. 193 - 200.

[10] M. Silver and R. Auster, "Entrepreneurship, Profit, and the Limits on Firm Size," *J. Bus. Univ. Chicago*, April 1969, 42, pp. 277 - 281.

[11] E. A. Thompson, "Nonpecuniary Rewards and the Aggregate Production Function," *Review of Economics & Statistics*, November 1970, 52, pp. 395 - 404.

池建宇 译　邹光 校

委托代理经济理论：委托人问题*

斯蒂芬·A. 罗斯（STEPHEN A. ROSS）**

代理关系是社会交往范式中最古老和最普遍的一种。我们通常所讲的委托代理关系产生于两个（或更多）当事人之间，在一些特定的决策领域，被任命为代理人的一方可以代理、代表或者各自代表另一方，即被任命为委托人的一方。代理的例子比比皆是。基本上在所有的契约性安排里，比如雇主和员工之间，或者国家和管理者之间，都包含了代理的重要原理。此外，由于没有专门的对委托代理关系的研究，因此关于道德风险（见 K. J. Arrow）的经济学文献，一般都会涉及委托代理问题。在一般均衡的范畴里对于信息流的研究（见 J. Marschak 和 R. Radner）或者货币模型中对金融中介机构的研究，都是代理理论的实例之一。

典型的代理问题可以用如下方式阐明：假设代理人和委托人都拥有状态独立的 von Neumann-Morgenstern 效用函数（即 VNM 效用函数——译者注），其分别为 $G(\cdot)$ 和 $U(\cdot)$，且它们都致力于期望效用最大化。我们认同以下观点：在涉及不确定性选择时，代理人问题是十分令人感兴趣的。代理人可能选择某种行为：$a \in A$，即一个可行行为集合；来自这一行为的随机收益：$w(a,\theta)$，其取决于自然随机过程 θ（$\varepsilon\Omega$ 状态空间集），这意味着当 a 改变时，

---

* 原文发表于1973年第63卷第2期。

** 作者系宾夕法尼亚大学副教授，这项研究由宾夕法尼亚大学的 Rodney L. White 金融研究中心和美国国家科学基金会赞助支持。

代理人行为并不改变。假设代理人和委托人通过费用明细表f（用于支付代理人服务的费用）已经达成了一致。费用通常是关于事件状态θ和行为a的函数，但是我们将会假设这一行为能够影响当事人双方，因此，费用只与收益相关，这使得我们可以表述如下：

$$f = f(w(a,\theta);\theta) \tag{1}$$

值得注意的有两点。首先，费用明细表的选择显然是一个讨价还价的结果，或者说在大的博弈中是一个市场选择的结果。我们不得不多讨论一些与其相关的内容，但是并不会过多讨论讨价还价的问题。其次，尽管可以将费用看作直接以行动为自变量的函数，但是因为没有更多的条件支持，理论界对此便失去了兴趣，人们通常选择狄克拉δ函数来解释这种费用[1]（见 S. Ross），且其会产生特定的行为。在某种程度上，我们假设只有收益是可变的，其在下文中将会进一步得到运用。现在，代理人会选择一个行为a，使得：

$$\max_{a} \underset{\theta}{E}\{G[f(w(a,\theta);\theta)]\} \tag{2}$$

其中，代理人的预期建立在其主观概率分布上。代理人问题的解与最优行为a^o的选择有关，a^o以特定的费用明细表为条件，例如，$a^o = a(\langle f\rangle)$，其中$a(\cdot)$是一个从费用明细表集合到$A$的映射。

如果委托人掌握了从费用到行为映射$a(\langle f\rangle)$的完全信息，他就会选择一个费用明细表，使得：

$$\max_{\langle f\rangle} \underset{\theta}{E}\{U[w(a(\langle f\rangle),\theta) - f(w(a(\langle f\rangle),\theta);\theta)]\} \tag{3}$$

其中，预期是符合委托人对于自然过程的主观概率分布的。如果委托人不是完全了解$a(\cdot)$，那么$a(\cdot)$将会是一个取决于其自身的随机函数。形式上，至少通过恰当地扩展状态集合，式（3）仍然适用。总的来讲，对$\langle f\rangle$的边际约束，也会确保问题能有解（见 Ross）。市场决定的最小预期费用，

---

〔1〕 Dirac δ-function，狄克拉δ函数，也被称为单位脉冲函数。在概念上，它是这么一个“函数”：在除了零以外的点都等于零，而其在整个定义域上的积分等于1。——译者注

或者代理人决定的最小预期效用费用将受到如下约束：

$$\underset{\theta}{E}\{G[f(w(a,\theta);\theta)]\} \geqslant k \tag{4}$$

由于假设效用函数独立于状态 θ，因此，“个人主观概率分布是否不同”是费用直接取决于 θ 的重要原因之一。接下来，我们会假设代理人和委托人对 θ 事件发生的概率具有相同的认知，并且可以将费用写成仅仅与报酬相关的函数：

$$f = f(w(a,\theta)) \tag{5}$$

需要注意的是，如果委托人缺少 $a(\cdot)$ 的完备的认知，那么，这种解释通常不成立。更重要的是，尽管有简单的比较优势影响，但在某些问题上，委托代理关系存在的原因是代理人（或者委托人）相对于委托人来说（或者代理人）可能拥有不同的（更好的或者更完备的）有关这个事件状态的信息。如果承认这种可能性，我们必须要向大家说明：我们并非不分精华糟粕全盘否定（并非把小孩和洗澡水一起倒掉）。

在这种假设下问题就简化了，但是仍然保留了许多大家感兴趣的方面。首先，假设我们仅仅对帕累托效率安排的属性感兴趣，代理人和委托人都尽力实现帕累托效率。但要注意的是，在委托人眼中的最优费用表是通过解决式（3）而实现的，它通过对代理人的欲望进行激励来起作用。总的来说，我们期望这种安排是帕累托有效的，我们下文再对其进行阐述。帕累托有效费用明细表的集合可以通过假设委托人和代理人合作，来选择一个最大化加权效用之和进行区分：

$$\max_{\langle f\rangle} E\{U[w-f]+\lambda G[f]\} \tag{6}$$

其中，λ 是一个相对加权因子（策略是随机的，以确保凸性）。K. Borch 认识到式（6）的解是通过最大化函数内部期望而获得的，而这一期望要求满足如下条件：

$$U'[w-f] = \lambda G'[f] \tag{P. E.}$$

其中，U和G是单调和凸的（更完整的阐述见 H. Raiffa）。P. E. 条件定义了费用表$f(\cdot)$，来作为工资w（和权重λ）的函数［关于费用表的导数和函数内容见 R. Wilson（1968）或者 Ross 的文章］。

找到最优费用表的另一种方法是由 Wilson 在其辛迪加理论（the theory of syndicates）中提出来的，并由 Wilson（1968，1969）和 Ross 进行解释研究。它也使用了相似的条件来解决费用表问题，其满足如下条件：

$$U[w-f] = aG[f] + b \tag{S}$$

约束条件是$a>0$，b。如果$<f>$满足式（S），那么，就可以求出费用明细表。很明显的是委托人和代理人对于风险回报有相同的看法。因此，代理人通常会采取委托人最期望看到的行动。Ross 能够完整地给出既满足 P. E. 又满足式（S）（一系列λ）的效用函数族，同时证明了在这种情况下，费用明细表函数是工资的（仿）线性函数L（这一分类仅包括具有线性风险容忍度的组合$<U, G>$，$-\dfrac{U'}{U''}=cw+d$，$-\dfrac{G'}{G''}=cw+e$，其中，c、d和e是常量）。

事实上，它证明了 S、P. E. 、L三式中任意两个成立，则第三个也成立。

那么一个令人感兴趣的问题自然会浮出，S 和 P. E. 的关系能完美解决委托人问题（相比较之下，“代理人问题”也会被提出，但是我们在此不会关心这点。Ross 的论文中涵盖了有关这一问题的研究）。在式（3）中委托人问题的解会受到式（4）的约束，同时代理人还受到从式（2）中选择最优行为条件的约束，在一些条件下，这都会被视为一个经典的变分问题。为此，我们假设支付函数是（二阶）可微的，设在给定费用明细表中，代理人选择了最优行为，那么一阶条件就是：

$$\underset{\theta}{E}\{G'[f(w)]f'(w)w_a\} = 0, \tag{7}$$

其中，下标表示偏导。委托人问题现在就成为：

$$\max_{\langle f\rangle}\underset{\theta}{E}\{H\} \equiv \max_{\langle f\rangle}\underset{\theta}{E}\{U[w-f] + \Psi G'f'w_a + \lambda G\} \tag{8}$$

其中，Ψ和λ是在公式（7）和公式（4）中各自约束条件下的拉格朗日乘数。在 $V(\theta) \equiv f(w(a,\theta))$ 中，由于变量 a 已经不对 V 产生影响，我们改变其他变量，且为了保证普遍性，假设 θ 在［0，1］中单调分布，使得我们可以通过用欧拉—拉格朗日方程来解决公式（8）的问题。如此，在最优状态下：

$$\frac{d}{d\theta}\left\{\frac{\partial H}{\partial V'}\right\}-\frac{\partial H}{\partial V}=U'+\Psi G'\frac{d}{d\theta}\left[\frac{w_a}{w_\theta}\right]-\lambda G'=0; \tag{9}$$

或者边际替代率：

$$\frac{U'}{G'}=\lambda-\Psi\frac{d}{d\theta}\left[\frac{w_a}{w_\theta}\right] \tag{10}$$

这个结果在直观上很有趣；边际替代率被设定成等于 P. E. 条件中的约束再加上一个额外的条件，即在式（7）中委托人期望激励代理人的约束条件。为了确定最优行为 a，我们会区分其和式（8），其使得：

$$\underset{\theta}{E}\{U'[1-f']w_a+\Psi G''(f'w_a)^2+\Psi G'f''(w_a)^2+\Psi G'f'w_{aa}\}=0, \tag{11}$$

其中，我们已经使用了公式（7）。我们可以对边界条件进行换元来解出乘数 Ψ 和 λ。

如同 S、P. E. 一样，公式（10）将费用明细表定义为一个 w 的函数［需要注意的是，我们默认假设至少在最优行动下，薪酬是（局部的）状态可逆的。这就可以用式（5）来表达费用］。然后式（10）就会和 P. E. 保持一致，当且仅当 $\Psi=0$，或者如果 $\Psi\neq0$，必须有：

$$\frac{d}{d\theta}\left[\frac{w_a}{w_\theta}\right]=b(a) \tag{12}$$

其仅仅是自变量 a 的函数。

特别的，用这些条件，我们会问什么样的 $<U,G>$ 效用函数组合有这样的性质：对于任一工资函数 $w(a,\theta)$，委托人问题的解决办法都是帕累托有效的。反之，我们会问，对于任一效用函数组合 $<U,G>$，什么样的工资函数可以让委托代理问题产生一个帕累托有效解。

略微反思就能得到，那些为数不多的能够算得上一流的 $<U, G>$ 组合，一定是在一系列费用表中（按照 P. E. 条件下的 λ 权重）满足 S 和 P. E. 条件的。显而易见的是，如果对于所有的工资函数 $w(a, \theta)$，公式（10）与 P. E. 条件等价，那么 Ψ 必须为 0，同时激励约束条件公式（7）必须不受约束。基于这一事实可得，对于 k 的任意一个区间值［在式（4）中］，若其满足 P. E. 条件，则一定意味着代理人采取了委托人最期待的行动，即满足公式（7）。对于任一费用明细表 $<f>$，委托人希望被选择的行为可以最大化 $E_\theta\{U[w-f]\}$，这就隐含了：

$$\underset{\theta}{E}\{U'(1-f')w_a\} = 0. \tag{13}$$

如果在所有可能的工资结构下，公式（13）可以等价于激励约束条件，即公式（7），那么必须有：

$$U'(1-f') = G'f' \tag{14}$$

在 P. E. 条件下［或者公式（10）中，$\Psi=0$ 条件下］，这就要求在工资中有线性的费用明细表。但是，正如 Ross 所证明的，费用明细表的线性关系和 P. E. 条件都意味着，满足 S 和 $<U, G>$ 的集合一定属于前述的线性风险容忍能力的效用函数族。

由于线性风险容忍能力函数族既重要，又是非常有限的，因此我们现在要转到另一个问题上，即什么样的收益结构才允许我们对所有的 $<U, G>$ 组合都能求得一个帕累托有效解。如果 $\Psi=0$，那么像之前一样，我们必须使得激励约束不能对所有的 $<U, G>$ 都成立，或者说公式（13）必须隐含公式（7）。如果只要存在一个 a^*，可以令所有的 a 都存在一些单域 I 的选择，则这一隐含的条件便可以成立，使得：

$$w(a^*,\theta) \geqslant w(a,\theta), \quad \theta \in I \tag{15}$$

反过来，从 P. E. 条件，我们必须使所有的 $G(\cdot)$ 有：

$$\underset{\theta}{E}\{G'[f](1-f')w_a\} = 0 \tag{16}$$

该式隐含了公式（7）中 f 是由 P. E. 条件决定的。在公式（7）和公式（16）中会经常选择 $<U, G>$ 组合，以得到想要的权重因子 w_a，公式（15）的特例就是唯一一个使得激励是不相关的。在给定公式（15）的条件下，所有的个人都有一个唯一的最优行为，且与他们对风险的偏好无关。

如果 $\Psi \neq 0$，那么为了确保帕累托有效，我们必须满足条件（12）。这是一个偏微分方程，它的解由下式决定：

$$w(a,\theta) = H[\theta B(a) - C(a)], \tag{17}$$

其中，$H(\cdot)$、$B(\cdot)$ 和 $C(\cdot)$ 是任意函数（详细计算见附录）。这是一个丰富有趣的收益函数族。特别的，公式（17）是 $l(\theta - a)$ 形式的函数族中的一个十分普遍的形式，其旨在选择一个行动因子 a，从而最好地对状态 θ 进行估计。因此，它包括了（举例而言）传统的估计问题、二次收益函数问题和所有带有 $|\theta - a|^{\xi} h(a)$ 形式的收益函数的问题，也包括许多不对称函数问题。然而，要找到符合公式（17）的收益函数也并不困难［公式（15）的不等式将会产生此种函数］。

然后，我们可以总结：针对这样一种收益结构族，即同时能够解决委托人问题和对所有的 $<U, G>$ 组合都能达到帕累托效率，它是相当重要的，并且在现实生活中很有可能出现。

一般来说，显而易见的是，委托人问题的解并非帕累托有效。然而，这个观点多少有些天真。如上面所定义的，帕累托有效假设参与者具有完备的信息。事实上，委托人问题的最优解隐含了以下内容，即委托人知道由代理人引致的费用到行为的所有映射。如此看来，人们可能认为委托人会简单地告诉代理人去实施某种行为。那么，如何监管代理人所选择的行为就成为了一个难题。Michael Spence 和 Richard Zeckhauser 已经在保险领域中详细论证了这一问题。此外，如果存在大量的代理人，费用可能成为唯一的交流机制。当委托人能够灵活地监管代理人的行为时，（依靠费用的方式）在经济上就是不可行的。

此篇论文中我们只能触及委托代理理论中最核心的一面；在一般均衡市场背景下建立（模型——译者注）。我们能从这些尝试中学到许多内容。人们自然而然会期望产生一个代理人服务市场。更进一步，在某种意义上，这样的市场将作为替代品服务于代理人拥有信息的市场。当其发生时，在某种程度上，对市场背景下的委托代理研究更应当注重对信息经济学进行一些阐释。令人感兴趣的是——在一个完全不确定的世界中，并不存在大量未定市场（contingent markets），那么，公司的管理者在本质上就是一个股东的代理人。因此，可以肯定的是，对代理关系的理解将会有利于我们理解这一难题。

在这里得到的结果为这些研究提供了一些微观基础。我们已经证明：对一个有意义的效用函数族以及一个边界很宽但关联性很强的工资结构族，如何有效激励代理人与如何实现帕累托效率之间并不矛盾。至少，对于一个旁观者来说，这些研究结果会给那些致力于研究经济活动的人带来些许慰藉。

附 录

这一附录是对正文中公式（12）的偏微分方程求解。把公式（12）对 θ 求积分，即可得到：

$$\frac{\partial w}{\partial a} + [b(a)\theta + c(a)]\frac{\partial w}{\partial \theta} = 0 .$$

沿着常数 w 的轨迹：

$$\frac{d\theta}{da} = -\frac{\partial w/\partial a}{\partial w/\partial \theta} = b(a)\theta + c(a) ,$$

对一阶伯努利方程求积分：

$$\theta = e^{\int b(a)}\left[\int e^{-\int b(a)}c(a) + k\right] ,$$

其中 k 是一个积分常数。则：

$$w(a,\theta) = H[\theta B(a) - C(a)] ,$$

其中 $B(a) \equiv e^{-\int b(a)}$ 和 $C(a) \equiv \int e^{-\int b(a)} c(a) + k$ ，同时，$H(\cdot)$ 是一个任意函数。

参考文献

[1] K. J. Arrow, *Essays in the Theory of Risk - Bearing*, Chicago, 1970.

[2] K. Borch, "Equilibrium in a Reinsurance Market," *Econometrica*, July 1962, 30, pp. 424 - 444.

[3] J. Marschak and R. Radner, *The Economic Theory of Teams*, New Haven and London, 1972.

[4] H. Raiffa, *Decision Analysis: Introductory Lectures on Choices under Uncertainty*, Reading, Mass, 1968.

[5] S. Ross, "On the Economic Theory of Agency: The Principle of Similarity," *Proceedings of the NBER - NSF Conference on Decision Making and Uncertainty*, forthcoming.

[6] M. Spence and R. Zeckhauser, "Insurance, Information and Individual Action," *American Economic Review*, May 1971, 61, pp. 380 - 387.

[7] R. Wilson, "On the Theory of Syndicates," *Econometrica*, January 1968, 36, pp. 119 - 132.

[8] R. Wilson, "The Structure of Incentives for Decentralization under Uncertainty," *La Decision*, Editions Du Centre National De Le Recherche Scientifique, Paris, 1969.

孟繁旺 译

寻租社会的政治经济学*

安妮·奥斯本·克鲁格（ANNE O. KRUEGER）**

在许多市场导向的经济体中，政府对经济活动的限制是无处不在的。这些限制催生了各种各样的“租”，人们经常会为这些租而竞价。有时，这些竞争是完全合法的。但是在另外一些场合，寻租活动采取其他的形式，例如行贿、腐败、走私和黑市。

本文的目的是阐释寻租活动在很多时候是一种竞争性行为，并且为一种重要的竞争性寻租活动建立一个简单的模型，这种重要的情况即国际贸易受到数量限制时所产生的租。在这种情况下：①竞争性寻租导致经济在其生产可能性曲线以内运行；②数量限制产生的福利损失远大于等价的关税所造成的福利损失；③竞争性寻租扩大了某些经济活动的私人成本和社会成本间的差距。尽管我们的分析是一般性的，但这个模型特别适用于发展中国家，因为在这些国家政府干预尤其频繁。

本文的第一部分着重讨论寻租活动的竞争性本质，以及租在印度和土耳其这两个国家中在数量上的重要性。第二部分会建立一个当贸易方面存在数量限制时的正式的寻租模型，并且会证明在第一部分所讨论的那些命题。本文的第三部分将概述其他形式的寻租活动，并提供一些政策性建议。

---

* 原文发表于1974年第64卷第3期。

** 作者系明尼苏达大学经济学教授。本文得益于 James M. Henderson 对文章的屡次修改稿所提出的宝贵建议。Jagdish Bhagwati 和 John C. Hause 也为本文的早期修改稿提供了有益的意见。

I 竞争性寻租

A 竞争的途径

当采取数量限制的政策，而且该政策能有效地控制进口时，进口许可证就成为一种有价值的商品。众所周知的是，在一些情况下一套数量限制政策可以被等价地估计为一项关税，并且用关税等价的方法来分析数量限制的影响。可是在另外一些情况下，进口许可证的资源配置效应是不确定的，其效应大小取决于谁得到了许可证[1]。

人们已经意识到，许可证本身会产生一些成本。例如，企业家为获得许可证而花费的时间、官僚机构发放这些许可证所需要的行政成本，等等。而在本文中，我们会更进一步讨论，很多时候人们要花费资源才能够竞争到这些许可证。

下面我们将分析这种竞争性的寻租活动所产生的结果。首先我们要说明寻租活动通常是竞争性的，因此人们会花费资源以求能够将租竞争到手。要想测量寻租活动在多大程度上是竞争性的，在实证上是极其困难的。因此，我们退而求其次，分析那些基本上可以确定是具有竞争性的寻租机制。然后，我们会分析那些不太明显的但也同样是竞争性的寻租机制。

我们首先考虑其中一种，即进口许可证机制的结果。这种进口许可针对的是中间品的进口，许可证会按照企业的生产容量而成比例地分配。这种机制常常被采用，Jagdish Bhagwati 和 Padma Desai 曾经讨论过这种机制在印度的应用。如果许可证会成比例地按照企业生产容量被分配，那么增建一座工厂将会帮助投资者获得更高份额的进口许可证。因此，就算最初的生产容量已经过剩（由于对中间品的数量限制），一个理性的企业家还是会扩大工厂规

[1] Bhagwati 和 Krueger 的论文详细地分析了这种现象。

模，只要其规模扩大带来的许可证增加量能够产生足够的收益，而该收益在扣除投资工厂规模的成本之后，等于其他投资活动的收益[2]。即使进口许可证的总数量保持不变，对于所有企业家而言这种行为还是完全理性的。事实上，当国民收入增高而进口不变时，人们会预期固定数量的一种进口品的国内价值会随着时间而提高，因此生产容量的建设会增加，然而产量却依然保持不变。通过投资于扩充容量的方式，企业家只是将资源用在了竞争进口许可证而已。

通常在发展中国家存在的第二种许可证机制是用于消费品的进口。此时，许可证被按比例分配给那些申请许可证的进口批发商们。通常进口批发行业是自由进入的，同时企业一般会有 U 型的成本曲线。其结果是企业的数量会超过最优数量，这些企业会在其成本曲线的下斜部分运行，但只能挣得“正常的”回报率。此时，每个进口批发商获得的进口配额会低于他按照没有进口许可证时的价格能够买到的进口量。不过，虽然在许可证制度时的进口量较少，企业却能够从这些进口中获得足够的回报，从而保持盈利并留在这个行业中。在这种情况下，为获得租而展开的竞争一方面导致了小于最优规模的企业进入行业中，另一方面造成了资源的浪费，因为如果企业具有最优规模，同样的进口量将会在较少的投入品下被有效地分配。

第三种许可机制是政府官员决定许可证的配置。相对于前两个机制，这个机制不那么系统化。商人会根据他们的期望收益而做决定，因此商人们为许可证而进行的竞争在很大程度上是通过前两个机制发生。不过，除了通过前两个机制，商人们还会为了影响许可证配置的概率或期望的许可规模而花费资源去竞争。很多影响期望配置的手段是直接的，比如说到政治中心去游

---

〔2〕 这意味着：①行业的租越高，则我们会期望发现越大的超额生产容量；②在同一产业内，效率高的企业的超额生产容量会大于效率低的企业，因为效率越高则给定规模的投资回报也越高。

说或干脆将企业设在政治中心等。其他的手段则比较隐蔽，比如说行贿、雇用政府官员的亲戚或任命退休官员等。在前一类手段中，竞争是通过厂址的选择、在政治中心花费的资源等而表现出来的。在后一类手段里，政府官员自己会收到部分的租。

过去学者们通常将行贿看作一种转移支付。不过人们会为政府的工作竞争上岗，因此一个人是否选择此种职业可以被合理地解释为和这份工作的期望总报酬有关。一般来说，要想进入政府部门需要超过一般水平的教育背景。人力资本方面的文献已经提供了若干证明，人们对人力资本的投资在很大程度上取决于这项投资的回报率是多少。如果教育水平是给定的，则人们会期待回报率近似地等于学习努力程度。因此，如果政府官员的正式收入和非正式收入之和很大，而较高的教育背景是获取政府职位的前提条件，则更多的人会投资于较高的教育。这里的必要条件不是政府官员能不能挣得和他们的大学同学们同样高的总收入，而是只要满足想要找到政府工作的人数远超过对其需求，或是只要受过较高教育的人持续地努力进入政府部门工作。因此，这里的竞争方式是获取认证资格以进入政府部门工作，以及接受失业并在失业期间努力地争取政府职位。当然，努力去影响那些对选拔政府职员有决策权的人，更是竞争手段的一个延续了。

我们认为，那些为进入政府部门而采取的竞争，在一定程度上是为了获取租而进行的竞争，但这并不一定意味着所有的政府官员都会接受贿赂，也不意味着如果没有贿赂他们就会辞职不干。那些成功进入政府部门工作的竞争者们很可能仅仅靠他们的官方收入就已经获得了巨大的收益。不过如果获得这些收益的可能性会激励其他人花费时间、精力和资源以求进入政府部门工作，那么这种活动同样也属于我们现在所讨论的为租而进行的竞争。

在所有这些分配许可证模式的例子中，都存在合法或不合法的竞争手段以求获取租。如果个人根据他们的期望收益而选择从事这类竞争活动，那么这种活动的回报率应该等于从事其他经济活动的回报率。因此在这个意义上，我们可以说这个市场将是竞争性的[3]。在大多数情况下，人们都不会觉得自己是寻租者，一般来说，个人和企业都不会专门去从事寻租活动。其实，正如分配和生产活动一样，寻租活动也应该被看作是经济活动中的一部分，而且企业的部分资源也被用于寻租（当然也包括雇用实际从事寻租活动的人的开支）。总而言之，寻租活动和其他的经济活动一般而言并不是由两个不同的经济主体实行的，而这个事实也为下文的建模提供了基础。

B 租的数量真的重要吗?

即便寻租活动的竞争程度可能很高，人们仍会质疑是不是真的很重要。而来自印度和土耳其这两个国家的数据显示租的确重要，Gunnar Myrdal 相信印度可能“……在均衡时，被认为比其他南亚国家的腐败程度要低”(p. 943)。可是，人们一般同意印度的“腐败”程度在不断地加深，而原因主要是印度独立以来不断强化的经济管制[4]。

表 1 提供了一些粗略的估计，该估计是根据 1964 年印度所有不同种类的租的一个相当保守的假设而做出的。其中一种重要的租——投资许可证——没有被包括在内，因为我们缺乏可靠的估计数据。很多较小的经济管制也没有包含在内。尽管如此，从表 1 还是明显可见进口许可是最大的租来源项。印度 1964 年的租总额为 146 亿卢比，与该年印度国民收入的 2010 亿卢比形成鲜明对照。租总额占到国民收入的 7.3%，因此在拖累印度的储蓄率的因素中，租是极为显著的一项。

---

〔3〕 可能有人会不同意这个论点，因为人们可能非常厌恶非法的竞争手段，从而使得这个市场无法达到完全竞争。对此我们做出三点说明。第一，这个市场的完全竞争只需要在边际水平有足够的人愿意从事这类非法竞争获得就行（而不需要全部的人都乐于从事这类非法竞争——译者注）。第二，在很多国家，经济活动都离不开种种寻租活动。第三，被法办的风险（特别是期望会有行贿发生时）以及对非法活动的评判标准在每个社会各不相同。请参看 Ronald Wraith 和 Edgar Simpkins。

〔4〕 Santhanam Committee, pp. 7 – 8.

表 1 印度租价值的估计（1964 年）

租来源	租数量（百万卢比）
公共投资	365
进　口	10271
管制商品	3000
信用配给	407
铁　路	602
总　和	14645

资料来源：

1）公共投资：印度桑塔南委员会（Santhanam Committee，1964：11－12）指出公共投资的损失至少占投资的5%。公共投资的租的数量被计算为这个比重乘以第三个五年计划的平均年公共投资额。

2）进口：印度桑塔南委员会（Santhanam Committee，1964：18）指出进口许可证等价于它们面值的1～5倍。作为一个保守估计，我们只用了1964年进口的75%的额度。

3）管制商品：这些商品包括钢铁、水泥、煤、客车、轻型摩托车、食品、其他价格和/或分配受管制的商品，以及用于非法进口和其他未登记的交易的外汇。本文用的数字是John Monteiro（1966：60）给出的下限估计值。Monteiro给出的上限估计值是300000亿卢比，尽管他本人也没有采用这一数字，因为他指出排除重复计算之后流通中的额度要小于这一数字。

4）信用配给：1964年的银行利率是6%；当年共有203亿卢比的未偿贷款。我们在估计时，假设最少需要8%的利率来使市场出清，也假设3%的未偿贷款相当于新贷款现值的5%（Reserve Bank of India，1967－1968：表534及表554）。

5）铁路：Monteiro（1966：45）指出手续费占铁路支出费用的20%，而且官方收费之外的额外收费为每个车厢0.15卢比及每100 maunds（印度计量单位，等于37.327千克——译者注）1.4卢比。然后这些数字再乘以1964年的铁路运输量；该年共收到实际支付的203百万吨运输量货款。第三个五年计划在铁路方面的开支是13260百万卢比。在1964～1965年共有350000车厢的铁路运量。如果每个车厢是每周装载一次，则铁路运量为17500000个车厢。按照每个车厢0.15卢比的额外收费，这相当于2.6百万卢比；100 maunds等于8228磅，因此按照每100 maunds 1.4卢比的额外收费，这相当于69百万卢比；如果1964～1965年的支出占第三个五年计划支出的1/5，则1964年的铁路支出共有2652百万卢比；按照20%的比重计算，则手续费为530百万卢比。将这些项目加总，则得到表格中的602百万卢比。

对土耳其而言，我们可以得到它在1968年进口许可证价值的一个详细的估计[5]。我们目前有1968年占土耳其进口总量10%的样本，其中包含每种

〔5〕此处我要感谢Robert学院的Ahmet Aker所提供的数据。对这个数据的具体描述会在我将要出版的书中加以披露。

进口商品的到岸价格（c. i. f. price）、登岸价格（等于到岸价格加上关税及其他税收，再加上卸货费用）和批发价格的数据。样本的进口货物到岸总价值为547百万土耳其里拉，登岸总价值为1443百万土耳其里拉。这些货物的批发价值为3568百万土耳其里拉。当然，其中包括批发商支付的码头操作费、存储费和运输成本。所以，问题是其中多大的比例可以算为正常的批发成本。如果我们假设50%的成本加价已经足够了，那么进口许可证的价值为1404百万土耳其里拉，这几乎是到岸总价值的3倍。据统计，1968年的进口到岸价值占国民收入的6%。根据Aker的数据，这意味着1968年在土耳其的进口许可证的租大约占国民生产总值的15%。

印度和土耳其的估计都是比较粗略的。但这些估计都明显指出，对获得者而言进口许可证的价值规模巨大。既然为获得许可证的竞争手段有各种各样，如果没有出现为这么大的奖赏而进行的竞争，则反而很奇怪了。因此，我们接着分析这些竞争性寻租活动的后果。

Ⅱ 竞争性寻租活动的效应

本文的一个重要命题是，进口许可证制度导致的竞争性寻租活动所产生的福利成本，会超过同等进口额所对应的关税所造成的福利成本。关税对生产、贸易以及福利的影响已经被大家所熟知了，所以我将专注于分析竞争性寻租行为比关税会造成多少福利损失。为此我将构建一个简单的模型。模型的一开始先假设自由贸易。然后，关税和与之等价的进口限制将被引入模型中。最后，我将分析具有相同进口限制的竞争性寻租活动。

A 基本模型

假设这两个国家有两种商品：食品和消费品。食品由国内生产并用于出口，消费品都来自进口。分销是一种生产性活动，就是食品从农业部门被购入、出口，然后出口收入被用来进口消费品，这些消费品在国内市场被卖出。

假设劳动是国内唯一的生产要素[6]，同时假设模型中的国家是一个小国，因此它的进出口不会影响国际贸易条件。分析中我们会选用合适的物理单位，从而使得这两种商品的固定国际价格为1。

农业的生产函数为：

$$A = A(L_A) \qquad A' > 0, A'' < 0 \tag{1}$$

其中A是食品的产出，L_A是农业部门雇用的劳动力数量。二阶导数的符号反映了农业中劳动的实物产量的边际量是递减的，由于假设了土地供给是固定的。

分销的产量D被定义为等于消费品的进口量M：

$$D = M \tag{2}$$

每一个单位的分销服务会从农业部门交换到一单位的食品，该交换是按照国内贸易条件进行的，然后将食品出口并按照国际贸易条件换得进口。假设分销活动的规模报酬固定不变，一个单位的分销需要k个单位的劳动。在分销过程中雇用的总劳动L_D满足：

$$L_D = kD \tag{3}$$

每一个单位的分销费用p_D被附加于进口品的国际价格上：

$$p_M = 1 + p_D \tag{4}$$

其中p_M是进口品的国内价格。假设食品的国内价格等于一个单位的国际价格[7]。

社会对进口品的需求取决于进口品的国内价格和农业部门的总收入[8]：

---

〔6〕劳动可以被看作复合的国内生产要素。引入两个或更多生产要素会使得分析变得复杂，但不会改变模型的基本结果。

〔7〕这些假设建立了一个国内的计价物（numeraire）。只要对国内价格进行成比例的变换，实际的分析将不会受影响。

〔8〕国内食品消费和进口品消费。不过如果将食品选为计价物［见式（6）］，并且假设国际价格不变，那么农业的产出就可以用来作为收入的一个测量。

$$M = M(p_M, A) \tag{5}$$

其中 $\partial M/\partial p_M < 0$ 并且 $\partial M/\partial A > 0$。需求随着进口价格的升高而减少，随着农业产出（收入）的增加而增加。式（5）是从微观效用最大化而推导出来的，推导过程中假设农民、分销商和寻租者都有同样的消费行为。国内的食品消费量 F 就等于没有被出口的食品数量：

$$F = A - M \tag{6}$$

既然固定的国际贸易条件等于1，食品出口量也会等于消费品的进口量。

最后，假设模型中经济体的劳动供给固定不变，为 $\bar{L}$：

$$\bar{L} = L_A + L_D + L_R \tag{7}$$

其中 L_R 是寻租活动中使用的劳动量。

B　自由贸易

在自由贸易的情况下，农业部门和分销部门是自由进入的，因此竞争会使得两部门的工资变得相等：

$$A' = p_D/k \tag{8}$$

从式（1）到式（8）构成了自由贸易系统。这八个公式包含了八个变量，即 $A, M, D, F, L_A, L_D, p_M$ 以及 p_D。由于在自由贸易时不存在寻租活动，因此 $L_R \equiv 0$。

我们容易看出自由贸易是最优选择，因为此时国内价格比等于食品消费和进口品的边际转换率。将式（1）和式（7）代入式（6），则得到消费可能性曲线：

$$F = A(\bar{L} - kM) - M$$

这个曲线的边际转换率大于1：

$$\frac{-dF}{dM} = kA' + 1 > 1 \tag{9}$$

这反映出食品消费的进口替代会产生大于0的分销成本。这个曲线是凹的：

$$\frac{d^2F}{dM^2}=k^2A''<0$$

由于食品生产的回报是递减的，因此 $A''<0$，所以上式小于0。将式（8）代入式（9），则有：

$$\frac{-dF}{dM}=1+p_D$$

这就是之前提到的等式。

图1描绘了自由贸易的解。国内的食品消费和进口品消费分别用 OF 和 OM 表示。消费的可能性曲线是 $\hat{F}\hat{M}$。在 $\hat{F}$ 点进口品的消费为0，所以此时也没有分销活动。如果分销是无成本的，那么社会就会从线 $\hat{F}A$ 上选取消费点。可是，消费1个单位的进口品需要交换1个单位的食品，并从农业部门移走 k 个工人以提供分销服务。由于农业部门存在递减的边际产量，因此用来增加进口的食品生产的成本会不断上升。所以分销的价格以及与之关联的进口品的国内价格都会上升，这在图1中变现为沿着 $\hat{F}$ 点向左上方移动。$\hat{M}$ 处的消费是用 OB 段的食品交换 $O\hat{M}$ 段的进口品而得到的。$\hat{F}B$ 的长度代表为了得到 $O\hat{M}$ 数量的进口品而牺牲的农业产量。

如果社会的偏好曲线用无差异曲线 ii 表示，则 C 点是最优解。分销价格等于 C 点的 $\hat{F}A$ 和 DD 的斜率之差。在 C 点，食品的产量为 OG，其中出口量为 EG（$=EC$），剩下的食品则在国内消费。

C　不存在寻租活动时的关税和进口限制

现在考虑只对进口数量进行限制的情形：

$$M=\overline{M} \tag{10}$$

其中 $\overline{M}$ 会低于自由贸易时的进口量。既然现在进入分销环节是受限制的，竞争性工资的等式（8）将不再成立。现在的系统包括式（1）到式（7）以及式（10）。公式中的变量和自由贸易时的定义相同，而且 $L_R=0$ 依然成立。这个系统可以分部求解：在式（10）给定的情况下，可以先从式（2）求出 D，

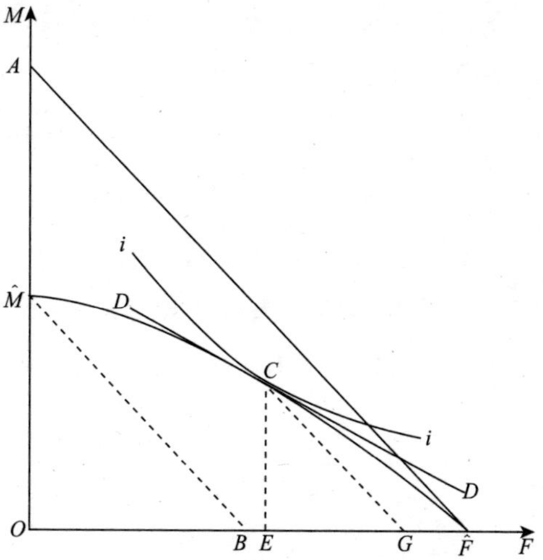

图 1　自由贸易

然后从式（3）求出 L_D，再从式（7）求出 L_A，从式（1）求出 A，从式（6）求出 F，从式（5）求出 p_M，从式（4）求出 p_D。既然式（1）、式（6）以及式（7）依然成立，则这种情形时的解依然落在消费可能性曲线上。

我们先考虑从自由贸易模式转到进口限制模式时这些变量的变化方向。随着进口量的减少，分销环节的劳动将减少，而农业部门的劳动将增加。农业部门递减的回报将会使该部门的工资降低。相反，进口品的国内价格、分销的边际量和分销者的收入都会增加。分销者的工资将会高于农业部门的工资，从这个意义上来说分销者获得了租。

当不存在寻租活动时，如果不考虑对收入分配的影响，则关税和数量限制是完全等价的〔9〕。当实行数量限制时，分销环节的工资会高于农业部门的工资。而如果用等价的关税（该关税所得会被用于收入的再分配）取代数量限制时，农业部门的劳动边际产量会不变，但农民会从关税的收入再分配中得益，而贸易商的收入则会减少。既然关税和数量限制在没有寻租活动时会

〔9〕这里所说的关税和数量限制等价，指的是从自由贸易转到关税所导致的进口品的价格变化，等于从自由贸易转到数量限制所导致的进口品的价格变化。

对劳动进行同样的配置，国内价格也会相同，那么这两种措施的唯一不同之处就在于对收入分配的影响不同了。

图 2 描述了数量限制下的解，其中 $\hat{F}\hat{M}$ 依然是消费可能性曲线且 C 点为自由贸易的解。当数量限制使得进口量被限定为 $O\overline{M}$ 时，进口品的国内价格以及相关的分销价格都会比自由贸易时升高。食品产出（OJ）和国内食品的消费量也会升高，而出口则下降为 $HJ(=O\overline{M})$。无差异曲线 $i'i'$ 现在位于 ii（以及点 C）的下侧，而福利损失可以根据 Harry Johnson 对消费和生产成本的测量而计算出来。

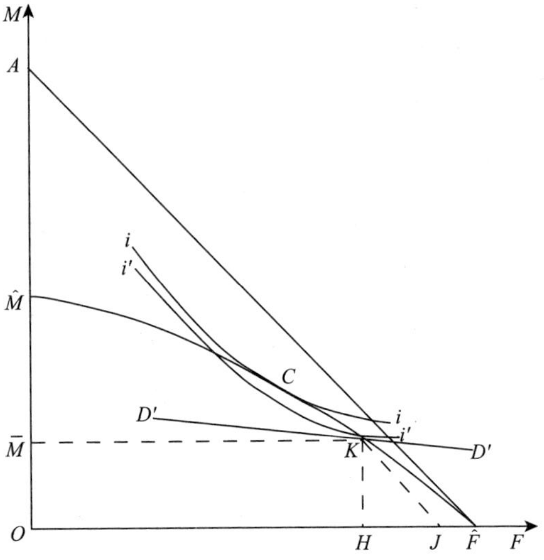

图 2　不存在寻租活动时的进口限制

从自由贸易转到数量限制之后，分销行业的工资率明显会上升。但分销商们的总收入会升高、降低还是保持不变，将取决于相应的 p_D 的增长额度会大于、小于还是等于相应的进口的减少额度的绝对值。现在我们用 p_D、p_M 和 M 代表自由贸易下的解的值，用 p_D^*、p_M^* 和 $\overline{M}$ 代表进口限制下的解的值，则对进口品需求的总的弧弹性（arc elasticity）η 等于

$$\eta = \frac{-(\overline{M}-M)}{\overline{M}+M} \cdot \frac{p_M^* + p_M}{p_M^* - p_M} \tag{11}$$

对进口品的总支出会上升、下降还是保持不变，取决于 η 是小于 1、大于 1 还是等于 1。分销商的总收入会上升的条件是：

$$p_D^* \overline{M} > p_D M$$

将这个不等式的两边同时乘以 $(p_M^* + p_M)/(p_M^* - p_M)$，并将式（11）代入上式，则利用式（4）我们会得到：

$$1 + 2/(p_D^* + p_D) > \eta \tag{12}$$

因此，即使进口品的需求是价格弹性的，分销商们的总收入还是会升高[10]。在自由贸易时分销的成本加成越小，则限制进口时经销商的收入就越有可能增加。这是因为进口品的国内价格的增加会使得分销价格出现更大比例的提高。

D　存在竞争性寻租活动时的进口限制

在我们刚才讨论的进口限制模型中，分销商的工资 p_D/k 超过了农业部门的工资 A'。在这种情景下，如果人们不努力进入分销行业以追求更高的收入则会显得非常奇怪了。在本文的第 I 部分第 A 节，我们分析到资源会通过各种途径被用于寻租。有很多不同的思路可以研究这种寻租活动，其中一个简单而直观的思路是，人们会持续从事寻租，直到从事分销和寻租活动的工资等于农业部门的工资为止[11]。

$$A' = \frac{p_D \overline{M}}{L_D + L_R} \tag{13}$$

---

[10] $p_D^* \overline{M} > p_D M$ 意味着 $(p_D^* - p_D)/(p_D^* + p_D) > -(\overline{M} - M)/(\overline{M} + M)$，这个结果在证明式（12）时会被用到。注意在连续的情况下，式（12）就被简化为 $1 + 1/p_D > \eta$。

[11] 另外也可以有不同的思路，其中一个思路是更改分销生产方程（3）以将所有为取得进口许可证的人看作分销商，此时 L_D 就包含 L_R 且 $A' = p_D \overline{M}/L_D$。另一个思路是将寻租活动看作不同于分销活动的一个环节，并用总租 $(p_D - A'k)\overline{M}/L_R$ 来决定寻租的工资，然后让该工资等于分销环节和农业部门的工资。这两种思路会和正文中从式（13）出发的思路得到一样的结果。

我们可以把所有的分销商和寻租者看作都兼职从事这两类活动，或者也可以将寻租者看作是为了取得进口许可证而进入这个行业。在后一种思路中，最后的解会将成功的寻租者记入 L_D，而将不成功的寻租者记入 L_R。式（13）也意味着寻租活动是风险中立的。

包含寻租的进口限制模型包括式（1）到式（7）以及式（10），其中的变量也和不包含寻租的进口限制模型里定义的一样。不过，包含寻租的进口限制模型还加入了式（13），也引入了一个新变量 L_R。引入寻租活动后的一个必要因素是 L_R 变为正。

让我们先求解不包含寻租的进口限制的情况，然后考虑引入寻租后这些变量会有什么变化。我们假设 $M = \overline{M}$ 依然成立，因此 L_D 不变，从而 $dL_A = -dL_R$，因为进入寻租活动的劳动力只会来自农业。将式（1）取全微分，然后代入这个结果，则根据式（6）有：

$$dF = dA = -A'dL_R < 0 \tag{14}$$

由于引入寻租，农业产量和食品消费都会下降。又因为进口量不变，此时寻租活动将比没有寻租活动时的进口限制造成额外的福利损失。由于农业生产函数是凹的，食品产量的减少将会小于对应的 L_A 的减少。将式（5）取全微分，则有：

$$0 = M_1 dp_M + M_2 dA \tag{15}$$

其中 M_1 和 M_2 分别是式（5）对 p_M 和 A 的偏导数。解式（15）以求 dp_M，并将式（4）和式（14）代入，则有：

$$dp_D = dp_M = \frac{M_2}{M_1}A'dL_R < 0 \tag{16}$$

既然 $M_1 < 0$ 而 $M_2 > 0$，因此式（16）小于0。在存在寻租的竞争时，进口品的国内成本将下降，这是因为食品消费量相对于进口品的消费量将会减少。

式（14）和式（16）的结果并不依赖于劳动市场的具体均衡形式。在所有形式的竞争性寻租活动中，这两个公式都成立。通过式（13）可以求解 L_R

的值，然后系统中其他变量的值也就可以求出了。只要存在竞争性寻租活动，我们就可以确定所有变量的改变方向了。

以上的结果足以显示出，对于任意给定的进口限制，寻租者之间的竞争结果将会明显差于和进口限制等价的关税的影响，因为在征收关税的情况下，进口量不会减少的同时食品消费量会更高。只要寻租活动是竞争性的，那么进口限制所造成的福利损失就会等于等价的关税造成的福利损失再加上寻租活动的成本。下面我们将会考虑如何测量寻租活动的成本。

图 3 对比了等价的关税时的均衡和寻租时的均衡。寻租时的均衡将位于 L 点上，此时进口品的消费量会和关税时相等，但食品的产量和消费量将低于关税时的情况。点 K 和点 C 分别是等价关税和自由贸易情况下的均衡点。线 $D'D'$ 对应于图 2 中的进口品的国内价格，而更陡峭的线 $D''D''$ 则代表存在竞争性寻租时的更低的进口品国内价格。

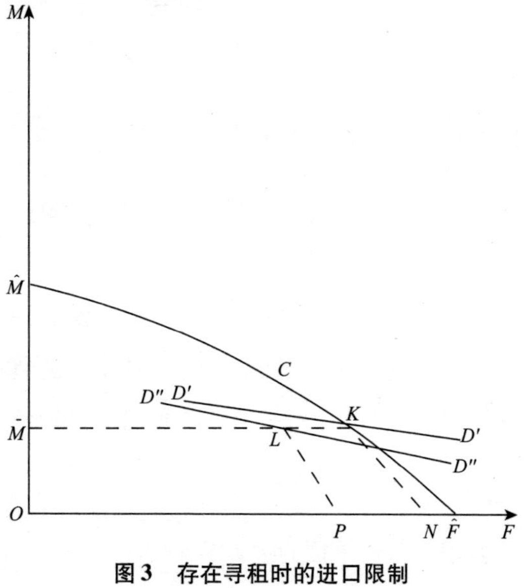

图 3　存在寻租时的进口限制

到目前为止，我们已经看出，对于任意水平的进口限制，关税都会帕累托优于竞争性寻租，我们也对比了寻租均衡时的性质和不存在竞争性寻租时征收等价的关税时的均衡性质。一个自然的问题是我们能不能将寻租均衡的性质和自由贸易均衡时的性质相对比，因为毕竟最优解是自由贸易时的均衡解。我们已经讨论过，从自由贸易转到没有寻租的进口限制时，分销环节的劳动力会减少；而从没有寻租的进口限制转到为进口信用证而竞争时，分销环节的劳动力会增加。类似地，从自由贸易转到等价的关税时，农业产出会增加；而从关税转到寻租时，农业产出会减少。因此问题是，从自由贸易转到寻租，我们能不能确定以上变量是增加还是减少。更进一步，我们关心的是寻租存在时社会会不会比自由贸易时生产和消费更少的产品。

答案是，如果不等式（12）成立，则从自由贸易均衡转到寻租均衡时，分销行业的绝对劳动数量（$L_D + L_R$）会增加。而如果进口需求的弹性更高，则分销环节的劳动力人数会减少。另外，如果不等式（12）成立，则从自由贸易均衡转到寻租均衡时，农业部门的产量会减少，同时进口量也会减少。如果进口限制时的分销商收入 $p_D^* \overline{M}$ 大于自由贸易时的分销商收入，则相对于自由贸易，进口限制时会有更多劳动力进入分销和寻租环节。

E　衡量由寻租造成的福利损失

关税会造成生产成本和消费成本，而且我们已经讨论过，寻租会比关税增加额外的成本。可是，很多为寻租进行的竞争活动都难以观测和定量分析。因此我们想分析能够观测的那些寻租活动会造成多少福利损失。

幸运的是，有一个方法可以估计寻租的生产成本。这个成本实际上等于寻租的价值。下面来证明这一点。每个出口许可证的寻租 r 等于：

$$r = p_D - kA' \tag{17}$$

该式之所以成立，是因为每一单位的进口品需要 k 个劳动力来分销，而这个单位劳动力如果用于农业生产的话，其回报为 A' 。需注意的是，在自由贸易时 r 等于 0，一个分销商能够有效率地分销一份进口品并赚得他在农业部门的机会成本，且此时他不会赚得租。竞争性寻租时的总租 R 等于每单位进口品的租乘以进口量：

$$R = r\overline{M} = (p_D - kA')\overline{M} \tag{18}$$

利用式（3）和式（13），则得到：

$$R = \left(p_D - \frac{kp_D\overline{M}}{L_D + L_R}\right)\overline{M} = p_D\left(1 - \frac{L_D}{L_D + L_R}\right)\overline{M} = \frac{p_D\overline{M}L_R}{L_D + L_R} \tag{19}$$

因此总租等于农业部门的工资（A'）乘以寻租人的数量。

租的价值相当于在不影响社会效用中的最终产品和服务的数量的前提下，能够从经济体中提取的国内生产要素（在目前价格下）的价值。因此，如果我们知道租的价值，那么这个价值等价于可以被从分销环节转移到其他活动时的资源数量，而从寻租活动中转移出的这些资源不会对分销服务产生损失。因此，如果人们相信在印度和土耳其存在竞争性寻租，那么在估计这两个国家的租时，该租可以被解释为数量限制造成的无谓损失（deadweight loss）与等价的关税造成的福利成本之和。

当农业部门的边际产量递减时，租的价值会超过关税均衡下食品产量和消费量的增加值，因为从关税转到竞争性寻租后均衡工资会升高。只有当劳动在其他用途的边际产量是固定不变的情况下，租的价值才会正好等于损失的产量（意即如果这些劳动力不从事寻租，而在关税制度下从事其他部门的劳动，那么这些劳动力会产生食品产量和消费量的增加值。相反，如果这部分劳动力去从事寻租，那么这部分产量就相当于被损失掉了——译者注）。

F　寻租在贸易理论的应用

认识到寻租这个事实将会改变贸易文献中若干常见的结论，但是对这些结论的探讨已经超过了本文的范围。不过，我们可以谈及少数直接的结果。

第一，如果实行进口配额制度时存在对许可证的竞争，那么禁止性的进口会优于非禁止性的配额。这是由于禁止性进口会释放用于寻租的资源，而禁止性进口对国内产品造成的额外成本有可能会低于租的价值。第二，我们无法比较与两种（或更多种）配额对应的等价关税的大小，因为租的价值是每单位（等价关税的）租和每项进口品的数量这两者的函数[12]。第三，人们一般认为，国内需求的弹性越小，则给定关税水平下的福利成本也会越小。可是在“配额加租”的情况下，相反的结果才成立：需求的价格弹性越小，则租的价值越大，从而和寻租有关的无谓损失也越大。第四，人们一般相信进口商之间的竞争会比垄断更好地配置资源。可是如果存在寻租，那么将一个进口商立于垄断的位置将会产生较高的实际收入。如果我们不考虑垄断造成的收入分配对社会效用的影响，那么垄断就优于竞争了。第五，数量限制时的贬值可能会产生重要的资源配置效应，因为除了贬值会影响出口之外，还会减少进口许可证的价值，从而减少寻租活动的数量。

Ⅲ 结论和建议

在这篇论文中，我们关注对进口实行数量限制时对进口许可证的竞争会产生什么影响。实证显示和进口许可证相关的租的价值会相当大。我们也证明了数量限制的福利损失等于与之等价的关税成本再加上租的价值。

虽然进口许可证是政府干预所导致的一项巨大且明显的租，但寻租这一现象要广泛得多。公平贸易法导致企业的规模低于最优水平，如同 John Harris 和 Michael Todaro 的文章所讨论的那样，最低工资立法会使得均衡失业水平高于最优水平，并由此产生无谓损失。对利率设立最高限以及由此造成的信用分配（credit rationing）会促进为争取存款和贷款而发生的竞争，也会造成高成本的银行运营。对出租车费的规制会影响到平均的等车时间和出租车的空驶时间。不过除非出租车必须获得经营执照，否则这项规制可能不会影响到出租车所有者的收入。对资本收益进行的征税将会造成住房的过度建设以及非经济性的石油开发，等等。

---

〔12〕 感谢 Bhagwati 为我指出这一点。

这些以及其他干预都会促使人们为租而进行竞争，尽管这些竞争者常常也没有意识到这一点。此时这种竞争活动造成的无谓损失将会超过传统的三角形形状的无谓损失。总体而言，只有限制寻租活动才能防止这种损失。

因此，这个结论会产生政治上的建议。首先，就算政府觉得必须进行某些限制，而且它有能力减少寻租活动，它也会将自己置于一个两难的境地：如果它限制进入，那么它就明显地“偏袒”社会中的一个团体，而这样做会造成不平等的收入分配；如果它允许为租进行竞争（或无法阻止这种竞争），收入分配可能不会那么不平等，当然对特殊团体的偏袒也不会这么明显，但此时数量限制将会产生更高的经济成本。

其次，寻租活动的存在肯定会影响人们对经济系统的感觉。如果人们觉得收入分配是彩票式的结果，其中富人只不过是成功的（或幸运的）寻租者，而穷人是不成功的寻租者或不被容许从事寻租活动的人，那么人们肯定会怀疑这种市场机制。在美国，无论正确与否，社会的共识就是较高的收入——至少在一定程度上反映的是较高的社会产出。既然如此，那么较高的人均收入是相对自由的市场机制造成的结果，而收入不平等被作为一种副产品而能够被美国人所容忍。可是，如果人们相信不施加某些“影响”，则商业活动就没有太大可能生存下来，甚至即使向政府官员行贿只是为了让这些官员做他们本应该去做的事，在这种环境里人们会很难将金钱的回报仅仅看作是社会产出的结果。如果人们认为价格系统是奖励有钱人或有关系的人的机制，则会影响到对经济政策的政治决策。如果人们对市场机制产生这种怀疑，那么政府就会更倾向于施加越来越大的干预，而这又会增加经济活动中寻租环节的份额。因此，这会促使政治性的“恶性循环”。由于存在竞争性寻租活动，人们会觉得市场机制并没有促成社会看重的目标。因此政治性的民意调查会促使对市场进行更大规模的干预，这又会增加寻租活动，然后又导致进一步的干预。虽然对寻租活动的政治影响的分析已经超出了经济学家的能力，但在发展中国家常常听到的对市场机制的质疑可能就是这种寻租活动造成的。

最后，所有的市场经济都不可避免地会采纳一些能产生租的限制政策。

我们可以想象，一个从完全没有限制的系统到一个完全进行限制的系统存在一个连续统。当完全没有限制时，企业家们会采用新技术以获取大量回报，期待市场正确地做出反应，等等。在完全进行限制时，规制会无处不在，因此寻租才是盈利的唯一途径。在这个系统中，企业家们会投入他们所有的时间和资源到寻租活动中，以求获得巨额的租。实际中这两种极端情况都不会存在，不过人们可能会问，沿着这个连续系统是不是存在某个点，在此处市场能够更好地配置资源。将这个概念加以实现并测量还需要更多的工作。不过我希望到目前为止，我的工作已经足够为这个话题激发兴趣和研究了。

参考文献

[1] J. Bhagwati, "On the Equivalence of Tariffs and Quotas," in J. Bhagwati ed., *Trade, Tariffs and Growth*, London, 1969.

[2] J. Bhagwati and P. Desai, *Planning for Industrialization: A Study of India's Trade and Industrial Policies Since 1950*, Cambridge, 1970.

[3] J. Bhagwati and A. Krueger, *Foreign Trade Regimes and Economic Development: Experience and Analysis*, New York, forthcoming.

[4] J. R. Harris and M. P. Todaro, "Migration, Unemployment, and Development: A Two－Sector Analysis," *American Economic Review*, March 1970, 60, pp. 126－142.

[5] H. G. Johnson, "The Cost of Protection and the Scientific Tariff," *Journal of Political Economy*, August 1960, 68, pp. 327－345.

[6] A. Krueger, *Foreign Trade Regimes and Economic Development: Turkey*, New York, 1974.

[7] J. B. Monteiro, *Corruption*, Bombay, 1966.

[8] G. Myrdal, *Asian Drama*, Vol. Ⅲ, New York, 1968.

[9] M. P. Todaro, "A Model of Labor Migration and Urban Employment in Less Developed Countries," *American Economic Review*, March 1969, 59, pp. 138－148.

[10] R. Wraith and E. Simpkins, *Corruption in Developing Countries*, London, 1963.

[11] Government of India, Planning Commission, *Third Five Year Plan*, New Delhi, August, 1961.

[12] Reserve Bank of India, *Report on Currency and Finance*, 1967 – 1968.

[13] Santhanam Committee, *Report on the Committee on Prevention of Corruption*, Government of India, Ministry of Home Affairs, New Delhi, 1964.

于飞 译　刘亚琳 校

论信息有效市场的不可能性*

桑福德·格罗斯曼（SANFORD J. GROSSMAN）

约瑟夫·斯蒂格利茨（JOSEPH E. STIGLITZ）**

如果竞争均衡被定义为套利利润为0时的价格状态，那么处于这种竞争程度的经济体能否作为一种均衡而存在呢？显然不会。因为如果那些套利者无法从套利活动中获得（私人）回报的话，他们就不会进行（私人的）有成本的套利活动。因此，如果假设所有的市场，包括信息市场，都一直处于均衡之中，而且市场总是完全套利（perfectly arbitraged），那么这种假设与套利是有成本的是矛盾的。

在本文中，我们会建立一个模型。这个模型是接近于均衡状态的一种不均衡模型：价格只是部分地反映出套利者所持有的信息，因而在这种情况下，那些花费资源获取信息的人会得到补偿。这个价格系统的信息公开程度取决于有多少人持有信息；不过持有信息的人数的多少是这个模型的一个内生变量。

这个模型采取了一种最简单的形式来描述价格在把信息从信息持有者传递到尚未持有者的过程中所起的传导作用。当一个信息持有者获知一只股票的回报将会升高的信息时，他们就会出价购买该只股票，从而这只股票的价格被抬上去；同样的，如果他们知道价格会降低时，他们就会卖出股票从而

---

* 原文发表于1980年第70卷第3期。

** 作者分别来自宾夕法尼亚大学和普林斯顿大学。非常感谢国家科学基金项目SOC 76—18771和SOC 77—15980的慷慨支持。本文是在计量经济学学会上（1975年冬天于德克萨斯州的Dallas召开）讨论过的一篇文章的修改稿。

使得股价下跌。在这个过程中，价格系统起了把信息持有者的信息向未持有者传递的作用。可是一般来说，这个价格系统的作用是不完全的；不过这可能是件好事，因为如果价格系统完全地发挥作用，那么均衡可能就不存在了。

在本文的开始，我们将会讨论一般性的方法论，并对均衡的一些性质做出猜想。接下来的数理分析部分，我们将详细讨论在一般性模型中的一个重要例子，通过这个例子可以看出我们之前对均衡性质的猜想是正确的。最后，我们会讨论研究方法和结果的现实意义，特别是强调出我们的结果与“有效资本市场”的文献间的关系。

I 模型

我们的模型可以被认为是 Robert Lucas 引入的有噪音的理性预期模型的一个推广。Lucas 的模型曾被用于分析股票交易者间的信息流动，例如 Jerry Green（1973），Grossman（1975，1976，1978），以及 Richard Kihlstrom 和 Leonard Mirman（1975）。我们假设有两种资产：一种无风险资产带来回报 R，以及一种有风险资产，它的回报 u 在不同时期内随机变化。变量 u 由两部分构成：

$$u = \theta + \varepsilon \tag{1}$$

其中，θ 要付出成本 c 才能被观测，而 ε 是不可观测的[1]。θ 和 ε 都是随机变量。市场中有两种人：一种能观测到 θ（持有信息的交易商），另一种只能观测到价格（未持有信息的交易商）。在我们的简单模型中，所有人都是事前理性的和同质的；他们是否持有信息，仅仅取决于他们是否花费成本 c 来获取信息。持有信息的交易商的需求取决于 θ 以及有风险资产的价格 P。未持有信息的交易商的需求将只取决于 P。我们假设这些交易商也是理性预期的：他们知道投资回报和股票价格间的分布关系，并据此推导他们对风险

〔1〕 这个公式也可以理解为，θ 是对一个 u 的测量，并伴随着测量误差 ε。这种解释的数学原理同正文中有微小的差别，但推导结果是一样的。

资产的需求。如果 x 代表风险资产的供给，λ 代表持有信息的交易商在全部交易商中的比重，那么均衡就是一个价格函数 $P_\lambda(\theta,x)$ 。该均衡价格满足，当需求函数根据上文而定义时，需求等于供给。我们假设未持有信息的交易商不能观测 x。未持有信息的交易商不能通过观测 $P_\lambda(\theta,x)$ 来判断 θ 的值，因为他们不能区分价格的变化究竟是来自信息持有者的信息，还是受总供给的影响。显然，$P_\lambda(\theta,x)$ 向未持有信息的交易商提供了信息持有者的部分信息。

我们可以推导出持有信息者和未持有信息者的期望效用。如果前者的效用大于后者（将获取信息的成本考虑在内），那么就会有人从不持有信息转为去持有信息（相反的情况同样成立）。因此，最终的均衡将会在这两类人有同样的期望效用时实现。当更多的人成为信息持有者时，信息持有者的期望效用相对于非持有者的期望效用将会下降，这是以下两个原因导致的：

（a）当更多的人观测到 θ 时，θ 的变化将对总需求产生更强的影响，这个影响会显示在股价上，因此价格系统会传递更多地信息。所以，持有信息者的信息将更多地被透露给未持有者。而且，在未持有信息者交易时，信息持有者会获得更高的收益。平均而言，信息持有者会在股价"低估"时买入股票，并在股价被"高估"时卖出股票（低估和高估是相对于如果所有人拥有同样的信息所产生的价格而言的）[2]。当价格系统能传递更多信息时，这两群人之间的信息差别——信息持有者比未持有者多获得的回报——将会缩小。

（b）就算上面的情况没有发生，随着信息持有者人数占未持有者人数的比例不断上升，信息持有者的人均盈利与未持有者的人均盈利的差别也将会缩小。

我们将上文中对经济均衡状态的特点归纳为下面的两大猜想：

猜想1：信息持有者人数越多，则价格系统传递信息的能力越强。

猜想2：信息持有者人数越多，则持有信息者的期望效用与未持有信息者

---

〔2〕 这个模型并没有直接对供给变量的影响（即供给对商品贮存等的影响）建模。Grossman（1975，1977）曾经研究过期货市场和存储能力怎样影响价格系统的信息传递程度。

的期望效用的比值越小。

猜想1显然需要对“信息传递能力”这一说法做出准确的定义。这一定义将在下一节以及脚注7中说明。

信息持有者和未持有者的均衡人数取决于一系列重要的参数：信息的成本，价格系统传递信息的能力（价格系统所传递的信息带有多少的干扰噪音），以及信息持有者所获取的信息的有效程度。

猜想3：获取信息的成本越高，则信息持有者的占比在均衡状态下将越低。

猜想4：如果信息持有者的信息质量越高，则信息将在越大程度上左右他们的需求，进而价格也将受到 θ 更大的影响。因此，价格系统传递信息的能力将更强。不过，均衡状态时信息持有者的人数与未持有者的人数的比值可能上升，也可能下降，因为虽然由于 θ 的质量提高而导致持有信息者的价值变高，可是随着价格系统传递信息能力的增强，未持有信息者的价值也会变高。

猜想5：噪音越大，价格系统传递信息能力越差，因而未持有信息者的期望效用越低，从而在均衡状态下，噪音越大则信息持有者人数的比重越高。

猜想6：在极限情况下，也即没有噪音的情况下，价格能够反映出所有的信息，所以没有人想去购买信息。因此在这种情况下，唯一可能的均衡就是所有人都是未持有信息者。可是，如果所有人都未持有信息，显然有人持有信息的话将得到很多报酬[3]。结论就是，在这种极限情况下不会存在竞争均衡[4]。

---

〔3〕这就是说，当没有人获得信息时，一个人只有通过花费 c 元来购买信息，因为此时价格系统没有传递任何信息。当花费这 c 元购买信息后，此人若持有风险资产而不是无风险资产时，他将比市场的预测更准确。因此，就算扣除信息成本后，他的期望效用还是会超过未持有信息者的期望效用。所以，只要 c 足够得低，未持有信息者都会变成持有信息者。

〔4〕参看 Grossman（1975，1977）关于期货市场中这种现象的一个正式的例子。另外，Stiglitz（1971，1974）对信息以及资本市场中不存在均衡的可能性做过一般性讨论。

交易商之间的交易是（对风险厌恶的）偏好不同、禀赋不同或者不同的信念（belief）而引致的。本文将集中讨论第三个原因，即信念不同的影响。均衡中的一个有趣的特征是，在下列两种情况中所有人的信息可能是完全相同的：当所有人都是信息持有者时，或所有人都是未持有信息者时。这个特征可以被归纳为猜想7。

猜想7：当其他条件不变时，若信息持有者的人数占总人数的比重（λ）趋于0或1时，则市场将趋向于淡静市场（thin market）。举例来说，当价格系统几乎没有噪音时（此时λ接近于0），或信息成本非常低时（此时λ接近于1），市场都会变得愈趋淡静。

在上面的几段内容里，我们提供了一系列猜想来描述当价格能传递信息时，均衡会有什么特征。不幸的是，现在我们还无法证实这些推测。我们现在能做的是，详细分析一个具体的例子，在这个例子中我们假定一个常数绝对风险厌恶函数，也假定随机变量都服从正态分布。在这些假定下，我们可以计算出均衡价格分布，而且以上的所有猜想都可以证明为真。下一节内容将致力于求出这个具体例子的均衡解〔5〕。

Ⅱ　常数绝对风险厌恶模型

A　证券

假设第i个交易商拥有两种股票：一种是无风险资产$\overline{M}_i$，另一种是有风险资产$\overline{X}_i$。假定风险资产的现期价格为P，无风险资产的现期价格为1。则交易商i的预算约束为：

〔5〕 在一般情况中，这里讨论的信息均衡（informational equilibria）可能是不存在的，参看Green（1977）。不过，如果选择像本文中的效用函数，那么均衡就一定存在了。

$$PX_i + M_i = W_{0i} \equiv \overline{M}_i + P\overline{X}_i \tag{2}$$

我们假定每一只无风险股票在期末价格为 R，每只有风险股票的期末价格为 u。如果在期末，交易商 i 的资产组合为（M_i, X_i），那么他的财富为：

$$W_{1i} = RM_i + uX_i \tag{3}$$

B　个体效用最大化

每个人具有效用函数 $V_i(W_{1i})$ 。为了简便起见，我们假设所有人的效用函数都相同，因此可以去掉下标 i。另外，我们假设效用函数是指数形式，也即：

$$V(W_{1i}) = -e^{-aW_{1i}}, a > 0$$

其中 a 是绝对风险厌恶的系数。每个交易商都想最大化他的期望效用，而为了这个目标，他们要利用一切可得的信息，并且决定要去获得哪些信息以最大化其效用。

假设在公式（1）中 θ 和 ε 服从多元正态分布，且满足：

$$E\varepsilon = 0 \tag{4}$$

$$E\theta\varepsilon = 0 \tag{5}$$

$$Var(u^* \mid \theta) = Var\varepsilon^* \equiv \sigma_\varepsilon^2 > 0 \tag{6}$$

做出这些假设是因为 θ 和 ε 是不相关的。在本文中，我们会给变量添加上标 * 以表示这是一个随机变量。既然 W_{1i} 是 ε 的一个线性函数，对于一个给定的资产组合的配置，那么根据服从正态分布的随机变量的线性方程依然会服从正态分布这个原理，可知 W_{1i} 服从以 θ 为条件的正态分布。根据公式（2）和公式（3），当持有信息为 θ 时，这个交易商的期望效用函数可以写为：

$$\begin{aligned} E(V(W_{1i}^*) \mid \theta) &= -\exp\left(-a\left\{E[W_{1i}^* \mid \theta] - \frac{a}{2}Var[W_{1i}^* \mid \theta]\right\}\right) \\ &= -\exp\left(-a\left[RW_{0i} + X_I\{E(u^* \mid \theta) - RP\} - \frac{a}{2}X_I^2 Var(u^* \mid \theta)\right]\right) \\ &= -\exp\left(-a\left[RW_{0i} + X_I(\theta - RP) - \frac{a}{2}X_I^2\sigma_\varepsilon^2\right]\right) \end{aligned} \tag{7}$$

其中，X_I 是信息持有者对风险证券的需求。对 X_I 来最大化公式（7），我们就得到风险资产的需求函数：

$$X_I(P,\theta) = \frac{\theta - RP}{a\sigma_\varepsilon^2} \tag{8}$$

公式（8）的右侧项是一个常见的结果，即常数绝对风险厌恶，这意味着交易商的需求与其财富无关。所以，下标 i 没有在公式（8）的左侧项出现。

现在我们来推导未持有信息者的需求函数。假设唯一的“噪音”来源是风险证券 x 的人均供给量。

假定 $P^*(\cdot)$ 表示 (θ,x) 的一个特定的价格函数，该函数满足 u^* 和 P^* 服从联合正态分布（下文会证明它是存在的）。

那么，未持有信息者的期望效用函数可写为：

$$\begin{aligned} E(V(W_{1i}^*)P^*) &= -\exp\left[-a\left\{E[W_{1i}^* \mid P^*] - \frac{a}{2}Var[W_{1i}^* \mid P^*]\right\}\right] \\ &= -\exp\left[-a\left\{RW_{0i} + X_U(E[u^* \mid P^*] - RP) - \frac{a}{2}X_U^2 Var[u^* \mid P^*]\right\}\right] \end{aligned} \tag{7'}$$

因此，未持有信息者的需求是价格函数 P^* 以及实际价格 P 的函数。

$$X_U(P;P^*) = \frac{E[u^* \mid P^*(\theta,x) = P] - RP}{aVar[u^* \mid P^*(\theta,x) = P]} \tag{8'}$$

C　均衡价格分布

假定 λ 表示那些决定成为信息持有者的比重，那么我们定义一个均衡价格系统为 (θ,x) 的函数，即 $P_\lambda(\theta,x)$，该函数满足对于所有的 (θ,x)，风险资产的人均需求等于其供给：

$$\lambda X_I(P_\lambda(\theta,x),\theta) + (1-\lambda)X_U(P_\lambda(\theta,x);P_\lambda^*) = x \tag{9}$$

函数 $P_\lambda(\theta,x)$ 是一个统计均衡，意思是，未持有信息者在一段时期后会观测到（u^*,P_λ^*）的很多实现值，从这些样本值中他们可以推断出（u^*,P_λ^*）的联合分布。在完成推断（u^*,P_λ^*）的联合分布以后，所有交易商都选择股票配置并期望这种联合分布会一直持续不变。这一点可以从公式（8）、公式（8′）和公式（9）中可以看出来。在这些公式中的市场出清价格已经考虑了未持有信息者会充分利用该价格所传递的信息这一条件。

现在我们要证明，当 P^* 和 u^* 服从联合正态分布时，均衡价格分布是存在的。进而，我们可以找出这个价格分布的一些特征。我们定义：

$$w_\lambda(\theta,x) = \theta - \frac{a\sigma_\varepsilon^2}{\lambda}(x - Ex^*) \tag{10a}$$

其中 $\lambda > 0$。我们也定义 $w_0(\theta,x)$ 为一个数字 x：

$$w_0(\theta,x) = x \qquad [\text{对所有}(\theta,x)\text{都成立}] \tag{10b}$$

其中 w_λ 等于随机变量 θ 加上噪音[6]。噪音的大小和 λ 成负比，并和 ε 的方差成正比。我们将证明均衡价格不过是 w_λ 的一个线性函数。因此，如果 $\lambda > 0$，那么价格系统传递了 θ 的信息，不过信息传递过程并不完全。

D 均衡的存在性以及一个特征定理

定理 1：如果（$\theta^*,\varepsilon^*,x^*$）服从一个非退化的联合正态分布（non - degenerate joint normal distribution），而且 $\theta^*,\varepsilon^*,x^*$ 各自相互独立，那么公式（9）存在一个解，且解的形式为 $P_\lambda(\theta,x) = \alpha_1 + \alpha_2 w_\lambda(\theta,x)$，其中 α_1 和 α_2 是实数而且可能取决于 λ，并满足 $\alpha_2 > 0$（当 $\lambda = 0$ 时，价格不包含 θ 的任何信息）。$P_\lambda(\theta,x)$ 的具体形式在附录 B 中的公式（A10）中给出。这个定理的证明也在附录 B 中。

定理 1 的重要性在于，信息在均衡价格系统中具有一个简单的特性：P_λ^* 和 w_λ^* 含有同样的信息。从公式（10）中可以看出，w_λ^* 是 θ 的一个均值保留的

---

〔6〕 如果 $y' = y + Z$ 且 $E[Z \mid y] = 0$，则 y' 就等于 y 加上噪音。

展开型（mean - preserving spread），也即 $E[w_\lambda^* \mid \theta] = 0$ 且：

$$Var[w_\lambda^* \mid \theta] = \frac{a^2\sigma_\varepsilon^4}{\lambda^2}Varx^* \tag{11}$$

在股票市场中，未持有信息者感兴趣的是信息 θ。可是噪音 x^* 阻碍了人们从 w_λ^* 中来获取 θ。我们用 $Var[w_\lambda^* \mid \theta]$ 来测量未持有信息者在多大程度上能够通过观测 P_λ^* 来获取信息（这和观测 w_λ^* 是一样的效果）。当 $Var[w_\lambda^* \mid \theta] = 0$ 时，w_λ^* 和 θ 就是完全相关的。此时，如果未持有信息者观测到了 w_λ^*，这就相当于他观测到了 θ。相反的是，如果 $Var[w_\lambda^* \mid \theta]$ 非常大，也即给定 θ，会出现很多 w_λ^* 的实现值。在这种情况下，就算 w_λ^* 是由 θ 生成的，我们从 w_λ^* 的一个样本值也只能得到很少的关于 θ 的实际值的信息[7]。

公式（11）清楚地显示出，较大的噪音（很大的 $Varx^*$ 值）将产生一个很不精确的价格系统。不过，决定价格系统精确程度的另外一个因素（即 $a^2\sigma_\varepsilon^4/\lambda^2$）则不那么明显。当 a 很小（这个人不是非常风险厌恶的）或者 σ_ε^2 很小（信息非常精确）时，一个信息持有者将会对特定的风险资产产生需求，这些风险资产的特点是它们对 θ 的变化很敏感。而且 λ 越大，信息持有者的总需求对 θ 的变化也越敏感。因此，$a^2\sigma_\varepsilon^4/\lambda^2$ 的值越小意味着信息持有者的总需求对 θ 的变化越敏感。对于一个固定的噪音程度（也即固定的 $Varx^*$ 值），由 θ 的波动引起的总需求的波动程度越大，由 θ 的波动引起的价格波动程度也就越大。换句话说，相对于 θ 而言，x^* 在决定价格变化的影响上显得不那么重要了。因此，当 $a^2\sigma_\varepsilon^4/\lambda^2$ 很小时，未持有信息者就有较大的把握判断出价格变化的原因，比如说，他们可以看出价格变得很高是由 θ 很高导致的。通过这种方式，持有信息者的信息就被转移给了未持有者了。

---

[7] 正式来说，w_λ^* 是在 Blackwell 意义上的一个实验，因为 w_λ^* 透露了 θ 的信息。容易证明，在其他条件不变的情况下，$Var[w_\lambda^* \mid \theta]$ 越小，则在 Blackwell 意义上的实验就透露越多的（或越有效的）信息。请参看 Grossman，Kihlstrom 和 Mirman（p. 539）（Blackwell 意义上的一个实验指的是 David Blackwell 在 1951 年提出的实验比较定理——译者注）。

E 信息市场的均衡

到目前为止，我们一直讨论的是给定 λ 时的均衡价格分布。我们现在要定义（λ, P_λ^*）的整体均衡。在这个均衡中，若 $0 < \lambda < 1$，则持有信息者的期望效用等于未持有信息者的期望效用；若 $\lambda = 0$，则在 P_0^* 处持有信息者的期望效用小于未持有信息者的期望效用；若 $\lambda = 1$，则在 P_1^* 处持有信息者的期望效用大于未持有信息者的期望效用。定义：

$$W_{Ii}^{\lambda} \equiv R(W_{0i} - c) + [u - RP_{\lambda}(\theta, x)]X_I(P_{\lambda}(\theta, x), \theta) \tag{12a}$$

$$W_{U1}^{\lambda} \equiv RW_{0i} + [u - RP_{\lambda}(\theta, x)]X_U(P_{\lambda}(\theta, x); P_{\lambda}^*) \tag{12b}$$

其中，c 是观测 θ^* 的一个实现值的成本。公式（12a）给出了如果一个交易商想持有信息，到期末时的总财富；公式（12b）则给出了如果他不想持有信息，到期末时的总财富。注意到，由于 W_{0i}, u, θ 以及 x 都是随机变量，期末的财富也是一个随机变量。

在评估 W_{Ii}^{λ} 的期望效用时，我们并不是假设这个交易商花费 c 元后知道他会观测到 θ^* 的哪个实现值，而是假设这个交易商花费 c 元后会观测到 θ^* 的一些实现值。因此，W_{Ii}^{λ} 的总体期望效用是在 $\theta^*, \varepsilon^*, x^*$ 和 W_{0i} 的所有可能值上取平均值。出于两个原因，W_{0i} 也是一个随机变量。首先，从公式（2）中可以看出，W_{0i} 取决于 $P_{\lambda}(\theta, x)$，而 $P_{\lambda}(\theta, x)$ 是随机变量，因为 (θ, x) 是随机的。其次，接下来我们也会假设 $\overline{X}_i$ 也是随机的。

下面我们会说明 $EV(W_{Ii}^{\lambda})/EV(W_{Ui}^{\lambda})$ 与 i 无关，但是 λ, a, c 和 σ_ε^2 的函数。准确地说，在附录 B 中我们会证明定理 2。

定理 2：在定理 1 的那些假设都满足的情况下，另外假设 $\overline{X}_i$ 独立于（u^*，θ^*, x^*），那么则有：

$$\frac{EV(W_{Ii}^{\lambda})}{EV(W_{Ui}^{\lambda})} = e^{ac}\sqrt{\frac{Var(u^* \mid \theta)}{Var(u^* \mid w_{\lambda})}} \tag{13}$$

F　总体均衡的存在性

定理2在证明总体均衡的唯一性以及进行比较静态分析时都很有用。前文提到，总体均衡意味着当 $0<\lambda<1$ 时，$EV(W_{Ii}^{\lambda})/EV(W_{Ui}^{\lambda})=1$。不过从公式（13）我们得到：

$$\frac{EV(W_{Ii}^{\lambda})}{EV(W_{Ui}^{\lambda})}=e^{ac}\sqrt{\frac{Var(u^{*}\mid\theta)}{Var(u^{*}\mid w_{\lambda})}}\equiv\gamma(\lambda)\tag{14}$$

因此，总体均衡的条件可以简单写为，当 $0<\lambda<1$ 时：

$$\gamma(\lambda)=1\tag{15}$$

更准确地说，我们要证明定理3。

定理3：如果 $0\leqslant\lambda\leqslant1,\gamma(\lambda)=1$，而且 P_{λ}^{*} 由附录B中的公式（A10）给出，则 $(\lambda,P_{\lambda}^{*})$ 是一个总体均衡。如果 $\gamma(1)<1$，则 $(1,P_{1}^{*})$ 是一个总体均衡。如果 $\gamma(0)>1$，则 $(0,P_{0}^{*})$ 是一个总体均衡。对于所有的价格均衡 P_{λ}，若满足 P_{λ} 是 w_{λ} 的单调函数，则总会存在一个唯一的总体均衡 $(\lambda,P_{\lambda}^{*})$。

证明：

定理3的前三句话可以直接从公式（12）中对总体均衡的定义以及定理1和定理2中看出。唯一性是从由公式（A11）和公式（14）推导出来的 $\gamma(\cdot)$ 的单调性而得的，因此定理的最后一句话也是成立的。

在证明定理3时，我们注意到推论1。

推论1：$\gamma(\lambda)$ 是 λ 的严格单调递增函数。

推论1看起来有点不合情理。我们本以为持有信息者的期望效用与未持有信息者的期望效用的比率会是 λ 的减函数。不过，我们是把效用定义为负值，因此我们得到，当 λ 增加时，这两个期望效用之比的确会降低。

我们注意到函数 $\gamma(0)=e^{ac}(Var(u^{*}\mid\theta)/Var\,u^{*})^{1/2}$。图1描述了均衡的 λ 是如何被决定的。该图假设 $\gamma(0)<1<\gamma(1)$。

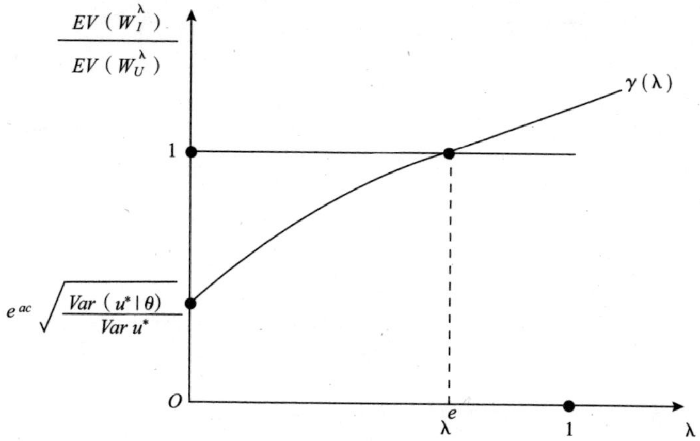

图 1

G 均衡的特征

我们想进一步找出均衡的更多特征。让我们定义：

$$m = \left(\frac{a\sigma_\varepsilon^2}{\lambda}\right)^2 \frac{\sigma_x^2}{\sigma_\theta^2} \tag{16a}$$

$$n = \frac{\sigma_\theta^2}{\sigma_\varepsilon^2} \tag{16b}$$

注意 m 和价格系统的信息传递能力成反比，因为 P_λ^* 和 θ^* 的相关系数的平方 ρ_θ^2 等于：

$$\rho_\theta^2 = \frac{1}{1+m} \tag{17}$$

类似的，n 也直接和持有信息者所得到的信息的质量相关联，因为 $n/(1+n)$ 就是 u^* 和 θ^* 的相关系数的平方。

公式（14）和公式（15）显示信息的成本 c 决定了均衡时持有信息者的信息的质量与未持有者的信息的质量的比率 $Var(u^*|\theta)/Var(u^*|w_\lambda)$。根据公式（1）、附录 B 中的（A11）以及公式（16），这可以写为：

$$\frac{Var(u^* \mid \theta)}{Var(u^* \mid w_\lambda)} = \frac{1+m}{1+m+nm} = \left(1+\frac{nm}{1+m}\right)^{-1} \tag{18}$$

将公式（18）代入到公式（14）和公式（15），我们得到，当 $0<\lambda<1$ 时，均衡满足：

$$m = \frac{e^{2ac}-1}{1+n-e^{2ac}} \tag{19a}$$

$$1-\rho_\theta^2 = \frac{e^{2ac}-1}{n} \tag{19b}$$

注意公式（19）成立的条件是 $\gamma(0)<1<\gamma(1)$，因为这个条件保证了在均衡时 $0<\lambda<1$。公式（19b）显示出，均衡时价格系统传递信息的能力完全由信息成本 c、持有信息者的信息的质量 n 以及风险厌恶程度 a 这三个因素决定。

H　比较静态分析

从公式（19b）中，我们立刻得出一些基本的比较静态分析结果：

1）若信息的质量 n 增加，则价格系统传递信息的能力也增强。

2）若信息成本 c 降低，则价格系统传递信息的能力会增强。

3）若风险厌恶程度 a 降低，则持有信息者会持有更大的仓位，而这会增强价格系统传递信息的能力。

进而，当 n，a 和 c 保持不变时，所有其他参数的变化都不会改变均衡时价格系统传递信息的能力。其他参数的变化，只会使 λ 发生同样程度的相反变化，从而使它们的作用相互抵消。

4）噪音（σ_x^2）的增加会提高持有信息者的人数比重。对于任意给定的 λ，增加的噪音会降低价格系统传递信息的能力；可是，增加的噪音也会增加信息的回报，从而使更多人变成持有信息者；上文中的重要结果是，这两种作用力恰好互相抵消，从而使得价格系统传递信息的能力保持不变。这一点可以借助图 1 看出。在公式（16a）中对于一个给定的 λ，σ_x^2 的增加会提高

m，而根据公式（18），m 的提高又会降低 $Var(u^* \mid \theta)/Var(u^* \mid w_\lambda)$ 。从而，根据公式（14），σ_x^2 的增加意味着图 1 中曲线 $\gamma(\lambda)$ 会有一个垂直的下移，从而得到一个更高的 λ^e 值。

5）类似的，当 n 给定时，σ_ε^2 的增加（由于 n 此时为常数，σ_ε^2 的增加相当于 u 的方差的增加）导致持有信息者的人数比重增加——而这个比重的增加也刚好抵消了由于 u 的方差的增加带来的影响，从而使得价格系统传递信息的能力保持不变。这一点也可以从图 1 中看出。从公式（16）可得，当 n 为常数时，σ_ε^2 的增加通过提高 σ_θ^2 会增加 λ 不变时的 m 的值。根据公式（18）和公式（14），这相当于曲线 $\gamma(\lambda)$ 会有一个垂直的下移，从而得到一个更高的 λ^e 值。

6）要判断当保持 σ_u^2 不变时 σ_θ^2 增加（这意味着 σ_ε^2 要降低）所造成的影响则比较困难。这种情况意味着获取的信息含有更多信息量，并会导致 n 的增加，从而根据公式（19b）可知均衡时价格系统传递信息的能力会增加。可是另一方面，从公式（16）可知，当 σ_θ^2 增加时（同时保持 $\sigma_u^2 = \sigma_\theta^2 + \sigma_\varepsilon^2$ 不变），m 和 nm 都会下降。这意味着曲线 $\gamma(\lambda)$ 可能会上移也可能会下调，而且是上移还是下调将取决于 n，a 和 c 的具体值[8]。这种模棱两可的结果是由于：一方面，当持有信息者的信息的精确度增加而信息成本不变时，持有信

---

[8] 从公式（14）和公式（18）中明显可知，λ 升高的充要条件是 $Var(u^* \mid \theta) + Var(u^* \mid w_\lambda)$ 下降。而 $Var(u^* \mid \theta) + Var(u^* \mid w_\lambda)$ 下降是由给定 λ 时 σ_θ^2 的增加而导致的。另外，给定 λ 时要想使 σ_θ^2 增加的充要条件是 $nm/(1+m)$ 增加。根据公式（16），在限制条件 $d\sigma_u^2=0$ 下（也即 $d\sigma_\theta^2 = -d\sigma_\varepsilon^2$），将 $nm/(1+m)$ 对 σ_ε^2 求导数，则导数的符号为［$sgn(x)$ 函数显示 x 具有正号或负号——译者注］：

$$\frac{d}{d\sigma_\theta^2}\left(\frac{nm}{1+m}\right) = sgn\left[m\left(\frac{n+1}{n}\right)-1\right] = sgn\left[\left(\frac{\gamma}{n-\gamma}\right)\left(\frac{n+1}{n}\right)-1\right]$$

其中 $\gamma \equiv e^{2ac}-1$，最后一个等式是根据公式（19a）而推导的。所以当 n 非常大时，导数为负，这意味着，当持有信息者的信息的精确度增加时，λ 会下降。类似的，当 n 非常小时，导数为正，则 λ 会上升。

息的收益将增加；另一方面，这一部分高质量信息，也通过更精确的对信息传递的价格系统，被传递到了未持有信息者。当 n 很小时，则价格系统 m 传递信息的能力不会很强，同时信息对持有信息者的边际价值也会较高。因此当 n 增加时，持有信息者比不持有信息者将获得更多收益，从而导致均衡时的 λ 升高。相反的是，当 n 很大时，则价格系统传递信息的能力很强，同时信息对持有信息者的边际价值也会较低，因此选择不持有信息将比持有信息获得更多的收益。

7）从公式（14）中清楚可见，信息成本 c 的增加将使曲线 $\gamma(\lambda)$ 上移，从而降低持有信息者的比重。

我们用下面的定理4来总结以上的结果。

定理4： 如果均衡状态的 λ 满足 $0 < \lambda < 1$，则

A. 若 n 上升，c 下降或 a 下降，则均衡时价格系统传递信息的能力 ρ_θ^2 会提高。

B. 若改变 σ_x^2 的值，或者当 n 固定时改变 σ_u^2 的值，则均衡时价格系统传递信息的能力将保持不变。

C. 若 σ_x^2 上升，或者固定 n 时提高 σ_u^2，或者 c 下降，则均衡时持有信息者的比重会增加。

D. 如果 $\bar{n}$ 满足 $(e^{2ac}-1)/(\bar{n}-(e^{2ac}-1)) = \bar{n}/(\bar{n}+1)$，$n > \bar{n}$（或 $n < \bar{n}$）意味着当 n 增加（或减少）时，λ 会降低（或增加）。

证明：

A—C 在上文的陈述中已经被证明。D 在脚注⑧中被证明。

I　价格不能完全反映有成本的信息

现在我们考虑在一些极端情况下，若 $c>0$ 且价格完全反映信息，则对于 $\gamma(0) \leqslant 1 \leqslant \gamma(1)$ 不存在均衡解。

1）当信息成本趋近于0时，则价格系统传递信息的能力将变得更强。但给定一个大于0的 c 时，比如说可以标记为 $\hat{c}$，则所有交易商都得到同样的信

息。从公式（14）和公式（15）中可以看出，$\hat{c}$ 会满足：

$$e^{a\hat{c}}\sqrt{\frac{Var(u^*\mid\theta)}{Var(u^*\mid w_1)}}=1$$

2）从公式（19a）可知，当持有信息者的信息精确度 n 趋向于无穷大时（即在 σ_u^2 固定不变时，$\sigma_\varepsilon^2\to 0$ 且 $\sigma_\theta^2\to\sigma_u^2$），则价格系统会完全地传递信息。不过，这时持有信息者的比重也会降低到 0！这可以从公式（18）和公式（15）中看出。也就是说，当 $\sigma_\varepsilon^2\to 0$ 时，必须保持 $nm/(1+m)$ 不变，才能使均衡继续存在。可是根据公式（19b）和公式（17），当 $\sigma_\varepsilon^2\to 0$ 时，m 会下降。因此，要保证 $nm/(1+m)$ 不变，必须使 nm 下降但不等于 0。从公式（16）可知，$nm=(a/\lambda)^2\sigma_\varepsilon^2\sigma_x^2$。因此要防止当 $\sigma_\varepsilon^2\to 0$ 时，m 趋向于 0，则 λ 必须等于 0。

3）从公式（16a）和公式（19a）中清楚可见，当噪音 σ_x^2 趋向于 0 时，持有信息者的比重也将趋向于 0。进而，由于公式（19a）意味着当 σ_x^2 变化时 m 不会改变，所以当 $\sigma_x^2\to 0$ 时，价格系统传递信息的能力也将不变。

假设 c 很小，因此当没有别人是持有信息者时，一个交易商将会去持有信息以获取更大收益。此时若 $\sigma_x^2=0$ 或 $\sigma_\varepsilon^2=0$，则不存在竞争均衡。为了更清楚地看出这一点，请注意到均衡要求：持有信息者的期望效用与未持有者的期望效用的比率等于 1；如果该比率大于 1，则没有人成为持有信息者。我们将会证明，当所有人都不持有信息时，该比率会小于 1，因此这时 $\lambda=0$ 将不是一个均衡解。可是当 $\lambda>0$ 时，该比率会大于 1。也就是说，当 $\sigma_x^2=0$ 或 $\sigma_\varepsilon^2=0$ 时，这两个期望效用的比率在 $\lambda=0$ 处不是 λ 的一个连续函数。

因为当 $\lambda=0$ 时，$Var(u^*\mid w_0)=Var u^*$，因此根据公式（14）有：

$$\frac{EV(W_{Ii}^0)}{EV(W_{Ui}^0)}=e^{ac}\sqrt{\frac{\sigma_\varepsilon^2}{\sigma_\varepsilon^2+\sigma_\theta^2}}=e^{ac}\sqrt{\frac{1}{1+n}} \tag{20}$$

而当 $\lambda>0$ 时，根据公式（18）有：

$$\frac{EV(W_{Ii}^\lambda)}{EV(W_{Ui}^\lambda)}=e^{ac}\sqrt{\frac{1}{1+n\dfrac{m}{m+1}}}$$

可是，当 $\sigma_x^2=0$ 或 $\sigma_\varepsilon^2=0$ 时，在 $\lambda>0$ 的情况下会有 $m=0$，$nm=0$。因此我们得到：

$$\lim_{\lambda\to 0}\frac{EV(W_{Ii}^{\lambda})}{EV(W_{Ui}^{\lambda})}=e^{ac} \tag{21}$$

从而我们有以下定理5：

定理5：（a）如果没有噪音（$\sigma_x^2=0$），则总体均衡不存在的充要条件是 $e^{ac}<\sqrt{1+n}$；（b）如果信息是完全的（$\sigma_\varepsilon^2=0$，$n=\infty$），则不会存在均衡解。

证明：

（a）当 $e^{ac}<\sqrt{1+n}$ 时，则根据公式（20）和公式（21），$\gamma(\lambda)$ 在 $\lambda=0$ 处是不连续的；又根据公式（20）有 $\gamma(0)<1$，因此 $\lambda=0$ 不是均衡解。而根据公式（21）有 $\gamma(\lambda)>1$，因此 $\lambda>0$ 也不是均衡解。

（b）如果 $\sigma_\varepsilon^2=0$，此时 $\sigma_\theta^2=\sigma_u^2$，因而信息是完全的，则在 $\lambda>0$ 时，根据公式（16）有 $nm=0$；从而根据公式（21）有 $\gamma(\lambda)>1$。根据公式（20）有 $\gamma(0)=0<1$。

如果没有噪音，且一些交易商选择去持有信息，则他们的全部信息会通过价格系统传递给未持有信息者。因此，每一个持有信息者都成为价格接受者，并意识到如果自己一个人变成不持有信息者的话，价格系统的信息传递能力不会改变。所以，$\lambda>0$ 不是一个均衡解。而另外，如果没有人选择成为持有信息者，则所有的未持有信息者都不能从价格系统得到任何信息，从而他们会想要去持有信息［如果满足 $e^{ac}<(1+n)^{1/2}$］。类似的，如果持有信息者得到完全的信息，则他们的需求会对他们所得到的信息非常敏感，从而使得市场出清价格也对他们所得到的信息非常敏感，这样就把 θ 透露给未持有信息者了。因此，所有的交易商都会希望不去持有信息。可是当所有交易商都不持有信息时，每个交易商又可以通过购买信息来消除他们的投资组合的风险，所以，每个交易商又都希望去持有信息。

在下一节中我们会展示，竞争均衡的不存在性可以被认为是竞争市场在缺乏交易时的市场失灵。也就是说我们会发现，当 σ_x^2 变得很小时，交易变为0，市场也会毫不起作用。因此，在均衡于 $\sigma_x^2=0$ 处变得不存在“之前”，竞争市场已经由于没有交易而被关闭了。

Ⅲ　投机市场的淡静

一般来说，交易之所以会发生，是因为交易商之间在资源禀赋、偏好和信念上有所不同。Grossman（1975，1977，1978）曾经评论道，交易商在偏好方面的差别不足以解释投机市场上的交易规模。因此，我们在第Ⅱ节的模型里假设所有交易商都有同样的风险偏好（读者可以注意到，如果让交易商有不同的绝对风险厌恶系数，第Ⅱ节的结果也不会改变）。在这一节里，我们会假设交易的发生要求在资源禀赋或信念上存在差别，而把风险偏好上的差别仅仅作为一个解释变量〔9〕。

显然，在一个竞争市场的运行过程中一定会产生一些固定成本。如果市场里的交易商必须承担这些成本，那么市场中的交易必须给他们产生回报才行。假设交易商具有同一的禀赋和信念，那么竞争均衡的结果是股票配置会和每个交易商的禀赋完全相同。因此，如果交易商需要花费成本才能进入这样一个竞争市场的话，那么没有人会愿意进入。在下文中我们会展示，在一些重要的条件被满足时，纯交易数量是连续的。换句话说，当所有人的初始禀赋都一样而只有他们的信念有微小的差异时，则一个交易商在竞争均衡时得到的股票配置与他的初始禀赋的差异也将是非常微小的。因此，在这种情况

---

〔9〕在第Ⅱ节的模型里，我们曾经假设一个交易商的禀赋 $\overline{X}_i$ 独立于市场的人均禀赋 x^*。我们做这个假设的目的主要是使得每个交易商的禀赋不会含有关于整体市场禀赋的有用信息。因为交易商能够观测到 $P_\lambda(\theta,x)$，从而这种信息将会对均衡产生影响。具体而言，如果一个交易商通过观测 $\overline{X}_i$ 而得到关于 x 的信息，那么通过观测 $P_\lambda(\theta,x)$，$\overline{X}_i$ 将对推测 θ 非常有用。在模型中引入这种情况不是不可以，但是这将使本来已经充满复杂计算的模型变得更加繁琐。

下，进入竞争市场的收益也是很小的。从而当市场的运营成本足够大时，这些收益将低于进入市场所要付出的成本。

在任意日期发生的交易量是个随机变量，这个随机变量将会是 θ 和 x 的函数。容易看出，这个随机变量服从正态分布。由于觉得市场规模的一个主要因素是信念的差别程度，那么我们会猜想，当几乎所有的交易商都是持有信息者或都是不持有信息者的话，那么市场在一定意义上会是淡静的。可是这个猜想看起来不是那么显而易见的，因为任何一个交易商的交易额都可能是 λ 的一个函数，而且少数活跃投资者（活跃投资者（active traders）为每月名义交易量达 1000 万美元或存入超过 25000 美元资金的交易商——译者注）的交易额会相当于很多小交易商的交易额总量。但在我们的模型中，这个猜想在一定意义上是成立的。

我们先将交易额看作是外生参数 θ 和 x 的函数。定义 $h \equiv \sigma_{\varepsilon}^{2}, \bar{x} = Ex^{*}$，且 $\bar{\theta} \equiv E\theta^{*}$（实际交易量会取决于不同交易商的禀赋的随机分布）。人均纯交易是：[10]

$$X_I - x = (1-\lambda)\left[\left(nm + \frac{ah}{\lambda}\right)(x-\bar{x}) + [(m+1)n-1](\theta-\bar{\theta}) + \bar{x}nm\right] \div [1+m+\lambda nm] \tag{22}$$

---

〔10〕 计算纯交易量的分布：

$$\frac{\lambda}{ah}(\theta - RP_{\lambda}) + \frac{(1-\lambda)\left[(\bar{\theta}-RP_{\lambda})(1+m)n + \theta - \bar{\theta} - \frac{ah}{\lambda}(x-\bar{x})\right]}{ah(1+m+nm)n} = x$$

或者 $$\frac{(\theta - RP_{\lambda})}{ah}\left(\lambda + \frac{(1-\lambda)(1+m)}{1+m+nm}\right) = \left(\frac{\theta - RP_{\lambda}}{ah}\right)\left(\frac{1+m+\lambda nm}{1+m+nm}\right)$$

$$= x + \frac{(1-\lambda)\left([(m+1)n-1](\theta-\bar{\theta}) + \frac{ah}{\lambda}(x-\bar{x})\right)}{ah(1+m+\lambda nm)n}$$

或者 $$X_I = \frac{1+m+nm}{1+m+\lambda nm} \times \left[x + \frac{(1-\lambda)\left([(m+1)-1](\theta-\bar{\theta}) + \frac{ah}{\lambda}(x-\bar{x})\right)}{ah(1+m+nm)n}\right]$$

$$X_I - x = \frac{(1-\lambda)\left[\left(nm+\frac{ah}{\lambda}\right)(x-\bar{x}) + [(m+1)-1](\theta-\bar{\theta}) + \bar{x}nm\right]}{(1+m+\lambda nm)n}$$

因此，所以持有信息者的交易额的均值为：

$$E\lambda(X_I - x) = \frac{(1-\lambda)\lambda m\bar{x}}{1+m+\lambda nm} \tag{23}$$

且它的方差为：

$$\sigma_\theta^2(1-\lambda)^2\lambda^2\left[[(m+1)n-1]^2+\left(nm+\frac{a\sigma_\varepsilon^2}{\lambda}\right)^2\frac{\sigma_x^2}{\sigma_\theta^2}\right]\div(1+m+\lambda nm)^2 n^2 \tag{24}$$

在上一节中，我们考虑过当 $\lambda \to 0$ 时外生变量的极限值。下面的定理会说明，当 $\lambda \to 0$ 时交易额的均值和方差会趋向于 0。也就是说，当 $\lambda \to 0$ 时，$\lambda(X_I - x)$ 的分布会退化为 0。这是一个重要的结果，因为当由于 $n \to \infty$（信息非常准确）而造成 $\lambda \to 0$ 时，持有信息者的需求 $X_I(P,\theta)$ 会在大多数价格时都变成无穷大，因为此时风险资产在完全信息下也变成了无风险资产。

定理 6：（a）当 c 足够大或足够小时，交易额的均值和方差成为 0；（b）随着持有信息者的信息准确度 n 趋向于无穷大，交易额的均值和方差会趋向于 0。

证明：

（a）根据第Ⅱ节第Ⅰ部分中的评论 1），当 $c \leqslant \hat{c}$ 时有 $\lambda = 1$。而根据公式（23）和公式（24），这意味着交易额会退化为 0。根据公式（14），当 c 足够大时，比如说等于 c^0 时，有 $\gamma(0) = 1$，因此均衡时 $\lambda = 0$。当 c 从左侧趋向于 c^0 时，有 $\lambda \to 0$，而且根据公式（14）、公式（15）以及公式（18），有 $\lim_{c\uparrow c^0}(1+nm/(1+m))^{-1/2} = e^{-ac^0}$。因此 $\lim_{c\uparrow c^0}(nm/(1+m))$ 是一个有限的正数。从而根据公式（22），当 $c \uparrow c^0$ 时交易额的均值趋向于 0。如果把公式（24）的分子和分母同除以 $(1+m)^2$，再利用 $m/(1+m)$ 的极限是个有限数这个事实，我们得到当 $c \uparrow c^0$ 时有 $\lambda \to 0$，以及交易额的方差也趋向于 0。

（b）根据公式（14）、公式（15）以及公式（18），当 $n \to \infty$ 时，$nm/(1+m)$ 是个常数值。而且，根据第Ⅱ节第Ⅰ部分中的评论 2），当 $n \to \infty$ 时有 $\lambda \to 0$。因此根据公式（23）和公式（24），交易额的均值和方差都趋向于 0。

（c）根据第Ⅱ节第Ⅰ部分中的评论 3），当 $\sigma_x^2 \to 0$ 时，m 是个常数且 λ 趋向于 0。因此交易额的均值也趋向于 0。在公式（24）中，注意到根据公式

(16a) 有 $(nm + a\sigma_{\varepsilon}^{2}/\lambda)^{2}\sigma_{x}^{2}/\sigma_{\theta}^{2} = (nm\sigma_{x}/\sigma_{\theta} + (m)^{1/2})^{2}$ 。因此当 $\sigma_{x}^{2}\rightarrow 0$ 时交易额的方差也趋向于0。

我们可以进一步注意到，$\lambda(X_{I} - x) + (1 - \lambda)(X_{U} - x) = 0$ 意味着，当 $\lambda\rightarrow 1$ 时不会有交易发生。因此，如果出现竞争均衡和国际有效市场不兼容的情况时，这应该被理解为投机市场变得非常淡静。在该投机市场中，价格能够透露大量信息。可是市场中的交易商信念非常类同，从而导致该投机市场变得非常淡静。

Ⅳ 论完全市场的可能性

在第Ⅱ节我们说明了价格系统能够将信号 w_{λ}^{*} 透露给交易商，其中：

$$w_{\lambda} \equiv \theta - \frac{a\sigma_{\varepsilon}^{2}}{\lambda}(x - Ex^{*})$$

因此，对于给定的持有信息者的信息 θ ，价格系统透露的信息是含有噪音的。噪音就是 $(a\sigma_{\varepsilon}^{2}/\lambda)(x - Ex^{*})$ 。未持有信息者所获得的信息 θ 是包含噪音的，而且这个噪音是个均值为0、方差为 $(a\sigma_{\varepsilon}^{2}/\lambda)^{2}Var\ x^{*}$ 的随机变量，其中 σ_{ε}^{2} 描述了持有信息者的信息的精确程度，$Var\ x^{*}$ 是禀赋的不确定程度，λ 是持有信息者人数的占比，a 是绝对风险厌恶程度。因此，一般来说，价格系统不能够传递关于风险资产的“真实价值”的全部信息（ θ 可以看作是风险资产的真实价值，因为它是关于该风险资产的所能够得到的全部信息）。

持有信息者能够利用他们所采集的信息来得到回报的唯一方式是，他们的信息能够帮助他们比未持有信息者获得一个“更好”的股票配置。“有效市场”理论的支持者们声称“价格在任何时候都完全地反映出所有的信息”（参看 Eugene Fama，p. 383）。如果这是真的，那么持有信息者将不能利用自己的信息来获得回报。

我们已经证明，当有效市场假设是真的而且信息是有成本时，竞争市场就会失灵。这是因为当 $\sigma_{\varepsilon}^{2}=0$ 或 $Var\ x^{*}=0$ 时，w_{λ} 会反映出所有信息，从而价格也会反映出所有信息。在这种情况下，每一个持有信息者都会知道，由于他身处竞争市场中，因此他可以不需花费成本收集信息，也可以和那些未持有信息者获得一样的回报。但问题是，所有的持有信息者都会知道这一点。因此，任何持有信息者人数的比重大于0的情况都不会是均衡解。不过，没有人成为持有信息者这种情况也不会是均衡解，因为这个时候每一个作为价格接受者的交易商都会意识到，去持有信息会获得额外利润。

支持有效市场理论的学者看起来明白，无成本的信息这个假设是价格能够完全反映所有存在的信息的充分条件（参看 Fama，p. 387）；但是他们并没有明白，这也是一个必要条件。不过这种理论看起来陷入了归谬法的陷阱，因为只有当信息是有成本的条件下，价格系统和竞争市场的假设才是重要的（参看 Fredrick Hayek，p. 452）。

我们是想重新定义有效市场，而不是推翻它。我们已经证明，当信息非常便宜或持有信息者得到非常精确的信息时，均衡是存在的，而且此时市场价格会反映出持有信息者的大多数信息。可是，在第Ⅲ节我们主张，这种市场很可能是淡静的，因为此时所有交易商都有非常同一的信念。

这里还存在一个更大的冲突。就像 Grossman（1975，1977）所说明的那样，只要信念不同而且套利机会依然存在，人们就会被激发去创造一个市场（Grossman 1977 年分析了一个商品存储模型，由于在这个模型中存在噪音，结果现期价格不能反映所有信息。这导致了期货市场的出现。不过这种结果会使得未持有信息者可以从两套价格来获取信息，从而意味着噪音实质上能够被消除）。可是，由于信念的差别本身也是内生的，是由信息的成本和价格系统的信息传递能力所决定的，因此新创造的市场能够消除这些产生不同信念的条件，从而又促使这些市场消失掉。如果像在均衡分析中为了方便而通常做的假设那样，假设创造这些市场是无需成本的，那么均衡将不会存在。举例来说，如果在我们的模型中引入另一种股票，比如说该股票会带来以下回报：

$$z=\begin{cases}1 & \text{if} \quad u > E\theta^* \\ 0 & \text{if} \quad u \leqslant E\theta^*\end{cases}$$

那么持有信息者对这种股票的需求 y 将会取决于该股票的价格 q、p 和 θ。而未持有信息者的需求将只取决于 p 和 q。对于纯粹股票（pure security）而言供给为0，因此供求相等的条件为：

$$\lambda y_I(q,p,\theta)+(1-\lambda)y_u(q,p)=0$$

在弱假设下，q 和 p 会传递所有的信息 θ。此时市场会变得“没有噪音”，因而不存在均衡。

因此我们认为，只要传统的完全资本市场模型的假设被修订为容纳一点点信息不完全以及承认信息要花费哪怕一点点的成本，那么传统的理论就立刻站不住脚了。不可能每一种自然状态（states of nature）都有一种股票与之相对应。如果存在这种对应，那么竞争均衡就不会存在了。

只是由于存在交易成本以及交易成本会导致只存在有限数量的市场，竞争均衡才会存在。

在本文中我们力图论证的是，由于信息是有成本的，价格就不能完全反映可得到的信息，因为如果价格能完全反映信息，那么花费资源来获取信息的人将不会得到任何补偿。主张市场会有效地传递信息，与主张人们会受到激励去获取信息是有根本矛盾的。不过，我们并没有讨论信息的社会收益，也没有讨论“信息有效市场”是不是最有利于整个社会的。我们希望在将来的工作中来分析均衡配置对社会福利的影响。

附录 A

这里我们列举在正文中用到的条件期望的一些性质。如果 X^* 和 Y^* 服从联合正态分布，则有：

$$E[X^* \mid Y^*=Y]=EX^*+\frac{Cov(X^*,Y^*)}{Var(Y^*)}\{Y-EY^*\} \tag{A1}$$

$$Var[X^* \mid Y^* = Y] = Var(X^*) - \frac{[Cov(X^*,Y^*)]^2}{Var(Y^*)} \tag{A2}$$

（参看 Paul Hoel，p. 200）从公式（A1）可见，$E[X^* \mid Y^*]$ 是 Y 的一个函数。如果在公式（A1）两边同时取数学期望，则我们得到：

$$E\{E[X^* \mid Y^* = Y]\} = EX^* \tag{A3}$$

也请注意，$Var[X^* \mid Y^* = Y]$ 不是 Y 的函数，因为 $Var(X^*)$，$Cov(X^*,Y^*)$ 以及 $Var(Y^*)$ 都只不过是 X^* 和 Y^* 的联合分布的参数。

另外两个条件期望的有关性质为：

$$E\{E[Y^* \mid F(X^*)] \mid X^*\} = E[Y^* \mid F(X^*)] \tag{A4}$$

$$E\{E[Y^* \mid X] \mid F(X^*)\} = E[Y^* \mid F(X^*)] \tag{A5}$$

其中 $F(\cdot)$ 是在 X^* 范围内的一个给定的函数（参看 Robert Ash，第260页）。

附录 B

定理 1 的证明：

（a）假设 $\lambda=0$，则公式（9）成为：

$$X_U(P_0(\theta,x),P_0^*) = x \tag{A6}$$

定义：

$$P_0(\theta,x) \equiv \frac{E\theta^* - ax\sigma_u^2}{R} \tag{A7}$$

其中 σ_u^2 是 u 的方差。注意到 $P_0(\theta^*,x^*)$ 和 u^* 不相关，因为 x^* 和 u^* 是不相关的。因此：

$$E[u^* \mid P_0^* = P_0(\theta,x)] = Eu^* = E\theta^* \tag{A8}$$

且 $$Var[u^* \mid P_0^* = P_0(\theta,x)] = Var[u^*]$$

将公式（A8）代入公式（8），则有：

$$X_U(P_0^*, P_0(\theta,x)) = \frac{E\theta^* - RP_0(\theta,x)}{a\ Var\ u} \tag{A9}$$

将公式（A7）代入公式（A9）的右侧项，则得到 $X_U(P_0^*(\theta,x), P_0^*) = x$。

（b）假设 $0 < \lambda \leq 1$，使：

$$P_\lambda(\theta,x) = \frac{\dfrac{\lambda w_\lambda}{a\sigma_\varepsilon^2} + \dfrac{(1-\lambda)E[u^* \mid w_\lambda]}{a\ Var[u^* \mid w_\lambda]} - Ex^*}{R\left[\dfrac{\lambda}{a\sigma_\varepsilon^2} + \dfrac{(1-\lambda)}{a\ Var[u^* \mid w_\lambda]}\right]} \tag{A10}$$

根据公式（1）、公式（10）、公式（A1）以及公式（A2），我们有：

$$E(u^* \mid w_\lambda) = E\theta^* + \frac{\sigma_\theta^2}{Var\ w_\lambda} \cdot (w_\lambda - E\theta^*) \tag{A11a}$$

$$Var(u^* \mid w_\lambda) = \sigma_\theta^2 + \sigma_\varepsilon^2 - \frac{\sigma_\theta^2}{Var\ w_\lambda} \tag{A11b}$$

$$Var\ w_\lambda = \sigma_\theta^2 + \left(\frac{a\sigma_\varepsilon^2}{\lambda}\right)^2 Var\ x^* \tag{A11c}$$

既然 $P_\lambda(\theta,x)$ 是 w_λ 的线性函数，因此我们会得到 $E(u^* \mid w_\lambda) \equiv E(u^* \mid P_\lambda)$ 和 $Var(u^* \mid w_\lambda) = Var(u^* \mid P_\lambda)$ 等结果。为了看出 P_λ^* 是一个均衡解，我们必须证明，当 $P_\lambda(\cdot)$ 按照公式（A10）所定义时，下面的等式对于 (θ,x) 恒成立：

$$\lambda \cdot \frac{\theta - RP_\lambda}{a\sigma_\varepsilon^2} + (1-\lambda)\frac{E[u^* \mid w_\lambda] - RP_\lambda}{a\ Var[u^* \mid w_\lambda]} = x \tag{A12}$$

从公式（10）中可以立即得到，公式（A12）对于 (θ,x) 恒成立。

定理 2 的证明：

（a）计算持有信息者的期望效用。根据 W_{Ii}^λ 服从关于 $(\bar{X}_i, \theta, x)$ 的条件正态分布，我们有：

$$E[V(W_{Ii}^\lambda) \mid \bar{X}_i, \theta, x] = \exp\left[-a\left\{E[W_{Ii}^\lambda \mid \bar{X}_i, \theta, x] - \frac{a}{2}Var[W_{Ii}^\lambda \mid \bar{X}_i, \theta, x]\right\}\right] \tag{A13}$$

利用公式（8）、公式（12），以及 (θ,x) 决定 P 的值这个事实，我们有：

$$E[W_{Ii}^{\lambda} \mid \bar{X}_i, \theta, x] = R(W_{0i} - c) + \frac{(E[u^* \mid \theta] - RP_{\lambda})^2}{a\sigma_{\varepsilon}^2} \tag{A14a}$$

$$Var[W_{Ii}^{\lambda} \mid \bar{X}_i, \theta, x] = \frac{(E[u^* \mid \theta] - RP_{\lambda})^2}{a^2\sigma_{\varepsilon}^2} \tag{A14b}$$

将公式（A14）代入公式（A13），则得到（A15）：

$$E[V(W_{Ii}^{\lambda}) \mid \bar{X}_i, \theta, x] = -\exp\left[-aR(W_{0i} - c) - \frac{1}{2\sigma_{\varepsilon}^2}(E[u^* \mid \theta] - RP_{\lambda})^2\right] \tag{A15}$$

注意到根据 $P_{\lambda}^*(\cdot) = P_{\lambda}(\theta, x)$，我们有：

$$E(E[V(W_{Ii}^{\lambda}) \mid \bar{X}_i, \theta, x] \mid P_{\lambda}, \bar{X}_i) = E[V(W_{Ii}^{\lambda}) \mid P_{\lambda}, \bar{X}_i] \tag{A16}$$

［参考公式（A5）］由于 W_{0i} 关于 $(P_{\lambda}, \bar{X}_i)$ 是非随机的，因此公式（A15）意味着：

$$E[V(W_{Ii}^{\lambda}) \mid P_{\lambda}, \bar{X}_i] = -\exp[-aR(W_{0i}^{\lambda} - c)] \cdot$$
$$E\left[\left\{\exp\left[-\frac{1}{2\sigma_{\varepsilon}^2}(E[u \mid \theta] - RP_{\lambda})^2\right]\right\} \mid P_{\lambda}, \bar{X}_i\right] \tag{A17}$$

根据定理 1，关于 w_{λ}^* 的条件等价于关于 P_{λ}^* 的条件。定义：

$$h_{\lambda} \equiv Var(E[u^* \mid \theta] \mid w_{\lambda}) = Var(\theta \mid w_{\lambda}), h_0 \equiv \sigma_{\varepsilon}^2 \equiv h \tag{A18}$$

$$Z \equiv \frac{E[u^* \mid \theta] - RP_{\lambda}}{\sqrt{h_{\lambda}}} \tag{A19}$$

根据公式（3）和公式（A18），等式（A17）可以被写为（因为 $\bar{X}_i$ 和 w_{λ} 是独立的）：

$$E[V(W_{Ii}^{\lambda}) \mid P_{\lambda}, \bar{X}_i] = e^{ac}V(RW_{0i})E\left[\exp\left[-\frac{h_{\lambda}}{2\sigma_{\varepsilon}^2}Z^2\right] \mid w_{\lambda}\right] \tag{A20}$$

P_{λ} 关于 w_{λ} 是非随机的，而 $E[u^* \mid \theta]$ 服从关于 w_{λ} 为条件的正态分布。因此，$(Z^*)^2$ 服从关于 w_{λ} 为条件的非中心卡方分布（参看 C. Rao，p. 181）。因此在 $t>0$ 时（Z^*）^{2} 的矩生成函数为：

$$E[e^{-tZ^2} \mid w_\lambda] = \frac{1}{\sqrt{1+2t}} \exp\left[\frac{-(E[Z \mid w_\lambda])^2 t}{1+2t}\right] \tag{A21}$$

注意到 $E[u^* \mid \theta] = E[u^* \mid \theta, x]$，因此有：

$$E[E[u^* \mid \theta] \mid w_\lambda] = E[u^* \mid w_\lambda] = E\theta^* + \frac{\sigma_\theta^2}{Var\ w_\lambda}(w_\lambda - E\theta^*) \tag{A22}$$

既然 w_λ 只是 (θ, x) 的一个函数，因此有：

$$E[Z^* \mid w_\lambda] = \frac{E[u^* \mid w_\lambda] - RP_\lambda}{\sqrt{h_\lambda}} \tag{A23}$$

根据 $u = \theta + \varepsilon$，又有：

$$Var(u^* \mid w_\lambda) = \sigma_\varepsilon^2 + Var(\theta^* \mid w_\lambda) = \sigma_\varepsilon^2 + h_\lambda \tag{A24}$$

对 $(x^*, \varepsilon^*, u^*)$ 的非退化假设意味着 $h_\lambda > 0$。定义 $t = (h_\lambda / 2\sigma_\varepsilon^2)$。现在用公式（A23）和公式（A24）来计算公式（A21），则得到：

$$E\left[\exp\left[-\frac{h_\lambda}{2\sigma_\varepsilon^2}Z^2\right] \mid w_\lambda\right] = \sqrt{\frac{Var(u^* \mid \theta)}{Var(u^* \mid w_\lambda)}} \cdot \exp\left(\frac{-(E(u^* \mid w_\lambda) - RP_\lambda)^2}{2Var(u^* \mid w_\lambda)}\right) \tag{A25}$$

从而公式（A20）成立。

（b）计算未持有信息者的期望效用。根据公式（8）、公式（5），以及 W_{Ui}^λ 服从以 w_λ 为条件的正态分布，应用公式（A13）~（A25）类似的计算方差，我们可得：

$$E[V(W_{Ui}^\lambda) \mid w_\lambda, \bar{X}_i] = V(RW_{0i}) \exp\left(\frac{-(E(u^* \mid w_\lambda) - RP_\lambda)^2}{2Var(u^* \mid w_\lambda)}\right) \tag{A26}$$

因此有：

$$E[V(W_{Ii}^\lambda) \mid w_\lambda, \bar{X}_i] - E[V(W_{Ui}^\lambda) \mid w_\lambda, \bar{X}_i] = \left[e^{ac}\sqrt{\frac{Var(u^* \mid \theta)}{Var(u^* \mid w_\lambda)}} - 1\right] \times E[V(W_{Ui}^\lambda) \mid w_\lambda, \bar{X}_i] \tag{A27}$$

在公式（A27）两边都取数学期望，则得到：

$$E[V(W_{Ii}^{\lambda})] - E[V(W_{Ui}^{\lambda})] = \left[e^{ac}\sqrt{\frac{Var(u^* \mid \theta)}{Var(u^* \mid w_{\lambda})}} - 1\right]EV(W_{Ui}^{\lambda}) \qquad (A28)$$

从公式（A28）可以立即推得公式（13）。

参考文献

[1] Robert B. Ash, *Real Analysis and Probability*, New York, 1972.

[2] E. Fama, "Efficient Capital Markets: A Review of Theory and Empirical Work," *The Journal of Finance*, May 1970, 25, pp. 383 –417.

[3] J. R. Green, "Information, Efficiency and Equilibrium," Harvard Institute of Economic Research Discussion Paper, No. 284 , March 1973.

[4] J. R. Green, "The Non – Existence of Informational Equilibria," *Review of Economic Studies*, October 1977, 44, pp. 451 –464.

[5] S. Grossman, "Essays on Rational Expectations," unpublished doctoral dissertation, the University of Chicago, 1975.

[6] S. Grossman, "On the Efficiency of Competitive Stock Markets Where Traders Have Diverse Information," *The Journal of Finance*, May 1976, 31, pp. 573 –585.

[7] S. Grossman, "The Existence of Futures Markets, Noisy Rational Expectations and Informational Externalities," *Review of Economic Studies*, October 1977, 64, pp. 431 –449.

[8] S. Grossman, "Further Results on the Informational Efficiency of Competitive Stock Markets," *Journal of Economic Theory*, June 1978, 18, pp. 81 –101.

[9] S. Grossman, R. Kihlstrom, and L. Mirman, "A Bayesian Approach to the Production of Information and Learning by Doing," *Review of Economic Studies*, October 1977, 64, pp. 533 –547.

[10] F. H. Hayek, "The Use of Knowledge in Society," *American Economic Review*, September 1945, 35, pp. 519 –530.

[11] Paul G. Hoel, *Introduction to Mathematical Statistics*, New York, 1962.

[12] R. Kihlstrom and L. Mirman, "Information and Market Equilibrium," *The Bell Jour-*

nal of Economics, Spring 1975, 6, pp. 357 - 376.

[13] R. E. Lucas, Jr., "Expectations and the Neutrality of Money," *Journal of Economic Theory*, April 1972, 4, pp. 103 - 124.

[14] C. Rao, *Linear Statistical Inference and Its Applications*, New York, 1965.

[15] J. E. Stiglitz, "Perfect and Imperfect Capital Markets," paper presented to the Econometric Society, New Orleans, 1971.

[16] J. E. Stiglitz, "Information and Capital Markets," mimeo., Oxford University, 1974.

于飞 译

垄断竞争和最优的产品多样化*

*阿维纳什·迪克西特（AVINASH K. DIXIT）　约瑟夫·斯蒂格利茨（JOSEPH E. STIGLITZ）***

福利经济学中关于生产的基本问题是：市场能否配置出社会最优的商品种类和商品数量。众所周知，问题来自三个方面：分配公正、外部效应以及规模经济。本文探讨的是最后一个问题。

基本原则可以简单地陈述如下。[1] 如果收益与正确定义的消费者剩余之和超过了成本，就可以生产这种商品。最优的生产数量则可以通过需求价格等于边际成本而求出。如果完全价格歧视可行，则这个最优的生产数量就可以达到。否则我们将面对一个两难冲突：一个满足边际条件的竞争市场，会因为总利润为负而不可持续。虽然市场垄断程度上升会让其获得正利润，但又会违背边际条件。[2] 因此，我们希望找到市场的一个次优解。但是，如果想要理解这种偏离的本质，那么我们必须构建一个更精确的理论框架来分析这些问题。

考虑这个问题的一个很好的角度是产量和产品多样性两者的权衡取舍。当存在规模经济时，生产较少品种的产品，从而每种产品有较多的产量，便可节约资源。不过，这会降低多样性，从而导致一些福利损失。为了简单却

---

* 原文发表于 1977 年第 67 卷第 3 期。

** 作者分别为华威大学（University of Warwick）和斯坦福大学经济学教授。Stiglitz 的研究受到斯坦福大学社会科学数学研究所的 SOC74—22182 号 NSF 项目的支持。感谢 Michael Spence 的论文对我们的启发，也感谢执行编辑对本文早期版本的评论和建议。

〔1〕 请参看 Michael Spence 的相关阐述。

〔2〕 请参看 Peter Diamond 和 Daniel McFadden 关于这个问题的简明阐述。

不失一般性的模型化规模经济，可以假设每种潜在商品都有一些固定的准备成本（set - up cost）和一个不变的边际成本。要模型化多样性需求则比较困难，之前的文献曾经用过几种间接方法来测量。霍特林空间模型（Hotelling spatial model）、兰开斯特的产品特征法（Lancaster's product characteristics approach）以及“均值 - 方差”组合选择模型（the mean - variance portfolio selection model）都曾用于测量多样性需求。[3] 这些方法会涉及运输成本、商品间相关性或证券，从而难以一般化阐述。因此在本文中，我们将采取一种直接测量的方法，该方法的基础在于，定义在所有潜在商品之上的传统效用函数，它的无差异曲面的凸性已经刻画了多样性需求。因此，如果一个消费者对两种商品的数量（1，0）和（0，1）的偏好是无差异的，那么消费者会选择各取一半（1/2，1/2）而不是选择两个极端。这个方法的好处是，结果会涉及需求函数的自弹性和交叉弹性这些为人熟知的概念，因而易于理解。

可以从我们关注的内容中举一个特别有趣的例子，如果在一个商品组、一个部门或一个行业内，潜在商品互相是很好的替代品，但经济体中其他商品的替代性很差。然后，我们将考察相对于最优解的市场解，不论市场解与最优解的偏移是来自商品组内的，还是来自商品组与经济体其他部分之间的。我们预测答案取决于部门内以及部门间的替代弹性。为了简便起见，我们会把经济体的其余部分归结为一种产品，用0来标记，并选作计价物（numeraire）。这种计价物的经济禀赋被标准化为一个单位，它可以被理解为消费者能随意支配的时间。

相关商品的潜在范围标记为1，2，3，…。多样化商品的数量可以写作x_0和$x=(x_1, x_2, x_3, \cdots)$。我们假设一个可分的效用函数，它的无差异曲面是凸的：

$$u = U(x_0, V(x_1, x_2, x_3, \cdots)) \tag{1}$$

在第Ⅰ节和第Ⅱ节，假定V是对称函数，商品组中的所有商品有相同的

---

[3] 请参看 Harold Hotelling，Nicholas Stern，Kelvin Lancaster，以及 Stiglitz 等人的论文。

固定成本和边际成本，那么我们就进一步简化了该函数。此时虽然所有商品种类数 n 与函数相关，但区分不同商品的标记已经不再重要。因此，我们可以把实际生产的商品标记为 1，2，⋯，n，而潜在的产品标记为（$n+1$），（$n+2$），⋯，潜在产品不会实际生产。这是一个非常严格的假定，在这些问题中，因为商品的物理性质是分层次渐变的，所以它们经常存在自然的不对称，比如说性质相近的两种产品，它们的替代性会比性质较远的更高。不过，对称情况下也能得到一些有趣的结论。在第Ⅲ节，我们将会考虑一些不对称的情况。

我们也假设所有的商品有单位收入弹性。这个假设和最近 Michael Spence 所做的一个类似假设不同。Spence 假设 U 是 x_0 的线性函数，所以这个部门可以用局部均衡来分析。而我们的方法能够更好地描述部门间的替代性。不过，在其他方面，我们的方法所得的结果和 Spence 的差不多。

我们考虑式（1）的两种特殊情况。在第Ⅰ节，V 被赋予 CES（不变替代弹性）形式，但 U 是任意的。在第Ⅱ节，U 被赋予了 Cobb - Douglas 函数形式，而 V 则被赋予一个更为一般的可加形式。因此，前者考虑了更为一般的部门间关系，而后者考虑了更一般的部门内替代性，从而结论差异明显。

收入分配问题已经忽略掉了，因此可以认为 U 代表了萨缪尔森式的（Samuelsonian）社会无差异曲线，或者（假设满足合适的加总条件）是代表性消费者效用的倍数。从而产品多样性可以解释为，要么是不同的消费者使用不同种类的产品，要么是每个消费者的消费多样性。

Ⅰ 不变弹性的情况

A 需求函数

在这一节中，假设效用函数为：

$$u = U\left(x_0, \left\{\sum_i x_i^{\rho}\right\}^{1/\rho}\right) \tag{2}$$

为了满足凹性，我们需要假定$\rho<1$。另外，我们需要允许x_i的值取0，因此要求$\rho>0$。我们也假定U是位似的（homothetic）。

其预算约束为：

$$x_0+\sum_{i=1}^{n}p_ix_i=I \tag{3}$$

其中p_i是被生产的产品价格，I是以计价物衡量的收入，即价格为1的禀赋再加上分配给消费者的企业利润，或者在企业亏损时，等于禀赋减去一次性扣除的损失。

在这种情况下，两阶段预算过程便是有效的。[4] 因此我们可以定义对偶的产量和价格指数为：

$$y=\left\{\sum_{i=1}^{n}x_i^{\rho}\right\}^{1/\rho}\quad q=\left\{\sum_{i=1}^{n}p_i^{-1/\beta}\right\}^{-\beta} \tag{4}$$

其中$\beta=(1-\rho)/\rho$，因为$0<\rho<1$，β为正。那么这表明在第一步时[5]，有：

$$y=I\frac{s(q)}{q}\quad x_0=I(1-s(q)) \tag{5}$$

其中s的函数形式取决于U的形式。我们用$\sigma(q)$来表示x_0和y之间的替代弹性，并定义$\theta(q)$为函数s的弹性，即$qs'(q)/s(q)$。从而我们得到：

$$\theta(q)=\{1-\sigma(q)\}\{1-s(q)\}<1 \tag{6}$$

不过$\theta(q)$可以为负，因为$\sigma(q)$可以大于1。

在这个问题的第二步，容易看出对于每一个i，有：

$$x_i=y\left[\frac{q}{p_i}\right]^{1/(1-\rho)} \tag{7}$$

其中y的定义在式（4）中给出。现在考虑单独p_i变化时会产生什么影响。它

---

〔4〕 请看 John Green，第21页。

〔5〕 这里以及其他几处推导都被省略以节省空间。读者若想了解具体的推导过程，请参看在参考文献中作者的工作论文。

会直接影响到 x_i，也会通过 q 影响到 x_i，再从 y 间接地影响到 x_i。从式（4）可以求得弹性：

$$\frac{\partial log\ q}{\partial log\ p_i} = \left(\frac{q}{p_i}\right)^{1/\beta} \tag{8}$$

只要商品组内的产品价格不是有几个数量级的差异，则这个弹性的阶数为 $(1/n)$。假设 n 足够大，从而 p_i 对 q 的影响（也即 p_i 对 x_i 的间接影响）可以被忽略不计。这时的弹性为：

$$\frac{\partial log\ x_i}{\partial log\ p_i} = \frac{-1}{1-\rho} = \frac{-(1+\beta)}{\beta} \tag{9}$$

在张伯伦的（Chamberlinian）术语中，这是 *dd* 曲线的弹性，也就是说，当其他产品的价格保持不变时，该曲线表示了每种商品的需求与自身价格的关系。

由于我们假设 n 足够大，因此当 $i \neq j$ 时，交叉弹性 $\partial log\ x_i/\partial log\ p_j$ 是可以忽略不计的。不过，如果商品组中的所有价格同时变化的话，则每个单独价格的微小影响将汇总成一个不可忽略的影响。这相当于张伯伦的 *DD* 曲线。考虑一个对称情况的，即对于所有从 1 到 n 中的 i，都满足 $x_i = x, p_i = p$，则我们有：

$$y = xn^{1/\rho} = xn^{1+\beta}$$

$$q = pn^{-\beta} = pn^{-(1-\rho)/\rho} \tag{10}$$

从而根据式（5）和式（7），有：

$$x = \frac{Is(q)}{pn} \tag{11}$$

这里的弹性很容易计算，我们得到：

$$\frac{\partial log\ x}{\partial log\ p} = -[1-\theta(q)] \tag{12}$$

然后式（6）显示 *DD* 曲线是向下倾斜的。我们可以从式（9）和式（12）中看出传统的条件成立，即 *dd* 曲线更具有弹性：

$$\frac{1}{\beta} + \theta(q) > 0 \tag{13}$$

最后，我们观察到对于 $i \neq j$，有：

$$\frac{x_i}{x_j} = \left[\frac{p_j}{p_i}\right]^{1/(1-\rho)} \tag{14}$$

因此 $1/(1-\rho)$ 是组内的任意两种产品的替代弹性。

B　市场均衡

我们可以证明每种商品只会有一个厂商生产。每个厂商都试图最大化其利润，而且不断会有新的厂商进入，直到边际厂商刚好收支平衡为止。因此，我们的市场均衡是张伯伦式垄断竞争的常见情况，这种情况下经常出现对产量和产品多样性的权衡。[6] 不过，之前的分析没有以显性的形式讨论多样性需求，也忽视了在需求方面许多部门内与部门间的相互作用。因此，很多经济学家构建了非常模糊的假设，认为这种均衡会涉及过度多样化。不过我们的分析挑战了其中一些模糊的假设。

对于每个自我负责的厂商而言，利润最大化条件就是边际收益等于边际成本。用 c 来表示每个厂商同一的边际成本，而且注意到每个厂商的需求弹性为 $(1+\beta)/\beta$，则对于每个经营中的厂商，我们有：

$$p_i\left(1 - \frac{\beta}{1+\beta}\right) = c$$

对于每种差异化产品，我们用 p_e 来表示每种产品同一的均衡价格，则有：

$$p_e = c(1+\beta) = \frac{c}{\rho} \tag{15}$$

均衡的第二个条件是，厂商不断进入市场，直到下一个潜在厂商进入时会发生亏损为止。如果 n 足够大，使得 1 成了很小的增量，那么我们可

[6] 请参看 Edwin Chamberlin，Nicholas Kaldor 和 Robert Bishop 的论文。

以假设边际厂商刚好收支平衡，即 $(p_n - c)x_n = a$ ，其中 x_n 是从需求函数得到的，而 a 是固定成本。由于对称性的假设，这意味着所有边际厂商都是零利润。那么当 $I = 1$，且根据式（11）与式（15），我们可以写出经营中厂商的数目 n_e 所要满足的条件：

$$\frac{s(p_e n_e^{-\beta})}{p_e n_e} = \frac{a}{\beta c} \tag{16}$$

只要 $s(p_e n^{-\beta})/p_e n$ 是 n 的单调函数，均衡就是唯一的。这与我们之前谈及的两条需求曲线有关。从式（11）能看出，当 n 增加时 $s(pn^{-\beta})/pn$ 的变化情况告诉我们，随着厂商数量的增加，每个厂商的需求曲线 DD 是如何移动的。很自然地假设该曲线会向左移动，即对于每一个固定的 p，上面的函数会随着 n 的增加而减少。如果这个条件写为弹性的形式，则为：

$$1 + \beta\theta(q) > 0 \tag{17}$$

这个条件和式（13）完全相同，即 dd 曲线会比 DD 曲线更有弹性。下文我们会假设这个条件一直成立。

如果 $\sigma(q)$ 远大于1，则这个条件就不成立了。在这种情况下，n 的增加会降低 q 的值，并会将需求推向垄断的情形，以至于每个厂商所面对的需求曲线都会向右移动。不过，这种情况看起来不太可能实际发生。

传统的张伯伦式分析假设中，所有的厂商作为一个整体，面临的需求曲线不变。这相当于假设 nx 独立于 n，即 $s(pn^{-\beta})$ 独立于 n。这个假设只有在 $\beta = 0$ 或对于所有 q 满足 $\sigma(q) = 1$ 时才成立。前者（$\beta = 0$）等价于假设 $\rho = 1$，此时商品组的所有产品是完全替代品，即多样性毫无意义。这个假设和整个分析的意图冲突。因此毫无疑问，传统的分析假设了 $\sigma(q) = 1$ 。这意味着垄断竞争部门的预算份额不变。而注意在我们的参数式表达（parametric formulation）中，这个假设说明 DD 曲线是单位弹性的，式（17）成立，所以均衡是唯一的。

最后，通过式（7）、式（11）以及式（16），我们计算每个经营中厂商的均衡产量：

$$x_e = \frac{a}{\beta c} \tag{18}$$

我们也可以将厂商作为一个整体，面临的预算份额写为：

$$s_e = s(q_e)\text{，其中 } q_e = p_e n_e^{-\beta} \tag{19}$$

这些结果有助于在下文的比较。

C 有约束的最优化

接下来的任务是比较均衡与社会最优。在存在规模经济时，最优的结果或说是无约束条件下的（实际上仅仅受限于技术与资源的可得性）最优解要求定价低于平均成本，因此厂商为了弥补损失需要得到一次性转移支付。显然，这种转移支付在理论上与实践中都非常困难。因此，一个可行的近似最优解是有约束的最优，此时要求每个厂商的利润不能为负。政府可以通过规制（regulation）、征收消费税、特许税或补贴来实现这种情况。重要的约束条件是，一次性补贴的方式不可行。

我们从这种约束条件下的最优解来开始讨论。我们的目的是，在满足需求函数以及保证每个企业利润非负的前提下，选择 n、p_i 和 x_i 的值以最大化效用。这个最大化问题可以简化为，所有的厂商都有相同的产量和价格，而且它们的利润都会等于零。在此证明从略。然后可以设定 $I=1$，并利用式（5）来将效用写成仅是关于 q 的函数。因此，最大化 u 的问题就等价于最小化 q 的问题，也即：

$$\min_{n,p} pn^{-\beta}$$

其约束条件为：

$$(p-c)\frac{s(pn^{-\beta})}{pn} = a \tag{20}$$

为了求解，沿着目标函数的水平曲线，可以计算出对数化的边际替代率，同样也将约束条件对数化并求其比率，然后令两者相等，则得到条件：

$$\frac{\frac{c}{p-c}+\theta(q)}{1+\beta\theta(q)}=\frac{1}{\beta} \tag{21}$$

该式满足二阶条件。式（21）简化后就得到有约束的最优中，每种商品的价格 p_c 为：

$$p_c = c(1+\beta) \tag{22}$$

比较式（15）与式（22），我们发现两个解价格相同，因为这两个解都面对相同的收支平衡约束条件，对应的企业数目也相同，而其他的变量的值都可以通过这两者计算出来。因此，结果看起来令人惊讶，即垄断竞争均衡等价于有约束的最优均衡，而约束条件中没有转移支付。张伯伦曾经提到，这种均衡是“近似的理想状态”；而我们的分析则说明了何时何种情况下这种结果成立。

D 无约束的最优化

接下来可以比较以上的结果与无约束的或最优的结果（the unconstrained or first best optimum）。再次考虑凸性假设，所有营业厂商的产量相同。每个厂商的产量都为 x，则我们只要选择厂商的数量 n 来最大化：

$$u = U(1-n(a+cx), xn^{1+\beta}) \tag{23}$$

其中我们用到了经济的资源平衡条件和式（10）。它的一阶条件为：

$$-ncU_0 + n^{1+\beta}U_y = 0 \tag{24}$$

$$-(a+cx)U_0 + (1+\beta)xn^{\beta}U_y = 0 \tag{25}$$

根据预算问题的第一步，我们得知 $q = U_y/U_0$。利用式（24）和式（10），我们发现在无约束条件下的最优化中，每个厂商选择的价格 p_u 等于其边际成本：

$$p_u = c \tag{26}$$

这个结果是显然的。同样根据一阶条件，有：

$$x_u = \frac{a}{c\beta} \tag{27}$$

最后，通过式（26），每个经营中的厂商都能够刚好抵偿其可变成本。此时，对厂商的一次性转移支付会等于 an，从而有 $I = 1 - an$，以及有：

$$x = (1 - an)\frac{s(pn^{-\beta})}{pn}$$

因此，厂商数量 n_u 会由下面的等式决定：

$$\frac{s(cn_u^{-\beta})}{n_u} = \frac{a/\beta}{1 - an_u} \tag{28}$$

现在，我们可以比较这些数值大小与均衡或有约束最优下的对应数值大小。最突出的结论是，在这两种情况下每个营业厂商的产量相同。在张伯伦式均衡中，每个厂商都在最低平均成本点的左侧进行生产，过去常常理解为厂商存在产能过剩。可是，当人们追求多样化的产品时，也即不同的产品不能完全替代时，每个厂商充分利用规模经济的产量，一般而言并不是最优解〔7〕。不考虑极端特例的情况下，我们已经通过一个例子说明，无约束的最优并不是只顾最大限度地实现规模经济，不会超过均衡时的程度。我们也很容易想到一些例子，这些例子中，实现规模经济的均衡结果远离社会最优均衡点。因此，不论是根据无约束的最优还是有约束的最优，我们的结论都削弱了传统中“存在产能过剩”观点的有效性。

很难直接比较式（16）和式（28）中的厂商数目，不过间接比较很容易。明显可见，无约束的最优效用水平会高于有约束的。无约束的一次性收入水平也低于有约束的。因此必然存在这种情况：

$$q_u < q_c = q_e \tag{29}$$

---

〔7〕 参看 David Starrett。

进一步，如图 1 所示的那样，在无约束的情况下，x_0 的预算约束和产量指数 y 必在有约束时的 x_0 和 y 的相关区域之外。以 C 来代表有约束的最优解，以 A 代表无约束的最优解，以 B 表示连接原点和点 C 的射线与无约束无差异曲线的交点，根据位似性（homotheticity），B 处的无差异曲线平行于 C 处的无差异曲线，因此无论是从 C 点移动到 B 点，还是从 B 点移动到 A 点，y 的值都会增加。由于两种最优解中的 x 值是相同的，因此我们会得到：

$$n_u > n_c = n_e \tag{30}$$

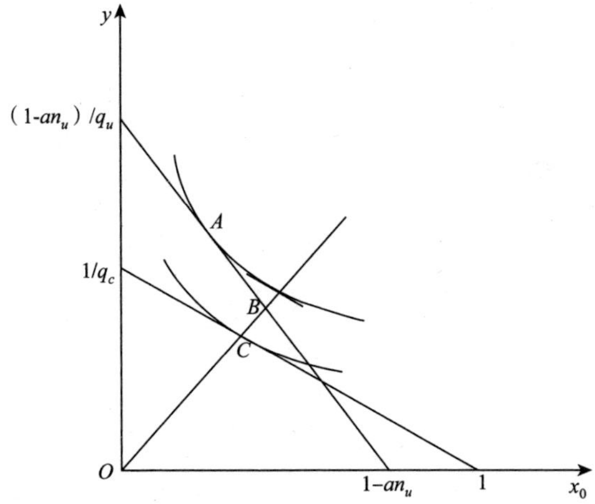

图 1

因此，无约束的最优比起有约束的最优和均衡，有更多的产品种类；这是与传统过度多样化理论相冲突的另一个观点。

通过式（29）我们很容易计算出预算份额。在我们之前的计算中，我们发现如果当 q 的所有范围内都满足 $\theta(q) \geqslant 0$ 时，有 $s_u \geqslant s_c$；当 q 满足 $\sigma(q) \geqslant 1$ 时也成立。

通过图 1 可以看出，我们无法得出两种情况下 x_0 相对大小的一般性结果。不过，我们可以得到一个充分条件：

$$x_{0u} = (1 - a\,n_u)(1 - s_u) < 1 - s_u \leqslant 1 - s_c = x_{0c}\ ,\ \sigma(q) \geqslant 1$$

在这个条件下，均衡结果或有约束的最优结果会比无约束的最优结果使用更多的计价物资源。另外，如果 $\sigma(q)=0$，就会有L型的等产量曲线，这意味着在图1中的点 A 和点 B 会相重合，从而会得出相反的结论。

在本节中我们看出，当部门内的替代弹性不变时，市场均衡的结果刚好等于有约束最优化的结果。另外我们也看出，无约束最优的结果存在更多数量的厂商，且每个厂商的规模都一样。最后，部门间的资源配置看起来依赖于部门间的替代弹性。这个弹性决定了均衡的唯一性条件和最优化的二阶条件。

接下来为了简化分析，我们对部门间弹性做一个特殊假设。作为交换，我们采用部门内替代率的更一般化形式。

Ⅱ 可变弹性的情况

现在，假设效用函数为：

$$u=x_0^{1-\gamma}\left\{\sum_i v(x_i)\right\}^{\gamma} \tag{31}$$

其中 v 是递增的凹函数，$0<\gamma<1$。这看起来好像是假设部门间有单位替代弹性。但是，这么说是不严格的，因为群体效用 $V(x)=\sum_i v(x_i)$ 不是位似的，所以无法使用两阶段预算法。

我们可以证明，如果假设 n 足够大，则 dd 曲线的弹性为：

$$-\frac{\partial \log x_i}{\partial \log p_i}=-\frac{v'(x_i)}{x_i v''(x_i)}\text{(对所有 } i \text{ 都成立)} \tag{32}$$

这个弹性和第Ⅰ节中弹性是关于 x_i 的函数不同。为了进一步强调两者的异同，我们定义 $\beta(x)$ 为：

$$\frac{1+\beta(x)}{\beta(x)}=-\frac{v'(x)}{xv''(x)} \tag{33}$$

接下来，假定对于所有的 $i=1, 2, \cdots, n$ 满足 $x_i=x$ 以及 $p_i=p$。我们可以将 DD 曲线以及对计价物的需求写为：

$$x = \frac{I}{np}\omega(x), \ x_0 = I[1 - \omega(x)] \tag{34}$$

其中

$$\omega(x) = \frac{\gamma\rho(x)}{[\gamma\rho(x) + (1-\gamma)]}, \ \rho(x) = \frac{xv'(x)}{v(x)} \tag{35}$$

我们假定 $0 < \rho(x) < 1$，因此 $0 < \omega(x) < 1$。

现在考虑张伯伦式均衡。如果每个厂商的均衡价格都为 p_e 且均衡产量都为 x_e，则利润最大化条件为：

$$p_e = c[1 + \beta(x_e)] \tag{36}$$

然后我们应用与式（15）类似的方法，将式（36）代入零利润条件中，则我们会得到 x_e：

$$\frac{cx_e}{a + cx_e} = \frac{1}{1 + \beta(x_e)} \tag{37}$$

最后，通过 *DD* 曲线和收支持平条件，我们可以计算出厂商数目 n_e：

$$n_e = \frac{\omega(x_e)}{a + cx_e} \tag{38}$$

为了证明均衡的唯一性，我们又一次用到之前的两个条件，即 *dd* 曲线比 *DD* 曲线更有弹性，以及厂商的进入会使 *DD* 曲线左移。因为这两个条件涉及很多且晦涩难懂，所以我们省略掉这个讨论。

现在我们关注有约束的最优。我们希望选择 n 和 x 的值以最大化 u，且约束条件为式（34）以及收支持平条件 $px = a + cx$。通过代入替换，我们可以将 u 仅写为 x 的函数：

$$u = \gamma^{\gamma}(1-\gamma)^{(1-\gamma)} \frac{\left[\frac{\rho(x)v(x)}{a + cx}\right]^{\gamma}}{\gamma\rho(x) + (1-\gamma)} \tag{39}$$

一阶条件定义了 x_c：

$$\frac{cx_c}{a+cx_c}=\frac{1}{1+\beta(x_c)}-\frac{\omega(x_c)x_c\rho'(x_c)}{\gamma\rho(x_c)} \tag{40}$$

将这个结果和式（37）相比较，并且利用二阶条件，如果$\rho'(x)$对于所有的 x 都不变号，我们能够得到：

$$当\ \rho'(x)\leqslant 0\ 时，则\ x_c\geqslant x_e \tag{41}$$

在这两种情况下，如果净利润为零，则点（x_e,p_e）和点（x_c,p_c）在同一条递减的平均成本曲线上，因此：

$$当\ x_c\geqslant x_e\ 时，则\ p_c\leqslant p_e \tag{42}$$

需要指出的是，*dd* 曲线与平均成本曲线在（x_e,p_e）点垂直，而且 *DD* 曲线更陡峭。现在考虑 $x_c > x_e$ 的情况，此时点（x_c,p_c）在 *DD* 曲线上的位置比点（x_e，p_e）更偏右，因此厂商更少。而在 $x_c < x_e$ 时会出现相反的结果，因此：

$$当\ x_c\geqslant x_e\ 时，则\ n_c\leqslant n_e \tag{43}$$

最后，式（41）指出在这两种情况下，我们都有$\rho(x_c) < \rho(x_e)$，因此$\omega(x_c) < \omega(x_e)$，所以根据式（34），我们有：

$$x_{0c} > x_{0e} \tag{44}$$

如同第Ⅰ节的结果一样，即使很小的部门间替代弹性变化，都会逆转结果。

可以直观地解释这些结果：由于我们假设 n 足够大，因此每个厂商的收益就和 $xv'(x)$ 成正比。另外，$v(x)$ 代表产量对整体效用的影响。这两者之比是$\rho(x)$。因此，如果$\rho'(x) > 0$，则在均衡时每个企业都会发现，产量超过社会需求更有利可图，$x_e > x_c$。在收支持平的假设下，这会导致厂商减少。

不过要注意的是，起关键作用的是效用弹性而不是需求弹性。这两者是互相联系的，因为：

$$x\frac{\rho'(x)}{\rho(x)}=\frac{1}{1+\beta(x)}-\rho(x) \tag{45}$$

因此，如果$\rho(x)$在一段时期内不变，则$\beta(x)$也会保持不变，因此我们有

$1/(1+\beta)=\rho$，而这正是第Ⅰ节的结果。可是，如果$\rho(x)$是变动的，那么我们就无法判断$\rho'(x)$与$\beta'(x)$符号的对应关系。因此，通常不用考虑需求弹性的变化。不过，对于一个特定的效用函数族，$\rho'(x)$和$\beta'(x)$的符号还能够保持对应关系。比如，对于$v(x)=(k+mx)^j$满足$m>0$且$0<j<1$，我们发现$-xv''/v'$和xv'/v是正相关的。当商品的种类增加时，我们会期待任意两种商品间的替代弹性也会增大。而在对称性的均衡中，替代弹性刚好是边际效用弹性的倒数。因此x越大，则n越小，从而替代弹性也越小，而$-xv''/v'$和xv'/v都越大。因此我们会期待$\rho'(x)>0$，即均衡时的厂商比有约束最优时的厂商会更少、更大。所以，我们又证明了一个普遍认识的问题，而这个普遍认识便是垄断竞争中会导致产能过剩与过度多样化。

无约束的最优意味着选择n和x的值以最大化：

$$u=[nv(x)]^{\gamma}[1-n(a+cx)]^{1-\gamma} \tag{46}$$

容易推导出这个最大化问题的解为：

$$p_u=c \tag{47}$$

$$\frac{cx_u}{a+cx_u}=\rho(x_u) \tag{48}$$

$$n_u=\frac{\gamma}{a+cx_u} \tag{49}$$

然后我们可以使用二阶条件，得：

$$\text{当}\rho'(x)\gtrless 0\text{时，则}x_u\lessgtr x_c \tag{50}$$

这种情况与式（41）的情况是完全一样的，因此在比较产量时，均衡解与无约束最优的解会有相似的结果。

显然，无约束最优的价格是这三种情况下最低的。关于厂商的数目，我们注意到：

$$n_c=\frac{\omega(x_c)}{a+cx_c}<\frac{\gamma}{a+cx_c}$$

因此我们的比较结果是单向的：

$$如果\ x_u < x_c, 则\ n_u > n_c \tag{51}$$

均衡结果与之类似。这些结果可能使得，无约束的最优出现厂商既多又大的情况。出现这种结果可能并没有违背现实，因为毕竟无约束的最优时资源被更有效地利用。

Ⅲ 不对称的情况

以上所做的讨论都假设部门内的产品是对称的。这种假设意味着差异化产品的数量很重要，但一个部门中有 n 种差异化产品，与另一个部门中的 n 种差异化产品没有什么区别。我们下一步的重要修订是去掉这个限制假设。我们容易看出来，一个部门内的不同商品相关，那么结果将会出现偏差。比如说，如果糖不被生产，则对咖啡的需求将会变低，因此有创办成本，生产咖啡可能变得没有利润。这可能存在一种异议：两个产品是互补品，进入厂商又激励生产两种产品。可是就算所有的产品都是替代品，问题还是存在。我们用一个部门作为例子，这个部门只会生产两组产品中的一组，当厂商选择一组产品生产时，而我们将考察它是否挑选错误。[8]

假设除了计价物之外共有两组商品，这两组商品彼此间是完全替代品，每一组商品都对应着一个不变弹性的子效用函数。我们进一步假设计价物对应于一个不变的预算份额。因此效用函数可以写为[9]：

$$u = x_0^{1-s}\left\{\left[\sum_{i_1=1}^{n_1} x_{i_1}{}^{\rho_1}\right]^{1/\rho_1} + \left[\sum_{i_2=1}^{n_2} x_{i_2}{}^{\rho_2}\right]^{1/\rho_2}\right\}^s \tag{52}$$

---

[8] 另外一种分析方法是局部均衡方法，请参考 Spence。

[9] 原论文中，式（52）第一个求和符号的上标为 n，而不是 n_1；第二个级数为 x_i，而不是 x_{i_2}。——译者注

我们假设在组别 i 中的每个厂商都有一个固定成本 a_i 和不变边际成本 c_i。考虑两种均衡结果，每种结果中只生产一组产品。这两种结果为：

$$\bar{x}_1 = \frac{a_1}{c_1\beta_1}, \bar{x}_2 = 0 \tag{53a}$$

$$\bar{p}_1 = c_1(1+\beta_1)$$

$$\bar{n}_1 = \frac{s\beta_1}{a_1(1+\beta_1)}$$

$$\bar{q}_1 = \bar{p}_1\bar{n}_1^{-\beta_1} = c_1(1+\beta_1)^{1+\beta_1}\left(\frac{a_1}{s}\right)^{\beta_1}$$

$$\bar{u}_1 = s^s(1-s)^{1-s}\bar{q}_1^{-s}$$

$$\bar{x}_2 = \frac{a_2}{c_2\beta_2}, \bar{x}_1 = 0 \tag{53b}$$

$$\bar{p}_2 = c_2(1+\beta_2)$$

$$\bar{n}_2 = \frac{s\beta_2}{a_2(1+\beta_2)}$$

$$\bar{q}_2 = \bar{p}_2\bar{n}_2^{-\beta_2} = c_2(1+\beta_2)^{1+\beta_2}\left(\frac{a_2}{s}\right)^{\beta_2}$$

$$\bar{u}_2 = s^s(1-s)^{1-s}\bar{q}_2^{-s}$$

当且仅当厂商不能从生产第二组产品中获利时，等式（53a）就是一个纳什均衡。对第二组产品的需求为：

$$x_2 = \begin{cases} 0 & p_2 \geqslant \bar{q}_1, \\ s/p_2 & p_2 < \bar{q}_1 \end{cases}$$

因此我们要求：

$$\max_{p_2}(p_2 - c_2)x_2 = s\left(1 - \frac{c_2}{\bar{q}_1}\right) < a_2$$

或者

$$\bar{q}_1 < \frac{sc_2}{s - a_2} \tag{54}$$

类似地，当且仅当：

$$\bar{q}_2 < \frac{sc_1}{s - a_1} \tag{55}$$

成立时，等式（53b）才是纳什均衡。

现在考虑最优化问题。最优化中的目标函数和约束条件都是只生产一组产品时的最优解。因此，假设从第 i 组中生产 n_i 种产品，每种产品的产量都是 x_i，且价格都是 p_i。此时效用函数为：

$$u = x_0^{1-s}\{x_1 n_1^{1+\beta_1} + x_2 n_2^{1+\beta_2}\}^s \tag{56}$$

而且资源可得性约束为：

$$x_0 + n_1(a_1 + c_1 x_1) + n_2(a_2 + c_2 x_2) = 1 \tag{57}$$

给定其他变量的值，则 u 的水平曲线在 (n_1, n_2) 空间中会凹向原点，而约束条件是线性的，因此我们会得到一个角点最优（对于收支持平这个约束条件来说，除非两个 $q_i = p_i n_i^{-\beta_i}$ 相等，其中一类中的产品需求为0，不然厂商就无法避免损失）。

请注意我们构造的这个例子恰好满足：如果选择生产的产品是对的，均衡不会导致结果进一步偏离有约束的最优。因此，要想找出有约束的最优化结果，我们只需比较式（53a）和式（53b）中的哪个 $\bar{u}_i$ 更大就行了。换言之，我们只需找出较小的那个 $\bar{q}_i$，然后找到式（53a）和式（53b）中对应的情况就可以了（这个情况可能是但也可能不是纳什均衡）。

图2描述了可能的均衡解（eqm）和最优解（opt）。给定相关参数后，我们可以从式（53a）和式（53b）中计算出 $(\bar{q}_1, \bar{q}_2)$。继而式（54）和式（55）告诉我们是否其中一个情况或两个情况都是可能的均衡解，而有约束的最优解则可以简单通过比较 $\bar{q}_1$ 和 $\bar{q}_2$ 来确定。在图2中，第一象限被分为不同的区域，每个区域都有一个均衡解和最优化解的组合。我们只需要确定 $(\bar{q}_1, \bar{q}_2)$ 在这个空间中的位置，就能知道给定参数值时的结果了。进而，我们可以通过比较不同参数值时点的位置来进行比较静态分析。

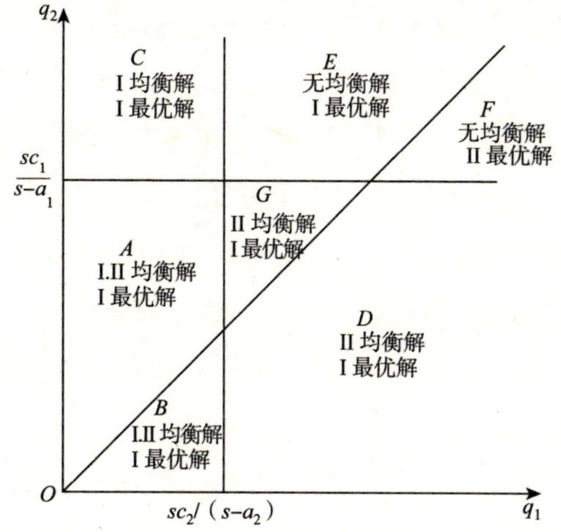

图 2

注：标记为 I 的解由式（53a）得出，标记为 II 的解由式（53b）得出。

要想理解这些结果，我们需要先考察相关的参数如何决定了 $\bar{q}_i$ 。容易看出，每个参数都是 a_i 和 c_i 的增函数。我们也发现：

$$\frac{\partial \log \bar{q}_i}{\partial \beta_i} = -\log \bar{n}_i \tag{58}$$

我们期待这个结果的数值很大，且为负。进一步，从式（9）中可以看出 β_i 越高，则这组中每种商品的需求对自身价格的弹性就越低。因此 $\bar{q}_i$ 是这个弹性的一个递增函数。

先考虑对称的情况，且满足 $sc_1/(s-a_1) = sc_2/(s-a_2)$ ，$\beta_1 = \beta_2$（此时区域 G 会消失），假定此时（$\bar{q}_1,\bar{q}_2$）位于区域 A 和区域 B 的交界线上。现在假设有一个参数值发生变化，比如说，第二组商品的自弹性上升。这会提高 $\bar{q}_2$ 的值，从而使点（$\bar{q}_1,\bar{q}_2$）滑入区域 A 中，此时的最优结果是只生产第一组产品。可是，式（53a）和式（53b）都是可能的纳什均衡解，因此可能发生这种情况，即均衡中生产的是高弹性组的产品，尽管最优的安排应该是生产低弹性组的产品。如果两组产品的弹性差异足够大，则点（$\bar{q}_1,\bar{q}_2$）会移动到区域 C 中去，此时式（53b）将不是纳什均衡。可是，由于存在固定成本，两组产品的弹性差别必须足够大，才能使得生产的第一组产品进入市场并威胁摧毁“坏”的均衡。同样的推理也适用于区域 B 和区域 D。

然后，我们仍然假设对称性，不过现在来考虑一个较高的 c_1 或 a_1 值会造成什么影响。当 c_1 或 a_1 增加时，会导致 $\bar{q}_1$ 增高，从而使点（$\bar{q}_1,\bar{q}_2$）会移动到区域 B 中去，此时最优的结果是只生产低成本的那组产品，而且式（53a）和式（53b）都是可能的均衡解。只有成本间的差异足够大，从而将点（$\bar{q}_1,\bar{q}_2$）推到区域 D，才会只出现一个均衡解。不过，c_1 或 a_1 的增加也会使区域 A 和区域 C 间的分界线被推高，从而使得区域 G 变得更大，不过这并不很重要。

如果 $\bar{q}_1$ 和 $\bar{q}_2$ 都很大，则点（$\bar{q}_1,\bar{q}_2$）会进入区域 E 或区域 F，此时每组都会受到另一组逐利进入的威胁，纳什均衡不存在。不过，此时有约束最优解的条件仍然与之前一样。所以在这种情况下，只用通过禁止企业进入，才能维持有约束的最优。

更差的情况出现在同时满足 $c_1 > c_2$（或 $a_1 > a_2$）和 $\beta_1 > \beta_2$ 时，因为这两个条件意味着第二组产品的弹性比第一组产品的更大，成本也更低。此时点（$\bar{q}_1,\bar{q}_2$）会进入区域 G，只有式（53b）是可能的均衡解，而且式（53a）是有约束的最优解。这意味着，当最优解表明应该生产高成本、低需求弹性的那组产品时，市场却会选择生产低成本、高需求弹性的那组产品。

粗略来说，需求缺乏弹性的产品提供的收益可能高于可变成本，但这类产品也带来明显的消费者剩余。因此，人们无法立刻确认，市场与最优结果比较，究竟是会偏向于这类产品，还是会放弃这类产品。在本文中，我们发现市场选择了后者，Michael Spence 在其他方面的独立发现也支持这一观点。对于边际成本的差异，我们也可以得到类似的观点。

在异质性消费者与社会无差异曲线的模型中，一小部分消费者强烈渴望得到的是缺乏需求弹性的产品。因此我们有了一个“经济学”的理由来解释，如果收入分布是最优的，为何市场会偏好足球比赛而放弃歌剧，补贴歌剧而对足球征税。

从图 3 中可以看出，即便交叉弹性为 0，选择生产某些产品仍然会出现错误（相对于无约束或有约束的最优来说）。在图3中，商品A的需求曲线的弹性大于商品B的弹性；商品A是在垄断竞争均衡下生产的，而商品B不是。可是显然社会最优是生产B，因为不考虑消费者剩余的话，厂商不会从中赢利。因此，缺乏需求弹性的产品是应该生产但没有生产的。如同对垄断竞争通常分析的那样，减少一个厂商将使得其他厂商的需求曲线右移（即对其他厂商的需求上升）。事实上，如果这种右移真的发生，同时如果商品A（在其产量的均衡水平）带来的消费者剩余少于商品B带来的消费者剩余（也即图3中斜线区的面积小于竖线区的面积时），那么限制生产需求更有弹性的商品，就能达到有约束的帕累托最优。

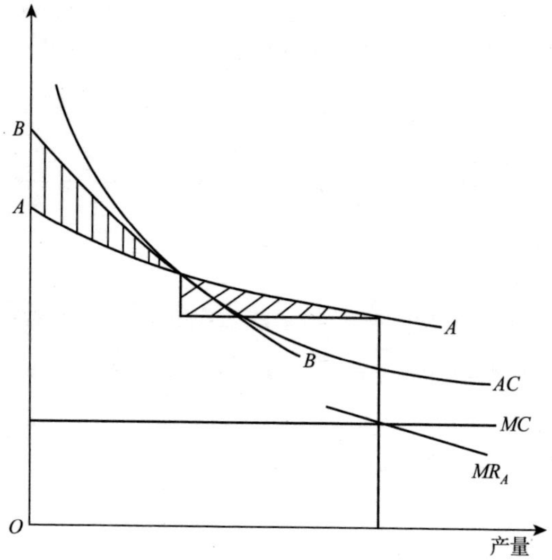

图3

类似的分析也适用于需求曲线相同但成本结构不同的商品。现在假设商品A有较低的固定成本但面对较高的边际成本。那么如同图4所描绘的那样，边际成本曲线和平均成本曲线只相交一次。商品A的产量由垄断竞争均衡决定，但商品B不是（虽然商品B在生产可能边界上）。可是正如上一段所说的那样，商品B才是应该生产的产品，因为生产商品B的话，就会产生很大的消费者剩余；事实上，如果生产商品 B，那么 B 的产量会远远超过 A 的产量，因此会产生更大的消费者剩余。如果政府能够禁止生产商品 A 的话，那么 B 就可以被生产，社会福利也会因此增加。

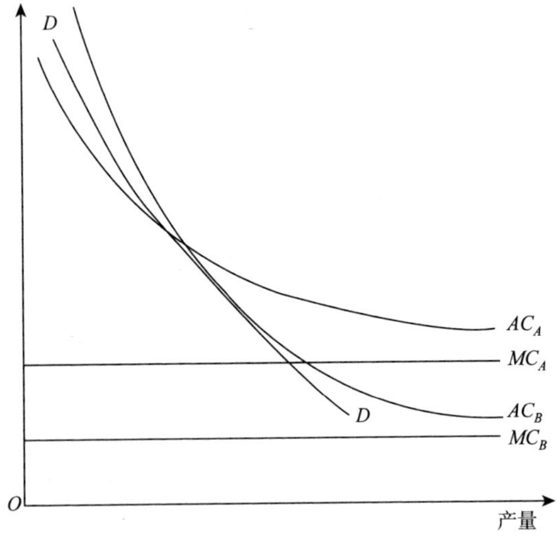

图 4

通过比较有约束的帕累托最优与垄断竞争均衡，我们观察到在帕累托最优的情况下，那些“高固定成本－低边际成本”的商品会取代“低固定成本－高边际成本”的商品，那些“需求缺乏弹性”的商品也会取代“需求有弹性”的商品。

Ⅳ 结论

在这篇文章中，我们构建了一些模型，以研究在一些非凸性条件下市场与最优资源配置这两种情况的关联。下面的一般性结论尤其值得强调。

垄断力量作为非凸性市场的一个必要成分，通常被认为会扭曲所在部门的资源配置。可是在我们的分析中，垄断力量使得厂商能够支付固定成本，并且没有阻碍自由进入市场，那么垄断力量和市场扭曲的关联不是很明显。

关于不变弹性的效用函数的例子中，无论效用的弹性是多大（该弹性也决定了需求函数的弹性），市场的均衡解总是等于有约束的帕累托最优解。当弹性可变时，均衡解可能大于也可能小于帕累托最优解。两者大小并不取决于需求弹性如何变化，而是取决于效用弹性如何变化。只有在一定的假设前提下，厂商数目很少才是垄断竞争部门市场解的特征。

通过在模型中引入不对称的需求假设以及成本条件，我们还发现市场均衡时，“需求缺乏弹性”并高成本的商品产量，会低于帕累托最优产量。

这些结果背后的一般性原则是，市场均衡解考虑的是利润如何在边际条件下达到最大化，而社会最优解却还要加上考虑消费者剩余的因素。可是这条原则的实际应用效果，却取决于对成本和需求函数诸多具体的假设。我们希望在本文中讨论的这些例子，能够和其他人所举的例子一起，为人们提供一些有用的启发。

参考文献

[1] R. L. Bishop, “Monopolistic Competition and Welfare Economics,” in Robert Kuenne, ed., *Monopolistic Competition Theory*, New York, 1967.

[2] E. Chamberlin, “Product Heterogeneity and Public Policy,” *American Economic Review Proc.*, May 1950, 40, pp. 85 – 92.

[3] P. A. Diamond and D. L. McFadden, “Some Uses of the Expenditure Function in Public Finance,” *Journal of Public Economics*, February 1974, 82, pp. 1 – 23.

[4] A. K. Dixit and J. E. Stiglitz, “Monopolistic Competition and Optimum Product Diversity,” *Econ. Res. Pap.* No. 64, the University of Warwick, England, 1975.

[5] H. A. John Green, *Aggregation in Economic Analysis*, Princeton, 1964.

[6] H. Hotelling, “Stability in Competition,” *The Economic Journal*, March 1929, 39, pp. 41 – 57.

[7] N. Kaldor, “Market Imperfection and Excess Capacity,” *Economica*, February 1934, 2, pp. 33 – 50.

[8] K. Lancaster, "Socially Optimal Product Differentiation," *American Economic Review*, September 1975, 65, pp. 567 – 585.

[9] A. M. Spence, "Product Selection, Fixed Costs, and Monopolistic Competition," *Review of Economic Studies*, June 1976, 43, pp. 217 – 235.

[10] D. A. Starrett, "Principles of Optimal Location in a Large Homogeneous Area," *Journal of Economic Theory*, December 1974, 9, pp. 418 – 448.

[11] N. H. Stern, "The Optimal Size of Market Areas," *Journal of Economic Theory*, April 1972, 4, pp. 159 – 173.

[12] J. E. Stiglitz, "Monopolistic Competition in the Capital Market," *Tech. Rep.* No. 161, IMSS, Stanford University, February 1975.

于飞 译　杨宇舟 校

新古典增长模型中的国家债务*

*彼得·戴蒙德（PETER A. DIAMOND）***

本文设计的模型有两个目的，其一是考察一个增长模型中的长期竞争均衡，其二是研究其对政府债务均衡的影响。Samuelson［8］已经在一个单商品、无耐用品的框架中讨论过利率是如何被决定的；在那样一个经济体中，利率水平是由不同年龄的个体的消费借贷所决定的。本文将使用耐用资本品的生产部门引入模型，这使得我们可以考察个体贷款给企业家以筹集退休金的情形。我们将首先刻画中央计划经济下的长期均衡，之后再研究市场的竞争均衡解。在这个无限期界的经济中，我们将会发现，尽管我们不考虑通常导致无效率的那些因素，市场竞争均衡解仍然可能是无效率的。

Modigliani［4］曾经在一个总量增长模型中讨论过政府债务的影响。通过在本文第一个部分的模型中引入政府——其功能是发行债务和征税以支付利息，我们可以在这样一个消费中选择由个体做出、以偿债为目的的税收被纳入考量，以及总产出的变化由资本存量决定的模型中，重新考察 Modigliani 的结论。我们将会看到，在“正常”情形下，国外债务的存在将降低个体在长期均衡状态下的效用。更加令人吃惊的是，国内债务的存在似乎会导致效用水平更为明显的下降。

---

* 原文发表于 1965 年第 55 卷第 5 期。

** 作者系加州大学伯克利分校的经济系助理教授。作者希望在此感谢 Bernard Saffran 和 Sidney G. Winter 等同事的有益讨论。当然，文责自负。

长期来看，由于必须依靠税收来支付利息，国外债务将对经济产生两方面的影响。首先，税收直接降低了个体纳税人在其一生中的消费水平；其次，税收拉低了个体的可支配收入，进而减少了居民储蓄和总资本存量。国内债务的存在除了会产生这两种负面影响，还会导致个人投资组合中的物质资本被政府债务挤出，这进一步降低了总资本存量。

1　技术

让我们来考虑一个无限期持续的经济体，其技术水平由一个规模报酬不变的总生产函数 $F\ (K,\ L)$ [1] 来表示。本模型中的时间是离散的，因此生产函数中的资本即为上一期的储蓄加上上一期的资本存量（这里假定不存在折旧，也假定资本和产出被视为同一种商品，因此一个人可以消费他的资本）。

本模型中每个个体可以存活两个时期：第一期工作，第二期退休。个体的序数效用函数 $U\ (e^1,\ e^2)$ 取决于两个时期的消费水平 [2]。将第 t 期开始时出生的个体数目记作 L_t，则劳动力的增长率满足下式：

$$L_t = L_0\ (1+n)^t$$

2　中央计划经济

若想考察本模型中经济的生产可能性，最简便的方法无疑是从中央计划者的选择入手。给定第 t 期的资本（在第 $t-1$ 期被决定）和 t 期的劳动（视为外生），产出将满足 $Y_t = F\ (K_t,\ L_t)$。在生产环节结束后（但在这一期的消费环节开始前），中央计划者可以控制所有资本存量和当期产出，即 $K_t + Y_t$。

---

〔1〕 假定 F 二阶可微，边际产出均为正，且在各点处的边际替代率均递减。

〔2〕 这里假定不存在遗产——这对于后文有关跨期分配的结论是非常关键的。如果国债规模的变化和遗产的变化之间存在某种关系，那么后文描述的结论将会被改变。

这些资源将在本期消费 C_t，用于下期生产的资本 K_{t+1} 之间进行分配。而消费又将被进一步分为青年个体的消费 E_t^1 和老年个体的消费 E_t^2。假设每一代中所有成员的消费水平相同，则有[3]：

$$E_t^1 = e_t^1 L_t, \quad E_t^2 = e_t^2 L_{t-1}$$

这一按照不同用途对资源进行的分配的方式，可以用下面的代数式表示：

$$Y_t + K_t = K_{t+1} + C_t = K_{t+1} + e_t^1 L_t + e_t^2 L_{t-1} \tag{1}$$

或者按照传统的方法，也可以表示为：

$$Y_t - (K_{t+1} - K_t) = C_t = e_t^1 L_t + e_t^2 L_{t-1} \tag{2}$$

假定中央计划者决定维持一个固定的资本－劳动比，$k_t = K_t / L_t$，则有 $K_{t+1} = (1+n) K_t$，且总消费将满足：

$$Y_t - nK_t = C_t = e_t^1 L_t + e_t^2 L_{t-1} \tag{3}$$

将产出－劳动比记作 $y_t = Y_t / L_t$，则上式可重新表述为：

$$y_t - nk_t = C_t / L_t = e_t^1 + e_t^2 / (1+n) \tag{4}$$

维持一个不变的资本－劳动比意味着，工人的人均产出将不随时间变化。因此，上式描述了在资本－劳动比保持恒定的前提下，每一年的消费可能集。特别地，如果资本－劳动比不随时间变化，那么经济就位于所谓的“黄金时代路径”（Golden Age Path）之上。

3 新古典稳定状态（即黄金时代路径）

“黄金时代路径”意味着一个经济在其扩张路径上，资本－劳动比（从而劳动－产出比和资本边际产出）保持恒定。从式（4）我们可以看到，只要

[3] 请注意，一个第 t 期出生的人在他一生中的两个时期内会分别消费 e_t^1 和 e_{t+1}^2。

产出-资本比不小于 n（这个条件的等价条件为储蓄率不大于1），中央计划者就可以将资本-劳动比固定在任意一个水平上。由式（4），我们也能推导出每一期可能的消费水平，进而计算出使得消费水平最大化的黄金时代路径。同样地，我们也可以考察消费在代际成员之间的分配。假定所有个体在其一生中的消费模式都相同，则在所有个体的消费水平都相同这一约束条件下选择最优黄金时代路径，亦即选择使得个体效用最大化的黄金时代路径的问题，就可以表示为：

$$\text{在 } e^1 + e^2/(1+n) = y - nk \text{ 的约束条件下，最大化 } U(e^1, e^2) \tag{5}$$

因此，求解最优黄金时代路径时，要求每个个体在其一生中对消费进行合理的配置，这一配置模式与在单独的一年中在不同年龄的个体中对消费进行配置是相似的问题［作者在此将两种最优化做了类比，一种是单个人在其工作年代和退休年代之间的消费进行最优分配；另一种是同一年中，在不同人群（工作的人和退休的人）之间的消费进行最优分配——译者注］。从式（5）可以看出，对黄金时代路径进行选择的时候，并没有考虑初始条件是怎么样的。因此，这种选择在实际中是不可行的，因为一个经济体在选择一个长期均衡路径时，必须比较这个均衡路径上的收益和成本。

4 黄金律路径

整个经济的效用最大化问题可以分为两部分，首先是选择最优的资本-劳动比，即消费约束的“高度” $y - nk$；然后是在不同个体之间分配消费量。从式（5）可知，最优的资本-劳动比需要满足资本边际产出等于增长率这一条件，即 $F_K = n$。这是由黄金律路径的性质推导出的标准结果，参见 Phelps［6］。请注意，资本-劳动比的最优水平与消费品的分配无关（最优的消费品分配也和给定的资本-劳动比无关）。如果中央计划者选择了过高的资本-劳动比，而这就相当于选择了一个低效率的解（在标准的分析中是将初始条件纳入这个问题中，而不仅仅是比较不同的黄金时代路径)，他们可以通过舍弃部分资本把资本－劳动比降到黄金律路径水平，并保持这一比率不变，这会使得之后每一期的社会消费水平都有所提升[4]。

显然，效用最大化的消费分配要求：

$$\frac{\partial U}{\partial e^1} = (1+n)\frac{\partial U}{\partial e^2}$$

如果消费选择由个体做出，且利率与经济增长率相等，则上述的分配亦会出现。在资本－劳动比固定时，考察消费的跨期分配，相当于是在考察只包含劳动这一种生产要素的模型。所以并不奇怪，这里的最优分配与被 Samuelson 称为“生物学意义上最优（biological optimum)”的分配方式是相同的；最优利率就等于劳动力的增长率（它可能等于也可能不等于资本的边际产出)。这一看似奇怪的巧合可以通过对比经济的稳定状态加以解释：个体将一单位的消费从第一期转移到第二期，等价于使得当期每个年轻人减少一单位消费，并把这些消费品均分给当期的老年人——在数量上他们要少 $n\%$ 。

5　市场竞争均衡框架

基于上面提到过的技术上的可能性（technological possibilities，似乎是指利率未必等于人口增长率——译者注)，我们认为，在讨论每期储蓄率的决定时，用市场机制来取代中央计划体制，无疑是很有必要的。此时，每一年的储蓄行为将决定经济最终收敛于哪一个长期均衡。而我们最感兴趣的是，在不同的政府债务存量水平下，经济将分别收敛于怎样的黄金时代路径。因此，本文将只考虑政府债务的长期影响，这就避免了为比较不同个体的效用水平而不得不选择一个社会福利函数的问题（代价是我们无法考察债务的总效果)。

如果我们跟踪第 t 期出生的某个个体的人生轨迹，可以发现市场机制下各

[4]　对于此类模型（包括考虑技术变革和不考虑技术变革）中动态无效率的考察参见 Phelps [7]。

个经济变量之间存在一定的关系。该个体在第 t 期从事工作，并得到相当于劳动边际产出 F_L（K_t，L_t）的工资 w_t。给定在第 t 期借款并在第 $t+1$ 期偿还时需要支付的利率 r_{t+1}，该个体将把工资在当前和未来的消费之间进行分配，以最大化自身的效用函数。可以看到，年轻一代构成了资本市场上的供给方。

在第 t 期，该个体的消费水平将等于他的工资收入和他在资本市场上放出贷款的差值，即 $e_t^1 = w_t - s_t$。而在第 $t+1$ 期，他的消费水平则等于他的储蓄和上利息收入，即 $e_{t+1}^2 = (1 + r_{t+1}) s_t$。

资本市场上的需求方，是希望租用资本以在第 $t+1$ 期进行生产的企业家。因此市场均衡利率将等于资本的边际产出：$r_{t+1} = F_K(K_{t+1}, L_{t+1})$。

6　要素价格前沿

由于生产函数 $F(K,L)$ 是规模报酬不变的，我们可以将其写成 $Lf(k)$ 的形式，这同时意味着劳动和资本的边际产出之间存在某种特定的关系，不妨记为 $w = \phi(r)$[5]。从定义可知，$r = f'(k)$，$w = f(k) - kf'(k)$，故而有：

$$\frac{dw}{dr} = \phi'(r) = -k, \frac{d^2w}{dr^2} = \phi''(r) = \frac{-1}{f''(k)} \tag{6}$$

7　效用最大化

给定工资和市场利率水平，效用最大化[6]要求消费必须按照下式进行跨期分配：

$$\frac{\partial U}{\partial e^1} = (1+r)\frac{\partial U}{\partial e^2}$$

---

[5]　关于要素价格前沿的更多描述，请见 Samuelson [9]。

[6]　我们假定效用函数有以下特性：非餍足、边际替代率递减，以及任一期的消费均为正常品 $0 < \partial s/\partial w < 1$。

因此，储蓄可以被表示为工资和利率的函数，亦即 $s_t = s\ (w_t,\ r_{t+1})$。这里假定 s 是一个可微函数。由消费是正常品的假设，我们知道 $0 < \partial s/\partial w < 1$，但是，$\partial s/\partial r$ 既可能为正也可能为负。

不仅仅是储蓄，效用函数本身也能写成工资和利率的函数。利用这种形式的效用函数，我们可以得到[7]：

$$\frac{\partial U}{\partial w} = \frac{\partial U}{\partial e^1}, \frac{\partial U}{\partial r} = \frac{s}{1+r}\frac{\partial U}{\partial e^1} \tag{7}$$

8 资本市场

基于上面的讨论，我们可以把资本总供给，即个体储蓄函数的和，表示为：

$$S_t = s_t L_t = L_t s(w_t, r_{t+1}). \tag{8}$$

而连接第 $t+1$ 期的资本存量和利率的资本需求曲线，只不过是资本的边际产出，并且可以表示为资本—劳动比的一个函数，即：

$$r_{t+1} = f'(K_{t+1}/L_{t+1}) \tag{9}$$

利用资本供给和需求曲线，以及 $S_t = K_{t+1}$，我们可以得到资本市场的均衡条件，这一条件将利率和上一期的工资联系了起来，即：

---

[7] 利用消费最优分配的条件，我们有：

$$\frac{\partial U}{\partial w} = \frac{\partial U}{\partial e^1}\frac{\partial e^1}{\partial w} + \frac{\partial U}{\partial e^2}\frac{\partial e^2}{\partial w} = \frac{\partial U}{\partial e^1}\left[\frac{\partial e^1}{\partial w} + \left(\frac{1}{1+r}\right)\frac{\partial e^2}{\partial w}\right]$$

而由预算约束 $e^1 + e^2/\ (1+r)\ = w$，我们可以得到：

$$\frac{\partial e^1}{\partial w} + \frac{\partial e^2}{\partial w}/(1+r) = 1$$

结合以上两式，我们就得到了式（7）。类似地，预算约束也意味着：

$$\frac{\partial e^1}{\partial r} + \frac{\frac{\partial e^2}{\partial r}}{1+r} - \frac{e^2}{(1+r)^2} = 0$$

因此 $\frac{\partial U}{\partial r} = \frac{\partial U}{\partial e^1}\left[\frac{\partial e^1}{\partial r} + \left(\frac{1}{1+r}\right)\frac{\partial e^2}{\partial r}\right] = \frac{\partial U}{\partial e^1}\frac{e^2}{(1+r)^2} = \frac{s}{1+r}\frac{\partial U}{\partial e^1}$。

$$r_{t+1} = f'(S_t/L_{t+1}) = f'(s(w_t, r_{t+1})/(1+n)). \quad (10)$$

从上述的假定我们知道，资本需求曲线是向下倾斜的，而资本供给曲线既可能向上也可能向下倾斜。这意味着我们需要分别讨论两种情形，即资本供给曲线向下倾斜的程度大于资本需求曲线，或者小于资本需求曲线〔8〕。两种情形均展示在图 1 中。

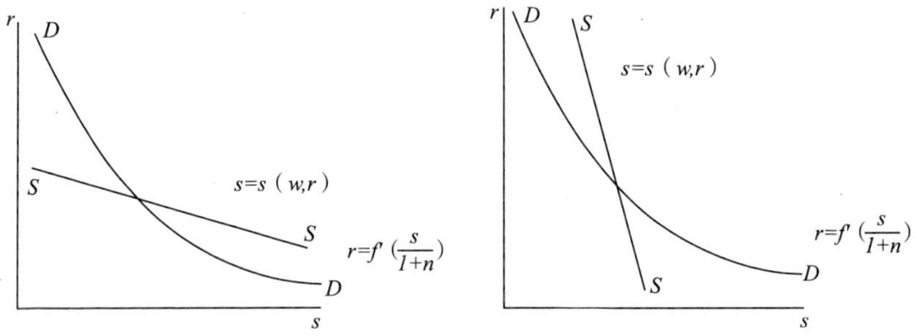

图 1

当开始考察市场均衡利率和上期工资之间的关系时，我们就能清楚地认识到，对以上两种情形的区分是非常必要的。第 t 期更高的工资意味着任意利率水平下都有更高的储蓄，或者说图 1 中的储蓄曲线将会右移。但是这究竟会导致储蓄增加还是减少则取决于资本供给曲线和需求曲线的相对斜率。假定 $w' > w$，我们可以得到图 2。

右图代表了资本市场的“正常情形”，其中更高的收入将会导致均衡时产生更多的储蓄。而在左图中，储蓄相对于利率的弹性较大且为负，以至于收入增加的结果是均衡时较少的储蓄。在这一反常情形中，后文关于国债的结论将不再成立（因为减少可支配收入的税收反而会增加储蓄）。简便起见，我们将在附录 A 中讨论这一情形。

---

〔8〕 资本市场上瓦尔拉斯稳定性的要求使得我们可以删去资本供给曲线比资本需求曲线更加陡峭的情形，马歇尔稳定性则不然。在缺少关于资本市场的动态理论时，两种情形均是最好的选择。

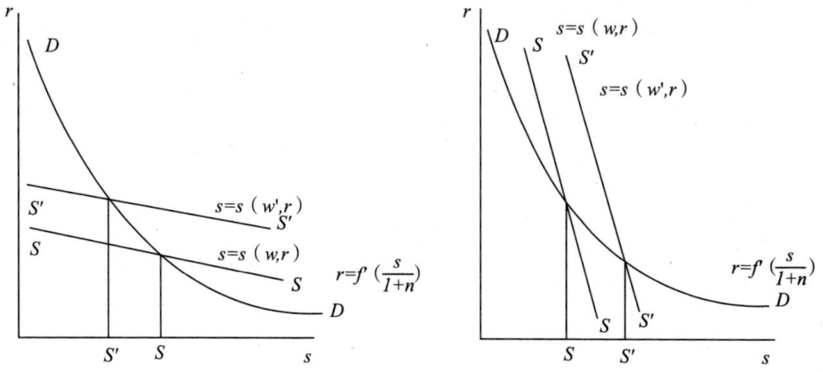

图 2

不断改变第 t 期的工资水平，我们可以得出第 $t+1$ 期市场均衡利率的轨迹。我们将这一关系记作 $r_{t+1}=\psi\ (w_t)$，并假设 ψ 是可微的。基于对资本供给和需求曲线相对斜率的假设，我们可以知道工资的上升意味着储蓄会增加，从而利率将会下降。对 w 求 r 的导数，可得：

$$\frac{dr_{t+1}}{dw_t}=\psi'=\frac{f''\frac{\partial s}{\partial w}}{1+n-f''\frac{\partial s}{\partial r}}<0 \tag{11}$$

9　市场竞争均衡解

整个经济的发展历程被描绘在图 3 中，其中包含了 ψ 函数（联系 r_{t+1} 和 w_t）以及 ϕ 函数（联系 r_t 和 w_t）。

给定第一期的工资和利率（w_1，r_1）（在图3 中由 I 点表示），则第二期的利率可以根据第一期的工资在 ψ 曲线上标出。而在我们得到第二期利率之后，要素价格前沿 ϕ 又给出了第二期工资的值。整个经济的时间路径都可以类似地在图 3 上表示出来。

在图 3 中，整个经济只有一个稳定的均衡点。在接下来的部分，我们都将遵循这样的假定。为了得到稳定性条件（这将被用于分析引入债务后均衡

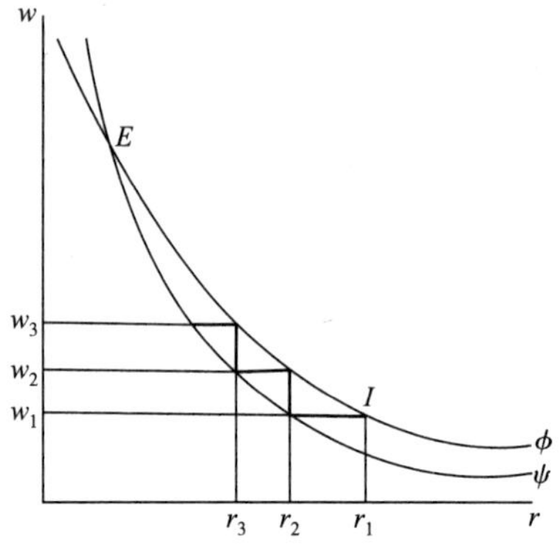

图 3

值变化的方向），我们首先把 r_{t+1} 表示为 r_t 的函数：$r_{t+1}=\psi(\phi(r_t))$。对 r_t 求导，结合式（11）中该导数为正的结论，我们可以推导出稳定性的必要条件：

$$0 < \frac{dr_{t+1}}{dr_t} = \psi'\phi' = \frac{-kf''\dfrac{\partial s}{\partial w}}{1+n-f''\dfrac{\partial s}{\partial r}} \leqslant 1 \tag{12}$$

正如下一节中的例子想要说明的那样，竞争均衡时的利率未必高过黄金律情形。故而市场竞争均衡解可能是动态无效率的[9]，因为在某个时间点之后，资本－劳动比会比黄金律下降得更快[10]。

10　一个例子

考虑生产函数和效用函数均为柯布－道格拉斯形式的模型经济。此时效用函数可以表示为：

$$U(e^1,e^2) = \beta\log e^1 + (1-\beta)\log e^2$$

解得的储蓄函数与 r 无关：

〔9〕 在一个具有无限个决策者的经济中，无效率解出现的可能性参见 Koopmans［2］中的讨论。

〔10〕 这意味着动态无效率，参见 Phelps［7］的证明。

$$s = (1-\beta)w$$

而 ψ 函数可以写为：

$$r_{t+1} = f'\left(\frac{(1-\beta)\,w_t}{(1+n)}\right)$$

生产函数满足：

$$y = Ak^{\alpha}$$

因此 ψ 可改写为：

$$r_{t+1} = \alpha A\left(\frac{(1-\beta)\,w_t}{(1+n)}\right)^{\alpha-1}$$

而 ϕ 可表示为下式：

$$w_t = (1-\alpha)\alpha^{\alpha/1-\alpha}A^{1/1-\alpha}r_t^{\alpha/\alpha-1}$$

综上可得：

$$r_{t+1} = \left(\frac{\alpha(1+n)}{(1-\beta)(1-\alpha)}\right)^{1-\alpha} r_t^{\alpha}$$

长期均衡因而满足：

$$r^E = \lim_{t\to\infty} r_t = \frac{\alpha(1+n)}{(1-\alpha)(1-\beta)}$$

除非 n 满足下式：

$$n = \frac{\alpha}{(1-\alpha)(1-\beta)-\alpha}$$

否则长期均衡时的利率与黄金律情形并不相等。给定劳动力增长率为正，具有不同 α 和 β 值的经济会收敛于不同的长期均衡，均衡利率可能大于 n，也可能小于 n。

11 债务问题的分析框架

在考察国债的长期影响时，我们可以使用两种不同的方法。这两种方法分别对应于两种不同的归宿概念：平衡预算归宿（balanced - budget incidence）和差别归宿（differential incidence）[11]。在平衡预算归宿下，我们将考察政府支出和融资手段联合变化的效果，以及相应的利弊得失。而在差别归宿下，我们将基于给定的支出水平考察不同政府融资手段的优劣[12]。

在本模型中，政府支出可能采取两种形式，或是当期的政府购买（可视为给予部分人群的一次性转移支付），或是对物质资本的投资（租借给企业家用于未来的生产，资本利得作为社会红利被分配给每个个体）。这两种政府支出的形式，再加上债券和税收这两种政府融资的手段，就产生了四种可供研究的支出 - 融资组合。

然而，尽管对上述组合的研究将被提及，接下来的分析将主要集中于差别归宿，即给定政府支出，如何在债务和税收这两种融资手段之间进行权衡取舍。

当政府为购置物质资本进行融资时，上述权衡取舍将发挥作用。通过对比政府资本和政府债务均存在的长期均衡，以及只存在政府资本的长期均衡，我们就可以解决长期归宿问题。如果物质资本的购置和国债发行同时进行，则政府将成为企业家和储蓄者之间纯粹的中介，从而无论在短期还是在长期都不会对经济产生影响。因此，我们将把初始均衡与存在政府资本但不存在政府债务的均衡进行对比。

另外，政府还可以通过税收或债务来为某些计划之外的支出融资（如对退役老兵的补助）。通过税收融资的转移支付在短期内会有影响（取决于税收支付者和接收者之间的关系），对长期均衡却没有效果，因为这一支付既不改变 ψ 也不改变 ϕ。所以，初始的长期均衡将被与存在债务（故而 ψ 被改变）但政府支出没有长期影响的均衡进行对比。上述各种差别归宿的分析框架会导致相同的定量结果，本文接下来将使用第二种框架（即政府通过债务为计划外支出融资的框架——译者注）。

[11] 对于这些概念的详细讨论可见 Musgrave [5]。

[12] 区分这几类问题的困难已经在公共债务的文献中造成了一些混淆，相关的例子见 Mishan [3]。

12 国债

为了避免期望资本利得问题，我们假定所有的国债都至少在一年之后才可被偿付。此外，我们还假定国债的偿付发生于资本市场的均衡状态，支付的利率为当期利率。由于本模型中不存在不确定性，这一假定对于那些希望同时持有债券和物质资本的财富所有者来说是必要的。为了对称地对比两种债务，我们在讨论国外债务时仍然采用上述假设。关于资本供给更合理的假设见附录 B 中的讨论。在那里我们认为资本供给曲线是水平的，位于国债发行前的国内市场均衡利率处。那里得到的定量结果和这里是一致的。

由于债务的长期影响依赖于 ψ 和 ϕ 的永久性变动，对于一个正在增长的经济体而言，固定数量的债务长期来看将不起任何效果。因此我们假定债务 - 劳动比保持恒定（因而债务增长率亦为 n），利息带来的成本部分由新增债务抵付，余下则由税收融资（值得注意的是，在无效率的竞争均衡中，增长率高于利率，这意味着税率将小于零）。任一期的债务存量均为期初的债务存量（换言之，生产环节时的债务存量），亦即上一期发行的债务量。因此，债务 - 劳动比中的分母是指为偿债而被征税的个体数量，而非在资本市场中认购了债券的个体数量。

我们还假定，用于支付利息成本（和要素回报一起被支付）的税收是向年轻一代征收的一次性总付税[13]。

13 国外债务

国外债务的存在对于国内经济的影响，仅仅源于新增税收的出现。这些

---

〔13〕 对老年一代征收一次性总付税，等价于向年轻一代征收一次性总付税再加上每一期的代际转移支付。这种转移支付（从老年人到年轻人）在税收被预期到时会增加储蓄，并部分地抵消文中描述的影响。

税收被用于支付无法被新增债务抵偿的利息成本。可以想到，由于税收的增加（在利率超过增长率的有效率情形中），长期均衡下个体的效用水平将会降低。而且，税收对资本市场的供给端也会造成冲击，使得均衡状态下的工资和利率发生变化，进一步导致个体效用水平的改变。将国外债务和劳动的比率记作 g_1，则在第 t 期，每个工人需要支付的税收为（r_t-n）g_1（即利息减去新增债务——译者注）。进而，ψ 函数将被改写为储蓄和净工资 $\hat{w}_t$ 之间的关系式，其中 $\hat{w}_t=w_t-$（r_t-n）g_1。则资本市场的均衡条件，即式（10）将被改写为：

$$r_{t+1}=f'\left(\frac{s(w_t-(r_t-n)g_1,r_{t+1})}{1+n}\right) \tag{13}$$

该方程的新形式隐含着一个新的稳定性条件。这一条件与关于资本市场供求曲线相对斜率的假设被一并列在式（14）中（我们假定无论是否存在债务，都只有一个稳定的均衡）。

$$0<\frac{dr_{t+1}}{dr_t}=\frac{-f''(k+g_1)\dfrac{\partial s}{\partial w}}{1+n-f''\dfrac{\partial s}{\partial r}}\leqslant 1 \tag{14}$$

为了考察 ψ 曲线的变化，我们对式（13）两端取微分，求得 r_{t+1} 对 g_1 的导数：

$$\frac{\partial r_{t+1}}{\partial g_1}=\frac{f''(n-r_t)\dfrac{\partial s}{\partial w}}{1+n-f''\dfrac{\partial s}{\partial r}} \tag{15}$$

从式（14）可知，式（15）的符号取决于 $r-n$ 这一项。在图 4 中我们画出了 ψ 向 ψ' 的变化。结合新的 ψ 曲线和未发生变化的要素价格前沿，我们就可以考察长期均衡下 r 和 w 的变化。由图 4 我们可以看到，如果均衡利率与增长率不相等，国外债务的存在将会扩大 ψ 和 ϕ 之间的差距[14]。

为了考察国外债务对长期均衡下个体效用的影响，我们先选取一个给定

---

〔14〕 如果 $r=n$，新增的债务将能够完全抵偿利息成本，所以如果这是原均衡的情形，债务将不产生影响。

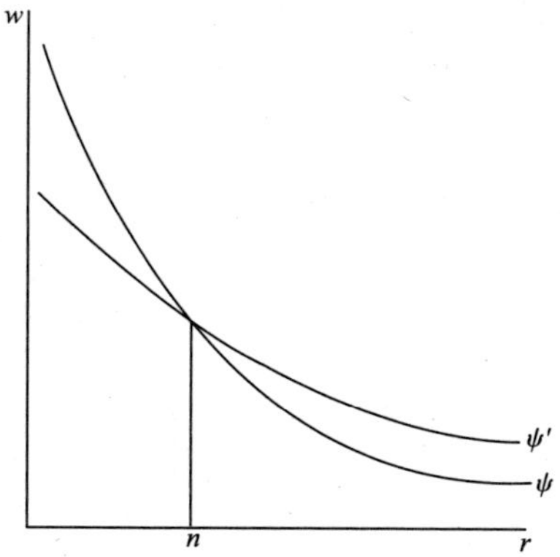

图 4

的债务存量水平，再研究这一水平下债务的微小变化导致的效用改变。

利用式（13），以及利率在长期均衡下的不变性，我们可以把均衡利率表示为债务存量的隐函数：

$$r = f'\left(\frac{s(\phi(r) - (r-n)g_1, r)}{1+n}\right) \tag{16}$$

从这一关系式，我们可以推出债务－劳动比的变化对均衡利率的影响：

$$\frac{dr}{dg_1} = \frac{-f''(r-n)\dfrac{\partial s}{\partial w}}{1+n-f''\dfrac{\partial s}{\partial r}+f''(k+g_1)\dfrac{\partial s}{\partial w}} \tag{17}$$

正如上面描述的那样，国外债务的存在将使得利率远离黄金律情形。从资本市场的角度看，我们得到的结论是，在给定的工资水平下，正的税率将会降低资本供给，提高均衡利率。

效用水平的变化可以利用式（7），即要素利得的变化对效用水平的影响求得。

$$\frac{dU}{dg_1} = \frac{d\hat{w}}{dg_1}\frac{\partial U}{\partial w} + \frac{dr}{dg_1}\frac{\partial U}{\partial r} = \frac{\partial U}{\partial e^1}\left[\frac{d\hat{w}}{dg_1} + \frac{s}{(1+r)}\frac{dr}{dg_1}\right] \tag{18}$$

由净工资的表达式 $\hat{w} = w - (r-n)g_1$，我们可以将净工资的变化用利率

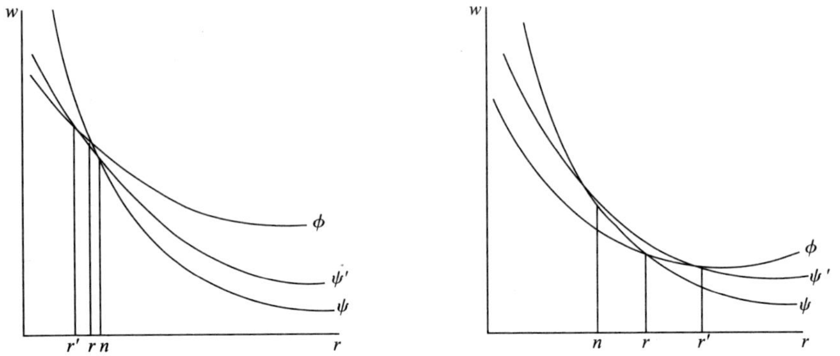

图5

的变化表示出来。

$$\frac{d\hat{w}}{dg_1} = -(k + g_1)\frac{dr}{dg_1} - (r - n) \tag{19}$$

将式（19）代入式（18），可得：

$$\frac{dU}{dg_1} = -\frac{\partial U}{\partial e^1}\left[(r - n) + g_1\frac{dr}{dg_1} + \left(k - \frac{s}{1 + r}\right)\frac{dr}{dg_1}\right] \tag{20}$$

式（20）的第一项表示由新增税收导致的效用变化，其符号取决于所征税收的符号。第二项则描述了由利率变化而导致的税收负担变化。因此，r 大于 n 时，这两项均为正；r 小于 n 时，两项均为负。

第三项可由图6加以解释。图中描绘了要素价格前沿，以及 w 和 r 之间的无差异曲线[15]。

利率的变化表现为沿着要素价格前沿的移动。效用的变化因而取决于要素价格前沿和无差异曲线的斜率，二者分别为 $-k$ 和 $-s/(1+r)$。由资本市场的均衡条件 $k=s/(1+n)$，式（20）第三项可以被写为：

$$\frac{dr}{dg_1}\left(\frac{k}{1 + r}\right)(r - n)$$

〔15〕 这一方法的严格使用要求税收改变无差异曲线代表的效用水平。

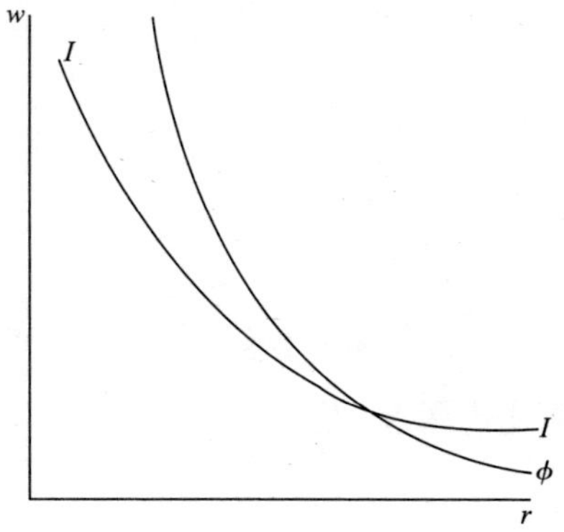

图 6

由于 dr/dg_1 跟 $(r-n)$ 符号相同，利率偏离黄金律情形，将导致要素回报减少，进而效用水平下降。

综合上述的三种效果，我们可以得出以下结论：在竞争均衡是有效率的“正常”情形下，国外债务的存在将导致长期均衡下个体效用的降低；在竞争均衡不是有效率的情形下，则债务的效果恰恰相反，以至于我们无法根据理论得出一个先验的判断。

14　国内债务

当国内债务存在时，资本市场供给端的变化与国外债务存在时是完全一样的。这是由于无论税收收入是流往国外还是留在国内，对于作为纳税人的个体来说，其境况并不发生改变。我们将国内债务和劳动力的比率记作 g_2，则储蓄函数的变化与上一节中相同，可以表示为：

$$s(w_t - (r_t - n)\,g_2, r_{t+1})$$

为了描述政府进入了资本市场的需求端这一事实，我们有必要更改一下资本市场的均衡条件。将第 t 期发行（第 $t+1$ 期偿付）的债务记作 G_{t+1}，则均衡条件变为：

$$S_t = K_{t+1} + G_{t+1} \tag{21}$$

上式两端同时除以 L_{t+1}，我们就得到了以比例形式给出的均衡条件。

$$\frac{s_t}{1+n} = k_{t+1} + g_2 \tag{22}$$

对比一下国外债务和国内债务，我们可以发现，两者都要求工人支付税收。但国内债务的影响更为深远：它取代了财富所有者资本组合中的一部分物质资本，进而减少了总产出。

请注意，企业家对于资本的需求仍是由资本的边际产出表决定的，因而我们可将式（9）与式（22）结合起来，得出资本市场上新的均衡条件：

$$r_{t+1} = f'\left(\frac{s(w_t - (r_t - n)g_2, r_{t+1})}{1+n} - g_2\right) \tag{23}$$

和前文一样，通过在等式两边取微分，我们可以将稳定性条件和对资本市场供求曲线相对斜率的假定描述如下：

$$0 < \frac{dr_{t+1}}{dr_t} = \frac{-f''(k+g_2)\dfrac{\partial s}{\partial w}}{1+n-f''\dfrac{\partial s}{\partial r}} \leqslant 1 \tag{24}$$

为了研究 ψ 函数的变化，我们取 r 对 g_2 的偏导数：

$$\frac{\partial r_{t+1}}{\partial g_2} = \frac{-f''\left(\dfrac{\partial s}{\partial w}(r-n) + (1+n)\right)}{1+n-f''\dfrac{\partial s}{\partial r}} \tag{25}$$

由式（24）和当期消费为正常品的条件，即 $\partial s/\partial w < 1$，我们知道该表达式符号为正，且对于任意的 r，ψ 函数将向上移动。

使用和国外债务部分中相同的分析方法，我们可以计算国内债务存量变化导致的效用改变。我们先给出不同债务存量下均衡点的表达式：

$$r = f'\left(\frac{s(\phi(r) - (r-n)g_2, r)}{1+n} - g_2\right) \tag{26}$$

接下来我们在上式两端对 g_2 求导，即得到债务变化导致的均衡利率变动：

$$\frac{dr}{dg_2} = \frac{-f''\left(1 + n + (r - n)\dfrac{\partial s}{\partial w}\right)}{1 + n - f''\dfrac{\partial s}{\partial r} + f''(k + g_2)\dfrac{\partial s}{\partial w}} \tag{27}$$

再一次地，由式（24），我们可以知道均衡利率的变化是正向的。利用连接效用和债务变化的式（18），连接净工资和债务变化的式（19）（对于国外债务和国内债务都成立），以及资本市场的均衡条件式（22），我们可以将效用的改变用下面两个式子表示出来：

$$\frac{dU}{dg_2} = -\frac{\partial U}{\partial e^1}\left[(r - n) + g_2\frac{dr}{dg_2} + \left(k - \frac{s}{1 + r}\right)\frac{dr}{dg_2}\right] \tag{28}$$

$$\frac{dU}{dg_2} = -\frac{\partial U}{\partial e^1}(r - n)\left[1 + \frac{k + g_2}{1 + r}\frac{dr}{dg_2}\right] \tag{29}$$

式（28）将效用的变化分解到三个源头：为偿还新债而征的税收、为偿还旧债利息而征的税收，以及要素回报的变化。和上一节中一样，前两项的符号取决于（$r-n$）的正负。然而，由于 $s=$（$1+n$）（$k+g_2$），第三项在 r 小于 n 时将导致效用水平的降低，但在竞争均衡有效率时其对效用水平的影响则并不确定。

式（29）则将来自不同源头的效用变化联系了起来。这个式子说明，个体效用将在竞争均衡有效率时减少，无效率时增加。正如式（20）中的第三项，这里表达式的符号与（$r-n$）dr/dg 相反。此外，我们可以将发行债务产生的影响分成两部分，一部分改变了社会的消费可能集（通过流向国外的利息支付），另一部分反映了社会内部消费分配的变化。第二部分的影响既可能增加效用也可能减少效用，这取决于利率是接近增长率还是偏离增长率。在下一节中，我们将用几何图形来阐明上述想法。

15 图解讨论

当期和未来的消费品均为正常品的假设意味着，当我们向预算线的左上方移动时，无差异曲线将变得更加陡峭。从图形上看，这就是说 A 点处的斜率绝对值比 B 点处更大，如图 7 所示。

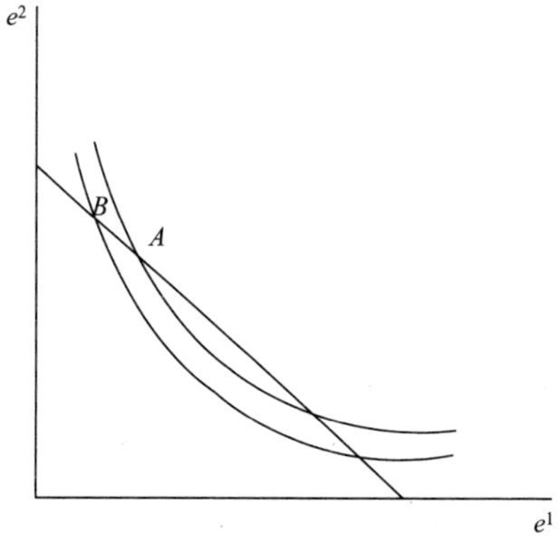

图 7

从式（5）我们知道，给定资本－劳动比，一个社会的消费可能集由 $e^1+e^2/(1+n)=y-nk$ 这条预算线决定。由于在完全竞争的世界里，利率是资本的边际产出，从利率出发，我们就能够推断出预算约束线的高度。此外，由于消费是根据市场利率在各期之间进行分配，我们可以知道，竞争均衡必然在无差异曲线的斜率等于 $-(1+r)$ 的地方出现。这两个事实使得我们可以在只知道市场均衡利率（当然还有生产函数）的情况下确定市场竞争均衡的位置。由于国内债务不改变一个经济的消费可能集，均衡状态下国内债务变化导致的效用改变可以在图上标出（对于国外债务这当然不成立）。

结合利率变动产生的这两方面影响，我们可以得出如下结论：当利率偏离增长率时，首先会导致预算约束线的高度降低，其次会导致均衡点沿着新的预算约束线向效用水平降低的方向移动。假定 $r'>r>n$，则上述事实可以从图 8 中直观地看到，其中 A 是对应于 r 的均衡点，而 C 是对应于 r' 的均衡点。

B 点（这里无差异曲线的斜率与 A 点处相同）处的效用水平比 A 点处要低，因为 B 点位于更低的预算约束线上。而 C 点处的斜率 $-(1+r')$ 比 B 点处的斜率 $-(1+r)$ 小，意味着 C 点处的效用水平低于 B 点。

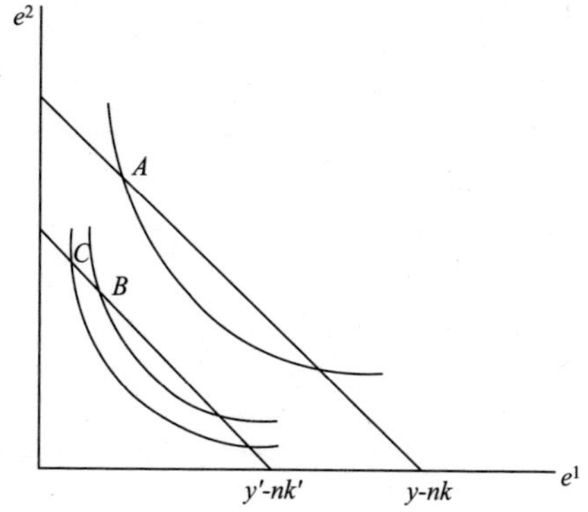

图 8

因此，国内债务既可能升高也可能降低效用水平，这取决于均衡利率是接近还是远离增长率。而国外债务有两种影响：第一种影响由于利息支付流向国外而引起的消费可能集的变化，以及给定利息支付时，利率变动导致的效用改变；第二种影响的符号也取决于利率是接近还是远离增长率。

因而，dU/dg_1表达式中的第三项相当于增加国外债务产生的“纯国内”效应，对应于国内债务产生的全部效应，其符号与 $-(r-n)\ dr/dg$ 这一项相同。

16 国内债务和国外债务

上文中我们已经描述了两种债务各自对均衡产生的影响，现在我们转向完整的模型，其中同时包含国内债务和国外债务，这使得直接对比两者的效果成为可能〔16〕。

在本节中，我们并不准备一步步地重复之前小节的分析，而只是把相关的等式在这里重新列出。

---

〔16〕 在第 14 小节中，由国外债务向国内债务的转变被描绘为增加了如下效果：投资组合中的物质资本被债券替代。反过来看，则国外债务等于国内债务加上对外借款，国外资本得到其边际产出。这并不改变净产出，但改变了要素的相对价格，进而影响效用和储蓄。

资本市场的均衡条件为：

$$r_{t+1}=f'\left(\frac{s(w_t-(r_t-n)(g_1+g_2),r_{t+1})}{1+n}-g_2\right) \tag{30}$$

不同债务存量下长期均衡的位置可表示为：

$$r=f'\left(\frac{s(\phi(r)-(r-n)(g_1+g_2),r)}{1+n}-g_2\right) \tag{31}$$

稳定性的必要条件，以及对资本供给和需求曲线的假设可以表示为：

$$0<\frac{dr_{t+1}}{dr_t}=\frac{-f''(k+g_1+g_2)\dfrac{\partial s}{\partial w}}{1+n-f''\dfrac{\partial s}{\partial r}}\leqslant 1 \tag{32}$$

债务存量变化导致的均衡利率变化为：

$$\frac{dr}{dg_1}=\frac{-f''(r-n)\dfrac{\partial s}{\partial w}}{1+n-f''\dfrac{\partial s}{\partial r}+f''(k+g_1+g_2)\dfrac{\partial s}{\partial w}}$$

$$\frac{dr}{dg_2}=\frac{-f''\left((r-n)\dfrac{\partial s}{\partial w}+(1+n)\right)}{1+n-f''\dfrac{\partial s}{\partial r}+f''(k+g_1+g_2)\dfrac{\partial s}{\partial w}} \tag{33}$$

债务存量变化导致的效用变化为：

$$\frac{dU}{dg_1}=-\frac{\partial U}{\partial e^1}\left((r-n)+\frac{dr}{dg_1}(g_1+g_2)+\frac{dr}{dg_1}\left(k-\frac{s}{1+r}\right)\right)$$

$$\frac{dU}{dg_2}=-\frac{\partial U}{\partial e^1}\left((r-n)+\frac{dr}{dg_2}(g_1+g_2)+\frac{dr}{dg_2}\left(k-\frac{s}{1+r}\right)\right) \tag{34}$$

基于以上的这些关系，我们可以来研究发行国内债务以偿还国外债务这一差别归宿问题，并考察税收负担等几篇文章结论之间的关系。

由式（33），我们可以计算由债务置换导致的均衡利率变化：

$$\frac{dr}{dg_2}-\frac{dr}{dg_1}=\frac{-f''(1+n)}{1+n-f''\dfrac{\partial s}{\partial r}+f''(k+g_1+g_2)\dfrac{\partial s}{\partial w}} \tag{35}$$

由稳定性条件，即式（32），我们可以知道式（35）分母为正，因此债务置换将导致利率上升。债务置换并没有带来税收的变化，因此也没有对资本市场的供给端造成冲击。然而，资本市场的需求端由于政府需求的增加而发生了改变，导致均衡利率的上升和资本－劳动比的下降。

此过程中的效用水平变动可以从式（34）推出，并表示为下述几种形式：

$$\frac{dU}{dg_2}-\frac{dU}{dg_1}=-\frac{\partial U}{\partial e^1}\left[\frac{dr}{dg_2}-\frac{dr}{dg_1}\right]\left[(g_1+g_2)+\left(k-\frac{s}{1+r}\right)\right] \tag{36}$$

$$\frac{dU}{dg_2}-\frac{dU}{dg_1}=-\frac{\partial U}{\partial e^1}\left(\left[-(r-n)+\left(\frac{dr}{dg_2}-\frac{dr}{dg_1}\right)g_1\right]+(r-n)\left[1+\left(\frac{dr}{dg_2}-\frac{dr}{dg_1}\right)\frac{k+g_2}{1+r}\right]\right) \tag{37}$$

$$\frac{dU}{dg_2}-\frac{dU}{dg_1}=-\frac{\partial U}{\partial e^1}\left[\frac{dr}{dg_2}-\frac{dr}{dg_1}\right]\left[\frac{(k+g_2)(r-n)}{1+r}+g_1\right] \tag{38}$$

式（36）将效用的变化分解为两部分：源自税收变动的部分和源自要素回报变动的部分。由于利率上升，税收必须上升，从而效用水平将会降低。但由于：

$$k-\frac{s}{1+r}=\frac{(r-n)k-(1+n)\,g_2}{1+r}$$

正如在国内债务部分的讨论，源自要素回报变动的效用变化可能为正也可能为负。

式（37）也将效用变化分解为两部分：源自对外利息支付变动的部分，这一部分可能为正也可能为负；（和上一节中类似）给定对外支付，源自国内均衡值变动的部分，该部分的符号与 $-(r-n)\left(\frac{dr}{dg_2}-\frac{dr}{dg_1}\right)$ 这项相同，即与 $n-r$ 的符号相反。与之前的讨论类似，此时如果利率升高，在无效率情形下效用将会增加，而在有效率情形下效用会降低。

由效用水平变化的第三种表达式，即式（38），我们可以更容易地看出效用水平变化的方向。当市场竞争均衡解有效率时，很明显，效用将由于债务置换而降低；而当市场竞争均衡解无效率时，效用变化的符号取决于下面两项的相对大小：g_1 以及$\frac{(k+g_2)(r-n)}{1+r}$。

17 结论

正如我们所见，当两类债务均存在时，国内债务将会推高利率，并在有效率的情形下降低个体效用。在无效率的情形下，国内债务既可能提升也可能降低个体效用（前提是不存在国外债务）。而使得利率偏离增长率的国外债务也将在有效率情形下降低个体效用，在无效率情形下，其影响也是不确定的（无论国内债务存在与否，上述结论均成立）。最后，国内债务和国外债务之间的置换将提高利率，并在有效率的情形下降低效用水平，在无效率的情形下，和前面一样，我们无从推测其实际结果。

有两种方法可以用来对国外债务和国内债务产生的影响进行分类。这一分类对于我们理解文献中描述过的一些效果是有帮助的。

首先，正如在式（34）中那样，债务的影响可以被分解成由税收变动导致的效用变化和由要素回报变动导致的效用变化。这一区分说明，对于个体而言，为偿付国外债务而征的税收与为偿付国内债务而征的税收在长期内有相同的效果。

其次，国内债务存量变动导致的效用变化可以分为这样两部分，一是国外债务的影响，二是债务置换的影响。这意味着总共存在四种效果：两种源自税收的变动，两种源自要素回报的变动。后两者可以基于如下事实来加以区分：国外债务仅仅影响资本市场的供给端，而债务置换仅仅影响需求端。

在他们对于债务的讨论中，Bowen、Davis 和 Kopf［1］关注的是国内债务的影响，因而描述了上述四种效果中的前两种。

Modigliani［4］和 Vickrey［10］讨论了在财富所有者的投资组合中，物质资本被债务挤出而导致的资本存量下降。换言之，他们考虑的是资本市场的需求端[17]。而他们描述的效应与源自税收的变化是可叠加的。为了进一步完善模型，只需要增加税收对资本积累和要素回报的影响即可。

附录 A

现在我们对资本市场做另外的假定，该假定结合稳定性条件，可以被表述为：

$$-1 \leqslant \frac{dr_{t+1}}{dr_t} < 0$$

我们可以重新考察第 16 节中公式的符号。利率变化的表达式中，分母的符号变为负号（在正文中则为正号）。因而国外债务将使利率接近增长率，而国内债务拉低利率的均衡值。这样债务置换也将拉低利率水平。

因此，在有效率的情形下，新增债务将引致更多的新增税收，但同时为偿还旧债而征的税收将减少，最终效用水平既可能升高也可能降低。通过降低税收，以及使得利率向黄金律水平接近，进而增加来自要素回报的效用，债务置换将会提高效用水平。

---

〔17〕 Modigliani 描述了在总资产固定不变的前提下，物质资本一比一地被债券替代的情形。然而，资本存量的下降将导致产出减少，进而影响均衡时的总财富（Modigliani 认识到了这一点但忽略了这一效应）。资本存量的变化可以由式（33）推导出来：

$$\frac{dk}{dg_1} - \frac{dk}{dg_2} = \frac{1}{f''}\left(\frac{dr}{dg_1} - \frac{dr}{dg_2}\right) = \frac{-1-n}{1+n-f''\left(\frac{\partial s}{\partial r} - (k+g_1+g_2)\frac{\partial s}{\partial w}\right)}$$

由于 $\frac{\partial s}{\partial r} - (k+g_1+g_2)\frac{\partial s}{\partial w}$ 一项的存在，上式与 -1 并不相等。其中最后一部分代表了资本存量下降对于财富水平（等价于储蓄）的影响：

$$\frac{\partial s}{\partial k} = \frac{\partial s}{\partial r}\frac{\partial r}{\partial k} + \frac{\partial s}{\partial w}\frac{\partial \hat{w}}{\partial k} = f''\frac{\partial s}{\partial r} + \frac{\partial s}{\partial w}f''\frac{\partial \hat{w}}{\partial r} = f''\left(\frac{\partial s}{\partial r} - (k+g_1+g_2)\frac{\partial s}{\partial w}\right)$$

附录B

我们假定，国外债务的供给曲线可以通过将利率 ρ 写成 g_1 的函数而表达出来；净工资可以被下式表示：

$$\hat{w} = w - (\rho - n)g_1 - (r - n)g_2$$

这意味着，净工资的变化可以写为：

$$\frac{d\hat{w}}{dg_1} = -(k + g_2)\frac{dr}{dg_1} - (\rho - n) - g_1\frac{d\rho}{dg_1}$$

$$\frac{d\hat{w}}{dg_2} = -(k + g_2)\frac{dr}{dg_2} - (r - n)$$

因而效用的变化可以表示为：

$$\frac{dU}{dg_1} = -\frac{\partial U}{\partial e^1}\left(\rho - n + g_1\frac{d\rho}{dg_1} + \frac{dr}{dg_1}\left(k + g_2 - \frac{s}{1 + r}\right)\right)$$

$$\frac{dU}{dg_2} = -\frac{\partial U}{\partial e^1}\left((r - n) + \frac{dr}{dg_2}\left(k + g_2 - \frac{s}{1 + r}\right)\right)$$

如果资本的供给曲线在当前国内利率处是水平的，那么这两个表达式和式（34）的差别仅仅在于 $g_1(dr/dg)$ 这一项消失了（在略有不同的利率表达式中亦然）。因而债务置换的影响可以表示为：

$$\frac{dU}{dg_2} - \frac{dU}{dg_1} = -\frac{\partial U}{\partial e^1}\left(\frac{dr}{dg_2} - \frac{dr}{dg_1}\right)\left(k + g_2 - \frac{s}{1 + r}\right)$$

该式的符号取决于利率和增长率之间的差别是否扩大。

均衡利率的变化可以由均衡点的位置推导出来：

$$r = f'\left(\frac{s(w - (\rho - n)g_1 - (r - n)g_2, r)}{1 + n} - g_2\right)$$

$$\frac{dr}{dg_1} = \frac{-f''\frac{\partial s}{\partial w}\left((\rho - n) + g_1\frac{d\rho}{dg_1}\right)}{1 + n - f''\frac{\partial s}{\partial r} + f''(k + g_2)\frac{\partial s}{\partial w}}$$

$$\frac{dr}{dg_2} = \frac{-f''\left(1+n+(r-n)\frac{\partial s}{\partial w}\right)}{1+n-f''\frac{\partial s}{\partial w}+f''(k+g_2)\frac{\partial s}{\partial w}}$$

若假定 $\rho = r$，且 $d\rho/dg = 0$，这些导数将和文中描述的式子相同。

参考文献

[1] W. G. Bowen, R. G. Davis, and D. H. Kopf, "The Public Debt: A Burden on Future Generations?" *American Economic Review*, September 1960, 50, pp. 701 – 706.

[2] T. C. Koopmans, *Three Essays on the State of the Economic Science*, New York, 1957.

[3] E. J. Mishan, "How to Make a Burden of the Public Debt," *Journal of Political Economy*, December 1963, 71, pp. 529 – 542.

[4] F. Modigliani, "Long – Run Implications of Alternative Fiscal Policies and the Burden of the National Debt," *The Economic Journal*, December 1961, 71, pp. 730 – 755.

[5] R. A. Musgrave, *The Theory of Public Finance*, New York, 1959.

[6] E. S. Phelps, "The Golden Rule of Accumulation: A Fable for Growthmen," *American Economic Review*, September 1961, 51, pp. 638 – 643.

[7] E. S. Phelps, "Second Essay on the Golden Rule," Cowles Foundation Discussion Paper, p. 173.

[8] P. A. Samuelson, "An Exact Consumption – Loan Model of Interest with or without the Social Contrivance of Money," *Journal of Political Economy*, December 1958, 66, pp. 467 – 482.

[9] P. A. Samuelson, "Parable and Realism in Capital Theory: The Surrogate Production Function," *Review of Economic Studies*, June 1962, 29, pp. 193 – 206.

[10] W. Vickrey, "The Burden of the Public Debt: Comment," *American Economic Review*, March 1961, 51, pp. 132 – 137.

王也 译　邹光 校

最优税制与公共生产 I：生产效率*

彼得·戴蒙德（PETER A. DIAMOND） 詹姆斯·莫里斯（JAMES A. MIRRLEES）**

计划经济的最优生产理论通常假定税收制度可以让政府按其需要对财产进行任意的再分配。[1] 然而，最近对公共投资标准的讨论却往往忽视税收在控制经济方面的补充作用[2]。虽然那种全面最优化[3]性质的一次性转移（lump sum transfer）在今天是不可行的，商品税和所得税依然可以用于增加福利[4]。因此我们将同时使用税收和公共生产作为控制变量考察社会福利的最大化。为此，我们将整合税收、公共投资和福利经济学理论。

---

* 原文发表于1971年第61卷第1期。

** 作者分别来自麻省理工学院和牛津大学纳菲尔德学院。在本文的写作过程中，Diamond 也曾在丘吉尔学院、剑桥大学和牛津大学纳菲尔德学院任职；Mirrlees 曾在麻省理工学院任职。本文的早期版本曾在一系列会议上提交过，例如在华盛顿和布拉里克姆（Blaricum）举办的1967年计量经济学会冬季会议，1968年12月在乌干达坎帕拉（Kampala）的大学社会科学理事会会议，以及在耶路撒冷的希伯来大学博弈论与数理经济学研讨会。作者要感谢 M. A. H. Dempster，D. K. Foley，P. A. Samuelson，K. Shell 和参加这些研讨会的人员对这个议题的宝贵意见和有益的讨论。Diamond 受到了美国国家科学基金会的部分资助（GS1585）。作者文责自负。

〔1〕 对于相关文献的讨论，请参见 Abram Bergson。

〔2〕 对于相关文献的调查，见 Alan Prest 和 Ralph Turvey。

〔3〕 我们在此区分定额税（lump sum taxes）和人头税（poll taxes）。定额税的税额可能因人而异，但与个人的行为无关。而人头税对所有个人的税额都是一样的，或者对同一个群体（由年龄、性别或区域划分不同群体）的所有个人是一样的。

〔4〕 关于税收对一般均衡的影响，请参见 Gerard Debreu（1954）的另一项研究，但该文没有探讨最优问题。

本研究的两个主要结果是：在税收被设置在最佳水平时总生产效率在各种情况下是否可以达到理想状态；对最优税收结构进行检验。众所周知，总生产效率是实现帕累托最优的一个组成部分，而当达不到所希望的帕累托最优时，总生产效率可能也达不到期望值。我们的结论不同于上述结果之处是：即便全帕累托最优不能实现，生产效率也可能达到理想的水平。在最优状态时，商品税的存在意味着边际替代率不等于边际转换率。此外，没有定额税（lump sum tax）意味着收入分配不是最理想的。然而，最优商品税的存在将使总生产效率达到理想状态。

本文结果类似于 Marcel Boiteux 的结论，不过他考虑的是存在定额税的经济体。Boiteux 也研究了要达到理想结果时的最优税收结构。Frank Ramsey 和 Paul Samuelson 也讨论了单个消费者情况下（这等同于一次性再分配）的最优税收结构[5]。我们的研究超越了他们的结果，将收入再分配问题与增加政府收入放在一起考虑。即使没有提高政府收入的要求，如果一次性再分配是不可行的，政府也会使用它的税收权力来改善收入分配。政府可以对不同的商品进行补贴或征税，以改变个人的实际收入。政府实行最优再分配时，应当在促进平等和增加税收的效率损失之间取得平衡。

我们要讨论的一般性经济背景是：有众多消费者、有公共生产和私人生产、有公共消费，以及许多不同种类的可行的税收工具。而比较容易的方法是首先考虑简化的情况：单个消费者、没有公共消费，只有商品税，虽然在这种情况下没有太多让人感兴趣的问题。我们的主要论点是，对这种特殊情况的分析可以延续到一般情况。

本文的前两节是专门讨论这一特殊情况。在第一节，我们图形化描述这种特殊情况（即没有私人生产的两商品世界）；在第二节，我们使用微积分来推导生产效率和最优税收条件的关系。本文对微积分的应用并不很严格，第四节会

[5] 对于这个问题的详细分析，请看 William Baumol 和 David Bradford 的工作。Boiteux 工作的总结和讨论已经由 Jacques Dreze 给出。

考虑这一问题。在第三节，我们的分析扩展到有众多消费者的经济，并将阐明在什么具体条件下生产效率是可取的（也会展示某些例外情况）。第四节提供定理的严格陈述。在第五节，我们将简要讨论基本的效率结果的某些应用和延伸。

另一篇文章，这里称其为 Diamond - Mirrlees II，将发表在 1971 年 6 月的《美国经济评论》中。在这里我们会检查商品税的最优规则，也会讨论其他税收（如所得税），也会讨论存在公共消费的情况。我们还将严格证明在何种情况下本文获得的一阶条件是必要条件。

I 一个消费者的经济——几何分析

我们首先考虑这种经济体：单一消费者，消费者是价格接受者、有两种商品。我们假设，就目前而言，所有可能生产的产品都由政府控制。虽然在这个经济体中不需要进行收入再分配，但政府仍可能需要增加收入以弥补损失，例如存在规模报酬递增的情况或者在规模收益不变的情况下有固定的支出（如国防）。另外，技术可能出现规模报酬递减，如果所有交易都按市场价格进行的话，政府会面临如何处置盈余的问题。众所周知的最优解是，要么增加政府盈余，要么将盈余分配掉。在不同情况下，人头税或补贴可以雇用所需的资源，并促使经济实现帕累托最优，在单消费者经济中，这等价于消费者的效用最大化。虽然这在一个消费者经济中可能是合理的，在一个更大的经济体中，定额税会因每个个体的税负不同而看起来不可行。改善收入分配时其实也会面对与在很多人中分配盈余相同的一个问题。因此，我们应考虑当政府无法使用定额税时单纯使用商品税的情况，这不是因为对单个消费者经济感兴趣，而是为便于以后考虑很多消费者的情况。此外，我们假设政府支出模式保持不变。由于政府支出模式直接影响消费者效用，因此，我们可以忽略这一假设，因为效用函数已经反映了其影响。Diamond-Mirrlees II 一文会考察加入公共消费后的情况。

假设自由支配（free disposal），对计划制定者的技术限制是政府供给位于生产前沿上或生产前沿的下方。这种约束由图 1 中的阴影区域所示，其中坐标轴表示的是提供给消费者的数量。因此，产出（产品 2）为正值，而投入（产品 1）则为负值。图中的情况类似于我们熟悉的规模报酬递减的情形。如果政府需要固定的资源（例如国防支出），则生产可能性边界（描述了与消费者的潜在交易）将不通过原点。在规模报酬不变时，情形如图 2 所示，其中 a 个单位的产品 1 被用于国防（也许一个方便的例子是设想产品 1 为劳动，产品 2 为一种消费品）。

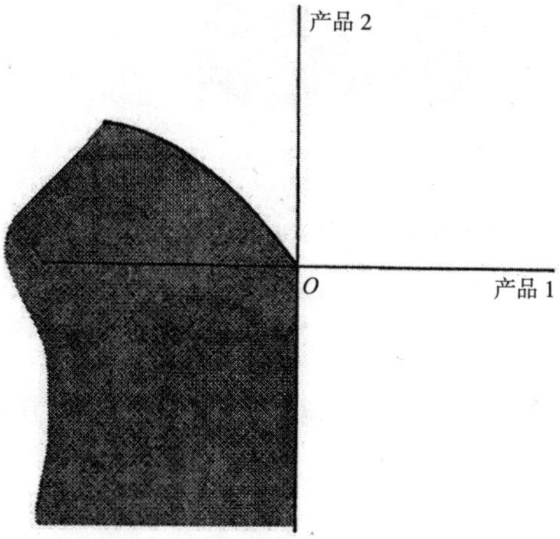

图 1

在一个完全的计划经济中，计划者替每个消费者选择固定的消费束（包括劳动力供给），计划者将没有任何约束，可以选择技术上可行的任何一点。当然，在单个消费者经济中计划者做不到这一点，但随着这样的家庭数量的增长，计划者可以做出上述选择。不过，一个更为现实的假设是，假设该计划者只能通过市场影响消费者，在市场上雇用劳动力和销售消费品。进一步假设，计划者只能指定统一的价格。如此，则计划者必须按照工资（或与实际工资成反比）来制定居民消费品的价格，并且只能交易消费者在给定的相对价格下愿意承担的数量。消费束的位置集合（即消费者愿意从其初始点进行交易的位置）构成了提供曲线（offer curve）或价格 - 消费位置集合

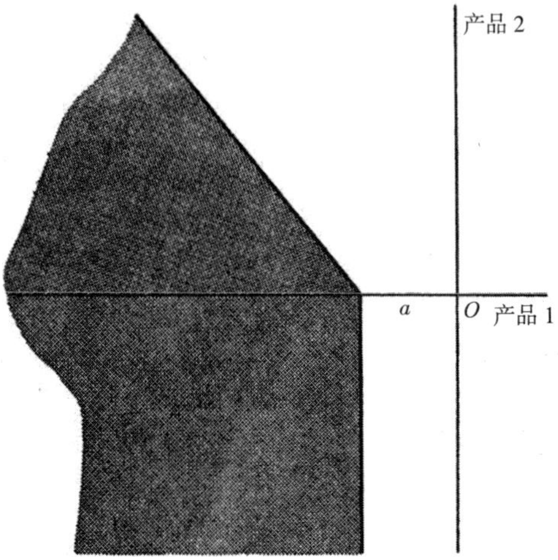

图 2

(locus)。它代表了消费者在不同的可能价格比率上会购买的消费束。图 3 绘制了多个假想预算线和相应的无差异曲线下得到的供给曲线。由此可见，计划者有两个约束：他必须选择一个既在技术上可行，同时从消费者的视角也位于均衡束上的点。结合这两个限制，图 4 用粗线表示了既可行又位于潜在的消费者均衡束上的消费束。

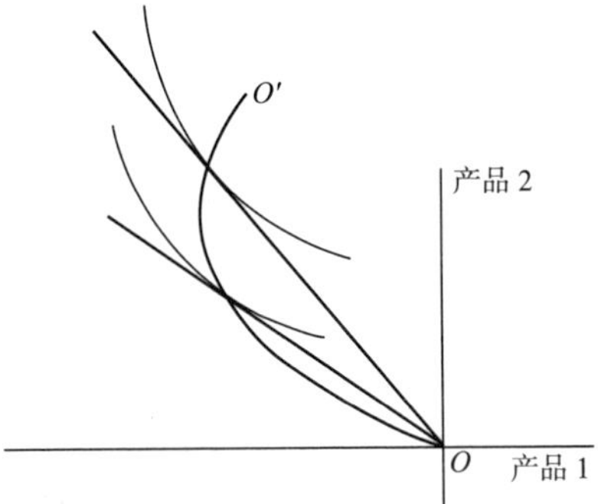

图 3

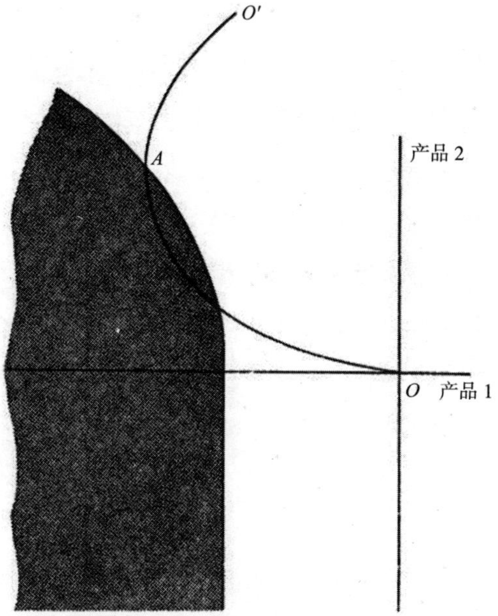

图 4

我们可以用代数说明这两个约束的范围。我们用 $z = (z_1, \cdots, z_n)$ 表示政府供应的向量。生产约束可以写为：

$$G(z) \leqslant 0 \tag{1}$$

或者等价地写为：

$$z_1 \leqslant g(z_2, z_3, \cdots, z_n)$$

在给定价格下政府供给应等于消费者需求，这可以使用向量表示为：

$$x(q) = z \tag{2}$$

其中 $x = (x_1, \cdots, x_n)$ 是消费者的需求向量；$q = (q_1, \cdots, q_n)$ 是消费者面对的价格向量。

现在考虑政府的目标。由于消费者的均衡位置是由他所面临的价格确定的，通常情况下我们可以将目标函数定义为价格的函数，用 $v(q)$ 表示。我们需要选择 q，以满足：

$$\text{Maximize } v(q),$$
$$\text{s.t. } G(x(q)) \leqslant 0 \tag{3}$$

这个简单的问题是本文关注的焦点，并可以采取多种解释。读者可能会注意到，即便引入许多消费者，也不会改变这个问题的形式。这是我们不使用数量而是使用价格作为分析重点的原因。

让我们考虑计划者寻求最大化消费者的效用函数的情况。福利函数可以说是个人化的（individualistic），或说是尊重个人偏好的，因为福利可以写为个人效用的函数。在图3中我们可以看到，消费者会沿着提供曲线远离原点而移动到更高的无差异曲线上。因此，在图4中我们希望尽量沿 OO' 移动，其约束必须是位于生产可能性集的阴影中。因此，最佳点是 A，即提供曲线和生产边界相交的地方。

在给定价格下消费者会购买最优的消费束，而这样的价格是由预算线 OA 定义的。在图5中我们展示了最佳点、其隐含的预算线以及无差异曲线 II。位于曲线 II 上面和生产集阴影中的点都帕累托优于 A 点并在技术上是可行的，但若没有一次性转移则无法由市场交易实现。与此相反，在图6中，我们展示了帕累托最优点 B 和隐含的预算线及无差异曲线 $I'I'$，这种情况允许分权。在图中消费者的预算线不经过原点；这代表他支付定额税以弥补政府支出超过生产利润的部分。

我们看到，最佳点位于经济的生产可能性边界上，而不是在它里面。可以容易地验证最佳点的这个重要的特性在许多商品、只有一个消费者的情况下依然成立。与许多商品的情况下，提供曲线是位置集合的交集，其中每个位置集合是由保持所有其他商品的价格不变，只改变一个商品的价格而获得的。通过对每一个商品的价格进行如此操作，则得到所有的位置集合。而提供曲线正是这样的位置集合的交集。在每个位置集合中，同时位于生产前沿上的点会比其他的点更好。因此，不在生产前沿上的所有点都被位于前沿上的点占优支配。因此，最优点都是位于前沿上的点。这一结果的意义将在既考虑公共生产也考虑私人部门的生产时看得更加清楚。将这个结果扩展到众

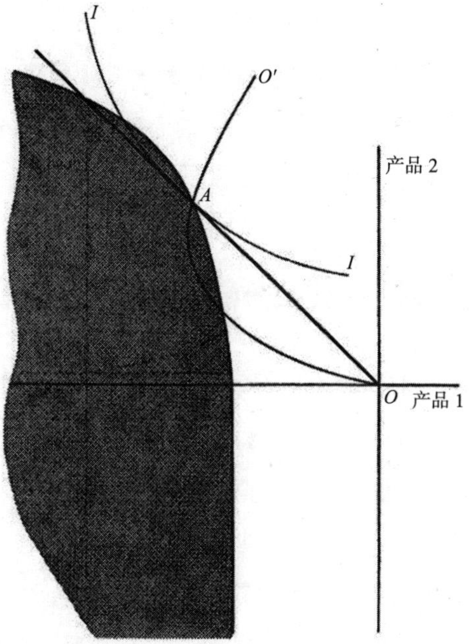

图 5

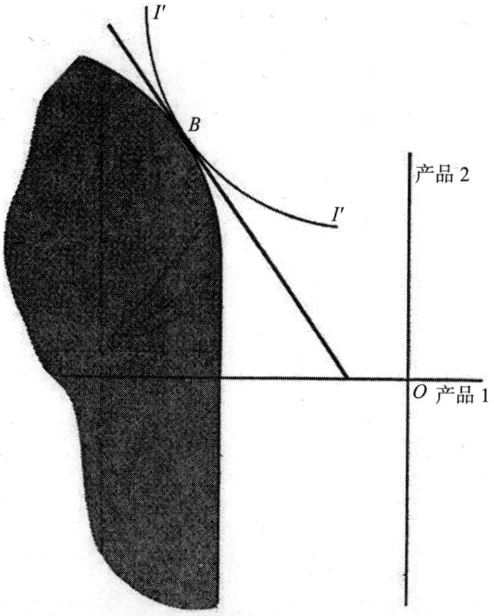

图 6

多消费者的情况是，需要加一个不太严格的假设，这将在第三节讨论。首先，我们用代数表示一个消费者的经济，其中既有公共生产也有私人部门的生产，用微积分求出总生产效率的最优解，并得到居民消费品价格和生产可能性曲线的斜率之间的最佳关系。这种关系定义了最优税收结构。

Ⅱ 单个消费者经济——代数分析

我们假设私人生产部门规模报酬不变且存在竞争。因此在均衡时没有利润（这是效率分析的关键假设）。在本节中我们还假设政府所使用的唯一税种是商品税[6]。因此消费价格 q 决定了消费者的选择空间，我们可以将福利函数写作居民消费价格的函数 v（q）。请注意，这也包含了政府对福利的评估与消费者的效用不一致的情况，虽然这取决于消费者所消费的产品。在社会偏好与单个消费者的偏好一致的特殊情况下，这个消费者的效用便可以用来衡量社会福利，即：

$$v(q) = u(x(q)) \tag{4}$$

在我们明确评估税收结构前，我们不应在下面的分析中使用 v（q）的这种特殊形式。因此，在这之前我们分析中的福利函数也不是个人主义的(individualistic)。但为了以备后用，让我们写出这种特殊情况的导数，记 $v_k = \partial v/\partial q_k, u_i = \partial u/\partial x_i$，并使用式（4），我们有：

$$v_k = \sum u_i \frac{\partial x_i}{\partial q_k} = -\alpha x_k \tag{5}$$

其中 α 是一个正的常数（即与 k 无关），表示收入的边际效用。式（5）的预算约束如下：

---

〔6〕 这个假设仅仅是为了简单起见。在 Diamond-Mirrlees II 一文中将讨论引入额外的税收（包括累进所得税）后的一般化情景。

$$\sum q_i x_i = 0 \quad (6)$$

对 q_k 求导，得到：

$$x_k + \sum q_i \frac{\partial x_i}{\partial q_k} = 0 \quad (7)$$

由于效用最大化意味着 $u_i = \alpha q_i$，因此式（5）要服从式（7）的预算约束。

生产

让我们用 $p = (p_1, \cdots, p_n)$ 表示私人生产者面临的价格向量。由于税收 t 的存在，这一向量可能会不同于消费者面临的价格向量，即 $q_i = p_i + t_i$（$i = 1, \cdots, n$）。$y = (y_1, \cdots, y_n)$ 是私人部门提供的商品的向量（因此投入将表示为负供给），我们记私人生产的约束为：

$$y_1 = f(y_2, \cdots, y_n) \quad (8)$$

请注意，我们在生产约束中假设平等性（equality），即生产在私营部门是有效率的。这一结论是从利润最大化导出的（假设没有零价格）。我们假设 f 是一个可微函数且 $y_i \neq 0(i = 1, \cdots, n)$。由此，利润最大化意味着：

$$p_i = -p_1 f_i(y_2, \cdots, y_n)(i = 2, \cdots, n) \quad (9)$$

其中 f_i 表示 f 对 y_i 的导数。另外，通过假设规模报酬不变，可知均衡中的最大利润是零：

$$\sum p_i y_i = 0 \quad (10)$$

所以我们可以方便地使用微积分。我们假设政府的生产约束（1）为一个等式，而不是一个不等式：

$$z_1 = g(z_2, \cdots, z_n) \quad (11)$$

因此，政府不能选择无效率的公共生产。这样，我们的注意力便可转移到总生产效率上。如果公共生产和私人生产的边际转换率是相同，那么就会存在生产效率。下面会很容易看出我们假设公共部门的生产效率是合理的。

瓦尔拉斯定律

在上文我们选择了目标函数，并表示出了政府的生产制约因素。为了求解最大化问题，我们还需要补充经济处于均衡状态的要求。所有市场出清的条件可以用向量 x,y 和 z 表示：

$$x(q) = y + z \tag{12}$$

读者可能会产生疑惑，因为在上式中没有包含政府的预算约束（其他读者可能感到困惑的是为什么我们没有只用 $n-1$ 个市场的出清条件。这些问题其实都是同一现象的不同方面）。瓦尔拉斯定律意味着，如果所有的经济主体满足他们的预算约束，且除了一个市场外其他所有的市场都处于均衡时，这个剩余的市场也会均衡。这也意味着，当所有市场都出清时，所有的经济主体除了一个主体外都在其预算约束上的话，那么最后这个经济主体也一定在其预算约束上。在构建我们的最优化问题时，我们假设家庭和私人公司都在他们的预算约束上。因此，如果我们假设所有市场都出清，这将意味着政府满足其预算约束[7]，即：

$$\sum (q_i - p_i)x_i + \sum p_i z_i = 0 = \sum t_i x_i + \sum p_i z_i \tag{13}$$

另外，如果我们考虑到政府预算平衡是约束条件之一，那么便只需定义 $n-1$ 个市场出清的条件就可以了。

在这个模型中，我们可以提出两个价格的标准化，每个标准化用于每一种价格结构。由于消费需求函数和企业供给函数在各自的价格水平下是零阶齐次的，因此在不改变相对价格变化时，仅改变价格水平则均衡会保持不变。在标准化时我们假设：

---

〔7〕 在这个模型的跨期解释中，政府预算是在整个模型中取得平衡的，而不是每年都取得平衡。

$$p_1 = 1, q_1 = 1, t_1 = 0 \tag{14}$$

这意味着不管政府对产品 1 征不征税都对其没有影响，这似乎有点不可思议。但读者应该记住消费者的预算平衡。由于没有对消费者的一次性转移支付，因此净支出为零。由此，对所有消费交易按固定比例税率征税将导致没有收益（读者应该注意到，对于一个消费者提供的一个产品征收税率为正的税，实际上等于补贴，其结果是政府收益的损失）。

福利最大化

我们现在可以陈述最大化问题了。我们将使用两套价格作为控制变量。允许政府使用税收作为决策变量会更贴合现实。但是，一旦我们确定最优的 p 和 q 向量，我们也就确定了最优税收。引入税收作为决策变量会使数学公式变得复杂化，并导致控制的问题，因为税收向量可能无法产生唯一的均衡解。

我们将不使用上式公式的一阶条件来求解，而是会先简化求导的问题。我们要选择：

$$q_2, \cdots, q_n, \quad p_2, \cdots, p_n, \quad z_1, \cdots, z_n \tag{15}$$

以最大化 $v(q)$，并且条件是：

$$x_i(q) - y_i - z_i = 0 \quad (i = 1, 2, \cdots, n)$$

其中 y 最大化 $\sum p_i y_i$，且要满足：

$$y_1 = f(y_2, \cdots, y_n)$$
$$z_1 = g(z_2, \cdots, z_n)$$

由于生产者价格的选择可以产生任何所需的私人生产者行为，我们可以使用任意与生产约束（8）一致的向量 y。生产者价格可以通过方程式（9）确定。利用公式：

$$y_2 = x_2 - z_2, \cdots, y_n = x_n - z_n$$

我们将式（15）简化为一个单一的约束：

$$x_1(q) = y_1 + z_1 = f(x_2 - z_2, \cdots, x_n - z_n) + g(z_2, \cdots, z_n)$$

因此，我们将式（15）简化为式（16）：

选择 q_2，…，q_n，z_2，…，z_n 以最大化 v（q），且约束条件为：

$$x_1(q) - f(x_2(q) - z_2, \cdots, x_n(q) - z_n) - g(z_2, \cdots, z_n) = 0 \tag{16}$$

从式（16）得出拉格朗日表达及乘数 λ，得到：

$$L = v(q) - \lambda[x_1(q) - f(x_2 - z_2, \cdots, x_n - z_n) - g(z_2, \cdots, z_n)] \tag{17}$$

我们可以对 q_k 求导数：

$$v_k - \lambda\left(\frac{\partial x_1}{\partial q_k} - \sum_{i=2}^{n} f_i \frac{\partial x_i}{\partial q_k}\right) = 0$$

$$k = 2, 3, \cdots, n \tag{18}$$

利用等式（9）求出生产价格，这可以写成：

$$v_k - \lambda \sum_{i=1}^{n} p_i \frac{\partial x_i}{\partial q_k} = 0$$

$$k = 2, 3, \cdots, n \tag{19}$$

将 L 对 z_k 求导，我们有：

$$\lambda(f_k - g_k) = 0 \quad k = 2, 3, \cdots, n \tag{20}$$

只要 λ 不等于 0（即对额外资源的边际需求是有社会成本的），方程（20）意味着公共生产和私人生产的边际转换率是相等的，因此总生产效率便如上文所讲。$\lambda \neq 0$ 的假设需要进一步讨论。这将在第三节和第四节进行严格论证。

如果我们引进了若干个公共生产部门，每个部门都服从如式（11）所述约束，则我们应该对每个部门都能获得形式如式（20）的方程。因此，所有公共部门的边际转换率应该是相等的，因为它们都应等于私人的边际转换率。这种说法——我们在此仅是简单总结，因为接下来的部分会更直接地证实我们的假设：公共部门生产是有效率的。

最优税收结构

式（19）确定了最优的税收结构，因为它表明生产者和消费者的价格应该如何关联。方程（19）显示，居民消费价格所处的水平应该是：该价格若进一步增加所导致的社会福利增加额 v_k，会等于价格上涨所带来的需求变化的成本增加额 λ。在这个最优化问题中重新引入税收，则我们可以得到一阶条件的另一种解释。

既然 x_i 是 $p+t$ 的函数，从而有：

$$\frac{\partial x_i}{\partial q_k} = \frac{\partial x_i}{\partial t_k}$$

（在后面求导时 p 被保持为常数）因此，最优税收结构（19），可被重写为：

$$v_k = \lambda \sum p_i \frac{\partial x_i}{\partial t_k} = \lambda \frac{\partial}{\partial t_k} \sum p_i x_i \tag{21}$$

由于 $\sum p_i x_i = \sum q_i x_i - \sum t_i x_i = -\sum t_i x_i$ [由消费者的预算约束（6）]，我们有：

$$v_k = -\lambda \frac{\partial}{\partial t_k}\left(\sum t_i x_i\right) \tag{22}$$

方程组（22）表示在生产者价格不变时（商品价格变化导致的）边际效用的改变与（税率变化导致的）税收收益变动的比例。如同标准福利经济学的最优解一阶条件，我们一阶条件也在不变价格下表达。税收管理员如同生产计划者一样，在对待一阶条件时不必关心价格对政府行为的反应。

如果我们现在进一步假设福利函数是个人主义的，我们可以用式（5）替换 v_k，一阶条件进而成为：

$$x_k = \frac{\lambda}{\alpha} \frac{\partial\left(\sum t_i x_i\right)}{\partial t_k} \tag{23}$$

因此，对任一商品而言，对其征税所增加的边际税收收益与该商品的数量的比例是一个常数。一阶条件的这种形式的优点是能够测试一个税收结构是否最优化的。这一测试所需的信息量相对于一个发达国家的计划者所要面对的数据和知识来说并不算多。

到目前为止，一阶条件的这一陈述尚没有直接显示所需税率的大小，也没有显示最佳税率对需求的影响。在 Frank Ramsey 对最优税收结构的开创性研究中，他进一步改造了一阶条件，以便解答这些问题。他使用了根据收入的固定边际效用来计算需求曲线的方法。Paul Samuelson 重新使用这个方法，区别在于他是根据固定效用水平来计算出我们更熟悉的需求曲线。Diamond-Mirrlees II 一文中我们会进一步讨论这个问题。

Ⅲ 在众多消费者经济中的生产效率

我们已经说过很多结果可以直接移植到众多消费者的经济体，即使定额税收被排除在外。我们注意到将福利表达为消费者所面临的价格 q 的函数，将会对问题的阐明非常有益。详细而言，我们假设有 H 个住户，其效用和需求函数分别是 u^h 和 $x^h(h = 1,2,\cdots,H)$。正如我们通常所假设的，如果不考虑从生产者到消费者的外部性，则社会福利可以表示为经济中各种消费者的函数 $U(x^1,x^2,\cdots,x^H)$，或者写作：

$$V(q) = U(x^1(q),x^2(q),\cdots,x^H(q)) \tag{24}$$

其中我们假设没有一次性收入或转移支付，因此不会受到生产者价格或政府政策的影响。在社会福利只取决于个人效用、没有外部性的情况下，我们可以写为：

$$V(q) = W[u^1(x^1(q)),u^2(x^2(q)),\cdots,u^H(x^H(q))] \tag{25}$$

其中 W 被假定对其每个参数都严格增加。

使用上述间接福利函数，我们可以进行单个消费经济的同样分析，并且得到类似的结论，即总生产效率是理想的。当然要达到这一结论，我们还必须确认拉格朗日乘数 λ 不为零。但这次我们不是试图直接证明这一点，我们将为理想的生产效率提出一个不同的观点。我们会施加进一步的条件以确保这一观点成立。在考虑这个问题时，我们将集中考察所有的生产是由政府控制的情况。在这种情况下可以达到理想的生产效率，启发我们在存在一个私营部门的情况时（其中，私人生产者是价格接受者，如果有利润的话，利润会被转移到政府）可能也会得到相同的结论。假设（正如我们在第一节讨论的）所有生产发生在公共部门：我们的问题是要找出最大化（26）的 q：

$$\text{Maximize } V(q)\text{, s.t. } G(X(q)) \leqslant 0 \tag{26}$$

其中我们定义 $X(q) = \sum_h x^h(q)$ 作为价格 q 时的总需求。我们还应更多一点描述生产约束：$X(q)$ 是属于生产集 G，即技术上可行的生产计划（因此，字母 G 既表示生产集，也可以描述生产集的函数，但我们几乎不使用函数 G 这一表达方式）。

假设我们确定在最优化问题（26）中生产是有效率的。考虑一个同样技术可行的经济体，该经济体中存在一批私有、互相竞争的生产者，它们对经济有一定的主导作用。此时政府可以通过选择合适的生产价格 p，促使私人企业生产任何有效的产出束（output bundle）。尤其是，如果政府可以管制所有生产，则它可以得到最佳的生产计划。p 的选择不会影响消费者的需求或福利，因为规模报酬递减造成的纯利润会被政府拿走，而且不管如何征税商品税，q 的选择都可以独立于 p。因此，如果式（26）的解是有效的，即便部分生产是私人控制的，也可能实现相同的最优均衡解。当我们证明了式（26）的"特殊"情况下可以达到理想的生产效率后，这就意味着生产效率在更一般的情况下会是理想的。

效率低下的例子

在考虑有效率的情况之前，我们可以先考虑其局限性，讨论效率低下的例子。首先回顾一下这个结论：如果任何其他可行的生产计划能至少提供一种商品的一个较小的净供给，则剩下的这个生产计划就是有效的。我们将使用一个不同的概念：如果一个生产计划位于生产前沿上，则我们说它是弱有效的。如果生产前沿有一部分是垂直的或水平的，则虽然这个生产计划没有达到最高效率，但却有可能是弱有效的。对于经济上的考量而言，例如存在影子价格的时候，能达到弱效率就足够好了。很容易看出，如果所有对应于弱有效的生产计划的价格是正的，则该计划在实际意义上就是有效率的。

即使我们定义这种弱化的效率概念，也有可能在最优解时生产不是弱有效的。我们举两个例子。

图 7 描绘了例 a 的情形。这是单个消费者经济，社会偏好（由社会无差异曲线 *II* 所示）没有与个人的偏好相交。显而易见的是，在所示的情况下，最优生产计划实际上位于生产集的内部。

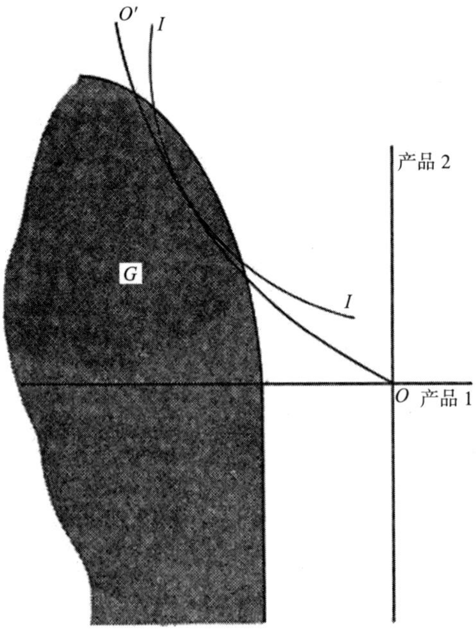

图 7

在第二个例子中，社会偏好与住户的偏好相交，但同样最优生产还是在生产集的内部，因此不是弱有效的：在私人生产有主导权时，无法找到合适的生产者价格，因此无法获得社会最优解。

例 b：其中有两种产品和两个住户。一个住户的效用函数是 x^2y，另一个住户的效用函数是 xy^2；每个住户的消费集都位于非负象限 $\{(x, y) | x \geqslant 0, y \geqslant 0\}$。第一个消费者最初拥有三个单位的产品 1；第二个消费者最初拥有一个单位的产品 2。福利函数为：

$$-\frac{1}{x_1y_1}-\frac{1}{x_2y_2}$$

产品 2 可根据生产关系 $x+10y \leqslant 0$ （$x \geqslant 0$） 被转换成产品 1。设产品的价格是 q_1、q_2。则第一个住户的净需求是：

-1 个单位的产品 1，

q_1/q_2 个单位的产品 2。

第二个住户的净需求是：

$$\frac{1}{3}(q_2/q_1) \text{ 和 } -\frac{1}{3}$$

因此，对于商品的净市场需求为：

$$x = \frac{1}{3}(q_2/q_1) - 1 \text{ 和 } y = (q_1/q_2) - \frac{1}{3}$$

它们必须满足：

$$x + 10y \leqslant 0, x \geqslant 0$$

福利是 $-q_2/4q_1 - 27q_1/4q_2$，并在 $q_2/q_1 = 3\sqrt{3}$ 时取最大值：此时对应的生产向量 $\sqrt{3}-1, \frac{1}{3}\left(\sqrt{\frac{1}{3}}-1\right)$ 实际上位于生产集内部，而不是在前沿上。这个例子具有一个不太重要的特殊性，即消费者的初始禀赋位于他们的消费集前沿上。我们也能够构建避免这个特殊性但会更为复杂的例子。

效率问题

尽管有上述例外，下面的论据表明最优生产一般是位于生产前沿上的。假设总需求函数 $X(q)$ 是连续的。因此价格 q 任何小的变化，不会对总的生产造成太大的改变。因此，如果最优生产是在生产集的内部，消费价格的微小变化将仍然导致技术上可行的总需求。因此，在最优解时居民消费价格的微小变化不会增加福利。如果我们可以论证，在最优解时存在一个会增加 $V(q)$的微小价格变化，则我们可以得出结论：最优的生产必然位于生产边界上。对于任何一个尚有需求的（unsatiated）消费者，其效用可以通过降低提供商品的价格或提高所需商品的价格而得到提高［我们可以通过方程（5）的代数方法看出这一点］。我们没有必要对单一消费者的情况再过多讨论，只要其均衡允许一些交易即可。当有很多消费者时，如果我们提高一些消费者的效用时不会降低其他任何人的效用，则我们肯定可以增加社会福利。如果有一些消费者提供某种商品，但没有消费者去购买（如某些劳动技能）；或一种产品（具有正价格）没有消费者提供，但有一些消费者购买（如电力），则我们可以改变该商品的价格以增加福利。在这种情况下，我们的结论是要最大化个人主义的社会福利，则需要实现有效的生产。在例 b 中可以看出，两个消费者对商品既不供给，也没有需求。这个简化的例子似乎是个误导。

上述论证的正式结论将在下一节给出，为不失连续性，我们可以先跳过这些技术细节。我们在本节会进一步将税收纳入讨论。

首先，考虑人头税（或补贴），也就是说，该税是由住户按照某种不变的属性为基础支付的，例如其性别和年龄分布情况。这样的税收当然是定额税，一般来说它不足以保证达到最优化。具体而言，假设所有住户都会收到一个转移支付 τ，则福利可以写成 $V(q, \tau)$，我们需要

$$\text{Maximize } V(q,\tau) \tag{27}$$

其条件是 $X(q, \tau)$ 位于 G 中。

此时可以使用标准的效率分析。记（q^*，τ^*）为最优解：如果 q 或 τ 的任何小的变化会增加 V，则最优生产中 X（q^*，τ^*）必然位于生产前沿上（假设 X 是一个连续函数）。既然按人头进行的补贴一定会让大家更好（除非一些人已经没有需求了），因此补贴的小幅增加也会产生同样的效果。因此，只要按人头进行的补贴是可能的（其实肯定是可能的），而且不是每个住户都是需求饱和的（satiated），则最优的生产必然位于前沿上。

即便添加更多的政府税收手段，也不会削弱效率的结论。我们只需注意，如果其他税收变量独立于生产价格和数量，我们可以使用 ζ 来表示这些变量，则我们可以保持其在最佳值 ζ^* 处不变，然后将对效率的论证应用于问题（27）或问题（26），其中 V 和 X 根据 $\zeta=\zeta^*$ 进行计算。

我们最后的结论是，无论可能的税收系统是属于哪一类别，如果政府可以选择所有可能的商品税，那么一般情况下（当然按人头的补贴是可行的），最优的生产是弱有效的。但如果对商品税的可能性存在限制，或更普遍的，对生产者价格指数和消费者需求之间的关系存在限制，则上述结论便可能无法成立了。纯利润的存在是这种关系的一个例子。或者我们通过另一个例子显示会出现什么问题：假设征收商品税是不可行的，但征收人头税是可行的，而且一部分生产是私人主导的，并且唯一地由生产者价格决定。此时，我们必须选择一个公共生产矢量 z 和人头税 τ 以满足：

$$\text{Maximize } V(p,\tau) \tag{28}$$

其条件是 X（p，τ）$-y$（p）$=z$ 位于 G 中。

其中价格是 p，y（p）为私人生产向量。按照上文的方法，我们假设 τ 小于 τ^*（最优水平），并注意到 V（p^*，τ）$>V$（p^*，τ^*）。这意味着，X（p^*，τ）$-y$（p^*）不在 G 中，因此 z^*，即最优的 z，在 G 中是有效的。但是这一论点并不意味着加总的最优生产计划 y（p^*）$+z^*$ 是有效的。当然，在一个所有生产都处于政府控制之下的经济体不会出现这些问题。即使一些 q_k 是固定的，效率结论依然成立，因为 q 和 p 之间没有必然的联系。

Ⅳ　最优生产定理

在本节中，我们将讨论最优解的存在性，以及严格证明最优的生产效率。我们的证明基于 Debreu（1959）的一般均衡理论。

假设

假设经济中有 H 个住户，每个住户从其消费集合 C 中选择消费向量 x，其预算约束为 $q \cdot x \leqslant 0$，其中 q 为向消费者收取的价格（为方便起见消费按初始净禀赋计算，因为初始净禀赋在分析中不会发生改变）。在通常情况下，净需求向量 x 一般含有正项也含有负项，分别对应于住户的购买和销售。

下面所用的假设会从以下列表中选择（上标 h 代指住户；所有的假设对所有的 h 都成立）：

（a.1）C^h 为凸的闭集，其下界为向量 a^h，并且包含一个所有元素为负的向量。

（a.2）偏好顺序是连续的。

（a.3）偏好顺序是强凸的。即如果 x^2 优于 x^1 或与 x^1 无差异且 $0 < t < 1$，则 $tx^2 + (1-t)x^1$ 严格优于 x^1。

（a.4）在 C 中没有饱和的消费。

假设（a.1）和（a.2）保证了存在连续的效用函数，我们可将这样的连续效用函数写为 u^h（见 Debreu 第4.6节）。此外，根据（a.1）到（a.3），当需求向量 $x^h(q)$ 被确定时，$x^h(q)$ 就是唯一的。当 C^h 是有界的，假设（a.1）到（a.3）意味着 $x^h(q)$ 在所有非零非负 q 值上被定义且连续（见 Debreu，第4.10节）。

让我们将总需求记为 $X(q) = \sum_h x^h(q)$。

假定所有的生产是由政府控制的。对生产可能性集 G 的假设为：

（b.1）在每一个生产计划中，可能存在所有产品的产量都为负，即若 $z \leqslant$

0，则 z 也在 G 中。

（b. 2） 完全不活动是可能的，即 0 在 G 中。

（b. 3） G 是闭集。

（b. 4） 存在向量 $\bar{a}$，对所有位于凸的闭集 G 内的非负 z，有 $z \leqslant \bar{a}$。即 G 的凸包（convex hull）是闭的。[8]

（b. 5） G 是凸的。

福利函数记为 $U(x^1, \cdots, x^H)$。当需求只是价格的函数时，我们可以定义间接福利函数为：

$$V(q) = U(x^1(q), \cdots, x^H(q))$$

类似地，我们可以定义个体的间接效用函数为：

$$v^h(q) = u^h(x^h(q))$$

当 U 可写作 $U(x^1, \cdots, x^H) = W(u^1(x^1), \cdots, u^H(x^H))$ 时（W 对其每个元素都是增函数），我们说福利函数尊重住户的偏好。我们假设：

（c. 1） U 是 $(x^1, \cdots, x^H)$ 的一个连续函数。

现在可以陈述我们的问题为：寻找 q^* 以最大化 $V(q)$，其限制条件为 $X(q)$ 在 G 中。如果一个商品向量是可行的且存在价格使得总需求等于这个商品向量，则这个商品向量被称为可实现的（attainable）。集合中的所有此类向量被称为可实现集，是 G 与所有非负 q 上的向量 $X(q)$ 的交集。

最优解的存在性

如果我们假定可实现集是非空有界的，则我们得到以下结论。

定理 1：如果假设（a. 1） ~（a. 3）、（b. 3） 和（c. 1） 成立，并且如果可实现集非空有界，则最优解存在。

---

〔8〕 当 G 是凸的，这种假设类似于需要投入才能获得产出的假设，但其中允许政府拥有投入向量。

证明：

考虑一个经济体中，我们将所有$\|x\| > M$的x点从消费集中截除（truncate），则在可实现集中的所有向量满足$\|x\| < M$。对于这个截除的经济体，需求函数在所有不等于零的价格向量处都是连续的。因为可实现集以及对q的需求（q对应于可实现向量）在原始的经济中和在截除的经济中是相同的，因此在截除经济中的最优解即为原始经济中的最优解。换句话说，在不失一般性的情况下，我们可以假设需求在$q \neq 0$处是连续的。由于需求函数对价格是零次齐次的，我们可以只关注满足$q \geqslant 0$和$\sum_i q_i = 1$的q。

我们接下来证明集合$\{q \mid X(q) \text{ in } G\}$是闭的。以$q_n$表示价格向量的序列，该序列收敛于$q'$，且$X(q_n)$对所有的$n$而言都在$G$中。令$x'$是$X(q_n)$的一个极限点。因为$G$是闭合的，$X'$会在$G$中。与此同时，根据$X$的连续性，有$x = X(q')$，因此$q'$在$\{q \mid X(q) \text{ in } G\}$中，因此它也是闭合的。

由于可实现集非空且价格在任何情况下都是有界的，所以$\{q \mid X(q) \text{ in } G\}$是闭合的、有界的、非空的。由需求函数的连续性，并且假设（c.1）成立，则V是q的连续函数，因此在集合$\{q \mid X(q) \text{ in } G\}$中可以取得其最大值。

可实现集非空这个特性可以从竞争性均衡在交换经济中存在这一点推出来。

定理2：如果满足假设（a.4）和（b.1），则可实现集不为空。

证明：Debreu（第5.7节）证明在这些消费者的交换经济中存在均衡。均衡价格会产生一个可行的需求。

如果生产集取为一组扣除政府消费的可行生产向量集，则可行的零产量可能是个过强的假设，特别当政府有大量军事支出时。但可以很容易地构造出一个不满足（b.1）经济体实例，在这个例子中没有可实现的点。比如图8所示的例c描述的单个消费者经济。

可实现集的有界性可以从消费集的有界性或生产集的有界性推出，但下面的情况更具吸引力：

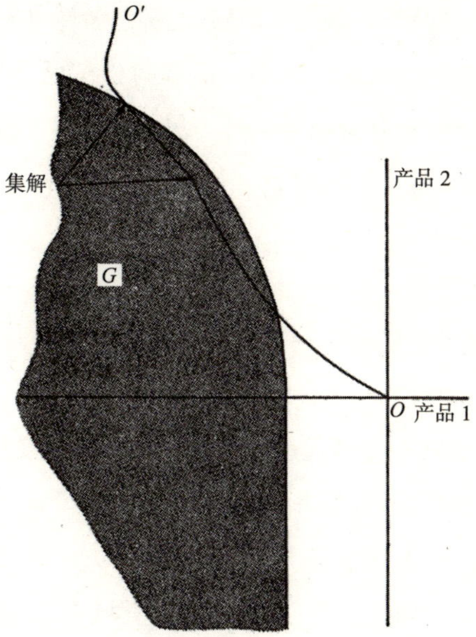

图 8

定理 3：如果假设（a.1）及（b.2）～（b.4）成立，则可实现集是有界的。[9]

证明：假设可实现集不是有界的，那么存在可实现向量 x_n 的一个序列，满足$\|x_n\|$是实数的无限递增序列。即存在一个 n'使得$\|x_{n'}\| > \|\bar{a}\|$，其中 $\bar{a}$ 是在（b.4）采用的向量。考虑 $n \geqslant n'$时向量（$\|x_{n'}\| / \|x_n\|$）x_n 的序列。每个向量都在 G 的凸包中（为原点和 x_n的凸组合）。进一步，这个序列是有界的。因此，存在一个极限点 ξ，ξ 位于 G 的凸闭包中，并满足 $\|\xi\| > \|\bar{a}\|$。设 $b = \sum_h a_h$，其中 a_h 是（a.1）中采用的向量。从而有 $x_n = \sum_h x_n^h \geqslant \sum_h a_h = b$。进而有$(\|x_{n'}\| / \|x_n\|) x_n \geqslant (\|x_{n'}\| / \|x_n\|) b$。但后一个向量的序列收敛于零。因此 $\xi \geqslant 0$。这是一个矛盾。

---

〔9〕 如果假设（b.2）、（b.4）对实际生产集（即包含政府消费的生产集，而不是扣除政府消费后的生产集 G）成立，则可实现集也将是有界的。因此假设零生产是可行的这一点不会带来严重的后果。

最后，我们应该指出，假设（a.3）的强凸条件（在定理1提出）可以改变为凸条件而不会影响结论。证明时需要将连续函数替换为上半连续对应（upper semi-continuous correspondences）。另一方面，人们也可以很容易地构造一个实例，说明若函数不连续的话，则最优解不存在。

效率

下面的引理提供了最优生产在生产集前沿的两个标准。它将被用来推导出住户偏好得到尊重时的一个定理。

引理1：假设存在一个最优解 q^*。如果总需求函数和间接福利函数在最优价格的邻域是连续的；且如果满足

（1）对于一些 i，V 在 q^* 的邻域中是 q_i 的一个严格增函数；

（2）对于 $q^* > 0$ 时的一些 i，V 在 q^* 的邻域中是 q_i 的一个严格减函数；

则 X（q^*）位于 G 的边界上。

证明：

设 l_i 是一个除第 i 个元素外其他元素都为0的向量。在情况（1）中，对于足够小的 ϵ，有 $V(q^* + \epsilon l_i) > V(q^*)$。因此 $X(q^* + \epsilon l_i)$ 不是在 G 内部。使 ϵ 减小到零，X 的连续性表明 $X(q^*)$ 是一个不在 G 中的点，因此，它位于 G 的边界上。在情况（2）时，我们可以使用 $V(q^* - \epsilon l_i)$ 进行类似的推理。

这些条件是弱的。它们在本质上独立于生产可能性。还可以注意到，当 V 是价格的一个可微函数，上述规定的条件等同于以下假定

$$V'(q^*) \leqslant 0 \tag{29}$$

的情况不会出现。

这里 $V'(q)$ 是该向量相对于价格的一阶导数。定理和条件（29）的等价性是显而易见的，正如上文提到：

$$V'(q) \cdot q = \sum \frac{\partial V}{\partial q_k} q_k = 0 \tag{30}$$

因为 V 在 q 上是零次齐次的。因此 $V' \leqslant 0$，当且仅当 $\partial V/\partial q_k = 0$，其中在任何情况下 $q_k > 0$ 且 $\partial V/\partial q_k \leqslant 0$。

在以下定理中，我们以不同的方式加强假设，但这些假设仍然是很弱的。

定理4：如果（a. L）～（a. 4）和（c. 1）成立；如果社会福利尊重个人偏好；且如果满足

（1）对于一些 i，对所有的 h 有 $x_i^h \leqslant 0$，且对于一些 h' 有 $x_i^h < 0$；

（2）对于一些 i 且 $q_i > 0$，对所有的 h 有 $x_i^h \geqslant 0$，且对于一些 h' 有 $x_i^h > 0$；

则如果存在一个最优解，那么生产的最优解位于可行集的前沿上。

证明：

个人需求函数在最优处的邻域是连续的，从而总需求函数和间接福利函数是连续的。因为社会福利尊重个人的偏好，间接社会福利可以写成间接效用的增函数。在情形（1）中，间接效用函数在 q^* 的邻域对所有 h 而言是 q_i 的非减函数，而间接效用函数 h' 是 q_i 的严格递增函数。因此，V 会随着 q_i 的增加而增加。情形（2）的推理类似。

定理4条做出了严格凸偏好的假设，这一假设是必需的。

例 d：考虑一个单消费者经济体，这个消费者的无差异曲线有一段线性部分。因此提供曲线可以和无差异曲线的线性部分重合，从而给出一组最优解，但其中只有一个位于生产前沿。作为一个例证，参见图9。

上述例子表明，我们可以削弱定理4的结论，说存在位于 G 的前沿的最优解。如果我们只是假设偏好是凸的，则这种一般化是正确的。证明类似定理4，只不过要把需求函数的连续性替换为一个上半连续的对应。

V 扩展

我们可以考虑一个有三个部门的经济体：消费者、私人生产者，公众生产者，以总结效率的结果。我们假设只有消费者部门的均衡位置进入福利函数，市场交易只发生在部门之间，而政府有权力以任意税率对任何部门间的

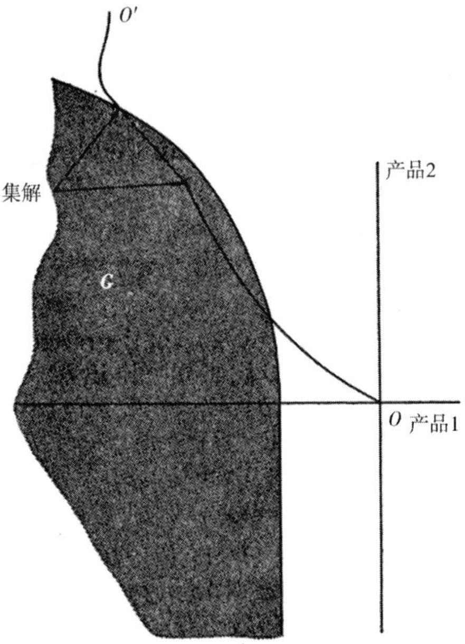

图 9

交易征税。一个结论是，不包含消费者的部门应该被视为一个单一的部门进行处理，这样总生产效率可以实现。通过根据这个原理重组划分经济的组成部分，我们可以把效率结果推广到其他一些问题上。在每一种情况下，我们会简单指出应用这种方法后的扩展模型与基本模式的关系。

中间产品的征税

上面介绍的模型没有包含对中间产品征税的情况。如果将独立的私人生产分为两个（或多个）部门，我们就能引入对企业间交易的征税。基于上文的概述，我们可以考虑一个这样的经济体：有一个消费者部门和两个规模报酬不变的私人生产部门。我们的结论是考察效率时涵盖两个私人生产可能性的情况。因此，最优税收结构中不包括中间征税，因为这会妨碍效率（同样，我们得出结论，政府对企业的销售应该是免税的，而对消费者的销售则应征税）。

对上述结果有一个直观解释，而这也有助于解释生产效率的可取性（desirability）。若没有利润，中间产品的征税必将体现为最终产品价格的变化。因此，税收收入可以通过最终产品来征收，而这不会导致最终产品的价格出现较大变化，能避免生产效率的低下。这种解释凸显了规模报酬不变的假设在私人主导生产时的必要性。

但是，人们还是可能想对消费者之间的交易征税，或为生产者对不同消费者的销售征收不同的税。我们可以通过两种方式对其加以考察。该国可能按照地理上的划分对不同地区制定不同的消费者价格。若忽略人口迁移和消费者在邻近地区进行购买的情况，我们的分析可应用于按区域来确定税区。在一般情况下，税收结构将在国家内部出现差异。

另外，我们可能会考虑对所有消费者与消费者的交易征税。在这里，我们希望能够通过控制这些附加税以增加社会福利。没有一种在现有的税收结构基础上的附加税能改变生产效率的可取性。

无法征税的部门

在考虑所有交易的征税模式时出现的一个问题是，有些交易可能是无法征税的（不管是在实际操作中还是在法律上而言）。前者的例子是维持温饱的农业，在这种经济中消费者的交易是很难征税的，但对公司征税则是可行的。如果不能引进其他税种（例如按土地或产出征税），则我们处理这个问题的方法是把维持温饱的农业放入消费者部门而不是归到生产者部门（或把它当作第二个消费部门）。这样处理的话，将现代生产部门和政府生产部门放在一起考虑就能达到期望的效率；而税收结构规则将不仅仅是根据真正的消费者部门推导出，而是根据扩展的消费者部门来导出。

同样，在一个没有税收的经济体中，受预算约束的公共生产者无法对消费者和生产者收取不同的价格。此时我们对一个受管制的产业计算其最优的公共生产的方法，就是将整个私营部门作为一个单一的消费者部门。这也是Boiteux 在考虑无成本的收入再分配这个问题时所采取的方法。Boiteux 还分析过包含很多企业的经济体，其中每一个企业都有其单独的预算约束限制。

外国人

为一个有许多国家的世界提供令人满意的福利经济学是不容易的。世界福利最大化的研究是有趣的，而且，人们可能希望它是“有用的”。但其结果有严重的限制，很少能够被应用到政府行为上。不管一个政府多么愿意根据利他主义的原则采取行动，其他政府还是可能根据不同的原则或由于不同的原因采取行动（这有点类似于在跨期福利经济学出现的问题）。在以下两个小节中，我们将简要地对这问题进行讨论，并只考虑一种特殊情况：即所有其他国家的反应是我们所考察的国家的行动的一个良好定义的函数。因此，我们不会讨论“博弈论”涉及的问题。此外，我们也不会考虑在国际环境下制定一个社会福利函数的问题。

国际贸易

只要我们完全无差别地衡量世界各个地方的福利，而且只要其他国家的反应是良好定义的，则国际贸易只是为我们提供了将一些商品和服务进行转换的一种新的可能性。因此，效率结果意味着，生产和进口之间的边际转换率是相等的。如果存在可利用的垄断地位，它应该是如此。如果国际市场价格不由这个国家的需求所决定，中间产品不应该被征收关税，但直接销售给消费者的最终产品应该被征收关税，且关税税率应等于国内生产商对同一产品销售的税率。

尽管我们的理论指出外国人应该被当作生产者一样进行处理，但不像对国内不同的消费者可以制定不同价格那样，有时向外国人销售商品给时无法制定不同价格。作为例子，我们可以列举由特殊类型国际协定所涵盖的旅游和商品。如果旅游是一国重要的贸易机会，则对外国游客必须收取与国内消费者一样的价格，而这将影响某些商品税的最优水平。但是一般效率的结果却不会受太大影响。进行分析时我们可以将国外游客看作不会影响社会福利的消费者。

当然，笔者不会推荐将世界其他地方的福利看作无差别的，虽然这样做会得到漂亮的理论结果。国际贸易为一个国家提供了另外一群国外的消费者，该国当然可以对其制定不同于本国消费者的价格：这种情况（当外国的反应是良好定义时）类似于对国家内部不同区域采用不同的消费价格的情况。在这种情况下，最优的国际贸易价格与生产者价格 p 或国内消费者价格 q 很难一样。

移民

在上述所有讨论中，我们都假定经济中的消费者集合一直保持不变。我们可以用一个直接的方式引入移民。社会福利可能是世界上所有住户消费的函数。一国改变其消费价格将促使移民的流出或流入，从而影响福利，这是我们以前没有讨论的（例如当有移民作为纳税人进入一国时，会对该国居民产生影响）。但是，只要世界其他国家的反应是良好定义的，我们仍然可以定义一个间接的福利函数 $V(q)$。同样，我们可以定义总需求函数 $X(q)$，但这些函数都不再是连续的。因为，当一个人决定移民，他对总需求的贡献从 x^h 变为了 0。[10] 但是，可以相当合理地假设一个小的价格变动产生的移民数量相对于整体人口来说比例很小。因此，我们可以用连续的消费者来逼近这种情况。通过这种方式，我们可以恢复总需求和间接福利函数的连续性。由此，我们也可以预测生产效率仍然是可取的。由于需求函数的导数（也可能是 V 的导数）在允许人口迁移时会与之前有所不同，最优税收结构将改变，以反映税收的流失（例如当净纳税人离开母国时的情况）。我们无法在此仔细研究这个问题，但这些思想为这类分析提供了一个有意义的方法。

---

〔10〕 在游客决定不去这个国家旅游时，也会产生类似的不连续性问题。

消费品外部性

上文对消费品外部性这个问题的概述表明结果的基本结构——虽然没有具体的最优税——只要是在消费者部门内部发生的，就不会改变。因此，如果我们引入消费品外部性并保持总需求的持续性，我们依然会获得最优的生产效率，只要我们证明 V（q）对有限的 q 不存在无约束的局部最大值。

可是上面使用的条件不再足以支持这样的说法，因为价格变化的直接影响可能被由价格变化引起的外部性所抵消。虽然我们还没有详细研究过这个情况，但在很多情形下，我们可以得出类似于无外部情况时的结论。[11] 此外，在现实环境中我们似乎很可能得到理想的效率。

资本市场的不完善

虽然资本市场不完善会对企业产生复杂的影响，但一些不完善之处看来只在消费者部门内部对消费者有所影响。例如，考虑消费者只能放贷但不能借款的约束时，我们必须改写消费者效用最大化问题，将不同时间段的预算约束考虑在内。例如在两个时期的情况下，最大化问题可写为：

$$\begin{aligned}&\text{Maximize } u(x^1,x^2)\\&\text{s. t.}\quad q^1x^1+s\leqslant 0\\&q^2x^2-s\leqslant 0\\&s\geqslant 0\end{aligned}\tag{31}$$

其中 s 为第一阶段的积蓄。在这个消费问题中，我们还是可以将效用和需求表达为价格的函数。我们预计，效率的结果将继续成立。不过在计算最优公式时，有必要区分所讨论产品的时间周期，因为现在两个时期的收入边际效用会对应于两个拉格朗日乘子。对于这个消费者，我们有：

---

〔11〕 在这一主题上，我们从与 Elisha Pazner 的交流中获益良多。

$$\frac{\partial v}{\partial q_k^1} = - \alpha^1 x_k^1, \frac{\partial v}{\partial q_k^2} = - \alpha^2 x_k^2 \tag{32}$$

由于允许储蓄，有 $\alpha^1 \geqslant \alpha^2$。如果消费者想借款时可以借款，则最优税收结构就会被这个市场限制所改变。

参考文献

[1] W. Baumol and D. Bradford, "Optimal Departures from Marginal Cost Pricing," *American Economic Review*, June 1970, 69, pp. 265 – 283.

[2] A. Bergson, "Market Socialism Revisited," *Journal of Political Economy*, October 1967, 75, pp. 431 – 449.

[3] M. Boiteux, "Sur la gestion des monopoles public astreints à l' équilibre budgétaire," *Econometrica*, January 1956, 24, pp. 22 – 40.

[4] G. Debreu, "A Classical Tax – Subsidy Problem," *Econometrica*, January 1954, 22, pp. 14 – 22.

[5] G. Debreu, *Theory of Value*, New York , 1959.

[6] J. Drèze, "Postwar Contributions of French Economists," *American Economic Review Supp.* , June 1964, 54, pp. 1 – 64.

[7] A. Prest and R. Turvey, "Cost – Benefit Analysis: A Survey," *Economic Journal*, December 1965, 75, pp. 683 – 735.

[8] F. Ramsey, "A Contribution to the Theory of Taxation," *Economic Journal*, March 1927, 37, pp. 47 – 61.

[9] P. Samuelson, "Memorandum for U. S. Treasury, 1951," unpublished.

于飞 译

最优税制与公共生产Ⅱ：税收制度*

彼得·戴蒙德（PETER A. DIAMOND）　詹姆斯·莫里斯（JAMES A. MIRRLEES）**

在刊登于本刊1971年3月的本文的第一部分中，我们提出了运用税收和政府支出的方法来最大化社会福利函数的问题。我们推导出了社会福利函数最大化的一阶条件，并且考察了总产出效率问题的若干争议。本文作为第二部分，我们将针对最优税收的结构问题进行更多细节方面的讨论。上文第一部分包含了五小节的内容，因此本文将从第Ⅵ节开始。在第Ⅵ和第Ⅶ小节中，我们将分别研究在单一消费者和多个消费者情况下的商品税问题；在第Ⅷ小节，我们研究其他种类的税收；在第Ⅸ小节，我们研究公共消费；而在第Ⅹ小节中，我们将给出使得一阶条件成立的充分条件，对这一问题进行严格的处理。首先，我们重申一些符号代表的意义和基础知识。

符号：

p：生产者价格

q：消费者价格

t：税收（$t=q-p$）

$x^h(q), h=1,2,\cdots,H$：消费者 h 的净需求（消费者 h 收入假定为零）

$u^h(x^h)$：消费者 h 的效用函数

---

* 原文发表于1971年第61卷第3期。

** 作者分别来自麻省理工学院和纳菲尔德学院。第一部分中其他相匹配的脚注在这里同样适用。

$v^h(q)$：消费者 h 的间接效用函数 $v^h(q) = u^h(x^h(q))$

$X(q)$：总净需求 $X(q) = \sum_h x^h(q)$

$U(x^1, \cdots, x^H)$：社会福利函数

$V(q)$：间接社会福利函数 $V(q) = U(x^1(q), \cdots, x^H(q))$

$W(u^1, \cdots, u^H)$：个人主义的社会福利函数的特殊形式，是下面的一些分析中的假定

根据以上我们再次提到的符号，可知福利最大化问题就是要得到合适的 q 值，使得

$$\text{Maximize } V(q) \tag{33}$$

约束条件是 $G(X(q)) \leqslant 0$。

其中 G 代表总产量约束。这个问题满足一阶条件［式（19）和式（22）］，也就可以相等地写为：

$$\frac{\partial V}{\partial q_k} = \lambda \sum p_i \frac{\partial X_i}{\partial q_k} = -\lambda \frac{\partial}{\partial t_k}\left(\sum t_i X_i\right) (k = 1, 2, \cdots, n) \tag{34}$$

等式（34）当且仅当 $k=2$，…，n 时才可以求导。但是我们可以看到当 $k=1$ 时，等式也成立，因为，在等式分别乘以 q_k 并相加后，我们可以得到：

$$\sum_{k=1}^{n}\left[\frac{\partial V}{\partial q_k} - \lambda \sum_i p_i \frac{\partial X_i}{\partial q_k}\right] q_k = 0$$

V 和 X_i 是零次齐次的。等式（34）表明价格上升对社会福利产生的影响，与适应价格上升而引起的需求变化的支出，两者之间的变化是成比例的。或者说，税收增加对社会福利的影响，与引发的税负收入的改变是成比例变化的（均按固定生产者价格计算）。

Ⅵ 最优税收结构——单一消费者经济

对于一个消费者和一个个人主义福利函数（因此 V 与 v 是一致的，均为

经济中单一消费者的间接效用函数）而言，我们可以直接对社会福利函数中 q_k 求导［$v_k = -\alpha x_k$，其中 α 为收入的边际效用——参见第一部分等式（5）］。在这种情况下我们可以从更多细节上研究税收结构。运用补偿需求函数求解一阶条件的构想来自保罗·萨缪尔森。首先，我们列出大家都很熟悉的斯拉茨基（Slutsky）方程：

$$\frac{\partial x_i}{\partial q_k} = s_{ik} - x_k \frac{\partial x_i}{\partial I} \tag{35}$$

其中，s_{ik} 为 i 的补偿需求曲线对 q_k 的导数，$\partial x_i / \partial I$ 为非补偿需求函数收入的导数（在我们的案例中 $I=0$）。我们将运用广为熟知的结果 $s_{ik} = s_{ki}$。

将这一结果代入一阶条件等式（34），我们得到：

$$-\alpha x_k = -\lambda \frac{\partial}{\partial t_k}\left(\sum t_i x_i\right) = -\lambda\left(x_k + \sum t_i \frac{\partial x_i}{\partial t_k}\right) = -\lambda x_k - \lambda \sum t_i s_{ik} + \lambda x_k \sum t_i \frac{\partial x_i}{\partial I}$$

$$k = 1,2,\cdots,n \tag{36}$$

经整理，我们可得如下形式：

$$\frac{\sum_i t_i s_{ik}}{x_k} = \frac{\alpha + \lambda - \lambda \sum t_i \frac{\partial x_i}{\partial I}}{\lambda} \tag{37}$$

需要注意的一点是，等式右边与 k 无关。记等式右边为 $-\theta$。最后，运用斯拉茨基矩阵的对称性，我们可以将一阶条件写为：

$$\frac{\sum_i s_{ki} t_i}{x_k} = -\theta \tag{38}$$

两边分别乘以 $t_k x_k$ 并求和，我们得到：

$$\theta \sum_k t_k x_k = -\sum_{k,i} t_k s_{ki} t_i \geqslant 0 \tag{39}$$

根据斯拉茨基矩阵的半负定性，θ 与政府净收入有相同的正负符号。

等式（38）的左边是商品 k 的需求百分比变化，当生产者价格不变时，它由税收改变而引起，为了使消费者保持在同一条无差异曲线上，政府会予以相应的补偿，并且补偿需求曲线在最优点的导数是恒定的：

$$\Delta x_k = \sum_i \int_0^{t_i} \frac{\partial x_k}{\partial t_i} dt_i = \sum_i \int_0^{t_i} s_{ki} dt_i = \sum_i s_{ki} \int_0^{t_i} dt_i = \sum_i s_{ki} t_i \tag{40}$$

事实上，要使所有导数值都保持不变是不可能的。如果最优税收很小，那么意味着在生产者价格不变的条件下，最优税收结构与补偿需求曲线会发生同比例的变化，这一结论是近似正确的。

通过重新整理斯拉茨基方程（35），我们也可以通过税收结构（假定需求对价格的导数和生产者价格均保持不变）来计算需求的真实变化。因此，通过变换可以得到：

$$\sum_i \frac{\partial x_k}{\partial q_i} t_i + \frac{\partial x_k}{\partial I} \sum t_i x_i = -\theta x_k$$

或者

$$\frac{\sum_i \frac{\partial x_k}{\partial q_i} t_i}{x_k} = -\theta - x_k^{-1} \frac{\partial x_k}{\partial I} \sum t_i x_i \tag{41}$$

由税收结构的变化引起的需求的真实变化量（同样假定导数值不变），与超过平均比例且有更大收入导数的产品需求下降量相比，两者并不成比例变动。

三部门商品经济

在三部门商品经济中，我们可以得到两种征税物品的相对从价税比例。这与 W. J. Corlett 和 D. C. Hague 的观点类似，他们在之前讨论了改善比例税效用的研究方向。在三部门商品经济中，若其中一种商品免税，则一阶条件变为：

$$\begin{aligned} s_{22} t_2 + s_{23} t_3 &= -\theta x_2 \\ s_{32} t_2 + s_{33} t_3 &= -\theta x_3 \end{aligned} \tag{42}$$

解方程组得到：

$$t_2 = \theta \frac{s_{23}x_3 - s_{33}x_2}{s_{22}s_{33} - s_{23}^2},\ t_3 = \theta \frac{s_{32}x_2 - s_{22}x_3}{s_{22}s_{33} - s_{23}^2} \tag{43}$$

需要注意的是，根据斯拉茨基矩阵的性质，这里的分母为正，因此，我们将其转换为弹性的表达形式，定义补偿需求弹性为：

$$\sigma_{ij} = \frac{q_j s_{ij}}{x_i} \tag{44}$$

那么等式（43）可以写成：

$$\frac{t_2}{q_2} = \theta'(\sigma_{23} - \sigma_{33}),\frac{t_3}{q_3} = \theta'(\sigma_{32} - \sigma_{22}) \tag{45}$$

其中

$$\theta' = \frac{\theta x_2 x_3}{q_2 q_3 (s_{22}s_{33} - s_{23}^2)}$$

现在我们根据补偿弹性的可加性，替换 σ_{23} 和 σ_{33}，即：

$$\begin{aligned} \sigma_{23} &= -\sigma_{22} - \sigma_{21} \\ \sigma_{32} &= -\sigma_{33} - \sigma_{31} \end{aligned} \tag{46}$$

由此我们可得：

$$\begin{aligned} \frac{t_2}{q_2} &= \theta'(\sigma_{21} + \sigma_{22} + \sigma_{33}) \\ \frac{t_3}{q_3} &= \theta'(\sigma_{31} + \sigma_{22} + \sigma_{33}) \end{aligned} \tag{47}$$

一件值得考察的趣事是，劳动力（$x_1 < 0$）是免税商品，而商品 2 和商品 3 是消费品（$x_2 > 0$，$x_3 > 0$），那么 θ' 将与政府净收入有相同的符号。明确点说，假设政府收入为正，那么 $\theta' > 0$。等式（47）说明：

$$\frac{t_2}{q_2} \gtreqqless \frac{t_3}{q_3} \text{ 分别对应 } \sigma_{21} \gtreqqless \sigma_{31} \tag{48}$$

在劳动力价格为变量的补偿需求函数中，交叉弹性较小的商品其相应的税率更高（某种商品可能被给予补贴，但这种商品必须具有更大的交叉弹性）。

根据需求函数的性质，上面模型的含义有很多种。下面将举一个简单的例子来说明该理论的应用。如果我们用一般的形式来定义普通需求弹性：

$$\varepsilon_{ik} = q_k x_i^{-1} \frac{\partial x_i}{\partial q_k} \tag{49}$$

我们可以用下面的形式来重新写出最优税收方程：

$$v_k = q_k^{-1} \lambda \sum p_i x_i \varepsilon_{ik} \tag{50}$$

当福利函数是个人福利最大化的时候，代入方程（5），则方程（50）可以写为：

$$-\alpha q_k x_k = \lambda \sum p_i x_i \varepsilon_{ik} \tag{51}$$

或者写为：

$$q_k p_k^{-1} = -\frac{\lambda}{\alpha} \sum_i \frac{p_i x_i}{p_k x_k} \varepsilon_{ik}$$

如果一种商品的价格不影响对其他商品的需求（即意味着其本身为单位需求价格弹性），则等式（51）可简化为这种商品的最优税收：

如果 $\varepsilon_{ik} = 0\ (i \neq k)$ 并且 $\varepsilon_{kk} = -1$，那么：

$$q_k p_k^{-1} = \lambda \alpha^{-1} \tag{52}$$

其中 $q_k p_k^{-1}$ 等于 1 加上税率的百分比。之前已经论述过，α 为收入的边际效用，如果允许政府通过外部融资来解决赤字问题的话，那么，λ 即反映了福利的变化程度，他们的比值定义了税收增加的边际成本（就货币汇率本位商品而言）。因此，此种商品的最优税率决定了因边际美元税提高而引起的社会成本。

一个用来描述需求曲线效用函数的例子是柯布－道格拉斯函数，该函数假设只有劳动力供给。考虑：

$$u(x) = b_1 log(x_1 + \omega_1) + \sum_{i=2}^{n} b_i log x_i \tag{53}$$

如果我们选择劳动力作为免税计价单位，其他所有商品满足式（52），则我们可以得到最优税收结构为比例税结构的结论。

但我们可以轻而易举地列出最优税收结构不为比例税的例子。考虑下面这个例子：

$$u(x) = \sum b_i log(x_i + \omega_i), \sum b_i = 1, \omega_i \neq 0 \tag{54}$$

由此种偏好得出的需求函数为：

$$x_i = q_i^{-1} b_i \sum q_j \omega_j - \omega_i \tag{55}$$

因此需求弹性为：

$$\begin{aligned} \varepsilon_{ik} &= b_i \omega_k x_i^{-1} \frac{q_k}{q_i} \qquad (k \neq i) \\ \varepsilon_{kk} &= - b_k x_k^{-1} \sum_{j \neq k} \omega_j \frac{q_j}{q_k} \end{aligned} \tag{56}$$

将最优税代入方程，得：

$$-\alpha q_k x_k = \lambda \left[\sum_{j \neq k} b_j \frac{p_j}{q_j} \omega_k q_k - b_k \frac{p_k}{q_k} \sum_{j \neq k} \omega_j q_j \right] = \lambda \sum_j \left[b_j \omega_k \frac{p_j q_k}{q_j} - b_k \omega_j \frac{p_k q_j}{q_k} \right] \tag{57}$$

假设 $\sum b_j = 1$，我们可以将需求函数（55）写成如下形式：

$$q_k x_k = \sum_j [b_k \omega_j q_j - b_j \omega_k q_k] \tag{58}$$

联立方程组（57）和方程组（58），得：

$$\sum_j \left[b_j \omega_k q_k \left(\frac{p_j}{q_j} - \frac{\alpha}{\lambda} \right) - b_k \omega_j q_j \left(\frac{p_k}{q_k} - \frac{\alpha}{\lambda} \right) \right] = 0 \tag{59}$$

这些方程使我们可以在任何给定的 q 下计算出 p 的值，并通过此种方法得到最优税收制度，一般而言，最优税制并不必然为比例税制。下面将举一个这方面的例子，该例子将考虑三部门商品经济。

计算案例

让我们通过一个三部门商品的经济（一种消费品和两种劳动力类型的商品）将上面的两个例子结合起来，偏好与式（54）中相同。我们用这个例子来说明限定征税方法（例如对商品 2 和商品 3 征收同样的比例税）将会导致总生产的无效率。

例 e：假定偏好满足

$$u = logx_1 + log(x_2 + 1) + log(x_3 + 2)\ ,\ x_1 > 0,\ x_2 > 1,\ x_3 > -2 \tag{60a}$$

可选择的私人生产可能性为：

$$y_1 + y_2 + y_3 \leqslant 0\ ,\ y_1 \geqslant 0\ ,\ y_2 \leqslant 0\ ,\ y_3 \leqslant 0 \tag{60b}$$

政府约束为：

$$1.02z_1 + z_2 \leqslant 0\ ,\ z_1 \geqslant 0\ ,\ z_2 \leqslant 0\ ,\ z_3 \leqslant -0.1 \tag{60c}$$

只有政府供给效率比私人部门低时，政府才能把商品 3 用于公共用途，并且可以通过商品 2 生产出来商品 1。

由于我们期望的是有效率的生产，因此需要满足：

$$q_1 = p_1 = p_2 = 1\ ,\ z_1 = z_2 = 0$$

根据式（59）的一阶条件和式（58）的市场出清条件，我们得到了给出 q_2 和 q_3 解的两个方程：

$$q_2(q_3^{-1} - 1) = 2q_3(q_2^{-1} - 1)$$

$$(q_2 + 2q_3)(q_2^{-1} + q_3^{-1} + 1) = 8.7$$

方程组有唯一一组正数解：

$$q_2 = 0.94494\ ,\ q_3 = 0.90008$$

从而得到：

$$x_1 = 0.9150\ ,\ x_2 = -0.0316\ ,\ x_3 = -0.9834\ ,\ u = -0.1045$$

如果我们现在以相同的税率对商品 2 和商品 3 征税，同时要求达到生产有效率状态，那么需要满足 $q_2 = q_3 = q$，并且税率由市场出清方程决定。我们得到：

$$3q + 6 = 8.7\text{ ; i.e. , } q = 0.9$$

则需求为：

$$x_1 = 0.9, x_2 = 0, x_3 = -1$$

且

$$u = -0.1054$$

需要注意的是，虽然在这种情况下两种投入价格都要更低，但是经济仍然处在生产可能性边界上。如果我们想要了解 $p_2 > 1$ 时无效率的情况，那么可以通过得出 $y_2 = 0$ 和 $x_2 = z_2$，我们就能找到提高效率的方法。在这种情况下，市场出清需要满足：

$$(q_2 + 2q_3)\left((1.02)^{-1}q_2^{-1} + q_3^{-1} + 1\right) = 8.7$$

例如，当价格在 $q_2 = 0.92, q_3 = 0.90008$ 的水平时，我们可以得出：

$$x_1 = 0.9067, x_2 = -0.0144, x_3 = -0.9926, u = -0.1051$$

Ⅶ 最优税收结构——多消费者经济

正如我们在第一部分第Ⅲ小节中所提到的那样，由于没有考虑 V 的特殊形式，因此，单一消费者经济的最优税收结构方程同样也适用于多消费者经济。为了进一步研究这个问题，我们需要求得社会福利函数对第 k 种消费品价格的导数 V_k。

由个人福利函数，我们有：

$$V(q) = W(v^1(q), v^2(q), \cdots, v^H(q)) \tag{61}$$

对 q_k 求导，可得：

$$V_k = \sum_h \frac{\partial W}{\partial u^h} v_k^h = -\sum_h \frac{\partial W}{\partial u^h} \alpha^h x_k^h \tag{62}$$

其中 α^h 为消费者 h 对于收入的边际效用。因此有：

$$\beta^h = \frac{\partial W}{\partial u^h} \alpha^h \tag{63}$$

表示因消费者 h 的单位收入增加额所导致的社会福利增加额。则有：

$$-V_k = \sum_h \beta^h x_k^h \tag{64}$$

或者说，在商品 k 的价格等于“与福利相匹配”的消费者净需求时，对福利函数求得的导数。若对商品 k 提高征税，则最优税收的必要条件使得 V_k 与税收收入的边际贡献率变化成比例。

$$\sum_h \beta^h x_k^h = \lambda \frac{\partial T}{\partial t_k} \tag{65}$$

其中 $T = \sum t_i X_i$ 为总的税收收入，并且其导数为不变的生产者价格（即仅以消费者超额需求函数为基础）。我们同样可以代入得到：

$$\sum_h \beta^h x_k^h = -\lambda \sum_i p_i \frac{\partial X_i}{\partial q_k} \tag{66}$$

例 f：如上述推导最优税收方程之前，我们将先考察以下案例。

假设每一位消费者的效用函数都符合柯布－道格拉斯函数：

$$u^h = b_1^h log(x_1^h + \omega^h) + \sum_2^n b_i^h log x_i^h \text{ , } \sum_1^n b_i^h = 1 \tag{67}$$

由第Ⅵ小节可知，在单一消费者经济中选择商品 1 作为计价单位，税收应为比例税。一般而言，对每个消费者都有此效用函数的多消费者经济体来说，这个结论并不适用。因此，由效用函数推导出的个人需求曲线为：

$$\begin{aligned} x_i^h &= q_i^{-1} b_i^h q_1 \omega^h \text{, } i = 2,3,\cdots,n \\ x_1^h &= -(1 - b_1^h)\omega^h \end{aligned} \tag{68}$$

注意到 $\partial x_i^h/\partial q_k = 0(k \neq i \neq 1)$ 和 $\partial x_i^h/\partial q_i = -x_i^h/q_i(i \neq 1)$ 。假设此种情况下个人福利函数的一阶条件（66）为：

$$\sum_h \beta^h x_k^h = \lambda p_k q_k^{-1} \sum_h x_k^h \ (k = 2, \cdots, n) \tag{69}$$

它可以写为如下的形式：

$$\frac{q_k}{p_k} = \lambda \frac{\sum_h x_k^h}{\sum_h \beta^h x_k^h} = \lambda \frac{\sum_h b_k^h \omega^h}{\sum_h \beta^h b_k^h \omega^h} (k = 2, \cdots, n) \tag{70}$$

为了完成最优税收的测算，我们必须找到 λ、p_1 和 q_1 之间的关系。这需要通过瓦尔拉斯恒等式得到。在生产价格水平下，消费者净需求的价值与产出利润的负值相等（或者说，在政府预算平衡时我们可以得到 λ）。即为：

$$-p_1 \sum_h (1 - b_1^h)\omega^h + \sum_{i=2}^n \sum_h p_i q_i^{-1} b_i^h q_1 \omega^h = \gamma \tag{71}$$

其中，γ 为政府需求（$= \sum_{i=1}^n p_i z_i$）净产量的最大利润。将式（70）代入并整理，得到：

$$\frac{q_1}{p_1} = \lambda \frac{\sum_h (1 - b_1^h)\omega^h + \gamma p_1^{-1}}{\sum_{i=2}^n \sum_h \beta^h b_i^h \omega^h} = \lambda \frac{\sum (1 - b_1^h)\omega^h + \gamma p_1^{-1}}{\sum \beta^h (1 - b_1^h)\omega^h} \tag{72}$$

其中 γp^{-1} 的取值受技术和政府支出决策的影响，因此取决于 p（除非 $\gamma = 0$）。

等式（70）和式（72）决定了最优税率。如果社会边际效用 β^h 与税收无关，则可以很容易地得到最优税率。在这种情况下 $\beta^h = 1/\omega^h$，因此当 W 具有 $\sum_h v^h$ 的特殊形式时，该假设成立。需要注意的是，尽管每个家庭的社会边际收入效用并不受税收的影响，但一般而言，征税仍然是可取的。如果一种商品的购买者主要是社会边际收入效用相对较低的家庭，那么这种商品就应该被征收相对较高的税。尽管这种税收并不能使得不同家庭的社会边际收入效用得以趋近，但它确实提高了整个福利水平。

一般来说，税收确实影响社会边际收入效用。因为β^h取决于税率，因此，等式（70）无法明确给出最优税收的公式。相比较于加法的情形，当$W = -\mu^{-1}\sum_h e^{-\mu v^h}, \mu > 0$时会造成对等式更严重的偏离，可以很容易地证明最优税收需要满足以下条件：

$$\frac{q_k}{p_k}\sum_h b_k^h(\omega^h)^{-\mu}\prod_{i=2}^{n}(b_i^h)^{-\mu b_i^h}q_i^{\mu b_i^h} = \lambda\sum_h b_k^h\omega^h (k = 2,3,\cdots,n) \tag{73}$$

在这种情况下，收入的边际效用将会趋近[1]。等式（10）并不能立即明确推出，q取决于给定的p的结论。然而在本例中可以得到，一阶条件必须有唯一解[2]。

事实上，如果产品市场是完全竞争市场，政府严格遵照等式（70）[以及等式（72）]的关系，则一定会实现福利最大化，因为每个满足这些条件的经济体都能使福利最大化，并且这个最大值对于福利函数来讲是唯一的。可惜的是，这个简单的性质并不普遍。

从方程（70）中可以得到两种最优税制为比例税的情形。如果每个人收入的社会边际效用都相等（对于所有的h，$\beta^h = \beta$），那么方程（70）可以简化为$q_k p_k^{-1} = \lambda/\beta$。在这种情况下，重新分配收入不能提高福利，因此没有必要对不同的个体征收不同的税。因此，最优税收制度与单一消费者情况的税制结构有相同的形式。当β^h不同时，有更低的社会边际收入效用的个人，其购买商品会更多，从而承担的赋税也越重。例如，如果福利函数对每个个体都是平等适用的，并且社会边际收入效用递减，那么，富人因为消费的商品

---

[1] 如果$\mu < 0$，效用和边际效用会相离更远。

[2] 很容易证明当δ_h为常数时，$v^h = \delta_h + \sum_i b_i log(q_1/q_i)$。因此，$V(q) = -\mu^{-1}\sum_h e^{-\mu\delta_h}\prod_i (q_1/q_i)^{-\mu b_i^h}$，为$(q_1/q_2, q_1/q_3, \cdots, q_1/q_n)$的凹函数。同理，总需求函数为$X_i(q) = \sum_h b_i^h\omega^h \cdot (q_1/q_i), X_1(q) = -\sum_h (1-\alpha_i^h)\omega^h$。如果生产集是凸的，集合$(X_1, X_2, \cdots, X_n)$的可行集$(q_1/q_2, \cdots, q_1/q_n)$同样是凸的。因此，通过在凸集$(q_1/q_2, \cdots, q_1/q_n)$上最大化凹函数的解即可得到最佳的$q$值，因此一阶条件唯一确定。

更多而应该征收更多的赋税。

第二个适用比例税的情况是：所有个体的需求向量成比例变化，即 $x^h = \rho^h x$，因此，对于所有的 h，可得 $b_k^h = b_k$。因为所有个体对商品的需求都成比例变化，所以不可能通过商品税重新分配收入，即不可能重新假设单一消费者经济的税收结构。

最优税收方程

在第Ⅵ小节中，一些对最优税收方程的可能性解释同样适用于多消费者的情形。因此，该方程中包括了消费者价格弹性却没有包括生产者价格弹性，并且在按生产者价格不变得出的最优点上，价格改变的社会边际效用与提高征税的税收边际变化成比例变化。我们同样可以对需求变化进行分析，但这肯定会复杂一些。假设一个个人福利函数，一阶条件可以写为[3]：

$$\sum \beta^h x_k^h = \lambda \sum_h \sum_i t_i \frac{\partial x_i^h}{\partial q_k} + \lambda \sum_h x_k^h \tag{74}$$

由斯拉茨基方程可知：

$$\frac{\partial x_i}{\partial q_k} = s_{ik} - x_k \frac{\partial x_i}{\partial I} = s_{ki} - x_k \frac{\partial x_i}{\partial I} = \frac{\partial x_k}{\partial q_i} - x_k \frac{\partial x_i}{\partial I} + x_i \frac{\partial x_k}{\partial I} \tag{75}$$

将式（75）代入式（74）可以写出最优税收方程：

$$\sum_h \beta^h x_k^h = \lambda \sum_h \sum_i t_i \frac{\partial x_k^h}{\partial q_i} + \lambda \sum_h \sum_i t_i \left(x_i^h \frac{\partial x_k^h}{\partial I} - x_k^h \frac{\partial x_i^h}{\partial I} \right) + \lambda \sum_h x_k^h \tag{76}$$

整理后可将方程（76）写为：

$$\frac{\sum_h \sum_i t_i \frac{\partial x_i^h}{\partial q_i}}{\sum_h x_k^h} = \frac{1}{\lambda} \frac{\sum_h \beta^h x_k^h}{\sum_h x_k^h} - 1 + \frac{\sum_h \left(\sum_i t_i \frac{\partial x_i^h}{\partial I} \right) x_k^h}{\sum_h x_k^h} - \frac{\sum_h \left(\sum_i t_i x_i^h \right) \frac{\partial x_k^h}{\partial I}}{\sum_h x_k^h} \tag{77}$$

---

〔3〕 我们忽略存在免费商品，一阶条件不相等的可能性。

保持生产者价格不变，方程（77）给出了在商品需求函数的价格导数恒定（或者税收很小）的情况下，税收导致需求的变化。考虑这样两种商品，当该商品的需求主要集中满足以下几个条件时，其需求下降的百分比会更多：

（1）消费者的社会边际收入效用较低；

（2）当消费者收入降低时，其所应交税赋下降比例更小；

（3）对于商品 k 的需求收入导数的产品和税收较多的消费者。

Ⅷ 其他税收

到目前为止，我们将公共生产和商品税收作为控制变量来进行了共同研究，很自然地，当由政府控制的额外税收变量被引入后，我们就需要重新进行分析。因此，特别需要注意的是，我们将在下一小节简要讨论所得税；但是首先，我们先来研究消费预算约束取决于消费价格和税收变量的一般种类税收的情况。我们用更为一般的预算约束 ϕ（x，q，ζ）$=0$ 来代替预算约束 $\sum q_i x_i = 0$，其中 ζ 为不同附加税收系统中进行选择的转移参数（如收入税进行的程度）。这一模型继续假定所有税收由消费者共同负担，经济中没有利润。

以上分析得以延展的一个关键假定是计划者的约束相互独立。我们需要假定税收变量的选择不影响生产可能性曲线，进一步来说，生产点的选择不影响可能的需求组合集。特别需要注意的是，这一方程意味着生产者价格不影响消费者预算约束。

因此为了适应这个方程，所得税需要根据消费者所得的薪金进行征收，而不是根据公司在工资上的花费进行征收。类似地，我们所假设的所得税税基是不包含营业税扣除的。

我们已经知道，在这样一种情况下最优生产是有效的。因此我们可以重点研究以下这种情况：政府控制所有产品，产品约束为 $x_1 = g(x_2, x_3, \cdots, x_n)$ 。我们需要选择 $q_2, q_3, \cdots, q_n, \zeta$ ，满足：

$$\text{Maximize}V(q,\zeta)$$

$$\text{约束条件为 } X_1(q,\zeta) = g(X_2(q,\zeta),\cdots,X_n(q,\zeta)) \tag{78}$$

之前我们引入了拉格朗日乘子 λ。对 q_k求导可以得到熟悉的形式：

$$V_k = \lambda \sum_i p_i \frac{\partial X_i}{\partial q_k} \tag{79}$$

其中生产者价格 p_i为 $\partial g/\partial x_i(i = 2,3,\cdots,n),p_1 = 1$ 。对新的税收变量求导，可以得到类似的方程：

$$\frac{\partial V}{\partial \zeta} = \lambda \sum_i p_i \frac{\partial X_i}{\partial \zeta} \tag{80}$$

方程（79）可以写为另一种形式，即：

$$V_k = -\lambda \frac{\partial T}{\partial t_k} \tag{81}$$

用同样的方法，我们可以从方程（80）中得到新征收的税对整个税收收入的影响：

$$V_\zeta = -\lambda \frac{\partial T}{\partial \zeta} \tag{82}$$

所得税

我们之前所有的讨论都不能说明商品税优于所得税。我们的分析仅仅研究了商品税的最佳利用方式。很自然地，我们需要继续追问应该如何将商品税和所得税结合起来进行利用。所得税的公式化提出了一个问题，如果计划者可以自由选择所得税结构，并且纳税人数是有限的，那么税收结构应该使得每一位纳税人在他的均衡收入上边际税率为零（尽管这并不一定使得经济达到福利最大化）。这简化了我们的问题，但是在一个比较大的经济体中，课税总额似乎超过了政策工具有效值的范围。这个问题自然的公式化对于纳税人来说是一个闭联集，因为税率表不可能为某一个人量身定做（Mirrlees 曾经采用过这个方法）。然而，我们在这里采用另外一种方法，假设所得税结构的选择集是有限的。

如果商品税是可行的，一户家庭购买向量 x^h 需要缴税：

$$T^h = \sum_i t_i x_i^h \tag{83}$$

我们可以选择商品的一个子集 L，即劳动力，以使得在税收结构中加入所得税，并向其征交易税，所以有：

$$I^h = \sum_{i \text{ in } L} q_i x_i^h$$

其中，I 为"可征税收入"，那么

$$T^h = \sum_i t_i x_i^h + \tau(I^h, \zeta) \tag{84}$$

其中 τ 为取决于参数 ζ 的固定连续可微函数，并且对于所有消费者都适用。对服务业征税时（x_i 为负），我们期望 τ 在税基上递减，导数介于 0 与 -1 之间。根据以上分析，我们可以定义预算约束 $\phi(x^h, q, \zeta)$ 为：

$$\phi(x^h, q, \zeta) = \sum p_i x_i^h + T^h = \sum q_i x_i^h + \tau\left(\sum_{i \text{ in } L} q_i x_i^h, \zeta\right) \tag{85}$$

这里我们把 q 和 ζ 当作政策变量。因此消费者的预算约束取决于消费价格，但独立于生产价格。

在这种特殊的情形下，最优所得税的一阶条件即为式（79）和式（80）。税收变量的社会边际效用的改变，与以不变生产价格计算的税收收入的边际改变量成比例。在个人福利函数中，我们可以更清晰地得到关于福利函数导数 V_k 和 V_ζ 的方程：

$$V_k = \sum_h \beta^h x_k^h \left(1 + \delta_k \frac{\partial \tau^h}{\partial I}\right) \tag{86}$$

$$V_\zeta = \sum_h \beta^h \frac{\partial \tau^h}{\partial \zeta} \tag{87}$$

如果 k 在集合 L 中，$\delta_k = 1$；如果 k 不在集合 L 中，$\delta_k = 0$；并且 $\tau^h =$

τ（I^h，ζ）。

这些方程由在 $\phi=0$ 条件下最大化 u^h的一阶条件推导而来的，例如，预算约束表明：

$$\sum_k \frac{\partial\phi}{\partial x_k}\frac{\partial x_k}{\partial\zeta}+\frac{\partial\phi}{\partial\zeta}=0$$

联立式（82）和式（87），我们得到：

$$\sum\beta^h\frac{\partial\tau^h}{\partial\zeta}=\lambda\frac{\partial T}{\partial\zeta} \tag{88}$$

因此，在最优点，对于任意所得税结构的两种不同的变化，税收的社会边际效用加权值的改变（消费者行为为常数）与总税收收入的变化成比例(所得税与商品税都以固定生产价格计算，消费者行为随价格变化而发生相应变化)。

Ⅸ　公共消费

从一开始，我们研究政府生产决策时就有约束 G（z）$\leqslant 0$。因此该模型中包含了一篮子固定的公共消费［自身由 G（0）为正说明］。这个假设并不能令人满意，而且其自身依然是一个复杂的问题，我们现在考虑的是直接影响社会福利的公共消费中的选择（我们假定政府控制所有产品，因此可以对影响私人部门产量而非消费者效用的公共支出予以忽略)。我们定义 e 为公共消费支出向量（难以测得的公共消费可以通过描述对产品的投入来获得)。公共消费的存在在三个方面改变了我们的问题。首先，公共消费意味着公共生产（或者购买）并不是由市场决定的。因此市场出清量变为 $X=z-e$。其次，公共消费影响私人净需求，私人净需求现在需要写为 X（q，e）。最后，公共消费的水平直接影响社会福利函数（通过在个人福利函数中影响个人效用)。

我们可以将基本的最大化问题重新写为：

$$\text{Maximize}\, V(q,e)$$

$$\text{s.t.}\ G(X(q,e)+e)\leqslant 0 \tag{89}$$

在这个问题中，e 的存在并不影响拉格朗日函数对 q 求一阶导所得到的方程，因此公共消费的不同选择不会改变最优税制。它同样不会改变在最优点进行有效率生产的条件。因此我们可以将不等式（89）替换为一个等式和一个拉格朗日函数对 e_k 的微分：

$$\frac{\partial V}{\partial e_k}-\lambda\left[\sum G_i\frac{\partial X_i}{\partial e_k}+G_k\right]=0 \tag{90}$$

因为：

$$\sum G_i\frac{\partial X_i}{\partial e_k}=\sum p_i\frac{\partial X_i}{\partial e_k}=\sum(q_i-t_i)\frac{\partial X_i}{\partial e_k}=\frac{\partial}{\partial e_k}\left(\sum q_iX_i-\sum t_iX_i\right)=-\frac{\partial}{\partial e_k}\left(\sum t_iX_i\right) \tag{91}$$

我们可以将式（90）写为：

$$\frac{\partial V}{\partial e_k}=-\lambda\frac{\partial}{\partial e_k}\left(\sum t_iX_i\right)+\lambda G_k \tag{92}$$

方程（92）表明公共消费的最优水平取决于：

（ⅰ）公共消费对福利的直接贡献（根据 $\partial V/\partial e_k$ 得到）；

（ⅱ）公共消费对税收收入的影响（根据 $\partial\sum t_iX_i/\partial e_k$ 得到）；

（ⅲ）公共消费的直接成本（G_k）。

这个理论与现有的对公共消费一次性总付税的理论（如 Samuelson 在 1954 年提出的理论）有三点不同。第一，因为收入的社会边际效用不同，所以 $\partial V/\partial e_k$ 不能被替换为边际替代率的总和，但是根据公共消费不同受益人的权重，可得：

$$\frac{\partial V}{\partial e_k}=\sum_h\frac{\partial W}{\partial u^h}\frac{\partial u^h}{\partial e_k} \tag{93}$$

第二，政府财政收入提高与成本表明了公共消费对收入的影响与一阶条件相关。第三，同样的道理，公共消费的成本是根据政府为满足支出而提高税收的成本来计算的（单一消费者方程中，λ 与收入边际效用 α 可能不相等）。

公共品供给的一阶条件可以用另一种方式来表述，它表明了边际成本与“支付意愿”之间的关系。定义 r_k^h 为公共品 k 与第 h 户家庭收入之间的边际替代率。则 $\partial u^h/\partial e_k = \alpha^h r_k^h$，其中 α^h 为第 h 户家庭收入的边际效用。第 h 户家庭的社会边际收入效用 β^h 为 $(\partial W/\partial u^h)\alpha^h$。因此，由式（93）得：

$$\frac{\partial V}{\partial e_k} = \sum_h \beta^h r_k^h \tag{94}$$

那么，由式（92）得：

$$G_k = \sum_h \left[\frac{\beta^h}{\lambda} r_k^h + \frac{\partial}{\partial e_k} \sum_i t_i x_i^h \right] \tag{95}$$

因此，生产公共产品的边际成本应该等于所有家庭支付价格的总和，该价格等于所有家庭在规定的水平上愿意支付的边际增量的价格，它由家庭收入的边际社会价值衡量，根据每户家庭在净税收支出上的供给水平结果进行调整。[4]

到目前为止，我们关于公共消费的讨论都假定公共生产的提供是免费的。这样的假定对于国防和预防医学是适用的，但是对于使用者需要得到许可的商品则是不适用的。一般来讲，许可费的最优水平不为零。事实上，任何一种商品的定价机制都可以比上面所讨论的单一固定价格要复杂。特别地，两步税收法（使用某种设施的许可费加上对单位使用量的收费）以及根据数量定价的方法都是我们所熟悉的例子。这些可以看作与上面所讨论的所得税例子相类似；征税的商品集现在被认为是消费品而不是劳动。两步税收法意味着税收函数在开始时是不连续的。

〔4〕 另一个例子可以以类似的方式处理：当政府产品被赠送而不是被卖出的时候，政府对产品的供给是有限的，同时存在私人生产。因为上述政府产品规则不降低一阶条件的生产价格，这两种生产方式的产出量与总生产效率不匹配。

正如提高所得税可能达到的效果那样，更一般化的价格和税收机制的引入可能提高社会福利。实际上，被忽视的税收管理成本可能严重限制能够提高福利的复杂定价机制的数量。我们期望上面所做的分析在引入这些可能性后可以基本保持不变，尽管两步定价法会导致总需求不连续。在实际中，我们期望这些不连续与总需求相比较小，并且可以通过消费者连续统的设计机制消除。

X 最优税收理论

在之前的讨论中，我们应用微积分方法得到了最优税收结构的一阶条件。然而，拉格朗日乘子只有在特定限制下才有效，这种限制在现在所讨论的情形下并不具备明显的经济学意义。这一小节对于税收方程在何种情况下确实是最优化的必要条件进行了严格的分析，尤其是提出了具有经济学意义的假设来证明其有效性。读者需要注意的是，下面的讨论是非常有技术性的。

有人可能希望利用著名的微分方程（不一定是凹的）——库恩塔克（Kuhn - Tucker）定理来进行严格的分析。这个定理需要满足特定的“约束规格”。下面我们应用这一定理来看看可以得出什么结果。我们希望

$$\text{Maximize} V(q)$$

$$\text{s. t.} \quad g(X(q)) \leqslant 0, q \geqslant 0$$

其中 g 为（向量）生产约束，当且仅当 X 在集合 G 中时，$g(X) \leqslant 0$。考虑到 V、X 和 g 是可微的，并且满足库恩塔克定理的约束规格条件，我们得到一阶条件：

$$V'(q^*) = \frac{\partial V}{\partial q} \leqslant p \cdot \frac{\partial X}{\partial q} = p \cdot X'(q^*) \tag{96}$$

其中对于拉格朗日乘子 λ，有 $p = \lambda \cdot g'(X(q^*))$，因此 G 在 X（q^*）处有一支撑或是正切的超平面。因为 V 和 X 都为零次其次的，$[V'(q^*) - p \cdot X'(q^*)] \cdot$

$q^* = 0$，所以，对于使得 $q_i^* > 0$ 的任意 i 有 $\partial V/\partial q_i = p \cdot (\partial X/\partial q_i)$。

用这种形式表述一阶条件，我们很自然地假定 V 和 X 连续可微，从某种程度上讲，这种假设是可以的。但关于用满足约束规格的有限数量连续可微不等式来限定生产集的假设则不那么令人满意。约束规格是关于函数 g 的假设，是指我们可以在不改变实际约束集 G 的情况下，通过改变函数 g 来改变它。这样的假设需要避免一些"合理的"的反例，我们在下文将会予以举例。但是人们并不总能清晰地知道，一个无法满足约束规格的特定例子是否可以通过采用一系列更好的不等式，使之可以更好地满足约束规格。我们想要选择一个依赖于集合 G（和 X）性质而不是特定函数 g 性质的约束规格；并且我们希望该假设可以有更好的经济学意义上的解释。下面证明的定理就包含这样的假设，因为 G 是凸集并且有界。

在陈述定理之前，让我们先看一个在最优点时不满足一阶条件的例子。

例 g：考虑单一消费者经济。在图 10 所示例子中，供给曲线与生产边界在最优生产点相切。因为 q 是不断变化的，所以 $X(q)$ 沿着供给曲线不断变化。因此，保持 q_2 不变，则 $\partial X(q)/\partial q_1$ 与供给曲线在 $X(q^*)$ 点相切。因此，如果 p 是生产价格的矢量，与生产边界在 $X(q^*)$ 点相切，则 $p \cdot \partial X(q^*)/\partial q_1 = 0$。这同样适用于对 q_2 求导，但是不能因此认为 $V'(q^*)$ 等于零。因此，在最优点处未必会满足一阶条件。

我们假定生产集边界与供给曲线不相切：

能满足 $X(q)$ 在集合 G 中的任意 $p, q(q \geqslant 0, p \neq 0)$ 以及满足 $p \cdot X(q) \geqslant p \cdot x$ 的集合 G 中所有的 x，使得 $p \cdot X'(q) \geqslant 0$。

采用这种特殊形式的限制是因为同样有 $q \geqslant 0$ 的限制。需要注意的是，在 $q > 0$ 的条件下，$p \cdot X(q) \geqslant 0$ 与 $p \cdot X'(q) \neq 0$ 是等价的，因为 X 是零次齐次的。这个限制说明对于任何可能的竞争性平衡（在商品税情形下），以生产者价格计算，消费价格的改变会使均衡需求下降，根据总消费者预算限制，$q \cdot X = (p + t) \cdot X = 0$。因此，我们假设在生产边界的任意可能均衡点，都可能提高税收收入。因此，如果最优点代表本地税收收入最大化，则一阶条件有可能

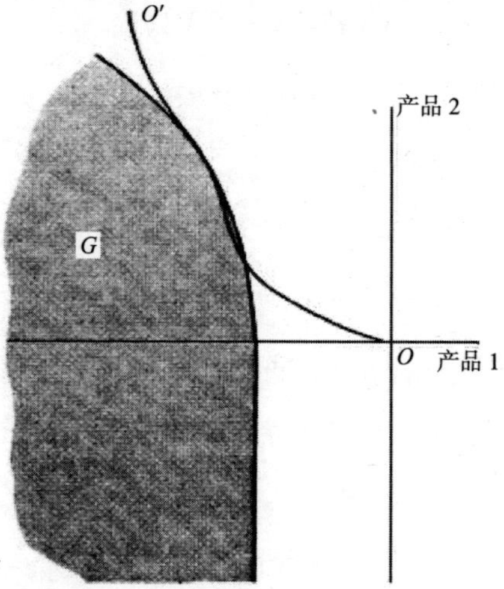

图 10

不适用。回到例 g，我们可以看到在最优点处，尽管 V 的导数不一定为零，但都有 $p \cdot X' = 0$，或者等价的，$\partial(t \cdot X)/\partial t = 0$。

我们现在陈述并证明定理。[5]

定理 5：假设存在最优解 (X^*, q^*)，$V(q)$ 和 $X(q)$ 连续可微，G 是凸的非空集。进一步假定不存在一组价格向量 (p,q) 使得：

$$\text{对于集合 } G \text{ 中的 } x,\ X(q) \quad \text{Maximize } p \cdot x$$

$$p \neq 0, p \cdot X'(q) \geqslant 0 \tag{97}$$

则存在 p^*，使得：

$$\text{对于集合 } G \text{ 中的 } x,\ X^* \quad \text{Maximize } p^* \cdot x$$

〔5〕 需要注意的是，当约束最优化为非限制性最大化时，满足该定理的生产者价格为零。这种情况在最优点且在生产集内部或是边界时可能发生。如果用两个条件替代不相切假设，则这个定理会以一种复杂的方式被弱化。一个条件是库恩塔克限定约束的类似条件规定可行集为拱形，另一个条件是当 V' 在 $\overline{B}$ 而不在 B 中时不相切。如果相切，则标准的圆锥体是多面体，B 是闭集。如果那样，当 G 处于非负象限时，库恩塔克定理即为定理 5 的弱化版。然而，库恩塔克定理是很容易证明的。

$$V'(q^*) \leqslant p^* \cdot X'(q^*)$$

证明：令 $P = \{p \mid p \cdot X^* \geqslant p \cdot x\}$，$P$ 是 G 在 X^* 处的法锥面，包含零向量。这是一个凸的非空闭集。

我们用 V' 表示 $V'(q^*)$，用 X' 表示 $X'(q^*)$。考虑这样一个集合：

$$B = \{v \mid v \leqslant p \cdot X'\}$$

我们需要证明 V' 在集合 B 中。首先，如果 V' 在 $\overline{B}$ 中，即 B 的闭合集中，那么我们要证明，实际上 V' 在 B 中，然后可以得出 V' 就一定在 $\overline{B}$ 中。

如果 V' 在 $\overline{B}$ 中，则存在序列 $\{v_n\}$ 和 $\{p_n\}$，p_n在 P 中，有：

$$v_n \leqslant p_n \cdot X'$$
$$v_n \to V' \qquad (n \to \infty) \tag{98}$$

$\{p_n\}$ 可能有界也可能无界。如果无界，我们可以找到一个子序列使得：

$$\| p_n \| \to \infty \ , \frac{p_n}{\| p_n \|} \to \bar{p} \neq 0$$

然后，将式（98）两边除以 $\| p_n \|$，令 $n \to \infty$，则当 $\bar{p} \neq 0$，且 $\bar{p}$ 在 P 中时，我们可以得到 $\bar{p} \cdot X' \geqslant 0$，但是这种可能性被式（97）的假设排除了。因此 $\{p_n\}$ 是有界的，并且在 P 中存在极值 p，式（98）说明 $V' \leqslant p \cdot X'$。因此这个定理的结论建立在 V' 在 $\overline{B}$ 中这个假设之上。

恰恰相反，如果 V' 不在 $\overline{B}$ 中，我们将通过一系列引理推导出相反的结论。

引理 5.1：$\overline{B}$ 是很显然的。也就是说，当且仅当 $v = 0$ 时，v 和 $-v$ 都属于 $\overline{B}$。

证明：如果 v 和 $-v$ 都在 $\overline{B}$ 中，我们将有下面的序列：

$$v_n^1 \leqslant p_n^1 \cdot X', v_n^2 \leqslant p_n^2 \cdot X' \tag{99}$$

$$v_n^1 \to v, v_n^2 \to -v \tag{100}$$

如果 $v \neq 0$，则 p_n^1 和 p_n^2 不可能同时趋近于零。假设 p_n^1 不趋近于零，那么取一个子序列：

$$\| p_n^1 \| \to \pi_1 \leqslant \infty$$

$$p_n^1 / \| p_n^1 \| \to p^1,\ \neq 0$$

如果$p_n^1 + p_n^2 \to 0$，$p_n^2 / \| p_n^1 \| \to -p^1$，则$-p^1$在$P$中。但由于$G$非空，$P$是尖的，因此这不可能成立（如果$p$，$-p$在$P$中，对于$G$中的任意$x$，$p \cdot x$是常数，但是超碰面不存在内部）。因此我们可以取一个子序列：

$$\| p_n^1 + p_n^2 \| \to \pi,\ 0 < \pi \leqslant \infty$$

$$\frac{p_n^1 + p_n^2}{\| p_n^1 + p_n^2 \|} \to p,\ \neq 0,\ \in P$$

从式（99）（通过相加以及除以$\| p_n^1 + p_n^2 \|$）和式（100），现在我们得到：

$$p \cdot X' \geqslant \lim \frac{v_n^1 + v_n^2}{\| p_n^1 + p_n^2 \|} = 0 \tag{101}$$

这与式（97）矛盾，因为p在P中，并且$p \neq 0$。因此引理得证。

引理5.2：如果C是有尖点，凸的封闭圆锥体，那么存在一个向量p，使得对于C中所有非零的z，有$p \cdot z < 0$。

证明：由凸锥的二元性定理，$C^{++} = C$，C^+为二次锥，有$\{p \mid p \cdot z \leqslant 0, z$在$C$中$\}$。显然，如果$C^+$有尖点，$C$为非空；因为如果$C$为空集，对于不为零的$p$和$C$中所有的$z$有$p \cdot z = 0$，并且$p$和$-p$都属于$C^+$。根据定理的假设，$C$为闭集且有尖点。因此$C^{++}$有尖点，并且$p$为$C^+$内部一点。

$$p \cdot z < 0 \text{（对于 } C \text{ 中所有非零的 } z\text{）}$$

另外，如果$p \cdot z = 0$，我们很容易找到一个序列$\{p_n\}$，使得$p_n \to p$时，$p_n \cdot z > 0$，所以p_n不在C^+中。

引理5.3：如果V'不在$\overline{B}$中，存在r，使得：

$$V' \cdot r > 0 \tag{102}$$

$$v \cdot r < 0 \qquad (v \in B) \tag{103}$$

证明：封闭的凸锥 $\overline{B}+\{\lambda V' \mid \lambda \leqslant 0\}$ 有尖点。因此存在 r，使得：

$$v \cdot r+\lambda V' \cdot r<0$$

$$v \in \overline{B}, \lambda \leqslant 0, v, \lambda \text{ 不全为零}$$

将 $v=0$，$\lambda=-1$ 代入得到式（102），将 $\lambda=0$ 代入得到式（103）。

引理 5.4：令 r 为满足式（102）和式（103）的向量。对于任意 $\delta>0$，

$$X(q^{*}+\theta r) \in G \qquad (0 \leqslant \theta \leqslant \delta)$$

证明：

无须假设。对于任意序列 $\{\theta_n\}, \theta_n>0, \theta_n \rightarrow 0$

$$X(q^{*}+\theta_n r) \notin G$$

因为 G 为凸集，这意味着：

$$X(q^{*})+\frac{\lambda}{\theta_n}[X(q^{*}+\theta_n r)-X(q^{*})] \notin G$$

对于 $\lambda \geqslant \theta_n$，令 $n \rightarrow \infty$，经我们推断，对于任意的 $\lambda>0$，有：

$$X(q^{*})+\lambda X' \cdot r=\lim_{n \rightarrow \infty}\left[X(q^{*})+\lambda \frac{X(q^{*}+\theta_n r)-X(q^{*})}{\theta_n}\right]$$

不在 G 的内部。因此半线（half-line）$\{X(q^{*})+\lambda X' \cdot r \mid \lambda>0\}$ 可以通过超平面在 $p \neq 0$ 的条件下从 G 的内部分离出来：

$$p \cdot X(q^{*})+\lambda p \cdot X' \cdot r \geqslant p \cdot x \quad (\lambda>0, x \in \operatorname{Int} G)$$

令 $\lambda \rightarrow 0$，可以得到 $p \in P$ 令 $x \rightarrow X^{*}$，则有：

$$p \cdot X' \cdot r \geqslant 0$$

这与式（103）矛盾，因为 $p \cdot X'$ 在 B 中。引理得证。

因为 q^{*} 为最优点，式（104）意味着：

$$V(q^{*}+\theta r) \leqslant V(q^{*}) \quad (0 \leqslant \theta \leqslant \delta)$$

因此：

$$V' \cdot r = \lim_{\theta \to 0} \frac{1}{\theta} [V(q^* + \theta r) - V(q^*)] \leqslant 0$$

然而，这与式（102）矛盾。因此，引理5.3的假设$V' \in \overline{B}$是错误的，对该定理的证明便完成了。

为了得到式（96）最优税收的一阶条件在一般条件下都适用的结果，我们假设生产集G是凸集。但是关于政府生产控制一个普遍的争议，就是生产集是非凸的，这并不是我们在本论文中主要考虑的问题。然而，我们确实有必要对该定理进行一些延伸。举个例子，假设G的边界在X^*点处可微，因此p在X^*点可以唯一地被确定，并且G在X^*附近连续——法线上存在以X^*为中心的球形，其属于集合G，并同时包含了X^*。将该定理应用到这个球形中，我们可以通过法线得到生产者价格，并由此得出一阶条件（96）是有效的。

在总体福利经济中，运用一阶条件求解最优值有两个特殊的问题。第一个问题是：可能会有不止一组向量（p，q）满足一阶条件，并使得市场出清。这与我们在非凸生产函数集的情况下，企图运用一阶条件去求解最优产量和分配时，所遇到的问题是类似的。值得注意的是，如果一次总量转移被认为是不可行的政策，那么当生产集为凸集时，也会产生这个问题。为保证得到全面最大化的一阶条件，没必要令需求函数必须具有良好的凸性。只有在特定的情况下，比如在之前所讨论的那样时（严格证明需要依赖定理5），一阶条件才能得出唯一的解。

第二个问题是：一个人愿意采取的税收政策并不一定是决定系统行为的唯一标准。标准福利经济中需要的总额重新分配，并不能保证我们所希望达到的竞争性均衡始终与最优财富分配保持一致（尽管我们可能达到错误的均衡，但我们可以很容易察觉到）。类似地，在现在的情况下，如果我们采用税收而不是消费者价格来作为政府控制变量，那么经济的均衡解可能就不是唯一的了。[6] 如果采用消费者价格作为控制变量（为什么不呢），只要偏好是

〔6〕 关于多均衡相关问题的讨论，参见E. Foster和H. Sonnenschein。

严格的凸函数，那么需求函数就会有唯一均衡点。

XI 结束语

我们一般会把福利经济与描述最好的理想世界联系在一起，所以它只接受技术上基本的约束。正如经济学家已经意识到的，尽管我们对这些问题已经有了更深入的理解，但如果一个经济体忽略了通信、计算和管理（更不用说政治限制），那么它将直接制约这个定理在政治问题方面的应用。我们不打算直接将这些复杂的东西加入经济理论中以期完全掌握这个问题，相反，我们会将这些约束条件作为可应用的政策工具的限制。很多政策工具的组合都可以用这种方法进行检验。特别地，假设政府利用的政策组合包括了各种程度的商品税（补贴），运用这些工具，我们推导出最优税收政策，并在最优税收政策下证明出总生产的有效性。在生产决策不改变可能的预算约束种类的条件下，我们同样会考虑扩大政策工具集。例如，在引入人头税、累进所得税、税收间地区差异、消费者之间的交易税以及更多随机税种后，这个条件依然成立。一般而言，尽管税率本身会发生变化，但这种扩大政策工具集的方式不改变生产效率，也不改变最优商品税结构的条件。不幸的是，我们忽略了管理税。由于管理成本的存在，运用政策工具集推测最优化不能包含整个商品税的范围，因而无法获得相同的结论。

让我们简要地回顾一下在我们的分析中所提过的政策影响的类型。在计划经济背景下，我们的分析表明：在决策上有一种将单一价格向量应用到所有商品决策的倾向，尽管从一般来说，这些价格会随着商品卖给不同的消费者而不同。

将这种分析应用到混合经济中，让我们简要地回顾一下有关公共投资决策的适当标准的讨论。众所周知，西方国家的跨期边际转换率和跨期边际替代率有很大的不同。由这样的分析基础得到了投资标准，这一标准暗示了总生产的无效率，因为他们在决定与私人边际转换率不同的公共边际生产率时采用了利率。对于这一标准的一个争议认为政府在意识到了边际转换率与边际替代率不同后，应该运用它所拥有的权力使这些利率相同以实现帕累托最优。当这些做完后，得出的单一利率将是十分恰当的，并且它将会被应用到公共投资决策中去。我们首先假设的是，政府没有权力去实现它选择的帕累托最优。然后通过社会福利函数最大化，我们认为一般而言，如果非帕累托最优可以实现，而帕累托最优实现不了，那么政府将宁愿选择非帕累托最优。在限制性最优的情况下，运用可行的政策工具，使得社会福利函数最大化，此时经济仍然具有边际替代率和边际转换率偏离的特征，这种偏离不只是跨期的，而且在其他方面，例如在闲暇与商品之间的选择，也都会存在。然而，我们得出结论，在这种情况下，我们更偏好总生产的有效性。这意味着在公共投资决策中，政府将采用公共边际转换率与私人边际转换率相等时的税率。

我们已经得到了公共生产的一阶条件，但是对评估不可分投资的正确方法还没有考察。这是值得深思的一个问题。在探讨最优税收结构时，我们已经简要地讨论了特定效用函数的税率。这项分析需要延伸到更一般和偏好更广泛的消费者。进一步说，我们没有讨论唯一均衡与稳定均衡的任何细节，也就是说，在实际中是否还有可以更接近最优均衡的方法的问题。

最后，我们要强调对该理论的应用限制最为严重的假设。[7] 我们假设没有管理税和偷税漏税的成本，同时我们假设在私人生产中规模报酬不变，都为价格接受者，并且都追求利润最大化。破坏这些假设的净利润（损失）意味着私人生产决策通过影响家庭收入直接影响社会福利。在这种情况下，可以推断政策工具集有增加利润税的倾向。然而，一般而言，总生产效率将不再是可取的，尽管当净利润很小时，有效生产很可能接近于最优选择。然而，我们希望这篇论文的方法和结论可以说明：对已有的完备财产征税方式进行

〔7〕 这些假设存在于平衡理论的背景中。这里无须深入介绍当前平衡理论中固有的限制。

研究时，经济分析不需要完全依赖于简化，而是可以进行更多的非现实性假设。[8]

参考文献

[1] W. J. Corlett and D. C. Hague, "Complementarity and the Excess Burden of Taxation," *Review of Economic Studies*, 1953, 21, No. 1, pp. 21 –30.

[2] E. Foster and H. Sonnenschein, "Price Distortion and Economic Welfare," *Econometrica*, March 1970, 38, pp. 281 –297.

[3] H. Kuhn and A. Tucker, "Nonlinear Programming," in J. Neyman, ed., *Proceedings of the Second Berkeley Symposium on Mathematical Statistics and Probability*, Berkeley, 1951.

[4] J. A. Mirrlees, "An Exploration in the Theory of Optimum Income Taxation," *Review of Economic Studies*, April 1971, 38, forthcoming.

[5] C. C. Morrison, "Marginal Cost Pricing and the Theory of Second Best," *Western Economic Journal*, June 1969, 7, pp. 145 –152.

[6] P. A. Samuelson, "Memorandum for U. S. Treasury," 1951, unpublished.

[7] P. A. Samuelson, "The Pure Theory of Public Expenditure," *Review of Economics & Statistics*, November 1954, 36, pp. 387 –389.

吴撼 译　杨春学 校

[8] Clarence Morrison 的一篇论文同样研究边际成本定价，作为最优定价的一个特例。

规模经济、产品差异化及贸易模式*

保罗·克鲁格曼 (PAUL KRUGMAN) **

最近以来，很多人开始怀疑用比较成本理论解释实际国际贸易模式的思路。标准的理论不能解释工业化国家内部不断扩展的贸易，也不能解释这些国家间越来越普遍的差异化产品贸易。因此，很多人觉得，为了分析这类贸易，有必要发展一套新的理论框架。[1]这个新理论框架的主要因素——规模经济、产品差异化的可能性以及不完全竞争已经在 Bela Balassa、Herbert Grubel（1967，1970）以及 Irving Kravis 等的分析中有所讨论，并且已经广为人知。在本文中，我把这些要素整合到一个简单的公式分析中，并表明它可以用来解释清楚一些传统模型无法处理的问题。这些问题特别包括，相似要素禀赋的经济体间发生贸易的原因和较大的国内市场在鼓励出口中扮演的角色。

本文的基本模型假设，生产存在规模经济，并且厂商可以无成本地差异化产品。这个模型是根据 Avinash Dixit 和 Joseph Stiglitz 的工作而推导的，模型的均衡状态符合张伯伦式垄断竞争模型：每一个企业都有一些垄断势力，不过进入者会把垄断利率挤压到0。当满足这种不完全竞争的两个经济体发生贸易时，就算这两个经济体具有相同的偏好（taste）、技术和要素禀赋，递增的收益还是产生贸易和贸易利得。第 I 节将谈及这个贸易的基本模型。它与我

---

* 原文发表于 1980 年第 70 卷第 5 期。

** 耶鲁大学和麻省理工学院。

〔1〕 Gary Hufbauer 和 John Chilas 的文章指出比较成本理论难以解释实际的国际贸易模式。

在别处发展出的一个模型密切相关。不过在本文中，为了让后续几节的分析更容易，这个模型将使用一个更受限制的需求。

本文的剩余部分对基本模型做了两个扩展。在第Ⅱ节中，我将考虑运输成本的作用，并且会展示，在其他条件不变时，国家的国内市场越大，工资率越高。第Ⅲ节接下来讨论影响贸易模式的“本地市场”效应。这个讨论佐证了一个普遍认同的假说，即国家倾向于出口那些在国内占较大市场的产品。

本文没有给出一般性的展示。展示的模型依赖于对成本与效用的极端严格假设。尽管如此，仍希望本文能够为国际贸易的某些方面提供一些有益的思考，而我们的常规模型正好无法简单处理这些方面。

Ⅰ 基本模型

A 模型的若干假设

假设潜在的产品种类很多，而它们进入需求市场时都是对称的。具体而言，我们假设经济体中的所有个人都有相同的效用函数：

$$U = \sum_i c_i^{\theta}, 0 < \theta < 1 \tag{1}$$

其中 c_i 是对第 i 个产品的消费。我们假设实际生产的产品种类 n 也很多，不过少于潜在产品的种类。[2]

我们假设只有一种生产要素劳动，所有的产品有相同的成本函数：

$$l_i = \alpha + \beta x_i, \alpha, \beta > 0, i = 1, \cdots, n \tag{2}$$

其中 l_i 是制造第 i 种产品的劳动，x_i 是该产品的产出。换言之，这里假设存在一个固定成本和常数边际成本。随着产出的增长，所有的平均成本以递

〔2〕 为了保证推理的严格性，我们还必须假设潜在产品是连续的。

减的趋势而减少。

每种产品的产出一定等于个人消费之和。如果假设每个消费者都是工人的话，那么产出会等于一个代表性个人的消费乘以劳动力：

$$x_i = Lc_i, i = 1, \cdots, n \tag{3}$$

我们也假设就业充分，所以总劳动力等于生产时所需的劳动力：

$$L = \sum_{i=1}^{n} (\alpha + \beta x_i) \tag{4}$$

最后，我们假设厂商追求利润最大化，但由于同时假设厂商的自由进入和退出，所以均衡时利润总是为0。

B　在一个封闭经济中的均衡

经过上文的假设，现在我们可以分析在一个封闭经济体中的均衡了。这个分析有三个步骤。首先，我将分析消费者行为以推导出需求函数。其次，在厂商数量给定时，推导出厂商的利润最大化行为。最后，我会用自由进入假设来推导出均衡厂商数量。

在这个分析过程中，这里使用张伯伦式推导方法的理由是，尽管是不完全竞争，但因为特殊的需求规则使得我们不必考虑厂商间的策略性依赖，所以模型的均衡在所有重要的性质上都是确定的。由于厂商可以无成本地差异化其产品，而且所有产品都对称地进入需求市场中，因此任两个厂商都不会选择生产完全一样的产品，从而每一种产品只会由一个厂商生产。同时，如果产品的种类很多，那么一种产品的价格对其他产品需求的影响可以被忽略不计。其结果就是每个厂商都可以不考虑自己的行动对其他厂商的行为会造成什么影响，因此就不必考虑在寡头垄断中的互相依赖了。

接下来，考虑在预算约束下个体最大化公式（1）的行为。这个最大化问题的一阶条件为：

$$\theta c_i^{\theta-1} = \lambda p_i, i = 1, \cdots, n \tag{5}$$

其中 p_i 是第 i 种产品的价格，λ 是预算约束下的影子价格，即收入的边际效用。既然我们假设所有个体都是相同的，因此公式（5）可以被重新表达为第 i 种产品的需求曲线。而根据上文的讨论，也只有唯一一个生产该产品的厂商面临这个需求曲线：

$$p_i = \theta \lambda^{-1} (x_i/L)^{\theta-1}, i = 1, \cdots, n \tag{6}$$

已知实际生产的产品种类非常多，则任一厂商的价格决策对收入边际效用的影响将是微不足道的。在这种情况下，式（6）意味着每个厂商面临弹性为 $1/(1-\theta)$ 的需求曲线，因此利润最大化价格是：

$$p_i = \theta^{-1} \beta w, i = 1, \cdots, n \tag{7}$$

其中 w 是工资率，而价格和工资可以定义为任意（通常的）单位。注意到，既然所有企业的 θ、β 和 w 值都是相同的，因此所有产品的价格相等。从而所有的 i，我们可以简写为 $p = p_i$。

给定这些成本和效用的特定假设，那么价格 p 独立于产出（这也是做出这些特定假设的目的所在）。不过，在确定利润时，我们还是要考虑产出的影响。生产产品 i 的厂商利润为：

$$\pi_i = px_i - \{\alpha + \beta x_i\} w, i = 1, \cdots, n \tag{8}$$

如果利润为正，则新的厂商会进入，使得收入的边际效用上升、利润降低，直到 0 为止。在均衡状态时，$\pi = 0$，这意味着一个代表性厂商的产出为：

$$x_i = \alpha/(p/w - \beta) = \alpha\theta/\beta(1-\theta), i = 1, \cdots, n \tag{9}$$

因此，每个厂商的产出由零利润条件决定。同样地，因为所有企业的 α、β 和 θ 值都是相同的，所以对于所有的 i，我们可以简写为 $x = x_i$。

最后，通过充分就业条件，我们可以决定实际生产的产品有多少。根据式（4）和式（9），我们得到：

$$n = \frac{L}{\alpha + \beta x} = \frac{L(1-\theta)}{\alpha} \tag{10}$$

C 贸易的效应

现在假设，有两个满足上述分析的国家互相开展贸易，并且运输成本为0。具体而言，假设这两个国家有同样的偏好和技术；处于单一生产要素的世界中，要素禀赋再无区别。那么在这种情况下，会怎么样呢？

在这个模型中，传统的贸易理由已不存在；然而，仍然存在贸易与贸易利得。这是因为，存在收益递增的情况下，每种产品（也即每种差异化的产品）只会被其中一个国家生产——同理，每种产品只会被其中一家厂商生产。而贸易利得存在，是因为世界经济中的产品种类会多于任何一个国家生产的产品种类，从而为每个消费者提供更广泛的选择。

我们很容易地得到世界经济的均衡特征。模型假定的对称性确保两个国家的工资率会是相同的，产品在任意一个国家的价格也是相同的。根据充分就业条件，可以确定每个国家的产品的生产种类为：

$$n = L(1 - \theta)/\alpha; \quad n^* = L^*(1 - \theta)/\alpha \tag{11}$$

其中，L^* 是第二个国家的劳动力，n^* 是该国家所生产的产品种类数目。

个体仍会最大化他们的效用函数（1），不过他们现在的花费将不仅仅用在母国的 n 种产品中，也会花费到外国的 n^* 种产品中。由于可消费的产品种类增加了，就算“实际工资” w/p（即一个代表性产品的工资率）保持不变，福利还是会上升的。还有，这个效用最大化问题的对称性还能使我们判断贸易流量。显然，本国消费者会花费比重为 $n^*/(n + n^*)$ 的收入来购买外国的商品，同时，外国消费者会花费比重为 $n/(n + n^*)$ 的收入来购买本国的商品。因此，以工资单位来衡量的本国进口价值为 $Ln^*/(n+n^*) = LL^*/(L+L^*)$ 。它等于外国的进口价值，这也证明，当工资率相同时，两个国家的贸易均衡是国际收支平衡的。

不过应该注意到，虽然我们可以推断出贸易流量，但贸易流向——哪个国家生产哪种产品不能借此推断出来。这种不确定性可能是这类规模经济引致贸易模型的特征。本文考虑这些模型的便利之一是，不必在乎在这些差异化的产品中，到底哪个国家生产了哪些产品。我们无法知道，而这一点也不重要。不过，在特殊性较少的模型中，就结果未必成立了。

最后，我要提及这个模型中贸易效应的一个独特性质。不论是贸易前后，公式（9）总是成立的。这意味着，不存在贸易对生产规模的效应，因此贸易利得只来自产品的多样性。这个结果并不令人满意。在另一篇论文中，我会介绍一个有稍微区别的模型，在这个模型中，贸易既会扩大生产规模，又会增加产品多样性。[3]可是，那个模型难以处理，因此这里牺牲部分真实性来获得可操作性还是值得的。

II 运输成本

在这一节中，我会扩展模型以考虑某些运输成本。这个扩展本身的意义并不是很大，尽管它的主要结果在其他条件不变时，国家越大，则工资率越高看起来令人吃惊。但这个扩展的主要目的是，在下一节中为分析本地市场效应做好铺垫。（只有存在运输成本时，这些效应才明显发生）首先，我会描述个体行为，然后分析均衡。

A 个体的行为

考虑如第 I 节分析的那样包含两个国家的世界，现在贸易是有成本的。假设运输成本为“冰山（iceberg）”类型，即只有比重为 g 的产品被成功运达，而有比重为 $1-g$ 的产品在运输过程中损失掉了。通过下文会看出，这是个相当简化的假设。

---

〔3〕要使得规模也增加，我们必须假设在厂商数量增加时，每个厂商的需求会变得更有弹性。而在本文的模型中，需求弹性是不变的。在产品种类增加时，需求弹性的上升应该可行，因为如果产品差异越细微，则产品间的替代程度也越好。因此规模与多样性同时上升，可能是更“合理”的情况。不过，固定弹性的模型更容易处理，这也是我在本文中使用它的原因。

一个国家的个体可以选择本国的 n 种产品和外国的 n^* 种产品。国内产品的价格将和前文一样，等于生产者的价格 p。但国外产品的价格会超过生产者的价格。如果外国企业定价为 p^*，那么本国消费者需要支付到岸（c. i. f.）价格为 $\hat{p}^* = p^*/g$。同样地，外国消费者买入本国产品也要支付价格 $\hat{p} = p/g$。

既然消费者面对的不同国家产品的价格一般不再相同，那么每种进口产品的消费量也不同于国内产品的消费量。比如，本国居民为了最大化其效用，每消费一单位的代表性国内产品，就会消费 $(p/\hat{p}^*)^{1/(1-\theta)}$ 单位的代表性进口产品。

可是要决定世界均衡，只看消费是不够的：我们必然也要考虑在运输过程中损耗的产品数量。如果国内居民消费了一个单位的国外产品，那么他的直接需求与间接需求之和为 $1/g$ 个单位。因此要决定总需求，我们需要知道国内居民对每一种外国产品的总需求与国内产品需求的比率。我们用 σ 表示这个比率，用 σ^* 表示另一个国家的居民的需求比率，那么我们可以得到：

$$\sigma = (p/p^*)^{1/(1-\theta)} g^{\theta/(1-\theta)}$$

$$\sigma^* = (p/p^*)^{-1/(1-\theta)} g^{\theta/(1-\theta)} \tag{12}$$

根据个体的花费等于工资这个条件，可以推导出他的总需求模式，也就是说，在本国中我们需要保证 $(np + \sigma n^* p^*)d = w$，其中 d 是代表性国内产品的消费量；在外国也类似可得。

现在，这种个体的行为可以被用来分析厂商的行为。需要注意的是，任意一个厂商所面对的出口需求弹性是 $1/(1-\theta)$，与国内需求弹性相同。因此运输成本不影响厂商的定价策略；把第Ⅰ节的分析搬到这里，可以发现，运输成本也不会影响任一国家的厂商数量或每个厂商的产量。

再次写出这些条件，则得到：

$$p = w\beta/\theta; p^* = w^*\beta/\theta$$

$$n = L(1-\theta)/\alpha; n^* = L^*(1-\theta)/\alpha \tag{13}$$

引入运输成本后，改变第Ⅰ节结果的唯一方式是，允许这两个国家的工资可能不同；而厂商的数量和规模都不受影响。这个很强的结论依赖于我们对运输成本的假设形式，同时这也表明了假设形式的用处和特殊性。

B 均衡的决定

到目前为止，我们所讨论的模型有一个非常强的结构——这个结构太强了，以至于运输成本都不影响产品种类 n 和 n^* 以及相对于工资的价格 p/w 和 p^*/w^*。唯一受到影响的变量是相对工资率 $w/w^* = \omega$，这个工资率现在已经不需要等于 1 了。

通过考察三个等价的市场出清条件中的任意一个，我们可以确定 ω 的值：(i) 本国劳动力的需求等于供给；(ii) 外国劳动力的需求等于供给；(iii) 国际收支差额均衡。应用国际收支差额这个条件最容易。如果我们将公式（12）和模型中的其他公式相结合，则可以得到（以外国工资单位来衡量的）本国收支差额为：

$$B = \frac{\sigma^* n\omega}{\sigma^* n + n^*}L^* - \frac{\sigma n^*}{n + \sigma n^*}\omega L = \omega L L^* \left[\frac{\sigma^*}{\sigma^* L + L^*} - \frac{\sigma}{L + \sigma L^*}\right] \tag{14}$$

由于 σ 和 σ^* 都是 $p/p^* = \omega$ 的函数，所以条件 $B=0$ 可以被用来决定相对工资。图 1 描述了函数 $B(\omega)$ 的图像。相对工资 $\bar{\omega}$ 是式（14）中括号里的表达式为 0 时的相对工资，此时贸易收支是平衡的［原文为式（4），根据文义修改——译者注］。既然 σ 是 ω 的增函数，而 σ^* 是 ω 的减函数，因此当且仅当 ω 大于（小于）$\bar{\omega}$ 时，$B(\omega)$ 为正（负），这表明 $\bar{\omega}$ 是唯一的均衡相对工资。

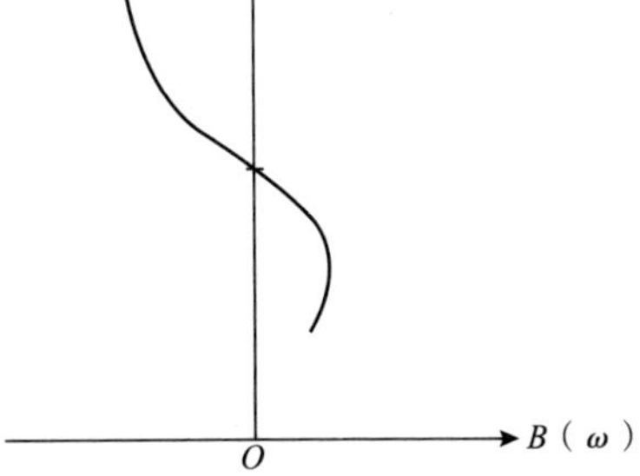

图 1

我们可以根据这个结果得到一个简单的命题：国家越大，在其他条件不变时，工资就越高。为了看清这一点，假设我们要解释 $\omega=1$ 时的 $B(\omega)$ 值。此时我们有 $\sigma=\sigma^{*}<1$。国际收支差额的表达式简写为：

$$B=LL^{*}\left[\frac{1}{\sigma L+L^{*}}-\frac{1}{L+\sigma L^{*}}\right] \tag{14'}$$

当 $L>L^{*}$ 时，式（14′）为正，在 $L<L^{*}$ 时为负。这意味着当 $L>L^{*}$ 时均衡的相对工资 ω 必须大于 1，而在 $L<L^{*}$ 时 ω 必须小于 1。

这是一个很有意思的结果。在一个存在规模经济的世界中，本地市场越大，可以预期越大的经济体中，工人们的待遇越好。可是在这个模型中，贸易条件更好的国家，工人还会受益于间接的利益。仔细想想的话，其实这个结果是很直观的。如果在两个国家中的生产成本相同，那么在较大的市场附近生产，利润更高，因为这样会最小化运输成本。为了保证两个国家的工人都充分就业，那么工资差异必然可以抵消这种较大市场的优势。

Ⅲ　影响贸易模式的“本地市场”效应

在一个既有收益递增又有运输成本的世界中，就算其他国家对这种商品也有需求，厂商还是有激励集中到最大的市场附近去生产产品。原因很简单，把产品集中于一处生产时，就可以实现规模经济，而区位于较大的市场附近，则可以最小化运输成本。这一点［通常强调于区位理论（location theory）而不是贸易理论中］正是如下普遍认同观点的基础：“国家倾向于出口那些有相对较大国内市场的产品。”需要注意的是，这个观点完全依赖于收益递增；在一个收益递减的世界里，消费者对产品强烈的国内需求，会倾向于进口该产品而不是出口。不过在那些将收益递增表述为外部经济的模型中，这一点解释得并不清楚（请看 W. M. Corden）。本文发展出来的方法的主要贡献之一是，通过应用这种方法，可以对本地市场做出一个简单的正式分析。

我首先会把基本的封闭经济模型扩展为两个行业的经济模型（在每个行

业中都会有很多差异化产品)。然后我会在一个简单的例子中说明，当这样的两个国家发生贸易时，每个国家会出口那些在本国有较大相对需求的产品。最后，我将讨论这个模型的一些扩展和一般化形式。

A 双行业经济

如同第 I 节一样，我们先分析封闭经济的情况。假设有两类产品，阿尔法（alpha）和贝塔（beta），而且每类产品中都有很多种潜在的产品。我们将以波浪号来标记贝塔类产品，以便区别于阿尔法类产品。比如说，对第一类产品的消费会用 $c_1,\cdots,c_n$ 来标记，而对第二类产品的消费则标记为 $\tilde{c}_1,\cdots,\tilde{c}_n$ 。

我们假设对这两类产品的需求来自两类人群。[4]第一类有 L 个人，他们的效用函数只来自对阿尔法类产品的消费。第二类有 $\tilde{L}$ 个人，而他们的效用来自贝塔类产品。这两类人群的代表性个体的效用函数可以被写为：

$$U = \sum_i c_i^\theta ; \tilde{U} = \sum_j \tilde{c}_j^\theta \quad 0 < \theta < 1 \tag{15}$$

为了简便起见，我们不仅假设这两群人的效用函数形式相同，而且假设参数 θ 也相同。

在成本方面，我们假设这两类产品也有相同的成本函数：

$$\begin{aligned} l_i &= \alpha + \beta x_i \quad i = 1,\cdots,n \\ \tilde{l}_j &= \alpha + \beta \tilde{x}_j \quad i = 1,\cdots,\tilde{n} \end{aligned} \tag{16}$$

其中 l_i 和 $\tilde{l}_j$ 是在生产这两类产品时所需要的劳动力，而 x_i 和 $\tilde{x}_j$ 是这两类产品的总产出。

现在，需求条件取决于人口份额。与式（3）类似，我们得到：

$$x_i = Lc_i \quad i = 1,\cdots,n$$

---

〔4〕 一个替代假设是假定所有人都是相同的，对两类产品都有偏好。这种假设的结果是类似的。事实上，如果消费者对每个行业的开销份额不便，那么这两种假设的结果完全相同。

$$\tilde{x}_j = \tilde{L}\tilde{c}_j \quad j = 1,\cdots,\tilde{n} \tag{17}$$

不过，充分就业条件对于整个经济体都是一样的：

$$\sum_{i=1}^{n} l_i + \sum_{j=1}^{\tilde{n}} \tilde{l}_j = L + \tilde{L} \tag{18}$$

最后，我们继续假设自由进入，让利润趋向于0。显然立刻可以看出，根据式（15）～式（18）所描绘的经济体非常类似于式（1）～式（4）所描述的经济体。决定一种代表性产品的价格和产量（不论是属于哪一类产品）以及产品的种类数目 $n + \tilde{n}$ ，如果所有产品是属于同一行业时的决定方式相同。与第Ⅰ节结果相比，唯一的不同之处是，我们必须把所有的产品分为两个行业。一个简单的方法是，让每个行业的销售额等于对应消费人群的收入：

$$npx = wL;\tilde{n}\tilde{p}\tilde{x} = \tilde{w}\tilde{L} \tag{19}$$

不过，正如每个行业中，任一产品的价格和产量要相同一样，两类人群的工资也要相同。因此这个结果就相当于 $n/\tilde{n} = L/\tilde{L}$ ：每个行业占产值的份额等于这两群人占总人口的份额。

显然，在经济体封闭的情况下，这个扩展的模型与第Ⅰ节讨论的模型相比，仅有细微的差别。不过，当这样的两个经济体进行贸易时，这个扩展的模型会产生一些有趣的结果。

B 需求与贸易模式：一个简单的例子

我们先讨论两个双行业国家发生贸易的一个特例，在这个例子中，国内市场的作用变得非常明显。假设有两个国家，这两个国家如同之前描述的一样，而且它们进行有运输成本的贸易，运输成本采取第Ⅱ节中的形式。

在本国中，人口的某些份额 f 是阿尔法类产品的消费者。我做了一个重要的简化，假设另一个国家是本国的镜像。由于假设劳动力相同，因此：

$$L + \tilde{L} = L^* + \tilde{L}^* = \bar{L} \tag{20}$$

而外国人口比重是与第一个国家相反的，因此我们得到：

$$L = f\bar{L}; L^* = (1 - f)\bar{L} \tag{21}$$

如果f大于0.5，那么本国有较大的阿尔法类产品国内市场；反之则亦然。在这种情况下，我们有一个非常简单的本地市场命题：如果$f>0.5$，那么本国是第一类产品的净出口国。这个命题可证明为真。

要想证实这个命题，首先要注意这是一个完全对称的世界，所以工资率相等，所有产品的产量和价格也相同（正是为了这样才这么构造）。因此，两个国家中，每种进口产品与每种国内产品需求量的比值相同。

$$\sigma = \sigma^* = g^{\theta/(1-\theta)} < 1 \tag{22}$$

下一步我们要决定生产的模式。消费者对行业中产品的支出，等于国内居民对此的支出与国外居民对此的支出之和，因此我们可以得到：

$$\begin{aligned} npx &= \frac{n}{n + \sigma n^*} wL + \frac{\sigma n}{\sigma n + n^*} wL^* \\ n^* px &= \frac{\sigma n^*}{n + \sigma n^*} wL + \frac{n^*}{\sigma n + n^*} wL^* \end{aligned} \tag{23}$$

这两个国家中，每种产品的价格p和产量x都相同。利用公式（23），可以求出这两个国家生产产品种类的相对数量n/n^*。

为了得到这点，先临时假定，两个国家都生产某些阿尔法类行业的产品，即满足$n>0$和$n^*>0$。那么现在我们可以将公式（23）的两个式子分别除以n和n^*，然后重新排列式子得到：

$$L/L^* = (n + \sigma n^*)/(\sigma n + n^*) \tag{24}$$

这个式子又可以被重新排列为：

$$n/n^* = \frac{L/L^* - \sigma}{1 - \sigma L/L^*} \tag{25}$$

图2用来描述式（25）。如果$L/L^*=1$，则n/n^*也等于1。这意味着，如果两个国家的需求模式相同，那么正如我们所预期的，它们的生产模式也会

相同。当阿尔法类产品在任一国家的本地市场规模扩大时，只要 L/L^* 在区间 $\sigma < L/L^* < 1/\sigma$（原文为 $\sigma < L/L^* > 1/\sigma$，根据文义修改——译者注）内，则该国的国内产量也会增加。

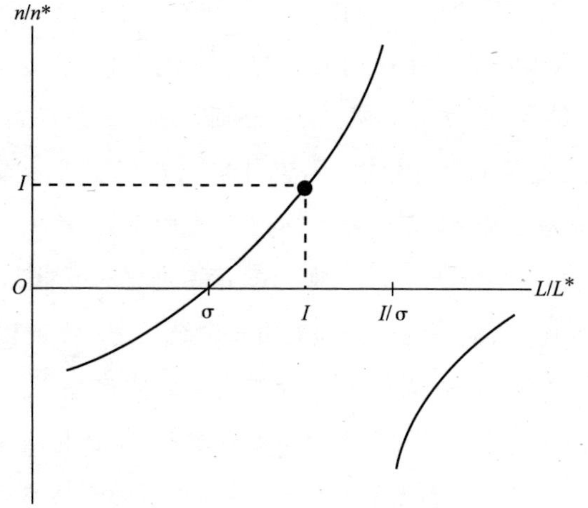

图 2

如果在这个区间之外，则式（25）产生的结果看起来有些荒谬。可是请记住，我们推导式（24）时是假设 n 和 n^* 都不等于 0。显然，如果 L/L^* 在 σ 到 $1/\sigma$ 的区间之外，那么这个假设就不成立了。正如图 2 所示，当 L/L^* 小于 σ 时，则 $n=0$。也即第一个国家只生产贝塔类产品，不再生产阿尔法类产品（而第二个国家则只生产阿尔法类产品）。相反，如果 L/L^* 大于 $1/\sigma$，则 $n^*=0$，那么产品的专业化分工模式正好相反。

易证这个解其实正是均衡解。假设本国没有生产阿尔法类产品，而一个企业试图生产其中一种产品。这个企业的利润最大化离岸（f. o. b.）价格与外国企业相同。但是这个企业的销量会更小，即比值为：

$$\frac{\sigma^{-1}L + \sigma L^*}{L + L^*} < 1$$

因此这个企业将完全没有竞争力。

这给了我们关于本地市场效应的第一个结果。如果两个国家的偏好差异足够大，则它们将只专业化于有较大本地市场的行业。显然，每个国家会成为其专业生产产品的净出口国。因此，这充分显示了出口模式是如何被国内市场所决定的。

当专业化分工不完全时，我们也得到了一些启示性的结果。如果阿尔法类产品的国内市场相对规模在 σ 到 $1/\sigma$ 的范围之内（其中 $\sigma = g^{\theta/(1-\theta)}$），那么会产生不完全的专业化分工，两类产品内部也会产生双向贸易（Two - Way Trade）。不过，g 衡量了运输成本，而在均衡中，$\theta/(1-\theta)$ 是变量与固定成本之比，[5]所以它是规模经济重要程度的指数。我们可以看出，当运输成本越高或规模经济的重要性越低时，则出现不完全专业化的可能性越高。

从这个特例中，我们可以得到的最后一个结果是，专业化不完全时的贸易模式。在这种情况下，每个国家都会进出口两类产品（尽管是不同的产品）。不过，如果阿尔法类产品在某个国家有较大的国内市场的话，那么这个国家会成为阿尔法类产品的净出口国，并成为贝塔类产品的净进口国。为了看出这一点，我们可以把本国对阿尔法类产品的贸易平衡写为：

$$\begin{aligned} B_{\alpha} &= \frac{\sigma n}{\sigma n + n^{*}} wL^{*} - \frac{\sigma n^{*}}{n + \sigma n^{*}} wL \\ &= wL^{*}\left[\frac{\sigma n}{\sigma n + n^{*}} - \frac{\sigma n^{*}}{n + \sigma n^{*}}\frac{L}{L^{*}}\right] = \frac{\sigma wL^{*}}{\sigma n + n^{*}}[n - n^{*}] \end{aligned} \tag{26}$$

其中我们用式（24）来消除相对劳动力供应。这意味着，贸易差额的符号将取决于本国生产的阿尔法类产品品种数是大于还是小于其在国外生产的。不过，我们已经看到在相应的范围内，n/n^{*} 是 L/L^{*} 的增函数。所以，即便专业化不完全，如果阿尔法类产品在某个国家有更大的国内市场，那么这个国家一定会成为这类产品的净出口国。

C 推广和一般化

上面的分析显示，国家会出口有较大本地市场的产品。可是这个结果只

---

[5] 我们可以通过重新排列式（9）看出来这一点，即 $\beta x/\alpha = \theta/(1-\theta)$。

是在我们将事物尽可能简化的特例中得出的。我们的下一个问题必然是这些结果可以一般化的范围了。

一般化模型的一个方法是，放弃“镜像”假设：让国家有任意多的人口与需求模式，而模型的其他假设不变。在这种情况下，虽然推导过程变得更加复杂，但本地市场效应的基本结果不变。如果产品在某个国家有相对较大需求，那么该国会成为这些行业产品的净出口国。这个一般化模型的结果与之前的模型的不同之处在于，工资一般不再相同了。特别是，如果两类产品在较小的国家只有绝对较小的市场，那么为了补偿这个劣势，这些国家的工资会更低。

此外，可能更有意思的一般化是，放弃行业的对称性假设。同样，我们希望能够使某些实践者的观点更加清楚易懂。比如，大国生产与出口有规模经济的产品，是不是更有优势？通常人们会以此来解释美国在飞机行业的出口优势。

如果对行业不对称效应做一般化分析，那么分析将变得过于冗长。不过，我们可以用另一个特例来探知一二。假设阿尔法类产品与之前的分析相同，不过假设贝塔类产品是规模收益不变的，而且是完全竞争的。为了简便起见，我们也假设贝塔类产品不存在运输成本。

在满足上述假设的情况下，立刻可知，如果贝塔类产品可以贸易，那么工资率会相等。而这也意味着，我们可以将上文中 B 部分的分析直接应用在阿尔法类行业。阿尔法类产品不论在哪个国家中有较大的市场，那么该国就会成为阿尔法类产品的净出口国和贝塔类产品的净进口国。在特别的情况下，如果这两个国家的需求结构相同，哪些产品存在规模经济，则较大的国家就会成为这种产品的净出口国。

这一节的分析很显然只是建设性的而非结论性的。以上的分析结果相当依赖于非常特定的假设和对特例的分析。不过，这些分析看起来也足够支持一个结果，即当存在收益递增时，一个国家会倾向于出口那些在本国有较大市场的产品。对于贸易模式的推理也和 Steffan Linder、Grubel（1970）等人的类似。

参考文献

[1] Bela Balassa, *Trade Liberalization among Industrial Countries*, New York, 1967.

[2] W. M. Corden, "A Note on Economies of Scale, the Size of the Domestic Market and the Pattern of Trade," in I. A. McDougall and R. H. Snape, eds., *Studies in International Economics*, Amsterdam, 1970.

[3] A. Dixit and J. Stiglitz, "Monopolistic Competition and Optimum Product Diversity," *American Economic Review*, June 1977, 67, pp. 297 – 308.

[4] H. Grubel, "Intra – Industry Specialization and the Pattern of Trade," *Canadian Journal of Economics & Political Science*, August 1967, 33, pp. 374 – 388.

[5] H. Grubel, "The Theory of Intra – Industry Trade," in I. A. McDougall and R. H. Snape, eds., *Studies in International Economics*, Amsterdam, 1970.

[6] G. Hufbauer and J. Chilas, "Specialization by Industrial Countries: Extent and Consequences," in Herbert Giersch, ed., *The International Division of Labor*, Tübingen, 1974.

[7] I. Kravis, "The Current Case for Import Limitations," in *United States Economic Policy in an Interdependent World*, *Commission on International Trade and Investment Policy*, Washington, 1971.

[8] P. Krugman, "Increasing Returns, Monopolistic Competition, and International Trade," *Journal of International Economics*, Nov. 1979, 9, pp. 469 – 480.

[9] Steffan Linder, *An Essay on Trade and Transformation*, New York, 1961.

于飞 译　杨宇舟 校

货币政策的作用*

米尔顿 · 弗里德曼 （MILTON FRIEDMAN ） **

对于经济政策的主要目标，即高就业率、价格平稳以及高增长率，人们已经达成了普遍的共识。然而，在这些目标是否彼此协调的问题上人们的看法却不是那么一致，或者，在那些认为这些目标彼此并不协调的人中，人们对这些目标可以且应该以何种代价相互替代的问题的看法也不是那么一致。对于在实现这几个目标的过程中，各种政策工具可以且应该发挥什么样的作用，人们的看法最为不一致。

今晚我的中心议题是这类工具中的一种——货币政策的作用。货币政策能够起什么作用？货币当局应当如何实施货币政策，以使其发挥最大的作用呢？人们对这些问题的看法的差别很大。在新建立的联邦储备系统第一次激发起人们的热忱时，许多观察家将 20 世纪 20 年代的相对稳定归功于该系统良好的微调（fine tuning）能力（在这里我使用了一个贴切的时髦词汇）。人们普遍地相信：一个崭新的时代到来了，在这一时代里，商业周期已因货币技术方面的进步而变得过时了。虽然不论经济学家还是门外汉都认同这个观

---

* 原文发表于 1968 年第 58 卷第 1 期。

** 作者系芝加哥大学教授，芝加哥经济学派代表人物之一，货币学派的代表人物。作者感谢早期草稿时给予有益评论的 Armen Alchian，Gary Becker，Martin Bronfenbrenner，Arthur F. Burns，Phillip Cagan，David D. Friedman，Lawrence Harris，Harry G. Johnson，Homer Jones，Jerry Jordan，David Meiselman，Allan H. Meltzer，Theodore W. Schultz，Anna J. Schwartz，Herbert Stein，George J. Stigler 和 James Tobin。

点，却有一些不同的看法仍然存在。“大萧条”摧毁了这种天真的看法。于是人们的观点又转向另一个极端。货币政策是一条缰绳，你可以拉紧它来抑制通货膨胀，但是你不能推它来摆脱经济衰退。你可以带一匹马去水边，但你不能强迫它喝水。这样格言似的理论很快被 Keynes 严格而复杂的分析所代替。

Keynes 同时还提出了一种解释，以说明货币政策在抑制衰退方面所谓的无能为力，这是关于衰退问题的一种非货币解释，同时还对制止经济萧条的货币政策提出了一种替代性政策。他的这个建议受到了热烈的欢迎。如果流动性偏好是绝对的或近似绝对的（即流动性陷阱——译者注）（正如 Keynes 相信在失业问题严重时期的那样），那么货币政策无法降低利率。如果利率几乎无法影响投资和消费（正如 Hansen 和很多其他 Keynes 的美国门徒开始相信的那样），那么即使货币政策可以降低利率，也基本起不到影响经济的作用。货币政策受到了人们的双重指责。指责者认为，货币政策无法抑制正在发生的由投资崩溃、投资机会短缺或者过度的节俭导致的紧缩。但是当局可以选择一种替代性政策，也就是财政政策。政府支出可以弥补私人投资的不足，税收减免将削弱过度节俭的影响。

经济学界对这些观点的广泛接受意味着：在大约二十几年的时间里，除少数具有叛逆精神的人以外，大多数人都认为新的经济知识已使得货币政策变得陈腐过时。货币根本不重要。它的唯一作用是这样一种微不足道的东西：使利率保持较低，以便在政府预算中减少利息支付，促进“食利者的消亡”，也许还将极大地刺激投资，从而在维持高水平的总需求方面对政府支出起辅助作用。

这些观点导致各个国家在二战后广泛地采取廉价货币政策（cheap money policies）。然而，当这些政策在一个又一个国家先后遭受失败时，当一个又一个中央银行先后被迫放弃它们可以不确定地将利率保持在一个较低水平上这一夸口时，这些观点受到了猛烈的冲击。在美国，尽管直到 1953 年才正式取消钉住政府债券价格的政策，但根据 1951 年的《联邦储备体系 - 财政部协定》（the Federal Reserve – Treasury Accord），就公开停止了这种做法。结果是，当时盛行的是由廉价货币政策引发的通货膨胀，而并非人们普遍预期要出现的战后经济萧条，却成为当时首要的问题。这样的结果使得相信货币政策有效的观念开始复苏。

由 Haberler 创始但以 Pigou 命名的理论进展，强烈地促进了这种观念复苏。这一理论发展指出了一条途径，即财富的变动，通过这条途径，即使实际货币数量的变动不改变利率，也会对总需求产生影响。这些理论发展未能削弱凯恩斯的下述论点，即在流动性陷阱的情况下，传统的货币政策将是无效的，因为在这种情况下，通常的货币活动只涉及货币对其他资产的替代问题，而不涉及总财富的变动。但是，这些理论发展确实表明，即使在流动性陷阱的情况下，以其他方式产生的货币数量变动，如何得以对总支出产生影响。而且更为根本的是，这些理论发展确实削弱了凯恩斯的核心理论命题，即在价格灵活的世界中，充分就业下的均衡位置也可能不存在。因此，人们不得不再一次用价格刚性或者市场的不完美性来解释失业，而不能将失业视为充分运行的市场过程的自然结果。

对 1929 ~ 1933 年货币作用的重新评价，也促进了人们对货币政策有效性的信念的复苏。Keynes 及那一时代的大部分经济学家都认为，尽管货币当局实行了积极的扩张政策，但美国还是发生了大萧条，也就是说，货币当局已尽了最大的努力，仍然无法实现预期目标[1]。近期的一些研究已证明：事实与他们的看法完全相反，美国货币当局当时奉行的是高度通货紧缩性的政策。在经济紧缩期间，美国的货币量下降了 1/3。而且货币量的下降并非因为没有人乐意贷款，即并非因为马不愿喝水，而是因为美联储强迫或者允许基础货币的急剧下降，因为它没有能够行使《联邦储备法》赋予它为银行体系提供流动性的责任。大萧条是对货币政策有效性的悲剧性证明，而非像 Keynes 及许多他的同时代人所认为的那样，是货币政策无效的证据。

在美国，随着对财政政策幻想的日益破灭，也强化了对货币政策有效性

---

〔1〕 在［2］中，我已经指出 Henry Simons 与 Keynes 都持有这一观点，它解释了他建议的政策变化。

的信念的复苏。财政政策并没有发挥它影响总需求的潜能，更令人们失望的是，在使用中也不具备那么高的实践可行性和政治上的可行性。对于根据经济活动进程而调整支出的各种努力而言，支出被证明为反应缓慢，而且有较长的时滞，所以财政政策的重点转向了税收。但是，从我开始撰写此篇文章到现在这几个月中所发生的事情，生动地显示了许多政治因素掺杂其中，妨碍了人们根据实际需要做出迅速的调整。在这个电子时代，“微调”是一个极有感召力的术语，但它与可能存在的实际情况相去甚远——也许我应该补充一句，那就是：可能存在的实际情况并不总是意味着灾祸。

人们很难意识到，经济学界在货币的作用问题上的看法已发生了根本性的变化。今天的经济学家很难接受二十几年前人们所公认的一些观点，下面我将引证几个例子。

在 1945 年发表的一篇讲话中，当时的联邦储备委员会研究部主管 E. A. Goldenweiser 将货币政策的主要目标描绘为“维持政府债券的价值……”。他写道“美国……将不得不把安全的、长期货币的收益率调整到 2.5%，这是因为一个新的时代已经到来。在这一时代里，创业资本的收益不再像过去那样，可以是无限的”［4，p. 117］。

在 Paul Homan 与 Fritz Machlup 于 1945 年编辑出版的《为美国繁荣融资》一书中，Alvin Hansen 用了 9 页篇幅来讨论“储蓄 - 投资难题”，结果并没有发现有何必要去使用“利率”或其他任何类似的术语［5，pp. 218 - 227］。在 Fritz Machlup 为本书的撰文中，他写道：“与利率有关的问题，尤其与利率变化或稳定性有关的问题，可能并不是战后经济最致命的问题，但它们肯定是最复杂的问题之一”［5，p. 466］。身为哈佛大学教授以及纽约联邦储备银行长期顾问的 John H. Williams 在文中写道：“我认为，在战后时期，政府当局不会恢复普遍的货币控制”［5，p. 383］。

当时出现的另一本研究二战后经济政策的著作是《充分就业：计划与代价》，这本书由 Abba P. Lerner 和 Frank D. Graham［6］编辑，其撰稿人——从 Henry Simons 和 Frank Graham 到 Abba Lerner 和 Hans Neisser 持有各种不同的经济学观点。然而，Albert Halasi 在他对这些文章所做的精辟概述中总结道："我们的撰稿人没有讨论货币供给问题……这些撰稿人对于为治理实际衰退而采取的信贷政策没有进行专门的论述……通货膨胀也许可以通过提高利率而得到更为有效的防治……但……其他的反通货膨胀措施……更为可取"［6，pp. 23 – 24］。由 Howard Ellis 编辑并于 1948 年出版的《当代经济学概述》，是一部将当时经济学思想状况编纂成书的一次"正式的"尝试。在 Arthur Smithies 为本书撰写的文章中，他写道："在补偿性行动方面，我相信财政政策一定肩负着大部分重任。从制度的角度来看，作为财政政策主要竞争者的货币政策，似乎是不合适的。从长远来看，美国这一国家似乎仍将处于目前这种低利率水平的状态之中"［1，p. 208］。

这些引文展示了大约二十多年前经济思想的特点。如果你希望进一步进行这种令人沮丧的探究，我建议你将"二战"后早期《原理》教科书中货币的章节（如果你能够找到它们）与当前出版的著作中的长篇累牍比较一下，特别是当早期《原理》与近期《原理》是同一著作的不同版本时，这一现象尤为明显。

从那时起，经济学界的观点发生了很大的变化，即使经济学界的观点没有完全回归到 20 世纪 20 年代末的观点上来，但与 1945 年的观点相比，它也更接近于 20 世纪 20 年代末的观点。当然，当时经济学界和现在经济学界的观点之间存在很多差异，其中，人们在货币政策有效性方面的观点分歧小于人们在货币政策所起作用方面的观点分歧，也小于货币政策应该遵循的标准方面的观点分歧。当时，赋予货币政策的主要职责是促进价格稳定以及维持黄金本位制度；货币政策遵循的主要标准是"货币市场"的状况、"投机"的程度以及黄金的流动。现在，货币政策被赋予的首要任务是促进充分就业，而抑制通货膨胀被作为货币政策的一个持续的但绝对排在第二位的目标。同时，在评价货币政策的标准方面存在着很大的分歧，有些人强调货币市场状况、利率以及货币量，另一些人则认为就业状况本身应当作为货币政策遵循的大致标准。

尽管如此，我要强调的仍然是 20 世纪 20 年代后期占主导地位的那些观点与现在流行的那些观点之间的相似性。因为我担心，现在又会像过去那样，经济学界的观点可能会发生太大的变化；我担心现在又会像过去那样，我们可能处于由于赋予货币政策过高的职责、超出了它的能力的危险中，处于要求货币政策完成它无法实现的任务的危险中，由此，我们又将处于这样一种危险中，即妨碍了货币政策做出实际上它有能力做出的贡献。

由于我很少诋毁货币的重要性，因此作为我的首要任务，我将强调货币政策力所不能及的一些方面。然后我将就我们目前的知识水平——或无知水平对货币政策力所能及的方面加以概括，并指出货币政策如何才能发挥出最大作用。

一　货币政策不能做什么

从人们对货币政策的无数否定看法中，我选择货币政策的两个局限性来讨论：①它不能超出较短时期而在长期钉住利率；②它不能超出较短的时期而长期钉住失业率。我之所以选择货币政策的这两个局限性来讨论，是因为人们过去一直或者现在广泛认同与它们相反的观点，是因为它们对应人们常常赋予货币政策的两项重要但无法实现的任务，而且因为相同的理论分析基本可以同时解释这两个问题。

钉住利率

历史已经使你们相信了货币政策的第一个局限性。正如上文所述，低利率货币政策的失败是反对头脑简单的凯恩斯主义理论的一个主要原因。在美国，对简单的凯恩斯主义理论的反对，意味着人们对下述问题的广泛认可：战时及战后钉住债券价格的做法是一种错误；放弃这一政策是一项合意的、不可避免的步骤；放弃这种政策并未产生人们当时纷纷预言的那些干扰性的、破坏性的结果。

这一局限来源于人们对货币与利率之间关系特征的广泛误读。让美联储来维持低利率水平，它将如何做到这一点？答案是通过购买证券。这会抬高有价证券的价格、降低有价证券的收益。在这一过程中，它还提高了银行可以获得的准备金数量，进而提高了银行的信贷量，并且最终提高了货币总量。这也说明了特别是中央银行以及更广泛的金融机构都认为，货币量增加将降低利率的原因。学院派经济学家也接受同样的结论，但是他们是因为不同的理由而接受这样的结论。在学院派经济学家看来，流动性偏好曲线的斜率为负。怎样才能诱使人们持有更多的货币？只有通过降低利率。

在一定程度上，这两种观点都是正确的。使货币数量以更快的速度增长所产生的初始影响，是使利率暂时性地出现降低，低于加速前所应具有的水平。但这只是这一过程的开始，而并非这一过程的结束。更为迅速的货币增长率将刺激支出：既通过较低的市场利率对投资的影响，又通过较低的市场利率对其他支出，进而对较高的现金余额（高于合意的现金余额）的相对价格的影响而起作用。但是一个人的支出是另一个人的收入。收入的提高将使流动性偏好曲线向上移动，并提高贷款需求；它可能也会提高价格，这将降低实际货币量。这三个作用将相当迅速地（比如，在不到一年的时间里）扭转最初对利率造成的下降压力。经过一段稍长的时间，如一年或两年之后，这三种影响就将一起使利率回到它正常应有的水平上。实际上，考虑到经济存在过度反应的倾向，这三种影响极有可能暂时将利率抬高到这一水平之上，并因此开始一个周期性动态调整的过程。

此处货币量加速增长还会产生第四种影响。当这种影响开始奏效时，它会对利率产生进一步的影响。这种影响毫无疑问地意味着——货币扩张率越高，相对应的利率水平也越高而非越低，从而高于货币扩张率提高前所一直具有的水平。假设更高速的货币增长将导致价格上升，而且公众预期价格将继续上升，那么正是几十年前 Irving Fisher 所指出的那样，借入者将乐意支付更高的利率，而借出者将要求更高的利率。这种价格预期效应发展得很慢，但也消失得很慢。Fisher 估算这种效应需要几十年进行完全调整，而近期的一些研究工作也与他的估算一致。

这一系列影响解释了为什么每次试图将利率维持在低水平的努力，都迫使货币当局持续地进行规模越来越大的公开市场购买。它们解释了为什么历史上，处于高位并且上升的名义利率与货币量上升相伴相随（如近年来巴西、智利以及美国的情况），以及为什么处于低位并且正在下降的利率与货币量缓慢上升相伴相随（如当前瑞士和1929～1933年美国的情况）。作为一种经验事实，从货币数量增长缓慢这一意义上说，低利率是货币政策一直紧缩的标志；而从货币数量增长迅速这一意义上说，高利率则是货币政策一直松弛的标志。金融机构及经济学界的学者们普遍认为是理所当然的那些观点，与实践所提供的最广泛的证据，恰好是背道而驰的。

矛盾的是，虽然货币当局可以确保较低的名义利率，但要想做到这一点，它必须从似乎截然相反的方向入手，即采取通货紧缩的货币政策。同样地，货币当局可以通过采取通货膨胀政策并接受利率在相反方向上的暂时波动，来确保较高的名义利率。

上述这些考虑不仅解释了为什么货币政策不能钉住利率；它们也解释了为什么在判断货币是“紧缩的”还是“宽松的”方面，利率是一个误导性的指标。正因为如此，通过货币量的变化率来判断货币政策是“紧缩的”还是“宽松的”要好得多[2]。

将就业率作为政策标准

我希望讨论的货币政策的第二个局限性与当前主流思潮背道而驰。人们普遍认为，货币增长将倾向于刺激就业，而货币紧缩则倾向于阻碍就业。那么，为什么货币当局不能将就业率或者失业率作为一个目标，比如说，将失业率控制在3%；当失业率低于这一目标时收紧政策；当失业率高于这一目标时放松政策；为什么货币当局不能以这种方式将失业率钉住在3%的水平？货

〔2〕部分来说，这是一个实证判断，而非理论判断。本质上，“收紧”或“放松”依赖于货币供给量的变化与排除货币政策本身导致的需求效应后的货币需求量变化的比较。然而，实证中，需求非常稳定，如果我们排除了货币政策的效应，通常单独研究供给就足够了。

币当局不能这么做的原因恰好与它不能钉住利率的原因相同，也就是说这种政策的即时效应与滞后存在差别。

由于 Wicksell 的研究，我们都熟悉了“自然”利率的概念以及“自然”利率和“市场”利率之间存在差异的可能性。关于利率问题的上述分析，可以相当直接地转换为 Wicksell 的表述方式。只有通过通货膨胀，货币当局才能将市场利率调节至低于自然利率的水平；只有通过通货紧缩，货币当局才能将市场利率调节至高于自然利率的水平。我们仅仅给 Wicksell 的理论增加了一个建议——Irving Fisher 对名义利率和实际利率的区分。假设货币当局在一段时期内通过通货膨胀将名义市场利率控制在自然利率水平之下，那么一旦人们普遍形成通货膨胀的预期，这反过来将提高名义自然利率本身，进而要求更快的通货膨胀以压低市场利率。同样地，由于存在 Fisher 效应，若要将市场利率维持在初始“自然”利率之上，则不仅需要通货紧缩，而且需要越来越快的通货紧缩。

在就业市场中可以进行类似的分析。在任何时点上，都存在某种与均衡的实际工资率结构相一致的失业水平。在这一失业率水平上，实际工资率一般倾向于依照一个“正常的”长期速率上升，也就是说，只要资本形成、技术进步等保持它们的长期趋势，就可以无限地维持这种长期速率。一个更低水平的失业率意味着存在劳动力的额外需求，这将对实际工资率造成上升的压力。一个更高的失业率意味着存在劳动力的额外供给，从而造成实际工资率下降的压力。换言之，“自然失业率”是可以通过瓦尔拉斯一般均衡方程组精心计算出的失业率水平，条件是将劳动力市场以及商品市场的实际的结构性特征加入其中，这些特征包括市场的不完全性、需求和供给的随机变化、搜集职位空缺和劳动力可获得性信息的成本、劳动力转换工作的成本等〔3〕。

---

〔3〕 可能值得注意的是，失业数字和职位空缺数字不需要相等，这个“自然”利率不需要与它们保持一致。对于任何给定的劳动市场结构，这两个范畴存在一定均衡关系，但是它并没有理由应当与它们相等。

你将会认识到，这个论述与众所周知的 Phillips 曲线存在着紧密的相似之处。这种相似性并非一种巧合。作为一项重要的且富有创造性的贡献，Phillips 对失业与工资变动之间的关系问题的分析无疑是值得人们推崇的。不幸的是，它包含了一个基本的缺陷，即无法区分名义工资和实际工资，正如 Wicksell 的分析未能区分名义利率和实际利率那样。虽然没有明确指出，但 Phillips 的文章是针对这样一种世界而写的：在这一世界里，人人都预期名义价格将保持稳定；在这一世界里，不论实际价格与工资发生了什么样的变化，人们对名义价格的上述预期都将是不可动摇的且永远不变的。相反，正如巴西几年前所发生的情况那样，假设每个人预期价格会以每年超过 75% 的速度上升，那么仅仅为了维持实际工资不变，工资不得不依照同样的速度上升。劳动力的过度供给将通过名义工资的增长速度慢于预期价格的增长速度〔4〕而反映出来，而不是通过工资的绝对下降而反映出来。当巴西着手实行降低价格上涨率的政策，并且成功地将价格上涨率控制在大约每年 45% 时，失业出现了一次急剧的增加。这是因为受到早期预期的影响，工资以高于新的价格上涨率的速度而持续提高——尽管这时的提高速度低于早期的提高速度。这就是试图将通货膨胀率降低到人们普遍预期的水平之下的所有努力的共同结果，也是这些努力预期的结果〔5〕。

为了避免误解，我要着重指出一点：在使用“自然”失业率这个术语时，我并不认为它是永远不变的和不可改变的。与此相反，在决定自然失业率水

---

〔4〕 严格来讲，名义工资上升应当慢于预期名义工资上升，以维持实际工资任何长期变化。

〔5〕 用名义工资变化率的概念来讲，可以预期 Phillips 曲线是合理平稳的，而且很好地定义了任何价格平均变化率和预期增长率相对平稳的时期。在这些时期，名义工资和“实际”工资同时变化。符合这一条件的不同时期或者不同国家计算出的曲线水平不一样。曲线水平取决于价格曾经变化的平均速率。价格变化平均速率越高，曲线水平将越高。价格变化速率差别较大的时期或国家不能很好地阐释 Phillips 曲线。我认为这些论述与实证研究 Phillips 曲线的经济学家们的经验高度相符。用实际工资变化率的概念（甚至更精确地说，预期实际工资）重新论证 Phillips 的分析，可以逐步理解它。这是为什么实证研究 Phillips 曲线的学生发现将价格水平变化速率作为独立变量加入考虑更利于研究它。

平的诸多市场特性中，有许多是人为的，或因政策而形成的。例如，在美国，法定最低工资率、沃尔什－希利法案和戴维斯－培根法案（the Walsh－Healy and Davis－Bacon Acts）以及工会的利益全都使得自然失业率高于它本来的水平。职业介绍所、有关职位空缺及劳动力供给的信息可得性等方面的改进，都将使自然失业率趋于降低。我使用“自然”失业率一词的理由与Wicksell使用该词的理由是一样的，即试图将实际力量与货币力量区分开来。

让我们假设货币当局试图将“市场”失业率钉在“自然”率以下的某个水平上。为了明确起见，假定货币当局以3%作为目标失业率，而“自然”失业率高于3%。同时假设我们每次都是从价格一直稳定且失业率高于3%的时候开始进行分析。于是，货币当局提高了货币增长率。这是一种扩张性的货币政策。通过使名义现金余额高于人们期望持有的水平，这种货币政策最初倾向于降低利率，并且以这种方式或其他方式刺激支出，收入和支出将开始增加。

首先，绝大部分的收入增长将采取产出增长和就业上升的形式，而不是采取价格上涨的形式。人们一直预期价格是稳定的，而且在此基础上设定了将来一定时期内的价格和工资。人们需要时间来适应新的需求状况。生产者将通过增加产出来应对需求最初的扩张，雇员倾向于做出的反应则是延长劳动时间，失业者则倾向于通过接受现在按以前的名义工资提供的工作来做出反应。这些都是相当标准的教条。

但是，它仅仅描述了初始的效应。这是因为与生产要素的价格相比，产品的销售价格通常对未曾预期到的名义需求上升的反应更快。所以，尽管工人所预期的实际工资是上升的，但工人所得到的实际工资下降了，这是因为工人实际上是按照早期的价格水平来衡量雇主所提供的工资的。实际上，对雇主而言事后实际工资下降和对雇员而言事前实际工资上升的同时发生，是导致就业上升的原因。但是实际工资事后下降将很快影响人们的预期。雇员将开始意识到他们所购买的商品价格在上升，并且要求未来支付更高的名义工资。“市场”失业率低于“自然”失业率水平。劳动力存在过度需求，因此实际工资将趋向于上升至它们最初的水平。

即使货币增长率继续上升，实际工资的上升也将扭转失业率下降的局面，并且随后导致其上升，这将倾向于使得失业率回升至它此前的水平。为了保证失业率维持在3%的目标水平上，货币当局将不得不进一步提高货币增长率。正如我们进行利率分析时所指出的那样，只有通过实施通货膨胀，货币当局才能使“市场”失业率保持在低于“自然”失业率的水平。相反，如果货币当局选择的目标失业率高于自然失业率，那么他们将不得不实施通货紧缩，并且是不断加速的通货紧缩。

如果货币当局选择将“自然”利率或“自然”失业率作为其政策目标，那么，结果将会怎样？一个问题就是，它不可能知道“自然”利率或者“自然”失业率是多少。很不幸，到目前为止我们还不能设计出一种方法，以便对“自然”利率或者“自然”失业率进行准确、迅速的估计。而且“自然”利率或者“自然”失业率自身会随着时间不断变动。但是根本问题是，即使货币当局知道“自然”利率或者“自然”失业率，并且试图将市场利率或市场失业率住在这一水平，货币当局也不能制定一种明确的货币政策。货币政策以外的多种原因都会导致“市场”利率或“市场”失业率偏离其“自然”率水平。如果货币当局对这些偏离做出反应，它就准备好了应对长期的影响，而且这些长期影响将使货币当局遵循的任何货币增长路径最终与政策规则一致。货币增长的实际过程将类似于随机游走，而那些使“市场”利率或“市场”失业率暂时偏离其自然率的因素将会以某种方式反复产生影响。

换一种方式来表述这个结论，那就是：在通货膨胀和失业之间，总存在一个暂时性的此消彼长关系，但二者之间并没有永久的此消彼长关系。暂时性的此消彼长并非由通货膨胀本身导致，而是由未预期到的通货膨胀导致，一般来说是指由不断升高的通货膨胀率导致。那么认为存在着永久性的此消彼长关系的普遍看法是，将“高”通货膨胀与“不断上升的”通货膨胀混淆在一起的一种复杂版本，而这种能够识别出这种混淆的简单版本。上升的通货膨胀率可能会降低失业率，但高通货膨胀率则不会。

但是，你也许会问，“暂时”究竟有多长呢？对于利率，我们有一些系统性的证据，这些证据显示每种效应需要多长时间才能产生影响。对于失业，我们没有任何证据。我最多能够基于对一些历史证据的检验，冒险做一下个人判断：更高的且未曾预料到的通货膨胀率的初始影响，大约会持续 2 年到 5 年；之后这些初始影响开始发生逆转；正如利率一样，就业对新的通货膨胀率所做的充分调整，大约需要几十年。对于利率和就业率两者而言，让我增加一个限制条件：这些估计是对于通货膨胀率的变化大约等于美国曾经发生过的通货膨胀率的变动而言的。对于规模大得多的变化，比如南美国家正在经历的那些通货膨胀率的变动，整个调整过程将会极大地加速进行。

如果我们换一种说法来表述这个一般性结论，这个一般性结论即是：货币当局对名义数量予以控制，就直接控制了货币当局本身的负债数量。原则上，货币当局可以利用这一控制手段而钉住名义数量——如汇率、价格水平、国民收入的名义数量、以这种或那种定义限定的货币的数量；或者钉住名义数量的变动率——如通货膨胀率或通货紧缩率、名义国民收入增长率或下降率、货币数量增长率。货币当局无法利用其对名义数量的控制而钉住实际数量——如实际利率、失业率、实际国民收入水平、实际货币数量、实际国民收入增长率或实际货币数量增长率。

二　货币政策能够做什么

虽然货币政策不能够将这些实际数量钉住在事先决定的水平上，但是货币政策可以而且的确对这些实际量有重要的影响。这两者之间绝对不是矛盾的。

通过我自己对货币史的研究，我非常赞同 John Stuart Mill 的那段人们经常引用、遭到很多痛斥且被人们普遍误解的评论。他写道：“从本质上说，在社会经济生活中，没有任何东西比货币更微不足道；但货币充当节约时间与劳力的媒介物这一特性不在此列。货币是一种使人们迅速、方便地做事的机器，没有它，人们做事就会变得不太迅速、不太方便；而且像很多其他类型的机器一样，当货币这架机器出了毛病时，它仅产生一种它自身的独特的且独立的影响”［7，p. 488］。

的确，货币只是一部机器，但是它是一部非常高效的机器。没有它，我们不可能在过去的两个世纪中获得我们所经历过的产出和生活水平令人震惊的增长——没有其他那些了不起的遍布乡村的机器，我们也无法获得这些。这些机器使得我们在大多数情况下可以更高效率地做事，而如果没有这些机器，我们做事必须付出高得多的劳动成本。

但是，货币有着一个为其他机器所不具备的特征。由于货币的渗透是如此之广泛，所以当它出现问题时，所有其他机器的运行过程都会陷入混乱。大萧条就是一个最具戏剧性的例子，而且并非仅此一例。美国历史上曾出现过的历次衰退，都或是由货币失调所产生，或是为货币失调所激化。每个大规模的通货膨胀都是由货币扩张造成的——这些货币扩张大多数都是为了满足战争所引发的压倒一切的需求。战争迫使政府发行货币，以弥补公开税收之不足。

关于货币政策可以做什么，历史教给我们第一位的而且是最重要的教训（也是意义最为深远的教训）是：货币政策可以阻止货币自身成为经济扰动的主要根源。这听起来像一个消极的命题：避免犯重大错误。在某种程度上，它是如此。如果货币当局曾经避免错误，或者如果货币安排像早些时候（没有像美联储这样具有犯此类错误的权力的中央机构的时候）那样，大萧条可能根本不会发生，而且如果它发生了，它可能远没有这么严重。在过去几年内，如果联邦储备系统避免了剧烈的且反复无常的方向性变动——起先是以过快的速度扩张货币供给；而后，在 1966 年早期，又骤然刹车；再后来，在 1966 年年底，又倒转过来，恢复扩张，而且这次扩张货币供给的做法至少持续到 1967 年 12 月，同时，这次扩张的速度，取决于在没有相当规模的通货膨胀的条件下所能长期保持的速度，那么，大致说来，过去几年中经济的运行状况会更为稳定且更为富有成效。

即使“货币政策可以阻止货币自身成为经济扰动的主要根源”是一个完全消极的命题，但是，它仍然是一个十分重要的命题。然而，碰巧的是，它并非一个完全消极的命题。即使在没有一个中央机构拥有像美联储现在这样权力的时候，货币机器已经发生过故障。在美国，1907 年发生的事件以及此前的银行恐慌，都是货币机器怎样会主要由于自己的问题而发生故障的例子。所以，货币当局肩负着一项积极的、重大的任务：提出对货币这架机器的改进意见，从而减少货币机器出现故障的可能性；并且对货币这架机器自身所具有的力量加以运用，从而使货币这架机器保持良好的运行状态。

货币政策力所能及的第二件事情，就是为经济提供一个稳定的环境——如果我们继续使用穆勒的比喻，也就是使货币机器保持非常润滑的状态。完成第一项任务将有利于这一目标的实现，但是除此之外完成第一项任务还有更多的意义。如果生产者和消费者、雇主和雇员都能够充满信心地认为，平均价格水平在未来将按照已知的方式变化，或者说平均价格水平在未来将是高度稳定的，那么，我们的经济体系才会运行得最好。在任何一种可以想象得到的制度安排下，而且当然在现在美国盛行的那些制度安排下，价格和工资只有有限的弹性。我们需要保持这一弹性，以实现对偏好和技术的动态变化进行调整所必需的相对价格和相对工资的变动。我们不应该仅仅为了得到毫无经济意义的绝对价格水平变动，就放弃价格与工资的弹性。

在更早的时期，人们依赖金本位制来为未来货币稳定性提供信心。在金本位制的全盛时期，它相当好地发挥了这一功能。但是，因为世界上几乎没有一个国家让金本位制不受限制，而且所有国家都有令人信服的理由不这样做，所以金本位制已经不再发挥这一功能。如果货币当局钉住汇率，而且货币当局这样钉住汇率：只通过改变货币量而对国际收支余额流量做出反应，但既不“冻结”国际收支余额或赤字，也不求助于公开的或隐蔽的外汇管制、关税与进出口配额的变动。那么，货币当局就能够取代金本位制而发挥作用。然而，尽管很多中央银行家支持这种观点，但实际上很少有人遵循这种做法，而且他们同样有充分的理由不这样做。这样一种政策，将使每一国家受制于其他货币当局的变幻莫测的货币政策（精心设计的或纯属偶然的）之下，而不是受制于不受个人感情影响的、自动的黄金本位之下。

在当今世界，如果货币政策为经济提供了一个稳定的环境，那么它一定是自始至终使用它的权力有意为之。我之后会讲它如何做到这一点。

最后，货币政策有利于抵消经济体系中由其他原因引起的主要扰动。如同长期滞胀支持者所描述的战后经济扩张那样，如果存在一个独立的、长期的经济高涨，那么，货币政策原则上能够通过实行一个低于原有理想水平的货币增长率，从而有助于控制局面。正如现在的情况，如果一项爆炸性的联邦预算支出预示着前所未有的赤字，货币政策能够通过实行一个低于原有理想水平的货币增长率，控制任何通货膨胀的危险。这将意味着利率水平暂时性地高于原来盛行的利率，从而使政府能够借入需要的资金为赤字融资，但是通过防止通货膨胀不断加速，它可能意味着在长期内价格和名义利率都将更低。如果一场大规模战争的结束给这个国家提供了一个将资源由战时生产转向和平时期生产的机会，那么货币政策能够通过实行一个高于原有理想水平的货币增长率，从而使这一转变过程得以顺利进行——当然，经验证据并未强烈地显示货币政策能够成功地做到这一点，但又不会做得太过分。

我之所以将这一观点放在最后，并且用限制性词语来陈述它（例如，我们的分析所涉及的只是重要的经济扰动），是因为我相信，货币政策在抵消那些导致经济不稳定的其他力量方面的潜力，比人们普遍相信的要有限得多。由于我们知道的不够多，因此在经济发生次要扰动时，我们就不能辨识出它们，而且既不能准确地预测出它们将会产生什么样的影响，也不能准确地预测出需要采取什么样的货币政策来抵消它们的影响。由于我们知道的并不足够多，因此，我们就无法通过货币政策和财政政策组合的精心的或是相当随意的变动，从而实现既定的目标。我们没有有足够的知识实现货币政策与财政政策组合精细的或者甚至粗劣的变动中陈述的目标。尤其在这一领域，要求做到“最好的”程度反而可能连“好的”程度也达不到。经验表明，明智的做法是：只有在其他扰动造成了“明显的、立即的危险”时，才能明确使用货币政策来抵消这些扰动。

三　货币政策应当如何操作?

货币当局应该如何实施货币政策，从而使它为我们的目标做出力所能及的贡献呢？显然，这个场合并不适合提出一项详细的“货币稳定计划”[3]——我使用了一本书的书名，在这本书里，我试图提出一项详细的货币稳定计划。在此，我将只限于讨论货币政策的两个主要的要求，而且这两个要求是相当直接地从前面的讨论中得来的。

第一个要求是：货币当局应当以它能够控制的数量，而非它不能够控制的数量，来作为自己的指南。正如货币当局经常所做的那样，如果它将利率或者当前失业率作为货币政策的直接标准，那么，它就像一艘选择了错误的星球方位的宇宙飞船。无论这艘宇宙飞船的导航仪器多么灵敏、多么精密，它都将会误入歧途。货币当局也是这样。在它能够控制的不同可选量值中，对货币政策最具吸引力的指针是汇率、根据一些指数定义的价格水平以及某种货币总量（通货加调整后的活期存款，或者这个总额再加商业银行的定期存款，或者某个更加广义的货币总量）。

尤其是对美国而言，汇率是一个不十分合意的指南。如果货币当局能够避免不负责任的行动，那么，也许就值得要求大多数经济部门对由对外贸易组成的微小部门进行调整——正如在真正的金本位制度下会发生的情况那样。但是，如果仅仅是对世界上其他货币当局采取的货币政策的平均情况进行调整，那么这种调整几乎就是不值得的。一种更好的做法是，通过浮动汇率，让市场对世界经济形势进行调整（在美国，大约5%的资源用于对外贸易），同时保留货币政策，以促进95%的资源的有效使用。

在我们列举的三个指南中，价格水平凭借其自身所具有的作用，显然是最重要的一个指南。正如很多著名经济学家在以前曾经强烈地主张过的，在其他条件一样的情况下，价格水平往往是最好的一种选择，但是其他条件并不相同。虽然货币当局的政策行动与价格水平之间毫无疑问存在着联系，但和货币当局的政策行动与几种货币总量之中的任何一种货币总量之间的联系相比，货币当局的政策行动与价格水平之间的联系更加间接。此外，货币行动对价格水平产生影响所需要的时间长于对各货币总额产生影响所需要的时间，而且，货币行动对价格水平的影响的时滞与程度，都随经济状况的变化而变化。结果，我们根本无法准确预测一个特定的货币行动将会对价格水平产生怎样的影响，同样重要的是，我们也无法准确预测它将什么时候产生这一影响。这样，货币当局直接控制价格水平的努力，就很有可能由于错误开始、错误结束而使货币政策本身成为经济扰动的一个根源。或许，随着我们对货币现象的理解的不断加深，这种情况将发生改变。但是，在我们当前的理解水平上，就我们的目的而言，迂回之计似乎就是最好的做法。所以，我认为，某种货币总量是当前可以得到的、最好的货币政策的直接指南或标准，而且我认为，货币当局选择哪个特定的总量并不那么重要。

对货币政策的第二个要求是：货币当局要避免货币政策的急剧变动。正如我所强调的大萧条时期发生过的情况那样，在过去，货币当局偶尔沿着错误的方向行动。更加经常发生的情况是，尽管货币当局行动太迟，但其行动的方向是正确的，却因为行动过头而犯错。例如，1966 年年初，美联储政策向一个不那么扩张性的方向行动是正确的——尽管它应该至少在一年前这么做。但是当美联储采取行动时，它却行动过头，造成了战后年代最激烈的货币增长率变化。同样，由于美联储已经行动过头，因此，在 1966 年年底，它将货币政策方向逆转的做法是正确的。但是，联邦储备体系再一次行动过头，它不仅恢复了以前过高的货币增长率，而且超过了以前过高的货币增长率。这样的事件绝非偶然。这样的事件一次又一次地发生——正如在 1919 年和 1920 年，1937 年和 1938 年，1953 年和 1954 年，1959 年和 1960 年所发生的情况。

货币当局有过度反应倾向，原因看起来似乎是明显的：货币当局没有考虑到他们的行动与后来对经济产生的影响之间的时滞。它们倾向于根据当前的情况决定它们的行动，但是它们的行动对经济产生影响将在6个月或者9个月或者12个月或者15个月之后。因此，当它们感到必须立即停止行动或者加紧行动时，而事实上情况可能已经变得很严重了。

我自己对这个问题开出的药方仍然是：货币当局应当通过公开地采取一种货币政策，使某种特定的货币总量保持一个稳定的增长率，从而自始至终避免货币政策的摆动。与货币当局对某个确定的、众所周知的货币总量增长率的采纳相比，究竟采取哪个确切的货币总量增长率或哪种确切定义的货币总量都不太重要。我自己提出过一个货币增长率，一般来说，它能够实现最终产品价格水平大致稳定。根据我的估计，要实现最终产品价格水平大致稳定，就需要使通货加所有活期存款之和大约每年增长3%~5%〔6〕，或者需要使通货加所有活期存款之和保持较低一些的增长率。然而，与遭受那些我们业已经历过的、广泛的且变化无常的经济混乱相比，拥有一种大致说来将会导致温和的通货膨胀或者温和的通货紧缩的固定增长率（且这个固定增长率使通货膨胀或通货紧缩保持稳定的话），情况要好得多。

在没能采取这样一种公布于众的、以稳定的货币增长率为内容的货币政策的情况下，如果货币当局能够奉行避免大幅度摇摆的自我克制原则，这对于它们来说将是一个重大的进步。不论在美国还是其他国家，历史已经证明：货币增长率相对稳定的时期都伴随着经济活动的相对稳定，而货币增长率大范围波动的时期也都是经济活动大范围波动的时期。

通过为自己确立一个稳定的行动方向并始终坚持这一行动方向，货币当局可以在促进经济稳定方面做出重大贡献。通过在这一过程中实现货币量稳定但是温和的增长，它可以在避免价格的通货膨胀和通货紧缩方面做出重大贡献。其他的因素仍将影响经济，要求做出变革和调整，并且扰乱我们的前

〔6〕 在我的一篇尚未发表的文章“货币最优量”中，我得出结论：为了消除或减少实际货币余额增加的私人成本和总成本之间的差别，一个静态的更低的增长率（比如在更广泛货币定义下2%的增长率）仍然更好。

进道路。但是稳定的货币增长将创造一种货币环境，这种货币环境有利于进取心、独创精神、创造力、辛勤工作以及节俭精神等基本因素的有效运转，而这些基本因素正是经济增长的真正源泉。这是我们在当前的知识水平上，能够要求货币政策做出的最大贡献，而这种贡献（而且也是巨大的贡献）毫无疑问是我们能力所及的。

参考文献

[1] H. S. Ellis, ed., *A Survey of Contemporary Economics*, Philadelphia, 1948.

[2] Milton Friedman, "The Monetary Theory and Policy of Henry Simons," *The Journal Law and Economics*, October 1967, 10, pp. 1 – 13.

[3] Milton Friedman, *A Program for Monetary Stability*, New York, 1959.

[4] E. A. Goldenweiser, "Postwar Problems and Policies," *Fed. Res. Bull.*, February 1945, pp. 31, 112 – 121.

[5] P. T. Homan and Fritz Machlup, eds., *Financing American Prosperity*, New York, 1945.

[6] A. P. Lerner and F. D. Graham, eds., *Planning and Paying for Full Employment*, Princeton, 1946.

[7] J. S. Mill, *Principles of Political Economy*, Bk. Ⅲ, Ashley ed., New York, 1929.

李静婷 于飞 译 邹光 校

最优货币区理论*

罗伯特·蒙代尔 (ROBERT A. MUNDELL) **

很显然，只要固定汇率、刚性工资和价格水平阻碍贸易条件完成在调节过程中应有的作用，那么，周期性的收支平衡危机始终都是国际经济体系中的一个不可或缺的特征。然而，提出问题和批评备选方案要容易得多[1]但提出建设性且可行的方案以消除国际非平衡体系的形成因素却很困难。本文恰好揭示了一个观点，即浮动汇率联系起来的本国货币体系看似是最具说服力的方案，但在某些条件下并不可行。

浮动汇率体系通常被它的倡导者[2]看作是一种策略：当一国的外部平衡出现逆差的时候，那么，货币贬值就可以缓解失业；而当出现顺差时，货币升值就可以缓解通胀。但是，接下来的问题就是，是否所有现存的本国货币都应该是可浮动的？应该让加纳镑兑其他国家所有货币的汇率都自由浮动吗？或者，现在的英镑区中所有货币应该继续钉住英镑吗？又或者，假设欧洲共同市场国家继续进行经济一体化的计划，那么，这些国家应该允许每个国家的货币相互浮动吗？抑或构建一个单一的货币区会更好？

通过定义货币区是一个内部汇率固定的区域，我们可以以一种更一般和

---

* 原文发表于1961年第51卷第4期。

** 作者系“最优货币区理论”奠基人，被誉为“欧元之父”。

〔1〕 我在参考文献［7］中详细分析了这个体系。

〔2〕 参见参考文献［1］［3］［5］。

更有启发性的方式来提出这个问题。我们要问的是：什么才是一个货币区的合适范围？这个问题似乎一开始只是纯学术的，因为接受其他的安排而放弃本国的货币很难在政治上获得可行性。对此，可以给出三种答案：①世界的某些地区正在进行经济一体化和经济解体的过程，新的经济试验正在进行，一个关于最优货币区组成部分的概念可以阐明这些试验的意义。②像加拿大一样已经进行了浮动汇率试验的国家，它们看似会面临一些特殊的问题，如果本国货币区并不与最优货币区一致，最优货币区理论正好可以对这些问题进行说明。③这种想法（最优货币区）可以用来阐释某些被经济学文献忽略的货币功能；而且在考虑经济政策的问题时，这些功能也经常被忽略。

一　货币区和共同货币

单一的货币政策意味着单一的中央银行（具备钞票发行权），因此，区域间支付手段的供给可能是弹性的。但是，在一个包含有多种货币的货币区内，国际支付手段的供给取决于很多中央银行的合作。没有一个中央银行能够比其他中央银行更快地扩大它自身的债务，而又不损失储备和损害货币的可兑换性〔3〕。这意味着：在调节机制上，拥有单一货币的货币区和拥有多个货币的货币区将会有着很大的差异。换言之，即便汇率在国际调节机制中固定，区域间调节机制和国际调节机制之间也将会是有差别的。

我们使用一个简单的模型来阐明这种差别，这个模型包含两个经济体（两个区域或两个国家）。最初，它们都处于充分就业和国际收支平衡的状态。接着，均衡被破坏，需求由经济体A的商品转换到经济体B的商品上，此时，我们看看将会发生什么。假定在不造成失业的情况下，短期内货币工资和价格不能下降，货币当局采取行动以防止通货膨胀的发生。

〔3〕 更准确的是，央行扩张货币负债的速度取决于需求的收入弹性和供给的产出弹性。

首先假设这两个经济实体是有自己的货币的国家。需求从B到A的转换，导致B出现失业而A有通货膨胀压力[4]。如果A的价格能够上升，那么，相对贸易条件的变动将会减轻B的某些调节负担。但是，如果A收紧信贷限制以防止价格上升，那么，全部的调节负担将会强行地推到B国身上。所需要的是B实际收入的减少，而且如果这个不能通过贸易条件的变动来实现（因为B无法降低价格而A也不会让价格上升），那么就只能通过B产出和就业的下降来实现这一点。因此，顺差国抑制价格的政策会将衰退趋势传递给基于固定汇率的世界经济体或（更一般地）传递给具有多种货币的货币区。[5]

为了这种情况做对比，假设有两个地区经济体，它们处于由同一货币推动的封闭经济之中，并假定中央政府现在执行的是充分就业政策。需求从B到A的转变导致B地区的失业以及A地区的通胀压力和国际收支顺差[6]。为了解决B的失业，货币当局增加货币供应。然而，货币扩张加剧了A地区的通胀压力。的确，为了使货币政策能够有效解决逆差地区的充分就业问题，其最主要的方法就是提高顺差地区的价格，使得相对贸易条件不利于B。因此，充分就业给多地区经济或（更一般地）单一货币区带来的是一个通胀偏误。

在一个由不同国家（拥有本国货币）组成的货币区内，逆差国的就业增速由顺差国物价上涨的意愿决定。但是，在一个由不同地区和单一货币组成的货币区内，通货膨胀的速度由中央当局容许逆差地区的失业水平的意愿决定。

制度变迁能够使得这两个系统更为接近。也就是，如果中央银行同意国

---

〔4〕 此处通货膨胀被定为国内商品的价格上升。

〔5〕 顺差国家控制通货膨胀的趋势（从国家的角度来看）可以从1920年代的美国、法国以及现今西德的政策中得到充分证明。但不幸的是，世界相对价格的简单变化在顺差国家中往往会被认为是通货膨胀。

〔6〕 关于美国不同地区间的收支平衡问题的启发性例子可以在［2，Ch. 14］中找到。出于本文目的，区域被定义为内部要素流动而外部要素不流动的地方。

际调节的负担应该落到顺差国头上，这些顺差国将让本国物价上涨，直到逆差国的失业被消除，又或者能够建立一个有权创建国际支付手段的世界性中央银行，如此，世界经济就可避免出现失业。可是，任何类型的货币区都无法防止它的成员出现失业和通胀。而责任不在于货币区的类型，却在于货币区的范围。最优的货币区并不是世界。

二　国家货币和浮动汇率

从定义上来说，世界上如果存在一个以上的货币区，也就意味着存在浮动汇率。在国际贸易的例子中，如果对 B 国产品的需求转变为对 A 国产品的需求，那么，B 国的货币贬值和 A 国的货币升值将能够纠正外部不平衡，并且缓解 B 国的失业问题和抑制 A 国的通胀问题。这是基于多国货币的浮动汇率体系最理想的情况。

然而，其他例子可能同样地相关。假定世界由加拿大和美国两个国家构成，各自都有独立的货币。同时假设大陆被分成两个与国家边界划分不一致的地区：东部生产汽车一类的产品，西部生产木材一类的产品。在这个例子中，为了检验浮动汇率的论点，假定美元相对加拿大元浮动，并且汽车行业生产率的增长导致对木材产品的过度需求和汽车的过度供给。

需求转变的直接后果就是引起东部的失业问题和西部的通胀压力，而且银行储备会从东部流到西部，因为前者的地区性收支逆差。为了消除东部的失业问题，两国的中央银行将必须增加国内货币供应量，又或者为防止西部的通货膨胀，两国央行紧缩国内的货币供应量（与此同时，加拿大—美国汇率将要变动以维持本国的国际收支平衡）。因此，在两个国家，只有以通货膨胀为代价，失业才能被抑制，或以失业为代价，抑制住通货膨胀。又或者，最终是东部和西部共同承担调节的负担，即东部承受一定程度的失业和西部承受一定程度的通货膨胀。但是，失业和通货膨胀是不可同时避免的。浮动汇率的目的不是调整两个地区间的国际收支，尽管它的确起到了这样的作用

（最本质问题）。因此，以浮动汇率联结的单一货币或多国货币体系并不一定比以固定汇率联结的体系更可取。

三　区域性货币区和浮动汇率

前面的例子并没有摧毁关于浮动汇率的论点，但它可能严重地削弱这种论点被应用到国家货币上的实用性。如果国家货币被抛弃而支持区域性货币，那么就可以支撑这种论点的逻辑。

为了验证这点，假设“世界”重新安排货币，因此，东部元和西部元取替了加拿大元和美元。现在，如果东部和西部之间的汇率固定，一个类似于第一部分讨论过的两难困境将会出现。但如果东—西汇率是浮动的，那么对木材产品的过度需求就不会引起任一地区的失业或通货膨胀。西部元相对于东部元升值，因此，保证了国际支付的均衡，而东部和西部的中央银行采取货币政策以保证按区域货币计算的有效需求不变，从而价格稳定和就业。

同样的论断也可以从另一个角度得到。浮动汇率体系的最初提出是作为金本位制之外的另一种选择，许多经济学家把 1929 年以后蔓延全球的经济不景气归罪到金本位制头上。然而，如果反对金本位制的观点是正确的，那么，为什么一个类似的观点不用来反对多区域国家的单一货币体系呢？在金本位制下，一国的经济衰退将会通过对外贸易乘数传递到外国。类似地，在单一货币情况下，一个地区的经济衰退将会以恰好同样的原因传递到其他地区。如果金本位制给国家经济强加了严厉的约束，也引起了经济波动的传染，那么，单一货币也要受到同样的责难。区域间的收支平衡问题难以观察，可以说，正是由于这一原因，我们无法回避区域间货币流动的自我调节效应（当然，地区间的流动性资产确实总是能够由国家的中央银行提供，而金本位制甚至是金汇兑本位制有时会受到国际流动性资产短缺的限制，但反对金本位制的基本论点和流动性问题本质上是不同的）。

当今，如果浮动汇率是一个有说服力的例子，那么，从逻辑上来说，这个例子也是基于区域性货币而不是国家货币的浮动汇率。最优货币区域是地区。

四　实际应用

国际贸易理论是在李嘉图假设（生产要素在国内自由流动而国家间不流动）之上发展起来的。然而，Williams、Ohlin、Iversen 以及其他学者都断言这个假设是无效的，并阐明放宽假设将会如何影响实际的贸易理论。我已经尝试着证明放宽这一假设对贸易的货币理论，特别是浮动汇率理论也有着重要的影响。基于国家货币的浮动汇率的论点仅是和李嘉图的要素流动假设一样合理而已。如果要素流动性在国内很高，而在国家间很低，那么一个基于国家货币的浮动汇率体系就会足够有效地运转。但是若（要素流动的——译者注）区域跨越了国家界线，或国家有着多个地区，那么，浮动汇率的论点就只有在货币按照地区重新调整之后才是成立的。

当然，在现实世界里，货币是国家主权的主要象征。因此，只有伴随着意义深远的政治变革，实际的货币重组才会是可行的。因而，最优货币区的概念只有在那些政治组织处于变动状态的地区才有直接的政治适用性，例如前殖民地和西欧。

在西欧，共同市场的创建被很多人认为是通往最终的政治统一的重要一步。同时，关于六个国家单一货币的话题已经被广泛讨论。人们可能会提及 Meade 的著名论断［4，pp. 385 - 386］，他认为西欧单一货币的条件并不存在，并且，尤其是因为缺乏劳动力的流动性，一个浮动汇率体系会在促进国际收支平衡和内部稳定性上更加有效。不过，Scitovsky［9，Ch. 2］[7]有着明显不同的观点，他支持单一货币，因为他相信单一货币将会引起更大程度的资本流动，但是必须采取进一步的举措促进劳动力更频繁的流动和推动超国

〔7〕 这些表述当然不能完全地概括 Meade 和 Scitovsky 的观点。

家的就业政策。就本文而言，Meade 支持国家货币区而西托夫斯基有保留地支持西欧单一货币区的想法。

尽管两种观点存在明显的矛盾，但最优货币区的概念使我们意识到这种分歧可以简化为实证问题而不是理论问题。在两种情况中，单一货币区或共同货币区的一个关键要素都被提及，即要素高度流动。但 Meade 相信必要的要素流动不存在，而 Scitovsky 认为劳动力流动性必须改善，而且单一货币的创建本身就能刺激资本流动。换言之，尽管两个学者没有从内部要素流动和外部要素不流动的角度来定义地区，并争论最优货币区是否是一个地区，但以要素流动的确切程度来划定一个地区是他们观点中的一个隐含区别。因此，问题简化为是否可以把西欧看作是一个单一区域，而本质上这是一个经验性问题。

五　货币数量和货币区的上限

现在有一个两难困境：从地理和产业方面，要素流动（亦即区域划分）被看作是一个相对概念而非绝对概念，对我们来说最有助益。同时，它很有可能伴随政治和经济条件的变动而随时间改变。如果我们热切追求国家内部稳定的目标，那么，如果世界上单独货币区的数量越多，这些目标更能成功地实现（如同往常，假设关于浮动汇率的基本观点本身合理）。但是这似乎暗示应当更细地划分区域，以至于把因劳动力不流动而出现失业的每一细小地区当作是一个单独区域，每一个都理应拥有一个单独的货币！

这样的安排难以契合常识。上述建议反映这样的事实，即到目前为止，我们考虑了让货币区保持小的理由，却没有考虑维持或者增加他们规模的理由。换言之，我们已经讨论的仅是稳定化的观点，基于此我们倾向于拥有的众多货币区域，但我们没有考虑不断增加的成本，而众多货币区的维持很可能涉及这些成本。上一代的 19 世纪经济学家都是国际主义者，一般都支持一种世界货币。因此，J. S. Mill［6，p. 176］写道："然而在大多数文明国家的交易中，如此之多的野蛮仍然被保留，几乎所有的独立国家选择通过拥有既不便于自己也不便于邻国的自己的独特货币来维护自己的民族。”

Mill，像Bagehot和其他学者一样，关心的是定价成本和货币兑换成本，而不是稳定政策。容易看见的是这些成本有随着货币数量而增加的倾向。如果外国商品的价格以外币表示，那么必须换算为本国货币价格，则任何给定的货币作为计价标准或作为记账单位都无法充分实现这一功能。类似地，如果多种货币并存，货币作为交换媒介的角色就不那么有用。即便货币换算的成本总是存在，可是在不可兑换和浮动汇率下，它们可能变得格外大（的确，在假想的世界里，货币的数量等于商品的数量，货币作为记账单位和交换媒介的作用将消失，那么，贸易可能只是进行物物交换）。货币是一种便利手段，它限制了最优的货币数量。单从这一点而言，最优货币区是整个世界，无论组成世界的地区数量有多少。

还有两个其他的因素会抑制任意较大规模货币区的创建。首先，外汇市场必须不能太小，以至于任何单一投机者（或许除了央行）可以影响到市场价格，否则反对浮动汇率的投机观点就会很有力。另外一种限制“巴尔干化”的观点与浮动汇率观点的重要基石相关。浮动汇率支持者的论点是处在风口浪尖的群体不愿意接受货币工资或价格水平调整所引起的实际收入的变化，却愿意接受汇率变化所引起的几乎同样的实际收入变化。换言之，假定工会谈判争取的是货币工资而不是实际工资，而且根据生活花费来调整工资需求，如果这一假定成立的话，生活成本指数包含除进口商品以外的所有产品。现在，随着货币区越来越小，进口品在总消费的比例越来越高，这种假设就变得越发不可能。假设工会和管理层的谈判中存在着一定程度的货币幻觉（或者摩擦力和时滞有着同样效果），这或许并非难以置信。但是，假设小的货币区中存在极端的货币幻觉却是不现实的。因为货币幻觉的必要程度越大，货币区越小，所以得出货币幻觉又给货币区的数量强加了一个上限的结论似乎是合理的。

六　结论

从逻辑上来说，关于浮动汇率的话题可以分为两个不同的问题。第一个问题是一个浮动汇率体系是否会像当代世界经济一样运行得既有效且有影响。为了这种可能性存在，必须做到以下几点：（1）考虑投机需求后，基于浮动汇率的国际价格体系是动态稳定的；（2）在消除动态均衡的正常扰动时，必要的汇率变动不能太大以至于引起出口和进口竞争产业的剧烈且可逆的变动（稳定性不能消除这点）；（3）可变动的汇率带来的风险可以在远期市场中以合理成本规避；（4）央行不进行垄断性投机；（5）货币规则由持续贬值的不利政治后果来维护，在某种程度上，今天的是靠外汇储备水平的威胁来维护的；（6）对债务人和债权人的合理保护可以保证维持资本流动的流量长期增加；（7）工资和利润不与进口商品占很大比重的价格指数绑定。我过去没有在我的文章中讨论过这些因素。

第二个问题关注的是世界应如何进行货币区划分。我已经讨论过浮动汇率的稳定性论点只有基于区域性货币区时才是有效的。如果世界被划分为多个地区，各自内部要素流动而彼此间要素不流动，那么，每一个地区都应该有一个单独的货币，并随其他货币而浮动。这使得浮动汇率论点达成其逻辑的结论。

但一个地区是一个经济单位，而货币流通领域部分地代表国家主权。除了国家主权正被放弃的地方以外，建议一国的货币体系被重新安排并不可行。因此，浮动汇率论点的有效性就决定于国家和地区相对应的接近度。如果每个国家（和货币）内部要素流动而外部要素不流动，那么，浮动汇率论点运转最好。但是如果劳动力和资本在国内流动不足，那么，本国货币外部价格的弹性不能被指望来实现人们赋予它的稳定功能，而且可以预期到不同地区有不同失业率和通货膨胀。类似地，如果要素可以跨越国家边界流动，那么，一个浮动汇率体系就变得不必要，甚至是相当有害的，正如我在其他地方表明的[8]。

加拿大提供了唯一的当代例子，即一个先进国家试验了浮动汇率。根据我的论点，就考虑稳定而言，这种试验应该是相当不成功的。因为地区间的要素不流动，某个区域的外国需求增长将引起货币升值，从而增加其他地区的失业，这一进程可以由货币政策纠正，但货币政策会加重第一个地区的通货膨胀的压力。一个地区产品需求的每一个变化很容易引起其他地区相反方向的变化，而这不能被国内稳定政策完全消除。类似地，由于完全不同的原因，外部资本的高流动性很可能干扰稳定政策：为实现内部稳定，央行可以改变信用条件，但产生稳定效果的是汇率变化而非利率调整。这种非直接性导致循环式地达到均衡。表面的证据已经说明加拿大没有做到，尽管仍有必要通过实证研究来证明加拿大的试验没有完全达到浮动汇率所声称的那样。必须强调，加拿大试验的失败只是对多区域国家浮动汇率体系的有效性提出质疑，而没有质疑单一区域国家的有效性[9]。

参考文献

[1] Milton Friedman, "The Case for Flexible Exchange Rates," *Essays in Positive Economics*, Chicago, 1953.

[2] S. E. Harris, *Interregional and International Economics*, New York, 1957.

[3] F. L. Lutz, "The Case for Flexible Exchange Rates," Banca Naz. del Lavoro, Dec. 1954.

---

[8] 在我的《在固定和浮动汇率下国际调节的货币动态机制》一文中（见 [8]），我进一步阐明这个观点，在固定汇率下，如果短期资本不流动，稳定政策会比流动时更难。在浮动汇率下，如果资本流动，稳定政策会比不流动时更难。虽然分析方法基本不同，但结论支持这篇文章的假设，即固定汇率体系在要素流动的区域要更好而浮动汇率体系在要素不流动的区域要更好。我文章的论点为反对货币区数量的增加提供了进一步的理由。

[9] 其他经济学家有进一步支持多区域国家巴尔干化的论点（可参见 A. D. Scott [10]），区域性货币区的论点也加到一起，但是正如 Scott 小心强调一样，没有国家能在纯粹经济的基础上（纯粹经济地）做出这样的决定。

[4] J. E. Meade, "The Balance of Payments Problems of a Free Trade Area," *Econ. Jour.*, Sept. 1957, 67, pp. 379 - 396.

[5] J. E. Meade, "The Case for Variable Exchange Rates," *Three Banks Rev.*, Sept. 1955.

[6] J. S. Mill, *Principles of Political Economy*, Vol. II, New York, 1894.

[7] R. A. Mundell, "The International Disequilibrium System," *Kyklos*, 1961 (2), 14, pp. 153 - 172.

[8] R. A. Mundell, "The Monetary Dynamics of International Adjustment under Fixed and Flexible Exchange Rates," *Quart. Jour. Econ.*, May 1960, 74, pp. 227 - 257.

[9] Tibor Scitovsky, *Economic Theory and Western European Integration*, Stanford, 1958.

[10] A. D. Scott, "A Note on Grants in Federal Countries," *Economica*, Nov. 1950, 17 (N. S.), pp. 416 - 422.

郭俊杰 译　杨春学 校

产出—通胀权衡的若干国际证据*

罗伯特·卢卡斯（ROBERT E. LUCAS, JR.）**

本文报告了对实际产出—通胀权衡关系的实证研究结果，该研究基于1951～1967年18个国家的逐年时间序列。我们对这些数据的研究是想验证一个假说是否成立，该假说认为当通胀率随时间变化时平均的真实产出不变，或是说实际产出有一个“自然率”。因此，我们关心的问题为：（i）自然率理论所预言的产出—通胀关系是否能在计量经济学的考察中，被证实存在于样本中的全部或多数国家；（ii）自然率理论对产出—通胀关系施加了哪些可检验的限制条件；（iii）这些限制条件是不是和最近的经验相符合。

既然“自然率理论”这一术语被用于很多不同的模型和场合中[1]，我们就首先需要为本文谈及的“自然率理论”做好定义，讨论这一理论的基本要素。在我们的“自然率理论”中，第一个最重要的假设是名义产出取决于经济中的总需求，名义产出可以被分解为实际产出和价格水平，而这两者则主要取决于劳动和产品的供给者。第二个假设是主导短期供给行为的局部“刚性”，是由于供给者缺乏和决策相关的价格信息所引起的。第三个假设是供给者预测对这些相关的但不可观测的价格时，乃是基于经济的随机特性而做的最优（或“理性”）预测。

---

* 原文发表于1973年第63卷第3期。

** 作者来自卡内基梅隆大学工业管理研究院。

〔1〕 最有价值的一般性讨论请参看 Milton Friedman（1968）与 Edmund Phelps（1969）。Donald Gordon，Allan Hynes 和 Lucas（April 1972）的论文提供了一些具体的实例。

正如 Lucas 在另文（1972）指出的那样，在这个问题上的理论假说无法通过估计菲利普斯曲线的相关系数来实证检验，也不能用其他的单方程产出—通胀替代关系来检验。比如，这些理论无法说明货币工资变化和价格水平变化的相关系数为 1，或者说这些理论不能得出“长期”（即在通常的分布滞后的意义上）菲利普斯曲线必定是垂直的这一结论。这些理论将（我们下面会说明这一点）供给的参数和决定需求变动随机性的参数联系在一起。自然率假说以这种形式呈现意味着我们可以尝试用特定样本来检验它，例如，用本文中的样本，其中包含有多种多样的总需求行为。

下一节将会利用以上描述的元素来构建一个简单的加总模型。基于这个模型的实证研究结果将会在第Ⅱ部分给出，然后会对这些结果进行讨论并给出结论。

Ⅰ　一个经济模型

这一节构建的模型的一般结构可以被简单地描述如下：首先，总体的价格－数量观测点被看作是总需求和总供给的交点。在定义总需求时，我们假设货币市场是出清的，并用标准的 IS－LM 框架来描述产出和价格水平的关系。按照通常的理解，我们假设总需求的移动取决于三个变量：货币政策、财政政策和出口需求。定义总供给时，我们假设劳动市场是出清的，因此，总供给的斜率反映的是劳动市场和产品市场的“刚性”。

这个模型的结构主要基于 Lucas 和 Leonard Rapping（1969）一文所讨论的模型，但本文的模型通过加入一个额外的特殊假设而被极大地简化：我们假设总需求曲线具有单位弹性[2]。在这个假设下，名义产出水平就可以被看为

〔2〕 Frederic Raines 给出了在 IS－LM 框架中推导产量—价格关系的过程。当然，IS－LM 框架并不要求单位弹性，虽然这一框架可以兼容单位弹性这个假设。在本文中我们引入单位弹性这一假设只是为了简化讨论，后面我会谈及当放松这一假设后，可能会出现什么结果。

产品市场的“外生”变量。此时，仅考察总供给就可以将名义收入分解为实际产出和价格。在下面的 A 小节中，我们将推导出一个供给模型以用来分解名义收入。在 B 小节中，我们将求解全部的（需求和供给）模型。

A　总供给

所有的自然率理论的模型都会先引入理性人假设，这些理性人的决策只依据于相对价格，因为我们假设他们无法区分相对价格的变化和一般价格的变化。显然，对于这种不完全信息的决策，人们可以构建无数种模型。模型构建的关键是在这种特征下找到易处理的模式。下面的模型就是一个例子。

我们把供给者想象为分布在大量的竞争性市场上。每段时期的不同产品的需求被不平均地分配到这些市场上，因此，这会导致相对价格变化和一般价格变化。其结果就是，每个个体的供给者对市场的理解将和一个局外人对总体情况的理解非常不一样。相应地，我们将分别从这两个角度来分析，首先看看个体供给者所面临的情形。

每个市场的供给量被认为由两部分构成，一部分是正常的（或长期的）供给，这对每个市场都一样；而另一部分是周期性的供给，且每个市场都不相同。让我们用 z 来表示不同的市场，用 y_{nt} 和 y_{ct} 来表示这两个部分的对数值，则第 z 个市场的供给为：

$$y_t(z) = y_{nt} + y_{ct}(z) \tag{1}$$

其长期部分，反映的是资本积累和人口的变化，呈现直线趋势：

$$y_{nt} = \alpha + \beta t \tag{2}$$

而其周期部分则受到个体供给者所感知的相对价格以及其滞后值的影响：

$$y_{ct}(z) = \gamma[P_t(z) - E(P_t \mid I_t(z))] + \lambda y_{c,t-1}(z) \tag{3}$$

其中，$P_t(z)$ 是市场 z 在 t 时的实际价格，$E(P_t \mid I_t(z))$ 是现时的一般价格

水平的条件均值，其条件是 t 时市场 z 可得的信息 $I_t(z)$ 。[3]既然 y_{ct} 是偏离趋势线的偏离量，因此 $|\lambda| < 1$ 。

供给者有两个途径可以获得 t 时市场 z 上的信息。首先，t 时进入市场的交易商知道之前所有的需求变化，也知道正常的供给 y_{nt} 和之前的偏离 $y_{c,t-1}$，$y_{c,t-2}$，…虽然这些信息不足以让人确定现期一般价格水平的对数值，即 P_t，但至少这些信息给出了 P_t 的一个“先验”分布，而这个分布是所有市场上的交易商都知道的。我们假设人们知道这个分布服从正态分布，均值为 $\bar{P}_t$（该均值由之前已知的历史所决定），其方差 σ^2 固定不变。

其次，我们假设实际价格对经济各个方面的（几何）平均价格的离差是一个独立于 P_t 的分布。具体而言，以 z 来表示市场中价格对平均价格 P_t 的百分数离差（因此，这时市场可以根据它们从平均价格的价格离差而区分），其中 z 服从正态分布，但这个分布独立于 P_t 的分布，且均值为 0、方差为 τ^2 。因此，此时在市场中的可观测价格 $P_t(z)$（这是取对数后的值）等于两个独立的，且都分别服从正态分布的变量的和：

$$P_t(z) = P_t + z \tag{4}$$

因此，估计无法观测到的（对 t 时市场 z 上的供给者而言）P_t 时所用到的信息 $I_t(z)$，也是由两个部分构成的，即可观测的价格 $P_t(z)$ 以及可以被归结为 $\bar{P}_t$ 的历史值。

为了利用这些信息，供给者通过式（4）来计算 P_t 的条件分布，其条件在 $P_t(z)$ 和 $\bar{P}_t$ 上。这个分布（通过简单的计算可知）是正态分布，且均值为：

---

〔3〕 Lucas 和 Rapping（1969）构建并验证了一个随着实际价格与期望价格之比而变化的劳动供给方程。此文也讨论了滞后项对实际就业的影响。在我们 1972 年的论文对 Albert Rees 的评论进行回应时，我们发现滞后项对就业的影响不能完全用期望价格来解释。这两种影响——期望效应和滞后效应——会通过厂商被传递到产品市场上去。甚至这两种效应都会通过厂商的投机行为而被放大（关于这样的例子，请参看 Paul Taubman 和 Maurice Wilkinson）。关于公式（3）给出的供给者行为的一般均衡模型，请参看我在 1972 年的几篇论文。

$$E(P_t \mid I_t(z)) = E(P_t \mid P_t(z), \bar{P}_t) = (1-\theta)P_t(z) + \theta\bar{P}_t \tag{5}$$

其中 $\theta = \tau^2/(\sigma^2+\tau^2)$，该分布的方差为 $\theta\sigma^2$。将式（1）、式（3）和式（5）合在一起，我们就得到市场 z 的供给方程：

$$y_t(z) = y_{nt} + \theta\gamma[P_t(z) - \bar{P}_t] + \lambda y_{c,t-1}(z) \tag{6}$$

在所有的市场上取平均值（对 z 的分布求积分）就得到了总供给方程：

$$y_t = y_{nt} + \theta\gamma(P_t - \bar{P}_t) + \lambda[y_{t-1} - y_{n,t-1}] \tag{7}$$

总供给函数（7）的斜率随着 θ 倍的个体价格总方差 $\sigma^2+\tau^2$ 的变化而变化，这一变化是由相对价格的变化引起的。当 τ^2 相对很小的时候，个体价格变化就几乎能够完全反映一般价格变化，此时供给曲线就差不多是垂直的了；在另一个极端情况下，当一般价格很平稳的时候（即 σ^2 相对很小），供给曲线就趋向于 γ 的极限值[4]。

B 完整的模型和模型求解

上面建模的过程所用到的核心假设是，供给者虽然不能观测当期价格水平 P_t，但他们能知道 P_t 的正确分布，而他们的供给行为正是根据这个分布而做出的。因此，我们需要确定这个正确的分布是什么形式，为此，我们需要一个能够包含总需求的完整模型。

正如前文所讲的那样，我们要想引入总需求，就要假设产品的总需求函数。我们假设总需求函数采取以下形式：

$$y_t + P_t = x_t \tag{8}$$

其中 x_t 是外生的移动变量（原文为 shift variable，x_t 是总需求函数的截距

〔4〕 我们预测的供给弹性和价格序列的一个分解部分的方差之间的这个关系，很像 Friedman（1957）观察到的消费需求的收入弹性和永久收入的方差及暂时收入的方差之间的关系。我们将在第 II 节看到，实证检验的过程和 Friedman（1957）也是相似的。

项，其变化可以引起总需求的移动，即起了经济冲击的作用——译者注)，它等于可观测的名义国民收入总值（GNP）的对数值。更进一步，我们假定 $\{\Delta x_t\}$ 是一个独立的、且服从正态分布的变量序列，这些变量的均值为 δ 且方差为 σ_x^2。[5]

经济的相关历史（至多）由三个部分构成：y_{nt}（y_{nt} 固定了日历时间)，需求的移动 x_t, x_{t-1}，…，以及过去真实的实际产出 y_{t-1}, y_{t-2}，…。既然模型是建立在对数值上的线性函数，因此我们可以猜想价格的解的形式为[6]：

$$P_t = \pi_0 + \pi_1 x_t + \pi_2 x_{t-1} + \pi_3 x_{t-2} + \cdots + \eta_1 y_{t-1} + \eta_2 y_{t-2} + \cdots + \xi_0 y_{nt} \tag{9}$$

然后 $\bar{P}_t$ 就是 P_t 的条件数学期望，其条件包括除了 x_t（现期的需求水平）之外的所有信息，即：

$$\bar{P}_t = \bar{P}_0 + \pi_1(x_{t-1} + \delta) + \pi_2 x_{t-1} + \pi_3 x_{t-2} + \cdots + \eta_1 y_{t-1} + \eta_2 y_{t-2} + \cdots + \xi_0 y_{nt} \tag{10}$$

为了求解未知参数 π_i, η_j 以及 ξ_0，我们先将式（7）和式（8）联立并消掉 y_t，即让需求量等于供给量。然后将所得的结果代入式（9）和式（10）的右侧以替换 P_t 和 $\bar{P}_t$。完成这两步操作后就只剩下了关于 $\{x_t\}, \{y_t\}$ 和 y_{nt} 的一个等式了。这个等式就可以被用来求解参数值。价格和产出的最终解为：[7]

---

[5] 本文模型的中心思想和这个经济“冲击”的具体形式无关。我们之所以要限定这个具体形式，是因为当讨论理性预期的形成过程时，必须要显式的定义随机变量的一些性质。假设 Δx_t 的独立性，部分是为了简化分析，部分是因为样本中的大多数国家在实证上都大体符合这个独立性假设。如果放弃独立性假设而允许经济冲击之间存在自相关，那么我们容易证明，自相关的影响是相当于在我们下文求出来的解上加上高阶的滞后项。

[6] 这个解的模式是根据 Lucas（1972）一文而来的，而 Lucas（1972）又是根据 John Muth 的思想而来的。

[7] 如果需求函数采取 $y_t = \xi P_t + x_t$ 的形式，则这些解的形式相同，只不过系数不同。如果 $\xi \neq 1$，则 x_t 就变成不能观测的冲击，而且一般来说不会等于名义收入。在这种情况下，这个模型还是能够预测 y_{ct} 和 ΔP_t 这两个时间序列的结构（即这个序列的矩及滞后项的矩）的，而且从理论上来说，这些结构都可以被实证检验。不过这些序列都太短，所以其检验结果并不可靠。

$$P_t = \frac{\theta\gamma\delta}{1+\theta\gamma} - \lambda\beta + \frac{1}{1+\theta\gamma}x_t + \frac{\theta\gamma}{1+\theta\gamma}x_{t-1} - \lambda y_{t-1} - (1-\lambda)y_{nt}$$

$$y_t = -\frac{\theta\gamma\delta}{1+\theta\gamma} + \lambda\beta + \frac{\theta\gamma}{1+\theta\gamma}\Delta x_t + \lambda y_{t-1} + (1-\lambda)y_{nt}$$

至于 y_{ct} 和 ΔP_t，若记 $\pi = \theta\gamma/(1+\theta\gamma)$，则它们的解为：

$$y_{ct} = -\pi\delta + \pi\Delta x_t + \lambda y_{c,t-1} \tag{11}$$

$$\Delta P_t = -\beta + (1-\pi)\Delta x_t + \pi\Delta x_{t-1} - \lambda\Delta y_{c,t-1} \tag{12}$$

现在我们检验这些解能否满足内部一致性。最终，P_t 服从以 $\bar{P}_t$ 为均值的正态分布。P_t 的条件方差是一个常数（如同假设的那样），等于 $1/(1+\theta\gamma)^2\sigma_x^2$。因此，事实上，那些在 A 小节中我们假设供给者“已知”的价格的行为特征在这个经济中是真实存在的。

式（11）和式（12）是通胀率和实际产出（等于对直线趋势的百分比离差）的均衡值。这正是总需求和总供给的交点，其中总需求可以被 x_t 所移动，而总供给会被那些决定期望的变量（即滞后期的价格）所移动。我们不想再引入一个额外的且站不住脚的“期望参数”，而不这样做的代价就是我们无法逐期求解这些交点；因此我们采取了另一种方法，即求解价格和产出的均衡“路径”。除此之外，对式（11）和式（12）的解释和传统的解释并无两样。

根据式（11）和式（12），通胀和实际产出的周期部分都是现期和过去时期的名义产出的分布滞后项，这一点也不令人吃惊。名义扩张率（nominal expansion rate）的改变，即 Δx_t，会先在实际产出上反映出来，并且 Δx_t 也会对以后的实际产出有滞后影响，而这个滞后影响会以几何级数衰退。Δx_t 对价格的直接影响等于 1 减去 Δx_t 对实际产出的影响，而且这个直接影响会延续到后续的时期内。我们要特别指出，这个滞后模式可能会造成周期性的、同时出现通货膨胀和低于均值的实际产出的现象（即滞涨现象——译者注）。虽然这些周期现象是由于供给移动引起的，但这些移动是由于对需求变化的滞后感知而造成的，而不是由于供应者的成本结构的自动变化而造成的。

除了以上提到的这些特点，这个模型还断言产出存在一个自然率：该增长率等于需求的平均扩张率δ，δ出现在式（11）中，其系数等于现期增长率的系数，只不过符号相反。因此，名义收入的平均增长率的变化将不会影响到平均实际产出。另外，不能提前预期的需求移动却能够影响到产出，其影响力的大小由参数π显示。既然这个影响取决于能在多大程度上“欺骗”供应者（如同在A小节中讨论的那样），因此，我们猜想需求移动的方差越小，π就越大。下一步我们会证明这一点。

既然π是由γ和θ所构成的，而θ又是由σ^2和τ^2所定义的，因此我们有：

$$\pi = \frac{\tau^2\gamma}{\sigma^2 + \tau^2(1+\gamma)}$$

再把之前得到的σ^2的表达式代入上式，则有：

$$\pi = \frac{\tau^2\gamma}{(1-\pi)^2\sigma_x^2 + \tau^2(1+\gamma)} \tag{13}$$

对于给定的τ^2和γ值，则在$\sigma_x^2 = 0$时π就等于$\gamma/(1+\gamma)$，并且随着σ_x^2趋向于无穷大，π也单调地趋向于0。

虽然模型预言产出对其趋势的平均离差$E(y_{ct})$不受需求政策的影响，但显然我们无法检验这个预言，因为对拟合的直线趋势去离差后，这些离差的均值一定等于0。所以，要想检验式（13）的自然率假说（这个自然率是指本文所讨论的自然率），就要根据一个可观测的方差和一个斜率参数之间的关系进行检验。

Ⅱ　检验结果

对上一节提到的假设进行检验需要分两步。首先，式（11）和式（12）在每个国家都应该成立。特别是我们假设需求的波动是ΔP_t和y_{ct}波动的主要源头，因此，拟合应该是“良好的”。π和λ的估计值应该介于0和1之间。其次，既然式（11）和式（12）包含5个斜率参数，而其中只有两个是理论性的参数，因此，拟合等式（11）时得到的π和λ的估计值应该能很好地解

释 ΔP_t 的波动。

不过本文的主要目的不是要"解释"一个给定国家的产出和价格水平的移动，而是要检验自然率假说所预言的产出—通胀"权衡"关系在所有国家是不是都成立。为了达到这个目的，我们会利用式（13）的理论结果以及 π 和 σ_x^2 的估计值。既然我们假设 τ^2 和 λ 的值在各个国家都相对稳定，π 的估计值就应该随着 Δx_t 的样本方差的增加而减少。

样本中 18 个国家的描述性统计量在表 1 中给出〔8〕。从表中明显可见，平均实际增长率和平均通胀率没有关联：这一点看起来和产出—通胀"权衡"关系的传统观点以及自然率观点都相一致。不过我们关心的是将实际产出和价格行为在名义收入的不同时期之间进行比较，因此，表 1 中的统计量就有点令人失望了。我们观察到的名义收入的波动大体上可以分为两类：在阿根廷和巴拉圭出现的高波动和扩张性的政策，以及其他 16 个国家的温和的扩张政策。但如果样本只提供了两个"点"，那么这两个点就相距相当远了：在高通胀国家的需求方差的估计值是价格平稳国家的估计值的 10 倍。

表 1　描述性统计量（1952 ~ 1967 年）

国　家	均值 Δy_t	均值 ΔP_t	方差 y_{ct}	方差 ΔP_t	方差 Δx_t
阿根廷	0.026	0.220	0.00096	0.01998	0.01555
奥地利	0.048	0.038	0.00104	0.00113	0.00124
比利时	0.034	0.021	0.00075	0.00033	0.00072
加拿大	0.043	0.024	0.00109	0.00018	0.00139

〔8〕实际和名义 GNP 的原始数据取自国家账目统计年鉴，这个年鉴中的许多国家的数据采集都遵循同一标准。这 18 个国家不是随机抽出的，而是因为只有这 18 个国家的数据在年鉴中才是连续的。因此，如果能从每个国家的数据来源中补充数据，则我们的样本量就能够被大大扩展了。在我们的检验中，y_t 和 x_t 是对数化的实际产出和名义产出，因此，我们也对样本序列取对数。价格水平的对数值 P_t 等于 $x_t - y_t$，y_{ct} 是趋势线 $y_t = a + bt$ 的残差，而 $y_t = a + bt$ 是根据样本值用最小二乘法拟合的。表 1 中的矩是用极大似然估计得到的。表 2 中的估计方法是普通最小二乘法。

续表

国家	均值 Δy_t	均值 ΔP_t	方差 y_{ct}	方差 ΔP_t	方差 Δx_t
丹麦	0.039	0.041	0.00082	0.00038	0.00084
西德	0.056	0.026	0.00147	0.00026	0.00073
危地马拉	0.046	0.004	0.00111	0.00079	0.00096
洪都拉斯	0.044	0.012	0.00042	0.00084	0.00109
爱尔兰	0.025	0.038	0.00139	0.00060	0.00111
意大利	0.053	0.032	0.00022	0.00044	0.00040
荷兰	0.047	0.036	0.00055	0.00043	0.00101
挪威	0.038	0.034	0.00092	0.00033	0.00098
巴拉圭	0.054	0.157	0.00488	0.03192	0.03450
波多黎各	0.058	0.024	0.00205	0.00021	0.00077
瑞典	0.039	0.036	0.00030	0.00043	0.00041
英国	0.028	0.034	0.00022	0.00037	0.00014
美国	0.036	0.019	0.00105	0.00007	0.00064
委内瑞拉	0.060	0.016	0.00175	0.00068	0.00127

表2的前3列总结了式（11）中 y_{ct} 的变化表现。除了阿根廷和波多黎各之外，其他国家的 π 和 λ 的估计值都在0和1之间。R^2 的值显示对很多国家而言，或者可能对大多数国家而言，模型遗漏了决定产出的一些重要变量。通货膨胀率的等式（12）所对应的 R^2 在表2中的第4栏中给出。一般而言，等式（12）所对应的 R^2 会低于等式（11）所对应的 R^2，因此，等式（12）所对应的回归系数（这里没有列出来）变得有些反常。当式（11）中的估计系数被用于式（12）时，表2中的第5栏列出了能够被式（12）所解释的那部分 ΔP_t 的方差（符号“—”表示负值）〔9〕。

---

〔9〕 当式（11）中的估计系数被用于式（12）时，无法被式（12）解释的部分可以用一个近似的卡方检验来正式衡量。通过这个检验我们发现，不能解释的部分只有巴拉圭在0.05的检验水平上显著。可是正如表2显示的那样，这个检验有点误导人：因为在很多国家式（12）的最小二乘估计都不令人满意，因此无法被解释的部分也相应地会很小，所以就算这个检验“通过”也并没有什么说服力。

表2　每个国家的统计量汇总（1953～1967年）

国家	π	λ	R_y^2	$R_{\Delta P}^2$	R_ω^2
阿根廷	0.011	-0.126	0.018	0.929	0.914
	(0.070)	(0.258)			
奥地利	0.319	0.703	0.507	0.518	—
	(0.179)	(0.209)			
比利时	0.502	0.741	0.875	0.772	0.661
	(0.100)	(0.093)			
加拿大	0.759	0.736	0.936	0.418	—
	(0.064)	(0.075)			
丹麦	0.571	0.679	0.812	0.498	0.282
	(0.118)	(0.110)			
西德	0.820	0.784	0.881	0.130	—
	(0.136)	(0.110)			
危地马拉	0.674	0.695	0.356	0.016	—
	(0.301)	(0.274)			
洪都拉斯	0.287	0.414	0.274	0.521	0.358
	(0.152)	(0.250)			
爱尔兰	0.430	0.858	0.847	0.499	0.192
	(0.121)	(0.111)			
意大利	0.622	0.042	0.746	0.934	0.914
	(0.134)	(0.183)			
荷兰	0.531	0.571	0.711	0.627	0.580
	(0.111)	(0.149)			
挪威	0.530	0.841	0.893	0.633	0.427
	(0.088)	(0.096)			
巴拉圭	0.022	0.742	0.568	0.941	0.751
	(0.079)	(0.201)			
波多黎各	0.689	1.029	0.939	0.419	—
	(0.121)	(0.072)			
瑞典	0.287	0.584	0.525	0.648	0.405
	(0.166)	(0.186)			

续表

国　家	π	λ	R_y^2	$R_{\Delta P}^2$	R_ω^2
英　国	0.665	0.178	0.394	0.266	0.115
	(0.290)	(0.209)			
美　国	0.910	0.887	0.945	0.571	0.464
	(0.086)	(0.070)			
委内瑞拉	0.514	0.937	0.755	0.425	—
	(0.183)	(0.148)			

对于国家内部模型的收入和价格的影响因素而言，系统（11）~（12）都通过了正式的显著性检验。不过检验拟合优度（goodness - of - fit）的统计量一般来说都被认为不如逐年的时间序列模型的统计量更有说服力。

与以上的这些含糊的结果形成鲜明对比的是，这些国家的 π 的估计值却和自然率假说惊人得一致。在那 16 个价格平稳的国家中，$\hat{\pi}$ 介于 0.287 ~ 0.910，而在那两个价格剧烈波动的国家中，$\hat{\pi}$ 要小 10 倍。为了更好地显示出这个倍数关系，让我们以美国和阿根廷这两个国家的完整结果为例。对美国而言，式（11）和式（12）的拟合结果为：

$$y_{ct} = -0.049 + (0.910)\Delta x_t + (0.887)y_{c,t-1}$$

$$\Delta P_t = -0.028 + (0.119)\Delta x_t + (0.758)\Delta x_{t-1} - (0.637)\Delta y_{c,t-1}$$

作为比较，阿根廷的结果为：

$$y_{ct} = -0.006 + (0.011)\Delta x_t - (0.126)y_{c,t-1}$$

$$\Delta P_t = -0.047 + (1.140)\Delta x_t - (0.083)\Delta x_{t-1} + (0.102)\Delta y_{c,t-1}$$

因此，在美国这样价格平稳的国家中，那些增加名义收入的政策能对实际产出有较大的初始影响，而对通胀率则有较小的且为正的初始影响。所以这里就存在一个受人欢迎的产出—通胀的短期替代关系，只要人们不利用这个关系，那么它就会一直维持下去。可是相反的是，在阿根廷这样价格剧烈波动的国家中，名义收入的变化和同等程度、同时发生的价格变化相关联，而且这个过程中名义收入的变化对实际产出没有什么显著的影响。显然，这些结果和即便适度稳定的菲利普斯曲线都相冲突。相反，这些结果倒是和这个观点相符合，即当且仅当通货膨胀能成功地“骗过”劳动和产品的供给者，让他们以为相对价格正按照他们的预期那样变化的时候，通货膨胀才会刺激实际产出。

Ⅲ 结论

以上检验的基本思想是很简单的，但由于这个检验是从一个很具体的模型中推导出来的，所以它可能显得有点晦涩难懂。在这个部分中，我会试图把这个思想用更直接更本质的话加以表述，当然这个表述也会显得不那么准确，因此无法对其进行计量检验。

我们想实证检验总需求政策的效果是否能够推动通胀率和产出（即相对于增长趋势而言的产出）朝相同的方向变化，或换句话说，失业率和通货膨胀是不是朝相反的方向变化。传统的菲利普斯曲线对这种被观测到的同步运动所做的解释是，产出—通胀这种替代关系是根植于经济中相对平稳的结构特征，因此，这个替代关系独立于所采用的总需求政策。可是另外一种解释这种同步运动的理论认为，价格变化和产出上升这种正向关联是由于供给者错误地将一般价格运动解释为相对价格变化所造成的。这种观点产生了两个结论：第一，平均通胀率的变化不会增加平均产出；第二，平均价格的方差越高，则越不“有利”于观察到产出—通胀这种权衡关系（此时产出—通胀的替代关系仅仅在于名义产出和通胀的替代关系，因此，采取通胀政策只能改变名义产出而无法影响实际产出，当然大家不会“欢迎”这种替代关系了——译者注）。

将这些假说进行跨国间比较的一个最自然的途径，相对于“名义”或“充分就业”，跨国比较似乎是直接检查平均通胀率和平均产出之间的关联。不过可惜的是，我们很难找到一个令人满意的方法来衡量所谓正常的产出。

在本文中，我用的方法是考察从拟合的趋势线所偏离的离差，这个方法将正常的产出定义为平均产出。在使用失业序列时，我们也遇到了同样的难题，因为我们必须先自行挑选一个（当然应该是正的）比率用来定义充分就业。

虽然我们将问题转换为研究通胀率均值和产出率均值之间的关系，但我们还是无法检验样本均值。幸运的是，如同图1显示的那样，如果产出和通胀存在一个稳定的权衡关系，这个关系也可以被表达为通胀率的方差和产出率的方差之间的关系。如果这个权衡关系是稳定的，那些造成价格有较大波动的政策应该对实际产出造成同样程度的波动才对。可是如果这些样本方差并不同步运动（正如表1所展示的那样，它们的确不同步波动），我们只能得出一个结论，即当这个权衡关系被常常使用，甚或被滥用时，这个权衡关系就会渐渐变得不成立了。

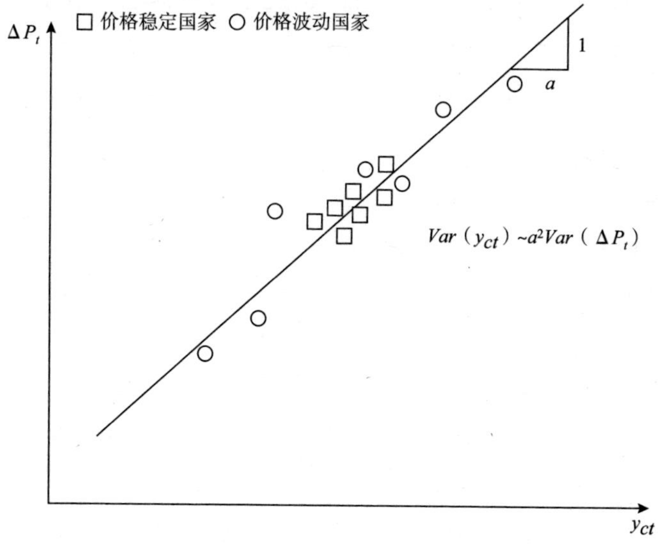

图1

如果产出—通胀的关联是完全同步的，那么这个简单的论点就可以被一个正式的检验所验证。可是事实上，由于这牵涉到滞后项的影响，因此，像上文那样直接比较方差的方法在短期内会变得不适用。从而我们需要为数据构建一个专门的简单的模型。正如正文里所讨论的那样，这个模型结构无法十分精确地描述产出率和通胀率的关系，但至少已经足够用来反映自然率理论的一个主要论点：需求波动越大，则菲利普斯权衡关系就越不适用。

参考文献

[1] M. Friedman, *A Theory of the Consumption Function*, Princeton, 1957.

[2] M. Friedman, "The Role of Monetary Policy," *American Economic Review*, Mar. 1968, 58, pp. 1 – 17.

[3] D. F. Gordon and A. Hynes, "On the Theory of Price Dynamics," in E. S. Phelps, et al., *Micro – economics of Inflation and Employment Theory*, New York, 1969.

[4] R. E. Lucas, Jr., "Expectations and the Neutrality of Money," *Journal Economic Theory*, Apr. 1972, 4, pp. 103 – 124.

[5] R. E. Lucas, Jr., "Econometric Testing of the Natural Rate Hypothesis," *Conference on the Econometrics of Price Determination*, Washington, 1972, pp. 50 – 59.

[6] R. E. Lucas, Jr. and L. A. Rapping, "Real Wages, Employment and the Price Level," *Journal of Political Economy*, Sept. /Oct. 1969, 77, pp. 721 – 754.

[7] R. E. Lucas, Jr. and L. A. Rapping, "Unemployment in the Great Depression: Is There a Full Explanation?" *Journal of Political Economy*, Jan. /Feb. 1972, 80, pp. 186 – 191.

[8] J. F. Muth, "Rational Expectations and the Theory of Price Movements," *Econometrica*, July 1961, 29, pp. 315 – 335.

[9] E. S. Phelps, introductory chapter in E. S. Phelps et al., *Micro – economics of Inflation and Employment Theory*, New York, 1969.

[10] F. Raines, "Macroeconomic Demand and Supply: An Integrative Approach," Washington University Working Paper, Apr. 1971.

[11] A. Rees, "On Equilibrium in Labor Markets," *Journal of Political Economy*, Mar. / Apr. 1970, 78, pp. 306 – 310.

[12] P. Taubman and M. Wilkinson, "User Cost, Capital Utilization and Investment Theory," *International Economic Review*, June 1970, 11, pp. 209 – 215.

[13] United Nations, Department of Economic and Social Affairs, United Nations Statistical Office, *Yearbook of National Accounts Statistics*, 66 *and* 68, New York, 1958.

于飞 译　刘亚琳 校

移民、失业与经济发展*

——一个两部门模型

约翰·哈里斯（JOHN R. HARRIS）

迈克尔·托达罗（MICHAEL P. TODARO）**

一种令人着迷的经济现象，正在世界上许多发展中国家，尤其是位于热带非洲的发展中国家中发生。尽管农业部门的边际产品为正，而城市中失业率高企，农村向城市的劳动力转移仍在持续，甚至呈现加速的态势。在整个经济不存在剩余劳动力的情况下，传统的、依赖于价格和工资调整而达成完全就业均衡的经济模型，很难为这些大规模的、持续增长的城市失业提供合理的行为解释。更糟糕的是，由于缺少合适的经济模型来阐述失业现象，一些荒腔走板的解释往往能甚嚣尘上，比如声称城市是"闪耀之光"，如同磁铁一般吸引着农民走进市区。

在这篇论文中，我们将要偏离通常的完全就业、工资—价格及时调整的经济模型，转而构建一个包括农村—城市移民的两部门模型，该模型将包含一个由政治因素决定的、明显高于务农收入的城市最低工资[1]。接下来，我们将在不存在农村剩余劳动力，即农业边际产品为正且与农业劳动力规模负

---

* 原文发表于1970年第60卷第1期。

** 两位作者分别是麻省理工学院的经济学助理教授和内罗毕大学学院发展研究所的研究员。作者在此感谢洛克菲勒基金会使我们对东非经济问题的研究成为可能。Peter Diamond、Richard Eckaus、Joseph Stiglitz以及两位匿名审稿人和常务编辑对之前的草稿做出了有益评论。当然，作者会对文中的错误负责。

〔1〕关于发展中国家中真实收入差距程度的一些实证证据，可参见Reynolds、Berg、Henderson和Ghai。

相关的前提下，考虑这一城市工资对农村居民经济行为的影响[2]。本模型与众不同的特点在于，其中的移民是对城市—农村期望收入（定义如下）差距的反应，而城市就业率提供了使移民数量趋于均衡的力量[3]。再接下来，我们将把整个模型用于下面几个目的。

（1）证明给定由政治因素决定的高水平最低工资后，农村—城市移民和城市高失业率的持续共存反映了移民群体的经济理性决策。

（2）说明经济学家增加城市就业机会的标准政策处方——通过工资补贴或政府雇佣来实施“影子价格”，并不一定带来福利提升，甚至会使城市的失业问题恶化。

（3）在承认经济学理论给出的标准解决方案——完全的工资弹性在实际问题面前并不可行的前提下，估计与各种“回归自然”项目相联系的各项政策所具有的福利意义。这里我们将特别关注移民和失业对于农业部门整体福利的影响，这将要求我们进行跨部门的补偿。

（4）最后，论证在不存在工资弹性的情形下，最优政策事实上是一个“政策包”，包括局部工资补贴（或政府直接雇用）以及对自由迁徙的限制。

Ⅰ　基本模型

我们下面将要使用的基本模型，可以被描述为一个存在失业的两部门国内贸易模型。这两个部门是永久性的城市和农村。为了分析的方便，我们将

---

〔2〕 基于如下理由，我们并未对农村剩余劳动力作出特别的假定：目前大部分可用的经验证据，都质疑在东南亚和拉美的经济体中——在这些地方农村剩余劳动力最有可能存在——存在农村剩余劳动力的论调（见 Kao、Anschel 和 Eicher）。此外，几乎没有经济学家会严肃地认为一般意义上的剩余劳动力存在于热带非洲这一与本文最为直接相关的地区。

〔3〕 关于城市失业率和期望收入在移民过程中起关键作用的劳动力迁徙动态模型，见 Todaro。然而，不像现在这个尝试在总福利和各部门福利的框架下考察移民过程的模型，Todaro 的模型关注的仅仅是构建一个关于发展中国家城市失业的实证理论。同样，它既没有特别考虑农村部门的福利，也没有关注这篇文章研究的经济政策这一更广泛的议题。

从生产和收入的角度对这两个部门进行区分。其中，城市部门专业化地生产工业制成品，其部分产品将被出口到农村，跟农产品进行交换。而农村部门可以在下述两种生产方式之间进行选择：或是利用所有可用的劳动力进行单一农产品的生产，并将部分产品出口到城市地区（我们将不加区分地使用“部门”和“地区”，在原文中均为 sector——译者注）；或是只使用部分劳动力生产农产品，而将剩余劳动力出口到城市地区，换取以工业制成品形式支付的工资。我们假定一个典型的农村移民将会保持他与农村的联系，因而从地区福利的角度来看，他作为工人挣得的收入将被视为农村部门的财富积累〔4〕。然而，这一假设对于我们解释存在城市失业时移民现象的合理性并无必要。

我们的模型将要做出的关键假设是，只要城市部门的预期实际收入在边际上大于农产品的实际产出，农村—城市移民就将持续存在；或者说，心存期望的农村移民表现为一个期望效用最大化者。为了便于分析，我们假定城市部门的全部劳动力由以下两部分组成：和农村部门没有联系的、永久性的城市无产阶级以及源自农村移民的、可利用的劳动力供给。给定这个城市劳动力的混合“池子”，我们假定，只要求职者的数目超过空出的职位数目，就存在一个周期性的、随机的岗位选择过程〔5〕。其结果就是，预期城市工资将

---

〔4〕 尤其在热带非洲，移民保持自己跟农村的联系这一情形是很普遍的，且可以由数代同堂的大家庭系统和一大部分的城市收入流向农村亲属这些现象加以证明。然而，反向的流动，即农村向城市的货币转移支付，在移民暂时没有就业，必须靠农村亲属支持的情形中也很常见。关于从社会学角度对此现象所做的一个精彩讨论，见 Gugler（pp. 475 - 478）。

〔5〕 本模型的定性结果并不取决于这一选择过程的精确本质。我们假定有这样一个随机过程，并不仅是为了分析的便利，也是因为它直接对应于一个在 Todaro 1969 年的文章中被发展起来的、合适的动态概念。那篇文章证明，即使职位创造的速度低于移民的速度，从而失业在增加，但随着时间的推移，期望的和实际的收入也会收敛到一个正数。有意思的是，在这个背景下，社会学家 Gugler——花了很多时间研究非洲的劳动力转移——最近总结道，农村—城市移民本质上是一种经济现象，可以描述为一个“赌博游戏”；其中，到达城市的农村移民很清楚他们找到工作的可能性很低。然而，农村和城市工资之间存在的巨大差异使得成功拿下一个城市的付薪职位是如此具有吸引力，以至于没有技能的移民愿意冒一冒险（pp. 472 - 473）。也可见 Hutton。

等于固定的最低工资（以工业制成品的形式表示）乘以城市劳动力中实际被雇佣者的比例［见公式（6）］。最后，我们假定在两个部门中，生产者的行为都是完全竞争的，而且农产品的价格（以工业制成品的形式表示）直接由两种产品的相对产量决定。

现在考虑如下的模型构造：

农业生产函数：

$$X_A = q(N_A, \bar{L}, \bar{K}_A), q' > 0, q'' < 0 \tag{1}$$

其中，X_A 是农产品的总产出，N_A 是用于生产农产品的农村劳动力数量，$\bar{L}$ 是固定不变的可用土地，$\bar{K}_A$ 是固定的资本存量，q' 是 q 对 N_A 这个唯一可变要素的导数。

制造业生产函数：

$$X_M = f(N_M, \bar{K}_M), f' > 0, f'' < 0 \tag{2}$$

X_M 是工业制成品的产出，N_M 是生产工业制成品的总劳动力需求（包括城市劳动力和农村移民），$\bar{K}_M$ 是固定的资本存量，而 f' 是 f 对 N_M 这个唯一可变要素的导数。

价格的决定：

$$P = \rho\left(\frac{X_M}{X_A}\right), \rho' > 0 \tag{3}$$

其中，P 即以工业制成品形式表示的农产品价格（即贸易条件），是农产品和制成品相对产出的函数，后者被当作计价物[6]。

农业实际工资的决定：

$$W_A = P \cdot q' \tag{4}$$

这里，W_A 即农业实际工资，等于农业中用工业制成品表示的劳动边际产

〔6〕 该假设成立的一个充分不必要条件是，经济中的所有个体都具有相同的同位偏好映射。同样，做出这一假设是为了分析的便利。我们分析的定性结论在各种关于收入和偏好分布所做的可行假设下保持不变。

品价值。

制造业实际工资：

$$W_M = f' \geqslant \bar{W}_M \tag{5}$$

制造业中由工业制成品表示的实际工资跟劳动的边际产出相等，这源于完全竞争条件下生产者追寻利润最大化的行为。然而，这一工资被限定为必须大于或等于城市最低工资。在我们的分析中，我们只涉及$f' = \bar{W}_M$（即在最低工资处不存在对劳动力的超额需求）的情形。

城市期望工资：

$$W_u^e = \frac{\bar{W}_M N_M}{N_u}, \frac{N_M}{N_u} \leqslant 1 \tag{6}$$

这里，城市地区的期望真实工资 W_u^e ，等于真实最低工资 $\bar{W}_M$ ，后者是根据全部城市劳动力（等于永久性的城市无产阶级加上移民，记为 N_u ）中实际被雇佣者的比例 N_M/N_u[7]而调整过的。只有在城市部门完全就业（$N_M = N_u$）的情形下，期望工资才等于最低工资（即 $W_u^e = \bar{W}_M$ ）。

劳动力禀赋：

$$N_A + N_u = \bar{N}_R + \bar{N}_u = \bar{N} \tag{7}$$

存在这样一个劳动力约束，意为农业部门实际雇佣的工人总数（ N_A ）加上城市劳动力总数（ N_u ），必须等于农村初始劳动力禀赋（ $\bar{N}_R$ ）与城市永久性劳动力（ $\bar{N}_u$ ）的总和，这又等于总的劳动力禀赋（ $\bar{N}$ ）。

均衡条件：

---

〔7〕 这假定了一种非常特殊的工资期望形式，即预期工资等于城市平均工资。虽然这是一个方便的表达方式，我们可以更一般化，使预期工资具有一定代表城市平均工资的功能。事实上，对我们的函数结果唯一需要限制的是，在其他条件相同的情况下，预期工资与最低工资同时变化，与失业工资成反比。

$$W_A = W_u^e \tag{8}$$

公式（8）是一个均衡条件，由下述假设推出：向城市地区的移民是城乡期望工资差距的单增函数。这可以被更加正式地表述为：

$$N_u = \psi\left(\frac{\bar{W}_M N_M}{N_u} - P \cdot q'\right), \psi' > 0, \psi(0) = 0 \tag{9}$$

这里 N_u 是对时间的导数。那么，很明显，只有当期望收入差距为零，即第（8）式给出的条件成立时，移民才会停止〔8〕。请注意，很重要的一点是，这里假设一个移民仅仅放弃了他的边际产出〔9〕。

因此，我们有八个方程和八个未知数：X_A、X_M、N_A、N_M、W_A、W_u^e、N_u 和 P。给定生产函数和固定的最小工资 $\bar{W}_M$，我们可以解出各部门的雇员人数、均衡失业率、均衡期望工资、相对产出水平以及贸易条件。下面让我们来分析一个存在失业的均衡是如何出现的。

我们论述的关键之处在于，在许多发展中国家里，一个由制度决定的、显著高于自由市场将会提供的最低工资，将会并且通常会导致一个存在大量失业的均衡。在我们的模型里，移民是一个非均衡现象。达到均衡时，$\bar{W}_M N_M / N_u = Pq'$，移民停止（关于这一均衡稳定性的证明请见附录I）。现在由公式（5）我

---

〔8〕 $\psi(0) = 0$ 是纯粹任意性的假设。如果我们转而假设 $\psi(\alpha) = 0$，其中 α 可以取任意值，则移民将会在城乡收入差距等于 α 的时候停止。具体令 $\alpha = 0$ 不会对接下来的定性分析产生任何影响。公式（8）只需要被改写为 $W_A + \alpha = W_u^e$。

〔9〕 我们也可以做出其他的假设。很多文献强调在农业经济中，生产者得到他们的平均产品，这比边际产品要高。事实上，这正是众所周知的 Lewis 和 Fei – Ranis 模型的核心。然而，这些模型忽视了迁徙的决策，而且似乎是假定移民只有在工作确实可得时才选择迁徙，否则会一直得到他们的农产品份额。在非洲的大部分地区，看起来移民在迁徙之后仍然会从土地中得到收入；在他们离开的时候，雇佣劳动力为他们的农场工作也很常见。还存在很大一群无地的个体，他们为农场劳动以获取工资。因此，我们的假设看起来并非不合理。但是，我们的分析可以很容易地进行修改，使得收入等于平均产品。

们可以知道，在竞争性的城市制造业部门中，$\bar{W}_M = f'$。我们也能由公式（7）知道，$\bar{N} - N_A = N_u$，从公式（3）可知，$P = \rho(X_M/X_A)$。因此，我们可以将均衡条件（8）重新表述为：

$$\Phi = \rho(X_M/X_A)\,q' - \frac{f' N_M}{\bar{N} - N_A} = 0 \qquad (8')$$

由于 X_M 和 X_A 分别是 N_M 和 N_A 的函数，因而 Φ 是一个关于 N_A 和 N_M 的隐函数；对于任意最低工资，Φ 都可以用来求解均衡状态下农业和制造业部门的雇佣人数。从这个解出发，城市失业水平和商品产出也可以被确定下来。对于可能的每一个最低工资值，都会存在唯一的一个均衡解；这些均衡点被描绘在图 1 上，即 N_A，N_M 空间中的曲线 $\Phi = 0$〔10〕。图 1 中 $N_A + N_M = \bar{N}$ 这条线

---

〔10〕 在图 1 中我们已经假定：

$$\frac{dN_A}{dN_M} = -[\Phi_{N_M}/\Phi_{N_A}] > 0$$

尽管这并不一定要成立。

在公式（8′）两端对 N_A 求偏导数，我们发现：

$$\Phi_{N_A} = \frac{-\rho' f q'^2}{q^2} + \rho q'' - \frac{\rho q'}{\bar{N} - N_A}$$

由于 $q'' < 0$，$\rho' > 0$，该式显然是负的。

在（8′）两端对 N_M 求偏导数，我们发现：

$$\Phi_{N_M} = \frac{1}{\eta_{LW}} - \eta_P \frac{f' N_M}{X_M} + 1$$

该式可能小于、等于或大于零，取决于：

$$-\frac{1}{\eta_{LW}} + \eta_P \frac{f' N_M}{X_M}$$

是大于、等于还是小于 1。这里：

$$\eta_{LW} = -\frac{dN_M}{d\bar{W}_u}\frac{\bar{W}_u}{N_M}$$

是劳动需求的工资弹性，且有：

$$\eta_P = \frac{dP}{d\left(\frac{X_M}{X_A}\right)}\frac{X_M/X_A}{P}$$

（转下页注）

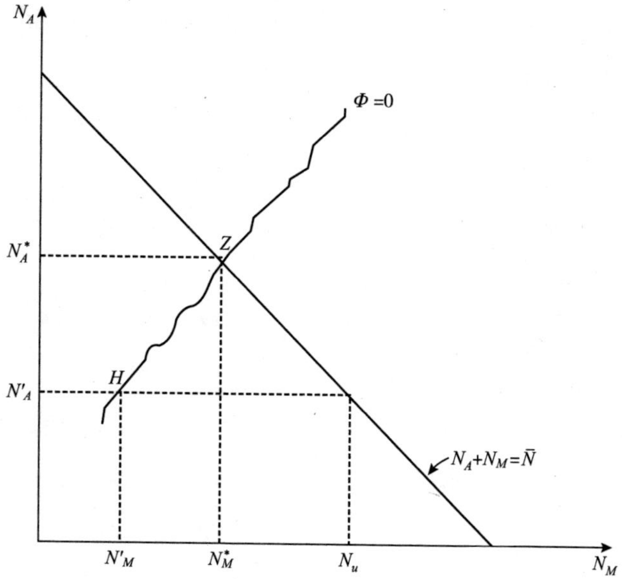

图 1

给出了完全就业点的位置。

图 1 中的点表示唯一一个完全就业的均衡点，其中 N_M^* 数量的工人被制造业部门雇佣，N_A^* 数量的工人被农业部门雇佣。在曲线 $\Phi=0$ 上，位于 Z 右侧的点是不可行的，因而我们也不会进一步予以讨论；而位于 Z 左侧的点对应

(接上页注[10])是贸易条件对相对产出变化的弹性。因此可以知道，均衡轨迹的斜率，dN_A/dN_M 取决于两部门的就业和价格弹性。Φ_{N_M} 为负（使 dN_A/dN_M 为正）的一个充分条件是就业的工资弹性小于 1；近来的实证研究指出这一情形很可能存在［见 Erickson、Harris 和 Todaro (1969)，以及 Katz］。然而即使 $\eta_{LW}>1$，只要价格弹性足够高，dN_A/dN_M 还是可能为正。这些条件的逻辑是很清楚的。如果 η_{LW} 小于 1，最低工资的减少将会缩减城市部门的工资单，尽管就业和产出会上升。这使得期望城市工资下降，进而减少农村和城市的期望收入差距，导致反向的迁徙并增加农村的就业和产出。如果 η_{LW} 超过了 1，随着最低工资下降而来的将是城市工资单的增加，进而更高的城市期望工资。然而，在这种情形下，农村和城市的期望收入差距既可能增加也可能减小，取决于会使农业边际产品价值上升的贸易条件的变动。比如说，如果 η_{LW} 等于 1.5，而工资支付在制造业产出（$f'N_M/X_M$）中所占份额为 0.5，则大于 0.67 的农业价格弹性将足够使 dN_A/dN_M 为正。

于高于完全就业工资的最低工资。这里存在着一个单调映射：更高的最低工资对应于曲线 $\Phi=0$ 上位置更左边的点。因而我们可以证明，将最低工资设定在市场出清水平之上，将使得经济停留在如图 1 中 H 点的位置。在 H 点，数量为 N'_A 的工人被农业部门雇佣，数量为 N'_M 的工人被制造业部门雇佣，数量为 $N_u-N'_M$ 的工人处于失业状态。很明显，最低工资将导致两个部门中雇佣人数减少，进而产出下降[11]。

值得注意的是，尽管 H 点处的均衡代表了整个经济的一种次优状态，但给定最低工资水平，它确实反映了农村移民个体理性的、效用最大化的选择。

在这个时候，还有最后的一点需要指出。目前，我们都假定城市最低工资是以工业制成品的形式被固定下来。倘若最低工资是以农产品的形式被固定下来，又会有什么不同呢？那样的话，我们将把公式（5）替换为：

$$W_M=\frac{f'}{P}\geqslant\bar{W}_M \tag{5'}$$

将式（4）、式（5′）和式（6）代入式（8），可得如下均衡关系式：

$$Pq'=\frac{\left(\frac{f'}{P}\right)\cdot N_M}{N_u} \tag{10}$$

接下来，我们可以想象经济由生产可能性边界上的一点出发——在这一点上 X_M 满足公式（5′），并假定

$$Pq'<\frac{\left(\frac{\bar{f}'}{P}\right)\cdot N_M}{N_u}$$

成立。作为对移民的反应，Pq' 将会上升，同时 W_u^e 下降，最终经济又达到均衡点。随着农业产出的相对下降，P 将会上升。这反过来又导致制造业部门产出

〔11〕 如果 $dN_A/dN_M<0$——我们认为这在经验上是不可能的——这个论断将必须被修改。在这种情形下，增加最低工资将减少制造业的雇佣，但增加农业的雇佣和产出。失业仍会源自最低工资的实施，但我们不能再断言失业将随着最低工资的增加而增加。

的下降，因为生产者总会扩大产量直至$f' = \bar{W}_M P$成立，而从制成品的角度看，该式的值随P上升。请注意只有通过限制产量f'的值才能上升（由于$f'' < 0$）。因此，从一般意义上说，我们将会发现最低工资的设置会导致均衡时的失业和两个部门潜在产出的损失。图1中将给出一条新的曲线$\Phi' = 0$，使得Φ'上对应于任一最低工资水平的点都位于原曲线相应点的左侧。

尽管我们的初始假设相对来说更容易处理，如果将最低工资以农产品的形式固定下来，基本结论保持不变。只有存在失业时经济才能达到均衡。实际的最低工资在被制定时，往往会参考一些一般的生活成本指数；而对于城市工人来说，食物是预算中最大的单项开支［参见 Massell 和 Heyer 以及尼日利亚报告］。因此，这第二种情形也许在某种程度上更为现实。请注意，在第一种情形中，“真正的”真实工资由于农产品价格的上升而减少；而在后一种情形中，则由于制成品相对价格的下降而升高。

Ⅱ 发展策略的意义

A 基于影子价格的计划

对于制度决定的、高于竞争水平的最低工资问题，标准的解决方案是根据影子价格在公共部门雇佣劳动力，或者对私人雇员支付工资补贴，使得私人成本跟影子工资相等〔12〕。跟随这个处方而来的两个问题是：首先，如何决

〔12〕 Hagen（p. 498）指出，“一项针对每一单位劳动的，等于（农业和制造业之间）工资差距的补贴将会（比关税）更多地增加实际收入，而且如果跟自由贸易结合起来使用，将达到一个最优的均衡。”Bardhan（p. 379）类似地补充道：“对于由工资差距引起的资源错配，最好的解决方案就是对于制造业所使用劳动力的适当补贴。”重要的是我们要记得，上述论断依赖于可变比例的生产函数。如果生产的系数是固定的，工资补贴在短期内将没有效果。这一情形的经典解释由 Eckaus 提出。Bardhan 在一个动态的框架下探讨了补贴的含义。然而，这两篇文章都假定了农业中的剩余劳动力，在讨论非洲问题时，我们不希望做出这样的假设。

定合适的影子价格？其次，当制度性的工资持续地被支付给雇员时，执行这样的计划具有怎样的含义？我们的模型可以阐释这两个问题。

在一个静态框架中，合适的影子价格是被制造业部门雇佣的劳动力的机会成本。因此，如果劳动被雇佣到这样一个点，以至于其在制造业中的边际产出等于影子价格，又等于农业的边际产出，那么，劳动力的边际产出在这两个部门中将会相等，这是最优资源分配的一个必要条件。很自然地，这要求存在正的农业边际产出以及足够的要素流动性以保证充分就业。然而，城市失业的存在暗示着，或许存在一个可以被开发而不会导致产出减少的劳动力“池子”。结果是，尽管在农忙时节农村劳动力被完全雇佣，对于城市劳动力来说，合适的影子价格应该低于农业的边际产品。如果城市的劳动力和农村的劳动力是分离的、非竞争的两组，这将是正确的。从线性规划的角度看，这里有两个劳动力约束，每一个都联系着一个不同的影子工资。

现在我们模型的本质是，两个部门通过劳动力的迁徙被亲密地联结着。如果在最低工资水平下，制造业部门中一个额外的岗位被创造出来，期望工资将会上升，而农村—城市移民将会出现。在附录Ⅱ中我们会证明，作为对制造业中新增岗位的反应，将有不止一个农业工人选择迁徙。因此，一个制造业工人的机会成本将会超过一个农业工人的边际产出。另外，农业收入的增加将导致反方向的移民，但不会减少工业部门的产出。因此，农业部门的机会成本要比制造业部门低。

对于使用影子价格这一标准的完整意义，经济学文献在大多时候保持了奇怪的沉默。在一个静态框架中，Stolper 已经指出，财政补贴或公共企业数目的减少会引发财政问题；很不幸，这一议题还没有得到足够详细的讨论〔13〕。即使这个问题曾经被讨论过，分析者们通常也会假定，无扭曲的一次性总付税

---

〔13〕 Lefeber 假定对工资的补贴可以借由征收利润税来融资，而其他的作者，如 Hagen，Bardhan 和 Chakravarty 甚至从来没有考虑过这个问题。即使是 Little 和 Mirrlees——他们就如何计算影子工资做了精彩的讨论——也未提到实施过程中的财政问题。

系统是可行的。Little、Lefeber 以及 Little 和 Mirrlees 的文章已经指出，在一个动态的框架里，源自制度性工资支付的额外消费，将把资源从投资转移向消费；因而在计算影子价格时，被牺牲的未来消费需要被考虑进来。在我们的模型中，向制造业的新增工人支付的最低工资将会导致更多的农村—城市移民。因此，影子价格雇佣标准的实施，将会对农业产出和城市失业水平产生重要的影响。上述观点可以参照图 2 加以阐明。

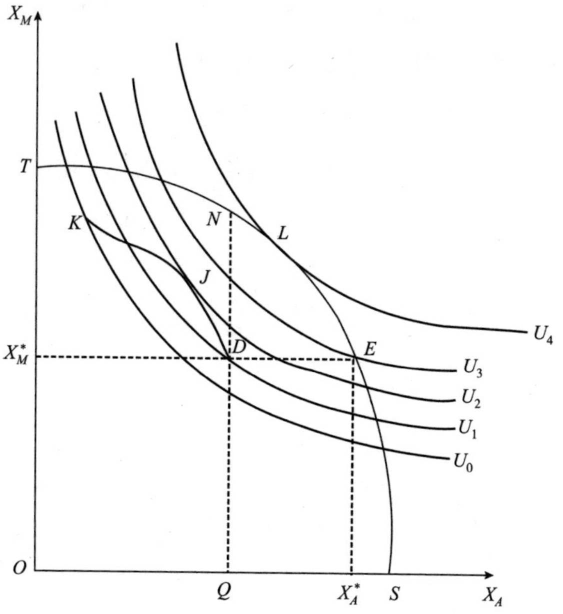

图 2

给定最小工资，初始的均衡位于 D 点，其中制造业产出被限定在 OX_M^* 处。如果个体不会根据期望工资差异进行迁徙，经济将会在 E 点进行生产，但移民使得农业产出降低到了 OQ 的水平。影子价格的理论意味着，通过合适的工资补贴（或公共部门雇佣规定），经济可以移动到生产可能性边界上的 L 点，在给定的社会无差异映射下，这一点是最优的位置。福利可以从 U_1 提升到更高的水平 U_4。

在我们模型的框架中，这样一个点是无法达到的。实行影子价格的结果会是工业制成品产量的增加。但是，在最低工资水平创造一个额外的岗位，将会从农村部门吸引来一些额外的移民（见附录Ⅱ），从而农业产出将会下降。因此，我们从 *D* 出发只能向左上方移动。图2中的 *DK* 线是所有这样的可行点的轨迹；很明显，其上只有一个点 *K*，使得整个经济的劳动力可以被完全地雇佣。在这一点处，期望工资将等于最低工资，因为城市失业不复存在。因此，农业的边际产出将等于最低工资。但是，当存在补贴时，制造业中的劳动边际产出将会比农业中更低，因此，*K* 会位于生产可能性前沿之内（在农业的边际生产率将永远不能和最低工资一样高的极端情形下，*K* 将与 *T* 重合，其中，*T* 是一个标志着完全专业化于制造业生产的点）。这种情形显然不满足全局最优的条件——全局最优仅仅在 *L* 点被满足。因此，实施影子价格标准直至城市失业被消除，大体上说并不是令人满意的政策〔14〕。

然而，某种程度上的工资补贴将通常导致某种改进。在图2中，很明显，具有福利水平 U_2 的 *J* 点将比 *D* 点更受欢迎。在附录Ⅲ中推导出的福利最大化标准如下：

$$f' = Pq'\left(\frac{dN_u}{dN_M}\right) \tag{11}$$

请注意这意味着什么。在制造业部门创造一个额外的岗位将使产出增加 f'，但由于增加的就业将导致期望城市工资的上升，移民的数量将会进而增加 dN_u/dN_M。公式（11）的右手端说明了由于移民而被牺牲的农产品数量。因此，影子工资将等于一个城市岗位的机会成本，而补贴的数量将是 $\bar{W}_M - f'$。只要 $f' > Pq'(dN_u/dN_M)$，总的福利就将由于补贴或公共部门雇佣而导致的制造业部门就业扩张而提升。很明显，移民对于制造业就业的反应越强烈，工业化的社会成本就越高，最优补贴的量也就越少。在很多非洲经济体中，

〔14〕 如同在附录Ⅲ中证明的那样，*DK* 并不总是凸的。因此，在某些情形下 *K* 是最好的可行点，一阶条件并不能保证最优解。如图2中所示，从 *D* 移到 *K* 代表了福利的恶化，但这显然不是一个必然的结论。

dN_u/dN_M 似乎超过了 1。如果是这样，那么工业的劳动边际产品高于农业的将是最优的；同时，只要最低工资被设定在市场出清水平之上，城市失业就将是持续的现象。

目前的讨论忽视了使用影子价格的另外两种负面作用。正如之前提到的，一些作者已经指出，对新增的工人支付补贴后的最低工资将增加总消费，从而降低可用于投资的资源水平。如若被牺牲的未来消费有正的价值，制造业劳动力的机会成本将会比公式（11）所指出的还要高，影子工资也要相应地提升。此外，工资补贴和公共企业的损失需要融资，一旦财政收入不能通过无成本的一次性总付税加以筹集，征税的机会成本也必须加以考虑。这两种效应都会减少在制造业部门中通过补贴可以创造的就业机会的最优数量。

有趣的是，请注意，这个模型意味着两个部门中劳动力的机会成本不同。在城市地区创造一个新的岗位将导致迁徙，进而减少农业产出；但农业部门中，新增就业可以在不减少制成品产出的前提下发生。如果这一现象没有被考虑进来，对于投资准则的标准使用将会偏向对城市项目有利的方面。

B　移民限制

解决城市失业的另外一种方法，是从物理上控制源于农村的移民。类似的控制最近已经在坦桑尼亚被引入，某些时候也在南非得到运用[15]。另一些国家，比如肯尼亚，正在严肃地考虑使用上述政策。尽管从个人角度说，我们对混杂于这种限制迁徙选择中的种族议题持严肃的保留意见，探讨一下上述政策的经济含义看起来还是值得尝试的。

请看图 2，很明显，存在最低工资时，制造业产出为 OX_M^*，对于超出生产这一数量所需劳动力的移民加以限制，将使经济在 E 点进行生产。由 D 点向 E 点的变动源于对移民的限制；假定合适的一次性转移支付已经实现，则这会明白无误地导致总福利上升。由于在实践中上述补偿臭名昭著地难以实

〔15〕 对坦桑尼亚项目的一个分析，见 Harris 和 Todaro（1969）。

施，考察一下当这种补偿不存在时，上述变动对于两个部门有着怎样的福利含义就是很有用的了。

回忆一下，两个部门被定义为一个永久性的城市集团，以及一个生产农作物并向城市部门出口劳动力以换取用制成品形式支付的工资的农业部门[16]。在图3中，线$T'S'$代表了在劳动力出口被允许时，农业部门的生产可能性集。如果所有的劳动禀赋都被用于农业生产，则可以生产的量为OS'。然而，借由出口劳动力，农业部门可以“生产”制成品（以制成品形式支付的工资）。因此，这一生产可能性前沿同时取决于市场力量（工资水平和失业）和纯粹的技术要素。如果一单位劳动力被“出口”，那么减少的农产品数量将等于其边际产品；出口的单位劳动力造成的制成品产量增加量取决于工资、由该出口劳动力引起的就业，以及其对先前出口的劳动力的就业产生的影响。

在这些生产可能性之外，农业部门也有机会用自己的农产品跟城市部门交换制成品。对应于生产可能性前沿$T'S'$上的每一点，都有一个决定性的农产品价格。不同的生产和贸易组合可以影响各部门的福利，这一情形可以由图3表示出来。

D'对应于初始的有失业均衡D（见图2）。在这一点，农业部门作为一个整体“生产”数量分别为X_A^0和X_M^0的两种产品。它也有机会在P^0这一价格下进行贸易。通过将一些农产品交易到城市部门换得额外的工业制成品，它可以消费$\widehat{X}_A^0$和$\widehat{X}_M^0$，并得到福利水平U_1^R。对移民的限制导致该部门生产X'_A和

---

[16] 在考虑农村地区作为一个整体的福利时，我们做了一个隐含的假设：在这个部门中存在着个体之间的再分配。这是一个很强的假定。但在热带非洲，有充足的证据指出，被雇用的城市移民会将他们收入的一大部分用于回馈留在农村的亲属；而城市中的失业移民反过来也会收到农村亲属给予的现金和善意。从拓展的家庭系统确实会在成员之间分配物品这个角度来说，上述假设作为一个一级近似还是站得住脚的。如同Gugler（p. 480）指出的，把拓展家庭视作通过将其成员在农业和城市雇佣工人之间进行分配，以求得收入最大化，这种观点是很合宜的。尽管有证据表明，越来越多的城市工人开始永久地定居并逐渐解除跟农村之间的纽带，这种纽带完全消除还需要很多年。

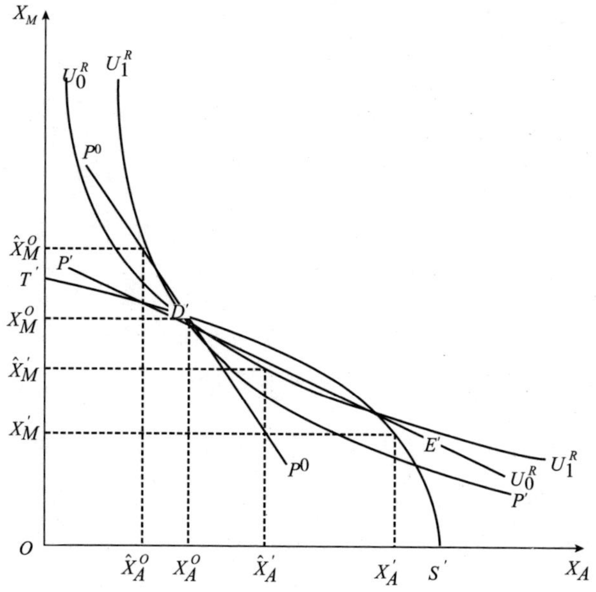

图 3

X'_M。如果它仍然可以在价格 P^0 水平下进行贸易，农业部门显然会变得更好。但这是不可能的。在 E' 点（对应于图 2 中的 E），农产品的价格将会降到 P'；在存在贸易时，该部门可得的最优消费束为 $\widehat{X}_A$ 和 $\widehat{X}_M$，这对应于一个较低的福利水平 U_0^R（注意如果 P' 不与 $T'S'$ 相切，则在 E' 点没有迁徙的激励）。

我们可以证明，如果农业部门将一单位劳动力从生产农产品中移除，而农产品能够以市场价格 $1/P$ 交换制成品，那么牺牲的制成品数量将是 $Pq'(1-1/\eta)$（η 是农产品需求的价格弹性）。这个量小于农业中劳动力边际产出的价值（Pq'），这是由于产出的减少有一个改善贸易条件的效果。如果对农产品的需求是无弹性的（$\eta<1$），我们就得到了如下惊人的结论：这一牺牲变成了负的！当然，这是一个为人熟知的定理：总的农业收入可能随着产出的削减而升高。农业部门通过出口额外一单位的劳动力可以实现的直接的制造品收益为 $\bar{W}_M N_M / N_u$，即期望的城市工资。但是额外的移民通过增加失业，会使得已经在城市劳动力中的所有移民收入减少为原先的（$1-R$）倍，R 是全体

城市劳动力中由农村供给的比例〔17〕。

只要 $Pq'(1-\eta) < \bar{W}_M N_M / N_u(1-R)$，允许迁徙将使得农村部门的福利增加，尽管失业将持续，且经济作为一个整体产出将减少。由于 Pq' 和 $\bar{W}_M N_M / N_u$ 总是正的，且 $R \leqslant 1$，当 $\eta < 1$ 时，额外的移民总会对农村部门有益。总体上说，Pq'、η 或 R 越低，$\bar{W}_M N_M / N_u$ 越高，农村部门从移民中就会获益越多。

从前文中我们可以总结出，尽管给定 η 和 R 的合理取值时，限制移民将会提升整个经济的福利，但如果希望农村部门的福利不因自由移民机会的取消而受损，大量的补贴将是必需的。城市永久劳动力的状况毋庸置疑会变好，一方面他们在较高的最低工资水平上被更多地雇佣，另一方面他们可以用更低的价格购买食物。农业部门出口的每一单位劳动力都会类似地挣得更多，但这一收益将被减少的劳动总出口和更低的农产品价格抵消。当然，以上所说正确与否将取决于经济中特定参数的取值。如果 η 充分高，在没有补贴的情况下限制移民会使得农业部门变好，但是这种情况似乎是非常不可能的。

C　政策的组合

我们之前已经证明了无论有限程度的工资补贴还是限制迁徙的政策都可以带来福利的上升。如果不知道一个特定的经济中所有的相关参数，我们无从得知这两种政策中的哪一种会导致更好的结果。但清楚的是，两种政策单独使用均不能使经济达到工资由竞争决定时的最优状态（图2中的 L 点）。

---

〔17〕 如果城市失业的仅仅是移民，这一项应该为零，因为通过劳动出口得到的总收入是不变的。这项为正只可能是因为永久性的城市劳动力分担了失业，因而减少了其在制造业工资单中占的比重。本模型的一个有趣拓展是对于城市永久居民和农村—城市移民引入不同的被雇佣概率，然后对比我们相等概率的简化假设来检验结果的敏感性。

第一眼看上去这似乎有点奇怪：仅存在工资这一个方面的市场失灵，单一的政策工具却不能完全改正状况[18]。原因是，在本模型中，工资承担了两种功能。它既决定了制造业部门中就业的水平，也决定了劳动力在城市和农村部门之间的分配。当补贴改变了决定制造业就业水平的有效工资时，只要工人实际得到的工资超过了从事农业的收入，移民和城市失业都还会存在。对移民的限制阻止了最低工资对失业产生作用，但对于增加制造业雇佣水平无能为力。因此，如果想实现最优解，两种政策工具必须被联合使用。想要达到 *L* 点，必须实施一个工资补贴，使得制造业的就业增加到如下程度：在完全就业时，劳动边际产出在制造业和农业中相等。这一补贴将为正，且等于最低工资和边际生产率的差值。在那一点，$W_u^e = \bar{W}_M$，且 $\bar{W}_M > Pq'$。因此，个体仍然会认为移民符合他们的利益，而如果不限制移民，这一点就不能达到。

农业部门在 *L* 点会比在 *E* 点更好，因为每一单位的额外劳动出口都会得到完全的最低工资，而农业的劳动边际产出比最低工资要低，农产品的价格上升。然而，农业部门在 *L* 点是否比在 *D* 点更好，再次取决于模型中参数的值[19]。我们可以很确定地说，从 *L* 点出发，为了使农业部门的状况不变差而必需的补偿，在 *D* 点比在 *E* 点要少，而且这更容易筹资，因为总收入会更高。

即便如此，补贴（或者公共企业损失）和补偿对于财政的要求也仍然不少[20]。政府或许会发现，很难找到一种无扭曲的税收来筹集足够的收入。也许对所有城市居民征收的人头税会是可行的，但这也会引发最低工资该被如何设

---

[18] 我们感谢本评论的审稿人使我们注意到这一点。

[19] 如图 2 所示，对农村部门而言，*L* 相对于 *D* 代表了一个福利更高的点，这是由于 *P* 升高了而且部门生产了更多的两种产品。事实上，如果 *L* 在 *TS* 上，且位于过 *D* 点的射线以上，那么会有毋庸置疑的部门福利提升。然而，如果 *L* 位于 *TS* 上的射线以下，则农村部门会比在 *D* 点更糟，这是由于 *P* 下降了。

[20] 这一论证和 Stolper（p. 195）的陈述一致：“然而需要注意，即使是影子价格被最好地应用，也不过是用预算问题替换了市场不完全的问题。”我们不会像 Stolper 走得那么远，以至于因其对财政的影响而拒绝使用任何影子价格。大体上的论点总是成立的：如果实际的价格或工资保持与影子价格或工资的偏离，我们就不能忽视影子价格标准实施带来的结果。

置的问题（在一些案例中，热带非洲的一些工会已经成功地保持了税后实际工资不变）。如果必须有对农业部门的净补偿，对于农村土地征收的税收将被排除；如果制造业也没有净利润，那么城市土地税就是仅剩的潜在理想税收。

上述所有这些都意味着，改变最低工资可以避免由上述“政策包”导致的税收、行政和干预个人自由流动的问题。旨在减小城乡工资差距的收入和工资政策已经被 D. P. Ghai 所建议，而坦桑尼亚已经正式采用了上述政策跟限制迁徙的结合。然而，在最终的分析里，最为关键的基本问题是政策的可行性，而我们尚不清楚，收入政策是否比其他政策更为可行。

附录Ⅰ　失业均衡稳定性的证明

为了证明我们的城市失业均衡是稳定的，我们可以将 ψ［公式（9）中］对 N_u 取导数，且由公式（7）有 $dN_u = -dN_A$。因此我们得到：

$$\frac{d\dot{N}_u}{dN_u} = \psi'(\cdot)\left[-\frac{\bar{W}_M N_M}{(N_u)^2} + Pq'' + \frac{\partial P}{\partial X_A}(q')^2\right] \tag{Ⅰ.1}$$

稳定性要求 $d\dot{N}_u/dN_u < 0$，该式成立仅当：

$$\frac{\partial P}{\partial X_A} < \frac{\frac{\bar{W}_M N_M}{(N_u)^2} - Pq''}{(q')^2}$$

由于 $q'' < 0$，不等式的右端无疑是正的。因而我们的假设 $\partial P/\partial X_A < 0$ 将保证稳定性——事实上这一条件比必要条件更强。调整机制或许可以通过下面画出了 ψ 函数的相图阐释得更清楚。其正的斜率反映了如下假设：移民流动将随着城乡期望工资差的上升而增加。在图 4 中，ψ 根据假设 $\psi(0) = 0$ 画出，因此水平方向的截距位于原点（一般情形中截距将是 α）。此外，我们已经任意地指定了 ψ 是一个线性函数。箭头表示跟式（Ⅰ.1）一致的调整方向。如果 $\bar{W}_M N_M/N_u - Pq' > 0$，则 $\dot{N}_u > 0$，但我们知道，如果 $\dot{N}_u > 0$，由于 $d\dot{N}_u/dN_u <$

0，期望工资差距将会减少。N_u 增加但 N_M 不变导致了额外的移民，这将使得失业增加，从而降低了期望城市工资。与此同时，劳动力由农业向外转移将增加 q'，而减少的农业产出也会使 P 升高。因而移民使得期望工资差距减少为零，当没有进一步的迁徙激励时，就达到了均衡状态。关于这一过程在动态框架下更详尽的分析，见 Todaro。

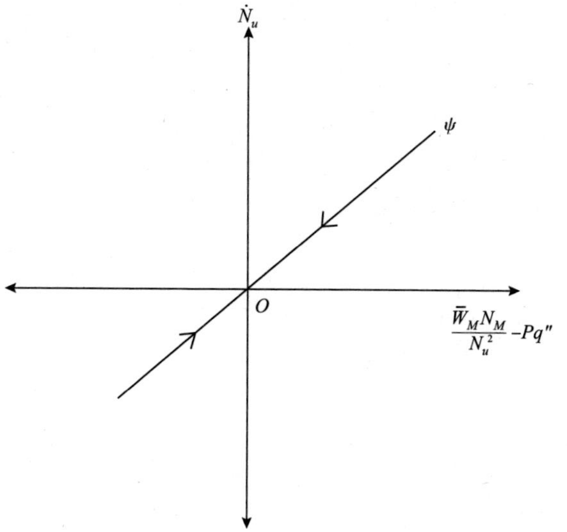

图 4

附录 II

将均衡条件（8）对 N_M 取微分，由于 $dN_u = -dN_A$，我们得到了这一表达式：

$$\frac{dN_u}{dN_M} = \frac{\frac{\bar{W}_M}{N_u} - q'\rho'\frac{f'}{X_A}}{\frac{\bar{W}_M N_M}{N_u^{2}} - \rho q'' + q'\rho'\frac{q' X_M}{X_A^2}} \quad (\text{II}.1)$$

将农产品的需求弹性定义为：

$$\eta_A = -\frac{\partial X_A}{\partial P} \cdot \frac{P}{X_A} = \frac{\rho X_A}{\rho' X_M} \quad (\text{Ⅱ}.2)$$

式（Ⅱ.1）可以被改写为：

$$\frac{dN_u}{dN_M} = \frac{\frac{\bar{W}_M}{N_u} - \frac{\rho q' f'}{\eta_A X_M}}{\frac{\bar{W}_M N_M}{N_u^{\ 2}} - \rho q'' + \frac{\rho (q')^2}{\eta_A X_A}} \quad (\text{Ⅱ}.3)$$

将上式对不同参数做偏微分，我们可以证明，dN_u/dN_M 与 $\bar{W}_M$、N_M 和 η_A 同向变化，与 ρ 、q'、f'、N_u 和 q'' 反向变化。总体上说，城乡工资差异越大，农业产品价格和边际产品越不敏感，创造一个额外的岗位导致的移民就越多。如果最低工资超过了农业收入，式（Ⅱ.3）将会是正的，且就与许多非洲国家相关的参数而言，其值将超过1。

当 $dN_u/dN_M > 1$ 时，在最低工资水平创造一个额外的岗位将使得失业的绝对水平上升，尽管城市失业率将下降。这可以通过将式（Ⅱ.3）改写为一个弹性测度而看出。

$$\frac{dN_u}{dN_M} \cdot \frac{N_M}{N_u} = \frac{\frac{\bar{W}_M N_M}{N_u^2} - \frac{N_M \rho q' f'}{N_u \eta_A X_M}}{\frac{\bar{W}_M N_M}{N_u^2} - \rho q'' + \frac{\rho (q')^2}{\eta_A X_A}} < 1 \quad (\text{Ⅱ}.4)$$

这是由于 $q'' < 0$。[21] 我们举一个例子来说明上式的含义：假定一个经济的初始城市失业率是25%。如果作为对100个新增岗位的响应，125个额外的个体迁徙到了城市地区，失业的绝对人数增加了25%，但失业率将会下降，因为边际失业率只有20%。

〔21〕 我们感谢 Peter Diamond 推导出了这个表达式。

附录Ⅲ

如果最低工资被保持，而迁徙根据公式（8）发生，在下列拉格朗日表达式被最大化的时候，总福利也将最大化。

$$\Omega = U(X_A, X_M) + \lambda_1[q(\bar{N} - N_u) - X_A] + \lambda_2[f(N_M) - X_M] +$$

$$\lambda_3\left\{\rho\left(\frac{f(N_M)}{q(\bar{N} - N_u)}\right)\cdot q'(N - N_u) - \frac{\bar{W}_M N_M}{N_u}\right\} \quad (\text{Ⅲ}.1)$$

这里 U 是社会福利函数，接下来的几项分别是公式（1）、公式（2）和公式（8）施加的限制［回忆一下，由公式（7），$N_A = \bar{N} - N_u$］。

最大化式（Ⅲ.1），我们可以得到如下一阶条件：

$$\frac{\partial\Omega}{\partial X_A} = \frac{\partial U}{\partial X_A} - \lambda_1 = 0 \quad (\text{Ⅲ}.2)$$

$$\frac{\partial\Omega}{\partial X_M} = \frac{\partial U}{\partial X_M} - \lambda_2 = 0 \quad (\text{Ⅲ}.3)$$

$$\frac{\partial\Omega}{\partial N_u} = -\lambda_1 q' + \lambda_3\left[\rho'\frac{fq'}{q^2} - \rho q'' + \frac{\bar{W}_M N_M}{N_u^2}\right] = 0 \quad (\text{Ⅲ}.4)$$

$$\frac{\partial\Omega}{\partial N_M} = \lambda_2 f' + \lambda_3\left[\rho'\frac{f'q'}{q} - \frac{\bar{W}_M}{N_u}\right] = 0 \quad (\text{Ⅲ}.5)$$

以及 $\partial\Omega/\partial\lambda_i = 0\ (i = 1, 2, 3)$，这保证了约束成立。

将式（Ⅲ.2）和式（Ⅲ.3）代入式（Ⅲ.4）和式（Ⅲ.5），我们得到：

$$\frac{\frac{\partial U}{\partial X_M}f'}{\frac{\partial U}{\partial X_A}q'} = \frac{\frac{\bar{W}_M}{N_u} - q'\rho'\frac{f'}{q}}{\frac{\bar{W}_M N_M}{N_u^2} - \rho q'' + q'\rho'\frac{fq'}{q^2}} \quad (\text{Ⅲ}.6)$$

我们知道在均衡中，$(\partial U/\partial X_M)/(\partial U/\partial X_A) = 1/P$，我们已经在附录Ⅱ中证明了，式（Ⅲ.6）的右端等于 dN_u/dN_M。因此式（Ⅲ.6）可以被重写为：

$$f' = Pq' \frac{dN_u}{dN_M} \tag{Ⅲ.7}$$

这是文中用于决定最优工资补贴的条件。

式（Ⅲ.7）也可以被改写为：

$$-P = \frac{-f'}{q' \dfrac{dN_u}{dN_M}} = \frac{dX_M}{dX_A} \tag{Ⅲ.8}$$

我们知道 $-P$ 等于两种商品之间的边际替代率，而 dX_M/dX_A 是边际转换率。因此，式（Ⅲ.8）阐述了熟悉的最优条件：边际替代率等于边际转换率。dX_M/dX_A 是图 2 中 *DK* 线的斜率，这很明显是负的。然而，其对 N_M的导数为：

$$\frac{d\left(\dfrac{dX_M}{dX_A}\right)}{dN_M} = \frac{-q' \dfrac{dN_u}{dN_M} f'' - f' \left(\dfrac{dN_u}{dN_M}\right)^2 q'' + f' q' \dfrac{d^2 N_u}{dN_M{}^2}}{\left(q' \dfrac{dN_u}{dN_M}\right)^2} \tag{Ⅲ.9}$$

该式的符号不确定，因为f''，$q''<0$，而 $d^2 N_u/d N_M{}^2$ 大体上也将为负。如果有效的生产可能性前沿（*DK*）是凸的——这一条件很有可能成立，但也必须考虑接近完全就业时为凹的可能性——式（Ⅲ.9）一定是正的。从先验的角度看，图 2 中 *DK* 的斜率貌似是有道理的。

参考文献

[1] P. K. Bardhan, "Factor Market Disequilibrium and the Theory of Protection," *Oxford Econ. Pap.* (New Series), Oct. 1964, 16, 375 – 388.

[2] E. J. Berg, "Wage Structure in Less Developed Countries," in A. D. Smith, ed., *Wage Policy Issues in Economic Development*, London, 1969.

[3] A. Callaway, "From Traditional Crafts to Modern Industries," *ODU: University of Ife Journal of African Studies*, July 1965, 2.

[4] S. Chakravarty, "The Use of Shadow Prices in Programme Evaluation," in Rosenstein –

Rodan, ed. , *Capital Formation and Economic Development*, *London*, 1964.

[5] Y. S. Cho, *Disguised Unemployment in Developing Areas*, *with Special Reference to South Korean Agriculture*, Berkeley, 1960.

[6] R. S. Eckaus, "The Factor – Proportions Problem in Underdeveloped Areas," *American Economic Review*, Sept. 1955, 45, pp. 539 – 565.

[7] J. Erickson, "Wage Employment Relationships in Latin American Industry: A Pilot Study of Argentina, Brazil, and Mexico," International Labour Office, 1969, type – script.

[8] J. Fei and G. Ranis, *Development of the Labor Surplus Economy*, Illinois, 1964.

[9] D. P. Ghai, "Incomes Policy in Kenya: Need, Criteria and Machinery," *East Afr. Econ. Rev.* , June 1968, 4, pp. 19 – 35.

[10] J. Gugler, "The Impact of Labour Migration on Society and Economy in Sub – Saharan Africa. Empirical Findings and Theoretical Considerations," *African Social Research*, Dec. 1968, 6, pp. 463 – 486.

[11] E. E. Hagen, "An Economic Justification of Protectionism," *Quart. J. Econ.* , Nov. 1958, 72, pp. 496 – 514.

[12] J. R. Harris and M. P. Todaro, "Urban Unemployment in East Africa: An Economic Analysis of Policy Alternatives," *East Afr. Econ. Rev.* , Dec. 1968, 4, pp. 17 – 36.

[13] J. R. Harris and M. P. Todaro, "Wages, Industrial Employment, and Labour Productivity: The Kenyan Experience," *East Afr. Econ. Rev.* (New Series), June 1969, 1, pp. 29 – 46.

[14] J. P. Henderson, "Wage Policy in Africa," Paper Prepared for Delivery at the African Conference on Economics, Temple University, mimeo, April 1968.

[15] C. R. Hutton, "The Causes of Labour Migration," in Gugler, ed. , *Urbanization in Sub – Saharan Africa*, Kampala, 1969.

[16] C. H. C. Kao, K. R. Anschel, and C. K. Eicher, "Disguised Unemployment in Agriculture: A Survey," in C. K. Eicher and L. W. Witt, eds. , *Agriculture in Economic Development*, New York, 1964, pp. 129 – 144.

[17] J. M. Katz, "Verdoorn Effects: Returns to Scale, and the Elasticity of Factor Substitution," *Oxford Econ. Pap.*, Nov. 1968, 20, pp. 342 – 352.

[18] L. Lefeber, "Planning in a Surplus Labor Economy," *Amer. Econ. Rev.*, June 1968, 58, pp. 343 – 373.

[19] W. A. Lewis, "Economic Development with Unlimited Supplies of Labour," *Manchester Sch. Econ. Soc. Stud.*, May 1954, 22, pp. 139 – 191.

[20] I. M. D. Little, "The Real Cost of Labour, and the Choice Between Consumption and Investment," in P. N. Rosenstein – Rodan, ed., *Pricing and Fiscal Policies: A Study in Method*, Cambridge, 1964, pp. 77 – 91.

[21] I. M. D. Little and J. A. Mirrlees, *Manual of Industrial Project Analysis*, Vol. II, "Social Cost Benefit Analysis," Paris, 1969.

[22] B. F. Massell and J. Heyer, "Household Expenditure in Nairobi: A Statistical Analysis of Consumer Behaviour," *Econ. Develop. Cult. Change*, Jan. 1969, 17, pp. 212 – 234.

[23] L. G. Reynolds, "Wages and Employment in a Labor – Surplus Economy," *Amer. Econ. Rev.*, Mar. 1965, 55, pp. 19 – 39.

[24] W. F. Stolper, *Planning Without Facts: Lesson's in Resource Allocation from Nigeria's Development*, Cambridge, 1966.

[25] M. P. Todaro, "A Model of Labor Migration and Urban Unemployment in Less Developed Countries," *Amer. Econ. Rev.*, Mar. 1969, 59, pp. 138 – 148.

[26] Nigeria, *Report of the Commission on the Review of Wages, Salary and Conditions of Service of the Junior Employees of the Governments of the Federation and in Private Establishments 1963 – 1964*

王也 译　刘亚琳 校

经济增长与收入不平等*

*西蒙·库兹涅茨（SIMON KUZNETS）***

本文主要研究收入分布长期变化的特征及其成因。在经济增长过程当中，收入分布不平等是增加了还是减少了？什么因素决定了收入不平等的普遍水平和趋势？

由于不严格的定义、数据的极度稀缺以及来自一些强有力的观点的压力等因素，有关这些重大问题的研究一直以来都举步维艰。尽管我们无法完全避免这些困难，但是通过刻画收入分布的规模特征，以及考察收入分布的动态特征并试图提出解释，本文对这些问题的研究仍然是很有帮助的。

现列出本文的五个设定。第一，收入的记录和分组应当按家庭开销为单位，按照家庭成员数目做调整，而非（仅考虑）收入接受者，因为对于收入接受者而言，收入的来源和使用是多样化的。第二，分布应当是完整的，也就是说应当考虑一国所有的单位而非一部分高收入或者低收入单位。第三，如果可能的话，我们应当排除主要收入来源处于生命周期当中在学和退休的单位，不考虑不属于全职或者未完全参与经济活动带来的那一部分收入，从而避免问题变得复杂化。第四，收入应当和目前国民收入的定义相同，也就是个人所得的，包括实物收入，直接税前和税后的，不计资本

---

* 原文发表于 1955 年第 45 卷第 1 期。

** 作者系俄裔美国著名经济学家，获得 1971 年诺贝尔经济学奖，因为他经验主义地解释了经济增长，使人们对经济和社会结构以及发展过程有了新的更深入的认识。

利得的收入。第五，单位应当根据长期收入水平分组，摒除周期因素和其他短期影响。

对于这样一个根据长期人均收入水平确定的成熟消费单位的分布，我们需要衡量某些固定的序列组，例如百分位数、十分位数、五分位数。序列单位应当按照充分长的时间跨度内的平均收入来划分群体，例如一个世代或者25年，这样一来他们就形成了按照收入地位划分的群体。即便在这样长的时期内根据长期收入水平进行划分，有的单位仍然可能从一个群体转移到另一个群体。因此，有必要研究在所考察的一个世代的时间范围内，一直都固定在一个特定收入群体的单位的相对份额，以及进入该群体的单位的相对份额；对于所有的群体而言，都应当考虑上述“居民”和“移民”的份额。倘若不以这么长的时期为参照，或者不区分处于不同相对收入水平的“居民”和“移民”单位，关于“低”或“高”收入阶层的区分就失去了意义，特别是在研究长期份额的变化、分布不平等问题时。例如，对在20年时间内都被归类为“低”阶层（指收入）的单位而言，讨论“低”收入阶层在过去20年内因其收入占总收入的份额增加或者减少导致获益或损失才变得有意义，而对那些进入或者退出该阶层的单位而言这一讨论毫无意义。

此外，如果我们希望最终为这一看似刚刚开始的统计经济学家的白日梦画上完美句号，我们还应当不仅仅考虑一个世代，而是至少两个世代的长期收入水平的轨迹——将一个给定世代及其直系后代的收入相结合。我们将能够区分以下两种单位：在一个世代内保持在一个序列群体当中，并且其后代——在他们的世代当中——同样保持在那个群体当中的单位，和那些虽然在他们世代内保持在一个群体中，但是其后代在他们相应的世代在不同的相对经济规模间上下转移的单位。可能的排列组合变多，但它不应该掩盖收入结构主要设计所要求的——根据长期收入地位对某个世代及其直系后代分类。如果一个社会的成员，例如生产者、消费者、储蓄者、日常实际问题的决策者，对长期收入水平和份额的变化做出反应，那么关于该收入结构的数据就显得十分关键。一个世代及其后代的长期收入水平份额可以成为判断一个经济社会的标准。同样重要的还有区分居民群体——也就是一个或者两个世代内的居民收入份额的改变，和在以长期收入水平为标准划分的不同收入规模范围内上下移动的那些群体收入份额的改变。

即便我们有数据可以近似得到上面概述的收入结构，对本文伊始提出的重大问题——收入不平等在经济增长过程中如何变化，我们也只能在定义了增长的经济和社会环境的情况下才能给出答案。而且，事实上我们在应对这些问题时，应当参考当前依靠商业部门增长的发达国家的经验。除了这些局限性，我们还缺少可以直接衡量长期收入结构的统计量。的确，我难以描述在现实中收集该信息的困难程度——造成这一难题的可能原因是我们不熟悉人口学家和社会学家的研究成果，他们很关心世代或者世代间转移和地位等问题。尽管我们目前缺乏关于长期收入结构的直接数据，建立足够清晰但是复杂的设定不只是一个完美主义者的练习。因为当我们在讨论不同经济阶层的比例或者这些比例的长期变化时，如果这些设定确实可以近似（并且我相信它们可以）我们感兴趣的真正核心点，那么适当地揭示我们的目的是非常有用的。这同样迫使我们批判地考察和评价可得的数据；防止我们根据这些不完整的数据妄下结论；减少机械操作带来的损失和时间浪费，颇具代表性的是在收入含义、观测单位和考察样本占总样本比例等设定都含糊不清的情况下就对群组数据进行帕累托曲线拟合；最重要的是，迫使我们在可得数据和我们真正感兴趣的收入结构之间谨慎地架设一个可检验的桥梁。

I　收入不平等的趋势

困难已经提前说明，我们现在来看可得的数据。这些统计数据虽然来自整体样本，但都是按照一个给定年份的收入来分类的。在我们看来，这是数据最主要的局限性。由于数据通常不允许进行很多的规模分组，另外，如果分类数量很少并且每个分类很宽泛的话，年度频率的收入和长期收入地位的差异带来的影响很小，所以我们较少使用宽泛的分类。这样并不能解决问题。由于长期数据缺乏、可使用的单位（至多为一个家庭，通常为一个报告单位）不足、数据误差等，各种问题依然存在。但是，我们可以依稀看出收入结构趋势的端倪，可以将结果视为一个基于充分信息的猜测。

数据来自美国、英国和德国，样本量虽很小，但至少可作为推断目前发达国家长期变化的一个起始点。一般性结论如下，按照年度频率收入衡量，考虑相当广泛的群体，我们发现收入的相对分布变得越来越平等——这一趋势从20世纪20年代开始变得十分明显，但实际上可能在第一次世界大战以前就开始了。

让我来引用一些数据，所有数据都是按直接税前的收入来衡量，以支持上述结论。在美国，家庭收入（排除单个人）分布，最低的两个五分位所占份额从1929年的13.5%增加到第二次世界大战后的18%（1944年、1946年、1947年和1950年的平均）；然而顶部的五分位所占份额从55%下降到44%，另外，顶端5%所占份额从31%下降到20%。在英国，顶端5%所占份额从1880年的46%下降到1910年或者1913年的43%，1929年下降到33%，1938年下降到31%，1947年进一步降低到24%；较低的85%所占份额在1880～1913年基本保持不变，为41%～43%，但在1929年升至46%，在1947年升至55%。在普鲁士，收入不平等在1873～1913年有微幅上升——顶端五分位所占份额从48%上升至50%，顶部5%所占份额从26%上升至30%；较低的60%所占份额则几乎保持不变。在撒克逊，1880～1913年的改变很小：最低的两个五分位所占份额从15%降至14.5%；第三个五分位所占份额从12%升至13%，第四个分位所占份额由16.5%升至18%；顶部的五分位所占份额从56.5%下降到54.5%，顶端5%所占份额从34%下降到33%。就德国整体而言，1913年至20世纪20年代间相对收入不平等急剧下降，最主要的原因是战争和通货膨胀期间大量财富和不动产收入的损失；但在20世纪30年代的大萧条期间，收入不平等又回到了战前水平[1]。

假设这些数据可以代表长期收入水平分布的份额（仅是近似而已），2%或者3%的差异可以忽略不计。我们还必须基于具有影响力和达成共识的证据来做判断——但只有对少数国家才可以做到这一点。上述分析验证了我们的一个猜测：税前收入的相对分布开始保持不变，第一次世界大战后（或者更早）相对收入不平等收窄。

这一发现有三个方面值得强调。第一，收入数据为直接税前的收入，没有考虑政府的贡献（例如救济和免费援助）。可以认为在最近这几十年以来，直接税的比例和累进在增加，政府对弱势群体的资助占个人总收入的比例同样在增加。这与美国和英国的事实相符，但是德国的例子值得深入探讨。由后者可推知，和美国、英国情形类似的税前、政府福利发放前的收入分布相比，在发达国家直接税后并且包含政府免费资助的收入分布显示出更明显的不平等收窄。

第二，伴随着人均真实收入的显著上升，百分比份额的不平等或是稳定

---

[1] 美国。对于近年数据我们使用 *Income Distribution by Size*（Washington，1953），以及 Selma Goldsmith 等撰写的"Size Distribution of Income Since the Mid – Thirties"（*Rev. Econ. Stat.*，1954 年第36 期，第1 ~32 页）；1929 年数据来自 Brookings Institution，使用和 Simon Kuznets 所著的 *Upper Groups in Income and Savings*（New York，1953，p. 220）一样的方式对数据做调整。

英国。1938 年和1947 年数据来自 Dudley Seers 所著的 *The Levelling of Income Since* 1938（Oxford，1951，p. 39）；1929 年数据来自 Colin Clark 所著的 *National Income and Outlay*（London，1937）第 109 页的表 47；1880 年、1910 年以及 1913 年数据来自 A. Bowley 所著的 *The Change in the Distribution of the National Income*，*1880 – 1913*（Oxford，1920）。

德国。对于第一次世界大战前的组成区域（普鲁士，撒克逊尼及其他地区）而言，数据来自 S. Prokopovich 所著的 *National Income of Western European Countries*（于20 世纪20 年代发表于莫斯科）。部分结论来自 Prokopovich 的"The Distribution of National Income，"（*Econ. Jour.*，March 1926，XXXVI，69 –82）。此外还可以参见 Das Deutsche Volkseinkommen vor und nach dem Kriege，Einzelschrift zur Stat. des Deutschen Reicks，no. 24（Berlin，1932），以及 W. S. Woytinsky 和E. S. Woytinsky）的 *World Population and Production*（New York，1953）第709 页表 192。

或是缩小。除了世界范围内因激烈冲突而导致的灾难性时期以外，目前被归类为“发达”的国家和地区的人均实际收入一直都在增长。所以，如果说根据年收入位置划分的群体份额能够视作根据他们长期收入水平划分的群体份额，一个给定群体所占的百分数份额不变意味着其人均实际收入和整个国家所有单位的平均实际收入增长率相同；份额不平等的减少意味着低收入群体的人均收入比高收入群体的人均收入增长要快。

第三点可以以问题的方式提出。根据确定的年度收入分布能否准确地反映长期收入分布的趋势？当技术和经济上升到更高水平，收入更不易受到短期干扰的影响。这里的干扰主要指不确定的干扰，而非通过参看历史商业周期考虑的周期性干扰。如果早年单位的经济财富遭受更大的变迁——农业歉收、非农单位承受自然灾害损失——如果所有在过去或者甚至现在遭受这种灾难的个体企业家的比例在较早几十年更高，那么较早的收入分布将更容易受到短期干扰的影响。在这些较早的分布中，暂时的不幸可能挤出底部五分位并且过分的抑制他们所占份额，而暂时的幸运则可能占据顶部五分位并且过分的提高其所占份额——从比例上超过此后年份的分布。如果是这样，那么和年度收入分布相比，长期平均收入分布可能显示出更小的不平等减少；甚至可能显示出相反的趋势。

人们可能会感到疑惑像美国这样令人瞩目的国家是否也会受此影响：在25年这样短的时期内就出现不平等收窄这一结论。这一局限性同样不太可能影响英国的分布跨度的持续性向下移动。但是我必须强调的是，存在一个很强的判定关键，可以决定该局限性在多大程度上可以修正以下发现：正如根据现有的数据分析揭示的，少数发达国家收入不平等在长期稳定后出现下降。很重要的一点在于，这一局限性很重要；如果我们打算根据现有的数据更多地了解长期收入结构的话，需要进一步深入的研究；这样的研究很可能得到有趣的结果，因为要研究国民经济不同部门流向个人单位或者经济影响巨大的群体单位的短期不确定性收入问题。

Ⅱ　一种尝试性的解释

以上对发达国家的长期收入结构趋势的总结，如果近乎于猜测的话，试图解释这些缥缈的趋势就必然显得鲁莽。但如果能揭示出某些可能的作用因素，这么做还是有必要的：这可以促使我们寻找承载这些因素的数据，用来证实或者修正我们关于趋势本身的印象。这是一个漫长的研究过程，我们才刚刚起步，在这个过程当中，各种初步证据的概要、初步的假说以及对更多证据的探寻（可能导致改写和修正已有研究，成为新的分析和未来研究的基础）相互作用，如果从这个角度来看，这种猜测就是有用的。

根据目前的推断，应该说长期收入结构的不平等在长期内不变（更不用说减小）是一个谜。因为在发达国家的发展过程中，至少存在两股力量使得除开政府捐助的税前收入分布不平等上升：第一股力量与储蓄集中在高收入阶层有关。根据最近所有关于消费和储蓄占收入比重的研究显示，只有高收入群体才储蓄；低于顶端十分位数的收入群体的总储蓄几乎为零。例如，美国最高5%的群体的储蓄几乎占所有个体的加总储蓄的2/3；而顶端十分位的储蓄则几乎等于所有个体的加总储蓄。特别重要的是，储蓄的不平等要比不动产收入和资产收入的不平等严重得多[2]。这一发现基于年度收入分布，而长期收入分布的不平等更小，因此相应的储蓄不会那么集中，储蓄的不平等仍然相当惊人，甚至比资产持有的不平等更严重。在其他条件相同的情况下，储蓄不平等的累积效应将使上层群体手中的收益资产带来的收入比例越来越大，在此基础上导致这些群体及其后代的收入份额增加。

第二个谜在于收入分布的产业结构。一直以来伴随发达国家增长的是去农业化，这一过程通常被称作工业化和城镇化。在最简单的模型当中，总体人口的收入分布可视为农村和城市人口收入分布的组合。我们对这两种收入

〔2〕 参见Kuznets的前述著作，特别是第2章和第6章。

分布组成的结构知之甚少，但可以发现：（a）农村人口的人均收入通常低于城市人口的人均收入[3]；（b）农村人口内部收入百分比例的不平等要小于城市人口——即便是按年度收入计算；如果考虑长期收入水平的话这一差异可能更大[4]。沿着这个简单模型前进，我们最终可以得出怎样的结论？第一，其他情况相同的前提下，城市人口比重的上升，意味着两个分布组成当中更加不平等的那个分布所占比例将上升；第二，农村人口和城市人口人均收入相对差异的增加并不一定会拖累经济增长，事实上，有证据显示这一差异是稳定经济的，并且倾向于促进经济增长，因为城市的人均生产率增长的速度要快于农业。如果确实如此，那么总收入的分布的不平等应当上升。

这样的话，就出现了两个问题：首先，如果储蓄的集中有累积效应，为何高收入群体的收入份额并没有随着时间增加？其次，如果更加不平等的城市收入分布比重增加，此外城市人均收入和农村人均收入的相对差异也在增加，为何收入不平等在下降，特别是为何低收入群体的份额在上升？

第一个问题在其他地方已经讨论过，尽管他们的结论仍然只是初步的假说[5]，

---

〔3〕农业或农村人口的人均收入要低于城市人口人均收入，这是在美国各个州以及其他国家都公认的事实［例如，参见 Colin Clark 在 *Conditions of Economic Progress* 第二版（伦敦，1951）第 316 ~ 318 页提供的一个总结表，该表报告了对生产系统当中不同部门的产出和工人的度量］。正是这个表格显示，对于拥有较长历史记录的国家而言，农业部门的人均产出和非农业部门的人均产出的相对差异在稳定增加。

〔4〕第二次世界大战前美国的收入分布正是如此（参看脚注①引用的来源）；第二次世界大战之后这一差异似乎消失了。普鲁士的收入分布同样如此，Prokopovich 的文章也提到了这一点；根据 M. Mukherjee 和 A. K. Ghos 在 "The Pattern of Income and Expenditures in the Indian Union: A Tentative Study"（国际统计会议，1951 年 12 月，印度加尔各答，第三部分，第 49 ~ 68 页）一文给出的粗略分布，这一现象在印度尤为明显。

〔5〕这些讨论的一部分可以在 "Proportion of Capital Formation to National Product" 一文找到，该论文于 1951 年投至美国经济学会年度会议，并且发表在《美国经济评论》（会议纪要，1952 年 5 月，XLII，第 507 ~ 526 页）。更加细致的讨论可以参见 "International Differences in Capital Formation and Financing"（特别是附录 C：Levels and Trends in Income Shares of Upper Income Groups），该论文投在 1953 年由大学和国民经济研究局主持的资本形成和经济增长会议。该论文现在已作为那个会议的会议纪要卷宗当中的一部分正式出版。

在这里我们简要地总结这些结论，但是不太可能做更多的讨论。

抵消储蓄集中的因素

有一类因素可以抵消储蓄集中对高收入份额的累积效应：立法干预和“政治”决策。这些措施的目的是通过遗产税和其他隐含资本税来限制财产的积累。通过政府允许或者说制造的通货膨胀来减少累积财富的经济价值，也可能间接地产生类似的效果，因为这些财富以固定价格证券或者其他对价格调整不敏感的财产的形式保存；或者通过法律条文限制累积财产的收益，正如最近出现的租金管制，或者政府人为地维持较低的长期利率以保护他们自己发行的债券。

本文无法对上述复杂过程展开讨论，但在此要着重强调一点，所有这些干预措施——即使不是直接为了限制少数富有阶级以往储蓄的积累效应——都会反映出一个社会在长期过程中如何对待收入不平等，即便没有其他的抵消因素，对收入不平等的看法也是一个民主社会的重要力量。当然，一个发达国家随着经济的增长，对社会收入不平等的看法会随着时间而发生改变，而这种改变会使人重新衡量收入不平等在经济增长提供储蓄时的作用，同时，这种改变也会对上层阶级形成越来越大的法律和政治上的压力，这种压力反过来也会促使一个国家不断提高其经济水平。

我们现在转向另外三种不那么明显的但是同样能抵消储蓄集中累积效应的因素。第一种因素是人口结构。在目前发达国家中，富裕阶层和贫穷阶层的人口增长率存在差异——生育控制这一现象首先出现在前者。因此，即使不考虑移民，在 1870 年位于顶端 5% 的群体及其后代到 1920 年将只占到总人口的很小一部分。对于美国这样存在大量移民的国家而言，这一现象更有可能发生——移民通常进入收入分布中的低收入水平群体；而对于贫穷人口移出的国家而言这一现象则不太可能发生。所以，在 1920 年位于顶端 5% 的人口或许仅包含部分来自 1870 年顶端 5% 的人口的后代，有一半甚至更大比例来自 1870 年的低收入群体。这意味着，如果认为储蓄集中不断积累以至于提高了任意一个固定的序列组的收入份额（无论是顶端 1%、5% 或是 10% 的人口），那么这一过程在时间长度上要比 15 年短得多。因此，如果 1870 年的顶端 5% 的群体的后代完全进入了 1920 年的顶端 5% 的人口，那么这一效应将更弱。对于逐渐缩减的最顶端人口来说，尽管储蓄的累积效应可能提高其相对收入，但这种效应对保持在最顶端的那部分人口相对收入份额的影响显著减小。第二种因素存在于一个充满机遇的相对自由而有活力的经济体。在这样的社会里面技术进步比比皆是，新兴产业在以更快的速度增长，夕阳产业的资产占总量的比重不可避免地会下降。除非高收入群体的后代将前辈积累的资产转移到新的领域，并且与新兴企业家一起参与到新的、更有利可图的产业份额的增长当中，否则他们持有资产的长期回报将显著低于新近进入大规模资产持有者阶层所得到的回报。"富不过三代"可能夸大了一个充满活力的增长经济所带来的效应：在今天的高收入群体当中，许多人的后三代甚至四代都处于高收入阶层。产业增长经久不衰以及相应持续不断的高资产收益是异常罕见的现象，从这个意义上来看，上述断言符合实际：今天伟大和成功的企业家通常不是昨天伟大和成功的企业家的子孙。

第三种因素由服务业收入的重要性体现，即便对高收入群体也是如此。在任意给定的时间，财产收入的集中只能解释顶部群体收入差异很有限的部分：很大一部分差异来自高水平的服务业收入（诸如专业收入和创业收入等）。这一因素导致高收入群体的长期收入增长可能没有低收入群体的服务业收入增长带来的效果明显，可以用两个不尽相同的原因来解释。首先，如果说给定高收入单位的服务业高收入来自其卓越表现的话（很多专业追求和创业追求正是如此），那么持续把这一收入保持在相对高的水平的可能性和激励都很小。所以，和大部分处于低收入阶层的人口相比，初始高收入单位的后代的劳动所得不太可能显现出很强的上升趋势。其次，人均收入的上升趋势很大程度来自产业间转移，也就是低收入产业工人向高收入产业转移。产业间转移可能导致本来就属于高收入群体的服务业收入上升，但是和整体人口相比，这种影响很有限：他们本来就已经从事高收入的职业或者在高收入的产业工作，向更高收入的职业迈进的空间很有限。

即便不考虑前面提到的立法和政治干预，上述三类因素都属于一个充满活力的增长经济的特征。只有随着人口的快速增长，高收入和低收入群体的自然增长率才会存在差异（无论是否考虑移民），但它也伴随着死亡率和出生率的下降，不过这是一个随着西方经济体的增长而存在于过去的人口结构格局。受到新兴产业的冲击，作为财产性收入来源的财富已经显得陈旧，这也体现了经济快速增长的功效，而且增长越快这一冲击越大。经济增长的另外一个功效体现在产业间转移对人均收入（特别是低收入群体）上升的影响，因为只有在增长的经济中，不同产业部门间的转移才有意义。总体而言，高收入群体收入份额的提升产生自储蓄集中的累积效应，而抵消这种累积效应的几个因素也是一个增长的自由经济社会的活力所在。

虽然以上讨论回答了最开始的问题，对于高收入群体的收入份额的趋势究竟是上升、下降还是保持不变这一问题并没有确定性答案。就上述问题而言，一个确定的答案取决于不同因素的相互平衡——储蓄的不断集中化使得高收入群体的收入份额上升，与此同时，一些具有抵消作用的力量倾向于抵消这一效果。如果想要知道高收入群体的收入份额趋势究竟如何变化，我们就必须了解这些相互冲突的力量之间的相对强度。此外，通过以上讨论还可以发现，那些因素本身也可能导致高收入群体的收入份额比重上升或者下降，因此也会影响收入不平等——以年度收入分布或者长期收入分布来衡量。例如，高收入群体的新进入者（“移民”由于特殊才能或者参与新兴产业或者其他原因而进入高收入群体）可能进入一个固定的高收入群体，比如说顶端5%，但是他们之间的收入差异要比上一代的进入者相对更大，这意味着，即便年老“居民”的收入份额保持不变甚至下降，高收入群体的收入份额仍将上升。如果不考虑下面章节提到的因素，仅用上述简陋的模型无法得到关于高收入群体的收入份额变化趋势的确定结论。通过进一步寻找数据，我们或许可以发现一些证据，从而得出比较粗糙但是确定的结论，但是目前我手头没有这样的证据。

农业部门到非农业部门的转移

由农业部门向非农业部门转移造成的更加不平等的趋势又如何？即便我们既没有足够多的数据，也没有一个合理的完整的理论模型，但从工业化和城镇化对经济增长很重要这一观点来看，应该深入研究上述部门转移对收入分布趋势的影响

我们可以借助一个数值来清楚地说明这些影响（参见表1）。在这个示例当中，我们面对两个部门：农业（A）和其他（B）。对于每个部门而言，我们假设部门的百分比分布按下面方式划分为十分位：在适度不平等的分布（E）当中，最低的十分位的收入份额始于5.5%，每间隔一个十分位数增加1%，最高十分位的收入份额为14.5%；另外一种分布（U）更加不平等，其最低十分位的收入份额始于1%，每间隔一个十分位数增加2%，最高十分位的收入份额为19%。我们按如下方式对每个部门设定人均收入：在案例Ⅰ中（表1中的1～10行）A部门人均收入为50单位，B部门为100单位；在案例Ⅱ中（表1中的11～20行）A部门人均收入为50单位，B部门为200单位。最后，我们假设A部门人口占总人口的比重从0.8下降到0.2。

该数值示例展示了在不同的假设下，总人口的收入分布的最低五分位和最高五分位的收入份额，该示例仅仅为计算结果的一个不完全总结〔6〕。贯穿始终的基本假设包括：B部门（非农业）的人均收入永远高于A部门；A部门的人口占总人口比例不断下降；A部门内部收入分布不平等的范围可能和B部门相近，但是没有B部门那么大。假设以下三个因素——人均收入的部门间差异、部门间分布和部门的比重——在上述约束下变动，那么我们可以得

〔6〕 其背后的计算方法十分简单。对每个情形而言，我们把总分布划分为20个区间——每个部门十个。对于每个区间，我们计算其人口占总人口的比例及其收入占总收入的比例，同时还计算每个区间的相对人均收入。接着我们按照相对人均收入增加的顺序对这些区间排序并且累加。在所得到的人口和全国范围收入的累积分布当中，我们通过算数插值（如果有必要的话）构建得到全国人口逐个五分位的收入份额百分比。

到下面的结论。

表 1　不同假设条件下总人口收入分布中的第一和第五个五分位的百分比收入份额*

	A 部门人口占总人口比例						
	0.8 (1)	0.7 (2)	0.6 (3)	0.5 (4)	0.4 (5)	0.3 (6)	0.2 (7)
I. 部门 A 人均收入 = 50；部门 B 人均收入 = 100；							
1. 总人口的人均收入	60	65	70	75	80	85	90
各部门均为分布（*E*）							
2. 第一个五分位的收入份额	10.5	9.9	9.6	9.3	9.4	9.8	10.2
3. 第五个五分位的收入份额	34.2	35.8	35.7	34.7	33.2	31.9	30.4
4. 极差（3 ~ 2）	23.7	25.9	26.1	25.3	23.9	22.1	20.2
各部门均为分布（*U*）							
5. 第一个五分位的收入份额	3.8	3.8	3.7	3.7	3.8	3.8	3.9
6. 第五个五分位的收入份额	40.7	41.9	42.9	42.7	41.5	40.2	38.7
7. 极差（6 ~ 5）	36.8	38.1	39.1	39.0	37.8	36.4	34.8
A 部门为分布（*E*），B 部门为分布（*U*）							
8. 第一个五分位的收入份额	9.3	8.3	7.4	6.7	6.0	5.4	4.9
9. 第五个五分位的收入份额	37.7	41.0	42.9	42.7	41.5	40.2	38.7
10. 极差（9 ~ 8）	28.3	32.7	35.4	36.0	35.5	34.8	33.8
II. 部门 A 人均收入 = 50；部门 B 人均收入 = 200							
11. 总人口的人均收入	80	95	110	125	140	155	170
各部门均为分布（E）							
12. 第一个五分位的收入份额	7.9	6.8	6.1	5.6	5.4	5.4	5.9
13. 第五个五分位的收入份额	50.0	49.1	45.5	41.6	38.0	35.0	32.2
14. 极差（13 ~ 12）	42.1	42.3	39.4	36.0	32.6	29.6	26.3
各部门均为分布（U）							
15. 第一个五分位的收入份额	3.1	2.9	2.7	2.6	2.6	2.7	3.1

续表

	A 部门人口占总人口比例						
	0.8 (1)	0.7 (2)	0.6 (3)	0.5 (4)	0.4 (5)	0.3 (6)	0.2 (7)
16. 第五个五分位的收入份额	52.7	56.0	54.5	51.2	47.4	44.1	40.9
17. 极差（16～15）	49.6	53.1	51.8	48.6	44.8	41.4	37.9
部门 A 为分布（E），部门 B 为分布（U）							
18. 第一个五分位的收入份额	7.4	6.2	5.4	4.7	4.2	3.9	3.8
19. 第五个五分位的收入份额	51.6	56.0	54.6	51.2	47.4	44.1	40.9
20. 极差（19～18）	44.2	49.8	49.2	46.5	43.2	40.2	37.2

* 假设条件涵盖部门内人均收入、部门人口占总人口比例以及部门内收入分布等方面。

注：各五分位收入份额的计算方法参见正文。由于四舍五入存在一定的差异。

第一，如果人均收入差距增加，或者如果部门 B 的收入分布比部门 A 要更加不平等，或者如果上述两种情形并存，那么随着部门 B 的比重上升，全国范围内的收入分布不平等将显著加剧。我们在这里已经证明了劳动人口从农业部门转移到其他部门对收入不平等趋势的影响。

第二，如果两部门的部门内收入分布相同，全国范围内的收入不平等加剧的主要原因是有利于部门 B 的人均收入差距增大，那么当部门内收入分布不平等的程度较小时，全国范围内收入不平等的加剧更为严重。因此，如果部门内为 E 分布，随着 A 部门的比重从 0.8 下降到 0.2，部门 B 人均收入对部门 A 人均收入的比值从 2 变化到 4（参见第 4 行第 1 列和第 14 行第 7 列），全国范围内的收入分布的极差从 23.7 扩张到 26.3。如果使用 U 分布，在相同情况下，极差仅从 36.7 增加到 37.9（参见第 7 行第 1 列和第 17 行第 7 列）。第一个五分位的收入份额更清楚地体现了这一差异，其承受了大部分不平等加剧带来的冲击：在分布 E 下，收入份额从 10.5（第 2 行第 1 列）下降到 5.9（第 12 行第 7 列）；在分布 U 下，收入份额从 3.8（第 5 行第 1 列）下降到 3.1（第 15 行第 7 列）。

第三，如果部门间的人均收入差异不变，但是部门 B 内部的收入分布比部门 A 更为不平等，那么所假设的人均收入差异越小，全国范围内的收入不平等的加剧就更严重。因此如果人均收入差异为 2 比 1，当部门 A 的比重为 0.8（第 10 行第 1 列）时极差为 28.3，当部门 A 的比例为 0.5（第 10 行第 4 列）时极差扩张到最大值 36.0，当部门 A 的比例降至 0.2（第 10 行第 7 列）时极差仍然有 33.8。如果人均收入差异为 4 比 1，极差最多从 44.2（第 20 行第 1 列）增加到 49.8（第 20 行第 2 列），然后下降到 37.2（第 20 行第 7 列），大大低于初始水平。

第四，数值示例所使用的假设——部门 B 人口占总人口比例上升，部门 B 的收入分布更为不平等，以及部门 B 的人均收入相对部门 A 不断增加——使得第一个五分位收入份额的下降要比第五个五分位收入份额的上升要明显得多。因此当部门 A 的比重为 0.8，部门 B 的分布比部门 A 更为不平等，人均收入差异为 2 比 1 时，第一五分位收入份额为 9.3（第 8 行第 1 列）。当部门 A 的比重降至 0.2，人均收入差异为 4 比 1，第一五分位收入份额下降到 3.8（第 18 行第 7 列）。在相同情况下，第五五分位的收入份额从 37.7（第 9 行第 1 列）变为 40.9（第 19 行第 7 列）。

第五，即使两个部门间的人均收入差异保持不变，两部门的部门内收入分布也相同，仅凭劳动人口的转移就会使全国范围内的收入分布产生微小但显著的变化。总体而言，当部门 A 的比重从 0.8 下降时，极差开始增加然后减小。如果人均收入差异较小（2 比 1），差不多在中间时极差增加到最大值，也就是说，当部门 A 的比重为 0.6（第 4 行第 7 列），同时极差的变化似乎更为有限。当人均收入差异较大（4 比 1）时，一旦部门 A 的比重超过 0.7，极差就开始收窄，同时极差的下降幅度相当大（第 14 行和第 17 行）。

第六，高收入群体的收入份额尤其受到的影响，我们发现当部门 A 劳动人口占总劳动人口比例下降到一个特定的、相当高的数值时，顶端五分位的收入份额就开始下降了。我们无法在示例当中找到这样的情形：当部门 A 比重从 0.8 下降到 0.2 时，第五个五分位的收入份额在整个或者部分过程当中没有下降。在第6行和第9行，当部门A的比重变化到0.6后，第五个五分位的收入份额开始下降。此外，从其他相关行可以看到，第五分位的收入份额的下降趋势出现的要更早。显而易见的原因是，随着工业化进程加快，非农业部门不断扩张，该部门更高的人均收入提高了整个经济的人均收入；然而部门内的人均收入以及部门内的分布保持不变。在这样的条件下，高收入群体的收入份额不下降意味着，要么部门B的人均收入增加大于部门A；要么部门B的部门内收入分布的不平等加剧。

进一步改变假设条件可以得到其他推测性结论，以上的数值示例当中，两部门和多部门的结果有差别。但是，即便在简单模型当中，所显示的各种可能的模式仍然令人印象深刻；不得不承认，需要更多的经验信息来决定选择何种假设条件。使用正规的数学语言也许可以得到更为一般的结论，如果承认这一点，那么只有当我们对特定部门的收入分布以及部门间人均收入差异的水平和趋势有更多的了解时，我们才可能得到有意义的推论。

在我们所了解或者可以合理假设的范围内，我们可以得到以下推论。我们知道部门B的人均收入大于部门A；部门A和部门B的人均收入差异一直以来都相当稳定（例如美国），或者更多的时候有所扩大；部门A的比例不断下降。如果我们一开始就假设部门B的部门内分布比部门A更不平等，那么我们将得到第8~10行或者第18~20行的结果。对于前者而言，在部门A的比重从0.8下降到0.5的过程当中极差增加，此后收窄；在后者的情况下，当部门A的比重达到0.7后极差就开始收窄。但无论哪种情况，第一个五分位的收入份额下降，这一过程相当明显且具有持续性（参见第8行和第18行）。这一下降的幅度和持续性部分由特定假设条件所决定，但有理由辩称，在示例所提供的宽泛范围内，假设部门B的部门内分布比部门A更为不平等，可以得出低收入群体的收入份额具有下降的变化趋势。然而，在我们所有的经验证据中，这样的趋势并不存在。尽管最近发现城镇地区的收入分布比农村地区更加不平等，我们能否假设，早期部门B的内部分布比部门A更平等？

设想的余地始终存在。最合理的假设似乎是，在工业化初期，尽管非农业部门人口相对总人口而言仍然较小，但其收入分布要比农业部门更加不平等，在工业化和城镇化同步进行，且城镇人口由于移民（来自该国的农业区域或者海外）而快速膨胀时，尤其如此。在这种情况下，城镇人口将全面从由最近进入者形成的低收入位置向由高收入在位者形成的经济巅峰迈进。城镇收入不平等可能比农村收入不平等更加严重，因为农村人口的组织形式为相对小型的个体企业（和现在相比当时的大型单位更为罕见）。

如果我们接受部门 B 的收入分布更加不平等，那么低收入的收入份额应该显示出下降的趋势。但是，早期的经验证据显示，在 1950 ~ 1975 年发达国家的收入不平等并没有加剧，相反，在最近 20 年到 40 年间某些国家的收入不平等还在收窄。这意味着，部门内分布（部门 A 或者部门 B）不平等必然存在足够的收窄以至于可以抵消上述因素带来的不平等的增加。具体而言，部门 A 和（或者）部门 B 的低收入群体的收入份额必然充分上升，否则无法抵消数值示例中各种因素相加导致的下降。

不平等收窄，低收入群体的收入份额的补偿性上升，这些情形最有可能发生在城镇部门 B 的收入分布上面。尽管也有可能发生在部门 A，但是这样的话对于全国范围内的收入分布的影响将更为有限，因为部门 A 在迅速的萎缩。农业部门的收入不平等也不太可能下降：工业化带动下，更先进的技术可以实现更大规模的生产，例如在美国，成功的大型商业化农民和南方以维持生计为目的的佃农的收入差异极度悬殊。所以，正因为我们接受一开始部门 A 收入分布的不平等先于部门 B 收窄这一假设，和后者相比，前者的不平等不太可能显著减少。

因此，我们可以得到的结论是：农业向工业转移以及农村向城市转移导致了收入不平等的加剧，但这一现象主要被非农部门内部低收入群体的收入份额上升所抵消。这一结论提供了一个我认为很有前景的研究方向：城镇人口经济增长的步调和特征，特别是低收入群体的相对地位。有观点认为，一旦工业化和城镇化的早期动荡阶段结束，诸多力量会聚集起来巩固城镇人口中低收入群体的经济地位，这一观点值得讨论。在一段时间内，城镇人口的增长来自“本土”，也就是说生于城市而非农村，因此更有能力利用城市生活所提供的机会来面对生存带来的经济压力，这一事实意味着，和新近的来自农村地区或者海外的“移民”人口相比，他们可能更具备组织性和适应能力，具备获得更大收入份额的基础。同样还要考虑年长的、已在位的城镇人口。另外，在民主社会，城镇低收入群体日益增长的政治力量会推动一系列保护性质和支持性质的立法，其中大部分立法的目的在于抵消快速工业化和城镇化所带来的最糟糕的效应，满足广大群众对于充分享受收入增长所带来的利益的诉求。由于篇幅有限，我们无法讨论人口结构、政治以及社会因素，这些因素可能抵消了相关收入群体的收入份额的下降，否则由数值示例可以推知（如果不考虑其他因素）低收入群体的收入份额将会下降。

Ⅲ　和收入不平等相关的其他趋势

上述猜测性结论中有一个方面可能和经济增长的过程和理论紧密相关，值得强调。有限的经验证据告诉我们，发达国家收入不平等的收窄在最近才开始，所以增长的早期阶段可能并非如此。同理，导致上述结果的各种因素同样可以解释为何收入平等的稳定和收窄发生在工业化和城镇化的后期而非早期阶段。的确，那些因素可能促使早期经济增长阶段的不平等加剧，对那些成熟国家而言尤其如此。那些国家的新兴工业系统的诞生对前工业经济和社会制度具有破坏性作用。这一时序特点对低收入群体的影响尤为明显：农业和工业革命的错配效应，加上快速下降的死亡率和不变或者甚至攀升的出生率引发的人口爆发，使低收入群体的相对经济地位十分不利。此外，维持或者增加高收入群体收入份额的因素可能在早期更占优势：新兴产业带来的收益和非同寻常的新财富创造速度巩固了他们的地位，这些因素在工业化的早期阶段相对更强，而到了工业化晚期，工业增长的速度将大幅下降。

有人可能因此认为长期收入结构的特征是收入不平等存在一个长周期：在经济增长早期阶段，前工业向工业文明转变的速度处于最高峰，收入不平等加剧；此后一段时间收入不平等趋于稳定；最后阶段收入不平等收窄。这一长周期在成熟国家尤为明显，那些国家早期现代经济增长阶段的错配效应最为显著。但是如果将工业化前时期和工业化早期阶段相比较，并且将工业化早期阶段和接下来更为成熟的阶段相比较的话，在像美国这样的“年轻”国家中，这一现象同样可能存在。

如果有证据证明直接税前、不包含政府免费补助的收入分布的相对不平等具有这一长周期性，那么就有可能得到更强的假设：直接税后、包含政府免费补助的收入分布的相对不平等同样具有长周期性。的确，直到最近，发达国家累进的收入税重要性才体现出来；在收入不平等收窄时它们肯定对长周期中的下行阶段起到强化作用，从而为长期收入不平等的加剧和收窄提供与趋势相反的作用力。

没有足够的经验证据能够用来检验关于收入不平等长周期的猜想；〔7〕同样无法对周期阶段精确定位。但是为了使其更具体，我将1780～1850年的英国、1840～1890年（特别是1870年以来）的美国以及1840～1890年的德国归为这一长周期的早期阶段，在这一阶段收入不平等可能一直在加剧。我把19世纪最后25年的英国以及第一次世界大战初期的美国和德国归类为收入不平等收窄阶段。

这一收入不平等的长周期是否与经济增长中其他重要组成元素的长周期有关？在成熟国家中，我们观察到人口增长率具有长周期：反映早期死亡率下降的（在有些案例中也伴随着出生率上升），以增长率加速为代表的上升阶段；以及反映更为显著的出生率下降的，以增长率萎缩为代表的下降阶段。同样，在成熟国家，但也有可能在更为年轻的国家，城镇化可能存在长周期，也就是说，城镇人口的增加以及造成这一人口转移的内部移民政策在一段时

〔7〕 Prokopovich的普鲁士数据（来源和脚注〔1〕相同）显示在早期阶段收入不平等大幅加剧。底部90%人口的收入份额从1845年的73%下降到1875年的65%；顶部5%人口的收入份额从21%上升到25%。但是我没有早年的数据来充分检验这一结论的可靠性。

间内可能会加强——和早期较低的水平相比，但是当一国人口大部分在城镇生活，农村地区的潜在移民相对很少时，这一趋势会减缓。对成熟国家而言（年轻的国家或许也是如此），储蓄或者资本形成占总经济产出的比例肯定存在一个长周期。前工业化时期的人均收入较低，不足以维持像工业化发展阶段这样高的储蓄率或者资本形成率：这一论断可以由目前欠发达国家和发达国家的净资本形成率的比较所证实，前者为国民收入的3% ~5%，而后者为10% ~15%。至少在成熟国家，也许甚至在年轻国家（处于现代化开始以前），如果我们从低储蓄率开始，那么在早期阶段，储蓄率会明显上升。我们同样知道，在最近时期净资本形成率甚至总资本形成率的上升趋势停止，甚至有所下降。

还有其他趋势和收入结构的不平等、人口增长率、城镇化和内部移民率以及储蓄或资本形成率等的长周期轨迹相仿。例如，国外贸易和国内贸易比可能也具有这样的长周期，如果我们能够合理地测度政府活动对市场力量的影响，在这方面同样如此（必然存在一个阶段，日益增长的自由市场力量让步于日益加强的政府干预）。以上推论已经足以表明，收入不平等的长周期可视为整个经济增长过程中的一部分，并且和其他部分的类似变动相关联。人口增长率的长期改变可以部分视为原因，同时也可以部分视为收入不平等的长周期的一个结果，在这一过程中，长期人均实际收入上升。收入不平等的长周期同样可能和资本形成率密切相关——到目前为止，不平等越严重，全国范围内的储蓄率越高；不平等越小，全国范围内的储蓄率越低。

Ⅳ　发达国家和欠发达国家的比较

发达国家的经验对于欠发达国家的经济增长有何启示？让我们来简要考察一下有关后者的收入分布的数据，并且理解这些数据背后的含义。

和预想的一样，欠发达国家的相关数据很少。为了达成目的，在这里我们使用 1949 ~ 1950 年的印度、1950 年的锡兰以及 1948 年的波多黎各的家庭收入分布。尽管覆盖面较窄且边际误差较大，数据仍然表明，第二次世界大战后欠发达国家的收入分布似乎要比发达国家更加不平等。在印度，底部 3 个五分位的收入份额为 28%；在锡兰这一数值为 30%，在波多黎各这一数值为 24%。相比较而言，在美国这一数值为 34%，而在英国这一数值为 36%。在印度，顶部五分位的收入份额为 55%；在锡兰这一数值为 50%；在波多黎各这一数值为 56%。相比较而言，在美国这一数值为 44%，而在英国这一数值为 45%〔8〕。

这一比较考虑的是扣除政府免费补助的直接税前收入。由于发达国家直接税的累积和负担更高，另外，直到后来低收入群体才开始享受大幅度的经济救助，基于直接税后、包含政府补助的收入的比较只会高估欠发达国家的收入不平等程度。这一差异是否真实地反映了欠发达国家长期收入水平的不平等更为严重？即便不考虑数据的边际误差，本文在前面所提到的，在原始的材料和技术条件下，对收入水平的短期冲击所产生的影响可能更为显著，这一可能性将对上面所做的比较产生影响。由于所使用的分布反映的是年度收入，和发达国家相比，针对短期冲击，对欠发达国家收入分布所做的修正可能要更大。这一修正是否会抹杀上面所提到的差异是一个问题，对此我们没有相关的证据。

还有一方面的顾虑可能导致上述局限性。欠发达国家的人均收入很低，以至于人们如何生存都成为一个问题。让我们假设这些国家具有比较统一的人口群体，暂时不考虑那些包含大量本地人口和少量外来的特权阶层的人口聚居地的地区，例如肯尼亚和罗德西亚，在这些地区由于少数特权阶层的收入

〔8〕 该数据的来源参见“Regional Economic Trends and Levels of Living”，该文于 1954 年 11 月提交到芝加哥大学的诺曼维特哈里斯（Norman Waite Harris）基金组织（发表于会议纪要）。这篇论文以及之前为 1954 年 9 月（已发表）在罗马举行的世界人口大会准备的“Underdeveloped Countries and the Pre - industrial Phases in the Advanced Countries: An Attempt at Comparison”一文，都是讨论这一节提出的问题。

份额异常高，使得其收入不平等甚至比上面提到的欠发达国家更为严重〔9〕。在这一假设下，有人可能会推测，在平均收入较低的国家，低收入群体的长期收入在平均收入中不可能低于一个较为可观的比例——否则，这些群体将无法存活。这意味着，假设最低十分位的长期收入份额不可能低于6%或者7%，也就是说，最低十分位的人均收入不低于全国范围内平均值的1/6或者1/7。在更发达的国家，人均收入更高，即便是最低阶层群体的长期收入份额，其占全国范围内平均值的比例也通常要小很多，就最低十分位而言，其所占比例约为2%或3%的水平，也就是说，全国范围平均值的1/5～1/3——对该群体而言，这不意味着一个实际上不可能达到的经济状态。可以肯定的是，所有国家都一直存在提高底层收入群体地位的压力，但事实上，当国内实际人均收入较低（而非较高）时，长期收入结构的收入份额下限更高。

如果欠发达国家低收入群体的长期收入份额高于发达国家，前者的收入不平等应该更小，而不是我们所发现的那样更大。然而，如果低收入群体占据更大的收入份额——这意味着中等收入阶层不会像底层那样有很大的进展——净效应可能是不平等的加剧。举例说明，让我们比较印度和美国的收入分布。印度的第一个五分位的收入为总收入的8%，比美国第一个五分位的收入占总收入比要多，后者为6%。但是印度的第二个五分位的收入仅为总收入的9%，第三个五分位以及第四个五分位的收入占总收入的比分别为11%和16%；在美国，这些五分位的相应份额分别为12%、16%和22%。这是一个比较粗糙的统计，反映了关于发达国家和欠发达国家之间收入分布比较的一个相当普遍的发现，前者没有“中产阶级”，大量人口的平均收入低于国家平均的低水平，顶端群体却持有大量的相对收入富余，两者相

〔9〕 第二次世界大战后的一年当中，在南罗得西亚（Southern Rhodesia），占据总人口5%的非非洲裔群体获得了总收入的57%；在肯尼亚，占据总人口2.9%的少数阶层获得了总收入的51%；在北罗得西亚，仅占据总人口1.4%的少数阶层获得了总收入的45%。参见联合国编写的 *National Income and Its Distribution in Underdeveloped Countries*，统计论文，Ser. E, No. 3，1951年，表12，第19页。

比其差异是惊人的。另一方面，在发达国家收入份额从低到高是缓慢上升的，很大一部分群体的收入高于国家平均的高收入，且顶端群体的收入份额要比欠发达国家相应阶层群体的收入份额要低。

所以，有可能即使欠发达国家的长期收入分布比发达国家更为不平等——不是说前者的低收入群体的收入份额比后者要低，而是说顶端群体的收入份额要更高，并且顶端以下的群体的收入要显著低于国家平均的低收入。如果考虑直接税后并且包含政府补助的收入分布更是如此。这一猜想成立的可能性有很大，需要再做进一步研究。

相反，由于缺乏证据，假设真实情况是这样：欠发达国家的长期收入分布比较发达国家更不平等——特别对那些西欧和东欧国家以及经济发达的新世界国家（美国、加拿大、澳大利亚和新西兰）而言。这一结论有很多重要的含义，并且可以引发很多意味深长的问题，在这里我们只能讨论其中很小一部分。

第一个含义是欠发达国家不断加深的收入分布不平等与更低水准的平均人均收入紧密相关。由此可以得到两个推论（即便这两类国家的收入不平等不相上下也可以得到这些推论）。相对于在更富裕、更发达国家相应比例的偏移，这一影响在欠发达国家显著得多，因为无法达到一个已经很低的国家平均水平意味着更大的物质和精神磨难。其次，在欠发达国家，只有当相对收入水平足够高时才可能有正的储蓄，如果在更为发达的国家第四个五分位阶层才有可能储蓄的话，那么在欠发达国家可能只有在收入金字塔顶端的群体才可能储蓄，比如顶端5%或3%。如果这样的话，储蓄和财产的集中在欠发达国家将更为明显；并且过去这一集中所带来的效应也许能够解释今天欠发达国家的长期收入结构的某些特征。

第二个含义是收入结构的不平等势必和较低的人均收入增长率并存。就经济表现的水平而言，今天的欠发达国家并非总是落后于目前的发达国家和地区。确实，前者当中有一些或许曾经在两百年前的几个世纪都是全世界的经济领袖。拉丁美洲、非洲特别是亚洲在今天属于欠发达地区，因为在过去两个世纪乃至最近几十年，它们的经济增长率都低于西方世界——就人均而言也是如此（如果有增长的话）。与目前快速发展的属于发达行列的国家比较而言，那些地方的产业结构转移、内部流动的机会以及经济改善的机会都更有限。对于一个世代而言，能在有生之年看到实际收入明显上升的希望很渺茫，甚至他们的下一代也好不了多少。恰恰是这一希望，在减缓目前发达国家早期增长阶段当中的不平等加剧时扮演着实际重要的角色。

第三个含义可以由前面两个推知。在最近十年中，欠发达国家的收入不平等很可能并没有收窄。没有经验证据可以验证这一猜测性结论，但是这些地区缺乏和发达国家快速增长相连的活力，因此可以表明一些问题，因为正是这些活力遏制了发达国家中高收入群体份额由于过去储蓄持续集中的累积效应所导致的上升趋势。另外，欠发达国家政府和社会系统运用政治手段有效提高低收入群体的弱势地位的失败同样可以表明这一点。的确，很有可能欠发达国家近十年间的长期收入结构不平等已经加剧——唯一值得商榷的是那些最近从殖民地转变为独立状态的国家，一个拥有特权的外来少数阶层可能已经被消灭了。但是关于本地人口收入分布的那些结论依然成立。

刚刚所展现的悲观画面只是一个非常简化的结果。但是我相信，重视这些问题是非常合乎现实需要的，这些问题包括：最近收入不平等的水平和趋势；决定它们的因素；对那些欠发达国家的未来发展前景有什么影响。

有些问题很难回答，但是我们必须面对，除非我们愿意完全对过去的经验不管不顾，或者根据关于过去发展的过分简化的印象来机械地推测。第一个问题是：过去老牌发达国家的模式是否会被重复，也就是说在工业化的早期阶段，在平衡力量还没有强大到可以先稳定再缓解收入不平等时，欠发达国家的收入不平等是否会加剧？尽管未来不可能完全是过去的重复，就目前欠发达社会的情况而言已经存在某些元素，例如，由于死亡率大幅下降而同时出生率并没有减少所导致的人口“爆炸”，通过压制低收入群体的相对地位使得收入不平等进一步加剧。此外，如果一旦工业化开始了，对于这些社会而言，错配效应有可能更严重——严重到会迅速摧毁低收入群体中的一部分人的地位，且这一速度比经济中可能提供给他们的机会要更快。

下一个问题，欠发达国家的政治框架能否承受收入不平等进一步加剧可能带来的压力？这一问题很关键，尤其意识到今天很多欠发达社会的人均实际收入要比当今发达社会在工业化初始阶段时的人均收入还要低的话。发达国家工业化早期阶段的错配问题带来的压力是如此的严重，以至于政治和社会网络始终处于紧绷状态，迫使当局展开大规模政治改革，有时候甚至导致内战。

对第二个问题的回答是否定的，即便认为工业或可能伴随着人均实际产出的增加。如果，对于社会当中的许多群体而言，这一增加部分被其总产出比例份额下降所抵消；如果，这一增加进而伴随着收入不平等加剧，其导致的压力和冲突可能使社会和政治组织发生巨变。这引发了下一个关键问题：如何改变欠发达社会的制度和政治结构或者经济增长和工业化进程，从而可以将经济表现提升到更高水平，但同时不能寄希望于在追求经济成就过程中把广大民众作为炮灰的权威政权。如何最小化转型的成本并且避免支付昂贵的代价——内部的紧张局势、满足人类个体需求的供给方式的长期无效率——这些都是以权威政权为代表的政治权力膨胀所要求的？

面对这些尖锐的问题时，人们可以认识到极端立场的危险性。其中一个极端（对我们特别有吸引力）是赞成重复现在发达国家过去的模式，尽管当时的情况和目前的欠发达国家很不一样，而且这一模式几乎必然会对现有的社会和经济制度造成压力并最终引发革命性巨变和权威政权。简单的类比同样存在危险：声称因为西欧过去的收入不平等促进了储蓄的积累并支持了基本的资本形成，所以要想成为发达国家，维持或者加剧目前欠发达国家的收入不平等是有必要的。即便不考虑对低收入群体的影响，我们可以发现，至少在一部分今天的欠发达国家当中，高收入群体的消费倾向和储蓄倾向分别要大大高于和低于目前发达国家中那些更为崇尚清教徒生活方式的高收入群体。有人因为完全的自由市场、缺乏隐含在累进税当中的惩罚以及其他在过去已经被证明是有利的因素，就认为这些因素对当前欠发达国家经济增长同样不可或缺，这样的观点是危险的。就目前的状况而言，结果可能刚好相反——积累的资产被转移到“安全”的通道，可能是国外或者房地产领域；政府在经济增长至关重要的资本形成中无法扮演一个基本的角色。有人认为，过去外国投资为推动一些欧洲小国以及遍布各大洋的欧洲后裔令人称羡的经济增长提供了资本源泉，所以类似的效应会在今天的欠发达国家发生，前提是需要某些“有利条件”，这一观点也是危险的。然而，持相反的观点同样是危险的，也就是说认为当前的问题是全新的问题，我们必须靠想象力来设计解决办法，免受过去知识的约束，因此充满“浪漫的暴力”。我们需要的是，对过去趋势及其发生环境的清晰认识，对当今欠发达国家所面临的环境的认识。有了这些，我们才可能尝试通过正确理解过去来认识一个充满未知的今天。

V 结语

我很清楚，上面展示的可靠信息很有限。本文中，5%的是经验信息，95%的是猜测，其中可能还掺杂了些一厢情愿的思考。之所以在这样一个摇摇欲坠的基础上构造一个精致的结构，如果要找借口的话，主要是因为我们对这一议题十分感兴趣，也希望和学会成员分享。一个正式的也同样真实的借口是，这一议题是经济分析和思考的中心所在。我们缺乏这一议题的相关知识，关于这一领域的一个更具说服力的观点可能有助于把我们的兴趣和工作导向知识上具有收获的方向，猜测可以有效地展现这个邻域广泛的观点，只要把这些观点视作需要进一步研究的直觉上的产物，结果就将有益无害。

最后让我再加上两个评论。第一个评论是关于个人收入的长期结构更多的信息和更好的认识是很重要的。因为这一分布是经济系统对个体发挥作用的一个杠杆点，个人既是社会的成员也是社会的作用对象以及作用中介，所以个人收入分布是理解作为生产者、消费者和储蓄者的个人的反应和行为模式的一个基本点。因此，对个人收入分布的理解和更多了解必不可少，不仅本身很重要，还在于这是更好地理解社会运作的重要一步——无论是长期还是短期。如果不太了解长期收入结构的趋势以及决定这一趋势的因素，那么我们对于整个经济增长过程的理解将会受到限制；如果我们不把这些变化转换为各收入群体收入份额的变动，那么，我们从全国总量随时间变化的观察中获得的任何见解，都会是有缺陷的。

更重要的是，这样的知识有助于更好地评估过去和现在关于经济增长的理论。在本文的开篇就提到，这一领域充满了不严谨的概念、相关数据的严重缺乏，特别还有根深蒂固的观念带来的压力。很多人都对国民产出在不同群体中的分布问题十分感兴趣，并且有很多模棱两可的讨论。当经验证据很匮乏时，正如该领域一样，这些讨论的一个自然的倾向是对现有的有限经验进行推广——这些有限经验通常是对此感兴趣的学者所经历的一小段历史经验，并且这些有限经验会影响最前沿的政策制定问题。反复观察证明18世纪晚期和19世纪早期的古典学派所提出的繁盛一时的经济学是一种泛化，其经验内容主要来自对半个到四分之三个世纪的英国的发展的观察，同时英国也是该学派的故乡，因此这一泛化有很多局限性，考察时期过短和考察地点的特殊性质等都使得理论结构具有局限性。19世纪前半叶英国的收入不平等在加剧，大部分马克思主义经济学过度泛化了这一尚未得到完全理解的趋势；关于这些趋势（例如工人阶级苦难的加深、社会两极分化等）的推论被证明是错误的，因为它们忽视了技术进步、经济制度向尚未被征服的世界的拓展，以及人类需要的结构等对经济和社会结构可能产生影响。更广泛的经验基础、更多样化历史经验的考察，以及认识到任何泛化都有可能反映了历史经验的局限性，这些将促使我们依据经验内容和应用的局限性来评判任何一个理论——过去或者现在，自然这一箴言对于本文过于简化的泛化同样适用。

第二个评论是关于这一话题未来可能的研究方向。即便是在这样一个简单的初稿中，我们用到了人口学领域的结果，还做出了关于社会生活政治方面的推论。尽管对这些陌生且艰深的领域进行探索并不轻松，但是我们不能也不应该回避。如果我们想充分探讨经济增长的过程，在这一长期过程中，技术、人口和社会构架同样也在改变，肯定会影响经济力量的作用。无法避免的，我们将跨出最近十年所认可的经济学范畴，进入其他领域。对于一国经济增长的研究，熟悉那些相关社会科学学科发现十分重要，可以帮助我们理解人口增长模式、技术进步的本质和动力、决定政治制度的特征和趋势的因素以及个人行为的一般模式——一方面作为生物性的物种，另一方面作为社会性的动物。这一领域的工作要取得成效，必然要求市场经济学向政治和社会经济转变。

罗时空 译

知识在社会中的运用*

*哈耶克 (F. A. HAYEK) ***

第一节

当我们要建立一个合理的经济秩序时，我们希望解决什么问题呢？

在某些已知的假设的基础上，答案很简单。如果我们拥有所有相关的信息，如果我们可以从一个已知的偏好系统开始，如果我们掌握了现有方法的完备知识，剩下的就只是一个逻辑问题。也就是说，对于什么是对现有方法的最好的使用这个问题的答案是隐含在我们的假设里的。解决这个优化问题必须满足的条件已经被计算出来，而且可以用数学形式进行最好的表述，简短地说，即任何两种商品或要素的边际替代率在所有不同的用途中必须是相同的。

然而，这根本不是社会所面临的经济问题。而且我们为解决这个逻辑问题所发展起来的经济运算，也没有为它提供答案，尽管这种经济运算是朝解决社会经济问题方向所迈出的重要一步。导致这种情况的原因是，经济运算所依赖的"数据"从未为了整个社会而"赋予"一个能由其得出结论的单一头脑，而且也绝不可能像这样来赋予。

---

* 原文发表于 1945 年第 35 卷第 4 期。

** 伦敦大学（伦敦经济和政治科学学院）政治经济和统计学 Tooke 讲座教授。

合理的经济秩序问题之所以有这种独特的性质，恰恰是由一个事实决定的，这个事实就是：我们所必须利用的关于各种具体情况的知识，从未以集中的或完整的形式存在，而只是以不全面且时常矛盾的形式为独立的个人所掌握。这样，如果“赋予”在此指赋予一个能有意识地解决这些“数据”所构成的问题的单一头脑，社会的经济问题就不只是如何分配所“赋予”的资源，而是如何确保充分利用每个社会成员所知道的资源，因为其相对重要性只有这些个人才知道。简而言之，它是一个如何利用并非整体地赋予任何人的知识的问题。

上述基本问题的这一特点，恐怕非但没有为经济理论中的许多新进展——尤其是许多利用数学的新进展——所澄清，反而被搞混了。虽然我在文中主要想阐述合理的经济体制问题，但在阐述时我将多次涉及它与某些方法论问题的密切联系。事实上，我想阐述的很多论点都是不同的推理路径意外地汇集到一处得到的结论。但是就我现在对这些问题的理解，这不是偶然的。在我看来，当今对于经济理论和经济政策的争论都有它们共同的起源，就是对社会经济问题的本质的误解。而这种误解是由于我们把处理自然现象时发展的思维习惯错误地运用到处理社会现象上。

第二节

在一般语境中，我们把关于分配现有资源的相互关联的决策统称为“计划”。从这个意义上讲，所有的经济活动都是计划。在任何许多人共处的社会中，这种计划不管由谁制订，都必须在一定程度上依据起初是计划者以外的其他人所知，然后又以某种方式传递给计划者的那种知识。人们赖以制订计划的知识传递给他们的各种途径，对任何解释经济过程的理论来说，都是至关重要的问题。而利用起先分散在全体人民中的知识的最好途径，至少是经济政策——或设计一个有效的经济体制——的主要问题之一。

这个问题的答案和出现在这里的另一个问题的答案是密切相关的，另一个问题就是谁来做规划。而这正是所有关于“经济计划”的争论所围绕的中心。存有争议的并不是要不要计划，而是应该怎样制订计划：是由一个权威机构为整个经济体系集中地制订，还是由许多个人分散地制订。在当前的争论中所使用的特定意义上的“计划”一词，毫无例外地指中央计划，即根据一个统一的计划管理整个经济体系。另一方面，竞争意味着许多独立的个人分散地制订计划。在两者之间折中的方法——对此虽然很多人谈论，但是当他们看到的时候却很少人喜欢——即把规划委托给有组织的行业，换句话说就是垄断。

在这三种制度中哪一种效率更高，主要取决于我们预期在哪一种制度下能够更为充分地利用现有的知识，而知识的充分利用又取决于我们怎样做才更有可能取得成功：是将所有应被利用的但原来分散在许多不同人掌握的知识交由一个单一的中央权威机构来处理呢？还是把每个人所需要的附加的知识灌输给他们，以便他们的计划能与别人的计划相吻合呢？

第三节

在这一点上，不同类型的知识其地位显然是不同的。所以回答我们问题的关键就在于不同类型知识的相对重要性：是存在于特定的人所拥有的知识更重要，还是那些由适当原则选择出来的专家组成的权威机构中的知识更重要？如果人们普遍认为后者更为重要，那只是因为一种叫“科学知识”的东西在公众的想象中占据了至高无上的地位，以致我们几乎忘了这种知识并非绝无仅有。但也必须承认，就科学知识而言，一群经适当挑选的专家也许能掌握现在全部最好的知识。这样做只不过是把困难转嫁到了挑选专家这一问题上。我想指出的是，即使假定这个问题能很容易地解决，它也只是范围更广的问题中的一小部分。

今天，谁要是认为科学知识不是全部知识的概括，会被认为是异端邪说。但是稍加思索就会知道，还有许多非常重要但未系统梳理的知识，即有关特定时间和地点的知识，它们在一般意义上甚至不可能被称为科学知识，但正是在这方面，对所有其他人来说，每个人实际上都具有某种优势——每个人都掌握独一无二的信息，而基于这种信息的决策只能由每个个人做出，或由他积极参与做出时，这种信息才能被利用。我们只需要记住，无论从事任何职业，在完成了理论上的培训后还必须学习很多东西，学习占了我们工作生涯很大一部分，在各行各业中，了解人、了解当地环境、了解特殊情况……这些都是宝贵的财富。了解并使用一台没有被完全利用的机器，或知道一些人有特别的技能，或知道在供给中断时有可以救急的盈余库存，这些信息对社会来讲，与了解更好的可选择的技术同样有用。一个靠不定期货船的空程或半空程运货谋生的人，或者其全部知识可能就在于知道一种即时机会的地产掮客，或从商品差价获利的套利人，他们都是以不为他人所知的对一瞬即逝的情况的专门了解，在社会中起重大作用的。

奇怪的是，当下这类知识普遍遭到某种程度的蔑视，掌握这种知识的人如果胜过掌握更好的理论或技术知识的人，会被认为是行为不端。从更好地了解通信或运输设施获得的优势，有时几乎被视为是不诚实的，从某种角度来说，利用最好的机会与利用最新科学发现对社会同样重要。这种偏见在很大程度上造成了人们重生产轻商业的态度。即使那些自视为完全摆脱过去的赤裸裸的唯物质谬论的经济学家，在对待获得这种实用知识的行为问题上，也屡犯同样的错误，这显然是因为在他们的观念体系中，所有这类知识都是“给定”的。现在普遍的想法似乎是这类知识理所当然地很容易被每个人掌握，而针对现有经济秩序不合理的指责常常是基于这类知识不那么容易获得的事实。这种观点忽视了一个事实：找到这类知识被尽可能广泛使用的方法恰恰是我们需要解决的问题。

第四节

如果说现今贬低关于时间和地点特定情况的知识的重要性是一种时尚，那么，与此紧密相关的是变化本身的重要性被低估。事实上，即便将可能导致生产计划发生实质性改变的变量的大小和改变频率列入考虑范围，“计划者”与其对手所做的假设也相差无几。当然，如果详尽的生产计划能及早制订并被彻底贯彻，从而无需再做重大的经济决策，则支配一切经济活动的全面计划的制订任务就会轻松得多。

然而，经济问题总是由变化所引起的，而且只有变化才能引起经济问题。如果事情一成不变，或至少按预期的那样发展，则不会产生新的需要决策的问题，也不需要制订新计划。要是认为变化或至少日常的调整在现代已经变得不重要，其实就意味着认为经济问题已变得不重要。由于这个原因，相信变化的重要性在逐渐减弱的人，一般也认为经济考虑的重要性已让位于日益增长的技术知识的重要性。

如果有了现代生产的精细设备，是否就真的像建立新工厂或引进新工序那样一般要间隔很长时间才需要经济决策呢？是否一旦工厂建成，其余就可以依据工厂特点自然而然得到解决，而不需做出调整以适应不断变化的情况了吗？

我能确定的是，这种相当普遍的看法肯定不会来自商人。在任何一个竞争激烈的行业——这种行业可以作为一个测试标准——保持成本稳定都需要坚持不懈的努力，仅仅这个任务就要消耗掉管理层很大一部分精力。一个效率低下的管理者浪费掉作为获利基础的成本差额，真是太容易了，而且从事经营管理的人们都知道，即使技术设施相同，但生产成本可能各不相同。经济学家对这一点似乎并非如此了解。生产者和工程师们强烈地渴望能不被货币成本的问题所困扰，这也说明这些因素在多大程度上影响他们的日常工作。

经济学家越来越容易忘记——经常出现的微小变化构成了整个经济状态，而令他们越来越专注于统计总量数据的一个原因是，这些数据比细节的变动表现出更大的稳定性。然而，这种统计总量的相对稳定性并不能——像统计学家似乎偶尔想做的那样——以“大数定律”即随机变化的相互补偿来解释。我们必须考虑的因素是，其数量并非大得足以使得这些偶然力量产生稳定性。

货物和服务的连续流动可以维持，是由于持续不断的刻意调整。高度机械化的大工厂之所以能顺利持续运转，也主要是因为它们能依靠外界环境满足各种始料不及的需要，如盖屋顶的瓦、制表的文具以及各种工厂运营计划所需的能够很快在市场上买到的设备。

另外还要说明的是，我所关注的那种知识，由于其性质是无法进行统计的，因此也就无法以统计数字的形式传递给任何中央权威机构。这些数据需要被精准地传达，精准到能区分事物间微小的差异，能将不同的信息整合成同一类资源，能区分出地点、品质和其他特征不同的事物，这种精准的传达在某种程度上可能对特定的决策起到关键性的作用。由此我们可以知道，根据统计资料制订的中央计划，由其本质决定，是无法直接考虑这些具体时间和地点的情况的，因此，中央计划者必须找到某种方法，以便把需要让他们做的决定留给“在现场的人”来做。

第五节

如果我们同意社会的经济问题主要是一个在特定时点和地点条件下如何快速适应变化的问题，那么结论似乎是，最终决定应该由熟悉这些环境的人来做。这些人直接了解相关的变化和应付相关变化的立即可用的资源。我们无法想象问题会这样解决：让人们把所有这些知识都传递给某一中央机构，然后该中央机构综合了全部知识再发出命令。我们必须通过某种形式的分权来解决它。但是这个答案只回答了我们的部分问题。我们需要分权是因为只有这样，才能保证时间和地点的具体情况的知识被及时使用。但是，“在现场的人”又不能仅仅依据他有限的、对周围环境直接的了解来做出决策。所以，仍然存在如何向他传递更多能让他的决策适应经济变化宏观规律的信息这样一个问题。

一个管理者需要多少知识才能成功地做出决策？哪些事件是他不能直接了解，而又与他的决策有关？他到底需要了解其中的多少信息呢？

世界上任何地方所发生的任何一件事都可能对一个管理者的决策产生影响，但他却并不需要了解这些事件本身，也不需要了解这些事件的全部影响。他完全不必要知道为什么在特定时间内某种尺寸的螺钉需要量更大；为什么纸袋比帆布袋更易搞到；为什么熟练工人或某些特殊的机床一时难以得到，因为这些事与他全无关系。

对他而言重要的事是，获得这些东西与获得其他东西相比的难易程度，或者他所生产或使用的替代品是否更为急需。所以，这是一个与他有关的特定事物的相对重要性问题，但他对改变这些事物的相对重要性的原因不会感兴趣，除非它们影响到他周围的具体的事情。

在此，我称作“经济演算”的方法能正确帮助我们——至少通过类比——认识到这个问题如何被价格体系解决（事实上它正在被价格体系解决）。即便掌握了某一小规模的自给自足经济体系之全部数据的单个管理者，每次在资源的分配必须做细微调整时，仍不能彻底弄清楚可能会受影响的目的与方法间的全部关系。纯粹的选择逻辑的一大贡献是，它清楚地表明了，即便是掌握全部数据的单个管理者，也只有通过构建等值比率（或“值”“边际替换率”）的方法才能解决这种问题，使用等值比率的方法，就是为每种稀缺资源赋予一个数字指标，这个数字指标并非来自这些资源所拥有的任何特性，却在整个“方法—目的”结构中标识性地存在。当任何一个指标发生微小变化时，证明管理者只需考虑这些数字指标的变化即可，而且通过逐一调整数量，他就能够找出解决问题的方法，而不必从头解决整个问题，即不必计算每个数字指标的变化所引起的各种可能结果。

从根本上说，在一个相关事实的知识掌握在分散的许多人手中的体系中，价格能协调不同个人的单独行为，就像主观价值观念帮助个人协调其计划的各部分那样。下面，我们值得考虑一个简单而常见的例子，以弄清楚价格体系的作用。假设在世界某地有了一种利用某种原料——例如锡——的新途径，或者有一处锡的供应源已枯竭，至于其中哪一种原因造成锡的紧缺，与我们关系不大（这一点非常重要）。锡的用户需要知道的只是，他们以前一直使用的锡，现在在另外一个地方利用起来更能盈利，因此他们必须节约用锡。对绝大多数用户来说，没有必要知道更迫切的需要是在哪儿出现的，或者他们善用供给是为了其他什么需求。如果只有他们中间的一部分人直接了解新的需求，并且将资源调配给这种需求，只要了解到由此产生的新缺口的人转而寻求其他来源来填补这个缺口，则其影响就会迅速扩及整个经济体系。受到影响的不仅是锡的使用，而且还有锡的替代品以及替代品的替代品的使用，用锡制作的商品的供应以及它们的替代品等。而那些有助于提供替代品的绝大部分人，一点也不知道这些变化的最初原因。所有这些构成了一个市场，并非因为任一市场成员都须对市场整体全部了解，而是因为他们每个人有限的视野充分重叠在一起足以覆盖整个市场。所以，通过许多中介，有关的信息就能传递到全体成员。一个掌握所有信息的单一管理者本来可以通过下面这个事实得出解决办法，即任何商品都只有一个价格，或更确切地说，各地的价格是相互关联的，其差别取决于运输费用等。但是事实上，没有一个人能够掌握全部信息，因为它们全部分散在所有有关的人手里。

第六节

如果我们想了解价格体系的真正功能，就必须把价格体系看作一种交流信息的机制。当然，价格越僵硬时这种功能就发挥得越不理想（不过，即使在价格非常僵硬时，价格变化的力量仍在很大程度上通过合同的其他条款起作用）。价格体系最重要的特点是，其运转所需的知识很经济，就是说，参与这个体系的个人只需要掌握很少信息便能采取正确的行动。最关键的信息只是以最简短的形式，通过某种符号来传递，而且只传递给相关的人。把价格体系描绘成一种记录变化的工具或一种通讯系统不仅仅是一种隐喻，这种通讯系统能使单个生产者像工程师观察一些仪表的指针那样，仅观察一些指标的变动便可调整其活动从而适应变化，在经济生活中，只有反映在价格上的变化才能为他们所了解。

当然，在经济学家的均衡分析中，这些调整可能从来都不“完美”。但是我担心的是，我们那种以几乎每个人的知识都近乎完美的假设来处理问题的推理习惯，使我们看不清价格机制的真正作用，并使我们在判断其效率时用了极具误导性的标准。神奇的是，在像原料稀缺这样的案例中，没有命令发出，也没有多少人知道原料短缺的原因，就使许许多多的人——他们的身份花几个月时间也无法调查清楚——更节约地利用这种原料或其产品。也就是，他们行动的方向是正确的。即使在不断变化的世界中，不是所有人都能完美地相处，让他们的利润率始终保持在相同的常量或“正常”水平，这也足以称得上是一个奇迹。

我故意使用“奇迹”一词，以消除读者把价格机制看作理所当然的自得心理。我相信，如果这种机制是人类精心设计的结果，如果人们在价格变化的引导下懂得他们的决策之意义远远超出其直接目的的范围，则这种机制早就被誉为人类智慧的一个最伟大的创举了。然而遗憾的是，它既不是人类设计的产物，受其引导的人们通常也不知道自己为何会如此行事。不过，那些叫嚣要“自觉指引”，以及不相信任何未经设计而自发形成（甚至是我们所不理解）的事物能解决我们无法有意识地解决的问题的人应该记住：问题恰恰是如何把我们利用资源的范围扩展到任何单一头脑所控制的范围以外，因而这也是一个如何摆脱有意识的控制以及如何促使个人不用别人吩咐就能令人满意地行事的问题。

我们在此遇到的问题绝不是经济学所特有的，它与几乎所有的社会现象、与语言以及大多数文化传承都有关系，它真正构成了一切社会科学的中心理论问题。就像 Alfred Whitehead 在另一个场合说过：“所有的书籍和大人物演说时重复的观点——我们应该养成思考我们在做什么的习惯，是一种大错特错的老生常谈。事实是正好相反。通过增加那些我们不加考虑就能实施的行为的数目，文明得以进步。”这在社会领域具有深远的意义。我们不断地使用我们不理解的公式、符号和规则，并且通过这种使用，可以让我们得到我们并不拥有的知识的帮助。我们通过习惯和制度的建设来发展这些实践和制度，这些习惯和制度又会成为我们建立起来的文明的基础。

价格体系是人类偶然发现的，未经理解却已经学会使用的体系（虽然与充分利用它还有一段很长的距离）。通过价格体系的作用，不但劳动分工成为可能，而且在平均分配知识的基础之上协调地利用资源也成为可能。喜欢嘲讽任何建议的人曲解了这个说法，暗示它主张这种最适合现代文明的体系只不过是通过一些奇迹自发形成的。事实恰好相反：人类之所以能够发展出我们文明的基础的劳动分工，是因为人们偶然发现了让它成为可能的方法。如果人类没有发现这种方法，他们仍会发展起另一种完全不同类型的文明，像“白蚁国”，或其他完全无法想象的类型。我们可以说的是，还没有人成功地设计出一个替代的体系可以保留现有体系的特定功能，还可以让甚至最猛烈抨击它的人都喜爱它——特别是个人可以选择自己的职业，并因而能自由地运用自己的知识和技能的程度。

第七节

当前，关于在一个复杂的社会里，价格体系对任何理性的计算的不可或缺性的争论已经不完全在持有不同政见的两大阵营中进行，从很多方面来说这都是一件幸事。25 年前，当 von Mises 首次在论文中提出如果没有价格体系，我们就不能保留一个像我们这样具有广泛劳动分工的社会的时候，受到了众多的嘲讽。今天，仍有人不愿接受这种论点，但其主要原因已不再是政治上的了。这就创造了一种更有助于合理讨论的气氛。当我们发现 Leon Trotsky 在主张“没有市场关系，经济核算是不可想象的”；当 Oscar Lange 教授允诺在未来的中央计划局大理石厅为 von Mises 教授建一尊雕像时；当 Abba P. Lerner 教授重新发现亚当·斯密并强调价格体系的主要作用包括促使个人在寻求自身利益的同时做符合普遍利益的事时，分歧就不再归于政治偏见了。剩下的异议看起来主要是纯知识方面的，特别是方法论方面的分歧。

最近，Joseph Schumpeter 教授在他的《资本主义、社会主义和民主》一书中清楚地说明了我所想到的方法论上的一个分歧。他是根据实证主义的一个分支研究经济现象的经济学家中的杰出人物，在他看来，经济现象是已知商品量的客观相互直接影响，而几乎不受人类意志的干涉。只有根据这个背景，我才能解释下列令我惊奇的论点。Schumpeter 教授认为，在缺少生产要素的市场时，仍然可能根据理论家的这一基本主张，即“消费者估价（‘需要’）消费物这个事实本身、也是对生产这些消费物的生产方式的估价”，来进行合理计算。〔1〕

确切地说，这个说法并不正确。消费者完全不做这类事。Schumpeter 教授的“事实本身”，想必指的是生产要素的估价隐含在消费者的货品的估价中，或生产要素的估价是消费者的货品的估价的必然结果。但是这也不正确。蕴含（implication）是一种逻辑关系，只有所有建议同时赋予同一个人时才会产生有意义的断定。然而，显而易见的是，生产要素的价值并不单单取决于消费者对商品的估价，也取决于各种生产要素的供应状况。只有所有这些事实同时为一个人所了解，才会必然地从这些事实中得出答案。但正是由于这些事实不可能同时为一个人所了解，实际问题就产生了，而解决这个实际问题必须利用分散在许多人中间的知识。

所以，即使我们能证明，所有的事实如果为一个人所了解（就像我们假设他们被观测力强的经济学家掌握那样），会由他独自决定解决方法，问题也丝毫未得到解决。相反，我们必须表明，如何通过只掌握部分知识的个人的

---

〔1〕 J. Schumpeter, *Capitalism, Socialism, and Democracy* (New York, Harper, 1942), p. 175. 我认为，Schumpeter 教授也是 Pareto 和 Barone 所“解决”的社会主义计算（socialist calculation）之谜的原作者之一。他们以及其他很多人，所做的仅仅是陈述了资源合理分配所需满足的条件，并指出这些条件和满足竞争市场平衡点的条件本质上是相同的。这与验证满足条件的资源分配在实践中是如何被应用是完全不同的。Pareto 自己（Barone 几乎引用了他所说的一切），从未声称已经解决了这个实际问题，事实上，他明确表示过，这个问题在没有市场帮助的情况下是无法被解决的，详见他的 *Manuel d'Jconomie pure* (2nd ed., 1927), pp. 233 – 234。我的文章“Socialist Calculation: The Competitive ‘Solution’,” in *Economica*, New Series, Vol. VIII, No. 26 (May, 1940), p. 125 的开头引用了这篇文章的相关段落，并做了英文翻译。

相互作用来解决这个问题。如果以为所有的知识都应由一个人所获得——同样假设这些知识都归我们这样的经济学家，那就是假设不存在问题，无视现实世界中重要而意义重大的一切事物。

像Schumpeter教授这样一个经济学家的立场，会由此而跌入由“数据”一词的含糊意义给粗心者造成的陷阱，这不能仅被解释为一个简单的失误。这表明，这种方法有某种根本性的错误，这种方法习惯性地忽视我们所必须应付的一个重要现象的本质部分——人类的知识具有不可避免的不完美性，因而需要一个不断沟通和获得知识的过程。任何实际上以人们的知识与客观事实是一致的这一假设为出发点的方法，诸如许多有联立方程式的数理经济学的方法，都完全忘掉了我们所要解释的主要任务。我决不否认，在我们的体系中，均衡分析起着有益的作用。但是现在到了这样一个紧要关头，一些著名学者误以为它所叙述的情形与解决实际问题直接有关。是我们记住这一点的时候了——均衡分析与社会过程根本无关，而仅能作为研究主要问题前的有益的准备。

张珊珊 译　邹光 校

资本成本、公司金融与投资理论*

弗兰科·莫迪利安尼（FRANCO MODIGLIANI）

莫顿·H. 米勒（MERTON H. MILLER）**

在一个资产只能获得不确定性收益的世界中，公司的“资本成本”是什么？这些资本可以通过诸多媒介获得，从纯债务工具——代表着固定收益索取权，到股票——给予持有人分享一定比例的不确定性收益的权利。这一问题至少使三类经济学家烦恼：（1）公司财务专家，他们关注企业融资的相关技术，以便确保企业的生存与发展；（2）管理经济学家，他们关注资本预算问题；（3）经济理论家，他们关注从微观和宏观的视角解释投资行为。[1]

在大多数正式分析中，至少理论经济学家时常避开资本成本的实质而把这一概念以债券这种产生可预期现金流的实物资产来代替。在这种假设下，理论家认为资本成本对公司所有者而言仅仅是债券利息，并由此导出熟悉的

---

* 原文发表于1958年第68卷第3期。

** 作者分别是卡耐基技术学院工业管理研究生院的经济学教授和副教授。这篇文章是提交给1956年12月召开的计量经济学年会会议论文的修订版，作者对会上为本文提供意见和建议的Evsey Domar、Robert Eisner、John Lintner以及James Duesenberry表示感谢，这篇文章同样受惠于卡耐基技术学院现在和过去的同事们、学生们，是他们非凡的耐心和帮助促使了本文观点的提出。

〔1〕关于资本成本问题的文献如汗牛充栋，在此不一一列出。本文列出大量这方面的参考文献，但我们必须声明我们所列的文献未必详尽。资本成本和公共事业费率的关系就是一个有大量文献涉及而我们没有认真考虑的问题，近期一份关于利率管制中的资本成本的总结非常简短而有启示性，读者可以参阅H. M. Somers［20］。

命题：理性的公司的投资将使其实物资产的边际产出等于市场利率。〔2〕这一命题遵循理性决策原则下的两个标准：（1）最大化利润；（2）最大化市场价值。这两个标准在确定性的情况下是等价的。

根据第一个标准，一项实物资产如果可以增加公司所有者的净利润，则它是值得购买的。而净利润的增加只有在实物资产的期望收益率或回报率超过其利息率的时候才会实现。根据第二个标准，一项实物资产如果可以增加其企业股票的市场价值，即它为公司带来的市场价值增加超过了资本的成本，则这项资产是值得购买的。但资产的增加是通过把按照市场利率产生的资金流资本化来实现的，当且仅当该资产的收益率超过了利息率时，这个资本化的价值将超过其成本。我们注意到，在任一个准则之下，资本成本都等于债券的利率，而不管筹集资金是通过债务工具还是新发股票的方法。事实上，在一个收益确定的世界中，股票和债券是一回事。

必须承认的是，在这种类型的分析中，通常会试图容许不确定性的存在。这种尝试往往是在确定性分析的结果中，叠加从预期收益中扣减的“风险折扣”概念（或者给市场利率加上一个风险升水）。这样，投资决策应当基于比较“经风险调整过”的收益率（或者“确定性等价”收益率）与利率的大小。〔3〕然而，关于确定风险折扣的大小以及其他变量如何对其造成影响的问题，目前还不能提供一个令人满意的解释。

作为一个方便的近似，通过这种确定性——或确定性等价——的方法所构建的模型在刻画资本积累或经济波动过程中的粗略情况方面非常有用。例如，这个模型构成了我们所熟悉的凯恩斯总投资函数的基础，其中总投资是无风险利率的函数——这一无风险利率还出现在后面刻画流动性偏好的方程中。然而很少有人会认为这样的近似是足够的。在宏观层面上，我们有充足

---

〔2〕 为了表述地更加准确，至少在更高级的分析中，我们习惯上认为可借资金的边际成本曲线，即公司可借资金的供给曲线是斜向上的。对确定性情况的进一步处理，参见 F. Lutz and V. Lutz [13]。

〔3〕 关于确定性等价的经典例子见 J. R. Hicks [8] 和 O. Lange [11]。

的理由怀疑，利率是否真的如分析中所说的那样，对于投资率有着巨大而直接的影响。在微观层面上，确定性模型没有什么描述性价值，也不能为金融专家或管理经济学家提供切实指导，其主要原因在于对不确定性问题过于轻慢并忽略了所有非债务型的融资问题。[4]

直到最近，经济学家才开始认真地考虑风险状态下的资本成本问题。在这一过程中他们发现自己的研究方向与那些长期与这个问题打交道的财务专家以及管理经济学家趋同。在共同寻找处理不确定世界中理性投资和财务政策的原则的过程中他们发现了两条可以为之努力的研究路线：两条线分别代表着试图推断不确定性世界的两个标准——最大化利润和最大化市场价值，这两个标准在确定性这种特殊条件下是等价的。当认识到不确定性后，这种等价就不存在了，事实上，最大化利润标准甚至无法被很好地定义了。在不确定性的情况下，对应于每一个公司决策的不再是单一的利润结果，而是许许多多互斥的结果，这些互斥的结果最好用主观概率分布来刻画。简而言之，利润成为了随机变量，因而最大化利润不再具有可操作性。而且这个难题不能简单转化为求期望利润的最大化。因为一个影响期望值的决定同样可能影响收益分布的分散性和其他特点。特别是，使用债券而非股票为一个特定的企业融资很可能会增加企业所有者的期望收益，但代价是导致收益分布的分散性（即方差——译者注）增加了。

在这些情况下，不同投资与财务决策的利润结果只有通过所有者的主观"效用函数"才能比较和排序，所有者以收益分布的其他特征对预期收益进行加权。因此，确定性模型中的利润最大化准则往往外推演化为效用最大化准则，有时会以明确的形式，而更多的时候是一种定性的、启发式的形式。[5]

与确定性或确定性等价方法相比，效用分析的出现无疑代表着一种进步，它至少允许我们探讨（有一定限制）不同融资安排带来的影响，并且确实对不

---

〔4〕 那些近年来上过金融学"案例法"课程的人将会想起 Hunt 和 Williams [9, pp. 193 - 196] 著名的液化天然气案例，这是一个经常介绍给学生的关于资本成本问题的案例，它也为经济学家的确定性模型提供了一点乐趣。

〔5〕 严格明确地发展这条研究路线的尝试。参见 F. Modigliani 和 M. Zeman [14]。

同类型资金的“成本”赋予了某种含义。然而，因为资本成本变成一个基本上是主观的概念，无论是出于规范性还是分析性的目的，效用方法都存在着严重的缺陷。比如，管理者如何确定其股东的风险偏好，并对不同股东的偏好进行折中呢？在面对这样一个事实——任何给定的投资机会是否值得利用，依赖于谁恰好在当时拥有公司的时候，经济学家如何构建一个有意义的投资函数。

幸运的是，不必回答这些问题，因为另一个基于最大化市场价值的方法，可以为资本成本的可操作定义以及可行的投资理论提供基础。在这种方法下，任何投资项目及其财务计划只需且必须通过如下检测：如果对这个计划融资，最终是否会增加公司股票的市场价值？如果会，就值得执行；如果不会，其回报将小于公司的资本成本。注意，这样的检测是完全独立于公司所有者的偏好的，因为市场价格不仅反映出所有者的偏好，而且反映潜在所有者的偏好。如果任何股票持有者反对现行的管理者，并且不认可市场对这个项目的估值，他可以自由地卖掉该股票而进行其他投资，而他仍将从管理者英明决定导致的资本升值中受益。

市场价值方法的潜在优势一直被称赞，然而分析的结果往往不尽如人意。似乎阻止这种方法成功的原因在于在市场估值中缺乏足够的关于财务结构对公司的影响，以及这些影响如何从客观的市场数据中做出推断方面的理论。本文将考虑这一理论的发展及其对资本成本问题的含义。

我们将在第一节介绍基本理论并简单介绍实证方面的相关内容；第二节我们展示如何用理论回答资本成本的问题，以及理论如何容许我们提出一个不确定条件下的公司投资理论。在所有这些章节中，我们使用的方法实质上是一种局部均衡分析，仅仅聚焦于公司或者“行业”。因此，确定性收入流的“价格”将会被看作固定的、由模型外部给定的，正像在对公司和行业的标准马歇尔分析中，将所有投入要素价格以及其他产品的价格都看作是模型外生的。我们选择聚焦于这一经济层次而非整个经济体的层次，因为只有在公司与行业层面，关注资本成本问题的不同领域的专家们的兴趣，才最紧密地联系在一起。虽然我们的重点被放到了局部均衡上面，但得到的结果提供了构建一般均衡模型的基石，即那些在这里当作外生给定的价格实际上是如何决定的。然而，由于篇幅所限，且材料本身很有趣，展示一般均衡模型及更加丰富的分析就要留待以后的论文中进行研讨了。

一　证券估值、杠杆以及资本成本

A　不确定现金流的资本化比率

作为讨论的起始点，考虑这样一个经济体，其所有实物资产都归公司所有，此时，假设这些公司只能通过发行股票为购买资产融资；而对于引入债券或其等价物发行来为公司融资的方式，延迟到下一节介绍。

每个公司的实物资产将为公司所有者——股东——持续提供利润流；但是这一系列利润流不一定是常量，而且在任何情况下都是不确定的。这一收入流（因此也是任何普通股所获得的利润流），被认为将会无限期延伸到未来。然而，我们假设，这一随时间变化的收入流的均值（或单位时间的平均利润）是有限的，是一个服从某个主观概率分布的随机变量。我们应当把在一段时间内收入流的平均价值加到给定的股票上，作为这只股票的收益；并以收入流均值的数学期望作为这只股票的期望收益。〔6〕尽管

---

〔6〕这些命题可以以另一种方式表述：第 i 个公司产生如下现金流：

$$X_i(1), X_i(2), \cdots, X_i(T)$$

每一笔现金流是随机变量并服从联合概率分布：

$$x_i[X_i(1), X_i(2), \cdots, X_i(t)]$$

第 i 个公司的回报率被定义为：

$$X_i = \lim_{T\to\infty} \frac{1}{T} \sum_{t=1}^{T} X_i(t)$$

X_i本身是一个服从$\Phi_i(X_i)$分布的随机变量，其具体形式由 x_i决定，期望收益 $\bar{X}_i$被定义为：

$$\bar{X}_i = E(X_i) = \int x_i X_i \Phi_i(X_i) dX_i$$

（转下页注）

个体投资者对股票的收益的概率分布有不同看法，但为简化起见，我们假设投资者至少对股票的期望收益有着相同的预期。[7]

这种刻画不确定现金流的方法值得简要评述一下。首先注意到这是利润流，而非红利流。后面我们会更清晰地了解到，只要假定管理者是根据股东的利益行事的，留存收益就可以被看作是完全认购的、优先购买的普通股的等价物。因此，就目前而言，任何时期利润流在现金股利和留存收益之间的分配只是一个细节问题。同时，也要注意到不确定性附属于利润流在一段时间内的均值，不应与连续的利润流随着时间的变化性混淆在一起。变化性和不确定性是两个完全不同的概念，这一点可从以下事实明显得出，即确定性的变量也可以是不断变化的。进一步，可以证明：无论利润流是确定的还是不确定的，变化性本身对利润流估值的影响至多是次要的，就我们的目的而言可以放心地将其忽略掉（事实上大多数其他人都是这么做的）。[8]

下一个假设在本文以下的分析中起到了至关重要的作用，我们假设公司可以被分成“收益率等价”的族，同一族里的每个公司的股票收益率与其他公司的收益率是成比例的（因此是完全相关的）。这一假设意味着，同一族的不同股票的差异仅在于“规模因素”，因此，如果我们通过调整收益与期望收益的比例来调整规模的差异，则对同一族中的所有股票，该比例的概率分布是相同的。由此可见，一只股票的所有相关的特性可以仅仅通过以下两个因

（接上页注〔6〕）如果 N_i 是持有股票数量，则第 i 只股票的回报为：

$$x_i = (1/N) X_i$$

服从分布：$\phi_i(x_i) dx_i = \Phi_i(Nx_i) d(Nx_i)$，以及期望值：$\bar{x}_i = (1/N) \bar{X}_i$。

〔7〕 要想充分处理简化假设的改进，比如不同投资者对期望收益的估计差异，需要对投资组合选择理论进行扩展探讨。在随后的包含一般均衡模型中的文章中将简要提及这些改进与相关的话题。

〔8〕 为了说服自己，读者可以问自己这样一个问题：相比于每月获得的收入多少不定（总的年收入相同），为了得到以每月相等的数额获取年薪的特权，你愿意退还雇主多少钱呢？

素来刻画：（1）股票所属的股票族；（2）股票的期望收益。

这个假设的意义在于，它允许我们将公司按照股票是否“同质”来分族，同族内的股票互相可以完美地替代。这个概念与产业中厂商生产的同质商品的概念近似。为了与马歇尔价格理论进行类比，我们将在分析中假定，在原子竞争的条件下，有关股票在完全市场上进行交易〔9〕(无数小企业集合起来形成竞争——译者注)。

从我们对同质股票族的定义可以得出结论，在一个完美的资本市场均衡中，对任何给定股票族中的所有股票，每一美元价值的预期收益必须相等。或者等价地说，在任何给定的股票族中，每只股票的价格必须与其期望收益成比例。让我们定义任何股票族（比如说第 k 族）的比例因子，记作 $1/\rho_k$。如果 p_j 表示 k 股票族中第 j 个公司的股票价格，$\bar{x}_j$ 表示每股的期望收益，我们就必定有：

$$p_j = \frac{1}{\rho_k}\bar{x}_j \tag{1}$$

或者等价于：

$$\frac{\bar{x}_j}{p_j} = \rho_k \tag{2}$$

其中，ρ_k 对 k 股票族中的所有公司 j 而言是常数。

常数 ρ_k（对应第 k 个股票族）可以给出很多经济学的解释：（a）从方程（2）我们可以看出，ρ_k 是任意 k 股票族中任一股票的期望收益率；（b）从方程（1）我们可以看出，$1/\rho_k$ 是投资者为了获得 1 美元 k 族股票的期望收益所

〔9〕 至于我们所说的股票的族可以包含什么以及如何通过外部观测来区分不同的股票族属于实证问题，后面我们将回到这个话题。目前，观察到如下几点即可：（1）关于股票族的概念，同一族的股票即使不是同一行业的，也是紧密关联的行业的，因为资产回报的概率分布将显著依赖于产品的销售及所适用的技术；（2）最合适的分族界限将取决于所要研究的问题，比如一个经济学家研究的是一般的市场趋势，或许最好选择较宽泛的边界，而制订投资组合计划或为公司规划其财务策略，则应选择较窄的边界。

花费的价格（即假设 $\bar{x}_j=1$ 时的 p_j——译者注）；（c）仍然由方程（1），将其与永续债券类比，ρ_k 可以看作第 k 族公司产生的不确定现金流的期望价值的资本报酬率。[10]

B 债券融资以及它对证券价格的影响

发展出处理不确定现金流的工具之后，我们现在可以通过放弃“公司不能通过发行债券融资”的假设来处理资本成本的核心问题。债券融资的引入从根本上改变了股票市场。由于不同公司的资本结构中有不同的债务比例，所以不同公司的股票（即使有它们属于同一股票族），也可以产生不同的收益概率分布。用金融学的语言来说，股票将受到不同程度的金融风险或者“杠杆”的影响，因而它们互相之间不再是完美的替代品。

为了展现在这些条件下决定股票相对价格的机制，我们做出关于债券和债券市场的两个假设，尽管这两个假设由于过强而没有必要，并将在之后被放松：（1）假设所有债券（包括家庭为购买股票而负担的债务）在每单位时间获得一个恒定的收入，并且这个收入被视为是确定的，不考虑是谁发行债券；（2）债券和股票一样，都是在完美市场中交易，这里的完美意味着实现均衡时，任何两个可以作为完全替代品的商品将以相同的价格出售。从假设（1）可以看出，在某一比例因子之下，实际上所有债券相互之间都是完美替代品。从假设（2）可以看出，同样的回报会卖出相同的价格，或者说同样的投资要求同样的回报。这个回报率可以以 r 表示，并被看作是利率，或者是确定性现金流的资本报酬率。关于对拥有不同资本结构的公司证券进行估值，我们现在可以得出以下两个基本命题。

命题一 考虑任意公司 j，令 $\bar{X}_j$ 为该公司所拥有资产的期望收益（即在扣

---

〔10〕 以到目前为止所作的假设为基础，我们不能得出任何关于不同 ρ 或者不同资本化比率之间关系的结论。在我们可以做这件事之前，我们应当提出更加具体的假设，比如投资者相信的不同族股票收益的概率分布的假设以及投资者对不同概率分布的偏好程度的假设。

除利息前的期望利润)。令 D_j为公司债券的市场价值，S_j为公司普通股的市场价值，因而公司所有证券的市场价值（也就是公司的市场价值）$V_j \equiv S_j + D_j$。那么，我们的命题一声称，在均衡状态下，必须满足如下条件：

对任何 k 股票族中的公司 j，

$$V_j \equiv (S_j + D_j) = \bar{X}_j / \rho_k \tag{3}$$

也就是说，任何公司的市场价值独立于其本身的资本结构，而由其资本的期望回报及其所在股票族的 ρ_k所决定。

这一命题可以用"平均资本成本"来等价地表述，平均资本成本 $\bar{X}_j / V_j$即公司的期望收益与公司所有证券的市场价值的比例。我们的命题变为：

对任何 k 股票族中的公司 j，

$$\frac{\bar{X}_j}{(S_j + D_j)} \equiv \frac{\bar{X}_j}{V_j} = \rho_k \tag{4}$$

也就是说，每个公司的平均资本成本完全独立于其资本结构，并完全等价于其所在族股票的资本报酬率。

为了建立命题一，我们将证明，只要等式（3）或等式（4）在任何一族公司内部的两个公司之间不成立，套利将会发生，直至恢复相等关系。我们在这里特意使用了"套利"这个词。因为如果命题一不成立，一个投资者可以通过买卖股票或债券的方式置换手中的现金流。而如果两只股票属于同一族，则实际上两个现金流在各个方面都没有区别，仅仅是其中一只股票的价格更低。这样的交易将有益于投资者，而不必考虑他对风险的偏好。[11]当投资者发现并利用这种套利机会，被高估股票的价格将下降，被低估股票的价

〔11〕 用选择理论来讲，交易可以被看作是由投资机会集内部的无效率点向投资机会集的有效边界上的移动的过程，而非在两个边界上的有效点之间的移动。因此对这部分分析而言，除了假设在其他条件不变的情况下，投资者前后行为保持一致，并希望获得更多的收入外，没有其他涉及对投资者态度和行为的具体假设。

格将上升，这就会使公司的市场价值之间的差异趋于消失。

通过证明，考虑同一族的两个公司，假设其期望收益 X 相等。令公司 1 完全通过股票融资，而公司 2 的资本结构中包括一部分债券。首先假设杠杆融资的公司 2 的市场价值 V_2 要大于没有杠杆融资的公司 1 的市场价值 V_1。假设一个投资者持有价值 s_2 美元的公司 2 的股票，公司 2 总的股票价值为 S_2。这个投资组合的回报记为 Y_2，它占公司 2 所有股票持有者的收入的比例为 α。股票持有者的收入即总收益 X_2 减去利息费用 rD_2。由于在我们的同质性假设下，公司 2 的预期总收益在任何情况下都与公司 1 的预期总收益相等，今后我们就以一个共同的符号 X 替代 X_1 和 X_2。因此，最初的投资组合回报可以被写为：

$$Y_2 = \alpha(X - rD_2) \tag{5}$$

现在假设投资者卖掉了他价值为 αS_2 的公司 2 的股票，而以价值 $s_1 = \alpha$（$S_2 + D_2$）的公司 1 的股票取而代之。为了实现这一目的，投资者可以通过卖出原来的公司 2 股票，将得到的 αS_2 用来购买公司 1 的股票，并以他新持有的公司 1 的股票作为抵押，借得额外的股票 αD_2。这样他就可以得到公司 1 股票和收益的一部分，比例为：$s_1/S_1 = \alpha$（$S_2 + D_2$）$/S_1$。在对其个人借贷 αD_2 支付利息后，他的新投资组合 Y_1 为：

$$Y_1 = \frac{\alpha(S_2 + D_2)}{S_1}X - r\alpha D_2 = \alpha\frac{V_2}{V_1}X - r\alpha D_2 \tag{6}$$

对比公式（5）和公式（6），我们看出只要 $V_2 > V_1$，我们就会有 $Y_1 > Y_2$，导致公司 2 所有者卖掉股票改买公司 1 的股票，从而减少 S_2 进而减少 V_2，以及增加 S_1 进而增加 V_1。我们因此得出结论，杠杆融资的公司不能比没有杠杆融资的公司获得额外的溢价，因为投资者本身可以用相同的杠杆率、以个人借贷的方式购买证券组合。

现在考虑其他的可能性，即杠杆融资的公司 2 的市场价值 V_2 小于 V_1 的情况。假设一个投资者最初拥有价值 s_1 的公司 1 的股票，占公司 1 股票总价值 S_1 的 α。则他的收益为：

$$Y_1 = \frac{s_1}{S_1}X = \alpha X$$

假设他将最初持有的股票通过交易变成了另一个投资组合，同样价值 s_1，但是是由 s_2 美元的公司 2 股票，以及价值 d 的债券组成。其中 s_2 和 d 被定义为：

$$s_2 = \frac{S_2}{V_2}s_1$$
$$d = \frac{D_2}{V_2}s_1 \qquad (7)$$

换句话说，新的组合是由公司 2 的股票以及债券按照 S_2/V_2 及 D_2/V_2 的比例组成的，新组合的收益是公司 2 股票总收益 s_2/S_2 的部分，即（$X - rD_2$），而债券的收益则为 rd。使用公式（7），总收益 Y_2 可以表述如下：

$$Y_2 = \frac{s_2}{S_2}(X - rD_2) + rd = \frac{s_1}{V_2}(X - rD_2) + r\frac{D_2}{V_2}s_1 = \frac{s_1}{V_2}X = \alpha\frac{S_1}{V_2}X(\text{因为 } s_1 = \alpha S_1)$$

比较 Y_2 与 Y_1 我们可以看出，$V_2 < S_1 \equiv V_1$，则 Y_2 将会超过 Y_1，因此，这将使股票 1 的持有者卖掉股票并替换为按照合适比例配制有股票 2 的混合资产组合。

投资一个杠杆融资的公司 j 的股票以及债券并按照 S_j/V_j 及 D_j/V_j 的比例形成的混合资产组合，或许被看作是“去杠杆化”的过程，并将获得未杠杆化的公司的收益 X_j 的一定比例。正是这种可能的去杠杆化，避免了杠杆化公司价值普遍低于未杠杆化公司价值的情况，或者更一般地说，避免了杠杆化公司的平均资本成本 $\bar{X}_j/V_j$ 系统性的高于同一股票族的未杠杆化公司。因为我们已经展示了套利将会避免 $V_2 > V_1$ 的情形出现，均衡状态下必定有 $V_2 = V_1$，正如我们从命题一中得出的结论。

命题二 从命题一我们可以得到关于资本结构中有债务的公司的普通股的回报率的命题：任何属于 k 族的公司 j 的股票的期望收益率或回报率 i 可以写为杠杆率的线性函数，如下：

$$i_j = \rho_k + (\rho_k - r)D_j/S_j \qquad (8)$$

也就是说，股票的期望收益率等于适当的由纯粹股权带来的资本回报率ρ_k，加上与财务风险相关的升水，这一升水即债务股权比率乘以ρ_k与r之间的利差。或等价地，任何股票的市场价格都是依据对公式（8）中的期望回报率i_j进行连续资本化得到的。[12]

许多学者的研究与我们的命题一几乎是等价的，尽管他们的结论只是诉诸直觉而非试图证明，并且坚持认为这一结论难以适用于真实的资本市场。[13]而命题二则属于我们首创的。[14]为了建立它，我们首先给出期望收益率i的定义：

$$i_j \equiv \frac{\bar{X}_j - rD_j}{S_j} \tag{9}$$

从命题一的等式（3），我们得到：

$$\bar{X}_j = \rho_k(S_j + D_j)$$

将上式代入公式（9）并简化，我们得到了方程（8）。

C　基本命题的一些条件及扩展

目前提出的方法和结论可以向很多有用的方向进行扩展，我们只考虑其

---

〔12〕为了说明，假设$\bar{X}=1000$，$D=4000$，$r=5\%$，$\rho_k=10\%$，由命题一，这些值暗示着$V=10000$及$S=6000$，每股的期望收益率或回报率为：

$$i = \frac{1000 - 200}{6000} = 0.1 + (0.1 - 0.05)\frac{4000}{6000} = 13\frac{1}{3}\%$$

〔13〕例子参见 J. B. Williams [21, esp. pp. 72 - 73]; David Durand [3] 以及 W. A. Morton [15]。这些学者都没有从细节上解释在公司的资本结构发生变动时，资本成本保持恒定常数的机制是什么。他们似乎通过观察到在股票和债券的风险收益不符合投资者自身的风险偏好时，投资者会改变他们的投资，而认为其间存在着某种均衡机制。这种论证与通过纯套利机制（我们论证的基础）得到的证明有所不同，而不同点非常重要。关于命题一依赖于投资者对风险的态度的问题，不可避免地导致了对很多影响相对收益的因素的误解，比如，认为对金融机构投资组合的限制会对相对收益率产生影响。关于这一点请看第一节的 D 部分。

〔14〕Morton 曾经提及了一个线形收益函数，但仅仅是“为了简洁，因为更复杂的方程对得出我的基本结论没有任何帮助”[15, p. 443, 注解 2]。

中 3 个方向：（1）允许一个公司的利息费用对利润税进行抵扣；（2）承认存在许多不同的债券和利率水平；（3）承认市场是不完美的，从而套利过程可能会受到阻碍。这一部分会对前两条进行简单的讨论，并在第二节讨论关于税收的问题时对其作进一步的讨论。在将我们的结论与根据金融领域已经被接受的教条所推出的结论进行对比的过程中，我们将会在这一节的第 D 部分讨论不完美市场问题。

对现有的公司征税方法的影响。利息费用的抵税作用会阻止套利行为使同一族公司的实物资产产生的预期收益符合恰当比例。进而，我们可以证明（通过和命题一的证明类似的证明），在均衡状态下，同族的公司的市场价值应当与其税后的期望收益（即对利息费用与期望净持股收入的加总）成合适的比例。这意味着我们必须将每一个命题一和命题二中的初始版本的 $\bar{X}_j$ 以新的变量 $\bar{X}_j^{\tau}$ 进行替代，$\bar{X}_j^{\tau}$ 代表着公司的税后总收入：

$$\bar{X}_j^{\tau} \equiv (\bar{X}_j - rD_j)(1-\tau) + rD_j \equiv \bar{\pi}_j^{\tau} + rD_j \tag{10}$$

其中 $\bar{\pi}_j^{\tau}$ 代表着普通股持有者获得的期望净收益，而 τ 代表着公司的平均税率水平。[15]

在进行了这样的替换之后，命题在经过税率调整后仍然保持了其最初的形式，即命题一变为：

对 k 族中的任意公司有：

$$\frac{\bar{X}_j^{\tau}}{V_j} = \rho_k^{\tau} \tag{11}$$

而命题二变为：

$$i_j \equiv \frac{\bar{\pi}_j^{\tau}}{S_j} = \rho_j^{\tau} + (\rho_k^{\tau} - r)D_j/S_j \tag{12}$$

---

〔15〕为了简便，我们将忽略掉当前公司税制中的一些细微因素，将 τ 看作是与（$X_j - rD_j$）独立的常量。

其中，ρ_k^τ是 k 族公司的税后收入的资本报酬率。

尽管命题的形式没有受到影响，对命题的解释一定会发生变化。特别的，税后资本报酬率 ρ_k^τ不再是“平均资本成本” $\rho_k = \bar{X}_j/V_j$，ρ_k^τ与“真实的”平均资本成本 ρ_k之间的差异和公司内部的投资策略有关（第二节）。在刻画我们现在最关心的市场行为的过程中，这一差异并非本质上的差异。为了简化表述，并保持标准文献中术语的连续性，我们继续将 ρ_k^τ当作平均资本成本。尽管严格来说，这种定义只有在不存在税收的时候才会是正确的。

由于存在多种不同债券及利率水平带来的影响。在现在的资本市场中，我们看到的不是一个利率，而是一系列的利率水平，它们将随期限不同贷款的技术条件不同以及借款者的财务状况（这个因素与我们现在进行的讨论最为相关）不同而发生改变。[16]经济理论和市场经验都表明，借款公司（或个人）的债务股权比越高，贷款者需要的回报就越高。假如这样的话，并且我们假设，无论收益率曲线（指刻画利率水平变化情况的曲线——译者注）的具体形式如何，如果我们将其近似看作 $r = r\ (D/S)$，且所有借款者面对相同的收益率曲线，则我们可以将命题扩展到一个上升的借贷资金供给曲线的情形下。[17]

在形式和解释上，命题一不受如下事实所影响，即利率或许会随着杠杆的增加而增加。尽管平均借款成本会随着债务水平的增加而增加，来自所有来源的资金的平均成本将仍然与杠杆的情况相独立（不考虑税收的影响）。由

---

〔16〕 这里我们将不考虑将分析扩展到包括对利率期限结构的讨论。尽管期限结构带来的一些问题可以通过我们的比较静态分析框架解决，进行细致的讨论却需要另一篇文献专门讨论。

〔17〕 我们同样可以沿着与股票估值平行的路线，发展出债券估值理论。我们推测，与普通股是杠杆率的线性函数相比，债券收益率曲线则是杠杆率的非线性函数。然而我们同样可以预期，在实践中，通过新发行债券导致利率不断上升的幅度不大。这种相对缓慢的上升反映了一个事实，利率的上升很难完全满足债权人对增加的风险所需求的补偿。利率的这种增加或许仅仅使 r 相对于 ρ 增加许多导致弄巧成拙：正常的收益波动都会导致公司破产。因此，在通常情况下，借到更多资金的困难往往不在于高利率，而在于债权人对公司财务和管理的施加更加严格的限制；这最终导致公司完全无力获得新的贷款，因为至少机构投资者经常为市场中的债券设定各种标准和限制。

于套利者可以通过持有含有一定的债券的混合组合来消除不同资产结构的公司的杠杆，前面的结论可以直接得到证明。由于这种能力，同族公司的息前收益与市场价值的比率（即平均资本成本）必须保持相同。[18]换言之，随着杠杆增加而上升的借款成本，倾向于被普通股收益的相应降低所抵消。我们将在下面结合命题二对这个看似矛盾的结果做更为详尽的考察。

只有当不同的借款者其收益率曲线 $r=r\ (D/S)$ 也不相同时，才需要对命题一作出重大修正。如果债权人对某一类债务人发行的证券有显著的偏好，则可能会发生这种情况。比如，如果某族的公司可以比拥有同样财务杠杆的个人以更低的利率借到资金，则这个差异将反应在当公司的杠杆率在某个阶段上升时，公司的资本成本会稍稍降低。然而，在评估这种可能性时，需要记住与套利者最相关的利率是经纪人贷款的利率，并且从历史经验来看，这项利率是并未明显高于代表性的公司贷款利率。[19]控股公司和投资信托（它们能以与一般公司相同的条款借款）的运作代表着另一种力量，可以预期这种力量能够消除持有带杠杆股票所带来的显著的、持久的优势。[20]

---

〔18〕我们可能注意到一个小问题。如果放松“所有债券都有确定的收益”的假设，我们的套利者将面对“赌徒失败”的风险（指赌博者以有限的资本在连续重复的赌博中，其输赢的几率很可能不取决于个别赌注输赢的几率——译者注）。也就是说，总有另一种的可能存在：一个人的长期期望收益大于其利息负担，却可能由于短期损失导致进入破产清算。由于重组造成大量的成本，以及公司的经营会在重组期间受到不利影响，我们或许可以预期，同族中负债累累的高杠杆公司相对于低杠杆公司存在一定的折价。

〔19〕此外，在正常情况下，大部分套利所采取的形式，不是通过增加私人账户的贷款来保证其个人投资组合所要求的杠杆水平，而只是让套利者减少手中持有的公司债券，此时他们持有被低估的无杠杆股票时，保证金的要求也不至于妨碍投资组合中保持乍看上去合意的杠杆程度。在面临更高的保证金要求时，通过转而持有更高杠杆率公司的股票，杠杆率可能大幅度恢复。

〔20〕一种极端的存贷利率不平等的情形发生于优先股的例子中，这种优先股无法由个人发行。但是我们仍然可以预期，投资公司的运作加上套利者出售其持有的优先股会阻止资本结构中含有优先股的公司的股票出现明显的升水。到现在为止，还没有优先股股票价格会大幅度背离债券价格，导致套利者无法通过个人账户的小额负债来接近公司的风险以及由优先股带来的杠杆。

尽管只要收益率曲线对所有的借款人保持一样，命题一就不受影响，普通股收益和杠杆的关系将不再是最初命题二给出的严格线性关系。如果 r 随着杠杆的增加而增加，收益率 i 将仍然趋向于随着 D/S 的增加而增加，但是将会以递减的速率进行。超过了一定的杠杆水平，取决于具体的利率函数形式，收益率甚至会随着杠杆的增加而开始降低。[21] i 与 D/S 的关系可能令人信服地采取图 2 中 *MD* 曲线的形式。尽管实际的曲率不会那么明显。相反，在恒定的利率水平下，i 与 D/S 的关系将会如图 2 中的 *MM'* 曲线展现的一样，自始至终呈线性关系。

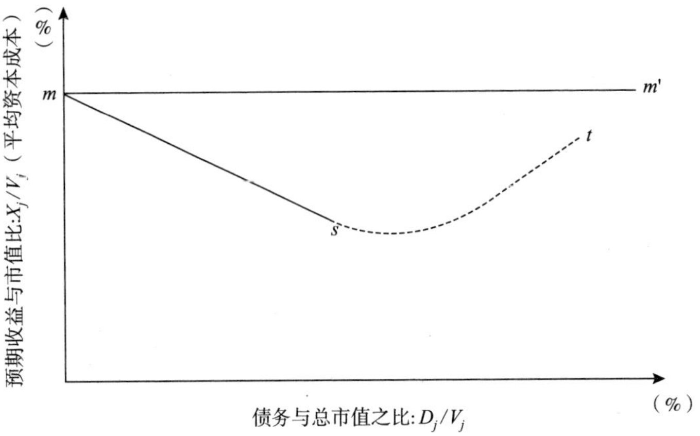

图 1

MD 曲线向下倾斜的部分需要给出一定的解释，因为很难想象除了喜欢购买彩票的投资者（即风险偏好的投资者——译者注），谁还会在这个范围内购买股票。然而需要记住，命题二中的收益率曲线是更基本的命题一的结论。假如风险偏好者的需求不足以保持特殊需求曲线 *MD* 的存在，这些需求将通过套利行为被强化。套利者会发现同时持有该公司一定比例的股票和债券是

〔21〕 由于新的借款者不可能允许如此高的杠杆（见脚注〔17〕），这部分曲线很可能由那些由于发行债券而导致盈利前景大幅下降的公司占据。

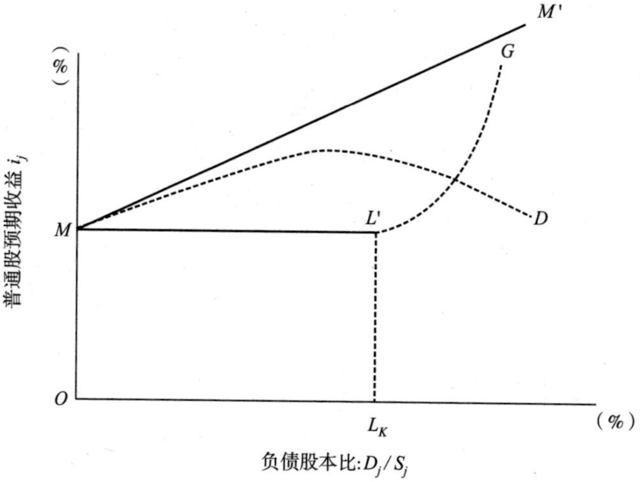

图 2

有利可图的，股票的低收益将被债券的高收益所抵消。

D 目前的学说与我们的命题一、命题二的关系

我们提出的对公司和股票进行估值的命题似乎与当前金融领域中的学说有较大的差异。图 1 和图 2 展示了我们与目前其他人观点的主要不同。我们的命题一［方程（4）］断言平均资本成本 $\bar{X}_j^\tau/V_j$ 对任意 k 族中的公司 j 为常量，并独立于其财务结构。这意味着，如果我们以某一族的公司为样本，并且对每一个公司我们都描点画出其期望回报/市场价值比率与杠杆率、财务结构之间的关系，我们会发现这些点往往落在截距为 ρ_k^τ 的水平线上，如图 1 中的 mm' 实线。[22] 从命题一我们导出了命题二［方程（8）］，命题二将 r 定义为最简化的常数形式，并断言，对于同一族的所有公司的普通股收益及公司的财务结构 D_j/S_j 的关系，将近似成为一条以（$\rho_k^\tau - r$）为斜率的直线。正如前面

〔22〕 图 1 通过 D_j/V_j（债务与公司市值的比）衡量杠杆水平，而非 D_j/S_j（债务与股本的比）。在这里引入 D_j/V_j 是因为它可以简化我们的观点与传统观点的比较。

提到的，这一关系由图2中的 MM' 实线表示。[23]

相比之下，金融专家们的传统观点似乎以这样命题作为起点：在其他条件相同的情况下，某公司的普通股的收益价格比（或其倒数，泰晤士报市盈率乘数），通常只受公司资本结构中“适度”的债务轻微地影响。[24]以我们的表述方式，对 k 族中任意公司 j：

$$\frac{\bar{X}_j^\tau - rD_j}{S_j} \equiv \frac{\bar{\pi}_j^\tau}{S_j} = i_k^* \tag{13}$$

其中 i_k^* 在 $\frac{D_j}{S_j} \leqslant L_k$ 时保持恒定。

或等价的表述为：

$$S_j = \bar{\pi}_j^\tau / i_k^* \tag{14}$$

这里的 i_k^* 表示普通股的资本报酬率或收益价格比，L_k 表示 k 族公司最大且“合理”的杠杆水平。这种对收益率和杠杆水平的关系的假设可以对应于图2中的水平实线 ML'，当 L_k 超过 L' 时，由于市值折价导致股票的“过度”交易，收益率可能会急剧上升。这种由高杠杆上升的可能性由图2中的 $L'G$ 的虚线所表示。[25]

如果股票价格已经由公式（14）给出，则公司总的市场价值为：

$$V_j \equiv S_j + D_j = \frac{\bar{X}_j^\tau - rD_j}{i_k^*} + D_j = \frac{\bar{X}_j^\tau}{i_k^*} + \frac{(i_k^* - r)D_j}{i_k^*} \tag{16}$$

---

[23] 图2中的 MM' 线有着正的斜率，因为我们假设 $\rho_k^\tau > r$，这是一个会被人普遍接受的假设。当然，即使出现了 $\rho_k^\tau < r$ 的情况，方程（8）给出的我们的命题二仍然是有效的，但是 MM' 线的斜率将为负。

[24] 例子详见 Graham 和 Dodd［6，pp. 464 – 66］。在不违背命题的前提下，我们可以通过忽略一些限制，并将收益作为相关范围内的虚拟常数来使其影响更加明显。

[25] 为了更容易看出这个假设的含义，并为之后的数据检验打基础，将函数假设为二次关系的形式有助于我们刻画“当杠杆超过临界值时回报率会迅速上升”这一现象：

$$\bar{\pi}_j^\tau / S_j = i_k^* + \beta(D_j/S_j) + \alpha(D_j/S_j)^2, \alpha > 0 \tag{15}$$

对任何水平的期望税后总收益 $\bar{X}_j^{\tau}$，在 $i_k^* > r$ 这个看似自然的假设下，公司的价值一定会趋向于随着债务水平的上升而上升[26]，而我们的命题一却断言公司的价值与其资本结构相独立。另一种比较我们的观点和传统的观点的方式是从资本成本入手，将公式（16）等式左边变为收益 $\bar{X}_j^{\tau}/V_j$：

$$\bar{X}_j^{\tau}/V_j = i_k^* - (i_k^* - r)D_j/V_j \tag{17}$$

根据这个等式，平均资本成本并未独立于资本结构，至少在温和的债务比例下，应该随着杠杆的上升而下降，如同图 1 中的 *ms* 曲线。或者换一种熟悉的表述，如果数量上相差不是过分悬殊，债务融资将比股权融资更“便宜”。

当我们考虑到高的杠杆水平股票收益在一定范围上升的可能性时，我们就得到了一个 U 型的曲线，类似图 1 中 *mst* 曲线。[27]类似于图 2 中 $ML'G$ 曲线的股票收益曲线代表着一种 U 型的资本成本曲线，当然这已经被许多学者提到。自然地，这进一步暗示着对于为股东的最大利益而努力的管理者，U 型曲线的底部对应着“最优的资本结构”。[28]比较而言，根据我们的模型，这样的最优结构是不存在的，从资本成本的角度而言，所有资本结构是等价的。

尽管下降的（或至少是 U 型的）资本成本函数是前人文献的主流观点，这一观点的基本原理却并不清楚。其问题的关键在于，一旦达到某种约定的限度，

---

〔26〕 关于债务如何迅速增加公司的市场价值的典型的讨论，参见 W. J. Eiteman［4，esp. pp. 11 – 13］。

〔27〕 如果收益对杠杆的函数与脚注〔26〕中的公式（15）近似，U 型的资本成本曲线的性质可以被清晰地揭示。对等式（15）两侧乘以 S_j，我们得到：

$$\bar{\pi}_j^{\tau} = \bar{X}_j^{\tau} - rD_j = i_k^* S_j + \beta D_j + \alpha D_j^2/S_j$$

调整后得到：

$$\bar{X}_j^{\tau} = i_k^*(S_j + D_j) + (\beta + r - i_k^*)D_j + \alpha D_j^2/S_j \tag{18}$$

将公式（18）两侧同时除以 V_j，得到资本成本的表达式：

$$X_j^{\tau}/V_j = i_k^* - (i_k^* - r - \beta)D_j/V_j + \alpha D_j^2/S_jV_j = i_k^* - (i_k^* - r - \beta)D_j/V_j + \alpha(D_j/V_j)^2/(1 - D_j/V_j) \tag{19}$$

只要 α 为正数，这一函数就将是 U 型曲线。

〔28〕 典型的例子参见 S. M. Robbins［16，p. 307］和 Graham 和 Dodd［6，pp. 468 – 474］。

股票的期望收益与价格的比率基本上不受杠杆因素的影响，这甚至是不言自明的。通常只是想当然的或者只是断然声称市场就是如此行事的。〔29〕在某种程度上，我们有理由相信存在恒定的收益价格比，因为在大多数情况下我们都感觉到，“稳健”公司负担适度水平的债务并未增加股票的“风险”。由于适度杠杆额外带来的风险是非常小的，我们很自然地认为，公司不必通过支付更高的收益来引诱投资者进行投资。〔30〕

一个更复杂的论述由 David Durand［3，pp. 231 – 233］提出，他指出，由于保险公司以及其他重要的投资机构限于债券投资，非金融公司可以以低于自由市场中借款人所要求的利率向他们进行借款。这样，尽管他可能同意我们的“股东无法在无约束市场中通过杠杆收益”的观点，但他断定股东可以从现行的制度安排中受益。这种收益通过“安全的超级溢价”获得，该超级溢价是贷款者为了获得贷款特权而愿意支付给公司的金额。〔31〕

传统理论的观点与 Durand 的观点都存在一些有缺陷的环节，在于它们混淆了投资者主观的风险偏好和客观的市场机会。如前所述，我们的命题一和命题二的有效性不依赖于任何关于个人风险偏好的假设，也没有任何关于投资者面对既定风险会要求多少补偿才算足够的断言。我们的命题仅仅依赖于相同的商品在同一个市场中只会有一个价格，或者更精确地说，“捆绑”的两

〔29〕 例子参见 Graham 和 Dodd［6，p. 466］。

〔30〕 一个典型的结论如同后面 Guthmann 和 Dougall［7，p. 245］所说，理论上可以认为，使用优先股和债券所增加的风险将会抵消额外的收益，并避免出现普通的股票比拥有更少的债务以及更低回报的股票更有吸引力的情形。在实践中，如果投资者非常明智地将几种股票合理地混合在一起，从交易股票中获得的额外的收益往往被看作是投资者获得的充足的“风险升水”。

〔31〕 如同 Durand，Morton［15］主张“命题一与现实市场的背离在于不同杠杆水平导致的总资本成本的改变”（第 443 页，脚注〔2〕），但是这一论点的依据是不明确的。他特别强调在股票投资资金与债券投资资金之间缺乏流动性，以及在构建债券投资组合时所面临的心理上、制度上的压力（参见 pp. 444 – 451，尤其是第 453 页中关于最优资本结构的讨论）。从以上两点可以判断，他的立场与 Durand 很相似。

个商品的总价格不会与两个商品各自价格的加权平均（权重与两个商品在捆绑过程中各自占的比例相同）有所不同。

类比对我们理解这点有帮助。k 族无杠杆公司每美元的现金流的价格 $1/\rho_k$，与每美元确定性现金流的价格 $1/r$ 以及 k 族有杠杆公司 j 每美元的现金流的价格 i_j 的关系，本质上与全脂牛奶的价格、乳脂的价格、进行了一定程度脱脂的牛奶的价格的关系类似。我们的命题一指出，一个公司无法通过出售债券来融得一部分资金的方式来降低资本成本（即增加其收入流的市场价值），即使通过负债获取的资金更便宜。这一断言等价于命题：在完美市场条件下，奶农通常不可能通过将全脂牛奶分割成脱脂牛奶和乳脂并分别出售的方式获得更大的收益，即使乳脂的单位价格高于全脂牛奶。将全脂牛奶分为脱脂牛奶和乳脂销售获利纯属幻想，因为高价卖出乳脂的收益会被低价卖出的脱脂牛奶所抵消。同理，我们的命题二：每美元杠杆化公司现金流的价格会随着杠杆水平的提高而降低，也恰恰类似于在说：脱脂牛奶被脱脂的程度越高，其价格就越低。[32]

很明显，只要单位乳脂的价格比单位全脂牛奶的价格高，前述论断就是正

---

〔32〕 令 M 表示全脂牛奶的质量，B/M 为乳脂在牛奶中占的比例，并且令 p_M、p_B 以及 p_α 分别表示每单位重量的全脂牛奶、乳脂、脱脂牛奶（脱去总乳脂的 α）的价格，于是我们又得到如下完美市场的基本关系：

$$p_\alpha(M-\alpha B)+p_B\alpha B=p_M M, 0\leqslant\alpha\leqslant1 \tag{a}$$

说明出售全脂牛奶的收入总额 $p_M M$ 与将牛奶脱脂 αB 之后的收入总额是相等的。因为 p_M 对应于 $1/\rho$，p_B 对应于 $1/r$，p_α 对应于 $1/i$，M 对应于 $\bar{X}$ 以及 αB 对应于 rD。公式（a）等价于命题一，$S+D=\bar{X}/\rho$，从（a）我们得出：

$$p_\alpha=p_M\frac{M}{M-\alpha B}-p_B\frac{\alpha B}{M-\alpha B} \tag{b}$$

使得脱去乳脂的比例成为脱脂牛奶价格的函数，只要 $p_B>p_M$，函数就是减函数。公式（a）同样可变形为：

$$1/p_\alpha=1/p_M+(1/p_M-1/p_B)\frac{p_B\alpha B}{p_\alpha(M-\alpha B)} \tag{c}$$

这是对公式（8）给出的命题二的精确模拟。

确的，并且对消费者而言，即使少量添加乳脂的牛奶（增加了少量杠杆的股票）并不显著影响其味道（并不显著增加其风险）。更进一步，这一结论即使在面对Durand所设想的制度限制的时候仍然有效。假定大多数人习惯用餐的餐厅在法律上要求用乳脂代替牛奶（机构投资者的储蓄只能用于购买债券）。可以肯定的是，相对于没有限制的情形，乳脂的价格将趋向于更加高于脱脂牛奶（利率将会更低），并将会使得在家吃饭以及喜好脱脂牛奶的人获益（他们管理自己的投资组合，并且能够及愿意承担风险）。这与牧民无法通过将奶脂与牛奶分开销售来获利的意思相同（公司不能通过借入资金以减少自己的资本成本）。[33]

我们的命题可以被视为从传统的市场理论向资本市场中这个特例市场的扩展。持有时下观点的人，无论他们是否意识到，必须承认他们所持的理论不仅在建立均衡的过程中存在着时滞和摩擦，我们都能够感觉到这一点，[34]而且正如我们的命题所指出的，他们仅仅描述了中心趋势，观察到的结果往往是离散地围绕在中心趋势周围，但同时，其中可能存在着由于系统性非完美市场而导致的显著偏误。作为经济学家，无论如何都应该带着怀疑的目光看待问题。

但无论如何，要考察前面提到的对均衡的长期背离是否真的存在，或者我们的理论是否能够更好地刻画资本市场在长期的表现，都需要实证研究。因此，在继续讨论我们的投资理论之前，看一下证据或许是有帮助的。

E 基础命题的一些初步证据

不幸的是，我们目前收集到的证据还非常匮乏。事实上，我们只找到了最

〔33〕 喜欢寓言故事的读者会发现，与相关商品市场的类别可以比文章中更进一步。例如，市场利率的改变对总资本成本的影响与乳脂价格的改变对全脂牛奶的价格的影响是类似的。近似的，正如脱脂牛奶和乳脂的价格关系影响被放牧的牛的品种，i 和 r 的关系也会影响人们愿意承担风险的程度。如果人们喜欢乳脂，我们将会牧养格恩西奶牛，而如果人们愿意为了资金的安全而支付高昂的价格，他们将被鼓励投资于获得较低但较为确定的收益的实物资产。

〔34〕 几个具体的套利机制失效的例子可参见 Graham 和 Dodd［6，e. g.，pp. 646－648］。其中第646~647 页描述价格的矛盾之处，这段描述非常有趣，这种矛盾现在还存在。尽管事实上整整一代证券分析师都是被这本书培训出来的。

近的两篇（篇幅相当有限）聚焦于这一问题的文献。或许我们所希望的更全面的结果很快就可以出现，而现在，我们将简单地回顾这两篇文献提出的证据：（1）F. B. Allen［1］分析了43个大型电力公司的证券收益率与财务结构之间的关系；（2）Robert Smith［19］所做的一个类似的研究（未发表）：通过考察42个石油公司，检验Allen的发现是否同样存在于另一个具有很多不同特点的行业中。[35] Allen的研究数据基于1947年和1948年数据的平均数，而Smith的研究则基于1953年的数据。

杠杆对资本成本的影响。根据公认的观点，如公式（17）所展示的，至少在大多数情况下，平均资本成本 $\bar{X}^{\tau}/V$ 应当与杠杆率 D/V 成线性反比关系。[36] 根据命题一，k 族公司的平均资本成本应当趋向于具有相同的、与杠杆率相独立的 ρ_k^{τ}。可以通过检验 $\bar{X}^{\tau}/V$ 与 D/V 的相关性来简单地检验这两个备择假设。如果传统观点是正确的，相关系数应该显著为负；如果我们的观点可以更好地贴近现实，相关系数应不会显著异于0。

两项研究都提供了以下信息：D（债券和优先股市场价值）的均值；V（公司所有证券）的均值。[37] 从这些数据中我们可以很容易地计算 D/V，并且在下面的回归方程中，我们将这个比例（表示为一个百分比）记为 d。然而，

---

〔35〕这两位学者允许我们使用他们收集的数据，我们对此表示感谢。除了这两篇近期的研究成果，1938年联邦通讯委员会的研究［22］也经常被引用（尽管显然没有那么多人读过）。这一研究声称，对于1930年代的公共事业，存在一个最优的资本结构水平（正如前面定义的那样）或范围。然而在现在的统计标准下，这一研究对当前的问题并不能提供有价值的证据。

〔36〕在这一部分，为了简化符号，我们将去掉脚标 j，即表示某一具体公司 j 的标示，而这并不会带来混乱。

〔37〕请注意，目的是检验优先股，由于优先股也代表着可预期的固定偿还义务，因而将优先股与债券分在一类是合适的，尽管优先股的税息地位与债券不同，尽管优先股仅仅固定了付息的最大值而已。难以分类的是可转债优先股（以及可转换债券），这类证券将以大幅度溢价售出，不过幸运的是，这两份研究中提到的公司很少涉及这样的问题。Smith将银行贷款以及其他短期债务（按票面价值）作为石油公司的债务，或许这种分类有助于我们研究某些问题。然而，这些问题所涉及的金额都较小，并且验算表明，这些问题的存在与否只会导致检验结果的微小差异。

对变量$\bar{X}^{\tau}/V$的测量是非常困难的。严格地说，分子表示对税前的预期收益的衡量，但是没有关于这个变量的直接信息。我们遵循前面两位学者对这个变量进行近似的方法，(1) Allen 研究的公司在 1947 年和 1948 年实际净收益的平均值；(2) Smith 研究的石油公司在 1953 年的实际净收益。这两位学者将净收益定义为扣除公司所得税的利息、优先股红利、普通股收入的总和。虽然这种近似的预期收益非常粗糙，我们有理由相信这种近似还不至于产生导致回归结果符号方向变化的系统性偏误。然而，这种近似的粗糙性往往造成更大的离散程度，此外，粗糙的产业分类也是造成更大离散程度的原因，特别是对石油企业而言，假设所有石油企业是一个族的公司最多是大致有效的。

用 x 代表 $\bar{X}^{\tau}/V$（与 d 一样，均以百分比表示），检验结果如下：

$$\text{电力公司}\ x = 5.3 + 0.006d \qquad r = 0.12$$
$$(\pm 0.008)$$
$$\text{石油公司}\ x = 8.5 + 0.006d \qquad r = 0.04$$
$$(\pm 0.024)$$

图 3 和图 4 的散点图显示了上述方程背后的数据。

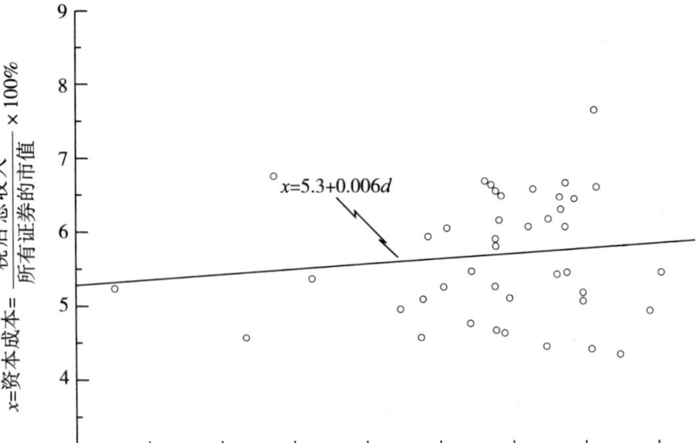

图 3　43 个电力公司在 1947～1948 年资本成本与财务结构的关系

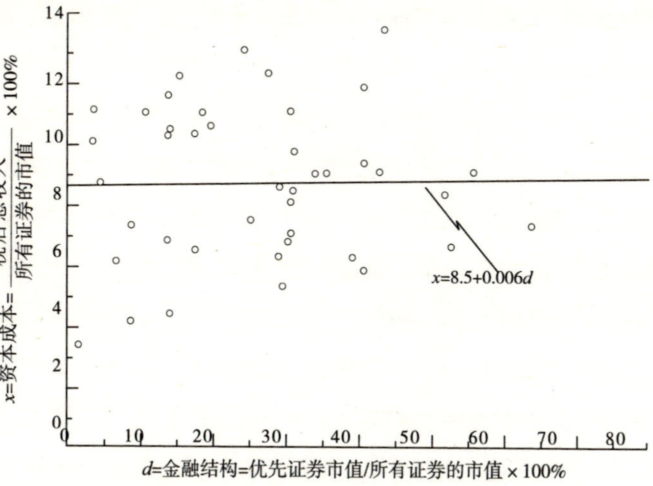

图4　43个石油企业在1953年资本成本与财务结构的关系

检验结果显然有利于我们的假设：两个检验的相关系数都非常接近于0，并且在统计上是不显著的。此外，即使是在相关关系的符号上，传统的理论都没有得到检验结果的支持。简言之，数据并没有提供任何证据证明资本成本会随着负债比例的增加而减少。[38]

从散点图中也应当能明确看出，不存在所谓的U型曲线关系——这种被

---

〔38〕也许有人会说，对传统理论的背离可能是计量方法中的偏误造成的。事实上，方程两边都除以V，这对随机变量的影响可能带来正的偏误。我们因此在文本中基于方程（16）进行了补充的检验。方程表明，如果传统的观点是正确的，对于给定的$\bar{X}^{\tau}$，在相关范围内随着公司债务上升而上升。而根据我们的理论，对于给定的$\bar{X}^{\tau}$，市场价值应该与D不相关。因为在样本中，公司规模具有极大的方差，所有的变量应当按照合适的规模进行分类来避免虚假检验。我们使用的公司票面价值以A表示，假设检验因此有如下形式：

$$V/A = a + b(\bar{X}^{\tau}/A) + c(D/A)$$

$\bar{X}^{\tau}/A$仍然是对实际净收益的近似。V/A与D/A的偏相关系数在传统理论中应当是正的，而在我们的理论中则应当是0。尽管等式两边同时除以A更可能导致我们接受传统观点的虚拟假设，然而以石油公司数据做的检验中，偏相关系数只有0.03，而以电力公司数据做的检验中，偏相关系数只有-0.28。这两个偏相关系数都不显著异于0，且绝对值较大的偏相关系数的符号方向还是负的。

人们广泛接受的资本成本与杠杆率的关系。这种图像化的印象被统计检验所证实：前述两个产业的曲率并不显著异于 0，其曲率实际上与传统的假设相反。[39]

同样注意到，根据我们的模型，回归方程的常数项是对 ρ_k^τ 的估计。ρ_k^τ 是我们所研究的无杠杆现金流的资本回报率（即该族公司的平均资本成本）。石油公司和电力公司 ρ_k^τ 的估计值分别是 8.5% 和 5.3%，无论从绝对值还是相对差异上，这符合我们的先验预期。

杠杆对普通股收益率的影响。根据我们的命题二［参见方程（12）和图 2］，对于给定公司族的普通股期望收益 $\bar{\pi}^\tau/S$，将趋向于随着杠杆率 D/S 的增加而增加。二者的关系应当为线性，且在相关范围内有着正的斜率（正如图 2 中的 MM' 曲线），虽然当我们尽量向右移动（移动到高杠杆倾向于推高优先资本成本的程度）时，它将逐渐趋于平坦（正如 MD' 曲线）。根据传统的观点，在大部分相关范围内，作为杠杆率的函数的收益率曲线应当是一条水平线（如同 ML' 曲线）；而在足够偏右的地方，收益率可能会趋向于加速上升。再一次，在这里，一个简单的相关关系（本例中为 $\bar{\pi}^\tau/S$ 与 D/S 的关系）可以提供一个对我们两个命题的检验。如果我们的观点正确，则相关关系应该显著为正；如果传统观点正确，则应当没有显著相关性。

与前面对 $\bar{X}^\tau$ 的处理一样，我们将 $\bar{\pi}^\tau$ 近似看作股票持有者的实际净收益。[40] 令 z 表示 $\bar{\pi}^\tau/S$（以百分比的形式），令 h 表示 D/S（同样以百分比的形

---

〔39〕 这些检验主要验证数据对脚注〔27〕中的方程（19）的拟合，正如这里展示的，假设服从 U 型曲线的假设，变量 $(D/V)^2/(1-D/V)$ 的系数 α 在随后以 d^* 表示，d^* 应当显著为正，我们得到的回归方程及偏相关系数结果如下：

$$\text{电力公司}\quad x = 5.0 + 0.017d - 0.003d^*\ ;\ r_{xd^*.d} = -0.15$$

$$\text{石油公司}\quad x = 8.0 + 0.05d - 0.03d^*\ ;\ r_{xd^*.d} = -0.14$$

〔40〕 正如前面所指出，Smith 的数据仅仅是 1953 年的。由于使用单独年份的数据作为对利润的衡量或许容易产生争议，我们收集了这些公司 1952 年的数据，并且令 $\bar{\pi}^\tau/S$ 等于两年的平均值。即 $\bar{\pi}^\tau/S$ 通过如下的方式计算： （转下页注）

式），我们可以得到如下结果：

$$\text{电力公司}\ z = 6.6 + 0.017h \qquad r = 0.53$$
$$(+0.004)$$
$$\text{石油公司}\ z = 8.9 + 0.051h \qquad r = 0.53$$
$$(\pm 0.012)$$

图 5、图 6 是这一回归的散点图：

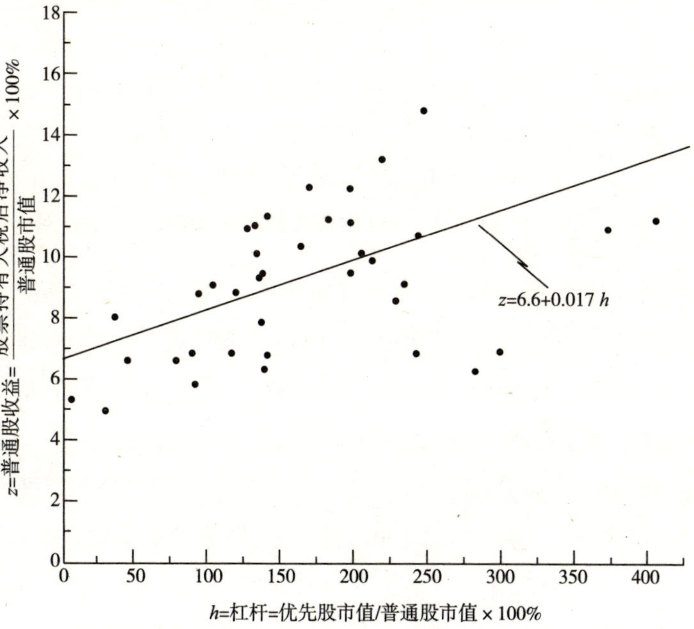

图 5　43 个电力公司在 1947 ~ 1948 年普通股收益率与杠杆率的关系

在这里，我们的理论似乎再一次被数据所证实。根据两个样本的大小，

(接上页注〔40〕)　$\left(\text{net earnings in 1952}\ \dfrac{\text{assets in '53}}{\text{assets in '52}} + \text{net earnings in '1953}\right)\dfrac{1}{2}$

$\div$ (average market value of common stock in '53)

这种调整粗略地考虑了公司规模增长可能性的影响。调整之后的结果比原来基于 1953 年数据用 $\bar{\pi}^{\tau}/S$ 计算所得相关性增加了 0.50 而已。

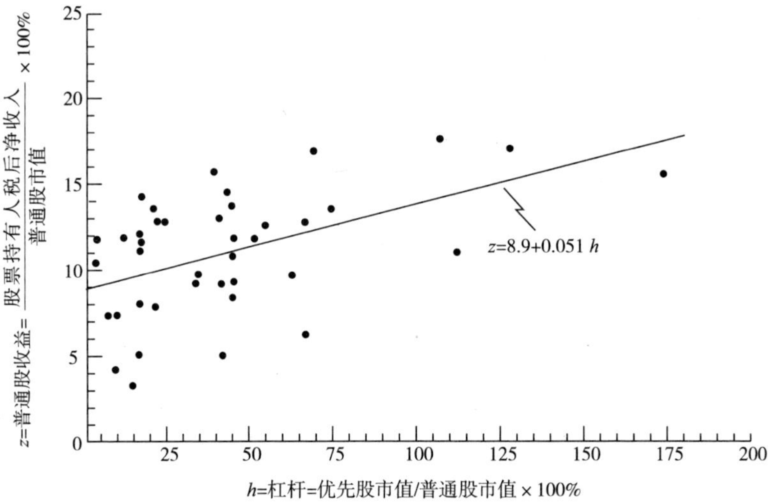

图 6　43 个石油企业在 1953 年普通股收益率与杠杆率的关系

对两个样本的检验得到的相关系数都显著为正。此外，对方程系数的估计结果也与我们的假设相当一致。根据方程（12），常数项应当表示特定族公司的 ρ_k^τ，而斜率应当是（$\rho_k^\tau - r$）。从命题一我们看到，石油类公司的 ρ_k^τ 的均值被估计为 8.7 左右。由于在研究期内优先资本的资本回报率大约为 3.5%，我们可以预期截距为 8.7%，斜率稍高于 5%。这些值非常接近于我们回归方程的估计值：8.9% 的截距项和 5.1 的斜率。对于电力公司而言，优先资本在检验年份的收益率仍然等于 3.5%，然而由于在命题一中对 ρ_k^τ 的估计为 5.6%，斜率将仅仅是 2%。实际的回归结果是 1.7，尽管稍低于我们的理论预期，但仍然在一个标准差的范围内。由于较低的斜率和高的杠杆率均值（$\bar{h}$ = 160%），回归中对常数项的估计为 6.6% 有点儿高，但并不显著异于从命题一中得到的数据 5.6%。

当我们在前述回归方程中添加一个平方项，以便检验其是否存在平方项以及曲线弯曲的方向，我们得到：

$$\text{电力公司}\ z = 4.6 + 0.004h - 0.007h^2$$

$$\text{石油公司}\ z = 8.5 + 0.072h - 0.016h^2$$

检验结果中的平方项均为负。事实上，对于电力公司而言，其杠杆率的分布范围更大，负的二次项系数在5%的程度上显著。我们看到，负的曲率明显违背了传统的假设，然而这一点可以轻易地被我们模型中的借款成本上升来解释。〔41〕

总之，我们所考察的实证证据似乎与我们的模型大体一致，并且在很大程度上与传统的观点不一致。当然，在坚定地声称我们的理论正确地描述了市场行为之前，我们需要进行更广泛的实证检验。特别是对于命题二的检验，我们更需要谨慎，一是由于检验过程中可能存在统计上的陷阱〔42〕，二是由于一些可以系统地影响股票收益率的变量没有被考虑进来。特别是，我们的检验忽略了分红比例在其中可能造成的影响，在近期这一问题引起了学界的广泛研究和思考。有两个原因造成了这种忽略。第一，我们检验的主要目的是评估我们的模型的初步性质，而在我们的模型中，分红比例不会影响理性投资者的行为。第二，在稳定的红利政策广泛存在的环境中，我们很难从表面的影响中分离出红利对股票价格的真实影响，这种真实影响意味着只有红利才是长期盈利预期的代理变量。〔43〕此外，红利比例与杠杆率之间可能存在的相互作用也加剧了我们刚才提到的困难。〔44〕

---

〔41〕 电力公司的资本收益率趋向于随着杠杆率增加而增加，这一事实在 Allen 论文中的散点图中可以明显地看出。收益率与杠杆率的关系中显著负的曲率或许可以部分地归因于，即与之前提到的对方程（12）的估计结果相比，截距项偏高和斜率项偏低。同样注意到，二次项的引入将显著降低通过估计得到的常数项，使其低于我们的先验预期值 5.6，尽管估计结果并不显著异于 5.6。

〔42〕 在我们的检验中，比如，两个变量 z 和 h 的分母都是 S，这可能会使相关关系产生正的偏误（参见脚注〔38〕）。尽管我们努力尝试寻找其他合适的检验，然而目前还没有找到令人满意的替代方法。

〔43〕 我们认为，很多人没有认识到这一困难，往往是由于一些对分红作用的错误的，或至少是毫无根据的论断。

〔44〕 在电力公司的样本中，收益和支付比例存在着负相关关系，且支付比例与杠杆率也存在着负相关关系，这表明收益率与杠杆率的负相关以及收益率与支付比例的负相关这两个负相关中至少有一个是（或至少部分是）伪回归。然而，这些困难没有出现在石油公司的样本中。初步分析表明，杠杆率与支付比例没有显著相关关系，收益率与支付比例也没有显著的相关关系（无论是总量层面的还是边际层面的）。

二　我们的分析对投资理论的含义

A　资本结构和投资策略

在我们关于资本成本和财务结构（暂时忽略税收）的命题的基础之上，我们可以得到企业最优投资政策的以下简单规则：

命题三　若 k 族中某公司在决策时以实现股东的最大利益为目标，则当且仅当投资收益率 ρ^* 不小于 ρ_k 时，该公司将利用一个投资机会。也即，在任何情况下对某公司的投资临界点将是 ρ_k，并且完全不会受到该公司的财务结构类型的影响。等价地，我们可以说，不考虑使用何种融资，某公司的资本边际成本等于其平均资本成本，平均资本成本则相应地等于该族中公司的未杠杆化现金流的资本报酬率。[45]

要论证这样的结论，我们需要考虑公司的 3 种主要融资方式——债券、留存收益和普通股，并证明在任何一种融资方式下，当且仅当 $\rho^* \geqslant \rho_k$ 时，才值得对该公司进行投资。[46]

首先考虑投资一个通过债券融资进行投资的公司。从命题一中我们得到，该公司在未被投资前的市场价值为：[47]

$$V_0 = \bar{X}_0/\rho_k \tag{20}$$

---

〔45〕本文提出的分析本质上是比较静态分析，而非动态分析。本注意事项尤其应当应用于命题三。关于诸如 r 与 ρ_k 的期望随时间而改变的问题本文不进行讨论。尽管这样的问题也可以在我们提出的一般框架中分析，然而这个问题已经足够复杂以至于需要单独进行研究。参见脚注〔18〕。

〔46〕将证明扩展到其他融资方式（比如发行优先股或者认股权证），是非常容易的事情。

〔47〕因为不会产生混淆，为了简单起见，我们再次忽略掉公式中的公司脚标 j。当然 ρ_k 除外，因为其下标在这里表示时期。

因此其普通股股票价值为：

$$S_0 = V_0 - D_0 \tag{21}$$

如果现在公司贷款 I 美元来为一个投资收益率为 ρ^* 的项目融资，公司的市场价值将会变为：

$$V_1 = \frac{\bar{X}_0 + \rho^* I}{\rho_k} = V_0 + \frac{\rho^* I}{\rho_k} \tag{22}$$

并且其普通股市值为：

$$S_1 = V_1 - (D_0 + I) = V_0 + \frac{\rho^* I}{\rho_k} - D_0 - I \tag{23}$$

或使用公式（21），得到：

$$S_1 = S_0 + \frac{\rho^* I}{\rho_k} - I \tag{24}$$

因此，当 $\rho^* > \rho_k$ 时，$S_1 > S_0$；当 $\rho^* = \rho_k$ 时，$S_1 = S_0$；当 $\rho^* < \rho_k$ 时，$S_1 < S_0$。[48]

为了说明起见，假设 k 族公司的不确定现金流的资本报酬率是 10%，而利率为 4%，那么如果某公司有 1000 美元的期望收益，且该公司完全通过发行股票融资，则该公司的市场价值为 10000 美元。假设公司的经理现在发现一个投资机会，需要 100 美元经费并预期获得 8% 的收益。乍一看，进行投资似乎是有利可图的，因为收益率是利息的两倍。然而，管理者必须要以 4% 的利率借得 100 美元，公司的期望收益增加至 1008 美元，而公司的市场价值则变为 10080 美元。然而该公司的财务结构中有 100 美元的债务，以至于是矛盾

---

〔48〕 在债券融资的情况下，债券的利率并不明确地影响决策（假设公司以市场利率水平借债）。而且，这一结论在第一节 C 部分描述的条件下也是成立的，即使债券利率往往是债务负担的增函数。在公司以市场利率以外的利率借入资金，以至于公式（24）中的两个 I 不再相等。根据不同情况，这将给股东带来额外的收益或损失。同样应当注意到，允许公式（24）中的两个 I 取不同的值为我们提供了一个将承销费用纳入分析的简单的方法。

的，这项显然是有利可图的投资导致该公司的价值从10000美元降至9980美元。或者，换一种方式，在增加杠杆率的假设下，以较低成本贷款所获得的收益将会被公司股票价值的折价所抵消。

接下来考虑公司通过留存收益融资的情形。假设公司在经营过程中收到了 I 美元现金（不损害其资产的盈利能力）。如果现金作为分红分给了股东，则股东的财富 W_0 在分红后为：

$$W_0 = S_0 + I = \frac{\bar{X}_0}{\rho_k} - D_0 + I \tag{25}$$

这里，$\bar{X}_0$代表公司资产在减少 I 之后的期望收益，但如果分红由公司保留，并用来为期望收益率为ρ^*的新资产融资，则股东的财富将变为：

$$W_1 = S_1 = \frac{\bar{X}_0 + \rho^* I}{\rho_k} - D_0 = S_0 + \frac{\rho^* I}{\rho_k} \tag{26}$$

很明显，当$\rho^* > \rho_k$时，$W_1 > W_0$；当$\rho^* = \rho_k$时，$W_1 = W_0$；当$\rho^* < \rho_k$时，$W_1 < W_0$。所以如果通过留存收益融资，该项投资当且仅当$\rho^* > \rho_k$时有利于股东。[49]

最后考虑公司通过发行股票的方式融资的情况。令 P_0 表示每股股票的现价，为了简便，我们假设，股票的价格只反映当时人们的预期收益，即股价并不反映考虑中的投资所带来的未来收益的增加。[50]那么，如果 N 是最初的股票数量，每股的价格为：

---

〔49〕 关于ρ_k是通过内部资金投资的临界点：内部资金不仅指未分配利润，还包括折旧免税额（甚至包括任何资产或资产的集合通过出售可实现的价值）。由于投资者通过投资 k 族的任意一家公司获得ρ_k的收益，当公司的边际投资收益低于ρ_k时，部分或全部地清算分配（清算分配相当于把不能获得ρ_k的“多余”资本都分发给了股东，以便保证所有投资的资本都可以获得ρ_k的收益——译者注）。

〔50〕 如果我们假设股票的市场价格确实反映了对股票未来更高收益的预期（我们前面提到的最初的一组假设仍然被严格遵循），我们的分析将会与前面的分析有一些细微的差异，但没有本质区别。决定是否进行新的投资的临界点仍然是ρ_k，但是当$\rho^* > \rho_k$时，股东此时的收益将大于未作投资时的期望收益。

$$P_0 = S_0/N \tag{27}$$

为了获得 I 美元，假设发行新股数量为 M：

$$M = \frac{I}{P_0} \tag{28}$$

投资后，公司的市场价值变为：

$$S_1 = \frac{\bar{X}_0 + \rho^* I}{\rho_k} - D_0 = S_0 + \frac{\rho^* I}{\rho_k} = NP_0 + \frac{\rho^* I}{\rho_k}$$

并且每股的价格为：

$$P_1 = \frac{S_1}{N+M} = \frac{1}{N+M}\left[NP_0 + \frac{\rho^* I}{\rho_k}\right] \tag{29}$$

由公式（28）$I = MP_0$，我们可以在公式（29）等式右侧括号内增加 MP_0 再减去 I，得到：

$$P_1 = \frac{1}{N+M}\left[(N+M)P_0 + \frac{\rho^* - \rho_k}{\rho_k}I\right] = P_0 + \frac{1}{N+M}\frac{\rho^* - \rho_k}{\rho_k}I > P_0,$$

$$\text{当且仅当 } \rho^* > \rho_k \tag{30}$$

所以，只有当投资项目的收益率 $\rho^* > \rho_k$ 时，通过股票为该项目融资会对原来的股东有利。

给出一个数值的例子或许会有助于阐明我们的结论，并让我们弄清楚为什么取舍率（cut - off rate）是 ρ_k 而非股票的收益率 i。假设某公司 ρ_k 是 10%，r 是 4%。一开始，公司的预期收入为 1000 美元，并且管理层有机会投资 100 美元并获得 12% 的收益。如果开始时公司的资本结构是 50% 的债务和 50% 的股本，并且公司首次发行时发行了 1000 股股票。那么，根据命题一，公司股票价值是 5000 美元或 5 美元一股。进一步，由于利息费用等于 5000 × 4% = 200，普通股的收益率是 800/5000 = 16%。通过发行 20 股股票为额外的 100 美元融资看似会导致对每股股价的稀释，因为可以获得 12% 收益的 100 美元是以发行收益率为 16% 的股票获得的。然而，公司的收入会变为 1012 美元，公司的价值变为10120美元，股票的总价值变为5120美元。由于现在有1020股股票，每股股票将值5.02美元，因而股东的财富增加了。每股期望收益被稀释（从0.80美元到0.796美元）了，但被稀释的部分被股票市场价值的上升所抵消。

再一次，我们的结论与传统的观点有着相当大的差异，[51]这种差异是如此之大，以至于容易被误解。乍看之下，命题三似乎意味着：一个公司的资本结构是无关紧要的，因此，公司金融的核心问题——公司的最优资本结构问题——完全不值得讨论。因此，搞清楚这些可能的误解或许是对我们有帮助的。

B　命题三和公司的财务计划

为了避免对命题三的范围产生误解，我们要牢记该命题仅仅告诉我们：一项投资是否值得与公司使用何种金融工具为其融资无关。这并不意味着：股东（或管理者）对各种融资方式一视同仁、没有偏好；或在公司金融层面上没有其他关于融资的策略或技术问题。

偏好于某种财务结构的理由仍然存在于我们的模型框架中，并可以轻易地从普通股融资的例子中发现。一般而言，除了像一次广为人知的石油罢工，我们认为在形成对未来收益的预期过程中，人们为现在和最近过往的收益附加了非常大的权重。因此，如果一个公司股东发现了一个重大投资机会且其收益率大于ρ_k，则公司最好不要选择通过股票进行融资，因为此时的股价或许不能反映新项目的风险。更好的办法是抢先发行股票（在这方面，我们应当记住，股东可以自由地借入资金和购买股票）。另一种可能的方法是最初通过债务的方式融资。一旦项目本身已经反映到增加的实际收益中，为项目融资的债务就可以通过以更合理的股价发行股票或留存收益来偿还。还有一种沿着同样思路的可能的方法是，通过发行可转换债券和优先股（或许转换率

[51] 在不确定性条件下的投资策略，没有一种固定的策略可以作为“教条”。以下给出一个完全不同的例子，参见Joel Dean［2，esp. Ch. 3］，M. Gordon和E. Shapiro［5］以及Harry Roberts［17］。

是逐步下降的），从而把以上两个步骤合并在一起。即使这样一个两阶段融资计划所发行的股票也可能被视为收益率过高，因为从效果上看，新股东获得了在未来该公司可能发现的相似投资机会的收益。如果有理由相信在不久的将来，会有大量的投资机会出现，或存在现在借入资金将有碍于未来借入更多的资金的风险，股东们或许认为将现在要进行的投资项目从公司中拆分出来，成立一家财务独立的子公司能够最好地保护其本身的利益。很明显，主要的问题是做出关键的估计并制定最优的财务策略，这很重要，即使这与制定基本的投资决策（只要$\boldsymbol{\rho}^{*} \geqslant \boldsymbol{\rho}_{k}$）毫无关系。[52]

为什么不同的财务计划可能无关紧要的另一个原因源于这样一个事实，即管理者的目标不仅仅是增进公司所有者的收益。管理者的其他目标——未必与公司所有者存在利益冲突——导致管理者更偏爱某种财务融资方式。比如，在许多种借款协议中，债权人规定的某些条款，被管理者视为侵犯了他们的权利或限制了他们的自由经营。债权人甚至可以坚持要求对其经营决策施加直接影响。[53]因此，在某种程度上，财务政策对公司的管理有重大的含义，本文导言部分介绍的效用分析与财务（而非投资）决策有关。然而，现在涉及的管理者的效用函数而非股东的效用函数。[54]

总之，在传统的公司金融理论占有很大篇幅的很多具体问题，可以很容易

---

〔52〕 我们也不能排除这种情况：股东在无法使用融资计划来保护其利益时，或许更愿意放弃其他有利可图的风险投资，而不是给外来者过多分享其收益的机会。这是很可能的，因为股东们可以理直气壮地说现在“权益资本”短缺。虽然这种市场不完美的情形很可能仅仅对在小公司或新公司才重要。

〔53〕 在涉及分红政策时也会有类似的考虑。尽管只要投资政策是最优的，股东就对采用何种分红政策漠不关心，管理者却未必如此。相比于其他资金来源，通过留存收益融资不太会造成管理层被控制，也不必支付任何承销费用。但获得了这些优势的代价是：事实上，以留存收益为基础的红利收益率的剧烈变动往往让人们觉得该公司经营不善，并危及管理层的专业地位。

〔54〕 原则上，在涉及融资方法时，引入管理者风险偏好将会极大地调和命题三和一些实证发现的明显冲突。这些实证结果参见 Modigliani 和 Zeman ［14］关于利率与新债和新股比例的紧密关系的研究；或者 John Lintner ［12］关于保持实际分红支付率稳定性的研究。

地纳入到我们的简单框架中，而不必对我们主要关注的结论做出巨大的（当然也不会是系统性的）改变。我们主要关注的结论也就是：对于投资决策而言，边际资本成本为ρ_k。

C 公司所得税对投资决策的影响

在第一节，我们介绍了引入完全的公司所得税，命题一的初始版本：

$$\bar{X}/V = \rho_k(\rho_k \text{ 为常数})$$

必须写为：

$$\frac{(\bar{X} - rD)(1 - r) + rD}{V} \equiv \frac{\bar{X}^{\tau}}{V} = \rho_k^{\tau}(\rho_k^{\tau} \text{ 为常数}) \tag{11}$$

整个第一节我们发现将$\bar{X}^{\tau}/V$看作资本成本是很方便的。然而，对与投资决策有关的资本成本的适当测度，是税前期望收益与市场价值的比率，即$\bar{X}/V$。从上面的公式（11）我们发现：

$$\frac{\bar{X}}{V} = \frac{\rho_k^{\tau} - \tau r(D/V)}{1 - \tau} = \frac{\rho_k^{\tau}}{1 - \tau}\left[1 - \frac{\tau rD}{\rho_k^{\tau}V}\right] \tag{31}$$

这表明，资本成本取决于债务率，当D/V上升时资本成本将以恒定比例$\tau r/$（$1 - r$）下降。[55]利息费用可以作为可抵扣费用降低企业所得税额，因而即使在完美资本市场中，股东可以通过提高资本结构中债务的比例来增

---

〔55〕原则上，公式（31）是经得起类似于第一节E部分所描述的那些统计检验的。但到目前为止，我们还没有做出任何系统化的尝试，因为无论Allen还是Smith的研究都没有提供我们所需要的信息。实际上，Smith的数据对税收的估计非常粗糙，并且根据他的估计，我们得到了$\bar{X}/V$和D/V的负相关关系。然而相关系数（-0.28）只在10%的水平上显著。尽管这个结果不是很有说服力，但要记住的是，根据我们的理论，回归方程的斜率在任何情况下都应该很小。事实上，当τ的值大约为0.5、ρ_k^{τ}大约为8.5%、r大约为3.5%时（参见第一节E部分），意味着D/V即使从0增加到60%（这几乎是该样本整个的波动区间），也仅仅会使资本成本从17%下降到15%。

加收益。当然，从公式（31）中也可以看出，由此增加的收益很少，并且这一点将在下文中更明确地展示出来。

通过将方程（31）中 D/V 解释为：为额外 V 美元融资过程中，债务所占的比例。我们得到了经过税收调整的命题三。比如，在完全依靠发行股票融资的情形下，$D=0$，企业融资要求的回报率 ρ_k^S 为：

$$\rho_k^S = \frac{\rho_k^\tau}{1-\tau} \tag{32}$$

而对于完全通过债务融资 $D=V$ 的情形，企业融资要求的回报率 ρ_k^D 为：

$$\rho_k^D = \frac{\rho_k^\tau}{1-\tau}\left[1-\tau\frac{r}{\rho_k^\tau}\right] = \rho_k^S\left[1-\tau\frac{r}{\rho_k^\tau}\right] = \rho_k^S - \frac{\tau}{1-\tau}r \text{〔56〕} \tag{33}$$

对于通过留存收益融资的情况，定义要求的回报率比较困难，因为它涉及对股东获得分红和资本增值的税务影响的对比。依赖于资本利得实现的时间，留存收益的资本利得可能按照普通收入税税率或其税率的50%、25%、0（如果持有到去世）来课税。任何一次分红要支付的税率取决于股东其他收入的多少，并受到分红时股息抵扣税款的具体规定的影响。如果我们假设管理者可以合理估计股东的平均税率，企业融资要求的回报率 ρ_k^R 为：

$$\rho_k^R = \rho_k^\tau \frac{1}{1-\tau}\cdot\frac{1-\tau_d}{1-\tau_g} = \frac{1-\tau_d}{1-\tau_g}\rho_k^S \tag{34}$$

其中，τ_d 为假设的分红的个人收入税税率，而 τ_g 为假设的资本利得税税率。

一个数值的例子或许会帮助我们理清这些要求的回报率之间的关系。本例中，我们采用如下整数值作为例子：税后资本回报率 ρ_k^τ 为10%，债券利率为4%，公司所得税为50%，分红的边际个人所得税率为40%（对应

〔56〕 尽管优先股之前和债务分在了一类里面，这里的结论不能扩展到优先股。因为除了一部分公共企业，一般而言，公司的优先股股息不可抵扣公司所得税税款。因而通过优先股融资的临界点和通过股票融资的情形是一样的。

于约25000美元的收益），以及资本利得税率20%（分红的边际税率的一半）。则要求的回报率为：（1）完全通过发行新股融资需要20%的回报率；（2）完全通过发行债务融资需要16%的回报率；（3）完全通过内部基金（存留收益——译者注）融资需要15%的回报率。

对我们现在讨论的税务对财务决策和投资的影响，这些结果似乎有着重要的意义。尽管这里我们无法详细探讨结果的含义，我们至少可以指出股权资金和债券资金的"成本"明显存在着细小的差异。在我们假定的数值下，股票融资只比债务融资贵25%，而非人们普遍认为的要贵5倍。[57]出现巨大差异的原因在于，传统观点的出发点是：即使在不考虑税收的情况下，股票的成本是债务成本的许多倍，税收的作用只是按照公司税率成比例地扩大成本比率。相比之下，在我们的模型中，考虑了债务融资对股票价值的影响，资本成本唯一的差异在于（译者注：相比于股票融资对股票价值的影响）税负不同，其大小仅仅是税负在"总的"利息费用中所占的比例。不仅这种差异本身一般都非常小，而且我们的分析进一步指出了一个矛盾：利率越低，我们使用债务融资为股东带来的收益就越少，因而使用债务融资的动机就越小。在极端情形下，当公司几乎可以无成本地借到资金时，公司也就几乎不会通过债务融资了。

三 结论

随着命题三的提出，我们在本文引言中概述的主要目标已经达到。在命

---

〔57〕 例子参见D. T. Smith［18］。还应当指出的是，我们的税务系统会从其他方面减少债务融资的收益。例如，当资本结构中债务所占比例过高时，这个公司将其很大比例的收入作为利息费用，而得到这些利息费用的人要缴个人所得税。相比之下，无债务的公司可以将其（较少的）收入再投资，此时股东只需要支付较少的资本利得税（或持有股票直至死亡，根本不必缴纳税款）。因此，为了股东的利益，我们应当保持较高的杠杆率，甚至在公司预期未来不需要太多资产来扩大资产规模和收益时亦是如此。在某种程度上，大概那些最成功的公司都拥有很多增长的机会（投资机会——译者注），此时为了股东的最大收益，公司应当尽量用留存收益进行投资。

题一和命题二中，我们至少奠定了在不确定性条件下为公司和股票进行估值的理论基础。此外，我们已经展示了这些理论如何导出了一个资本成本的可操作定义，以及这一概念如何成为公司的理性投资决策的基础。毋庸赘言，在使资本成本从单纯的理论探讨走向可以解决实际问题的过程中还有很多事情要做。我们的方法是静态的局部均衡分析，它假设：除其他外，它假定资本市场中存在着原子竞争的状态，并且只有那些相对较小（但很重要）的公司族更容易接近这些市场。为了完全抓住问题的实质，这些和其他严重的简化都是必要的。在完成了上述探讨之后，之前的简化假设可以被逐渐放松以便更加贴近现实。我们希望其他对这一领域感兴趣的学者共同完成这一任务。

参考文献

[1] F. B. Allen, "Does Going into Debt Lower the 'Cost of Capital'?" *Financial Analysts Journal*, Aug. 1954, 10, pp. 57 – 61.

[2] J. Dean, *Capital Budgeting*, New York, 1951.

[3] D. Durand, "Costs of Debt and Equity Funds for Business: Trends and Problems of Measurement," in National Bureau of Economic Research, *Conference on Research in Business Finance*, New York, 1952, pp. 215 – 247.

[4] W. J. Eiteman, "Financial Aspects of Promotion," in *Essays on Business Finance* by M. W. Waterford and W. J. Eiteman, Ann Arbor, Mich. 1952, pp. 1 – 17.

[5] M. J. Gordon and E. Shapiro, "Capital Equipment Analysis: The Required Rate of Profit," *Management Science*, Oct. 1956, 3, pp. 102 – 110.

[6] B. Graham and L. Dodd, *Security Analysis*, 3rd ed. , New York, 1951.

[7] G. Guthmann and H. E. Dougall, *Corporate Financial Policy*, 3rd ed. , New York, 1955.

[8] J. R. Hicks, *Value and Capital*, 2nd ed. , Oxford, 1946.

[9] P. Hunt and M. Williams, *Case Problems in Finance*, rev. ed. Homewood, I11, 1954.

[10] J. M. Keynes, *The General Theory of Employment, Interest and Money*, New

York, 1936.

[11] O. Lange, *Price Flexibility and Employment*, Bloomington, Ind. , 1944.

[12] J. Lintner, "Distribution of Incomes of Corporations among Dividends, Retained Earnings and Taxes," *American Economic Review*, May 1956, 46, pp. 97 – 113.

[13] F. Lutz and V. Lutz, *The Theory of Investment of the Firm*, Princeton, 1951.

[14] F. Modigliani and M. Zeman, "The Effect of the Availability of Funds, and the Terms Thereof, on Business Investment," in National Bureau of Economic Research, *Conference on Research in Business Finance*, New York, 1952, pp. 263 – 309.

[15] W. A. Morton, "The Structure of the Capital Market and the Price of Money," *American Economic Review*, May 1954, 44, pp. 440 – 454.

[16] S. M. Robbins, *Managing Securities*, Boston, 1954.

[17] H. V. Roberts, "Current Problems in the Economics of Capital Budgeting," *Journal of Business*, 1957, 30 (1), pp. 12 – 16.

[18] D. T. Smith, *Effects of Taxation on Corporate Financial Policy*, Boston, 1952.

[19] R. Smith, "Cost of Capital in the Oil Industry," (hectograph) Pittsburgh: Carnegie Inst. Tech. , 1955.

[20] H. M. Somers, " 'Cost of Money' as the Determinant of Public Utility Rates," *Buffalo Law Review*, Spring 1955, 4, pp. 1 – 28.

[21] J. B. Williams, *The Theory of Investment Value*, Cambridge, Mass, 1938.

[22] U. S. Federal Communications Commission, *The Problem of the "Rate of Return" in Public Utility Regulation*, Washington, 1938.

王沫尘 译　邹光 校

资本理论和投资行为*

戴尔·乔根森 (DALE W. JORGENSON) **

引　言

在所有经济学文献中，经济理论与计量实证研究最难取得一致的，莫过于有关固定资本的商业投资的研究。根据新古典资本理论，例如由 Irving Fisher 详细阐述的，一家厂商选择生产计划是为了随着时间推移最大化效用。在特定众所周知的条件下这导致企业净值的最大化，并以此作为最优资本积累的标准。积累资本是为了提供资本服务，这是生产过程的投入。出于方便考虑包括资本服务在内的投入和产出之间的关系由生产函数概括。尽管这个理论已经通行了至少 50 年，现在它正被重新关注。该理论好像正获得进一步流通和更广泛的理解。

相比之下，关于商业投资的计量文献充斥一些临时性的描绘语言，如“产能原理”“利润原理”以及类似的术语。

由于缺乏足够的精确性，借助于“理论”，一个人能够任意理性化这种概括。然而，即使受到极大不明确性的辅助，调和关于投资的计量文献理论和

---

* 原文发表于 1963 年第 53 卷第 2 期。本文的研究是作者在芝加哥大学福特基金会研究教授时完成的。研究由国家科学基金会支持。

** 作者系加州大学伯克利分校教授。

新古典最优资本积累理论仍是不可能的。新古典理论的中心特征是资本需求对相对要素价格变化的反应，或者要素价格对产出价格的比例。这个特征在关于投资的计量文献中全然不见。

新古典理论中，对资本的研究与计量经济学中的发现越来越背道而驰。确实已经有人尝试证实该理论。利润和产能理论家们要么在尝试利息率，要么尝试投资品价格。总的来说，这些努力都不成功；天真的实证主义者只能下结论，这对理论而言更糟糕。我相信应该可以说，以前“检验”新古典资本理论的尝试并没有形成关于该理论的准确刻画，以至于新古典理论有效性的议题仍然未定。这里没有足够空间详细记录这一点，但接下来我将设法阐明我所认为的对该理论的准确刻画。

坦率地讲，本文的目的是呈现一种基于新古典最优资本积累理论的投资行为理论。当然，资本需求并不是投资需求。投资行为短期内的决定取决于对资本需求变化滞后反应的时间形式。简单起见，假定滞后反应的时间形式是固定的。同时对滞后形式采取一种比文献中约定俗成的形式更普遍的假设。最后，假定重置投资与资本存量成比例。尽管约定俗成，但如下文将要呈现的一样，这一假定成立的理由很深刻。许多该理论的经验检验会呈现，随之还有关于滞后反应的时间形式新证据的分析，以及由于潜在市场条件和税收结构变化导致的长期资本需求变化的分析。

理论总结

资本存量需求用来最大化净值。净值被定义为折现净收入的积分；所有价格，包括利率，都被视为固定不变的。净收入被定义为当前收入减去经常账户和资本账户的支出，包括税收。让 t 期的税前收入为 $R(t)$ ，直接税收为 $D(t)$ ，r 为利率，净值为 W ：

$$W = \int_0^{\infty} e^{-rt}[R(t) - D(t)]dt$$

我们将会推出两种投入和一种产出净值最大化的必要条件，两种投入为流量和资本。该方法很容易推广到多种投入和产出。

令 p 为产出的价格，s 为工资率，q 为资本品的价格，Q 为产出量，L 为可变投入的数量，例如劳动，I 为投资率；净收入为：

$$R = pQ - sL - qI$$

让 u 为直接税率，v 为对重置征收收入税的比例，w 为对利息的比例，x 为对资本损失征收收入税的比例；K 为资本存量，δ 为重置率，直接税收为：

$$D = u[pQ - sL - (v\delta q + wrq - x\dot{q})K]$$

在一个标准的新古典生产函数和资本存量的增长率为投资减去重置的约束下，我们得到边际生产力条件：

$$\frac{\partial Q}{\partial L} = \frac{s}{p}$$

$$\frac{\partial Q}{\partial K} = \frac{q\left[\frac{1 - uv}{1 - u}\delta + \frac{1 - uw}{1 - u}r - \frac{1 - ux}{1 - u}\frac{\dot{q}}{q}\right]}{p}$$

第二部分的分子为“影子”价格或者每一期一单位资本服务的隐性租金。我们把这称为资本的使用者成本。我们假定所有资本所得都被视为“暂时的”，这使得使用者成本的公式，缩减为：

$$c = q\left[\frac{1 - uv}{1 - u}\delta + \frac{1 - uw}{1 - u}r\right]$$

我们假定一方面产出和就业，另一方面资本存量，是由一种迭代过程决定的。在每一期，给定第一个边际生产力条件以及一个资本存量固定在现有水平上的生产函数，生产和就业由此水平决定；资本的需求水平由既定的第二个边际生产力条件，以及既定的产出和就业决定在稳态的市场条件下，容易看到这样一个过程会收敛到需求的净值的最大值上。让 K^* 代表资本存量的需求量，如果生产函数是柯布－道格拉斯函数，产出关于资本的

弹性为 γ：

$$K^{*}=\gamma\frac{pQ}{c}$$

我们假设完成投资项目的时间分布是固定的。令时期 τ 项目完成的比例为 w_{τ}。如果新项目的投资是 I_t^E，新工程的开工水平为 I_t^N，投资是过去开工量的一个加权平均数：

$$I_t^E=\sum_{\tau=0}^{\infty}w_{\tau}I_{t-\tau}^N=w(L)I_t^N,$$

此处 $w(L)$ 是滞后算子 L 的一个幂级数。我们假定在每一期，直到未完成项目的积压量等于需求的资本存量 K_t^* 和实际资本存量 K_t 的差，新项目才会开工。

$$I_t^N=K_t^*-[K_t+(1-w_0)I_{t-1}^N+\cdots]$$

这意味着：

$$I_t^E=w(L)[K_t^*-K_{t-1}^*]$$

很容易把投资过程的中间阶段吸收进理论中。具体而言，我们考虑有两个中间阶段的情形，这可以表示为两季度的预期投资和一季度的预期投资。一个类似的方法可以应用到更多中间阶段，例如拨款或者委托。给定新项目开始，第一阶段完工量的分布可以有一个序列描述，例如 $\{v_{0\tau}\}$；相似的，给定第一阶段的完工，第二阶段完工量的分布可以由序列 $\{v_{1\tau}\}$ 描述。最后，给定第二中间阶段的完成，投资支出的分布由序列 $\{v_{2\tau}\}$ 描述。这里 $I_t^{S_1E}$ 代表第一阶段的完工量，$I_t^{S_2E}$ 为第二阶段的完工量，I_t^E 为实际投资，如前面，我们有：

$$I_t^{S_1E}=\sum_{\tau=0}^{\infty}v_{0\tau}I_{t-\tau}^N=v_0(L)I_t^N$$

$$I_t^{S_2E}=\sum_{\tau=0}^{\infty}v_{1\tau}I_{t-\tau}^{S_1E}=v_1(L)I_t^{S_1E}$$

$$I_t^E = \sum_{\tau=0}^{\infty} v_{2\tau} I_{t-\tau}^{S_2E} = v_2(L) I_t^{S_2E}$$

此处 $v_0(L)$ ，$v_1(L)$ 和 $v_2(L)$ 是滞后算子的幂级数。

至此我们已经讨论过由需求资本存量增加产生的投资。总投资，例如 I_t 是扩张投资和重置投资，例如 I_t^R 的总和：

$$I_t = I_t^E + I_t^R$$

我们假定重置成本与资本存量成比例。对该假设的合理解释为，重置的合适模型不是对单一投资的重置随时间展开的分布，而是由单一投资产生的一个无限重置流；用概率论的语言，重置是一个重复出现事件。这是更新理论的一个基本结果，即对单一投资重置的（几乎）任意分布和任意资本存量的初始分布而言，这样一个无限流的重置接近其资本存量的固定比例。对不变的资本存量或增长的资本存量而言这都是真实的。用 δ 代表重置比例，像前面一样。

$$I_t^R = \delta K_t$$

把这个关系与在新项目投资中对应的关系结合，我们有：

$$I_t = w(L)[K_t^* - K_{t-1}^*] + \delta K_t$$

利用资本存量持续使用直到它被替换这一假设，我们得到每个中间阶段对应的总投资的关系，例如 $I_t^{S_1}$ 和 $I_t^{S_2}$ ：

$$I_t^{S_1} = v_0(L)[K_t^* - K_{t-1}^*] + \delta K_t$$

$$I_t^{S_2} = v_1(L)v_0(L)[K_t^* - K_{t-1}^*] + \delta K_t$$

我们也能得到如下的：

$$I_t^{S_2} = v_1(L)[I_t^{S_1} - \delta K_t] + \delta K_t$$

$$I_t = v_2(L)[I_t^{S_2} - \delta K_t] + \delta K_t$$

$$I_t = v_2(L)v_1(L)[I_t^{S_1} - \delta K_t] + \delta K_t$$

对投资行为理论进行经验验证，必不可少的是幂级数，$v_0(L)$，$v_1(L)$ 和 $v_2(L)$，通过有理函数产生的系数，例如：

$$w(L) = v_2(L)v_1(L)v_0(L) = \frac{s(L)}{t(L)}$$

这里 $s(L)$ 和 $t(L)$ 是多项式。我们会把对应于这样一个幂级数系数的分布称作一个有理幂级数分布。几何分布和帕斯卡分布是这种有理幂级数分布的特殊形式。

实证结果

为了检验前一部分总结的投资行为理论，对应的随机方程已用来拟合 1948 ~ 1960 年美国制造业的季度数据。关于投资的数据摘自 OBE – SEC 调查，调查中报告的投资支出第一和第二预期被用作中间阶段[1]。有两个中间阶段，六种可能的关系可能被拟合。首先，对实际投资和全部中间阶段，投资的水平是由资本存量需求的过去变化决定。其次，投资是由每一中间阶段的过去值决定，第二预期是由第一预期的过去值决定。对理论的第一个检验是滞后算子每一个潜在幂级数系数直接估计值和引致估计值间的内在一致性。

---

〔1〕 有关资本存量的数据是通过将资本存量序列插值进入 1949 ~ 1959 年美国国民账户中提供的总投资，使用公式

$$K_{t+1} = I_t + (1 - \delta)K_t$$

给定投资序列，δ 的一个特殊值可能由资本存量的初始值和终值决定。来自 OBE – SEC 调查的投资数据用来插值。对欲求资本存量，数量 pQ 被当作销售额加存货的变动，这些数据都来自当期商业调查。使用者成本取决于许多不同价格的数据。数量 q 是一个投资平减指数，δ 当然是一个固定参数（被看作等于 0.025），r 是美国政府长期债券收益率。税收函数随时间改变；作为一个例子，税率 u 是公司收入税收支付和公司税前利润的比例，在美国国民账户中报告。有关该研究的数据将会在别处详细描述。

表 1

回归系数和拟合优度统计量（非限制估计）

回归	γs_0	γs_1	γs_2	t_1	t_2	δ	R^2	s	Δ^2/s^2
$v_2v_1v_0$			0. 00102 （0. 00049）	-1. 51911 （0. 09945）	0. 63560 （0. 10098）	0. 02556 （0. 00163）	0. 94265	0. 10841	2. 14039
v_1v_0		0. 00132 （0. 00073）		-1. 25242 （0. 12667）	0. 36656 （0. 12977）	0. 02618 （0. 00240）	0. 89024	0. 16229	2. 00431
v_0	0. 00109 （0. 00085）			-1. 26004 （0. 13044）	0. 37281 （0. 13138）	0. 02549 （0. 00278）	0. 87227	0. 18974	2. 37298
v_2v_1			0. 81357 （0. 03492）			0. 01962 （0. 00175）	0. 92729	0. 11955	1. 16294
v_2		0. 90024 （0. 02722）				0. 02295 （0. 00127）	0. 96234	0. 08604	1. 47693
v_1		0. 89462 （0. 03145）				0. 02337 （0. 00155）	0. 95121	0. 10597	1. 70179

续表

回归系数和拟合优度统计量（受限制估计）									
回归	γs_0	γs_1	γs_2	t_1	t_2	δ	R^2	s	Δ^2/s^2
$v_2v_1v_0$			0. 00106 (0. 00049)	-1. 52387 (0. 09925)	0. 63100 (0. 10074)		0. 94156	0. 10830	2. 10778
v_1v_0		0. 00133 (0. 00073)		-1. 25704 (0. 12509)	0. 36769 (0. 12862)		0. 88986	0. 16087	2. 00549
v_0	0. 00109 (0. 00084)			-1. 26395 (0. 12942)	0. 37300 (0. 13051)		0. 87128	0. 18848	2. 53442
v_2v_1			0. 82764 (0. 04037)				0. 89995	0. 13883	0. 87127
v_2		0. 91545 (0. 02933)					0. 95406	0. 09409	1. 23560
v_1		0. 90271 (0. 03276)					0. 94538	0. 11100	1. 53759

拟合的结果在表1给出。对每一个拟合的关系，在每一个幂级数的有理函数表达式中，多项式 $s(L)$ 和 $t(L)$ 的系数都给出〔2〕。例如幂级数 $v_2(L)\ v_1(L)\ v_0(L)$ 表达为：

$$v_2(L)v_1(L)v_0(L) = \frac{0.00106L^2}{1 - 1.52387L + 0.63100L^2}$$

由数据估计出的资本存量重置率 δ 的值为0.025。跑了两组回归，一组使用从数据中拟合的 δ（非限制），另一种使用 $\delta = 0.025$（受限制）。自始至终，多种决定的系数 R^2，回归估计值的标准误 s，还有 VonNeumann 比例 Δ^2/s^2 都用作拟合优度的测量。

对理论的第一组检验是对每一个基本幂级数不同估计值的比较。作为一个例子，我们可以假定幂级数 $v_2(L)$ 和 $v_1(L)$ 的直接估计相乘时，给出的 $v_2(L)v_1(L)$ 的估计，接近于通过直接估计得到的结果。利用无限制估计，这个比较的结果为：

$$0.91545L \cdot 0.90271L = 0.82639L^2$$

得到的估计值，可以与直接估计值 $0.82764L^2$ 进行比较。两个估计值之间的差异只略超过0.03个标准误。针对假说幂级数 $v_1(L)$ 和 $v_0(L)$ 的直接估计

---

〔2〕为了得出实际拟合使用的函数形式，我们把 $v_2(L)v_1(L)v_0(L)$ 当作一个例子。首先，

$$I_t = \frac{s(L)}{t(L)}[K_t^* - K_{t-1}^*] + \delta K_t$$

其次，

$$I_t = s(L)[K_t^* - K_{t-1}^*] + [1 - t(L)][I_t - \delta K_t] + \delta K_t$$

系数 t_0 可以正规化为1，这样使得：

$$1 - t(L) = -t_1L - t_2L^2 - \cdots$$

先验值 $\delta = 0.025$ 用来计算 $I_{t-\tau} - \delta K_{t-\tau}$，$\delta$ 的一个估计值由 K_t 的系数给出。如果 δ 不同于它的先验值，估计过程可以反复迭代，使用 τ 值的第二近似。

系数 γ 使用约束来估计：

$$\sum_{\tau=0}^{\infty} w_\tau = 1$$

相乘时，得出的 $v_1(L)v_0(L)$ 的估计，接近于通过直接估计得到的结果，一个类似的检验导致：

$$0.00109 \times \frac{0.90271L}{1-1.26395L+0.37300L^2} = \frac{0.00098L}{1-1.26395L+0.37300L^2}$$

这可以和直接估计进行比较：

$$\frac{0.00133L}{1-1.25704L+0.36769L^2}$$

分子的系数在引致估计值半个标准误的范围内。分母的系数在引致估计值0.06和0.04标准误范围内。幂级数 $v_2(L)\ v_1(L)\ v_0(L)$ 的引致和直接估计值的近似度并不显著。三个可能的引致估计值相互之间非常近似，但它们与直接估计值差异很大。然而，使用任意一个引致估计值作为检验直接估计值的原假设，都可能导致原假设被接受。一般而言，投资行为理论被内在一致性检验强有力证实。当然，给定不同估计值的内在一致性，通过整合不同来源的信息有可能改进模型整体的估计效率。

上面表述的内在一致性检验是对新项目投资理论的检验。对重置投资理论的检验是对带有假说 $\delta=0.025$ 的实证结果一致性的检验。这个假说用两种方式证实。首先，对除了一个以外所有的回归而言，通常原假设被接受；一个更强的结果是对前三个回归，在 $\delta=0.025$ 限制下不同关系的估计导致回归估计值标准误的下降。其次，δ 估计值的每一个标准误都小于对应回归系数大小的十分之一。

我们断定重置是资本存量固定比例的假说，具体而言，$\delta=0.025$，被实证结果强有力证实。

我们现在转而用一些简单替代选择对拟合回归进行比较。首先，对前三个回归的替代，我们采用简单模型：

$$I_t = I_{t-1}$$

$$I_t^{S_2} = I_{t-1}^{S_2}$$

$$I_t^{S_1} = I_{t-1}^{S_1}$$

尽管这些模型可能很简单，但对季节调整后的季度数据比较而言，它们是非常严格的标准，例如，比对应年度数据模型要严格得多。比较合适的统计量是估计值的标准误和 VonNeumann 比例。表 2 给出了两个时期比较的结果，分别为 1948 ~ 1960 年、1955 年第二季度至 1960 年[3]。将这个时期当作一个整体，每一个回归模型有一个小于对应简单模型的标准误。对之后的分时期回归这一模型的优势更大。转向 VonNeumann 比例，事实上对拟合模型而言并没有自相关误差的证据，对简单模型却有明显的自相关证据。当然，这个检验会偏向于支持拟合回归。即使有这个限制，拟合回归在每一方面都明显比对应的简单模型优越。

作为对接下来三个回归比较的标准，我们采用商务部展示 OBE – SEC 调查结果实际使用的预测。这些替代模型采取的形式是：

$$I_t = I_{t-2}^{S_1}$$

$$I_t = I_{t-1}^{S_2}$$

$$I_t^{S_2} = I_{t-1}^{S_1}$$

虽然 OBE – SEC 预期数据表现出高水平，但是拟合回归在由估计值标准误度量的拟合优度和残差自相关性缺失方面都有显著进步。自相关性检验并不偏向于支持拟合回归，这使得证据很明确；拟合的关系明显要比对应的把该时期当作整体和自 1955 年第二季度以来分时期的预测模型优越。

对拟合回归和对应的简单和预测模型的进一步比较在表 2 的第二部分给出，每一个“预测值”的转折点与实际数据转折点相符合的分析也一并给出。一般而言，基于这个标准，拟合回归的第一组比简单模型略差，第二组比预

[3] 从商务部只能获得自 1955 年第二季度以来的在修正基础上预期和实际支出的数据。通过将每一观察值乘以在观察值发生的时期内修正的对未修正的实际投资比率，更早期的预期数据被修正。

表 2 拟合优度统计量：拟合、简单和预测模型

模型	1948I ~ 1960IV			1955II ~ 1960IV			1948I ~ 1960IV（%）			1955II ~ 1960IV（%）		
	R^2	s	Δ^2/s^2	R^2	s	Δ^2/s^2	TP 误差	高估的误差	低估的误差	TP 误差	高估的误差	低估的误差
$I_t = f(\Delta K_t^*)$	0. 94156	0. 10830	2. 10778	0. 94298	0. 11378	1. 95800	29	47	24	23	41	36
$I_t^{S_2} = f(\Delta K_t^*)$	0. 88986	0. 16087	2. 00549	0. 94757	0. 09368	1. 84699	29	43	27	41	32	27
$I_t^{S_1} = f(\Delta K_t^*)$	0. 87128	0. 18848	2. 53442	0. 91921	0. 14372	2. 25394	39	33	27	41	27	32
$I_t = I_{t-1}$	0. 86193	0. 15950	0. 66900	0. 81929	0. 18410	0. 52078	22	39	39	23	32	45
$I_t^{S_2} = I_{t-1}^{S_2}$	0. 84966	0. 18058	1. 04366	0. 81297	0. 19435	0. 94465	24	37	39	32	27	41
$I_t^{S_1} = I_{t-1}^{S_1}$	0. 83854	0. 20282	1. 31901	0. 81161	0. 19947	0. 83580	35	25	39	32	27	41
$I_t = f(I_t^{S_1})$	0. 92729	0. 11955	1. 16294	0. 92169	0. 12996	1. 09855	16	43	41	23	41	36
$I_t = f(I_t^{S_2})$	0. 96234	0. 08604	1. 47693	0. 95931	0. 09368	1. 65030	14	45	41	18	45	36
$I_t^{S_2} = f(I_t^{S_1})$	0. 95121	0. 10597	1. 70179	0. 96477	0. 09045	2. 26525	16	45	39	23	41	36
$I_t = I_t^{S_1}$	0. 83673	0. 17391	0. 69933	0. 77138	0. 20707	0. 46505	25	47	27	27	50	23
$I_t = I_t^{S_2}$	0. 93504	0. 10969	0. 99342	0. 91854	0. 12359	0. 91146	14	51	35	18	50	32
$I_t^{S_2} = I_{t-1}^{S_1}$	0. 93380	0. 11983	1. 45737	0. 92833	0. 12031	1. 25062	20	49	31	18	45	36

注：由于化整误差全部百分数加总可能不等于 100%。

测模型略好。最终的比较产生在资本存量需求针对投资变化的拟合回归和对其第二预期投资的预测之间。这个比较支持拟合回归；然而，投资和第二预期之间的拟合关系所使用的预期数据提供了一个模型，这一模型要好于简单预测模型和本存量需求针对投资变化的拟合回归。

投资过程的结构

在前述部分，只展示了与检验理论相关的投资行为理论。在这一部分，理论的某些含义被进一步涉及。尤其是我们会刻画投资对潜在市场条件、税收结构变化的长期反应和投资对资本需求变化反应的时间模式。

首先，利用事实总投资由以下关系决定：

$$I_t = w(L)[K_t^* - K_{t-1}^*] + \delta K_t$$

和资本存量由过去投资决定，我们得到：

$$\begin{aligned} I_t &= [1 - (1 - \delta)L]w(L)K_t^* \\ &= y(L)K_t^* \end{aligned}$$

这里 $y(L)$ 是滞后算子的一个幂级数。我们把 τ 时期投资对市场条件或税收结构变化的反应定义为由持续整个 τ 时期的潜在条件变化所导致的总投资变化。更确切地说，假定欲求资本从 τ 时期到现在保持一个固定水平；然后，

$$K_t^* = K_{t-v}^* (v = 1,2,\cdots,\tau)$$

并且

$$\begin{aligned} I_t &= \sum_{v=0}^{\infty} y_v K_{t-v}^* \\ &= z_\tau K_t^* + \sum_{v=\tau+1}^{\infty} y_v K_{t-v}^* \end{aligned}$$

这里 $\{z_\tau\}$ 是 $y(L)$ 系数累积和的序列。作为一个例子，总投资对利率变化的反应为：

$$\frac{\partial I}{\partial r} = z_{\tau} \frac{\partial K^*}{\partial r}$$

系数 $\{z_{\tau}\}$ 刻画了反应的时间模式。很明显，

$$\lim_{\tau \to \infty} z_{\tau} = \lim_{\tau \to \infty} \sum_{v=0}^{\tau} y_v = \delta$$

所以，例如总投资对利率的长期反应为：

$$\frac{\partial I}{\partial r} = \delta \frac{\partial K^*}{\partial r}$$

很明显，在极限上短期反应接近长期反应；接近并不必然单调，因为幂级数 $y(L)$ 的系数并不必然非负。

总投资关于产出价格、资本品价格和利率的长期反应和弹性在表 3 的上半部分给出。关于收入税率、重置比例和利息应支付收入税比例的对应反应和弹性在表 3 的下半部分给出。应该注意的是利率和税率是按比例测量的，不是百分比。例如，长期利率下降 1 个百分点会提高每季度制造业总投资 1.5178 万亿美元，至少大致上会这样。

反应的时间模式在表 4 展示，函数 $w(L)$、$y(L)$ 和 $z(L)$ 由拟合回归得到。

表 3　投资关于市场条件和税收结构变化的反应和弹性

	反应		弹性	
	平均	期末	平均	期末
市场条件				
产出价格	0.35830	0.35299	1.00000	1.00000
资本品价格	-0.35273	-0.32106	-1.00000	-1.00000
利率	-14.23653	-15.17789	-0.29143	-0.37866
税制				
收入税率	-0.37487	-0.33016	-0.50959	-0.42064
置换比例	0.18729	0.20502	0.39181	0.48565
利息应支付收入税比例	-0.55656	0.79840	0.19428	0.32659

资本需求变化和对应净投资之间的平均滞后大约为6.5个季度或者一年半。当然，本质上随意将投资变化的比例设置为0，以及将紧接这一变化的阶段设置为0，均会影响这个估计。幂级数 $z(L)$ 的系数对投资对资本存量需求变化短期反应的计算有意义。例如，制造业总投资对利率变化1个百分点的两期反应为：

$$z_{\tau}\frac{\partial K^{*}}{\partial r}=\frac{0.11277}{0.02500}\times 0.15178=0.68465\text{ 万亿美元/季度}$$

相比之下，对应的10期反应为每季度0.37046万亿美元。从最初资本存量需求的变化到之后的20期，该反应消失，几乎达到它的长期水平0.15178万亿美元/季度。通过整合表3给出的反应和表4展示的时间模式，对资本需求的六个决定因素中的任意一个，总投资对市场条件或税收结构变化反应的类似计算都可能完成。

表4　滞后反应的时间形式

Lag	$w(L)$	$y(L)$	$z(L)$
0	0	0	0
1	0	0	0
2	0.11277	0.11277	0.11277
3	0.14209	0.03214	0.14491
4	0.13700	-0.00154	0.14337
5	0.11965	-0.01393	0.12944
6	0.09969	-0.01697	0.11247
7	0.08101	-0.01619	0.09628
8	0.06491	-0.01407	0.08221
9	0.05159	-0.01170	0.07051
10	0.04081	-0.00949	0.06102
11	0.03219	-0.00760	0.05342
12	0.02535	-0.00604	0.04738
13	0.01994	-0.00478	0.04260

续表

Lag	$w(L)$	$y(L)$	$z(L)$
14	0. 01567	-0. 00377	0. 03883
15	0. 01231	-0. 00297	0. 03586
16	0. 00967	-0. 00233	0. 03353
17	0. 00760	-0. 00183	0. 03170
18	0. 00597	-0. 00144	0. 03026
19	0. 00469	-0. 00113	0. 02913
20	0. 00368	-0. 00089	0. 02824
剩余项	0. 01346	-0. 00325	
递减率	0. 78531	0. 78531	

孙晨 译　杨春学 校

后续股息变化能否解释股票价格的大幅波动？*

罗伯特·希勒（ROBERT J. SHILLER）**

一个简单模型常常这样来解释公司普通股的价格指数的波动，即实际股票价格等于理性预期或最优预测的未来实际股息的折现值，而且假设该折现率是一个常数。这种定价模型（以及该模型的变形，例如允许实际折现率不是常数，而是一个比较稳定波动的变量），通常被经济学家或市场分析师们认为是一个可行的模型，可以用来描述总体市场指数的波动。甚至在股票价格指数突然变化时，人们也常常用这种模型来解释其变化的原因。进而，这种指数的突变自身也成为一个“新信息”，该信息可以用于预测股息未来的变动。在本文中，我把这一类模型称为“有效市场模型”。

然而，很多人认为，股票价格指数的波动太大，以至于根本不能用股票市场的任何“新信息”来解释它，因为股票价格指数对一些后续事件常常显得反应过度。最近的很多计量经济学研究趋向于认为，这种过度的反应已经超出了有效市场模型的解释能力，例如 Stephen LeRoy 和 Richard Porter 有关股

* 原文发表于 1981 年第 73 卷第 1 期。

** 作者系宾夕法尼亚大学副教授，美国国家经济研究局助理研究员。作者十分感谢 Christine Amsler 在本次研究中的帮助，同时也感谢 Benjamin Friedman，Irwin Friend，Sanford Grossman，Stephen LeRoy，Stephen Ross 和 Jeremy Siegel 提出的宝贵意见。本次研究作为债务和股权在美国资本形成中不断变化的角色研究项目的一部分，得到美国国家经济研究局的支持，由 American Council of Life Insurance 赞助，同时获得了国家科学基金会（National Science Foundation）SOC－7907561 的专项拨款。本文仅基于个人见解，并不代表赞助方的观点。

票市场的论文，以及我自己关于债券市场的研究。

我用图 1 来说明为什么股票价格看起来波动过大。图 1 列出了实际股票价格指数 p_t 以及对它的后续理性预测 p_t^*（根据数据集 1）〔1〕。股票价格指数 p_t 是标准普尔公司发布的实际综合股票价格指数（通过除以长期增长路径的要素比例以去掉趋势）。p_t^* 是后续实际股息的折现值（该值被除以同样的比例

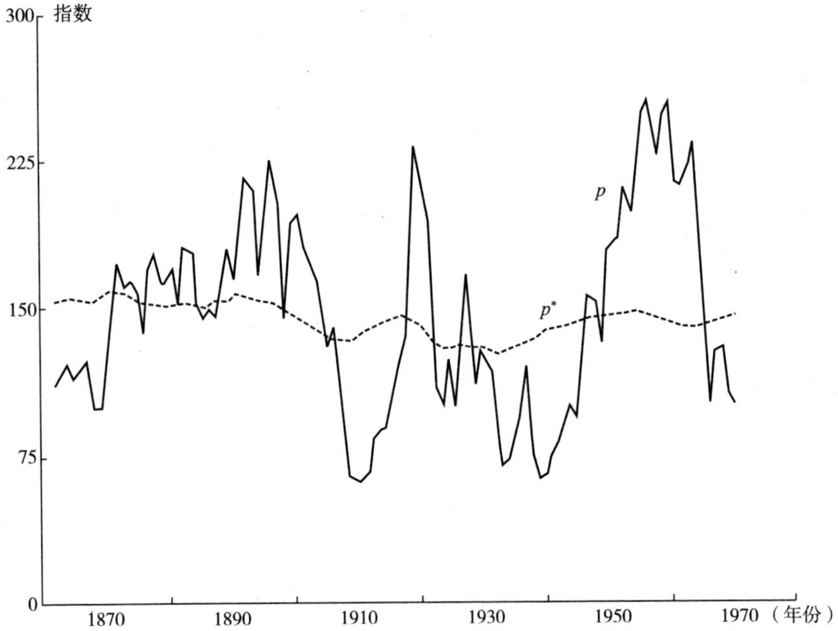

图 1

注：实线 p 代表标准普尔公司发布的 1871～1979 年实际综合股票价格指数，虚线 p^* 代表事后的估计价格，两者都被除以一个长期指数增长率以去掉线性趋势。变量 p^* 是事后实际股息去趋势以后的折现值。1979 年的 p^* 假设为后续股息的折现值。数据来自附录列出的数据集 1。

---

〔1〕 这个股票价格指数可能看起来有点奇怪，这是因为该股票价格指数被除以一个价格指数以消除物价的影响。这个价格指数和长期增长率成正比。消除价格影响之后，1929～1932 年的股票市场下跌的程度的确不如最近的下跌程度。除此之外，我们只用每年 1 月份的股指来代表该年的实际股指，所以读者从图中看不到 1929 年的股指高峰和 1932 年的股指低谷。

数）[2]。类似地，图2列出了经过同样处理的道琼斯工业指数均值（根据数据集2）。

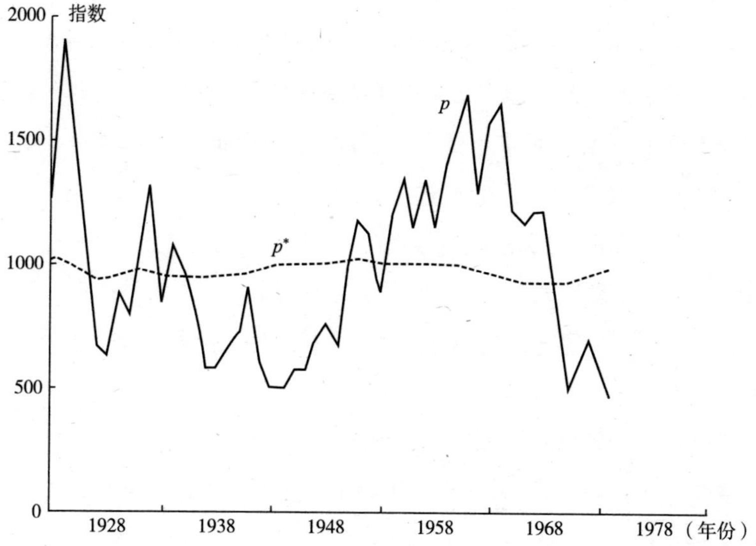

图2

注：修订后的1928～1979年实际道琼斯工业指数均值（实线 p）以及后续预测的理性价格（虚线 p^*），两者都被除以一个长期指数增长因子以便去掉趋势。变量 p^* 是后续实际股息去趋势以后的折现值。1979年的 p^* 假设为后续股息的折现值。数据来自附录列出的数据集2。

这两个图均显示一个令人吃惊的事实，即相对于实际价格波动来说，后续估计的理性价格 p^* 实在是过于平滑和稳定了。p^* 之所以表现出这种平滑性，是因为 p^* 的折现值是实际股息在很长一段时期内的加权移动平均值（折现因子被用作平均化运算的权重），而移动平均这种算法本身就会将数列平滑化。此外，尽管实际股息在样本时期内存在波动，但这种波动没有足够远或足够长以使得 p^* 出现同样的波动。比如说，尽管一般人通常觉得大衰退期间

[2] 接下来的第一节将会详细解释价格和股息是怎样被算为长期增长的一个比例的。下文也会指出，公众对长期增长的预测能力的强弱假设将会起关键作用。序列 p^* 的计算有赖于对1978年股息的假设。更多解释详见正文和图3。

的商业环境非常恶劣，可是实际上只在有限的几年里，即1933年、1934年、1935年和1938年，实际股息才明显低于它们的长期指数增长路径（在这里，“明显低于”是指比标准普尔序列的增长路径低10%～25%，或者比道琼斯序列的增长路径低16%～38%）。因此，在用移动平均方法来计算p^*时，这些波动就会被平滑掉。股票市场在1929～1932年的下跌，显然不能用后续股息来预测！而且也根本不能用后续收益（earning）来预测，因为在市场有限模型中，股票收益只能通过后续股息发挥作用。当然，这个模型并没有说$p=p^*$，可是，如果还是有人坚持认为股票市场的这种大幅下跌只是一个预测失误，只是理性人可能犯的错误所导致的话，这不正是在自欺欺人吗？因此，本文将说明p的这种波动（比如说p经常性的大起大落）根本不能用这类模型来解释。

为了对后文的股指波动进行比较，让我们先考虑一个简单的不等式。这个不等式揭露出，p的标准差这个常用的衡量波动性的指标是有其局限性的。通常，有效市场模型表明，$p_t = E_t(p_t^*)$，即p_t是在t时期所有关于p_t^*的信息都完备时所得的数学期望，换言之，p_t是p_t^*的最优预测值。预测误差可以定义为$u_t = p_t^* - p_t$。最优预测理论的一个基本原则是要求预测误差u_t和预测值是不相关的，换言之，p_t和u_t的协方差应为0。如果预测误差和预测值相关，就意味着预测需要改进，根据数学的条件期望公式，我们容易证明u_t和p_t应该是不相关的。

如果我们应用一个基础统计学原理，即“两个不相关变量的和的方差，等于这两个变量的方差的和”，则得到$var(p^*) = var(u) + var(p)$。由于方差不可能为负，所以$var(p) \leq var(p^*)$。如果用更容易理解的标准差来表示的话，这意味着

$$\sigma(p) \leq \sigma(p^*) \tag{1}$$

图1和图2的数据很明显违背了这个不等式（在LeRoy和Porter以及我自

己的论文中都曾使用过这个不等式)[3]。

本文将在第一节推导出有效市场模型，并指出与不等式（1）相关的该模型所存在的一些理论问题，以及用标准差来衡量价格变动的内在缺陷。在第二节，我们将用创新模式重新推导这个模型，以便深入理解该模型在解释价格波动上的局限性。更进一步讲，这个模型会让我们看到，尽管股息的信息是逐步被披露的，但 Δp 的标准差还是会非常高。另一方面，如果股息的信息突然大量地被披露，价格就会出现较高的峰度（kurtosis），即厚尾，但其方差依然可能很小。在第三节，我们将讨论其他观点，即股指波动应该用股票收益来预测，而不是股息来预测。在第四节，我们将讨论允许实际折现率随时间变动假设的重要性。第五节将用数据来验证所推导的不等式。

本文以我在 1979 年的论文成果为研究起点，此文提出长期公债利息的波动非常剧烈，因此根本不能用简单的期望模型来描述利率期限结构[4]。该文指出，由有效市场模型推导的短期利率和长期利率的互协方差函数，会给出一个长期利率序列的不等式约束条件，这个约束条件决定了长期利率的平滑程度。在本文中，我们会推导出关于股票价格波动的类似结论。这两篇文章的不同之处在于，本文会引入一个全新的表述方法，从而使模型更容易懂，也更直观。本文也受益于 LeRoy 和 Porter 较早期的文章，他们从有

---

[3] 有些人可能不认同不等式（1）的推导。例如，有人会认为应该是 $E_t(p_t) = p_t^*$，并将之解释为预测是在“平均”意义上成立的。这种解释将使得不等式（1）里的不等号恰好相反。可是，这种解释是基于对条件期望的一个错误理解，期望运算 E 中的下标 t 意味着，“在时期 t 内，所有给定的（非随机变量）都已经确定了”。显然，在时期 t，p_t 是确定的，但 p_t^* 还没有被确定。在实践中，如果一个预测者的预测不等于 $E_t(p_t^*)$，那么由于期望的平方预测的误差，较高的预测将不再是最优的。如果他的预测仅仅在平均意义上等于 $E_t(p_t^*)$，那么他就在最优预测上加入了一个随机噪音。但是，图 1 和图 2 的噪音明显过大了。试想一下，如果我们地区的实际天气是这条虚线，而天气预报员的预测值是实线，那将会是什么样？

[4] Christine Amsler 将这项研究扩展到了股票利息上。

效市场模型中独立推导出了关于股票价格波动性的限制条件，并且认为由于一般股票价格的波动过大，所以根本不能用有效市场模型来解释。他们运用了和本文类似的方法来研究“二战”后样本期内股票价格指数和一些单独股票价格的变化。

如果说本文试图去推翻大量的有关有效市场理论的研究成果（例如 Paul Cootner 在股票价格随机波动上的研究，以及 Eugene Fama 的调查研究〔5〕），那么这种看法其实是不准确的，大多数文献都对证券价格的不同属性进行了深入的研究。实际上，这类有效市场模型很少直接触及本文所要考察的股票的一个特性，即总体股票市场的预期实际回报在不同时期是基本（或接近）稳定的。而有效市场模型的论文主要关心的却是名义的“获利机会”（每个人的定义有所不同），以及交易成本是否妨碍了这些机会。当然，如果实际股票价格确实像本文所描述的那样“剧烈的波动”，那么也会存在一些实际的获利机会。预期实际利率会随着时间而变动，可是这并不意味着会存在一个有关买入策略或持有策略的交易法则，不过，如果期望回报的变动真的很大，那么这条交易法则就可能存在了。然而，本文并不想深入讨论这些内容，也不想关注交易成本是否能够妨碍盈利机会。本文所关注的是（从经济学角度而言）一个更有价值的问题，即什么决定了实际股票价格的走向，以及这个走向能不能被后续实际股息的新信息所解释。如果股息信息模型不能完全解释股票价格的过大波动的话，那么我们分析该简易模型为什么会失败，这个原因与其他否定该模型的原因有所不同，例如，主张“同期内所持有股票的收益是可预测的”，或者“股票不是一种有效的抵御通货膨胀的资产保值产品”等理由。

---

〔5〕 读者不该误以为有效市场的所有文献都一致地认为市场总是有效的。举例来说，不存在弱势资产（dominated assets），也不存在任何一条能够决定买入或持有策略的交易法则（关于最近的文献，请看 S. Basu；Franco Modigliani 和 Richard Cohn；William Brainard，John Shoven 和 Lawrence Weiss，以及由 Michael Jensen 编辑的关于有效市场理论的论文集）。

本文对波动性的分析有一个优点，即这个分析不会因为价格和股息序列的不对应而改变。因此，虽然早期的数据采集过程不是很理想，但这并不会对波动性分析产生过多的干扰。在实际操作中，我们要为股票价格和股息构建指数，在这些指数构建的过程中，免不了会使其中一些股票从样本中被剔除，而被另外一些股票所取代。只要序列的波动性符合事实，那么对它的测试将不会受到这些实际操作的影响。因此，用长期股票价格的均值数据来测试会更适合该分析。本文所提出的这种波动性分析，一方面形式简易，另一方面也非常稳健（robustness）。所以我们认为这种波动性分析将为今后的实证分析打开局面。

一　简易有效市场模型

根据简易有效市场模型，在开始期 t，一个股票的实际价格 P_t 由式（2）给出：

$$P_t = \sum_{k=0}^{\infty} \gamma^{k+1} E_t D_{t+k} \qquad 0 < \gamma < 1 \tag{2}$$

其中，D_t是在 t 期（比如说 t 期结束时）支付的实际股息，E_t表示数学上的条件期望，其条件是 t 期的所有信息已知，γ 是恒定不变的实际折现率。同时，不变的实际利率 r 被定义为满足 $\gamma = 1/(1+r)$ 。t 时期的信息包括 P_t和 D_t以及它们的滞后值，更广义地来说，也可以包括其他变量。

如果在时期 t 买入股票并在时期 $t+1$ 卖出股票，我们将此段时期称为“一期”。持有一期股票的回报被定义为 $H_t \equiv (\Delta P_{t+1} + D_t)/P_t$ 。其中，ΔP_{t+1} 是资本回报，D_t 是 t 期结束时的股息收入。这两者之和再除以 P_t 就得到了回报率。模型（2）具有性质 $E_t(H_t) = r$ 。

模型（2）也可以重新表述为长期增长因子的一个比例形式：$p_t = P_t/\lambda^{t-T}$ ，$d_t = D_t/\lambda^{t+1-T}$ 。其中增长因子是 $\lambda^{t-T} = (1+g)^{t-T}$ ，g 为增长率，T 为基期。将

公式（2）除以 λ^{t-T} ，我们会得到[6]：

$$p_t = \sum_{k=0}^{\infty} (\lambda\gamma)^{k+1} E_t d_{t+k} = \sum_{k=0}^{\infty} \bar{\gamma}^{k+1} E_t d_{t+k} \tag{3}$$

如果要想保证公式（2）中的价格为有限值，则增长率 g 应该小于折现率 r，因此 $\bar{\gamma} \equiv \lambda\gamma < 1$。我们定义折现率 $\bar{r}$ 满足条件 $\bar{\gamma} \equiv 1/(1+\bar{r})$ ，而且适合序列 p_t和 d_t的折旧率应该满足 $\bar{r} > 0$ 。事实上，这个折现率等于股息均值与价格均值的商，即 $\bar{r} = E(d)/E(p)$ [7]。

我们也可以将这个模型写为事后合理的价格 p_t^* 的函数（该方法类似于 Jeremy Siegel 所用的和我在研究 Fisher 效应时所用的事后理性利率方法，以及我在期限结构的预期理论中应用的方法）。我们曾经在上文讨论过这个思路，即 p_t^* 是后续实际股息的折现值：

$$p_t = E_t(p_t^*) \tag{4}$$

其中，$p_t^* = \sum_{k=0}^{\infty} \bar{\gamma}^{k+1} d_{t+k}$ 。

既然求和是延续到无限期的，那么我们不可避免地会遇到 p_t^* 的观测误差。不过，当股息序列足够长时，我们可能会观测到接近 p_t^* 的数据。如果我们选择一个任意值作为 p_t^* 的终止值（在图 1 和图 2 中，1979 年的 p_t^* 值被选定为样本中去趋势后的实际价格的平均值），则我们可以应用递归公式 p_t^* =

---

〔6〕 从公式（2）到公式（3），我们没有引入任何新的假设。因为公式（3）仅仅是公式（2）的一个代数变换。可是，我应该引入一个假设，即 d_t和信息是联合平稳的，意即，d_t和 z_{t-k}（表示所有的信息变量，可能是 d_t或 p_t）的（非条件）协方差只取决于 k，而和 t 无关。因此，我们可以将下标 t 从 var（p）一类的表达式中省略掉。与之相对照的是，随机变量的实现值，如条件期望 E_t（d_{t+k}）是时间的函数，因为它取决于 t 时期的信息。当我们进行统计分析时，一些平稳性假设是必需的。

〔7〕 将公式（3）两边均取条件期望，我们得到 $E(p) = \frac{\bar{\gamma}}{1-\bar{\gamma}}E(d)$ 。代入 $\bar{\gamma} = 1/(1+\bar{r})$，则得到 $\bar{r} = E(d)/E(p)$ 。

$\bar{\gamma}(p_{t+1}^* + d_t)$，从最后一期逆推出 p_t^* 的值。当我们从最后一期逆推时，终止值的选取将变得不那么重要。比如说，像图 1 中所表明的数据集 1 一样，$\bar{\gamma}$ 的值为 0.954，而 $\bar{\gamma}^{108} = 0.0063$。所以，我们在一开始所选择的样本终止值对于计算 p_t^* 的影响是微不足道的。如果我们选择一个不同的终止值，则其结果就是对图 1 中的 p^* 加上或减去一个指数趋势，图 3 描述了当终止值不同时所计算的 p^* 值。由于对 1978 年之后的股息 p^* 的计算只依赖于 1979 年 p^* 的值，所以 1978 年以后的股息是否"平滑"并不重要。因此，图 3 也显示了 p^* 的不确定性。

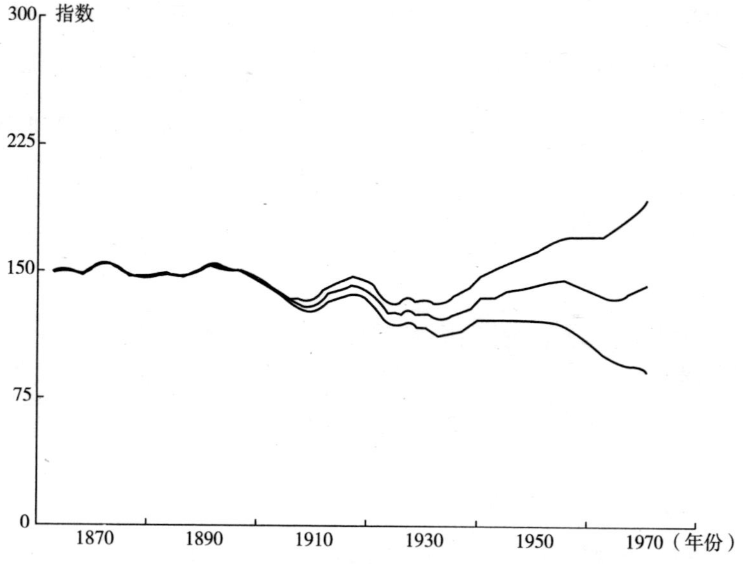

图 3

注：在 1979 年以后，当股息的现值被假设为不同的值时，据此计算的事后理性价格 p^* 的值也不相同。中间的曲线是图 1 中的 p^* 序列，该序列是应用界限条件递归计算数据集 1 中的股息序列而得的。

除此之外，这个模型还有另一种表述方式，这种方式将对我们下面的分析非常有用。为了方便，我们把创新作为一个变量引入模型（创新，原文为 innovation。不过这里的创新，不是指技术创新或发明，而是指股票市场里的新信息——译者注）。我们定义创新算子为 $\delta_t \equiv E_t - E_{t-1}$，其中 E_t 是传统的数学期望算子。因此，对于任意变量 X_t，$\delta_t X_{t+k} = E_t X_{t+k} - E_{t-1} X_{t+k}$，即由于从 $t-1$ 期到 t 期引入了新信息，从而导致 X_{t+k} 的条件期望的变动值。时间下标 t 事实上可以被省略掉，因而 $\delta_t X_{t+k}$ 可以写作 δX_k，δX_0，也即 $\delta_t X_t$，可以写作 δX。由于条件期望算子满足 $E_j E_k = E_{min(j,k)}$，因此，我们得到 $E_{t-m}\delta_t X_{t+k} = E_{t-m}(E_t X_{t+k} - E_{t-1} X_{t+k}) = E_{t-m} X_{t+k} - E_{t-m} X_{t+k} = 0, m \geqslant 0$。这意味着，对于任何 k，$\delta_t X_{t+k}$必须和 $t-1$ 期的已知信息是不相关的，而且由于 t 期的信息由滞后的创新信息所构成，所以各个创新变量都应该满足序列不相关，也即对于任意 j，满足 $\delta_t X_{t+k}$和 $\delta_{t'} X_{t+j}$（$t' < t$）是不相关的。

这个模型也意味着，价格创新 $\delta_t p_t$ 是可观测的。既然公式（3）可以写为 $p_t = \bar{\gamma}(d_t + E_t p_{t+1})$，那么求解后可得 $E_t p_{t+1} = p_t / \bar{\gamma} - d_t$。因此，$\delta_t p_t \equiv E_t p_t - E_{t-1} p_t = p_t + d_{t-1} - p_{t-1}/\bar{\gamma} = \Delta p_t + d_{t-1} - \bar{r} p_{t-1}$。根据 Clive Granger 和 Paul Samuelson 的意见，在有效市场中，$\Delta p_t \equiv p_t - p_{t-1}$ 是可以预测的，但是 $\delta_t p_t$（或简单来说，δp）却是无法预测的。在我们用数据去实证分析时，$\delta_t p_t$ 可以用 Δp_t 来大致衡量。

这个模型也意味着，价格创新和股息创新是密切相关的，即：

$$\delta_t p_t = \sum_{k=0}^{\infty} \bar{\gamma}^{k+1} \delta_t d_{t+k} \tag{5}$$

这个表达式同公式（3）的唯一不同之处在于 E_t 被 δ_t 所代替，在我们的模型中，$\delta_t p_t$ 是可观测的。不过可惜的是，$\delta_t d_{t+k}$ 并不能被直接观测，也即，我们无法知道公众在何时得到一个具体股息的信息。因此，在推导下面的不等式时，我们不得不假设“最糟糕”的信息公开的情况。

公式（2）~公式（5）分别代表了对有效市场的 4 种不同的表述方式，在测量波动性时，公式（4）和公式（5）特别有用。在给定的标准差 p^* 的情况下，我们运用公式 4 对不等式（1）求导，以得出标准差 p。下面我们将通过公式（5）来推导，给定 d 的标准差时，δp 的标准差应满足的限制条件。

现在，我们先对不等式（1）的推导做一些解释。不等式（1）的推导依赖于一个假设，即预测误差 $u_t = p_t^* - p_t$ 和 p_t 不相关，可是，预测误差 u_t 并不是严格不相关。尽管 u_t 和 t 期获取的所有信息是不相关的，可是滞后期的预测误差 u_{t-1} 在 t 期是未知的，因为在 t 期的 p_{t-1}^* 信息还没有被披露。事实上，我们把公式（3）和公式（4）中的 p_t 和 p_t^* 的表达式代入 $u_t = p_t^* - p_t$，并做适当变换，即可得到 $u_t = \sum_{k=1}^{\infty} \bar{\gamma}^k \delta_{t+k} p_{t+k}$。既然 $\delta_t p_t$ 是序列不相关的，u_t 将具有一阶自回归序列相关[8]。因此，常用的检验模型的思路将是不适当的（该思路为：首先将 $p_t^* - p_t$ 对时间 t 时的信息做回归，再用常用的 t 统计量来判断回归系数的显著性，然后根据其显著程度检验这个模型）。不过，先对变量进行一种广义最小二乘变换，然后求回归却是适当的。因此，我们将会对 $u_t - \bar{\gamma} u_{t+1}$ 做这种变换，然后将变换值对时间 t 的变量做回归，由于 $u_t - \bar{\gamma} u_{t+1} = \bar{\gamma} \delta_{t+1} p_{t+1}$，这个回归就相当于检验价格创新是否可以被预测。我将在本文的第V部分做这个回归，并讨论回归结果。

下面我们来推导，给定 d_t 的标准差时，δp 的标准差应满足什么样的限制条件。首先注意到，d_t 等于它的非条件数学期望加上它的创新的和：

$$d_t = E(d) + \sum_{k=0}^{\infty} \delta_{t-k} d_t \tag{6}$$

如果我们将 $E(d)$ 看作 $E_{-\infty}(d_t)$，那么公式（6）将恒成立。这意味着，对于 $t=0, 1, 2, \cdots$，序列 d_t 只不过是在公式（5）中决定 $\delta_t p_t$ 的股息创新的另外一种线性组合而已。所以对于给定的 $var(d)$，我们可以求出 $var(\delta p)$。既然创新是序列不相关的，由公式（6）可知，和的方差等于方差之和：

$$var(d) = \sum_{k=0}^{\infty} var(\delta d_k) = \sum_{k=0}^{\infty} \sigma_k^2 \tag{7}$$

---

〔8〕 根据 LeRoy 和 Porte，可以推导出 $var(u) = var(\delta p) / (1 - \bar{\gamma}^2)$。他们对波动性的检测是基于本文中的不等式（1）（在他们的论文中称为定理2）以及限制条件 $\sigma^2(p) + \sigma^2(\delta p) / (1 - \bar{\gamma}^2) = \sigma^2 p^*$。根据标准普尔的战后股票收益数据，他们发现这两个限制条件都不符合实际数据。

我们对 d_t 的平稳性假设意味着 $var(\delta_{t-k}d_t) \equiv var(\delta d_k) \equiv \sigma_k^2$ 独立于 t。

在表达式（5）中，我们没有足够的信息来判断和的方差是否等于方差之和，因为所有的创新都是 t 期的创新，而这些创新可能是彼此相关的。事实上，对于 $\sigma_0^2, \sigma_1^2, \cdots$，如果公式（5）中的创新全都正相关，则其方差会达到最大值。这意味着，只要 $var(\delta d) \neq 0$，则 $\delta_t d_{t+k} = a_k \delta_t d_t$，其中 $a_k = \sigma_k / \sigma_0$。将这个结果代入公式（6），即可得到：

$$\hat{d}_t = \sum_{k=0}^{\infty} a_k \varepsilon_{t-k} \tag{8}$$

其中，符号 ^ 表示减去其均值的变量：$\hat{d}_t \equiv d_t - E(d)$，另外，$\varepsilon_t \equiv \delta_t d_t$。因此，如果对于 $\sigma_0^2, \sigma_1^2, \cdots$，$var(\delta p)$ 取得其最大值，那么股息的生成过程就一定会是其创新的移动平均过程[9]。因此，就像我以前所推导的那样（而不是假设出来的），如果 $var(\delta p)$ 取得其最大值，那么 d_{t+k} 的预测值将具有 Box 和 Jenkins 所推广的 ARIMA 形式。

现在，对于给定的 d 的方差，我们可以求得 $var(\delta p)$ 的最大可能值了。如果公式（5）中的创新序列完全正相关，那么我们得到 $var(\delta p) = \left(\sum_{k=0}^{\infty} \bar{\gamma}^{k+1} \sigma_k\right)^2$。注意到，对于 $\sigma_0, \sigma_1, \cdots$，当求这个式子的最大值时，我们面临限制条件 $var(d) = \sum_{k=0}^{\infty} \sigma_k^2$。因此，我们建立拉格朗日函数：

$$L = \left(\sum_{k=0}^{\infty} \bar{\gamma}^{k+1} \sigma_k\right)^2 + v\left(var(d) - \sum_{k=0}^{\infty} \sigma_k^2\right) \tag{9}$$

其中，v 是拉格朗日乘数。对于 $j = 0, \cdots, \infty$，σ_j 的一阶条件是：

---

〔9〕 当然，如同 Hermann Wold 所言，所有的非决定性平稳过程都可以被表示为一个线性移动平均过程。可是，这并不意味着，这个过程可以表示为其创新的移动平均过程。在现实中，一个随机过程可能是非线性的；或者除了它的滞后项以外，还有其他因素引发了这个随机过程。这些因素都会使得公式（5）中的完全相关性不再成立。

$$\frac{\partial L}{\partial \sigma_j} = 2\left(\sum_{k=0}^{\infty} \bar{\gamma}^{k+1}\sigma_k\right)\bar{\gamma}^{j+1} - 2v\sigma_j = 0 \tag{10}$$

换句话说，σ_j 和 $\bar{\gamma}^j$ 成正比。这个最值的二阶条件也是满足的，这个最值可以看作是 $var(\delta p)$ 的等产量曲线（isoquant）的正切，或者说，该最值是在 σ_0，$\sigma_1, \sigma_2, \cdots$ 空间中的一个超平面，并且这个超平面受到一个超球面（即限制条件 $var(d) = \sum_{k=0}^{\infty}\sigma_k^2$）的限制。在 $var(\delta p)$ 取最大值时，我们得到 $\sigma_k^2 = (1 - \bar{\gamma}^2)var(d)\bar{\gamma}^{2k}$，以及 $var(\delta p) = \bar{\gamma}^2 var(d)/(1 - \bar{\gamma}^2)$。为了便于解释，我们将这些结果写为标准差的形式：

$$\sigma(\delta p) \leqslant \sigma(d)/\sqrt{\bar{r}_2} \tag{11}$$

其中，$\bar{r}_2 = (1 + \bar{r})^2 - 1$。

这里，$\bar{r}_2$ 是两期的利润，粗略来说，$\bar{r}_2$ 等于一期的利润的两倍。注意到，这个基于 d_t 的最大值的求解过程，可以看作是一个一阶自回归过程，即 $\hat{d}_t = \bar{\gamma}\hat{d}_{t-1} + \varepsilon_t$ 以及 $E_t\hat{d}_{t+k} = \bar{\gamma}^k\hat{d}_t$，其中，$\hat{d}$ 如同之前定义的那样，$\hat{d} \equiv d - E(d)$。

当股息的信息被平滑地透露出来时，意即在 t 期，未来股息 d_{t+k} 的新信息的标准差和公式（5）中的 d_{t+k} 的折现值的权重成正比时，价格创新的方差就达到了其最大值。与之相反的是，假设所有股息在其被支付的很多年之前就已经被预测到了，那么公式（5）中的股息创新将有一个很大的折现率，因而股息创新将对价格创新的标准差没有多大贡献。另外一种情况是，假设在当年股息被支付之前，没有人能预测到股息的值，那么股息创新对于价格创新的冲击将仅局限于公式（5）中的一期，因此，价格创新的标准差将受到当期的股息创新的标准差的约束。

与不等式（11）类似的其他不等式也可以用相同的方法来推导出来。例如，对于给定的股息标准差，我们可以给价格变化的标准差（而不是价格创新的标准差）施加一个上限。由此所得到的结果与不等式（11）的唯一区别在于，Δp_t 将是股息创新的另外一种线性组合。基于事实 $\Delta p_t = \delta_t p_t + \bar{r} p_{t-1} -$

d_{t-1} ，我们得到：

$$\Delta p_t = \sum_{k=0}^{\infty} \bar{\gamma}^{k+1} \delta_t d_{t+k} + \bar{r} \sum_{j=1}^{\infty} \delta_{t-j} \sum_{k=0}^{\infty} \bar{\gamma}^{k+1} d_{t+k-1} - \sum_{j=1}^{\infty} \delta_{t-j} d_{t-1} \quad (12)$$

与之前的推导一样，对于给定的 d 的方差求 $var(\delta p)$ 的最大值，需要假设在 t 时股息创新是完全序列相关的（不同时间的创新则必须不相关），从而使得股息序列可以通过一个 ARIMA 过程来预测。这里与之前推导的不同之处在于，使得 $var(\Delta p_t)$ 取最大值的 d 的 ARIMA 过程的系数将会不同。如果我们像公式（9）那样建立拉格朗日函数去求最大值，所得的结果将和不等式（11）只有轻微的区别，即：

$$\sigma(\Delta p) \leqslant \sigma(d)/\sqrt{2\bar{r}} \quad (13)$$

和之前一样的是，当最优股息预测是一阶自回归时，$\sigma(\Delta p)$ 取得其上限值。不同之处在于，自回归系数会有些差别。具体而言，当 $\hat{d}_t = (1-\bar{r})\hat{d}_{t-1} + \varepsilon_t$ 以及 $E_t d_{t+k} = (1-\bar{r})^k \hat{d}_t$ 时，公式（13）取得上限值。和之前一样的是，$\hat{d}_t \equiv d_t - E(d)$。

表1　主要符号的定义

γ	=	序列去趋势前的实际折旧率；$\gamma = 1/(1+r)$
$\bar{\gamma}$	=	去趋势后的序列的实际折旧率；$\bar{\gamma} \equiv \lambda\gamma$
D_t	=	实际股息（去趋势前的股票指数是实际股息的累计值）
d_t	=	去趋势后的实际股息；$d_t \equiv D_t/\lambda^{t+1-T}$
Δ	=	一阶差分算子；$\Delta x_t \equiv x_t - x_{t-1}$
δ_t	=	创新算子；$\delta_t x_{t+k} \equiv E_t x_{t+k} - E_{t-1} x_{t+k}$；$\delta x \equiv \delta_t x_t$
E	=	非条件数学期望算子；$E(x)$ 是 x 的真实（总体）的均值
E_t	=	以时期 t 时的信息为条件的数学期望算子；$E_t x_t \equiv E(x_t \mid I_t)$，其中 I_t 是时期 t 是已知信息变量的向量
λ	=	股票价格和股息序列的趋势因子；$\lambda \equiv 1+g$，其中 g 是价格和股息的长期增长率
P_t	=	（去趋势前的）实际股票价格指数

续表

p_t	=	去趋势后的实际股票价格指数；$p_t = P_t/\lambda^{t-T}$
p_t^*	=	事后理性股票价格指数（表达式4）
r	=	去趋势前的序列的一期实际折现率
$\bar{r}$	=	去趋势后的实际折现率；$\bar{r} = (1-\bar{\gamma})/\bar{\gamma}$
$\bar{r}_2$	=	去趋势后的两期实际折现率；$\bar{r}_2 = (1+\bar{r})^2 - 1$
t	=	时间（年）
T	=	去趋势的基年，也是总体价格指数的基年；$p_T = P_T$ = 时期 T 时的名义股票价格指数

二　高峰度和偶尔发生的但重要的信息披露

之前我曾多次提到，股票价格变化的分布呈高峰度或厚尾性。这意味着，如果我们观察 δp 或 Δp 的时间序列，会发现在大多数时间内，序列的（绝对）值都是很小的，但在少数情况下，我们却会观测到有非常大的（绝对）值。这种现象通常被解释为偶尔会有大量的新信息被同时披露出来。可是，这种解释暗含着一个假设，就是大量信息的披露会导致股票价格的变动有很大的甚至是无穷大的方差，而这个假设看起来和前一节的结论是互相矛盾的，因为根据上一节的推导，如果预测过程是一个简单的自回归结构，那么它将产生一个最大的价格方差，而这个最大值仅是个有限数。

不过，如果我们不像 Fama（1965）以及其他人那样，假设价格变化服从平稳的 Paretian 分布族，那么高峰度就并不会导致无限大的方差[10]。事实上，我们的模型没有假设价格变化服从这一类的分布，而是假设价格序列的矩是否存在取决于股息序列的矩的存在与否。

只要 d 和信息是联合平稳的，并且有一个有限的方差，那么 p，p^*，δp 以

〔10〕 实证研究证明，股票价格变化的非条件分布在样本中具有高峰度性，但无法证实该分布有无限大的方差（因为除非有无限大的样本，否则无法测量无限方差）。

及 Δp 都将是平稳的，而且具有有限的方差[11]。可是，即便 d 服从正态分布，价格变量也不一定服从正态分布，事实上，价格变量可能具有高峰度的特征。

为了看出价格变量的确可能具有高峰度，让我们假设股息序列间是独立不相关的正态分布。价格序列的峰度被定义为 $K = E(\hat{p})^4/(E(\hat{p})^2)^2$，其中 $p \equiv \hat{p} - E(p)$。假设公众从时期 t 一开始就知道 d_t 的概率为 $1/n$，但公众不知道 d_t 的现值和将来值的概率为 $(n-1)/n$。[12]在一定时间内，公众被告知要么 $d_t, \hat{p}_t$ 等于 $\bar{\gamma}\hat{d}_t$，要么 $\hat{p}_t = 0$。因此，$E(\hat{p}_t{}^4) = E((\bar{\gamma}\hat{d}_t)^4)/n$ 且 $E(\hat{p}_t{}^2) = E((\bar{\gamma}\hat{d}_t)^2)/n$，所以峰度等于 $nE((\bar{\gamma}\hat{d}_t)^4)/E((\bar{\gamma}\hat{d}_t)^2)$，其值等于正态分布的峰度值乘以 n。所以，只要选择一个最够高的 n，我们就可以得到一个任意大的峰度，与此同时，价格的方差也总是存在的。进一步说，尽管 $\hat{p}_t$ 的非条件分布具有高峰度，但当股息已经被透露时，$\hat{p}_t$ 的条件分布还是正态的。

如果信息是偶尔被大批量披露的（以便像上文的例子那样引入高峰度），$var(\delta p)$ 或 $var(\Delta p)$ 的值就不会过大，因为信息长时间没有被披露所导致的方差减小量，会超过由于信息偶尔被披露所导致的方差增加量。事实上，像上一节的结论那样，给定 d 的方差后，当信息被平滑地披露时，$var(\delta p)$ 或 $var(\Delta p)$ 才会达到其最大值。在上一个例子中，当股息信息一次性的按照 n 的值被披露出来时，我们可以得到，$\sigma(\delta p) = \bar{\gamma} n^{1/2}\sigma(d)$ 且 $\sigma(\Delta p) = \bar{\gamma}(2/n)^{1/2}\sigma(d)$。

---

[11] 根据 Schwartz 不等式，对于任一平稳过程 X_t，如果其存在有限的方差 $var(X_t)$，那么对于任意 k，$cov(X_t, X_{t+k})$ 就一定会存在，而且 X_t 的所有自协方差函数以及谱都是存在的。甚至 $E_t(X_t)$ 的方差也该是有限的，因为 $var(X_t)$ 等于 $E_t(X_t)$ 的方差加上预测误差的方差。如果我们假设实际股息的方差是有限值，股息创新还是可能具有高峰度性。我们可以计算出，d_t 正态分布样本的标准化全距（studentized range）在标准普尔序列中的值是 6.29，在道琼斯序列中的值是 5.37。根据 David – Hartley – Pearson 的判断方法，这两个数据集的单尾检验在 5%（但不是 1%）的显著水平下不满足正态分布。

[12] 在本文的其他部分，我们假设 d_t 在时期 t 总是已知的。可是在这个例子中，为了简单起见，我们放弃了这个假设。因此在这个例子中，$\delta_t p_t \neq \Delta p_t + d_{t-1} - rp_{t-1}$，而是，$\delta_t p_t = p_t$。

在这个例子中，对于所有的 n 值，$\sigma(\delta p)$ 和 $\sigma(\Delta p)$ 的值将严格小于不等式（11）和（13）中的上限值〔13〕。

三　股息还是股票收益

很多人认为，模型（2）没有反映出有效市场的本质特点。如果一个模型要反映出有效市场的本义的话，那么就应该用股票收益的现值来代替股息现值。可是，只有当股票收益是反映未来股息的指标时，模型（2）中股票收益才可能和股票价格产生关联，因此，股票收益这个指标将和其他反映未来股息的指标没有什么本质区别。模型（2）和金融学通常的观点相符合，即个人看重的是投资回报，而投资回报等于资本利得加上股息。这个模型意味着，期望的全部回报是个常数，而这个回报中的资本利得部分只不过是反映了将来股息的信息，与之相反的是，股票收益只是会计中的一个统计数，用来反映企业运营的好坏。就像最近的通货膨胀会计（inflation accounting）文献所讨论的那样，股票收益可以有各种各样的定义。

如果部分股票收益被留存，则每股价格就不太可能等于期望收益的现值。事实上，像 Merton Miller 和 Franco Modigliani 所评论的那样，若此时强行使每股价格等于期望收益的现值，则会导致重复计算，因为如果这样计算的话，期望收益的现值将等于 t 期的收益加上未来的收益，但这个未来的收益却包含了 t 期留存收益的再投资额。所以，这种计算是错误的〔14〕。Miller 和 Modigliani 所采用

---

〔13〕　为了进一步说明这点，我们可以给出另外一个例子。在讨论不等式（11）时我们指出 $\hat{d}_t = \bar{\gamma}\hat{d}_{t-1} + \varepsilon_t$，而信息在接下来的 n 年中在每 $1/n$ 年时被披露。在此，虽然 $\hat{d}_t$ 具有自回归的结构，可是 ε_t 并不是 d_t 的创新。当 n 增大到无穷大时，σ（δp）将趋向于 0。

〔14〕　在 LeRoy 和 Porter 的文章里，他们的确假设了股票价格等于股票收益的现值。不过他们同时调整了价格和收益序列以避免重复计算。他们的这个方法增加了 Miller 和 Modigliani 的方法中所没有的一个理论性假设。

的公式是价格等于调整过的再投资的收益现值，可是，我们可以根据一个会计恒等式推导出来，这个公式实际上等同于公式（2）。

有些人觉得，我们不能将价格看作是期望股息的现值，因为即使公司常常只支付很小比例的收益，他们也会试图维持一个稳定的股息，这种观点只有在公司不支付股息时才是正确的。因为若公司不支付股息，那么价格 p_t 将按照折旧率 $\bar{r}$ 增长，因而模型（2）将不再是受 $E_t(H_t) = r$ 条件所约束的差分方程的解。不过，如果一个公司支付一定比例的股息，或者试图平滑短期内股息的波动，那么这个公司的股票价格的增长率将低于折旧率，而此时公式（2）将成为这个差分方程的解[15]。根据我们的标准普尔数据，实际价格的增长率只不过是1.5%，而折旧率等于4.8% +1.5% =6.3%。根据这些比率，一个公司十几年前的价值将按照一个相对于其公司规模而言相当大的折旧率所折旧，其结果是这个公司十几年前的价值将对今天的公司股票价值几乎没有什么影响。该公司的目前价值将主要由这段时期的股息所决定。因此，公式（2）以及其推导的 p^* 会比较可靠地反映出公司的价值。

总之，本节内容所要强调的是，只要我们知道终期的价格和从初期到终期的股息，那么我们就已经得到了投资者所关心的所有信息。在试图应用价格的终止条件来计算事后理性价格时，用股票收益代替股息这个方法是讲不通的。

---

〔15〕 为了更明白这一点，我们可以考虑传统上的连续时间增长模型。因此，公式（2）将被改写为 $P_0 = \int_0^\infty D_t e^{-rt} dt$。在这个模型中，一个公司将有一个不变的收入流 I。如果它将全部收入作为股息分配出去，那么 $D = I$，因此 $P_0 = \int_0^\infty I e^{-rt} dt = I/r$。如果它只支付比率为 s 的收入，那么公司将以（$1-s$）r 的速度增长，此时 $D_t = sIe^{(1-s)rt}$。结果是，在 $t=0$ 时，D_t 将低于 I，不过以后 D_t 将高于 I。因而，$P_0 = \int_0^\infty sIe^{(1-s)rt}e^{-rt}dt = \int_0^\infty sIe^{-srt}dt = sI/(rs)$。若假设 $s \neq 0$（从而避免分母为0的情况），那么 $P_0 = I/r$。

四　随时间变化的实际折旧率

如果我们允许模型（2）中的实际折旧率随时间任意可变，那么这个模型将会变成一个无法验证的模型。我们并不能直接观测到实际折旧率，无论 P_t 和 D_t 如何变化，总会存在一个折旧率使得公式（2）恒成立。可是，我们可能会问，所需要的实际折旧率的变化会不会不如我们所期望的那么大，或者说，既然一期内的折旧率变化很小，那么这么小的折旧率的变化，即便再加上未来折旧率变化的新信息，还能够解释这么大的股票价格波动吗〔16〕？

当我们引入随时间变化的实际折旧率时，公式（2）将被扩展为：

$$P_t = E_t\left(\sum_{k=0}^{\infty} D_{t+k} \prod_{j=0}^{k} \frac{1}{1 + r_{t+j}}\right) \tag{14}$$

该公式满足性质 $E_t\left(\frac{1 + H_t}{1 + r_t}\right) = 1$。我们用 U 表示一个加性可分离（additively separable）的效用函数，并设定 $1 + r_t = \frac{\partial U / \partial C_t}{\partial U / \partial C_{t+1}}$，也即设定 $1 + r_t$ 等于消费的现值和未来值的边际替代率，那么这个性质就是在股票市场预算限制条件下，最大化期望效用的一阶条件。当这个一阶条件满足时，我们就能确保公式（14）和期望效用的最大化相一致。值得注意的是，只有在 t 期或 t 期之前的条件分布才能决定公式（14）中的价格，而 r_t 只是在 $t+1$ 期后才会被获知的一个事后实际利率。

跟以前一样，我们可以把这个模型写为去趋势序列的形式：

$$p_t = E_t(p_t^*) \tag{15}$$

---

〔16〕 James Pesando 曾经讨论过一个类似的问题：流动性溢价的方差要达到多大，才能够解释长期利率的波动？

其中，$p_t^* \equiv \sum_{k=0}^{\infty} d_{t+k} \prod_{j=0}^{k} \frac{1}{1+\bar{r}_{t+j}}$，$1+\bar{r}_{t+j} \equiv (1+r_t)/\lambda$。

这个模型也和以前一样，意味着 $\sigma(p_t) \leqslant \sigma(p_t^*)$，可是，由于这个模型是非线性的，我们不能像以前那样推导出不等式（11）或（13）。不过，如果实际利率的变化不是太大的话，我们可以在 $d = E(d)$ 和 $\bar{r} = E(\bar{r})$ 处将 p_t^* 进行线性化处理（例如，只保留泰勒展开式的线性部分）。如此我们可以得到：

$$\hat{p}_t^* \cong \sum_{k=0}^{\infty} \bar{\gamma}^{k+1} \hat{d}_{t+k} - \frac{E(d)}{E(\bar{r})} \sum_{k=0}^{\infty} \bar{\gamma}^{k+1} \hat{\bar{r}}_{t+k} \tag{16}$$

其中，$\bar{\gamma} = 1/(1+E(\bar{r}))$，变量上的^标志指的是这个变量减去它的均值。上述表达式中的第一项和公式（4）中（去均值化）的 p_t^* 是一样的，第二项表示实际折旧率的变动对 p_t^* 的影响。这个第二项和公式（4）中对应项的不同之处在于，d_{t+k} 被 $\hat{\bar{r}}_{t+k}$ 所代替，并且被乘以 $-\frac{E(d)}{E(\bar{r})}$。

我们可以为这个线性化的式子提供一个简单的直观解释。首先，1/（$1+\bar{r}_{t+k}$）在 $E(\bar{r})$ 处对 $\bar{r}$ 的导数是 $-\bar{\gamma}^2$，因此，$\bar{r}_{t+k}$ 每增长 1%，1/（$1+\bar{r}_{t+k}$）便减少 $\bar{\gamma}^2 \times 1\%$，也即减少幅度略小于 1%。而且我们注意到，公式（15）中 $t+k$ 期以及之后的项目都乘以因子 1/（$1+\bar{r}_{t+k}$），因此，若 $\bar{r}_{t+k}$ 增长 1%，当其他条件不变时，所有的这些项目都会减少 $\bar{\gamma}^2 \times 1\%$。我们可以用 $\bar{\gamma}^{k-1}E(d)/E(\bar{r})$ 来近似求得所有项目之和，其中 $E(d)/E(\bar{r})$ 是一个常数股息流 $E(d)$ 按照折现率 $E(\bar{r})$ 折现到初始期 $t+k$ 时的折现值，然后 $\bar{\gamma}^{k-1}$ 又把这个值进一步折现到了现期。所以我们得到，$\bar{r}_{t+k}$ 每增长 1%，将使 p_t^* 减少 $\bar{\gamma}^{k+1}E(d)/E(\bar{r})$，也即公式（16）中的第 k 项。但这种线性化结果会产生两个不准确的地方，首先是，所有从 $t+k$ 期开始的未来股息的现值都不是精确地等于 $\bar{\gamma}^{k-1}E(d)/E(\bar{r})$；第二处是 $\bar{r}_{t+k}$ 每增长 1%，将使 1/（$1+\bar{r}_{t+k}$）减少的幅度并不严格等于 $\bar{\gamma}^2 \times 1\%$。可是，在一定程度上，由线性化所导致的

$\bar{r}_t, \bar{r}_{t+1}, \bar{r}_{t+2}, \cdots$对 p_t^* 的误差也会相互抵消一部分，而且读者也可以根据公式（16）大体上知道折旧率变化所造成的影响。

为了检测公式（16）线性化结果的精确程度，我在数据集 2 中采用了两种方法来计算 p_t^*：首先用公式（15），然后用公式（16），而且这两种方法都使用了同一个终止条件 p_{1979}^*。为了替代不可观测的 $\bar{r}_t$ 序列，我使用4～6 个月的实际最优商业票据利率再加上一个常数来作为表 2 中的平均值 $\bar{r}$。商业票据利率是个名义利率，因此，这个利率的波动既包含通货膨胀预期的变化，又包含实际利率的变化。因此，我认为这个利率的波动幅度会大于预期实际利率的波动幅度。在这个样本中，商业票据利率的范围介于 0.53%～9.87%。在十多年时间（1935～1946 年）里它一直低于 1%，而在样本的最后十几年中，它一般都高于 5%。尽管它具有这种不一般的分布形态，但公式（15）和公式（16）所计算的 p^* 的相关系数仍然有 0.996，而且这两个公式给出的 $\sigma(p_t^*)$ 也分别为250.5 和268.0，因此，公式（16）的线性化处理可以算是相当精确的。另外，我们也注意到，尽管 $\bar{r}_t$ 的较大变动导致 p_t^* 比它在图 2 的有更大的波动，$\sigma(p^*)$ 还是比 $\sigma(p)$ 的一半还低，这意味如果我们想要用 $\bar{r}_t$ 的波动来拯救有效市场模型的话，$\bar{r}_t$ 的波动应该比观测到的要更大才行。在后文中我们会谈到这一点。

现在我们想找出，给定 Δp 的波动程度时 $\sigma(\bar{r})$ 的下限是多少。我们注意到，在公式（16）中，$\hat{p}_t^*$ 是 z_t, z_{t+1}，… 的折现值，其中 $z_t \equiv \hat{d}_t - \hat{\bar{r}}_t E(d)/E(\bar{r})$，因此，根据公式（13）我们得到 $2E(\bar{r})var(\Delta p) \leqslant var(z)$。更进一步说，根据 z 的定义我们有 $var(z) \leqslant var(d) + 2\sigma(d)\sigma(\bar{r})E(d)/E(\bar{r}) + var(\bar{r})E(d)^2/E(\bar{r})^2$，其中当 d_t 和 $\bar{r}_t$ 完全负相关时，不等式取等号。联立这两个不等式并求解 $\sigma(\bar{r})$，我们得到：

$$\sigma(\bar{r}) \geqslant (\sqrt{2E(\bar{r})}\sigma(\Delta p) - \sigma(d))E(\bar{r})/E(d) \tag{17}$$

这个不等式给出了 $\sigma(\bar{r})$ 的下限，该下限与不等式（13）中左右两项的差成正比[17]，这个特点将会在下节的数据分析中起到作用。

五　实证证据

表2列出了根据两个数据集（参考附录的解释）计算出来的不等式（1）、（11）、（13）的参数。在这两个数据集中，长期指数增长路径是将 lnP_t 对一个常数和时间做回归而估计的，接着式（3）中的 λ 被设定为 e^b 的值，其中 b 是这个回归中时间变量的回归系数（见表2），用来计算式（4）中的 p^* 的折现率 $\bar{r}$，被估计为 d 的均值与 p 的均值的商[18]。p 的均值被选作为 p^* 的终结值。

表2　股票价格和股息序列的样本统计量

样本时期	数据集1：标准普尔指数	数据集2：修订后的道琼斯工业指数
	1871～1979年	1928～1979年
1）$E(p)$	145.5	982.6
$E(d)$	6.989	44.76
2）$\bar{r}$	0.0480	0.456
$\bar{r}_2$	0.0984	0.0932
3）$b = ln\lambda$	0.0148	0.0188
$\hat{\sigma}(b)$	(0.0011)	(1.0035)
4）$cor(p, p^*)$	0.3918	0.1626
$\sigma(d)$	1.481	9.828
不等式的参数		
不等式（1）		

[17]　在推导不等式（13）时，我们假设 d_t 在 t 期是已知的，类似的，我们推导这个不等式时，也假设 r_t 在 t 期是已知的。可是，就算没有这个假设，我们还是可以推导出同一个结果。不过，当 $\bar{r}_t$ 在 t 期是已知时，$\bar{r} > 0$ 对 $\bar{r} = E(d)/E(p)$ 的方差的影响达到最大程度。

[18]　股息的均值和价格的均值的商，不等于股息和价格的商的均值。后者会稍高于前者（商的均值在数据集1中为0.0514，在数据集2中为0.0484）。

续表

样本时期	数据集 1：标准普尔指数	数据集 2：修订后的道琼斯工业指数
	1871～1979 年	1928～1979 年
5) $\sigma(p)$	50.12	355.9
6) $\sigma(p^*)$	8.968	26.80
不等式（11）		
7) $\sigma(\Delta p + d_{-1} - \bar{r}p_{-1})$	25.57	242.1
min（σ）	23.01	209.0
8) $\sigma(d)/\sqrt{\bar{r}_2}$	4.721	32.20
不等式（13）		
9) $\sigma(\Delta p)$	25.24	239.5
min（σ）	22.71	206.4
10) $\sigma(d)/\sqrt{2\bar{r}}$	4.777	32.56

注：在这个表格中，E 表示样本均值，σ 表示标准差，$\hat{\sigma}$ 表示标准误。min（σ）是根据 σ 的单尾卡方分布的95%置信区间而计算出的下限值。符号 p，d，$\bar{r}$，$\bar{r}_2$，b 以及 p^* 在正文中已有定义。数据集的定义见附录。正文中的不等式（1）意味着，第 5 行中的标准差应该小于或等于第 6 行中的标准差。不等式（11）指的是，第 7 行中的标准差应该小于或等于第 8 行中的标准差。不等式（13）指的是，第 9 行中的标准差应该小于或等于第 10 行中的标准差。

在数据集 1 中，名义股价和股息序列分别是标准普尔综合股票实际价格指数以及相关的股息序列。对这两个序列的早期分析者 Alfred Cowles［p. 2］认为："如果忽略股票经纪人的佣金以及税收的因素，假设一个股票投资商在 1871 年初买入纽约证券交易所的所有股票，而且每种股票在其投资比重中和该股票的货币价值总额成正比，并且每个月中这个比重都会随着股票价值的升降而调整。那么标准普尔综合股票实际价格指数所反映的，就是到 1937 年这个投资商所持有的这些股票的价值。"

在 1937 年之后的更新中，标准普尔股指所包含的股票被限制在 500 种，但每种股票的份额依旧根据其总价值来确定，这个股指的优点是其具有综合性，但缺点是，在一个时间点的标准普尔股票组合的股息可能不等于根据较早时间购买的标准普尔股票组合的股息而做出的预测值。这是因为在标准普尔股票组合中，每种股票的权重是不断变化的，如果要弥补这个缺点，就不得不牺牲这个股指的综合性，因为随着时间的流逝，可能一开始在 1871 年构成标准普尔股票组合的那些股票，现在变得只占美国主要股票越来越小的份额。

在数据集 2 中，股票价格和股息的名义序列是修订后的道琼斯工业平均指数及其相关的股息序列，这个数据集的优点恰好是数据集 1 的缺点，不过数据集 1 的优点也刚好是数据集 2 的缺点。我们将道琼斯工业平均指数做了修订，使得这个指数序列中的股票组合一直保持不变，不过，为了达到这一点，我们只将 30 只股票纳入了这个股票组合。

表 2 显示，这两个数据集中的样本统计量明显违背了所有的不等式，不等式的左侧项目会比右侧项目高 5 ~ 13 倍不等。

样本统计量明显违背了所有的不等式。这意味着，我们所测量的价格创新可以被预测。事实上，如果我们把 $\delta_{t+1}p_{t+1}$ 对（一个常数和）p_t 做回归，我们会得到一个非常有意义的结果：数据集 1 中 p_t 的回归系数是 -0.1521（$t=-3.218$，$R^2=0.0890$），数据集 2 中 p_t 的回归系数是 -0.2421（$t=-2.631$，$R^2=0.1238$）。我们能得到这些结果，不是因为这些数据呈现出和长期增长路径成正比的样子。事实上，如果我们将股票持有期的股票回报 H_t 对一个常数和股息价格比（D_t/P_t）做回归，其结果也是十分显著的：数据集 1 的回归系数是 3.533（$t=2.672$，$R^2=0.0631$），数据集 2 的回归系数是 4.491（$t=1.795$，$R^2=0.0617$）。

不过，尽管这些回归检验从技术上来说没有问题，可是用这些检验结果来评价模型是否成立上，其并不会比简单的对波动性进行比较更有用。首先，像前面指出的一样，这些回归检验对数据偏差（data misalignment）是很敏感的，回归中很低的 R^2 很可能是由股息或商品价格指数的数据误差造成的。其次，虽然模型被这些时期很长的样本所拒绝，可是如果我们像金融学的多数学者那样，用一个短期的样本量（此时数据更准确）来检验的话，就会发现用短期样本进行的检验的效果（power）可能并不显著，此时，用波动性比较的方式反而可能会更有用。为了说明这一点，让我们设想在一个简化的世界里（这样可以省掉很多论据），股息序列 d_t 是一个绝对的常数，而价格序列的波动则和我们的数据集中是一样的，因为实际的股息序列比较平滑，所以这个简单化的世界看起来离现实并不太远。可是，如果股息序列 d_t 是一个绝对的常数的话，就算是最笨最傻的人也会同意我们的论断：有效市场模型是失效的。如果股息一成不变，那么股票价格的波动就不可能是由于股息的新信息所导致的，可是，上面的那些回归结果却会没有足够强的说服力来反对该模型。假如备择假设是 $\hat{p}_t = \rho\hat{p}_{t-1} + \varepsilon_t$，其中 ρ 接近于 1 但小于 1，那么用短期样本来检验这个回归的效用，其效力将会非常弱。在这个简化的世界中，我们是在已知短期样本会提供很低的检验功效的情况下，来检验 p_t 序列的平稳性。〔19〕举个例子，假如 1950 ~ 1965 年的战后数据被用来做回归（最近的金融市场研究常常使用这段时期的数据），由于这段时期的股票市场是一直上扬的，那么显然回归检验都不会出问题。就算这个上扬期内，股票价格会有些下跌，回归检验也不容易出问题。

我们可以通过不等式（17）来计算实际折旧率的标准差要达到多大，才能够解释 $\sigma(\Delta p) - \sigma(d)/(2\bar{r})^{1/2}$（即表 2 中第 9 行和第 10 行之差）与不等式（13）的不一致之处。假设表 2 中的 $\bar{r}$（第 2 行）等于 $E(\bar{r})$，并且样本方差等于总体方差，我们发现 $\bar{r}_t$ 的标准差在数据集 1 中至少能达到 4.36 个百分点，在数据集 2 中至少能达到 7.36 个百分点，这些都是非常大的数字，如果我们根据这些数字为 $\bar{r}_t$ 取一个范围，比如说，取表 2 中实际利率 $\bar{r}$ 为 ±2 标准差的范围，那么在数据集 1 中的实际利率需要取从 3.91% 到 13.52% 的范围，在数据集 2 中需要取从 8.16% 到 17.27% 的范围，而这么大的取值范围，只反映了 $\bar{r}$ 取可能的最小标准差时的情况。这个最小标准差，只有在真实利率满

〔19〕 如果股息是常数（$d_t = 0$），可用 $\delta_{t+1}p_{t+1}$ 对 p_t 进行回归以测试这个模型，其零假设是 p_t 的系数为（$1 + \bar{r}$）。这似乎是一个爆炸模型，因为在真正模型中 t 统计量并不成立，实际上假设 $\sigma(d) \neq 0$ 是非爆炸的。

足一阶自回归结构以及该利率和股息有完全负相关的关系时才会被取到。

这些事前实际利率的标准差估计值和上面的简单回归的结果大体上是一致的。在用 H_t 对 D_t/P_t 和一个常数做回归时，根据数据集 1 和数据集 2 求得的 H_t 的拟合值的标准差分别是 4.42% 和 5.71%，这么大的标准差是和很低的 R^2 相一致的，因为 H_t 的标准差实在是太大了（分别为 17.60% 和 23.00%）。以 $\delta_t p_t$ 对 p_t 的回归结果表明期望实际利率的确具有较高的标准差，根据数据集 1 和数据集 2，拟合值的标准差除以去趋势的价格的均值所得到的结果分别为 5.24% 和 8.67%。

六 结论

我们观察到，在过去一个世纪中，股票价格的波动性看起来实在是过高了。如果用样本中实际股息对其长期指数增长路径的标准差来衡量未来股息的不确定性的话，那么，股票价格的波动程度比用未来股息的新信息所能解释的波动程度要大 5 ~ 13 倍。我们可以把实际股票价格的逐年变化的标准差用卡方分布来描述，那么这个卡方分布的单尾 95% 的置信区间的下限值，要比我们能观测到的实际股息的波动的最高值还要高过 5 倍。因此，有效市场模型的失败如此之大，以至于其失败看起来并不可能只归结于数据差错、价格指数的问题或者税法改变等原因。

挽回有效市场模型的一个方法是，用期望实际利率的波动来解释股票价格的波动，可是，由于期望实际利率不能被直接观测，除非我们找到实际利率的其他测量方法，否则这个理论就无法被实证检验。不过，我发现如果用期望实际利率的波动来解释股票价格的波动的话，该利率的波动需要非常大才行——远远大于样本时期内的名义利率的波动。

另外一个拯救有效市场模型的方法是主张对未来股息的不确定性进行测量——实际股息对其长期指数增长路径的样本标准差——低估了未来股息的真正不确定程度。市场有可能会比实际看起来更加害怕股息的较大波动，可是这种解释也值得怀疑，因为我们通过观测上一个世纪的数据，并没有发现很高的股息波动。如同前文所说的那样，如果这种解释要成立，那么市场所惧怕的实际股息的波动要数倍于1930年大萧条时的股息波动才对。不过，对这种解释的支持者可以反过来说，既然市场在实际观测到增长路径和股息时，不可能对该路径和股息的分布有确切的预测，那么市场还是会考虑这种从未发生过的大波动的，可是这种对股票价格波动性的解释是非常“学院式”的，因为它依赖于不能观测的事件，因此也就不能被统计数据所证实。

附　录

A　数据集1：标准普尔序列

1871～1979年的每年数据。价格序列 P_t 是每年一月份的标准普尔月度综合股票价格指数除以劳动统计局的批发价格指数（从1900年其开始有一月份的批发价格指数。1900年之前的批发价格指数的年度平均值按照基年1979年的指数1.00而调整）。标准普尔月度综合股票价格指数延续了由Alfred Cowles和Associates公司创建的Cowles委员会普通股票指数，目前包含500只股票。

股息序列 D_t 是在 t 年时股票指数中所包含的股票的全部股息的加总，再除以该年的批发价格指数（批发价格指数的年度均值按照基年1979年的指数1.00而调整）。从1926年开始，这些股票的全部股息是按照标准普尔的统计服务所提供的“根据指数调整的12个月的移动总量……的每股股息”而计算的。从1871年到1925年，全部股息等于Cowles序列的Da－1值乘以0.1264，该乘数是为了保证所计算的结果和基年的数字能有正确的对应。

B　数据集2：修订的道琼斯工业平均指数

1928～1979年的每年数据。在这个数据集里，P_t 和 D_t 是指道琼斯工业平均指数所含的30只股票的实际股票价格和股息。道琼斯工业平均指数是在

1928 年开始创立的。虽然在 1928 年之前就有道琼斯平均指数，但是这 30 只工业股是在当年才引入的，然而，公布的道琼斯工业平均指数有一个不理想之处，就是其中的股票不时会被剔除或替换，而且每种工业股票的权重也会受股票分割所影响。在一开始的 30 只股票中，从最开始到我们数据收集的最后一年为止，只有 17 只还保留在道琼斯工业平均指数里。公布的道琼斯工业平均指数等于这 30 家公司的每股股价的简单加总的和再除以一个随时间变化的除数。因此，如果有一只股票从一股分割为两股，那么道琼斯指数还是只保留一股该股票，因此我们要改变这个除数的值以避免道琼斯指数出现突然的下降。

为了在本文中使用这些序列，Capital Changes Reporter 数据库被用来追踪从 1928 年到 1979 年的公司的变化情况。在一开始的 30 家公司中，从最开始到我们的数据最后一年（1979 年）为止，有 9 家保留了原名，12 家只是改了名字，而另外 9 家则被收购、兼并或重组了，在这最后 9 家公司中，它们的股票价格和股息的序列还可以通过收购它们的公司所转换的股价和股息而反映出来，只有一个例外的情况是用现金支付的，该情况发生于收购方的股票转换被收购方的股票时，在这个情况里，股价和股息序列被延续为收购方所转换的股票和股息。有四个例子中，收购方用优先股来转换股票，对于这种情况，我们用普通股的价值来代替优先股。在计算总量时，每家公司的股票数量都是由股票分割、股息变化所导致的类似于股票分割的效果，以及公司兼并这三种因素所决定的，股票价格序列就是所有这些股票在每年最后一个交易日的价值，这些价值被记录在沃顿商学院 Rodney White 中心的普通股显示带上（Wharton School's Rodney White Center Common Stock tape）。股息序列等于当年股息再加上这些股票的派发的现金价值，股价和股息序列都被除以数据集 1 中的批发价格指数以消除通货膨胀的影响。

参考文献

[1] C. Amsler, "An American Consol: A Reexamination of the Expectations Theory of the Term

Structure of Interest Rates," unpublished manuscript, Michigan State Univ., 1980.

[2] S. Basu, "The Investment Performance of Common Stocks in Relation to their Price - Earnings Ratios: A Test of the Efficient Markets Hypothesis," *J. Finance*, June 1977, 32, pp. 663 - 682.

[3] G. E. P. Box and G. M. Jenkins, *Time Series Analysis for Forecasting and Control*, San Francisco: Holden - Day, 1970.

[4] W. C. Brainard, J. B. Shoven, and L. Weiss, "The Financial Valuation of the Return to Capital," *Brookings Papers*, Washington, 1980, 2, pp. 453 - 502.

[5] Paul H. Cootner, *The Random Character of Stock Market Prices*, Cambridge: MIT Press, 1964.

[6] Alfred Cowles and Associates, *Common Stock Indexes, 1871 - 1937*, Cowles Commission for Research in Economics, Monograph No. 3, Bloomington: Principia Press, 1938.

[7] E. F. Fama, "Efficient Capital Markets: A Review of Theory and Empirical Work," *J. Finance*, May 1970, 25, pp. 383 - 420.

[8] E. F. Fama, "The Behavior of Stock Market Prices," *J. Bus.*, *Univ. Chicago*, Jan. 1965, 38, pp. 34 - 105.

[9] C. W. J. Granger, "Some Consequences of the Valuation Model when Expectations are Taken to be Optimum Forecasts," *J. Finance*, Mar. 1975, 30, pp. 135 - 145.

[10] M. C. Jensen et al., "Symposium on Some Anomalous Evidence Regarding Market Efficiency," *J. Financ. Econ.*, June/Sept. 1978, 6, pp. 93 - 330.

[11] S. LeRoy and R. Porter, "The Present Value Relation: Tests Based on Implied Variance Bounds," *Econometrica*, forthcoming.

[12] M. H. Miller and F. Modigliani, "Dividend Policy, Growth and the Valuation of Shares," *J. Bus.*, *Univ. Chicago*, Oct. 1961, 34, pp. 411 - 433.

[13] F. Modigliani and R. Cohn, "Inflation, Rational Valuation and the Market," *Financ. Anal. J.*, Mar./Apr. 1979, 35, pp. 24 - 44.

[14] J. Pesando, "Time Varying Term Premiums and the Volatility of Long - Term Interest

Rates," unpublished paper, Univ. Toronto, July 1979.

[15] P. A. Samuelson, "Proof that Properly Discounted Present Values of Assets Vibrate Randomly," in Hiroaki Nagatani and Kate Crowley, eds. , *Collected Scientific Papers of Paul A. Samuelson*, Vol. IV, Cambridge: MIT Press, 1977.

[16] R. J. Shiller, "The Volatility of Long – Term Interest Rates and Expectations Models of the Term Structure," *J. Polit. Econ.* , Dec. 1979, 87, pp. 1190 – 1219.

[17] R. J. Shiller and J. J. Siegel, "The Gibson Paradox and Historical Movements in Real Interest Rates," *J. Polit. Econ.* , Oct. 1979, 85, pp. 891 – 907.

[18] H. Wold, "On Prediction in Stationary Time Series," *Annals Math. Statist.* 1948, 19, pp. 558 – 567.

[19] Commerce Clearing House, *Capital Changes Reporter*, New Jersey, 1977.

[20] Dow Jones & Co. , *The Dow Jones Averages 1855 – 1970*, New York: Dow Jones Books, 1972.

[21] Standard and Poor's, *Security Price Index Record*, New York, 1978.

于飞 译　申始占 校

译者手记

2013 年我博士毕业回国，带着这 20 篇论文原稿与《美国经济评论》期刊社的翻译授权，满心希望能在一年内翻译出版这套经典论文集。只是没想到，原来这个工作量如此巨大。要不是得到杨春学教授的亲自审阅与大力支持，以及社会科学文献出版社经济与管理分社社长恽薇女士的亲自校稿和积极推进，此书的出版还遥遥无期。

由美国经济学联合会主办的《美国经济评论》创刊于 1911 年，为纪念创刊 100 周年，2011 年期刊编委会特邀了阿罗（K. J. Arrow，1972 年诺贝尔经济学奖获得者）、伯恩黑姆（D. Bernheim，斯坦福大学讲座教授）、费尔德斯坦［M. S. Feldstein，美国国家经济研究局（NBER）名誉主席］、麦克法登（D. L. McFadden，2000 年诺贝尔经济学奖获得者）、波特巴（J. M. Poterba，NBER 现任主席）与索洛（R. M. Solow，1987 年诺贝尔经济学奖获得者）六位著名经济学家，成立了《美国经济评论》"20 篇最佳论文"评选委员会，在该刊 100 年来刊登的数千篇文章中，甄选出对经济学发展与实践产生深远、重大影响，且富有创造性的 20 篇最佳论文。

我们觉得，这 20 篇论文的翻译集应该放在每一位经济学博士的案头上，长读长翻。原因有三：

首先，经济学博士不应该只专攻一个窄小的领域，而是应该做到又专又博。我本人在接受国外的经济学博士训练时，常常参加一些学术会议和学校里的小型 seminar。在这些场合，每位讲者都要面对"各种"经济学家的质疑和批评，例如应用经济学家会质疑计量统计的方法有没有考虑周全，而理论经济学者则会批评你的研究是否有坚实的理论支持（是的！就算你的论文是纯统计分析的，他们也会喋喋不休地讲自己的理论发现，还会告诉你一大串你可能从来没有看过的纯理论模型的文献）。所以为了应对这些场合，你必须熟悉一些经典文献，不能只知自己的“树木”，而不知经济学整体发展的“森林”。

其次，博士生不同于硕士生、本科生的重要一点，就是我们需要从学习教科书，尽快转到阅读学术论文。因为课本上的内容，从来都是确定性的，你学到的好像都是已经在经济学领域中被公认的真理。可是，如果你翻查课本每章后的每篇论文，则会发现这些只不过是比较 popular 的一家之言，而这种一家之言还常常被后起的论文批评得体无完肤。所以读博士的时候应该多读论文而少读教材，只有论文才能提供给我们批判的思维，才能训练博士生去找到自己的专攻领域。这 20 篇文献的基本理论都是博士生们从高级经济学教程中已经学习到的，所以读者在阅读之前已经有了较充分的准备（当然，我们期待你实际阅读这些文章的时候依然有惊喜）。

最后，如果你愿意花时间精读这 20 篇文献，将大大提高你在英文期刊上发表文章的概率。目前，国内一流的经济学高校已经不满足于自己的教师们在《经济研究》等杂志上发表论文了。SSCI 正成为研究学者的紧箍咒，因为向国际期刊上投稿，不仅要英文表达过关，而且要在英文写作思维上过关。比如说，写作中文论文的时候我们习惯行云流水、自然衔接，可是英文表达却要求每个自然段的第一句话是整个自然段的总结；而每节的第一段，最好也说明这一节的目的和方法何在……凡此种种的英文写作习惯，对于没有在国外进修的中国博士生们而言，几乎难以得到有效的提醒。我记得在留学时每周见完导师，都会沮丧地（当然也充满感激地）发现自己写了一周的文稿已被导师改得“江山一片红”。因此，就算是国内的博士或学者们写出了非常精彩、非常有原创性的论文，在投稿 SSCI 期刊时也可能倒在英文表达这个第一条封锁线上。所以，希望读者能对照此书的翻译来精读一部分英文文献，并和自己的论文行文结构做一番对比，以找到自己需要改进的地方。此书被读者带回家后，最好能放到案头或床头（而不是书柜），作为自己“熟读唐诗三百首”的一个经典读物。

在此，我也特别感谢参与论文翻译的同学。我们的翻译难免出现纰漏。所以如果哪位读者发现其中一点的话，请和我们联系：yufei@ sem. tsinghua. edu. cn。我们一定会在下一版的修订中具名感谢您。

于　飞

2018 年 3 月 16 日于清华园

图书在版编目(CIP)数据

美国经济评论百年经典论文 / 美国经济学会主编 ; 杨春学等译. -- 北京 : 社会科学文献出版社,2018. 10（2023. 3 重印）

书名原文: 100 Years of the American Economic Review The Top 20 Articles

ISBN 978 -7 -5201 -1210 -9

Ⅰ. ①美… Ⅱ. ①美… ②杨… Ⅲ. ①经济学 - 文集 Ⅳ. ①F0 -53

中国版本图书馆 CIP 数据核字（2017）第 190154 号

美国经济评论百年经典论文

主　　编 / 美国经济学会
译　　者 / 杨春学　于　飞 等

出 版 人 / 王利民
责任编辑 / 恽　薇　陈　荣
责任印制 / 王京美

出　　版 / 社会科学文献出版社 · 经济与管理分社（010）59367226
地址: 北京市北三环中路甲 29 号院华龙大厦　邮编: 100029
网址: www. ssap. com. cn
发　　行 / 社会科学文献出版社（010）59367156
印　　装 / 三河市东方印刷有限公司

规　　格 / 开　本: 787mm × 1092mm　1/16
印　张: 33　字　数: 487 千字
版　　次 / 2018 年 10 月第 1 版　2023 年 3 月第 4 次印刷
书　　号 / ISBN 978 -7 -5201 -1210 -9
定　　价 / 158. 00 元

读者服务电话: 4008918866